公益財団法人
高梨本家　上花輪歴史館監修
白川部達夫編

高梨家近世文書
醤油醸造家と地域社会Ⅲ

天保救済

塙書房刊

図１　髙梨氏救荒記碑

図２　天保賑給中死亡五百有余人墓

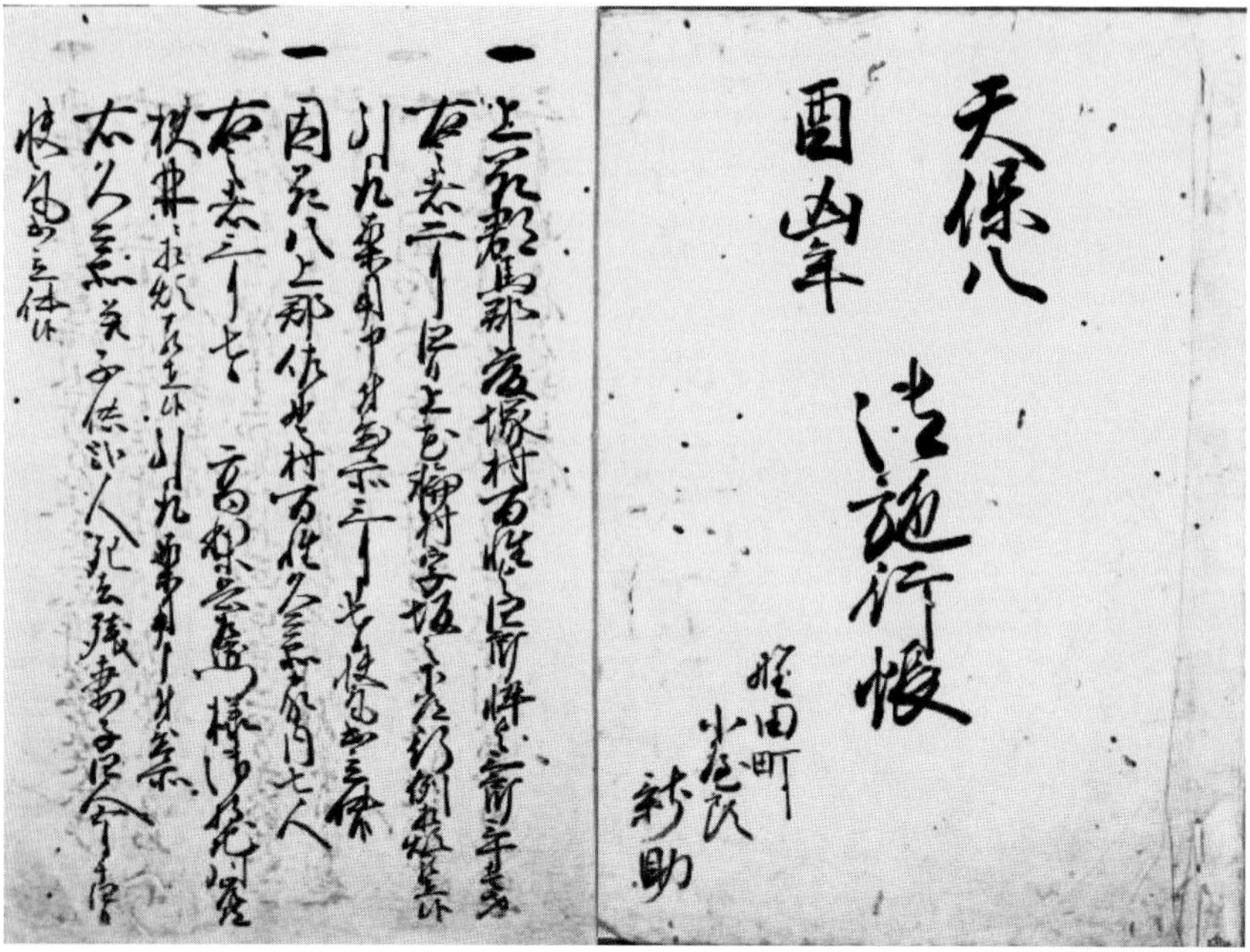

図 3　天保八酉凶年御施行帳

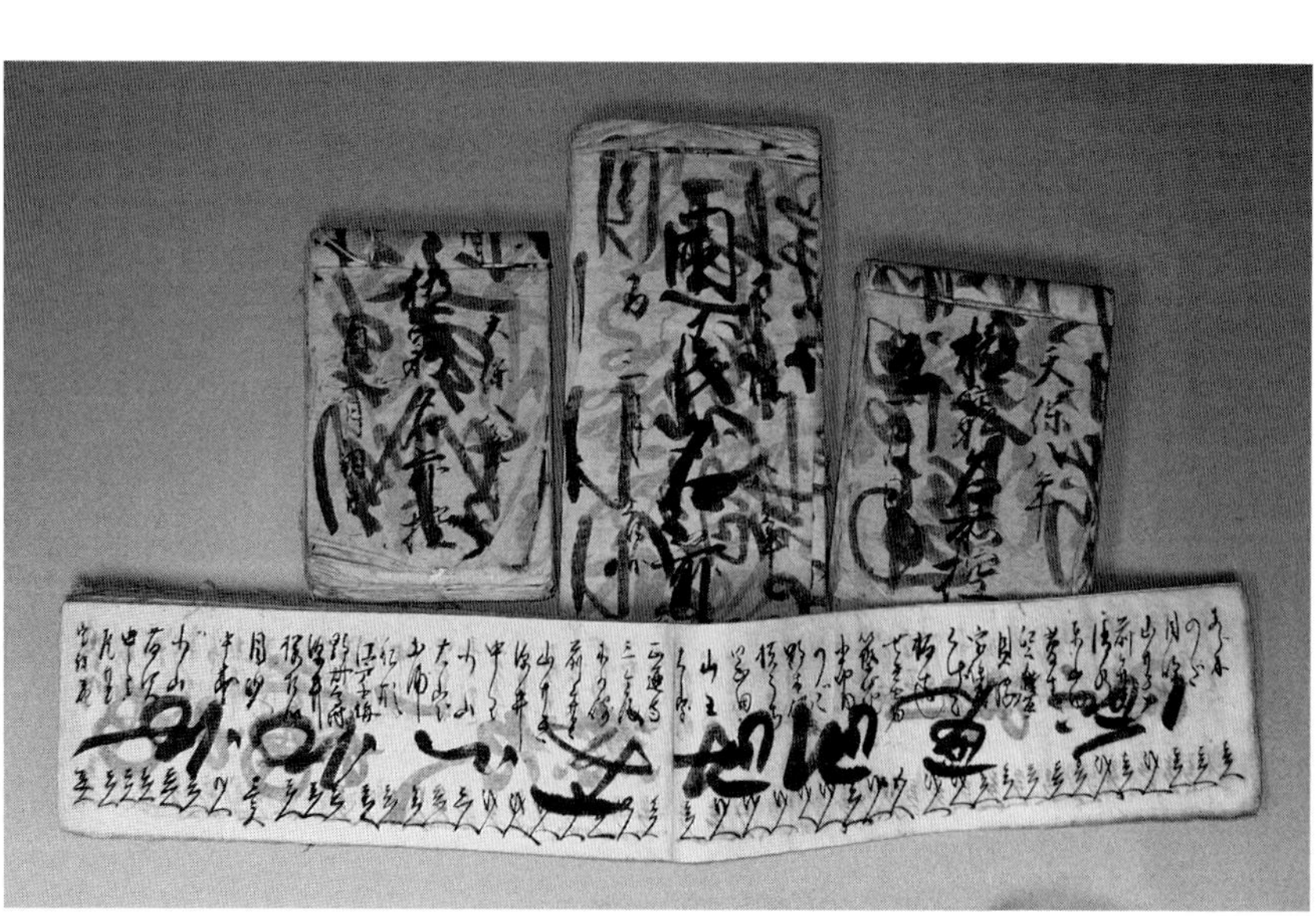

図 4　天保八年窮民名前帳

巻頭言

本書は、墓誌によると長治二年（一一〇五）に上花輪村（現野田市上花輪）に移り住み、以来九百年余り此の地に住み続けている髙梨兵左衛門家が所蔵する慶安二年（一六四九）以降の文書、なかでも寛文元年（一六六一）に創業した醤油醸造が盛んになった十八世紀後半以後の記録をシリーズで上梓しているものの第三巻に当たる。

現在我が国で最も多く醤油を産出している千葉県のなかでも最大の産地である野田市、その一角を占める旧上花輪村とはどんな地域であったか。これを文書から探究する試みである。既刊の第一、二巻は上花輪村の村運営を中心に報告されている。

本書は、天保四年（一八三三）から天保九年（一八三八）の間の飢饉救済事業、幕府に上申した難民救済を中心とした上申書と髙梨家歴代の当主が行った善行に対する顕彰碑の原文、そして統計編では上花輪村周辺の各村落の施行人数が報告されており、文字通り天保飢饉の生きた証言となっている。

髙梨兵左衛門家に伝えられている膨大な史料のなかから、このように分類して読解し整理するのは容易な作業ではなく、白川部先生のご努力に心から感謝するとともに、三十年以上にわたり地道に分類の作業に携わった当館職員、そして本書刊行に当たり御協力いただいた関係各位に深甚な謝意を表する。

令和六年六月

公益財団法人髙梨本家

理事長　髙梨兵左衛門

目次

目　次

2　献納・救済と御褒美頂戴

統計編

凡　例

一、本書は、下総国葛飾郡上花輪村の名主で醤油醸造家であった髙梨家の古文書を編集・翻刻したものである。
一、本書に収録された古文書は、髙梨家に残された上花輪村関係文書の内、近世を中心としたもので、本書では、天保飢饉の救済と髙梨家の奇特筋および幕府の褒賞に関するものを収録した。
一、文書ごとに番号を附け、表題を示した。また文書の末尾には、髙梨家文書目録の番号を表記した。原文書は上花輪歴史館に収蔵されている。
一、文書は各項目ごとに基本的には年代順に配列した。
一、元号は、文書に表記されている元号を使用した。改元のあった年でも訂正はしなかった。
一、文字は、原則として新字体によったが、必要に応じて旧字体を用いた。
一、髙梨家は「髙」を本来とした。苗字で明確に「髙」の文字が使われている場合は「髙」と表記した。それ以外は、新体字を使用した。
一、変体仮名は現行の平仮名とした。
一、異体字は本来の文字、合字は片仮名に直した。
一、百「性」（姓）、出「情」（精）、「直」（値）段、「表」（俵）、「儀定」（議定）「鉄炮」（鉄砲）その他「議」・「儀」・「義」や「仵」・「忰」の混用など江戸時代に通用している表記は、とくに訂正などは注記せずそのままとした。

一、ヶとケは、地名・固有名詞には小文字を使い、一般には大文字で統一した。
一、卅は三十とした。廿はそのままとした。
一、欠字・平出は一文字を空けたり、行替えにより示した。
一、文書の原状をできるかぎり残し、疑問がある場合は、（　）で「ママ」「衍」「脱カ」など注記を加えた。また誤字・宛字の場合は（　）に正しいと思われる文字を注記した。
一、表紙・裏表紙、裏書、端裏書や貼り紙・朱書などは「　」でくくり（　）にそのことを注記した。
一、虫食い・破損による読めない文字、判読不能の文字は□や［　］で示した。
一、本書の一部に、人権にかかわり、不当な差別的な語句が使われている場合があるが、史料的文献として敢えて原文を尊重してそのままとした。もとより差別を容認するものではなく過去の歴史を正しく認識し、差別の解消に資するためである。利用に当たり十分に配慮されたい。

本書は、地域の人びとに古文書からその歴史に触れてもらいたいという趣旨から、長年続けられた上花輪歴史館古文書講座で読み解かれた史料翻刻の成果と編者が追加した史料をもとに編集されている。講座を指導された石山秀和さん及び、講座参加者の方々に御礼申し上げる。また、読んだ史料を丁寧に整理して、適切なアドバイスをいただいた元学芸員森典子さん、現学芸員豊田美佐子さんにも感謝したい。本巻統計編については、長谷川彩さんに下稿を作成していただいた。大量のデータを手ぎわよく整理していただいたことに感謝したい。なお本書の編集・校正は白川部達夫が行った。

髙梨家近世文書　醤油醸造家と地域社会Ⅲ　天保救済

一　天保四年

1　天保四年十一月　救米手当帳

「（横半帳）
癸天保四年
救米手当帳
巳十一月吉日
」

十一月廿四日、村方貧窮之者え為手当遣ス、米直段両ニ四斗五升也、尤男壱人ニ付、五升、十五以上女壱人ニ付、三升、

覚

一、米壱斗壱升　平右衛門
三人

一、同壱斗壱升　喜右衛門
三人

一、同八升　次兵衛地借　弥兵衛
弐人

一、米三斗三升　佐伝次
九人

一、同壱斗壱升　宇平次
三人

一、同弐斗　次兵衛
六人

一、同壱斗七升　金左衛門
六人

一、同八升　孫右衛門
弐人

一、同弐斗　新五右衛門
六人

一、同壱斗一升　長吉地借り　要助
三人

〆壱石五斗

覚

一、金壱分　野田坊山　卯兵衛

一、金壱分　久八
一、金壱分　孫右衛門
一、金壱分　与七
一、金壱分　清吉
一、金壱分　要蔵
一、金壱分　金八
一、金壱分　松五郎
一、金壱分　多吉
一、金壱分　藤蔵
一、金壱分　亼店
一、金壱分　左吉
一、金壱分　金次郎
一、金壱分　与兵衛
一、金壱分　久治郎
一、金壱分　幸介
一、金壱分　嘉平
一、金壱分　八五郎
一、金壱分　岩蔵
一、金壱分　伊之介
一、金壱分　おみ
〆弐拾壱軒

中ノ台坊山口

一、金壱分　金蔵
一、金壱分　大宿屋
一、金壱分　三次郎
一、金壱分　豆腐屋
一、金壱分　まくりや
一、金壱分　清吉
一、金壱分　富五郎
〆七軒
〆家数廿八軒
金〆七両也

野田下町

一、金弐歩　喜兵衛
此は、去年醤油蔵ニて相勤者ニ付、穀物高直ニて貧窮

いたし候ニ付、□遣し申候、

□月廿日
一、□□□□穢多困窮ニ付、稗壱俵遣し候事、但し五斗
　入、兵□衛門・源兵衛殿渡、

天保五年午年

正月八日
一、米壱斗　作之介
一、舂麦壱斗　同　人
正月廿五日
一、米壱斗　弥兵衛
一、搗麦壱斗　同　人
正月廿六日
一、搗麦壱俵　佐伝次
二月二日
一、から麦五斗　金左衛門
二月十四日
一、同五斗　甚五右衛門
「　」
一、同五斗　次兵衛
一、同五斗　佐伝次
二月廿六日
一、同五斗　仁左衛門
二月廿一日
一、同五斗　堤根新田　重兵衛
同
一、同五斗　同所　七右衛門
一、粟拾五表　□□　穢　多
一、稗拾五俵
四月十六日
一、稗壱俵　かし　村ノ　佐伝次
同
一、同壱俵　かし　惣左衛門

覚

一、壱貫五百文
是ハ、宗旨人別五人組小入用帳面御上納ニ罷出小遣雑
用御座候、
正月
一、□弐拾四貫八拾四文
是は、悪水路何方取繕諸色代

一　天保四年

一、□□□中場所仕立入用ニ御座候、

正月
一、□壱貫三百五十弐文

二月
一、□□江戸川除堤水防諸色□□□場新規作崩所取繕諸
□用御座候、

同
一、三貫文
是は、夏秋両度御年貢金御上納罷出小遣雑用御座候、

一、拾貫五百文
是は、田方一条御検見并御年貢米ニ付、度々出府雑用
御座候、

一、壱貫弐百文
是は、金ヶ作水夫給御上納、并小金牧御野馬捕御囲御
役入用御座候、

同
一、拾九貫弐百弐拾四文
是ハ、江戸川通り定式御普請、并霞諸御用ニ罷出度々
諸用御座候、

一、三貫廿八文
是ハ、年中諸勘定之砌、紙墨□代入用御座候、

一、七貫五百文
是は、名主替り合ニ付、両度出府小遣雑用御座候、

一、三貫弐拾四文
是は、諸国勧化・浪人え参候砌り合力銭指出候入用御
座候、

一、銭三貫文
是ハ、御年貢皆済御上納ニ罷出候砌、小遣雑用御座候、

〆銭八拾七貫五百十文
高四百五石四斗五升七合
但し、高拾石ニ付
銭弐貫百五十八文三分

内
一、高百七拾五石四斗九升六合　伊左衛門組
此銭三拾七貫八百八拾壱文八分
高弐百廿九石九斗六升壱合　兵左衛門組

此銭四拾六貫六百三拾八文二分
此訳ケ
高百七拾五石四斗九升六合　　伊左衛門
内
一、弐拾石　名主役高除
一、拾石　組頭弐人役高除
残て百四拾五石四斗九升六合
但し、高壱石ニ付
銭弐百六拾文三分
一、高弐百廿九石九斗六升壱合
内
一、弐拾石　名主役高除
一、拾石　組頭弐人役高除
弐石七升五合
残て百九拾七石八斗八升六合
但し、高壱石ニ付
銭弐百五十文八分
右は、去巳年中夫銭小入用帳面々（ママ）之通、名主・組頭・百姓代立会勘定仕候所、相違無御座候、尤帳面之外何ニても一切掛物等無之候、依て銘々印形奉差上候、以上、

五人組
嘉右衛門
仁左衛門

■深井　世話人
善太郎
久兵衛
伊平次
政右衛門
平方　清介
弓田　七兵衛
踏掛（鞜、以下同ジ）　八兵衛
新右衛門
半屋（谷）　定吉
藤内
次右衛門
長右衛門

木間ヶ瀬　和　道
新　八
勘左衛門
弓田村　市右衛門
八兵衛
五郎右衛門
五左衛門
小間ヶ瀬村伊　八
源次郎
目吹村　彦左衛門
親野井村　利　介

踏掛　清右衛門
六左衛門
五郎左衛門
半左衛門
踏掛　彦左衛門
弥右衛門
六左衛門
六郎兵衛
船形　幸　七
与　市
桐ヶ谷　与　市
源　助
目吹村　重右衛門
内川　徳兵衛
尾崎　定　吉
勇　助
次右衛門
新五右衛門

庄次郎
清　介
権兵衛
金　七
小間ヶ瀬村喜左衛門
金　七
市兵衛
金次郎
観音房
天王房
船形村　次兵衛

小間ヶ瀬　太郎兵衛
清三郎
与兵衛
嘉兵衛
西深井　初右衛門
万□
大青田　源三郎
新　七
重左衛門
谷津　権　八
七郎兵衛
伝四郎
佐　吉
小山　権兵衛
中ノ代　客木□
崎房　五兵衛
庄兵衛
茂□衛門

市兵衛
武兵衛
仁左衛門
莚打　太右衛門
久左衛門
平右衛門
親の井　松右衛門
岩次郎
平形　市兵衛
弥助
安部　直次郎
駒木村　崎右衛門
新太郎
□
市郎左衛門
嘉兵衛
谷津　平三郎
大殿井　孫市

弥五兵衛
柏寺　亀蔵
清太郎
清介
善兵衛
竹次郎
茂吉
太郎介
りか
長屋（谷）　助三郎
負（生）子　利右衛門
□井　善次郎
卯□
小□
関宿中戸　儀右衛門
勇蔵
□
岩次郎

助太郎
おりん
岩井　五右衛門
（次）並木　新次郎
おかよ
新右衛門
□七
周蔵
虎次郎
勘六
乙次郎
源介
勝次郎
吉五郎
岩次郎
目吹　□重郎
□右衛門
兵□

文□
（下）久毛戸　権□
四郎兵衛
七兵衛
安部（虫損）　□□衛
弓田　善右衛門
源兵衛
茂□
次郎吉
善左□□
次左衛門
船□　□右衛門
（桐）■ヶ作　□
源蔵
（虫損）目吹　嘉□
弥右衛門
甚左衛門

（虫損）
権兵衛
七兵衛
（虫損）
八〔　〕
新蔵
□右衛門
□五郎
□吉
清〔　〕
（虫損）
柏寺
彦兵衛
長右衛門
勘右衛門
□兵衛
□兵衛
尾〔　〕
伝七
□右衛門
〔　〕

谷津
藤右衛門
幸〔　〕
七郎兵衛

岩井
〔　〕
吉左衛門
徳左衛門
（虫損）
要助
嘉兵衛
駒羽根
清蔵
源兵衛
〔　〕
長右衛門
〔　〕
茂右衛門
目吹
□兵衛
宝珠花
□五郎
目吹
□次郎
藤右衛門
又兵衛
留田
久内

六蔵　□兵衛
岡田　吉兵衛　岩井　□次右衛門
宗兵衛　□右衛門
七兵衛　□兵衛
七左衛門　□□村　□右衛門
□□村　与助　惣兵衛
□次郎　思□
□　忠蔵　長八
平蔵　深井新田　源蔵
正松
舟□村　利八
□□衛門
（虫損）
弓田　又蔵　□右衛門
長吉　与二右衛門
□□村　岩井町　三左衛門
□崎村　□平次　佐右衛門
藤右衛門　彦右衛門

孫兵衛　三右衛門
彦左衛門　□介
外　弐人　踏掛村□　兵吉
武八
房右衛門
富田　伊三郎
小金根木内新田　忠八
助左衛門　甚兵衛
喜右衛門　目吹　新五郎
惣兵衛　長左衛門
小□□　五右衛門　□□　三郎右衛門
五郎右衛門　惣七
伝右衛門
舟形　新兵衛　□左衛門
喜之介　小間瀬　善兵衛
伝之丞　三郎兵衛
清兵衛　□右衛門
（虫損）

並木村 忠七
岩蔵
源次郎
源蔵
□宿村 新兵衛
安五郎
宝珠花 由兵衛
用留
中里 権左衛門
甚介
籾弐俵 喜右衛門
同弐俵 幸蔵
同弐俵 仁右衛門
同弐俵 丈右衛門

中里村 吉兵衛
上伊豆島 源□
□大谷野井 文吉
□ □兵衛
長兵衛
富田村 茂右衛門
金八
喜兵衛
庄右衛門
莚内(打) 八右衛門
庄右衛門
権兵衛
大井村新田 庄助
吉兵衛
弥介
市郎□
惣□
文吉

舟形村 惣□衛
市兵衛
上目吹 市右□□
左吉
下目吹 勘平
弥□
□左衛門
庄右衛門
多□郎
深井村 権左衛門
利右衛門
小山島 市右衛門
重兵衛
九兵衛
中目吹 門左衛門
新七
藤右衛門
源兵衛

三左衛門
丈右□
市兵衛
権二郎
□左衛門
□
船形村　□
弓田村　三左衛門
同人□
大谷野井　□右衛門
長左衛門
門内
〆
弓田村　兵左衛門
嘉左衛門
岩井　佐内
舟形新田　定平
さが

徳右衛門
桐木村　五右衛門
権左衛門
木ノサキ　文左衛門
□
門内
富田　□右衛門
忠□
下目吹　孫右衛門
吉左衛門
伝兵衛
藤右衛門
惣兵衛
市郎左衛門
佐左衛門
藤次郎
上目吹　金八
伊右衛門

勘　蔵
於井々村
長兵衛
彦右衛門
伝右衛門
与右衛門
巳　吉
平井
宇右衛門
木間ヶ瀬
茂右衛門
□兵衛
（蕃昌）
番匠
清兵衛
文　蔵
かし
万　吉
音次郎
中山村
平　蔵
佐次兵衛
船形村
八　内
源　蔵
伝　六

茂次郎
仙次郎
上目吹
源兵衛
市右衛門
七郎兵衛
八　内
半兵衛
清　八
甚兵衛
権次郎
十兵衛
中里
次右衛門
安部
新五右衛門
くつ掛新田
忠兵衛
彦　市
惣右衛門
善兵衛
佐五兵衛

一　天保四年

（裏表紙）「

高梨氏

木間ヶ瀬　寮主壱人」

（文書番号 ZBA19）

二　天保五年

2　天保五年三月　囲籾施行につき出役願

(前欠カ)
右は、去巳年稀成冷気打続候、其上同年八月朔日大風雨ニて、田畑諸作共違作ニ付、当村并近隣村々困窮之もの共夫食ニ差支、及飢候段歎ケ敷奉存候間、兼て私儀貯置候囲籾五百石所持罷在候ニ付、書面之村々困窮之ものえ施行差遣申度、尤男女不拘六十才以上、壱人ニ付籾弐斗宛、同拾五才以下、壱人ニ付壱斗宛、差遣候様可仕哉、又ハ壱軒ニ付籾五斗入壱俵宛、差遣候様可仕哉、為御取締と御出役御取調之上、混雑等無之様御取締被成下、割渡被成■■■仕度奉存候割渡申度奉存候間、何卒来ル十五日頃御出役被成下、無難ニ割渡相成候様、被仰付被下置度奉願上候、以上、

天保五午年三月四日

当御代官所
下総葛飾郡
上花輪村
名主　兵左衛門

羽倉外記様

御役所

(文書番号 ZBA122)

3　天保五年三月　十五カ村へ囲籾施行につき出役願

乍恐以書付奉願上候
当御代官処
下総国葛飾郡
上花輪村
今上村
桜台村
山崎村
花井新田
当御代官所
牛込忠左衛門様
島田重次郎様
御知行
中野台村
松平勘太郎様御知行
野田町
堤台村
山田茂左衛門様御代官所
清水村
林金五郎様御代官所
堤根新田
中根新田
横打村
奉目新田
鶴島新田
柳沢新田

右は、私儀兼て囲置候籾穀、書面之村々困窮之ものえ、施行ニ差遣度奉存候間、何卒来ル十五日頃御出役被成下、無難ニ割渡相成候様被　仰□置度奉願上候、以上、
天保五午年三月八日
当御代官所
下総国葛飾郡
上花輪村
名主　兵左衛門
羽倉外記様
御役所

（文書番号 ZBA121）

4　（天保五年）午三月　夫食難渋者へ囲籾合力覚

「（横帳）
（表紙なし）」

覚

廻文ヲ以得御意候、春暖之節弥御安全被成御座、珍重奉存候、然は去ル巳年中違作ニ付、其御村々御人別之内、夫食難渋之人々え拙者貯置候囲籾、乍少分致合力度、其段御支配　御役所え御伺奉申上候処、御聞済ニ相成、来ル十五日御出役、当村え御入来御座候間、右夫食難渋之分、御人別之内、家数并名前六拾才以上何人、拾五才以下何人と申儀、乍御面倒御取調、右日限迄御出役え差出候様、書付御差越被成下度頼上候、此段得御意度、如此ニ御座候、以上、

上花輪村
名主　兵左衛門

午三月十二日
今上村
山崎村
桜台村
花井新田
中野台村
野田町
堤台村
清水村
宮崎新田
堤根新田
中根新田
横内新田
奉目新田
鶴島新田
柳沢新田
座生井新田（ママ）
右村々

御役人中様

羽倉外記手代
菊田啓蔵

先触

覚

一、人足壱人　両掛壱荷

右は、自分儀明十五日朝六ツ半時、下総国葛飾郡上花輪村迄罷越候条、書面之通、人足無遅滞差出し、継立可被申候、此先触早々順達、留り村より着之上、可被相返候、以上、

午三月十四日

当御支配所
下総国葛飾郡
上花輪村

覚

〆家数弐拾弐軒

此人別九拾壱人
内
六拾以上八人
拾五以下三十八人

右、書面之者夫食難渋ニ付、書上申候処、相違無御座候、以上、

天保五年
午三月

右村
名主代市郎左衛門
組頭　伝右衛門
百姓代市三郎

覚

中野台村

一、家数合四拾四軒
此人数弐百弐拾人
内 百八人男
百拾弐人女
内 六拾壱人　十五才以下
弐拾弐人　六十才以上

覚

堤台村

一、家数弐拾五軒
此人別百五拾三人
内 拾壱人　六十才以上
拾人　十五才以下

覚

堤根新田

一、家数六軒
此人別拾九人
内 七人　六十才以上
七人　十五才以下

覚

桜台村

一、家数七軒
此人別三拾五人
内 拾五人　十五才以下
四人　六十才以上

覚

今上村

一、家数百八拾軒
此人別九百五拾弐人
内四百八拾弐人

村役人其外夫食持有之者、并自分才覚成候者除
之
残四百七拾人
家数百三人（ママ）
夫食難渋之者共
内　四拾七人　六十才以上
　　百□七人　十五才以下

覚　山崎村
一、家数六拾五軒
此人別弐百五拾九人
内　三十弐人　六十才以上
　　六十三人　十五才以下

覚　野田下町
一、家数六拾軒
此人別弐百弐拾七人
内　七拾九人　六十以上
　　百四拾六人　十五才以下

覚　同中町
一、家数弐拾三軒
此人別六拾壱人
内　十五人　六十才以上
　　四十六人　十五才以下

覚　同上町
一、家数五拾三軒
此人別百六拾弐人
内　三十壱人　六十才以上
　　百三十一人　十五才以下

三町惣家数
合百三拾六軒
此人別四百四拾八人
内　百廿五人　六十才以上
　　三百廿三人　十五才以下
（貼紙）
「人数〆四百四拾八人

内六十才以上　百弐拾五人
拾五才以上　百五十人
十五才以下　三百七十三人」

覚

中根新田

一、家数拾七軒

此人別八拾七人

四十六人　十五才より六十才□
内拾人　六十才以上
三十一人　十五才以下

覚

花井新田

一、家数八軒

此人別三拾六人

内壱人　六十才以上
十七人　十五才以下

覚

横内村

一、家数八軒

此人別四拾人

4　（天保五年）午三月　夫食難渋者へ囲籾合力覚

内七人　六十才以上
拾弐人　十五才以下

覚

柳沢新田

一、家数拾八軒

此人別九拾五人

内八人　六十才以上
廿四人　十五才以下

覚

宮崎新田

一、家数拾五軒

此人別七拾人

内三人　六十才以上
廿人　十五才以下

覚

清水村

一、家数合八拾壱軒

此人数四百三拾六人

内弐百八人　男
弐百廿八人　女
内四拾六人　六十才以上
百拾六人　拾五才以下

下ケ紙之事

惣家数之内　弐拾七軒　夫食難渋之者
此人別百拾九人
内拾三人　六十以上
三拾壱人　十五才以下

覚

山崎新田
熊太郎組

一、家数弐拾四軒
人数八拾七人
内六十才以上　六人
十五才以下　三拾弐人

覚

座生新田

一、家数六軒
人別拾六人
但、六十以上、十五以下之者無御座候

此渡方籾銘々訳

一、百七拾俵ト三斗　今上村　○
一、拾弐俵ト五升　桜代村
一、九拾壱俵ト壱斗五升　山崎村　古料
一、三拾俵ト四斗五升　同　新料
一、拾弐俵ト三斗　花井新田
一、六俵ト弐斗　座生新田
一、七拾九俵ト三斗五升　中之代村
一、百五十五俵ト四斗　野田町○
一、拾弐俵ト三斗五升　堤代村
一、四拾三俵壱斗　清水村
一、六俵ト壱斗　堤根新田
一、三拾俵ト三斗五升　中根新田
一、拾四俵ト五升　横内村
一、三拾五俵ト三斗　柳沢新田

一、弐拾五俵ト三斗五升　宮崎新田
一、三拾壱俵ト四升　村方分 ○
但、五斗入
〆俵数七百五十七俵ト弐斗
此石三百七拾八石七斗
内
○印
三百五拾八俵ト三斗　十六日渡ス
三百九拾八俵ト四斗　十七日渡ス
一、籾弐俵　作兵衛
新穀迄かし
一、同弐俵　惣左衛門
同かし
一、同壱俵ト三斗　権兵衛
同かし
一、同弐俵かし　中ノ代 権左衛門
一、同弐俵かし　甚兵衛
一、同八俵かし　堤台分

一、同弐俵　清水 惣左衛門
東深井
一、吉右衛門　一、源次郎
一、吉兵衛　一、甚右衛門
一、源左衛門　一、弥兵衛
一、数右衛門　一、才右衛門
一、次郎右衛門　一、忠蔵
一、伝兵衛　一、新八
一、与平治　一、喜右衛門
一、五郎兵衛　一、重右衛門
一、磯右衛門　一、徳右衛門
一、庄兵衛　甚松　一、伝四郎

（文書番号 ZBA75）

5　（天保五年）午三月　合力につき書状（鶴島新田）

（封上書）
「上花輪村
高梨兵左衛門様
尊下
鶴島新田
名主　源五右衛門」

尚々

乍憚以書中申上候、春暖之砌、益御清栄ニ被遊御座、珍重之御儀ニ奉存候、随て下拙義ハ無別条罷在候間、乍憚御安意可被下候、然は此度飢人御救之ため、御囲籾御伺之上、近村々え御合力可被下候趣、書面ヲ以被仰聞難有奉承知、右之段小前之もの共え申聞候得共、最早無間も麦作出来可申候間、麦作出来迄之間ハ、稼出情仕、喰続キ候様仕度旨（カ）、小前之もの共申事ニ御座候、万一麦作違作ニて、取続キ相成不申候節ニは、御合力之御願ニ罷上り可申候間、其節御救之程奉願上候、先ハ右之段申上度、如此ニ御座候、以上、

午三月十四日
鶴島新田
役人惣代
名主　源五右衛門
上花輪村
高梨兵左衛門様

（文書番号 EJA13）

6　天保五年三月　困窮人別取調帳（野田町）

（横帳）「天保五年
困窮人別取調帳
三月十五日　」

覚

一、壱人　菴主
一、弐人　茂吉
一、弐人　卯之助
一、弐人　孫兵衛
一、弐人　藤蔵
一、弐人　吉五郎
一、弐人　安五郎
一、五人　平太
一、四人　留次郎
一、四人　喜右衛門
一、三人　庄兵衛
一、三人　武左衛門
一、弐人　八五郎
一、弐人　岩吉
一、四人　平助
一、三人　長五郎
一、五人　久次郎
一、三人　吉兵衛
一、七人　忠助
一、三人　嘉兵衛
一、七人　勘蔵
一、弐人　仙蔵
一、三人　安兵衛
一、四人　幸助
一、七人　喜兵衛
一、三人　常七
一、三人　安五郎

一、弐人　伊右衛門
一、弐人　伊三郎
一、四人　源蔵
一、弐人　次左衛門
一、弐人　清蔵
一、七人　元周
一、弐人　とめ
一、壱人　宗兵衛
一、弐人　喜四郎
一、五人　権次郎
一、四人　平六
一、四人　清次郎
一、弐人　瀧五郎
一、三人　善次郎
一、壱人　勘右衛門
一、弐人　半兵衛
一、弐人　善次郎
一、弐人　友蔵
一、弐人　金蔵
一、弐人　彦八
一、弐人　佐之吉
一、三人　平左衛門
一、三人　平蔵
一、三人　権兵衛
一、五人　三平
一、弐人　新之介
一、三人　伊助
一、三人　要介
一、三人　清次郎
一、弐人　惣兵衛
一、五人　百蔵
一、三人　遊磐
一、三人　富右衛門
一、弐人　吉蔵
一、三人　富五郎
一、弐人　忠八

一、弐人　亦市
一、弐人　つよ
一、三人　栄吉
一、壱人　豊蔵
一、弐人　孫市
一、三人　藤吉
一、弐人　勇次郎
一、弐人　栄次郎
一、三人　くに
一、四人　佐吉
一、弐人　瀧右衛門
一、四人　伊太郎
一、弐人　庄右衛門後家
一、四人　六兵衛
一、七人　長吉
一、三人　清五郎
一、四人　重兵衛
一、五人　亀次郎
一、四人　要次郎
一、四人　伊之介
一、四人　久次郎
一、三人　久蔵
一、弐人　巳之介
一、五人　岩右衛門
一、六人　寅松
一、六人　源六
一、三人　久兵衛
一、四人　留次郎
一、六人　重蔵
一、五人　伝七
一、五人　喜兵衛
一、五人　惣吉
一、五人　佐助
一、弐人　金蔵
一、四人　松五郎
一、四人　宇之介

一、四人　与四郎
一、四人　清吉
一、三人　宇三郎
一、四人　藤蔵
一、三人　要蔵
一、五人　金五郎
一、四人　金八
一、五人　与平
一、弐人　久蔵
一、四人　八五郎
一、弐人　岩蔵
一、四人　伊之介
一、六人　万吉
一、三人　久八
一、四人　惣右衛門
一、三人　金次郎
一、壱人　豊七
一、四人　佐市
一、四人　吉蔵
一、四人　太七
一、壱人　松右衛門
一、四人　新七
一、弐人　清兵衛
一、五人　宮之一
一、弐人　勝蔵
一、三人　市之介
一、弐人　慶吉
一、五人　善蔵
一、弐人　吉介
一、五人　久蔵
一、四人　吉右衛門
一、四人　粂吉
一、弐人　三次郎
一、弐人　亀吉
一、弐人　友五郎
一、壱人　勇七

一、六人　　久八
一、弐人　　金八
〆家数百三拾七軒
四百四拾八人
　六拾才已上　五拾九人
内拾五才已上　弐百拾四人
　拾五才已下　百七拾五人

松平勘太郎知行所
下総国葛飾郡
野田町

前書之者共、夫食難渋ニ付、書面之通相違無御坐候、已
上、

右町
名主　彦八㊞
組頭　佐平次㊞
百姓代平兵衛㊞

（文書番号 ZBA115）

7　（天保五年）午三月　籾御渡し覚（清水村）

覚

拝借
一、籾弐俵　　清水村　惣左衛門

右之通、此ものニ御渡し可被下候、以上、

午三月十八日　右村　与頭　伊左衛門㊞

上花輪村
高梨兵左衛門様

（文書番号 EGA5）

8　天保五年三月　困窮人別取調書上帳（上花輪村）

（竪帳）
「天保五年
困窮人別取調書上帳
午三月
下総国葛飾郡
上花輪村」

覚

当御支配所
下総国葛飾郡
上花輪村

一、五人　甚五右衛門
一、四人　市左衛門
一、三人　要　吉
一、弐人　作之助
一、四人　七郎平
一、七人　次兵衛
一、六人　□（仁）左衛門
一、五人　幸　八
一、拾人　八兵衛
一、四人　宇平治
一、八人　□（佐）伝治
一、三人　喜　平
一、五人　伝左衛門
一、弐人　喜右衛門
一、五人　□（新）五右衛門
一、四人　金左衛門
一、弐人　源　吉
一、弐人　平右衛門
一、弐人　孫右衛門
一、弐人　伝　吉
一、四人　□（伝）左衛門
一、弐人　与　市

家数〆弐拾弐軒

此人別九拾壱人
内 六拾以上　八人
　 十五以下　三拾八人
右書面之者、夫食難渋ニ附、書上申候処、相違無御座候、
以上、

天保五年
　午三月　　　　　　右村
　　　　　　　　　　名主代市郎左衛門㊞
　　　　　　　　　　組頭　伝右衛門㊞
　　　　　　　　　　百姓代市　三　郎㊞

（文書番号 ZBA91）

9　天保五年三月　困窮人別取調書上帳（上花輪村）

（竪帳）
「天保五年
困窮人別取調書上帳
　午三月　　下総国葛飾郡
　　　　　　　上花輪村」

六拾才以上十五才以下之者
　壱人前ニ付、籾壱斗五升宛
拾五才より六十才迄之者
　壱人前ニ付、籾弐斗宛

覚

当御支配所
　下総国葛飾郡
　　上花輪村

一、四人　籾三斗　六斗五升　子老三人　甚五左衛門

□、□人　「（付箋）籾四斗五升　老子共三人分　同弐斗外壱人分」　権兵衛

□、□人　籾三斗子共弐人分　同四斗外弐人分　〆七斗　市左衛門

□、□人　籾壱斗五升子共壱人分　同四斗外弐人分　〆五斗五升　要吉

一、弐人　籾壱斗五升老壱人分　同壱斗五升子共壱人分　〆三斗　作之助

一、四人　籾壱斗五升子共壱人分　同六斗外三人分　〆七斗五升　七郎平

一、七人　籾七斗五升老子共五人分　同四斗外弐人分　〆壱石壱斗五升　治兵衛

一、六人　籾三斗老子共弐人　同六斗外三人□　〆九斗　仁左衛門

一、五人　同三斗子共弐人分　同六斗外三人分　〆九斗　幸八

一、拾人　籾六斗子共四人分　壱石弐斗外六人分　〆壱石八斗　八兵衛

一、四人　籾三斗子共弐人分　同四斗外弐人分　〆七斗　宇平治

□、□□　籾九斗老子共六人分　同四斗外弐人分　〆壱石三斗　佐伝次

□、□人　籾三斗老子共弐人分　同弐斗外壱人分　〆五斗　喜平

□、□人　籾壱斗五升子共壱人分　同八斗外四人分　〆九斗五升　伝左衛門

一、弐人　籾四斗弐人分　喜右衛門

一、五人　籾四斗五升子共三人分　同四斗外弐人分　〆八斗五升　新五右衛門

一、四人　籾三斗子共弐人分　同四斗外弐人分　〆七斗　金左衛門

一、弐人　籾四斗弐人分　源吉

一、弐人　籾壱斗五升子共壱人分　同四斗外弐人分　〆五斗五升　平右衛門

一、弐人　籾四斗弐人分　孫右衛門

一、弐人　籾四斗弐人分　伝吉

一、四人　籾四斗老子共弐人分
　　　　　同三斗弐人分
　　　　　〆七斗　　　　　佐左衛門

□、□人　籾壱斗五升老壱人分
　　　　　弐斗外壱人分
　　　　　〆三斗五升　　　与　市

右籾合拾五石九斗

此俵数三拾壱俵ト四斗

百□□市三郎㊞

一、籾弐俵　但、五斗入　　作兵衛

一、□　　　　　　　　　　惣左衛門

一、同壱俵ト三斗　　　　　権兵衛

（文書番号 ZBA87）

9　天保五年三月　困窮人別取調書上帳（上花輪村）

家数〆弐拾三軒

此人別九拾五人

内六拾以上八人

内拾五以下三拾八人

内 十五才より 六十迄は 四拾五人

右書面之者、夫食難渋ニ付、書上申候処、相違無御座候、以上、

天保五年

午三月

右村

名主代市郎左衛門㊞

組頭　伝右衛門㊞

10　天保五年三月　夫食難渋人別小前帳（今上村）

（竪帳）
「天保五午年三月
夫食難渋人別小前帳
下総国葛飾郡
今上村」

覚

今上村

高千百六拾弐石壱斗三升五合
一、家数百八拾軒
人別九百五拾弐人
内、人別四百八拾弐人　村役人其外、少々夫食貯有之者、并自分才覚成候者除
残人別四百七拾人　夫食難渋之者共
家数百三軒
内、人別四拾七人　六拾才以上
人別百弐拾七人　十五才已下
右小前

百姓　藤左衛門
同　八五郎
同　佐兵衛
同　市右衛門
同　忠右衛門
同　源次郎
同　伊兵衛
同　次右衛門
同　善次郎
百姓　喜兵衛
同　七郎兵衛
同　嘉左衛門
同　善蔵
同　善八
同　友蔵
同　七郎左衛門
同　庄左衛門
同　太郎右衛門

定使　しげ
百姓　彦右衛門
同　重右衛門
同　与左衛門
同　八　蔵
同　金十郎
百姓　作右衛門
同　金　平
同　源　内
同　甚五郎
同　重左衛門
同　市兵衛
同　徳右衛門
同　庄右衛門
同　権十郎
同　嘉兵衛
同　金次郎
同　源四郎

同　佐左衛門
同　勘左衛門
同　次兵衛
同　新兵衛
同　利兵衛
百姓　弥惣右衛門
同　源十郎
同　清兵衛
同　市郎兵衛
同　巳之助
同　勘右衛門
同　政右衛門
同　清次郎
同　佐右衛門
同　三右衛門
同　惣　助
同　源左衛門
同　久　八

同　長左衛門
同　孫兵衛
同　与左衛門
百姓　久左衛門
同　弥之惣
同　平吉
同　清九郎
同　小七
同　長三郎
同　吉兵衛
同　五郎兵衛
同　重三郎
同　権右衛門
同　伊兵衛
同　宇八
同　六左衛門
同　庄兵衛
同　弥兵衛

同　茂右衛門
同　市三郎
同　栄助
百姓　勘兵衛
同　山三郎
同　清左衛門
同　武兵衛
同　文右衛門
同　吉左衛門
同　権兵衛
同　新右衛門
同　忠左衛門
同　五右衛門
同　新五郎
同　平左衛門
同　権助
同　熊右衛門
同　久兵衛

同　兵左衛門
同　太郎兵衛
百姓　長兵衛
同　武左衛門
同　伝　蔵
同　五左衛門
同　五兵衛
同　清兵衛
同　文　蔵
同　伝三郎
同　伊三郎
同　五右衛門
弥五右衛門抱　辰五郎

右は、今般夫食難渋之者共、御合力被下候ニ付、実々難儀之者共取調候処、書面之通相違無御座候、以上、

今上村
名主　仁左衛門㊞
同　幸　八㊞
同　伊右衛門㊞
年寄　与右衛門㊞
同　利左衛門㊞
同　長兵衛㊞
同　孫右衛門㊞
同　吉右衛門㊞
百姓代　半右衛門㊞
同　源十郎㊞
同　八郎兵衛㊞
同　仲右衛門㊞

（文書番号 ZBA88）

11　天保五年三月　去巳年凶作につき困窮の小前家数人別取調帳（中野台村）

「（竪帳）
天保五年
去巳年凶作ニ付困窮之小前家数人別取調帳
午三月
下総国葛飾郡
中野台村」

覚

一、家数合四拾四軒　中野台村
此人数弐百弐拾人内百八人男
百拾弐人女
内人数六拾壱人　十五才以下
同　弐拾弐人　六十才以上

右は、御囲籾今般
御下知之趣を以、困窮之小前夫食為取続御合力被成下、
難有仕合ニ奉存候、依之前書之通、困窮之小前取調書上申処、仍て如件、

天保五午年三月

羽倉外記様御代官所
中野台村
名主　八郎兵衛㊞
組頭　七左衛門㊞
百姓代甚　兵　衛㊞

牛込忠左衛門様知行所
同村
名主代組頭　茂　兵　衛㊞
百姓代新　兵　衛㊞

島田重次郎様知行所
同村
名主代組頭　三郎右衛門㊞
百姓代孫　四　郎㊞

上花輪村
兵左衛門殿

（文書番号 EBA12）

12　天保五年三月　家数人別調出しの帳（座生新田）

（竪帳）
「家数人別調出し之帳

座生新田」

座生新田

家数拾軒

内

吉　蔵
家内壱人

み　よ
家内壱人

源　七
家内五人

半次郎
家内壱人

升右衛門
家内三人

藤右衛門
家内五人

〆六軒

人数拾六人　但、十五才以下
六十以上之者
無御座候

右之通、相違無御座候、以上、

葛飾郡座生新田

天保五午三月

村役人
惣代
名主　彦右衛門㊞

（文書番号 EHB2）

13　天保五年三月　家数人別書上帳（堤台村）

（竪帳）
「家数人別書上帳

堤台村」

松平勘太郎知行所
下総国葛飾□
堤台村

一、家数弐拾五軒
此人数百五拾三人
内、六拾以上拾壱人
拾五才以下拾人
拾五才以上拾壱人
家数七軒
右難渋者共
〆三拾弐人
五兵衛
与次右衛門
幸助
弥平治
七右衛門
与十郎
平□

右は、書面之者夫食難渋□□候処、無相違御座候、以上、

天保五午年三月
右村
名主　助右衛門㊞

（文書番号 FFA5）

14　天保五年三月　貧民人別取調書上帳（桜台村）

（横帳）
「天保五午年
貧民人別取調書上帳
三月
下総国葛飾郡
桜台村」

覚

下総国葛飾郡
桜台村

百姓
治右衛門
みよ
良蔵
倉之助
まさ
〆五人

百姓
吉右衛門
ちよ
定右衛門
定吉
丑太郎
〆五人

庄蔵
しほ
りん
半蔵
留次郎
〆五人

百姓
源七
永助
さの
仙蔵
まつ

き　ん
い　せ
〆七人
百姓寅蔵後家
く　め
な　が
と　ら
き　ち
〆四人
百姓
金　蔵
い　か
藤次郎
く　に
〆四人
百姓与四郎後家
は　つ
粂　蔵
き　よ

ひ　で
て　る
〆五人
合家数七軒
此人別三拾五人
内拾五以上　拾五人
六拾以上　四人
右之通、貧民相改候処、相違無御座候、以上、
右村
天保五午年
百姓代市右衛門㊞
三月
組頭　太郎左衛門㊞
名主　壱　岐㊞
（文書番号 ZBA73）

15　（天保五年）午三月　村方窮民人別取調書抜帳（山崎村新料）

（横帳）
「村方窮民人別取調書抜帳
午三月　山崎村新料」

覚

五人　茂右衛門
四人　重右衛門
弐人　平　内
五人　吉兵衛
三人　要　助
七人　庄右衛門
六人　政右衛門
六人　栄　蔵
三人　次郎右衛門
壱人　宇右衛門
壱人　三左衛門
四人　七右衛門
壱人　友右衛門
壱人　山　三　郎
壱人　兵　重　郎
五人　市左衛門
四人　平　四　郎
弐人　三　重　郎
□人　権左衛門
三人　惣左衛門
五人　喜右衛門
弐人　伝　重　郎
四人　三郎兵衛
六人　六郎□衛門

〆弐拾四軒
此人別八十七人

内
六十才以上　六人
十五才已下　三十弐人
右之通り窮民相改申候処、相違無御座候、以上、
下総国葛飾郡山崎村
百姓代吉右衛門㊞
年寄　清兵衛㊞
名主　熊太郎㊞
（文書番号 ZBA76）

16　天保五年三月　家数人別取調帳（柳沢新田）

（竪帳）
「天保五年
家数人別取調帳
午三月　下総国葛飾郡
柳沢新田」
山田茂左衛門御代官所
下総国葛飾郡
高四百七拾六石弐斗壱合六勺　柳沢新田
一、家数合弐拾三軒　内、拾八軒夫喰難渋之者
一、人数合百三拾七人　内男七十六人
女六十壱人
内
九拾七人　夫喰難渋之者
内
六拾五人　拾五才より六十才迄

八人　六拾才以上
弐拾四人　十五才以下
合九拾七人
右は、村方小前取調申候処、書面之通、相違無御座候、
已上、
柳沢新田
年寄名主　喜　兵　衛㊞
天保五午年三月
組頭　長　　蔵㊞
百姓代治右衛門㊞
（文書番号 EIA1）

17　天保五年三月　家数人別取調帳（横内村）

（竪帳）
「天保五年
家数人別取調帳
午三月　下総国葛飾郡
横内村」

林金五郎御代官所
下総国葛飾郡
高百八拾八石八升三合　横内村
一、家数合拾八軒　内、八軒夫喰難渋之者
一、人数合百弐人　内男五十弐人　女五十人
内
四拾人　夫喰難渋之者
内
弐拾壱人　拾五才より六十才迄

七人　六拾才以上

拾弐人　十五才以下

〆四拾人

右は、村方小前取調候処、書面之通、相違無御座候、以上、

下総国葛飾郡

横内村

名主　宇右衛門㊞

天保五年午三月

組頭　重郎兵衛㊞

百姓代弥右衛門㊞

（文書番号 EKB4）

18　天保五年三月　家数人別取調帳（宮崎新田）

（竪帳）「天保五年

家数人別取調帳

午三月　　下総国葛飾郡

宮崎新田」

山田茂左衛門御代官所

下総国葛飾郡

高四百九拾石九斗七升七合　宮崎新田

一、家数合拾九軒　内、十五軒夫喰難渋之者

一、人数合九拾八人　内男五十三人　女四十五人

内

七拾人　夫喰難渋之者

内

四十七人　拾五才より六十才迄

三人　　六拾才以上
弐拾人　十五才以下
合七拾人
右は、村方小前取調申候処、書面之通、相違無御座候、
以上、
天保五午年三月
宮崎新田
名主　治部右衛門㊞
組頭　久左衛門㊞
百姓代与右衛門㊞
（文書番号 EIB1）

19　天保五年三月　家数人別取調帳（中根新田）

（竪帳）
「天保五年
家数人別取調帳
午三月　下総国葛飾郡
中根新田」
山田茂左衛門御代官所
下総国葛飾郡
高五百五拾八石五斗三升　中根新田
一、家数合弐拾弐軒　内、拾七軒　夫喰難渋之者
一、人数合百弐拾七人　内　男七十九人
女四十八人
内
八十七人　夫喰難渋之者
内
四拾六人　拾五才より六十才迄

拾人
三十壱人
合八十七人

六拾才以上
拾五才以下

右は、村方小前取調申候処、書面之通、相違無御座候、以上、

天保五午年三月

中根新田
名主　佐五右衛門㊞
組頭　吉兵衛㊞
百姓代武兵衛㊞

（文書番号 DDC1）

20　天保五年三月　貧民人別取調書上帳（花井新田）

（横帳）
「天保五午年
貧民人別取調書上帳
三月　　下総国葛飾郡
花井新田」

覚

一、家八軒
人数三拾六人
内
六拾才以上　壱人
拾五才以下　拾七人

金左衛門
かの
卯之介

金　蔵

長四郎

長兵衛

忠三郎

善右衛門

右之通、貧民相改候処、相違無御座候、以上、

下総国葛飾郡

花井新田

百姓代源右衛門㊞

年寄　市右衛門㊞

名主　久左衛門㊞

（文書番号 EKA4）

21　天保五年三月　困窮人書上帳（堤根新田）

（竪帳）
「天保五年

困窮人書上帳

午三月　　下総国葛飾郡

堤根新田」

覚

林金五郎支配所

下総国葛飾郡堤根新田

一、三人　　百姓　儀右衛門

一、五人　　同　七　平

内、六拾才以上四人、拾五以下壱人

一、三人　　七右衛門

内、六拾歳以上弐人、拾五以下壱人

一、四人　　次郎兵衛

一、三人　　　　　　　　伝兵衛
一、壱人　　　　　　　　定七
〆六軒
此人別拾九人
内
七人　　六拾才以上
七人　　拾五才以下
右書面之通、夫食難渋ニ付、書上申候処、相違無御座候、以上、
右村
天保五年午三月
名主　孫七
同　兵左衛門㊞
（文書番号 CGD2）

22　天保五年三月　去巳年凶作につき夫食御拝借家数人別書上帳（清水村）

（竪帳）
「天保五年
去巳年凶作ニ付夫食御拝借家数人別書上帳
午三月
下総国葛飾郡
清水村」

覚
山田茂左衛門御代官所
下総国葛飾郡
清水村
一、家数八拾壱軒
此人数四百三拾六人内　男弐百八人
女弐百廿八人
内　人数六拾以上　四拾六人
同　十五才以下百拾六人

「（付箋）惣家数之内弐拾七軒夫食難渋之もの共

此人別百拾九人

内　拾三人　六拾以上

　　三拾壱人　十五才以下」

右は、去巳年凶年ニ付、書面之人別之もの共困窮仕、夫食差詰り難儀至極仕■〈候〉者、書面之通御坐候、以上、

右村

天保五午年三月

名主見習茂　八　郎㊞

組頭　善右衛門㊞

百姓代兵右衛門㊞

（文書番号 EGA6）

23　天保五年三月　囲籾近村貧民合力請取帳

「（横帳）天保五年

囲籾近村貧民合力請取帳

午三月」

覚

一、籾百七拾俵三斗　但シ、五斗入

小前難渋之者夫食合力、慥ニ請取申候、以上、

今上村

午三月十六日

名主　仁左衛門㊞

同　幸　八㊞

一、籾拾弐俵ト五升

右同断

桜台村

名主　壱　岐㊞

一、籾九拾壱俵ト壱斗五升
右同断
山崎村古料
年寄　七左衛門㊞
同　七郎兵衛㊞

一、籾三拾俵ト四斗五升
同
同新料
年寄　清兵衛㊞

一、籾拾弐俵ト三斗
右同断
花井新田
名主　久左衛門㊞

一、籾六俵ト弐斗
右同断
座生新田
名主　彦右衛門㊞

一、籾七拾九俵ト三斗五升
右同断
中之代村
名主　八郎兵衛㊞

一、籾百五拾五俵ト四斗
右同断
野田町
名主　彦八㊞

一、籾拾弐俵ト三斗五升
右同断
堤台村
名主　助右衛門㊞

一、籾四拾三俵ト壱斗
右同断
清水村
年寄　善右衛門㊞

一、籾六俵ト壱斗
右同断
堤根新田

一、籾三拾俵ト三斗五升

名主　孫　七㊞

右同断

中根新田

名主　佐五右衛門㊞

一、籾拾四俵ト五升

右同断

横内村

名主　宇右衛門㊞

一、籾三拾五俵ト三斗

右同断

柳沢新田

名主　喜兵衛㊞

一、籾弐拾五俵ト三斗五升

右同断

宮崎新田

名主　治部右衛門㊞

（裏表紙）

「

上花輪村

兵左衛門」

（文書番号 BGC28）

一、籾

24　天保五年三月　救米金貸附米穀金高書付

（竪帳）

「救米金貸附米穀金高書付

下総国葛飾郡

上花輪村」

覚

羽倉外記御代官所
下総国葛飾郡上花輪村
百姓　岡　平

一、金五両

一、米八表　但し、四斗入　名主　兵左衛門

一、麦拾表　但し、五斗入

一、稗四拾表　但し、五斗入

一、麦四拾表　但し、四斗入

右は、村方并近村貧民え合力致候所、書面之通御座候、

一、同

右は、村方并近村え無利足年賦貸渡候程之者無御座候、

右は、去巳八月以来貧民合力、又は貸渡候分取調候処、相違無御座候、以上、

天保五午年三月

羽倉外記御代官所
下総国葛飾郡
上花輪村
百姓代市　三　郎
組頭　市郎左衛門
名主　兵左衛門

関東御取締御出役
山本大膳様御手代
河野啓助殿
御同人様御手代
堀江与四郎殿

（文書番号 ZBA93）

25　天保五年五月　鶴島新田飢人へ夫食御拝借小前名前書上帳

「（横帳）
天保五午年
鶴島新田飢人え夫食御拝借小前名前書上帳
五月八日」

鶴島新田

三郎兵衛
吉兵衛
吉左衛門
新左衛門
権八
庄松
彦右衛門
政吉
市平
平蔵
佐平
又右衛門
幸右衛門
佐五右衛門
五右衛門
権兵衛
八蔵
七五郎
藤吉
留

当村家数
合弐拾三軒
此人別百三拾人
右は、当村飢人共為御救、御囲穀御拝借仰付被下置、飢難之者共相助難有仕合奉存候、仍て小前名前銘々書上申処、如件、

右村

午五月八日

百姓代又右衛門㊞

組頭　伊右衛門㊞

同　重　兵　衛㊞

名主　源五右衛門㊞

上花輪村

高梨兵左衛門様

覚

一、籾弐拾弐俵也

但し、五斗入

右は、書面之俵慥ニ受取申候、以上、

午五月八日

鶴島新田

重　兵　衛㊞

又右衛門㊞

（文書番号 EJA3）

26　天保五年五月　合力籾麦稗書上帳

（竪帳）

「天保五年

合力籾麦稗書上帳

午五月

下総国葛飾郡上花輪村」

羽倉外記御代官所

下総国葛飾郡

上花輪村

一、家数弐拾弐軒

人数九拾壱人

此籾拾五石九斗

此俵三拾壱俵四斗

内

四拾五人　拾五歳より六拾歳迄

此籾九石

四拾六人　六拾歳以上拾五歳以下

此籾六石九斗

同御代官所

同国同郡

今上村

一、家数百三軒

人数四百七拾人

此籾八拾五石三斗

此俵百七拾俵三斗

内
弐百九拾六人
此籾五拾九石弐斗　右同断
百七拾四人
此籾弐拾六石壱斗　右同断

同御代官所
同国同郡
桜台村
一、家数七軒
人数三拾五人
此籾六石五升
此俵拾弐俵五升

内
拾六人
此籾三石弐斗　右同断
拾九人
此籾弐石八斗五升　右同断

同御代官所
同国同郡
山崎村古料
一、家数六拾四軒
人数弐百五拾弐人
此籾四拾五石六斗五升
此俵九拾壱俵壱斗五升

内
百五拾七人
此籾三拾壱石四斗　右同断
九拾五人
□籾拾四石□斗五升右同断

同御代官所
同国同郡
同村新料
一、家数弐拾四軒
人数八拾七人
此籾拾五石四斗五升
此俵三拾俵四斗五升

内
四拾八人
此籾九石六斗　右同断
三拾九人
此籾五石八斗五升　右同断

同御代官所
同国同郡
花井新田
一、家数八軒
人数三拾六人
此籾六石三斗
此俵拾弐俵三斗

内
拾八人
此籾三石六斗　右同断
拾八人
此籾弐石七斗　右同断

同御代官所
同国同郡
座生新田
一、家数六軒
人数拾六人
此籾三石弐斗
此俵六俵弐斗

拾五歳より六拾歳迄

同御代官所
牛込忠左衛門
島田重次郎
知行所
同国同郡
中野台村
一、家数四拾四軒
人数弐百弐拾人

此籾三拾九石八斗五升
此俵七拾九俵三斗五升
内
百三拾七人　此籾弐拾七石四斗　拾五歳より六拾歳迄
八拾三人　此籾拾弐石四斗五升　六拾歳以上拾五歳以下

松平勘太郎知行所
同国同郡
野田町
一、家数百三□□軒
人数四百四拾八人
此籾七拾七石九斗
此俵百五拾五俵四斗
内
弐百拾四人　此籾四拾弐石八斗　右同断
弐百三拾四人　此籾三拾五石壱斗　右同断

同知行所
同国同郡
堤台村
一、家数七軒
人数三拾弐人
此籾五石三斗五升
此俵拾俵三斗五升
内
拾壱人　此籾弐石弐斗　右同断
弐拾壱人　此籾三石五斗　右同断

山田茂左衛門御代官所
同国同郡
清水村
一、家数弐拾七軒
人数百拾九人
此籾弐拾壱石六斗
此俵四拾三俵壱斗
内
七拾五人　此籾拾五石　右同断
四拾四人　此籾六石六斗　右同断

林金五郎御代官所
同国同郡
堤根新田
一、家数六軒
人数拾九人
此籾三石壱斗
此俵六俵壱斗
内
五人　此籾壱石　右同断
拾四人　此籾弐石壱斗　右同断

山田茂左衛門御代官所
同国同郡
中根新田
一、家数拾七軒
人数八拾七人
此籾拾五石三斗五升
此俵三拾俵三斗五升

内
　四拾六人
　　此籾九石弐斗　右同断
　四拾壱人
　　此籾六石壱斗五升　右同断

林金五郎御代官所
同国同郡
一、家数八軒　横内村
　人数四拾人
　此籾七石五升
　此俵拾四俵五升
内
　弐拾壱人
　　此籾四石弐斗　右同断
　拾九人
　　此籾弐石八斗五升　右同断

同御代官所
同国同郡
一、家数拾八軒　柳沢新田
　人数九拾七人
　此籾拾七石八斗
　此俵三拾五俵三斗
内
　六拾五人
　　此籾拾三石　右同断
　三拾弐人
　　此籾四石八斗　右同断

同御代官所
同国同郡
一、家数拾五軒　宮崎新田
　人数七拾人
　此籾拾弐石八斗五升
　此俵弐拾五俵三斗五升
内
　四拾七人
　　此籾九石四斗　右同断
　弐拾三人
　　此籾三石四斗五升　右同断

右寄
家数五百拾三軒　拾五ケ村
人数弐千百拾九人
　此籾三百七拾八石七斗
　此俵七百五拾七俵弐斗　但、五斗入
　千弐百拾七人
　　此籾弐百四拾三石四斗拾五歳より六拾歳迄
　　但し壱人
　　籾弐斗宛
内
　九百弐人
　　此籾百三拾五石三斗六拾歳以上拾五歳以下
　　但し壱人
　　籾壱斗五升宛

一、米三俵三斗三升　　但し、五斗入
一、稗弐百三拾三俵　　但し、五斗入
右は、去巳十一月より当午四月晦日迄、村内近村々合力仕候、
一、春麦九拾六俵　　但し、四斗入
一、白米弐拾俵　　但し、四斗入
右は、去巳十二月十日より当午四月廿五日迄、日々焚出し非人え手当仕候、
一、籾八拾表　　但し、五斗入
右は近村々え合力仕候、
前書之通、近村々え合力差出し申候、以上、
上花輪村
天保五年午五月　　名主　兵左衛門
（文書番号 BGH1）

27　天保五年五月　合力籾麦稗書上帳

（竪帳）
「天保五年
合力籾麦稗書上帳
午五月
下総国葛飾郡上花輪村」

当三月十七日より四月廿五日迄
一、籾四拾八俵　但し、五斗入　凡人数三拾人位
此石弐拾四石
右は、近村々より致合力呉候様申候ニ付、遣し申候、
右同断
一、稗百五拾俵　但し、五斗入　凡人数五百人位
此石七拾五石
右前文同断
当正月廿八日より四月廿五日迄
一、春麦八拾俵　但し、四斗入
此石三拾弐石

右同断
一、白米拾俵　　但し、四斗入

此石四石

右は、非人え麦飯炊出し手当仕候、

前書之通、名主兵左衛門より手当仕候所、相違無御座候、

以上、

上花輪村

天保五年午五月　　組頭　弥五兵衛㊞

同　伝右衛門㊞

羽倉外記様

御役所

（文書番号 BGH2）

三　天保七年

28（天保七年）申七月　合力米買入につき届書

乍恐以書付御届奉申上候

下総国葛飾郡上花輪村名主高梨兵左衛門奉申上候、去ル巳年違作ニて米価高直之砌は、私儀兼て連々囲置候籾多分有之候ニ付、村内并最寄困窮村々拾五ケ村、役人は相除、小前困窮人え合力ニ、去ル午年春中差遣候得共、其後は午未両年ニ纔ニ、籾百石囲置候迄之折柄、当年之義も及違作、巳年同様米価高直ニ付、此上取続方之様子ニ寄、又候合力籾差出候心懸ニ御座候得共、右様纔之籾ニ付、米ニて差出候積を以、自分遣用飯米手当共見込、此節凡米七百俵程買入申候、然を為利欲買入候様、御察当を請候義有之候ては奉恐入候間、此段書付ヲ以、御届奉申上候、以上、

申七月廿四日

当御代官所
下総国葛飾郡
上花輪村名主
高梨兵左衛門

羽倉外記様
御役所

（文書番号 ZBA32）

29　天保七年八月　当申秋水損につき飢人急夫喰人数改帳控

（横帳）
「天保七申年　上花輪村両組
小前取調方
当申秋水損ニ付飢人急夫喰人数改帳控
八月十九日」

覚

一、人別六人　惣左衛門㊞
内、弐人　男
三人　女
壱人　子供
〆米六斗■六升

一、同七人（改六人）　作兵衛㊞
内、壱人　男
弐人　女
三人　子共
〆米六斗

一、三人　甚五右衛門㊞
内、壱人　男
壱人　女
壱人　子共
〆米三斗三升

一、四人　七郎平㊞
内、三人　男
壱人　子共
〆米五斗四升

一、五人　五右衛門㊞
内、弐人　男
壱人　女
弐人　子共
〆米五斗七升

改六人

一、五人　　新五右衛門㊞
内、壱人　男
弐人　女
三
弐人　子共
〆米六斗

（見消チ）
「一、五人　　久左衛門㊞
内、壱人　男
弐人　女
弐人　子共
〆米五斗壱升」

一、六人　　金左衛門㊞
内、弐人　男
弐人　女
弐人　子共
〆米六斗六升

一、三人　　喜　平㊞
内、壱人　男
壱人　女
壱人　子共
〆米三斗三升

一、四人　　市右衛門㊞
内、壱人　男
弐人　女
壱人　子共
〆米四斗弐升

一、八人　　佐伝次㊞
内、弐人　男
弐人　女
四人　子共
〆米八斗四升

一、六人　外弐人子共増　　門之丈㊞
内、四人　男
弐人　女
弐人　子共

〆米九斗六升
一、六人　与五右衛門㊞
内、三人　男
壱人　女
弐人　子供
〆米七斗弐升
一、七人　次兵衛㊞
内、壱人　男
弐人　女
四人　子共
〆米六斗九升
一、四人　佐左衛門㊞
内、壱人　男
弐人　女
壱人　子共
〆米四斗弐升
一、五人　吉右衛門㊞
内、弐人　男
三人　女
〆米五斗七升
一、弐人　義平㊞
内、壱人　男
壱人　女
〆米弐斗四升
一、弐人　伝吉㊞
内、壱人　女
壱人　子共
〆米弐斗四升
一、三人　平右衛門㊞
内、壱人　男
壱人　■女
壱人　子共
〆米三斗三升
一、三人　宇平次㊞
内、壱人　男
壱人　女

壱人　子共
〆米三斗三升
一、四人　伝左衛門㊞
内、四人　女
〆米三斗六升
一、弐人　孫右衛門㊞
内、壱人　男
壱人　女
〆米弐斗四升
一、三人　喜右衛門㊞
内、壱人　男
弐人　女
〆米三斗三升
一、弐人　与　市㊞
内　女
〆米壱斗八升
一、三人　□□堂分
内、壱人　男

壱人　女
壱人　子共
〆米三斗三升
一、六人　八兵衛㊞
内、弐人　男
弐人　女
弐人　子共
〆米六斗六升
○家数弐拾六軒
○惣人数百拾四人
内訳ケ
三拾六〔七〕人　男
壱斗五升　五石四斗
四拾■〔三〕人　女
三拾■〔四〕人　子供
□拾人
九升　七石弐斗

右〆拾弐石六斗
此俵三拾壱俵ト弐斗□
内、五斗壱升相渡分
久左衛門
一、六石三升　　太子堂分
根□
一、六石壱斗弐升　□
〆拾弐石壱斗五升
外、三斗九升　　太兵衛分
外調出分
一、三人　　太兵衛㊞
弐人　男
壱人　女
此米三斗九升
右〆拾弐石五斗四升
俵〆三拾壱俵壱斗四升

隣村合力名前
今上村
弥　惣
清九郎
小　七
吉兵衛
五郎兵衛
藤　八
重三郎
弥平次
茂左衛門
勘兵衛
久右衛門
久五郎
忠左衛門
平左衛門
権　助
およし

五郎兵衛
伝三郎
武左衛門
伝　蔵
長兵衛
太郎兵衛
文　蔵
五右衛門
彦右衛門
金十郎
宗　助
金　平
甚五郎
重左衛門
徳右衛門
佐左衛門
久　内
嘉　平

市郎兵衛
新兵衛
弥惣右衛門
清兵衛
佐右衛門
藤次郎
与兵衛
長左衛門
孫兵衛
与左衛門
源左衛門
喜兵衛
善　次
次右衛門
伊兵衛
市郎右衛門
忠右衛門
藤左衛門

とり

一、合五拾三軒
壱軒前壱斗五升
此石七石九斗五升
此俵拾九俵ト三斗五升

中野台村

弥次右衛門
八左衛門
権兵衛
友右衛門
四五右衛門
庄左衛門
与八
吉五郎
平六
久七
茂左衛門
平右衛門
八兵衛

重左衛門
次郎右衛門
利平
杢左衛門
常五郎
勘左衛門
五郎兵衛

三昧所庵

比丘尼

合弐拾壱軒
内、庵主壱人
此石三石壱斗五升
此俵七俵ト三斗五升

座生新田

源七
升右衛門
半次郎
武右衛門
吉蔵

合五軒
此石七斗五升
此俵壱俵ト三斗五升

合拾軒
此石壱石五斗
此俵三俵ト三斗

堤台村
五兵衛
弥平次
七右衛門
与七
平右衛門
佐右衛門
武兵衛
清兵衛
伊太郎
忠吉

桜台村
次右衛門
吉右衛門

合拾軒
此石壱石五斗
俵ニシテ三俵ト三斗

源七
喜左衛門
金兵衛
与四郎
太市
庄蔵
金蔵
千蔵

山崎村古料
善右衛門
善兵衛
文七
儀兵衛
伝蔵
伊左衛門
源八

庄兵衛
武兵衛
七　平
伝之丞
彦右衛門
久　内
万　吉
兵右衛門
佐次右衛門
庄　七
留　蔵
七兵衛
市郎右衛門
彦　七
宇右衛門
宇兵衛
源　七
孫兵衛

甚兵衛
市右衛門
藤　蔵
兵四郎
伝重郎
利　介
四郎左衛門
長右衛門
市兵衛後家
只　七
嘉兵衛
六左衛門
喜兵衛
嘉兵衛
半右衛門
金三郎
孫　八
小　平

権十郎
勘三郎
重左衛門
定四郎
弥右衛門
茂兵衛
庄右衛門
平兵衛
半十郎
乙五郎
新太郎
伊兵衛
長松後家
新平
惣右衛門
甚右衛門
新右衛門
喜兵衛

佐左衛門
新五郎
茂左衛門
小右衛門
伊兵衛
善介
定右衛門
金平
清左衛門
七郎左衛門
武右衛門
久兵衛
勝五郎
吉平
伝内
源八
三右衛門
善右衛門

合家数七拾九軒
此石拾壱石八斗五升
此俵弐拾九俵弐斗五升

山崎村新料

茂右衛門
重右衛門
平　内
吉兵衛
要　助
庄右衛門
政右衛門
栄　蔵
三左衛門
七右衛門
友右衛門
山三郎
兵十郎
市左衛門
平四郎
伝十郎
権左衛門
喜右衛門
三郎兵衛
六郎兵衛
三十郎
次郎右衛門
と　め

合弐拾[redacted]三軒
此石三石四斗五升
此俵八俵ト弐斗五升

柳沢新田

合拾弐軒
此石壱石八斗
此俵四俵ト弐斗

奉目新田

合五軒
此石七斗五升
此俵壱俵ト三斗五升

鶴島新田

合拾三軒
此石壱石九斗五升
此俵四俵ト三斗五升

宮崎新田
合拾三軒
此石壱石九斗五升
此俵四俵ト三斗五升

横内村
合七軒
此石壱石五升
此俵弐俵ト弐斗五升

中根新田
合九軒
此石拾三石五升
此俵三俵ト壱斗五升
此石壱石三斗五升
此俵三俵ト壱斗五升

花井新田
合拾壱軒
此石壱石六斗五升
此俵四俵ト五升

堤根新田
市兵衛

重兵衛
七平
七右衛門
丈右衛門
合五軒
此石七斗五升
此俵壱俵三斗五升

清水村
作右衛門
藤助
六右衛門
藤吉
新右衛門
久左衛門
栄蔵
嘉右衛門
八三郎
徳右衛門
惣八

文　蔵
庄右衛門
市三郎
長右衛門
小右衛門
七左衛門
重右衛門
多兵衛
平　八
勘兵衛
市右衛門
伝左衛門
五郎兵衛
文左衛門
伝右衛門
勘之丞
茂右衛門
惣左衛門

合廿九軒
此石四石三斗五升
此俵拾俵ト三斗五升

合拾五ケ村
家数三百五軒
壱軒前壱斗五升
石ニシテ四拾五石七斗五升
此俵百拾四俵ト壱斗五升

（文書番号 BGD7）

30 （天保七年）申八月　中野台村飢人書上

中野台村飢人

次郎右衛門
利　平
李左衛門
常　五　郎
勘左衛門
五郎兵衛
弥次右衛門
八左衛門
権　兵　衛
友右衛門
四五右衛門
庄左衛門
与　八
吉　五　郎
平　六
久　七
茂左衛門
平右衛門
八　兵　衛
重左衛門

申八月廿五日
〆弐拾軒
外、三昧所庵比く尼壱人

（文書番号 ZBA38-1）

31　（天保七年）八月　座生新田飢人小前書上

八月廿六日
〆五軒

座生新田飢人小前
源　七
升右衛門
半次郎
武右衛門
吉　蔵

（文書番号 ZBA38-2）

32　天保七年八月　極困窮人合力願（吉春村）

以書付奉申上候
下総国葛飾郡
吉春村
家数六拾三軒之内
水呑百姓
半　六
家内六人暮し
同断
喜右衛門
八人之内
家内七人暮し
同断
義右衛門
九人之内
家内七人暮し
同断
長左衛門

32　天保七年八月　極困窮人合力願（吉春村）

家内弐人暮し

同断勘左衛門後家
さん

家内六人暮し

同断　重兵衛

家内三人暮し

同断　勘　助

家内六人暮し

同断　平五郎

家内三人暮し

同断　庄左衛門

家内四人暮し

同断　盲目 □　悦

家内壱人

合　家数拾軒
　　人数四拾六人

当申年之儀は、当四月中□雨天之冷気打続、田畑共皆無同様、村内一統夫食ニ差支候程之年柄にて、前書之もの共極困窮、当時より夫食差支候間、今般□（其）許様隣村村々え貧民御救穀御出シ被成候趣、風聞ニ承り候ニ付、参上仕、右之もの共え物之多□□（少ニ）よらす為御救と御合力被下度奉御頼上候、以　御慈悲右願之通、御聞済被下候ハヽ、一同難有仕合ニ奉存候、以上、

天保七申年　　山田茂左衛門御預所

八月廿八日　　下総国葛飾郡

吉春村

名主
願人　□之進㊞

上花輪村

高梨兵左衛門様

（文書番号 ZBA68）

33　天保七年八月　合力米差出軒別控帳（上花輪村）

（横帳）
「天保七申八月　上花輪村
同十二月再指出小前家数改　高梨兵左衛門より
合力米差出軒別控帳」

覚（男壱斗五升 女九升宛）

申八月
一、人別六人内弐人男 四人女子共　惣左衛門
此米六斗六升　高梨より遣ス
一、人別四人内三人男 壱人女　七郎平
米五斗四升
一、人別六人内壱人男 五人女子共　作兵衛
米六斗　右同断
一、人別五人内弐人男 三人女　五右衛門
米五斗七升
一、人別三人　壱人 弐人 男　甚五右衛門
米三斗三升
一、同六人内壱人男 五人女子共　新五右衛門
米六斗
一、同六人内弐人男 四人女　金左衛門
米六斗六升
一、同三人内壱人男 弐人女　喜兵衛
米三斗三升
一、同四人内壱人男 三人女　市右衛門
米四斗弐升
一、同八人内弐人男 六人女子共　佐伝次
米八斗四升

一、同八人内 四人男 四人女　門之丈
米九斗六升
一、同六人内 三人男 三人女　与五右衛門
米七斗弐升
一、同七人内 壱人男 六人女　次兵衛
米六斗九升
一、同四人内 壱人男 三人女　佐左衛門
米四斗弐升
一、同五人内 弐人男 三人女　吉右衛門
米五斗七升
一、同弐人内 壱人男 壱人女　義兵衛
米弐斗四升
一、同弐人内　女子共　伝吉借家
米弐斗四升

一、同三人内 壱人男 弐人女　平右衛門
米三斗三升
一、同三人内 壱人男 弐人女　宇平次
米三斗三升
一、同四人　女　伝左衛門借家
米三斗六升
一、同弐人内 壱人男 壱人女　孫右衛門
米弐斗四升
一、同三人内 壱人男 弐人女　喜右衛門
米三斗三升
一、同弐人　女　与市借家
米壱斗八升
一、同三人内 壱人男 弐人女　市左衛門
米三斗三升

一、同六人内弐人男
　　　　　　四人女　　　　八兵衛
　米六斗六升
一、同三人内弐人男
　　　　　　壱人女　　　　太　平
　米三斗九升
家数弐拾六軒
合人別百拾四人　内三拾七人男
　　　　　　　　　四拾三人女
　　　　　　　　　三拾四人子供
　此米拾弐石五斗四升
　　此俵三拾壱俵ト壱斗四升
　　　　但、四斗入

覚

申十二月八日来酉春為弁当差遣ス名前銘々訳
一、米拾俵弐斗　　　壱軒ニ付弐斗宛
一、惣左衛門　　　一、作兵衛
一、甚五右衛門　　一、七郎平
一、五右衛門　　　一、新五右衛門
一、金左衛門　　　一、喜　平
一、市右衛門　　　一、佐伝次
一、門之丈　　　　一、与五右衛門
一、次　平　　　　一、佐左衛門
一、喜右衛門　　　一、吉右衛門
一、平右衛門　　　一、卯平次
一、伝左衛門　　　一、市左衛門
一、太　平
〆弐拾壱軒
一、米弐俵　　　壱軒ニ付壱斗宛
一、義兵衛　　　　一、伝　吉
一、孫右衛門　　　一、与　市
一、要　助　　　　一、丈　八
一、伊兵衛　　　　一、亦　七
〆八軒

（文書番号 BGH5）

34　天保七年八月　人別覚帳（桜台村）

（横帳）
「天保七年
人別覚帳
申八月吉日　　桜台村」
次右衛門
〆四人
吉右衛門
〆四人
源七
〆六人
喜左衛門
〆四人
金兵衛
〆四人
与四郎
〆五人
太市
〆四人
庄蔵
〆三人
金蔵
〆四人
千蔵
（後筆）
「四人」
（後筆）
「家数拾軒」
人別三拾八人
内男拾人
女拾壱人
子共拾七人
右之通り御座候、以上、
八月
桜台村
名主代兼太郎左衛門㊞
（文書番号 ZBA79）

35　天保七年八月　貧民人別拾出し帳（山崎村古料）

（竪帳）
「天保七申年　　山崎村
貧民人別拾出し帳
八月　　古料役人」

覚

一、家内五人内弐人六拾以下より十五歳迄
三人六拾以上より拾五才以下迄　善右衛門
一、家内壱人　六拾歳以上　善兵衛
一、家内弐人　六拾歳以下十五才迄　文七
一、家内七人内五人六拾歳以下より十五才迄
弐人十五才以下　儀兵衛
一、家内弐人　六拾才以下より十五歳迄　伝蔵
一、家内弐人　六拾才以下より十五才迄　伊左衛門
一、家内三人内六十才以下より十五才迄弐人
十五才以下壱人　源八
一、家内弐人　六拾才以下より十五才迄　庄兵衛
一、家内四人内弐人六拾歳以下より十五才迄
弐人十五才以下　武兵衛
一、家内四人内弐人六十才以下より十五才迄
弐人十五才以下　七平
一、家内三人内弐人六拾歳以下より十五才迄
壱人十五才以下　伝之丞
一、家内八人内四人六十才以下より十五才迄
四人十五才以下　彦右衛門
一、家内四人　六十以下より十五才迄　久内
一、家内六人内三人六十才以下より十五才迄
三人十五才以下　万吉
一、家内三人内弐人六十才以下より十五才迄
壱人十五才以下　兵右衛門
一、家内五人　六十才以下より十五才迄　佐次右衛門
一、家内四人　六十才以下より十五才迄　庄七
一、家内三人内弐人六十才以下より十五才迄
壱人十五才以下　富蔵
一、家内弐人　六十才以下より十五才迄　七兵衛
一、家内弐人　六十才以下より十五才迄　市郎右衛門
一、家内三人内壱人六十才以下より十五才迄
弐人六十才以上より十五才以下迄　彦七

一、家内七人内四人六十才以下より十五才迄
三人十五才以下　宇右衛門
一、家内五人内三人六十才以下より十五才迄
弐人十五才以下　宇兵衛
一、家内六人内四人六十才以下より十五才迄
弐人十五才以下　源七
一、家内九人内五人六十才以下より十五才迄
四人十五才以下　孫兵衛
一、家内弐人　弐人六十才以下より十五才迄　甚兵衛
一、家内弐人　弐人六十才以下より十五才迄　市右衛門
一、家内壱人　十五歳以下　藤蔵
一、家内拾人内四人六拾才以下より十五才迄
六人六十才以上より十五才以下　兵四郎
一、家内八人内五人六十才以下より十五才迄
三人十五才以下　伝重郎
一、家内四人内弐人六十才以下より十五才迄
弐人六十以上十五才以下　利介
一、家内六人　六十歳才以下より十五才迄　四郎左衛門
一、家内三人　六十才以下より十五才迄　長右衛門
一、家内壱人　六十才以下　市兵衛後家
一、家内弐人　六十才以下より十五才迄　只七

一、家内五人内三人六十歳以下より十五才迄
弐人十五才以下　嘉兵衛
一、家内六人内弐人六十歳より十五才迄
四人十五才以下　六左衛門
一、家内壱人　六十才以下十五才迄　喜兵衛
一、家内七人内四人六十才以下より十五才迄
三人十五才以下　嘉兵衛
一、家内七人内五人六十才以下より十五才迄
弐人十五才以下　半右衛門
一、家内五人内四人六十才以下より十五才迄
壱人十五才以下　金三郎
一、家内五人内弐人六十歳以下より十五才迄
三人十五才以下　孫八
一、家内四人内三人六拾才より十五才迄
壱人十五才以下　小平
一、家内三人内弐人六十才より十五才迄
壱人十五才以下　権重郎
一、家内三人内弐人六十歳より十五才迄
壱人十五才以下　勘三郎
一、家内四人内弐人六十才以下より十五才迄
弐人十五才以下　重左衛門
一、家内八人内四人六十才以下より十五才迄
四人十五才以下　定四郎

一、家内四人内弐人六十才より十五才迄 弐人六十才以上　弥右衛門
一、家内弐人内壱人六十才より十五才迄 壱人十五才以下　茂兵衛
一、家内弐人　六十歳より十五才迄　庄右衛門
一、家内六人内四人六十才以下より十五才迄 弐人十五才以下　平兵衛
一、家内三人内弐人六十才以下より十五才迄 壱人六十以上　半重郎
一、家内三人内弐人六十才より十五才迄 壱人十五才以下　音五郎
一、家内三人内弐人六十才より十五才迄 壱人十五才以下　新太郎
一、家内六人内三人六十歳以下より十五才迄 三人十五才以下　伊兵衛
一、家内三人内弐人六十才以下より十五才迄 壱人十五才以下　長□後家
一、家内三人内弐人六十歳より十五才迄 壱人十五才以下　新平
一、家内六人内三人六十歳より十五才迄 三人十五才以下　惣右衛門
一、家内弐人　六十歳より十五才迄　甚右衛門
一、家内五人内弐人六十才以下より十五才迄 三人十五才以下　新右衛門

一、家内六人内五人六十歳以下より十五才迄 壱人六十以上　喜兵衛
一、家内七人内弐人六十才以下より十五才迄 五人十五才以下　佐左衛門
一、家内五人内壱人六十歳より十五才迄 四人六十才以上より十五才以下　新五郎
一、家内壱人　六拾才以下より十五才迄　茂左衛門
一、家内八人内四人六十才以下より十五才迄 四人十五歳以下　小右衛門
一、家内七人内五人六十歳以下より十五才迄 弐人十五才以下　伊兵衛
一、家内三人内弐人六十歳以下より十五才迄 壱人六十才以上　善介
一、家内五人内弐人六十歳以下より十五才迄 三人六十才以上より十五才以下　定右衛門
一、家内六人内三人六拾歳以下より十五才迄 三人六拾才以上より十五才以下　金平
一、家内五人内弐人六十才以下より十五才迄 三人十五才以下　清左衛門
一、家内八人内四人六十才以下より十五才迄 四人六十以上より十五才以下　七郎左衛門
一、家内三人　六十才以下より十五才迄　武右衛門
一、家内弐人　六拾歳以下より十五才迄　久兵衛

一、家内三人内弐人六十才以下より十五才迄　壱人十五才以下　勝五郎

一、家内四人内三人六十才以下より十五才迄　壱人十五才以下　吉平

一、家内七人内四人六十才以下より十五才迄　三人十五才以下　伝内

一、家内四人内三人六十才以下より十五才迄　壱人十五才以下　源八

一、家内七人内弐人六十才以下より十五才迄　五人六十以上より十五才以下　三右衛門

一、家内七人内五人六十才以下より十五才迄　弐人十五才以下　善右衛門

〆家数七拾九軒

此人別三百四拾六人

内

弐百拾壱人　拾五歳より六拾歳迄

百三拾五人　六拾歳以上より十五才以下

右之通、取調差上申候所、相違無之候、以上、

申八月

（文書番号 ZBA58）

36　天保七年八月　村方貧民小前家別人別取調帳（山崎村新料）

「（横帳）
天保七年
村方[redacted]貧民小前家別人別取調帳
申八月　新料」

覚

家内五人
内　三人　六拾才より十五才迄
　　弐人　十五才以下　茂右衛門

家内四人
内　三人　六拾才より十五才迄
　　壱人　十五才以下　重右衛門

平内

家内壱人　六拾才より十五才迄　吉兵衛
家内四人　同断　要　助
家内弐人　同断　庄右衛門
家内七人　同断　政右衛門
家内六人　六拾才より十五才迄　栄　蔵
家内五人　同断　三左衛門
家内壱人　同断　七右衛門
家内五人　同断　友右衛門
家内六人

内三人　六拾才より十五才迄
　三人　十五才以下　山三郎
家内弐人　六拾才より十五才迄　兵重郎
家内弐人　同断　市左衛門
家内五人
内四人　六拾才より十五才迄
　壱人　十五才以下　平四郎
家内四人　六拾才より十五才迄　■伝重郎
家内弐人　同断　権左衛門
家内五人　同断　喜右衛門
家内六人

内四人　六拾才より十五才迄
　弐人　十五才以下
三郎兵衛

家内四人　六拾才より十五才迄
六郎兵衛

家内六人
内三人　六拾才より十五才迄
　三人　十五才以下
三重郎

家内壱人　六拾才より十五才迄
次郎右衛門

家内三人　同断

〆家別弐拾弐軒
此人別八拾五人
内
七拾八人　六拾才より十五才迄
七人　十五才以下

とめ

家内弐人　六拾才以下
書落ニ相成〆外ニ記

（文書番号 ZBA82）

37　天保七年八月　村々夫食難渋の者書上帳（柳沢新田他六ケ村）

「（横帳）
天保七年

村々夫食難渋之者書上帳

申八月

柳沢新田
鶴島新田
奉目新田
宮崎新田
中根新田
横内村
花井新田」

覚

一、拾弐軒　　柳沢新田
一、五軒　　奉目新田
一、拾三軒　　鶴島新田
一、同断　　宮崎新田
一、七軒　　横内村
一、九軒　　中根新田
一、拾壱軒　　花井新田
〆七拾軒

右、家数難渋之もの取調申候、以上、

右村々

天保七申年
八月　　役人共

上花輪村
髙梨兵左衛門様

（文書番号 ZBA78）

38　天保七年八月　極難渋人名前帳（清水村）

（横帳）
「天保七年
極難渋人名前帳
申八月　　清水村役人」

覚

作右衛門
藤　助
六右衛門
藤　吉
新右衛門
久左衛門
栄　蔵
嘉右衛門
八三良
徳右衛門
惣　八
文　蔵
庄右衛門
市三良
長右衛門
小左衛門
七左衛門
重右衛門
多兵衛
平　八
勘兵衛
市右衛門
伝左衛門
五郎兵衛
文左衛門
伝右衛門
勘之丈

〆

茂右衛門
惣左衛門

（文書番号 ZBA81）

39　天保七年八月　米穀高値につき仰渡し請書

（竪帳）「　（表紙なし）　」

差上申御請証文之事

当申年之儀は、暑中より雨天不時之冷気打続候とは乍申、麦作十分之収納、田方之儀も此節より照続候上は、替（皆）無とは無之、米麦差別は有之候共、夫食差支候程之年柄ニは無之所、米麦直段追々引上、貧民取続兼、人気不穏趣、右は全く去ル巳年不作以来、米穀囲持候人気押移、中ニは利欲ニ抱余業之もの穀商ひ相始、羅買等いたし、猶米価可引上見込ヲ以、囲持候族も有之趣被及御聴、左之通被仰渡候、

一、米穀之儀、渡世之もの、其外買入相始候もの共差留、

万一不取用候ハヽ、其段早々可申上事、

一、身元相応家内多ニて、飯米足合又は貧民為救買入候向は、穀数取調、夫食救手当之米麦仕訳致、正路ニ可書上事、

一、前条飯米足合貧民救ニ無之、利欲之ため追々買入、又は一己之身構ニ囲持候ものは、当節柄之儀貧民疑惑之基ニ付、家内人別丈ケ之夫食雑穀、取込迄之所見積り相残、其余は早々□□地売米可致事、

但、利欲又は一己之身構ニ買入候もの之内ニは、領主・地頭之差図ニて、買入囲持候抔と申触候族も有之哉ニ相聞候得共、右は其筋より
御奉行所え申立候ならてハ、他之米穀買入は不相成筋ニて、申立□上は御取締出役え御達有之儀、然ル上は、声掛ケ致し候共、可為買入儀ニて、領主・地頭差図と偽り、買入候族は、急度取計方有之条、可得其意事、

□、利欲之ため羅買いたし囲持、其所融通不致、押隠し置候分ハ、其場合ニ寄不意ニ見分致し、取計方有之条、是又可得其意事、

□、在々河岸ニ問屋蔵入米之分、問屋共より預り主名住居は勿論、員数早々可書上事、

一、酒造減石被　仰出有之、右之外近来勝手侭ニ濁酒仕込商ひ候向も、多々有之趣相聞候間、右は早々為相止、不取用上は可申上事、

一、当節より貧民為救寄特いたし候もの、得と取調可書上事、

□、平日衣食住ニ奢、農を忘候もの共は、違作年柄難儀困窮いたし、終ニ不法及狼藉候間、追々廻村教諭致候義ニは有之候得共、此上村役人ニおいて、精々勧農筋を心懸有之、無頼は勿論、田畑不耕もの村方ニ無之様ニ厚世話可致候、

一、万一悪もの共、徒党企候とも決て荷担不致、右企候もの名前取調、村役人は勿論、小前末々之ものたり共、時日不移、早刻其筋え可申立事、

右之趣相心得、農家ニては銘々一己之構のみニ貯置候ては、世上之夫食不足いたし、農外之もの難儀之基ニ付、

人別丈ケ之夫食雑穀、出来迄之所見積り、其土地融通致し、其余は江戸廻し致候積、成丈麁食ニ余品を取交、夫食いたし候様、深切を尽し候て、農民士工商を撫育之本源ニ叶候儀ニ付、厚心懸前箇条之趣可相守旨、今般従御奉行所御沙汰之趣、被仰渡承知奉畏候、依之組合一村限り、村役人并重立小前一同連印御請証文差上申処、如件、

天保七申年八月

林金五郎御代官所
下総国葛飾郡堤根新田
兼帯名主
羽倉外記御代官所
同郡上花輪村
名主高梨兵左衛門印

堤根新田
組頭　喜右衛門印

重立候
百姓　幸　蔵印

同
同　仁左衛門印

関東御取締
御出役様

（文書番号 ZBA25）

40　天保七年九月　当村飢人共へ御救穀下し置かれ御受書帳（鶴島新田）

（竪帳）
「天保七申年
当村飢人共え御救穀被下置御受書帳
九月朔日　葛飾郡庄内領
鶴島新田」

葛飾郡庄内領
鶴島新田

幸右衛門
又右衛門
金左衛門
留
権兵衛
八　蔵

（文書番号 ZBA57）

五右衛門
平　蔵
市　平
新右衛門
十左衛門
彦右衛門
吉兵衛

40　天保七年九月　当村飢人共へ御救穀下し置かれ御受書帳（鶴島新田）

一、家数合拾三軒
此米壱石九斗五升
此俵四俵ト三斗五升

右、当村飢人共え御救穀御施被下置、難有奉請取候、依之御請印形差上□□処、依て如件、

右村

天保七申年九月朔日
名主　源五右衛門㊞
組頭　伊右衛門㊞
同　重兵衛㊞

上花輪村
高梨兵左衛門様

41 （天保七年）申九月　上花輪村夫食取調覚

覚

葛飾郡

天保七申人別書上帳　上花輪村

此人別四百拾九人　男女子供也

但、当申九月より来酉拾月迄、夫食手当賦合壱人前雑穀つき
米ニて、壱人前一日四合積坪テ

此雑穀一日分、米麦合壱石六斗七升六合

尚、壱ケ月分三拾日積り調方

此雑穀五拾石弐斗八升也

再改来酉十月迄惣穀取調拾弐ケ月分、凡夫食用意

惣穀数六百〇三石三斗六升　但、四斗入ニて

此俵数千五百八俵ト壱斗六升

一、人別家内九拾人　名主高梨兵左衛門

但、壱人前一日ニ付五合積り
是は醤油造召仕男多分ニ付増

右同断拾弐ケ月分夫食手当積り右人数一日分

此米麦一日分四■斗五升也

尚又壱ケ月分凡拾三石五斗也

再調百六拾■弐石也　但、四斗積り

此俵数四〇五俵也

合千九百拾三俵ト壱斗六升也　夫食手当分

外、米百八拾八俵ト九升　四斗入　合力米遣ス分

此穀数七拾五石弐斗九升　高梨兵左衛門殿

大麦六俵　五斗入

此穀数三石也

是は近村拾六ケ村困窮之者え取続手当へ遣ス分

村惣穀取調方

一、米七百俵　但、四斗入　名主高梨兵左衛門

一、籾弐百俵　同、五斗入

一、大麦弐百俵　右同断

〆

一、米三拾俵　同、四斗入　組頭　弥五兵衛

一、大麦五拾俵　同、五斗入

一、米五俵　同、四斗入　同　新兵衛
一、大麦拾俵　同、五斗入
一、米拾俵　同、四斗入　百姓代　嘉右衛門
一、大麦三拾俵　同、五斗入
一、米拾八俵　同、四斗入　百姓　六兵衛
一、大麦拾俵　同、五斗入
一、米拾俵　同、四斗入　百性　庄次郎
一、大麦三拾俵　同、五斗入
一、米五俵　同、四斗入　同　七左衛門
一、大麦六俵　同、五斗入

〆

米七百七拾八俵　四斗入

此穀数三百〇壱石弐斗

籾麦合五百三拾六俵　五斗入

此穀弐百六拾八石也

俵数合五百六拾九石弐斗也　全当時有穀調

此俵数千三百拾四俵也

前書人別壱ケ年夫食手当穀数調方村方分

米麦雑穀八百四拾三石六斗五升

指引調方弐百七拾四石四斗五升　融通不足分

右は、当調之義御披見之上、再算御改被下、御勘弁奉希候、已上、

申九月十四日　市郎左衛門

高梨兵左衛門様

外御役人中

（文書番号 ZBA37）

42　天保七年九月　夫食喰延仕法覚

覚

夫食喰延仕法

壱ケ年日数三百五拾四日

飯米壱石四斗壱升六合　但、壱人男女平均一日ニ白米四合喰之積り

一、白米壱石〇九升七合四勺四才壱ケ年仕法立壱人夫食高

米九斗四升壱合六勺四才　一日之内弐度は飯ニて食用之分

但、壱度壱人白米壱合三勺三才宛之積り

米壱斗五升五合八勺　右壱度ハ粮取交糝ニて食用

但シ、壱度飯米高之内三分弐減シ三分一、白米四合四勺四才宛之積り

右壱ケ年飯米高□□引

玄米三斗■《壱》升八合五勺六才右一日三分二減八勺九才宛壱

ケ年喰延相成分

右は、中山道鴻巣宿御改革組合惣代、大間村名主耕八義、去ル巳年凶作之節より組合村々え申諭、貧富之無差別、一般ニ右仕法相用、猶又当年も夏中より専相用、右は平年壱ケ年之夫食ヲ以、百日余喰延ニ相成、左候得は、来ル五月ニ可喰尽夫食、秋新穀取込迄喰続、当然之夫食貯方ニ付、右之趣御奉行所え申上候、一般ニ可申諭旨御沙汰ニ付、貧富之無差別、小前之者共え可申諭事、

前文之趣、申九月十五日関東御取締御出役吉田左五郎様より野田町御旅宿ニおいて、組合拾六ケ村一同被罷出被仰渡候、承知奉畏候、以上、

天保七申九月十八日

上花輪村
役人惣代
年寄　市郎左衛門

名主
高梨兵左衛門様□書面写

（文書番号 ZBA34）

43　（天保七年）申九月　窮民助情につき野田町覚

野田町役人
惣世話人供

一、米三拾俵　但し、四斗入

右は、花輪村高梨兵左衛門様より窮民為助情被下之候、

家数〆百六拾壱軒

人数〆五百五拾九人
但し、壱人ニ付米弐升宛

申九月廿日

（文書番号 ZBA68）

44　天保七年九月　上花輪村窮民助成并石高取調覚

（竪帳）
「
（表紙なし）
」

（前文、天保七年八月米穀高直につき仰渡し請書39と同文にて省略）

石高取調覚

名主
高梨兵左衛門

一、米七百俵　但、四斗入

一、籾弐百俵　但、五斗入

是は、連々囲置申候分、此節村方并近村窮民為手当助成差出申、尤当七月中御支配様え御届申上置候、

一、大麦□百俵　但、五斗入

（貼紙）
「一、小麦弐千〔千八百〕俵　但、五斗入

一、大豆弐百俵

両御丸様御上納醤油仕込糧ニ付、願之上相州表より積

廻、追々着船之分■■御座候、并地廻買入之分御座
候、」
一、米□拾俵　但、四斗入　組頭　弥五兵衛
一、大麦五拾俵　但、五斗入
一、米五俵　但、四斗入　同　新兵衛
一、大麦拾俵　但、五斗入
一、米拾俵　但、四斗入　百姓代嘉右衛門
一、大麦三拾俵　但、五斗入
一、米拾八俵　但、四斗入　百姓　六兵衛
一、大麦拾俵　但、五斗入
一、米拾俵　但、四斗入　百姓　庄次郎
一、大麦三拾俵　但、五斗入
一、米五俵　但、四斗入　百姓　七左衛門
一、大麦□俵　但、五斗入
右之通、村役人一同立会相改候処、相違無御座候、以上、
羽倉外記御代官所
天保七申年九月　下総国葛飾郡上花輪村
名主高梨兵左衛門㊞
同　伊左衛門㊞
組頭　弥五兵衛㊞
同　市郎左衛門㊞
同　伝右衛門㊞
同　新兵衛㊞
重立ル百姓　嘉右衛門㊞
同　孫平㊞
同　六兵衛㊞
同　七左衛門㊞
関東御取締
御出役様
（文書番号 BGH9）

45　天保七年九月　夫食拝借人名前帳（魚沼村）

（竪帳）
「天保七年
夫食拝借人名前帳
申九月
下総国葛飾郡
魚沼村」

羽倉外記様御代官所
下総国葛飾郡
魚沼村

一、惣人数三百拾九人
内
極窮飢人百弐拾七人
此小前

一、人数三人　男　十左衛門
一、同六人　内弐人男　四人老若　弥五右衛門
一、人数三人　内弐人男　壱人子共　義兵衛
一、同三人　内弐人男　壱人老人　清兵衛
一、同六人　内弐人男　四人子共　吉右衛門
一、同三人　内弐人男　壱人子共　安五郎
一、四人　内　老若　彦六後家むら
一、同五人　内三人男　弐人老若　清左衛門
一、同三人　内弐人男　壱人子共　源五右衛門
一、同壱人　男　権兵衛
一、同三人　内壱人男　弐人老若　孫右衛門後家とら
一、同五人　内弐人男　三人子共　太左衛門
一、人数弐人　内　男　半四郎

家数拾三軒
〆
人数四拾七人　内弐拾四人　十五以上六拾以下男女之分
弐拾三人　老若男女之分

右、人数之義は無高同様之もの共ニて、拝借被成下候共、返済之義無覚束もの共ニ御座候間、何分御慈悲を偏ニ奉願上候、以上、

拝借返納之名前

一、人数六人　内三人男　三人子共　伝三郎
一、同六人　内三人男　三人老若　十郎兵衛
一、同七人　内三人男　四人老若　三左衛門
一、同五人　内弐人男　三人老若　清五郎
一、同七人　内三人男　四人老若　久太夫
一、同四人　内三人男　壱人子共　加右衛門
一、人数五人　内四人男　壱人老人　五郎兵衛
一、同三人　内弐人男　壱人子共　磯右衛門
一、同四人　内弐人男　弐人老若　忠右衛門
一、同六人　内三人男　三人老若　十右衛門
一、同六人　内五人男　壱人子共　武兵衛
一、同五人　内弐人男　三人老若　孫兵衛後家　みま
一、同六人　内五人男　壱人子共　次郎右衛門
一、同四人　内三人男　壱人子共　与左衛門
一、同六人　内弐人男　四人老若　竹右衛門

〆家数拾五軒
人数八拾人　内四拾五人男　十五以上六拾以下之分　三拾五人　老若男女之分

合家数弐拾八軒
人数百弐拾七人　内六拾九人　十五以上六拾以下男女之分　五拾八人　老若男女之分

右は、当村之儀、年々不作ニ候所、引続去未より当申迄、両年田畑水腐皆損ニて、村方一同困窮罷在候所、中ニも前書名前之もの共義は、当時夫食ニ差支、難渋至極仕候

ニ付、此度寺院様方え相歎、其上貴君様え拝借之儀願上候間、何卒御慈悲之御勘弁被下置度様、偏ニ願上候、右願之通り御聞済被下置候ハヽ、一同難有仕合奉存候、以上、

天保七申年九月

魚沼村

名主　市郎右衛門㊞

年寄　彦　治　郎㊞

百姓代五郎兵衛㊞

上

（文書番号 ZBA96）

46　天保七年十月　夫食借用人名前帳（魚沼村）

（竪帳）
「天保七年
夫食借用人名前帳
申十月
下総国葛飾郡
魚沼村」

羽倉外記様御代官所
下総国葛飾郡
魚沼村

一、大麦弐拾九俵也　但、五斗入
家数弐拾九軒
人数百三拾五人
此小前

一、人数三人　十左衛門㊞

一、同六人　弥五右衛門㊞

一、人数六人　伝三郎㊞
一、同六人　十郎兵衛㊞
一、同三人　義兵衛㊞
一、同三人　清兵衛㊞
一、同六人　吉右衛門㊞
一、同三人　安五郎㊞
一、同四人　彦吉後家　むら㊞
一、同五人　清五郎㊞
一、同七人　久太夫㊞
一、同五人　清左衛門㊞
一、人数三人　源五右衛門㊞
一、同壱人　権兵衛㊞
一、同三人　孫右衛門後家　とら㊞
一、同五人　太左衛門㊞
一、同四人　加右衛門㊞
一、同五人　五郎兵衛㊞
一、同三人　磯右衛門㊞
一、同四人　忠右衛門㊞
一、同五人　金兵衛㊞
一、同六人　十左衛門㊞
一、人数弐人　半四郎㊞
一、同六人　武兵衛㊞
一、同五人　孫兵衛後家　みま㊞
一、同六人　次郎右衛門㊞
一、同四人　与左衛門㊞
一、同六人　竹右衛門㊞
一、同七人　三左衛門㊞

〆

右は、当村之儀、年々不作之所、別て去未より当申年弐ケ年稀成地水ニて、田畑皆損仕、村方一同困窮罷在候所、中ニも前書名前之もの共義極窮仕、当日夫食ニ差支、難渋至極仕候ニ付、無是悲此度両寺院様方え相歎、其上貴君様え御恩借之義申入被下置候所、格別之御勘弁を以、御聞済被成下、前書之通り御借用仕、極窮之もの共取続仕、村役人一同難有仕合ニ存候、然上は、来酉年麦作取入候ハヽ、急度返済為致可申候、依之村役人一同加印之

帳面差入申候所、仍て如件、

天保七申年十月朔日

魚沼村

百姓代三左衛門㊞

同　竹右衛門㊞

年寄　弥左衛門㊞

同　平左衛門㊞

名主　市郎右衛門㊞

上花輪村

高梨兵左衛門殿

（文書番号 ZBA56）

47　天保七年十月　大麦借用申証文（飯沼村）

（封上書）
「上　　飯沼村　」

借用申証文之事

一、大麦弐拾八俵　但し、五斗入

右は、我等村方之儀は、年々不作之所、別て去未年より当申年弐ケ年稀成地水ニて、田畑不残皆損仕、村方一同困□罷有候処、中ニも極窮人百姓弐拾八軒、右之者共義極窮仕り、日々□□ニ差支難渋至極仕候ニ付、無是悲御当村組頭伝右衛門殿え相願、貴殿え御無心申上候処、格別之御勘弁ヲ以御聞済被下、前書之通り借用申所実正也、極窮之者共取続仕、村役人一同難有仕合ニ奉存候、返済之儀は来ル酉年麦作取入候節、急度返済為致可申候、依之村役人一同加判之一札入置申処、仍て如件、

下□□葛飾郡飯沼村

天保七申年
十月
名主　忠左衛門㊞
組頭　半兵衛㊞
同　五右衛門㊞
百姓代佐右衛門㊞
同　喜左衛門㊞

同国同郡花輪村
高梨兵左衛門殿

（文書番号 ZBA106）

48　天保七年十月　夫食御願人数覚帳（西深井村）

（横帳）
「天保七申年
夫食御願人数覚帳
十月　西深井村」

覚

西深井村

一、家内人数四人　内弐人男　弐人女
百姓　藤五郎㊞

一、同弐人　内壱人男　壱人女
同　勝右衛門㊞

一、同五人　内四人男　壱人女
同　半□□㊞

一、家内人数三人　内壱人男
　　　　　　　　　□□
　　　　　　　　　　百姓　嘉兵衛㊞

一、同四人　内弐人男
　　　　　　　弐人女
　　　　　　　　　　同　兵左衛門[印]

一、同五人　内三人男
　　　　　　　弐人女
　　　　　　　　　　同　七左衛門㊞

一、同四人　内弐人男
　　　　　　　弐人女
　　　　　　　　　　同　五左衛門㊞

一、同壱人　男
　　　　　　　　　　同　平助㊞

一、同弐人　男
　　　　　　　　　　同　清蔵㊞

一、同四人　内壱人男
　　　　　　　三人女
　　　　　　　　　　同　甚右衛門㊞

一、同八人　内三人男
　　　　　　　五人女
　　　　　　　　　　同　庄右衛門㊞

一、同五人　内三人男
　　　　　　　弐人女
　　　　　　　　　　同　権左衛門㊞

一、同弐人　内壱人男
　　　　　　　壱人女
　　　　　　　　　　同　弥五□衛門㊞

一、家内人数五人　内弐人男
　　　　　　　　　□□女
　　　　　　　　　　同　仙右衛門㊞

一、同五人　内四人男
　　　　　　　壱人女
　　　　　　　　　　同　伊平次㊞

〆人数四拾八人
　内弐拾五人男
　　弐拾三人女

右は、当村百姓極窮之者共ニて、当日送り兼難渋罷在候間、何卒以御慈悲、前書名前之者え御救夫食頂戴被仰付

度奉願上候、以上、

申十月

本多豊前守領分

西深井村

名主　四郎左衛門㊞

組頭　庄　兵　衛㊞

同　徳左衛門㊞

上花輪村

高梨兵左衛門様

（文書番号 ZBA80）

49　天保七年十月　助精御願帳（平方請新田）

「（横帳）

助精御願帳

平方請新田」

覚

下総国葛飾郡

平方請新田

一、家数八軒

壱軒ニ付大麦

此石壱石六斗

此俵三俵ト壱斗

右は、当申年凶作ニ付、拙者共村方窮民え為御手当書面之大麦被下置、慥ニ請取申候、為念仍て如件、

右村

天保七申年

年寄　兵右衛門㊞

十月　　　　　　名主　忠左衛門㊞

同国上花輪村
高梨兵左衛門

（文書番号 ERB2）

50　天保七年十月　小前書上帳（東深井村）

「（横帳）
東深井村」

一、源左衛門
一、喜左衛門
一、吉兵衛
一、数右衛門
一、才右衛門
一、治郎右衛門
一、八郎右衛門
一、半兵衛
一、源二郎
一、新八

一、五郎平
一、金右衛門
一、与平治
一、甚右衛門
一、惣兵衛
一、庄八
一、吉右衛門
一、治平
一、利左衛門
一、源助
一、与兵衛
一、弥惣兵衛
一、磯右衛門
一、伊左衛門
一、太郎右衛門
一、徳右衛門
一、八三郎
一、八郎兵衛
一、八郎左衛門
一、平左衛門
一、重兵衛
一、紋四郎
一、平八
一、後家こよ
一、同はつ
〆三拾五人
此大麦壱軒前弐斗宛
七石
此俵拾四俵　但し、五斗入
前書之もの共、当村小前之者共御座候、以上、

本多豊前守領分
天保七申年　東深井村
十月　名主　弥右衛門㊞
組頭　善兵衛㊞

（文書番号 ZBA77）

51 （天保七年）申十一月　私囲稗など貸渡し願（上花輪村）

乍恐以書付奉願上候

下総国葛飾郡上花輪村名主高梨兵左衛門奉申上候、当田方之儀、皆水損ニて、小前之もの共、経営之手当を失、及難渋候間、何卒以　御慈悲、夫食足合として、村囲稗三拾五石、私囲同五拾石、一同御貸渡し被仰付被下置度、奉願上候、以上、

下総国葛飾郡上花輪村

申十一月四日　名主　高梨兵左衛門㊞

羽倉外記様

御役所

（文書番号 ZBA107）

52 天保七年十一月　東深井村大宝院救米願

（封上書）「上

乍恐以書附奉願上候

東深井村

大宝院」

一、拙院奉申上候儀ハ、院内六人暮ニて、必至と難渋仕候、殊ニ凶年穀物高直ニて、難行届義、其上女房之儀病身ニて、無申様困窮ニて、誠ニ難儀ニ御座候間、無拠申上候、何卒御救米被仰付被下置候様、偏ニ奉願上候、尚又御尊顔之上、以口上奉申上候、以上、

天保七年

申十一月十九日　東深井村　大　宝　院㊞

高梨兵左衛門様

（文書番号 ZBA101）

53　天保七年十一月　米借用申一札（桜台村）

借用申一札之事

一、米四斗入弐俵慥ニ請取申候、

天保七申年

十一月

来ル酉十月返済可仕候、以上、

桜台村

借用人　太郎左衛門㊞

上花輪村

立合人　伝右衛門㊞

上花輪村

高梨

兵左衛門様

（文書番号 ZBA108）

54　天保七年十一月　夫食拝借請書証文（谷津村）

差入申請書証文之事

一、大麦三石六斗

右は、当申年世間一統凶作ニ付、極困窮之者共、家数拾八軒及渇命ニ候ニ付、扶食拝借奉願上候所、格別以御仁恵ヲ、御聞済被成下置、書面之通、難有頂戴仕候、仍は銘々拝借請印差上申所、仍て如件、

天保七申十一月

庄内領谷津村

拝借人　庄右衛門㊞

藤右衛門㊞

七郎兵衛㊞

与　助㊞

十右衛門㊞

久　内㊞

与兵衛㊞

佐五郎㊞

又右衛門㊞
市左衛門㊞
嘉　　内㊞
文右衛門㊞
六右衛門㊞
伝 三 郎㊞
佐 兵 衛㊞
伝右衛門㊞
紋左衛門㊞
藤　　蔵㊞

前書之通、相違無御座候ニ付、奥印如件、

村役人惣代
名主　常右衛門㊞
同　市右衛門㊞

上花輪村
高梨兵左衛門様

（文書番号 ZBA123）

55　天保七年十一月　夫食拝借につき口上書（五木村）

（封上書）
「上花輪村
高梨兵左衛門様　　五木村
喜左衛門
上　　」

口上書

一、飢人百姓家数八軒　　五木村
但、人数四拾五人男女子供共

右は、当村之儀は前々替、五拾ケ年已来、田方水腐場多く罷成、連々困窮致シ、質地多分越石え出罷在候故、小高百姓は田方所持無之、畑方之儀は米納地ニて、平均反ニ米弐斗五升余之御取箇ニて、年々御年貢米ニ差支、高直之買納仕、必至と極窮罷有候、然処、当年之儀は稀成凶作、尤遠近とも一統之飢饉とは乍申、前始末ニて、当村之義は夫食無之百姓出来、九月中より雑穀買求、其日々ヲ営罷有候得共、最早買求候金銭□(才)覚不相成、飢餲およひ候仕合ニ相成候ニ付、村方ニて少々貯有之ものより見助候得共、是迚も聊事故、尚又御地頭所え夫食御拝借願出候得共、小給所之義故、未□何之御下穀無之、当日誠ニ凌兼候仕合罷成、右之もの一同、村役人え相歎申聞候ハ、御当家様ニは格別之御慈悲仁(人)ニて、近村飢人御救米被下置候由及承り、小前極難渋之趣、逐一申立何卒夫食拝借願呉候様、強て申之ニ付、無余儀此段申入候、尤御当家様ニても御手広扱方申入候は丶、何共気之毒ニ奉存候得共、御聞届ニ可相成義ニ候ハ丶、右飢人共御救被成下候ハ丶、広大之御慈悲と当人は不及申、村内一同忝仕合奉存候、以上、

瀧川清左衛門知行

天保七申年　五木村

十一月　名主　喜左衛門㊞

同人後見　次右衛門㊞

上花輪村

高梨兵左衛門様

（文書番号 ZBA99）

56　天保七年十一月　流山村・西宝珠花村助成米金内調帳

（横半帳）
「下総国葛飾郡
流山村
西宝珠花村助成米金内調帳」

覚

当御代官所
下総国葛飾郡
流山村

一、米三拾六俵　紋次郎
是は、八月十九日合力仕候分

一、銭百三拾九貫弐百文　右同人
是は、九月六日同断

一、米三拾六俵　由太郎
是は、十一月十三日同断

一、米三拾弐俵　平兵衛
是は、九月廿八日同断

一、米拾五俵　利兵衛
是は、追々合力可仕分

一、同拾三俵　重左衛門
是は、同断

一、同拾三俵　源右衛門
是は、同断

一、同拾三俵　久七
是は、同断

一、同拾五俵　栄助
九兵衛
孫七

是は、同断

一、金三拾三両　三左衛門

一、同拾弐両　佐次右衛門

一、同拾弐両　宇右衛門

一、同七両弐分　与市

三　天保七年

一、同　同　新　助
一、同　同　吉兵衛
一、同　同　儀　助
一、同五両　五郎兵衛
米百七拾三俵
合銭百三拾九貫弐百文
金九拾弐両
内
金拾五両弐分壱朱　当申八月廿日合力仕候分
金拾両弐分弐朱壱朱（ママ）　同十月二日合力仕候分
残金六拾五両三分
是は、追々合力可仕分
当御代官所
下総国葛飾郡
西宝珠花村
一、米弐拾俵　平兵衛
一、同　仁兵衛
一、同　市兵衛
一、同拾俵　藤兵衛
一、同　幸右衛門
一、同　源兵衛
一、同　作兵衛
一、同　藤　七
一、同　栄　蔵
一、同　彦　七
一、同　新兵衛
一、同　治兵衛
合米百五拾俵
是は、困窮之者取続之ため、格別安直段ヲ以、売渡遣し申候由ニ御座候、
右之通、内密取調候間此段、奉申上候、以上、
下総国葛飾郡
天保七申年十一月　上花輪村
名主高梨兵左衛門
（文書番号 ZBA114）

57　天保七年十二月　合力米一件・二番

「(竪帳)
天保七年
合力米一件
申十二月朔日
弐番　」

覚

一、米弐拾九俵ト弐斗五升　但、四斗入　山崎村古料

一、米八俵ト弐斗五升　但、同断　同村新料

前書之通、村方小前極窮民之ものえ、御救夫食御合力米
被仰付、難有慥ニ奉御請取候、以上、

天保七申年十二月
右村古料新料
役人惣代
年寄　七左衛門㊞

覚

一、米四俵ト五升　但、四斗入

前書之通、村方小前極窮民之もの共え、御救(と脱)して夫食被
仰付難有慥ニ奉御請取候、以上、

天保七申十二月十日
桜台村
名主　太郎右衛門㊞

覚

一、家数合拾三軒
此石壱石九斗五升
此米俵四俵ト三斗五升

右は、当申年凶作ニ付、拙者共村方窮民為御手当、書面
之米被下置慥ニ請取申候、為念仍て如件、

天保七申年
十二月廿二日
鶴島新田
名主見習定　吉㊞

覚

三　天保七年

家数合拾軒
壱軒前ニ付弐斗宛
大麦弐石也
此俵数四俵也

右は、当申年凶作ニ付、拙者共村方窮民為御手当、書面之米被下置慥ニ奉請取申候、為念仍て如件、

天保七申年十二月
飯沼村百姓惣代
当村　伝右衛門

覚

家数合四軒
大麦一石也
此俵弐俵也

十二月廿三日
駒木新田
安兵衛
長五郎
仙蔵
文蔵

十二月十八日
一、米弐斗　村ノ　作之助
同十九日
一、同弐斗　山崎村　佐太郎
同廿日
一、同壱斗　同　孫兵衛
縁者平方村
同廿一日
一、同壱俵　村ノ　玄陽
同　同
一、同壱俵　江　生田又兵衛
同廿三日
一、同五升　中根村　清左衛門
十二月廿六日
一、米壱斗五升　平方村　定四郎
同
一、同壱斗五升　桜台村　太郎右衛門
同
一、同弐斗　山崎村　弥太郎
同
一、同弐斗
同
一、壱俵　今上村　藤八

同四日
一、大麦壱俵　矢向　木戸
十二月八日
一、大麦弐斗　中野台村　治右衛門
同八日
一、同九俵壱斗　本多豊前守領分　下目吹村
同九日
一、同七俵　金乗院
同　同
一、同四斗　村　治兵衛
同　同
一、同四斗　同　佐伝次
同　同
一、同三斗　喜右衛門
十二月廿三日
一、大麦弐俵弐斗　当御代官所　大衾村
同廿四日
一、搗麦壱俵　但、四斗入　仁左衛門
同廿五日
一、大麦壱俵　堤根新田　七平
同
一、同壱俵　同　七右衛門
同
一、同壱俵　同　重兵衛
同
一、同壱俵　同　次郎兵衛
十二月廿六日
一、大麦壱俵　同　□右衛門
一、稗

（見消チ）
「覚

一、家数拾軒
此大麦弐石弐斗
右は、当申凶作ニ付、書面之通、村方御助成被下、慥ニ受取申候、以上、

申十二月廿七日　吉春村
跡え出ス」

覚

一、家数拾弐軒
此米壱石八斗
此俵数四俵ト弐斗

文言前同断

柳沢新田
名主　惣左衛門㊞

覚

一、家数五軒

此米七斗五升

此俵壱俵三斗五升

文言前同断

奉目村
組頭　武左衛門㊞

「（見消チ）覚

一、家数拾三軒

此米壱石九斗五升

此俵四俵三斗五升

「（後筆）此分八重」

文言前同断

鶴島新田

」

覚

一、同拾三軒

此米壱石九斗五升

此俵四俵ト三斗五升

文言前同断

宮崎新田
組頭　久左衛門㊞

覚

一、家数七軒

此米壱石五升

此俵弐俵弐斗五升

文言前同断

横内村
組頭　重郎兵衛㊞

覚

一、同拾五軒

此米弐石弐斗五升
此俵五俵弐斗五升
文言前同断
中根新田
申十二月廿七日　組頭　吉兵衛㊞
合米弐拾四俵壱斗五升
此石九石七斗五升
十二月廿七日
一、家数拾壱軒
此石壱石六斗五升
此俵四俵ト五升
文言右同断
花井新田
名主　久右衛門㊞
合米弐拾三俵ト弐斗五升

清水村
名主　善左衛門㊞
十二月廿七日
一、家数弐拾三軒
此石四石三斗五升
此俵拾俵ト三斗五升　清水村
文言右同断

覚

一、家数拾軒　内八軒弐斗
弐軒三斗
此麦弐石弐斗
右は、此申違作ニ付、拙者共村方窮民為御手当、書面之
大麦御合力被下辱受取申候、已上、
下総国葛飾郡吉春村
申十二月廿九日　組頭　伝右衛門㊞
是迄済

覚

一、家数弐拾三軒　但し、壱軒前弐斗宛

三　天保七年

此大麦四石六斗

右は、当酉年違作ニ付、拙者共村方窮民為御手当、書面之大麦御合力被下辱受取申候、已上、

下総国葛飾郡深井新田

天保八酉正月

名主　常□□㊞

年寄　次兵衛㊞

百姓代庄兵衛㊞

覚

一、家数拾四軒　但し、壱軒前弐斗五升宛

此麦三石五斗

右は、当酉年違作ニ付、拙者共村方窮民為手当、書面之大麦御合力被下辱受取申候、以上、

下総国葛飾郡中野村

天保八酉年正月

村役人惣代□□㊞

一、家数四軒　壱軒前弐斗五升

此稗壱石

右は、当酉違作ニ付、拙者共村方窮民為御手当、御合力被下辱慥ニ受取申候、已上、

下三ケ尾村

天保八酉年正月

組頭　庄九郎㊞

一、家数八軒　壱軒前大麦弐斗

此大麦壱石六斗

右は、当酉違作ニ付、拙者共村方窮民為手当、書面之大麦御合力被下辱慥ニ受取申候、已上、

当深井新田

天保八酉年正月

組頭　久左衛門

百姓代孫　四郎㊞

一、家数五拾軒　但、壱軒分稗弐斗五升

此稗拾弐石五斗

右同文言

猿島郡長谷村

天保八酉年正月

役人惣代
名主　治兵衛㊞

中ノ台村　八郎兵衛引請

一、家数三拾軒　　但、壱軒分同弐斗五升
　　此稗七石五斗

右同文言
　　　　　　　　　　　同郡鵠戸村
天保八酉年正月
　　　　　　　　　　　名主　長兵衛㊞
　　　　　　　　　中ノ台村　八郎兵衛引請

家数三拾五軒
一、米五石弐斗　　但壱軒米壱斗五升
　　此俵拾三俵弐斗也
　内米弐石弐斗　借用分

右は、去申違作ニ付、私共村窮民為手当と御合力被下、
慥ニ請取申候、以上、
　　　　　　　　　　　中野台村
酉正月廿七日
　　　　　　　　　　　名主　八郎兵衛㊞
　　　　　　　　　　　同　　五右衛門㊞

　　　　　　　　　　　同　　伝兵衛㊞

一、家数拾軒　　但、大麦弐斗五升
　　此石弐石五斗

右は、去申年違作ニ付、私共村方窮民手当として御合力
被下、慥ニ請取申候、以上、
　　　　　　　　　　　蕃昌新田
酉正月廿七日
　　　　　　　　　　　名主　専之進㊞
　　　　　　　　　　　同　　杢右衛門㊞
　　　　　　　　　　　同　　権兵衛㊞

覚

一、家数六拾九軒　　但し、壱軒弐斗五升宛
　　大麦三拾五俵

文言前同断
酉正月廿七日　　　　　船形村

一、家数五軒

三　天保七年

此石七斗五升
此俵壱俵ト三斗五升

文言同断　座生新田

西二月八日　組頭　文右衛門㊞

一、家数拾軒
此石壱石五斗
此俵三俵ト三斗

文言前同断　堤台村
名主　助右衛門㊞

「(裏表紙)
上花輪村
高梨兵左衛門
」

(文書番号 BGH6)

58　天保七年十二月　難儀の小前救助願書状(平方原新田)

「(封上書)
用事　平方原新田
上花輪村嘉左衛門様　年番名主太右衛門㊞」

以手紙啓上仕候、時分柄寒気ニ相成候、然は、当申田畑共ニ水損ニ付、小前物(者)共廉々と難義、乍憚右之段各々様方え御頼奉申上候、且又百性加右衛門・喜四郎・伊介右三人ノ物(者)共、御救可被被(衍)下候、以上、

天保七申極月廿六日

(文書番号 ZBA44)

59　天保七年十二月　米借用申一札（桜台村）

借用申一札之事

一、米壱斗五升

右之米只今慥ニ請取申候、

天保七申年

十二月

来酉十月返済可仕候、以上、

桜台村

借用人太郎右衛門㊞

請人名主代太郎左衛門㊞

上花輪村

高梨

兵左衛門様

（文書番号 ZBA69）

60　天保七年十二月　夫食御願人数帳（西深井村）

（横帳）「天保七申年

夫食御願人数帳

十二月

西深井村」

覚

一、人数三人　市左衛門㊞

一、同壱人　彦兵衛㊞

一、同六人　仁右衛門㊞

一、同三人　治郎吉㊞

一、同四人　清吉㊞

一、同壱人　新四郎㊞

一、人数四人　甚四郎㊞

一、同三人　七郎兵衛㊞

一、同六人　八三郎㊞

一、同六人　伊右衛門㊞
一、同七人　藤　助㊞
一、同六人　忠　助㊞
一、同六人　宇平次㊞
一、同三人　九兵衛㊞
一、同五人　六郎兵衛㊞
一、同三人　五兵衛㊞
一、同三人　半右衛門㊞
一、同四人　六兵衛㊞
一、同四人　森右衛門㊞
一、同六人　権　平㊞
一、人数七人　弥右衛門㊞
一、同三人　又　七㊞
一、同四人　喜右衛門㊞
一、同五人　弥平次㊞
一、同三人　源　蔵㊞
一、同六人　利　七㊞
一、同四人　七右衛門㊞

〆百拾[redacted]五人
外、壱人　治　助㊞

右は、当村百性極窮之者共ニて、当日送り兼、難渋罷在
候間、何卒以
御慈悲前書名前之者共へ、御救夫食頂戴被　仰付被下置
度、偏ニ奉願上候、以上、

本多豊前守領分
天保七申年　同国同郡
十二月　西深井村
名主　四郎左衛門㊞
与頭　甚五右衛門㊞
同　清兵衛㊞

上花輪村
高梨兵左衛門様

（文書番号 ZBA22）

61　天保七年十二月　御救穀請取覚（青田新田）

覚

羽倉外記御代官所
小金領青田新田

一、大麦壱石八斗

水呑 万蔵
同 喜左衛門
同 市五郎
百姓 八蔵
同 源十郎
同 友右衛門
同 七兵衛
同 善右衛門
同 □蔵

□□人数九人

右は、前書名前之者義□□年田畑違作仕、殊之外無成、米穀高直ニ付、□□□難渋□候処、此度格別之□慈悲□□として為取続、書面之通被下置、一同相助り難有□□□候、依て名前之者共え割渡し可申候、以上、

□□

天保七申年極月

名主 八左□□㊞
□□代 喜平治㊞

上花輪村
高梨□

（文書番号ZBA103）

62　天保七年十二月　大麦借用覚（大衾村）

（封上書）「上

同国同郡
上花輪村
髙梨兵左衛門様

　　　　　　　　組頭　源兵衛㊞
　　　　　　　　名主代組頭新左衛門㊞」

覚

一、大麦壱石弐斗　　岩松
　　　　　　　　　　金七
　　　　　　　　　　半七
　　　　　　　　　　与五良
　　　　　　　　　　伝治郎
　　　　　　　　　　源兵衛

前書之通、村方小前極窮民之ものえ借用仕候処実正也、来ル酉六月出作之節、無相違返済可仕候、為念仍て如件、

　　　　　　　羽倉外記様御代官所
天保七申　　　下総国葛飾郡大衾村
　十二月　　　　百姓代伊左衛門㊞

（文書番号 ZBA128）

63　天保七年十二月　連印覚帳（猿島郡長谷村）

（竪帳）
「　天保七年
　連印覚帳
　申十二月吉日
　　下総国猿島郡
　　　長谷村」

村家数
　弐百六拾六軒
　　之内
　　　　久世隠岐守領分
　　　　　長谷村百姓
多郎左衛門㊞
伊　三　郎㊞
忠左衛門㊞
八右衛門㊞
多郎兵衛㊞
三郎左衛門㊞
七郎兵衛㊞
甚右衛門㊞
伊　兵　衛㊞
久左衛門㊞
七郎右衛門㊞
四郎兵衛㊞
清　次　郎㊞
半　　蔵㊞
兵右衛門[印]
平　次　郎[印]
新　　蔵㊞
定右衛門㊞
武右衛門㊞
小左衛門㊞
五左衛門㊞
才　兵　衛㊞
政右衛門㊞
武次右衛門㊞

友右衛門㊞
孫右衛門㊞
丈右衛門㊞
伝　助㊞
佐右衛門[印]
平右衛門[印]
弥右衛門㊞
弥五右衛門㊞
利兵衛㊞
庄兵衛[印]
長右衛門㊞
嘉左衛門㊞
六郎兵衛㊞
紋左衛門[印]
為右衛門㊞
新右衛門[印]
吉　平㊞
茂左衛門㊞

伊　助㊞
助三郎㊞
定　平[印]
嘉左衛門㊞
治郎左衛門[印]
善　助㊞
藤左衛門㊞
元　七㊞
佐次右衛門㊞
吉郎兵衛[印]
庄兵衛㊞
与右衛門㊞
弥三郎㊞
六右衛門㊞
金左衛門㊞
紋　蔵㊞
庄左衛門[印]
市兵衛[印]

吉右衛門㊞
安 兵 衛㊞
助左衛門㊞
勘左衛門㊞
弥左衛門[印]
伝 兵 衛㊞
安右衛門㊞
新　 平㊞
佐次兵衛㊞
勘 兵 衛㊞
吉郎兵衛㊞
武左衛門㊞
音　 吉㊞
仁右衛門㊞

（文書番号 EYA31）

64　天保七年　極窮民夫食合力につき申上書（平方村）

（封上書）
「　書付　　　平方村　」

書付ヲ以奉申上候

平方村重左衛門組下百性五人、少高極窮民之者共、殊に
当年之儀は、格別之年柄ニて、喰可続手段無御坐、銘（カ）々
餓危ニも可及之処
貴君様え申上、則夫喰御□力ニ預り、難有仕合ニ奉存候、
□□不難路（露）命相続、広太御助千万難有奉存候、以上、

右村
天保七年　　　年寄　武左衛門㊞
□月　　　　□□左衛門㊞
上花輪村
高梨兵左衛門様

（文書番号 ZBA100）

65（天保七年）堤根新田飢人書上

堤根新田

市兵衛　重兵衛

七平　七右衛門

丈右衛門

（文書番号 ZBA38-2）

66 （天保七年） 囲籾・相場覚籾蔵板書

此蔵え籾穀凡六百石程囲置候所、天保四年巳ノ三月中、近邑拾六村え右之籾四百八拾石余合力仕候、同天保七申年米穀価高直ニ付亦々近村拾六村□、米凡八拾石宛追々合力仕候、尤同年ニ至り四月より同八月、日々時雨並ニ雨、六月より度々大水ニ御座候、

八月より相場米

両ニ付　弐斗五升

春麦　三斗弐升
から麦　七斗五升
小麦　六斗より五斗迄
餅　弐斗八升より三斗
から稗　壱石三斗
から粟　七斗五升
空豆　七斗五升
からそは　七斗五升迄
大豆　七斗五升より八斗迄
小豆　三斗五升より四斗迄

（上花輪歴史館籾蔵板書）

四　天保八年

67　天保八年正月　助成金請取一札（下野国塩谷郡上塩原村他）

一札之事

一、去申年之儀は、稀成凶作諸国一般とハ乍申、野州塩
谷郡左之村々之義ハ、既ニ餓死も可致哉之趣御聞被成、
今般米五拾俵御助成被下候処、遠路殊ニ道中之儀、当
節柄故、御安心難被成、為右代金七拾両御渡被下、思
召之程忝、慥受納仕候、依ては窮民え無甲乙割賦、為
請取可申候、且御助成之儀、極御内々之趣被　御申聞、
是又承知仕候、依之金子請取一札入置申処、如件、

天保八酉年正月二日

戸田因幡守領分
野州塩谷郡
上塩原村
中塩原村
下塩原村
湯本村
大原村
藤原村
高原新田
大田原飛騨守領分
同州同郡
関屋村
宇津野村
金沢村

右拾ケ村惣代
塩原村
名主　登右衛門㊞
関屋村
名主　又右衛門㊞
藤原村
組頭　六左衛門㊞

下総国上花輪村
名主　高梨兵左衛門殿

右、拾ケ村惣代役人中御存知無御座候得共、私懇意之衆
ニ付、為後証奥印仕置候、以上、

武州埼玉郡瓦曽根村

酉正月二日

名主　中村彦左衛門㊞

（文書番号 ZBA112）

68　天保八年正月　極貧窮百姓助成願口上書（大青田村）

口上書

大青田村

百姓　新　蔵

家内弐人

同　甚四郎

家内三人

同　庄兵衛

家内三人

同　林左衛門

家内三人

右之者共儀、極貧窮水呑同様之者共ニ御座候処、去申年稀之凶作ニて、当日を送兼候之処、今般尊公様近村貧民為御救、御慈悲之御施被成候を承り、我等共も御助成を請申度由申来候間、去十一月中差遣申候処、来春ニ相成候ハヽ、可被下之旨被申聞候間、尚又参度由申述候故、乍失礼毎度口上書を以奉願上候、格別之以御勘弁、右之者共え御助成之御救被成下候様奉希候、以上、

天保八酉年

正月八日

大青田村

名主　弥五右衛門㊞

組頭　八右衛門㊞

高梨兵左衛門様

（文書番号 ZBA27）

69　（天保八年）酉正月　困窮人助成借用につき届書（大衾村）

乍恐以書付御届奉申上候

一、下総国葛飾郡大衾村役人惣代、組頭新左衛門奉申上候、私共村方少高困窮村ニ御座候処、去未・申両年共稀成違作ニて、夫食等ニも差支必至と難渋仕、取続兼候ニ付、去申年極月上花輪村名主高梨兵左衛門方え相願、困窮人小前拾三軒之内、六軒え壱軒ニ付、大麦弐斗宛当秋作を以、返済仕候積ニて借用仕、残軒数之分ハ、尚又追々用達呉候様申之、困窮之飢人共相助候儀ニ御座候間、依之此段書付を以、御届奉申上候、已上、

酉正月廿日

下総国葛飾郡大衾村

組頭　新左衛門㊞

羽倉外記様

御役所

（文書番号 ZBA126）

70　天保八年正月　百姓御救願一札（守谷町）

一札之事

一、守屋町百姓伊右衛門此度差きりニ付、夫飯ニ相こまり難儀仕候、此度おすく（い脱）被下候様承候、是ひなく御いただき申度間、私方え願申候故、是ひなく一札遣し申候、御是ひおすくへたすけ可被下候、態々書面申上候一札、如件、

天保八酉年
　正月廿五日　右村
　　百性　伊右衛門
同村
　名主　徳左衛門㊞

（文書番号 ZBA70）

71　天保八年正月　飢人再御救口上書（五木村）

（封上書）
「上　五木村　」

以口上書申上候

一、飢人家数拾三軒　五木村

右は、当村之儀は、去冬中申上候通、外村違畑方米納之村方ニて、別て困窮致、前書家数之者共、田方所持無之、畑勝之百性ニて、連々困窮罷在候処、去年中之義は、秋毛と申ては、畑方ハ何ニても皆無同様ニて、夫食無之仕合ニて、及飢餲難渋仕候ニ付、去冬中右始末申上、御救穀御拝借願上候処、早速御聞届之上被下置、数日露命営相助難有仕合ニ奉存候得共、余日之夫食用意之稼も、年柄故無之、此節至り誠ニ今日夫食才覚出来兼候間、不顧再度、御厚情尚又　御当家様え御無心願呉候様、私共え相歎候、依之村方ニて、見助致遣候て可然儀ニ候得共、

村方一同畑方御年貢皆済不仕、面々夫食買調営居り候仕合ニ付、中々行届キ兼候間、御地頭所えも、去年中より夫食願上置候間、尚又当春も願上候得共、未タ皆済不致不埒之旨被申聞御下穀無之候ニ付、無拠右飢人任申口ニ、御当家様え願上候は、本意不成義ニて、何共御気毒ニは奉存候得共、今少々夫食御拝借被下置候様願上候間、何卒格別之以　御慈悲右飢人共御救被成下置候様、奉願上候、以上、

瀧川清右衛門知行所

天保八酉年正月廿八日　五木村

名主　喜左衛門㊞

同人後見　治郎右衛門㊞

上花輪村
高梨兵左衛門様

（文書番号 ZBA124）

72　天保八年正月　東深井村貧民人別取調帳

（横帳）「天保八年

東深井村貧民人別取調帳

酉正月　」

覚

一、人数九拾壱人

内

男　六拾才以上　五人
　　拾五才以上　廿弐人
　　拾五才以下　弐拾人

女　六拾才以上　八人
　　拾五才以上　廿四人
　　拾五才以下　拾弐人

右は、当村貧民人別取調候処、書面之通相違無御座候、

以上、

東深井村

酉正月廿九日

名主　弥右衛門㊞
与頭　善　兵　衛㊞

（文書番号 ZBA120）

73　天保八年正月　窮民取調帳（平方村他）

（竪帳）「天保八年
窮民取調帳
酉正月　　平方村両組
平方原新田」

覚

羽倉外記御代官所
下総国葛飾郡平方村
名主重左衛門組

一、家数拾九軒
此人別百弐拾壱人
内
男五拾四人内　三拾九人　十五才より六十才迄
　　　　　　　拾五人　老人小供
女六拾七人内　五拾五人　十五才より六十才迄
　　　　　　　拾弐人　老人小供

同御代官所

同国同郡平方原新田

名主　太右衛門

一、家数拾三軒

此人別九拾四人

内

男四拾五人内 三拾五人 十五才より六十才迄
拾人 老人小供

女四拾九人内 三拾五人 十五才より六十才迄
十四人 老人小供

同御代官所

同国同郡平方村

名主伊兵衛組

一、家数拾九軒

此人別百三人

内

男四拾九人内 三拾九人 十五才より六十才迄
拾人 老人小供

女五拾四人内 三拾三人 十五才より六十才迄
拾壱人 老人小供

前書飢渇之者取調候処、相違無御座候、以上、

平方村両組

天保八酉年正月晦日

名主　伊兵衛㊞

与頭　武左衛門㊞

同原新田

名主　太右衛門㊞

与頭　六左衛門㊞

（文書番号 ZBA23）

74 （天保八年）酉正月　極困窮人覚（貝塚村）

覚

下総国葛飾郡貝塚村
古田主殿知行所

極困窮人四軒 佐右衛門 喜右衛門 儀左衛門 新右衛門

此人数廿八人
内 男拾五人 女拾三人

右之通、相違無御座候、以上、

右村
年寄 勘左衛門
百姓代 弥　助

酉正月晦日

（文書番号 ZBA62）

75 天保八年正月　夫食米借用証文（中野台村）

夫食米借用之事

一、米五石弐斗　家数三拾五軒余　但、米壱斗五升
此俵拾三俵
内、米弐石弐斗　借用分

右は、去申年稀成凶作ニ付、私共村方貧民之ものえ、書面之通り、夫食御貸し被下、難有仕合ニ奉存候、然ル上は当秋新穀を以、御返納可仕候、仍如件、

中野台村
上組 名主代組頭 伝　兵　衛㊞
下組 名主 五右衛門㊞
中組 名主 八郎兵衛㊞

天保八酉年正月

上花輪村
高梨兵左衛門殿

76　天保八年正月　貧民人書上帳（谷津村）

（文書番号 ZBA36）

（横帳）
「
（記載なし）
」

筒井弥蔵知行所
下総国葛飾郡
谷津村

貧民人

百性　文　蔵
家内 男弐人 女三人

同　伝兵衛
家内 男五人 女三人

同　平四郎
家内 男三人 女五人

同　音五郎
家内 男三人 女壱人

同　仲右衛門
家内 男三人 女弐人

同　治助
家内 男三人 女壱人

同　庄蔵
家内 男弐人 女四人

同　嘉兵衛
家内 男三人 □□人

同　長兵衛
家内 男弐人 女五人

人数〆五拾弐人内 男弐拾六人 女弐拾六人

天保八酉年正月

谷津村
与頭　三郎兵衛
名主　作左衛門

（文書番号 ZBA61）

77　天保八年正月　村方始末書上帳（大衾村）

「（竪帳）天保八年
村方始末書上帳
酉正月　　　大衾村」

覚

一、高百九拾石八斗七升五合　下総国葛飾郡　大衾村
此反別弐拾九町三反六畝拾九歩
内
田高壱石四斗壱升五合
此反別弐反五畝八歩
畑高百八拾九石四斗六升
此反別弐拾九町壱反壱畝拾九歩
納合　米壱石弐斗壱升八合
永弐拾四貫三百八拾四文弐分

惣人数四拾九人　大小之百姓人数也
内
弐拾五人　寺院宮地共　村中大小百姓
弐拾四人　越石百姓

□難者
一、高拾四石弐斗弐合　百姓　啓　蔵
田畑弐町
山畑弐町五反

無難者
一、同拾五石三斗三升三合六勺　伊左衛門
田畑弐町
山畑壱町歩

□難者
一、同拾五石壱升六合六勺四才　大　治　郎
田畑弐町壱反
山畑壱町八反

極窮者
一、同拾三石三斗八合八勺　真光寺地守　三左衛門

田畑壱町壱反歩　羽倉様御支配所
　　　　　　　　　下金崎村
　　　　　　　　　　名主民吉様
山畑七反歩　　　田六反歩
　　　　　　　　　反ニ八斗納

同断
一、同七石九斗六升　　文　内
田畑六反歩
山畑壱町歩

一、同六石四斗弐升八勺　　八十八
田畑五反歩　小出又五郎様知行所下金崎村
　　　　　　　　名主弥源次様
　　　　　　畑四反壱畝歩　米八斗納
　　　　　　田四畝歩　大麦六斗
　　　　　　　　　　　大豆四斗五升
山畑壱町歩

極窮者
一、同三石八斗壱升壱合　明音寺地守　岩　松
田畑三反歩　岡野平三郎知行所下金崎村
　　　　　　　　名主伝左衛門
　　　　　　畑三反九畝歩　右同断小作入附
　　　　　　田七反七畝廿歩
山畑弐反八畝歩

同断
一、同四斗五升三合三勺　下柳村喜右衛門方ニ罷居申候　金　七
屋敷五畝歩　家内三人

同断
一、同八石八斗三升五合三勺　　竹　松
田畑六反歩　老人弐人娵壱人
山畑五反歩　女壱人ニ介抱

同断
一、同三石九斗九升弐合九勺　　源左衛門
田畑三反歩　小出又五郎様知行所
　　　　　　　下金崎村
　　　　　　　　弥源次様
山畑壱反歩　田畑四反歩
　　　　　　　右同断入附
　　　　　　羽倉外記様御支配所
　　　　　　　下柳村
　　　　　　　　儀右衛門様
　　　　　　田畑四反歩
　　　　　　　反ニ金弐分入附

極窮者
一、同三石壱斗弐升四合四才　　半　七
田畑弐反歩
山畑弐反歩　此者病身ニて御座候

一、同壱石九斗五升　半七親与五郎隠居　与五郎
田畑三反歩

一、同三石四斗九升九合弐勺　　源兵衛
田畑四反歩　此者病身ニて農業不仕候

一、同弐石弐斗四升三合七勺　伝治郎
田畑内　畑三反歩
　　　　田五畝歩
山畑弐反歩
岡野平三郎様知行所
下金崎村
観音院様
田弐反歩
畑壱反五畝歩
同入附
羽倉様御支配所
上金崎村
庄兵衛様
田壱反四畝歩
畑壱反壱畝歩
同入附
同御代官所
上金崎
西光寺様
畑五畝歩
一、同七石弐斗弐升六合四勺三勺（ママ）　■仙太郎
蓮花院地守
田畑五反歩
山畑五反弐畝歩
一、同壱石弐斗三升　文蔵
病身ニて座頭ニ罷成申候
畑弐反歩
屋敷壱反歩
一、同壱石五斗八升六合八勺　林治郎
田畑弐反歩

一、同六石四斗弐升四合三勺　新左衛門
田畑（ママ）　田四反歩
　　　　田壱反歩
羽倉様御支配所
下柳村
儀右衛門様請負人
田畑四反歩
反ニ金弐分入附
同御代官所
下金崎村
名主　民吉様
田三反弐畝歩
内三反歩ハ反ニ付三斗八升入三俵納
弐畝歩ハ反ニ八斗納
同御支配所
上金崎村
西光寺様
畑壱反弐畝歩
田壱反三畝歩　田方八斗入附
同壱反五畝歩　大麦六斗
　　　　大豆四斗五升
田畑合七反弐畝歩
田畑合三町九反七畝廿歩　下金崎村出小作
一、高七拾六石三斗八升　越石寺院
三ケ寺共
此反別
畑七町弐畝八歩　本畑分
上　反ニ付百三文四分
中　反ニ九拾三文四分
下　六拾三文四分
山畑八町五反六畝拾弐歩　反ニ付廿文取

前書之通、村方御年貢本途并村高反別暮方難渋之始末、委細書上申候処、相違無御座候、以上、

天保八年
酉正月　　大衾村
村役人共

上花輪村
高梨兵左衛門様

（文書番号 EYA21）

78　天保八年正月　御救石割渡名前帳（船形村）

「（横帳）
天保八酉年
御救石割渡名前帳
正月　　船形村」

覚

一、麦三拾五俵　但、五斗入
此石拾七石五斗
此割渡名前

十兵衛㊞
平兵衛㊞
勘左衛門㊞
清左衛門[印]
文次郎㊞
安左衛門㊞

吉五郎㊞
次左衛門㊞
源八㊞
庄兵衛㊞
弥惣兵衛㊞
吉右衛門㊞
徳左衛門㊞
勘兵衛㊞
長左衛門㊞
半右衛門㊞
重兵衛㊞
弥五郎㊞
市郎右衛門㊞
万七㊞
弥五兵衛㊞
政次郎㊞
新兵衛㊞
権兵衛㊞

吉左衛門㊞
文内㊞
新八㊞
徳兵衛㊞
七平㊞
茂兵衛㊞
勘左衛門㊞
角右衛門㊞
清兵衛㊞
新蔵㊞
次平㊞
長左衛門㊞
弥五右衛門㊞
幸七[印]
権四郎㊞
武右衛門㊞
吉右衛門㊞
利平治㊞

与次右衛門㊞
弥次右衛門㊞
弥　七㊞
七兵衛㊞
藤　八㊞
弥五左衛門㊞
長兵衛㊞
佐五兵衛㊞
戸右衛門㊞
平右衛門㊞
与　市㊞
作右衛門㊞
与三郎㊞
平右衛門㊞
嘉左衛門㊞
仁左衛門㊞
喜左衛門㊞
善太郎㊞

小三郎㊞
嘉兵衛㊞
五郎右衛門㊞
忠左衛門㊞
佐次兵衛㊞
太兵衛㊞
吉五郎㊞
市十郎㊞
佐平治㊞
利右衛門㊞
半兵衛㊞
平　吉㊞

右は、今般当村飢人共え、前書之石数為御救御助情被成下、難有仕合奉存候、依之右名面之者共え、不残割渡難有頂戴致候ニ付、銘々印形為致名前帳差上申候、以上、

船形村

天保八酉年
正月

名主　利兵衛㊞
同　久兵衛㊞

与頭　五右衛門㊞
同　武兵衛㊞
同　久右衛門㊞
（文書番号 ENA3）

79　天保八年正月　極窮人助情願（目吹上村）

（封上書）
「上
目吹村」

乍恐以書付奉願上候

一、本多豊前守領分下総国葛飾郡目吹上村役人一同奉申上候、去申年之儀は、古今稀成飢饉ニて、世間一統米穀ハ不及申上、諸雑穀共悉ク高直ニ相成、一円ニ困窮仕、賃日雇之稼も相成兼、極窮を仕詰メ罷在候、別て当上組之儀は、中利根川縁り、無囲場之村方ニて、難儀至極罷在候処、再度之大嵐数度之大出水より、田畑共皆水腐ニ罷成、扶食ニ差支え、目も可当様無御座、必（至）死と困窮迫り、老若之男女餓死退転ニも可及と、昼夜砕心魂を沈ミ悲歎罷在候ニ付、既ニ其段　領主へ相縋り夫食拝借仕、漸当日を凌罷在候、尚村内身元人物宜敷もの共へも申付、夫々手当為致候得共、素より困

高梨兵左衛門殿

（文書番号 ABZ125）

四　天保八年

窮難渋之村方御座候へハ、自力不叶、中ニハ退転潰ニ相成候小前之者共も在之、歎ケ敷奉存候ニ付、不奉顧恐も、此段御歎願奉申上候、何卒格別之以

御慈悲御撫育被成下置候様奉願上候、依之別紙人別書抜帳、相仕立御縋願奉申上候間、右困窮難渋之次第、逸々被為御聞召訳、御助情之程、笘(只)管ニ奉願上候、右願之通、被　仰付被下置候ハヽ、大勢之困民共渇命飢難を遁レ、広太之御救と、一同難有仕合ニ奉存候、以上、

本多豊前守領分

天保八年酉正月　下総国葛飾郡

目吹上村

名主　勘左衛門㊞

与頭　次左衛門㊞

同　広　吉㊞

百姓代権右衛門㊞

同　平　八㊞

上花輪村

80　天保八年正月　極窮人名前控

「（横半帳）
天保八年
極窮人名前控
酉正月吉日」

正月廿六日
中里村伊兵事後家付
同村藤五郎殿参ル

覚

正月廿三日
一、山崎　壱人　治助
一、小金泊村　壱人　与一殿
一、今上村　壱人　正右衛門
一、清水　弐人　〔六兵衛／磯右衛門〕
一、深井　壱人　金蔵

一、くつかけ内の山　九人
〔勘右衛門／彦八／七左衛門／勘兵衛／政右衛門／四兵衛／助右衛門／又右衛門／便蔵〕
一、銚子飯沼　壱人　幸七
一、松前城下　壱人　女
一、深井　六人
〔勝右衛門／七兵衛／吉右衛門／市右衛門／伊右衛門／勝右衛門〕
目引（吹）　八内

一、東深井　壱人
惣右衛門
一、中根坊づ
弐人
一、深井　四人
平蔵
又八
子供弐人
一、むらの内
八兵衛
一、き■か村
惣次郎
一、中野村
左吉
一、横■村
与■■
一、中根
一、岩井村
重右衛門
三郎右衛門
一、目引
一、岩井村　七人
嘉右衛門
正兵衛
利兵衛
与惣右衛門
六郎兵衛
政五右衛門

一、内村　三人
佐次兵衛
平右衛門
吉兵衛
又兵衛
一、大《小》山村
勘右衛門
一、中野村
佐吉
一、花井
幸助
親子三人
舟方
初右衛門
一、中ノ台村
太右衛門
一、平方村
■■■
利兵衛
平四郎
一、藤田村
忠兵衛
一、下さんケ尾
七兵衛組内
五人
一、今上　二人
三右衛門
子供

一、金杉　三人
佐平次
孫兵衛
子供

一、吉春　二人
松五郎
子供

一、（谷津）八つ村　三人
■兵衛
佐兵衛
源二郎

一、木崎　きぬ
か■

一、八つ村
兼次郎

一、船方村
幸蔵

一、西深井
七兵衛
久兵衛

一、長淵
長右衛門

一、西行
壱人

一、根戸　家内六人
伝右衛門

一、（座頭）ざとふ
弐人

一、長淵
七兵衛

一、深井村
新蔵

一、小ぼち村
長四郎
伝兵衛

一、深井村
長兵衛

一、平沢村　五人
五兵衛
佐兵衛
伊助
助右衛門
弥兵衛

一、今上
七郎右衛門

一、やはぎ村　弐人
甚右衛門
鐘右衛門

一、関宿村
友蔵

一、木崎　三人
清三郎

一、くつ掛村　五人
七右衛門
清右衛門
勘右衛門

一、又手(馬立)村
一、今上
一、岩な村　二人
一、すかを(菅生)村　五人
一、山崎
一、方じト(法師戸)村
一、へた村
一、正れん寺　二人
一、すかを村
一、三ヶ尾　四人

定右衛門
弥左衛門
伝二右衛門
清兵衛
岩次郎
宗兵衛
勘二右衛門
与兵衛
長蔵
用吉
磯吉
忠蔵
秀吉
八右衛門
長兵衛
長兵衛
六郎右衛門
「利七

一、きまかせ(木間瀬)村　四人
一、やはぎ村
一、く、いど(鵠戸)村
一、西深井村
一、木ノ崎
西深井
西深井
一、八つ村　三人
一、つ、□
一、西行
〆百四十二人
正月廿三日九ツ時より七ツ半時迄
正月廿四日
一、今上村
一、同

与兵衛
政五郎
政七
正兵衛
鐘右衛門
吉蔵
長兵衛
八内
甚右衛門
久兵衛
子共
与兵衛
七兵衛
弐人
廿人
七人

一、今上村　九人
一、矢はき　藤兵衛
一、今上　下新田　新兵衛
一、同村　下や　孫兵衛
一、深井　■人　数右衛門
　宗五郎
　子共壱人
一、今上村　清兵衛
一、同村　与右衛門
一、柿沢　三人　八郎兵衛
　子共
一、次井村　二人　栄蔵
一、清水村　太兵衛
一、下大むろ村　政五右衛門
一、深井新田　四人　伊右衛門
　新蔵
　宇右衛門
　惣右衛門
　■■■子供
一、すかを村　長兵衛

一、同村　林蔵
一、柿沢　四人　八郎兵衛
一、深井新田　清八
一、すかを　鐘兵衛
一、同村　二人　勘二右衛門
一、同村　六人　与兵衛
一、深井新田　二人　又八
一、西行　四人
一、深井新田　長右衛門
　七郎兵衛
　子供
　新蔵
　子供
一、深井村　子供五人　伊右衛門
　藤助
　五右衛門
一、平方村　弐人　おいち
　出五右衛門
一、同　幸助

一、今上　七人
一、同村　六人
一、大田村　二人
一、山ねや村　二人
一、中島村　二人
一、今上　五人
一、山崎　壱人
一、木ノ崎　三人

留五郎
金右衛門
内
市郎右衛門
伝四郎
重兵衛
子供
佐右衛門
子供
常七
子供
利兵衛
政右衛門
子供
喜兵衛
四郎兵衛
子供
政右衛門

一、今上　七人
一、八つ村　三人
一、西行
一、今上
すかを　二人
一、ごき（五木）村
一、深井　八人
一、種足村
一、はす間　二人

市兵衛
三右衛門
与兵衛
二人
重右衛門
宗助
子供二
五郎兵衛
利右衛門
伊三郎
正八
市右衛門
米蔵
子供
弥三郎
子供
正兵衛
七五郎

一、銚子栄間　安五郎
　　　　　　　幸吉
一、中島村　三人　忠左衛門
一、深井　二人　吉兵衛
一、中さと村　栄蔵
一、（莚打）延内　彦兵衛
一、同　次右衛門
一、山崎　重左衛門
一、上州　壱人
一、三尾　兵右衛門
　　　　　六兵衛
一、同　六右衛門
　　　　子共
一、平形　重左衛門
　　　　　利兵衛
　　　　　伊八
一、今上　作兵衛
　　　　　長兵衛
　　　　　長左衛門

一、根戸　善右衛門　三人
一、今上　要助　三人
一、中里　由兵衛
一、三ヶ尾　勝右衛門
一、八つ村　佐吉
一、下三ヶ尾　与五兵衛
一、八つ　七郎
一、西深井　甚右衛門
一、中里　権兵衛
一、同　善右衛門
一、花井　三人　幸助
一、三根　弥市
一、深井　金蔵
一、中ノ台　七右衛門
一、今上

一、中島　嘉右衛門
一、同　佐兵衛
一、岩付（槻）　八十次
一、木ノ崎　吉兵衛
一、船方　孫七
一、平形　八十郎
一、木ノ崎　利八　八内
一、西深井　半右衛門
一、同村　弥右衛門
一、中里　庄兵衛
一、船方　清右衛門
一、又手　文右衛門
一、西深井二人　又七　鐘平
一、中根　（坊主）〇づ二人
一、正連寺二人　八右衛門
一、（堤根）つゝ峰二人　七兵衛

一、八ツ村　兼
一、吉春　松五郎
一、を（尾）崎二人　七兵衛
一、同　喜兵衛
一、八つ　佐兵衛
一、三ケ崎二人　喜兵衛
一、中里　長兵衛
一、方しと　惣兵衛
一、山崎　儀吉
一、西深井　長兵衛
一、又手二人　長兵衛　鐘兵衛
一、中ノ台　五郎
一、同村　忠助
一、西深井村　岡右衛門
一、きまかせ村二人　治太夫　源内

一、馬立村　二人　五兵衛
　　　　　　　　　忠兵衛
一、木ノ崎　幸助
一、宮崎　嘉左衛門
一、同　市太郎
〆弐百弐拾九人
正月廿四日朝より七ツ時迄
正月廿五日
一、吉春村　平右衛門
　　　　　　おさよ
一、白川村　油屋
正月廿五日
一、今上村　三拾弐人
同
一、同村　七人
同
一、同村　六人
正月廿五日
一、今上下谷　三人　蔵右衛門

一、同　四郎兵衛
一、同村　孫兵衛
一、同村　三人　与左衛門
一、今上村　壱人　与左衛門
一、深井　五人　伊右衛門
　　　　　　　　小左衛門
　　　　　　　　■蔵
　　　　　　　　藤助
　　　　　　　　子共
　　　　　　　　市郎兵衛
　　　　　　　　子共
一、今上　七人　伊之助
　　　　　　　　子共
　　　　　　　　勘右衛門
　　　　　　　　吉兵衛
　　　　　　　　源太郎
　　　　　　　　源左衛門
　　　　　　　　庄五郎
　　　　　　　　馬蔵
　　　　　　　　喜左衛門
　　　　　　　　廿六人
一、東深井　六人
　子共二人
一、今上　六人
一、深井新田　六人　新蔵
　　　　　　　　　　辰右衛門
　　　　　　　　　　新蔵
　　　　　　　　　　栄蔵
一、下三尾　三人

一、深井新田　二人　新蔵
　　　　　　　　　　与兵衛
一、八つ　　　　　　二人
一、同　　　　三人　加内
一、吉春　　　二人　松五郎
　　　　　　　　　　子供
一、八つ　　　　　　重右衛門
一、今上　　　五人　与助
　　　　　　　　　　久右衛門
一、同　　　　四人　忠右衛門
一、柿沢　　　二人　常蔵
一、かなの井　　　　花蔵
一、柿沢　　　三人　八郎兵衛
一、深井新田　　　　平吉
一、清水村　　　　　太兵衛
一、今上　　　二人　嘉右衛門
一、山崎　　　五人　市兵衛
　　　　　　　　　　宇右衛門
　　　　　　　　　　半十
　　　　　　　　　　子供

一、山崎　　　　　　壱人
一、萱を村　　八人　勘二右衛門
　　　　　　　　　　与兵衛
　　　　　　　　　　子二
　　　　　　　　　　長兵衛
　　　　　　　　　　鐘兵衛
一、山崎村　　　　　弐人
一、木ノ崎　　壱人　四郎兵衛
一、すが尾　　　　　長兵衛
　　　　　　　　　　安右衛門
一、松前城下　　　　女弐人
一、今上　　　三人　長兵衛
一、山崎　　　　　　二人
一、西深井　　　　　甚右衛門
　　　　　　　　　　権平
一、桜台　　　弐人　孫七
　　　　　　　　　　金平
一、平方　　　三人　仙蔵
一、御領付　　弐人　七兵衛
一、木崎　　　弐人　八内

一、根戸　六人　伝右衛門
一、深井新田　金蔵
一、深井　長八
一、西深井　金蔵
一、今上　三人　長兵衛　長左衛門
一、木ノ崎　弐人　利八
一、舟形　弐人　惣兵衛　宗七
一、さゝ尾　三人　六郎左衛門
一、今上　弐人　清兵衛
一、同村　六人
一、尾崎　三人　七平
一、西深井　弐人　七郎兵衛
一、東深井　壱人　平兵衛
一、大むろ村　弥五右衛門
一、石屋職人　壱人
一、深井村　二人　磯右衛門

一、尾崎　七兵衛
一、八つ村　市右衛門
一、目引　〃壱《四》人
一、深井新田　〃壱《四》人
一、木ノ崎　壱人
一、正連寺　壱人
一、下内川　壱人
一、足〃人《袋》　弐人
一、中根　〇づ　二人
一、三ヶ尾　三人
一、吉春　三人
一、三村　四人
一、すかを　二人　清三郎
一、八つ村　四人
一、栄沼　四人
一、太田　〃壱《市》平
壱人

一、平方　三人
一、同　四人
一、平方石松　二人
一、中根　壱人
一、平方　三人
一、すかを　四人
一、同　三人
一、岩井　四人
一、岩井　弐人
一、中野台　弐人
一、花井　四人　幸助
　　　　　　　　源兵衛
一、柏村　弐人
一、太田　三人　伝四郎
　　　　　　　　善三郎
一、水角　二人
一、切かい　三人
一、今上　弐人

一、太田　○づ四人
一、こまはぎ　三人
一、かむら（加村）壱人上下　○三
一、あべ村　三人
一、きまかせ　五人
一、柿沢　三人
一、岩な村　長兵衛
一、中根　ほをづ（坊主）
一、道心　壱人
一、金杉　弐人
一、目引　弐人
一、若芝　壱人
〆三百人
外壱人　職人
又三人
正月廿五日七ツ時迄

二十六日
一、今上村　六人
一、今上　拾三人
一、同村　八人
一、桜台　壱人　千之助
一、深井新田　四人
同村　三人
一、今上村　二人
一、同　拾人
一、桜台　弐人
一、今上村　壱人
一、勝林寺　壱人
一、山崎村　壱人
正月廿六日
一、を崎　三人　七兵衛
同村　九人
一、西深井　新助
一、山崎　百姓　四人
一、桜台　三人

一、江戸　栄助
浅（麻）布二人　市五郎
一、馬立村　弐人
一、今上　五人
一、深井新田　二人
一、同　五人
一、今上　壱人
一、深井新田　四人
一、野田町　正廿六日
一、すかを　二人
一、今新田　壱人
一、深井　壱人
一、同　弐人
一、八つ　二人
一、木ノ崎　三人
一、を崎　二人
一、今上　三《三》人
一、山ごや（高野）　二人

一、今上　四人
一、目引　壱人
一、今上　四人
一、深井村　三人
一、山崎村　壱（七）人
一、桐谷村　三人
一、木間ヶ瀬　三人
一、吉春村　三人
一、中島　四人
一、東深井　三人
一、西深井村　五人
一、同村　七人
一、八つ　壱人
今上
一、中つま村　八人
一、同　三人
今上　二人
一、東深井　九人

一、戸ばり　二人
一、下内川　弐人　文左衛門
一、正（庄）内　中野　壱人
一、銚子栄□　壱人
三ヶ尾村　三つ橋軍之助
御面（領）分
名主　彦　八殿
組頭　惣左衛門殿
一、深井　三人　儀右衛門
一、山崎新田　彦　七
一、山崎　二人　佐　吉
一、五き村　壱人
一、西深井村　壱（四）人　七郎兵衛
一、八つ　二人　家内
一、西深井　二人　半右衛門
一、平方村　弐人
一、柿沢　壱人
一、いね（稲）村　安

一、木ノ崎　　三人　清三郎
一、つんほ（聾）を　二人
一、深井新田　　長　松
一、西深井　　四人　新右衛門
一、深井　　四人　新四郎
一、青田　　七兵衛
（一頁破損）
深井　　新兵衛
「（裏表紙）
下総国野田在
高梨兵左衛門
」
（文書番号 BZA17）

81　（天保八年）二月　庵主合力願一札（米崎村）

「（封上書）
上
米崎村庵主」

一札之事

一、下総国葛飾郡庄内領米崎村役人共奉申上候儀は、去申極月中御皆済御上納金御手当として、御貸被下成候段、偏ニ一同難有仕合奉存候、然処、此節当村庵主飢かつれ、一飯之手当差支候故、何ニても宜敷御座候間、格別之以御慈悲合力ニ預り度奉願上候、以上、

二月朔日
米崎村
村役人惣代
組頭　彦　七㊞

上花輪村
高梨兵左衛門様

（文書番号 ZBA98）

82　天保八年二月　困窮民家数書上帳（堤台村）

（竪帳）
「天保八年
困窮民家数書上帳
酉二月八日　庄内領
堤台村」

覚

人数七人　五兵衛
人数三人　清兵衛
人数五人　与治兵衛
人数三人　伊太郎
人数四人　弥平治
人数壱人　佐右衛門
人数六人　武兵衛
人数五人　七右衛門
人数七人　与七
人数五人　磯右衛門
人数三人　武助
人数四人　平右衛門
人数六人　新蔵
伊右衛門抱
人数三人　忠吉

〆六拾弐人

右人数之者共、極窮民ニて、今日渇命ニもおよび候義ニ付、何卒以　御憐愍ヲ御助成御救偏奉願上候、右願之通、格別之御仁恵御聞済被成下候ハヽ、極窮之者共一同相助

難有仕合奉存候、以上、

天保八年酉二月八日　　庄内領
　　　　　　　　　　　堤台村
　　　　　　　　　　　　助右衛門㊞

上花輪村
　高梨兵左衛門様

（文書番号 ZBA72）

83　天保八年二月　御救夫食請取覚（西深井村）

覚

一、家数弐拾八軒之者共え
　　から麦五石六斗

右は、当村極窮之百性共夫食ニ差詰り、当日送り兼、難渋至極ニ□（候）間、先達て御救奉願上候処、此節前書之通り、御救夫食御渡被下置、難有仕合ニ奉存候、尤今日早々夫々え相渡し可申候、依之請取書差上申候、以上、

　　　　　　　本多豊前守領分
　　　　　　　　同国同郡西深井村
天保八酉年二月九日　　名主　四郎左衛門㊞
　　　　　　　　　　　与頭　清兵衛㊞
　　　　　　　　　　　同　　甚五右衛門㊞

上花輪村
　高梨兵左衛門様

（文書番号 ZBA65）

84　天保八年二月　御救請取一札（大青田村）

請取一札之事

一、麦壱石

右は、当村百姓四人之者共え、為御救被下、忝仕合奉存候、為念請取一札差上申候処、仍て如件、

大青田村

天保八酉年

名主　弥五右衛門㊞

二月十八日

組頭　重右衛門㊞

同　八右衛門㊞

高梨兵左衛門様

（文書番号 ZBA109）

85　（天保八年）酉二月　困窮人人数届（三輪野山村）

羽倉外記御代官所

古田主殿知行所

下総国葛飾郡

三輪野山村

極困窮人　拾八軒

人数〆九拾人

右は、極困窮人前書之通り、相違無御座候、以上、

酉二月十八日

三輪野山村

上花輪村

高梨兵左衛門様

（文書番号 ZBA94）

86　（天保八年）酉二月　困窮人助情につき触覚

覚

一、老て子之なきもの、幼く親のなきもの歟、又は長病抔ニて、極困窮之人有之候ハヽ、少々助情可仕候間、右名前之人、且歳御書記被下、来ル十四日迄拙宅え御遣し可被成候、以上、

酉二月

（文書番号 ZBA132）

87　天保八年二月　困窮人家数人別書上帳（深井新田）

「（竪帳）

天保八酉年

困窮人家数人別書上帳

二月　　葛飾郡

深井新田」

羽倉外記御代官所

下総国葛飾郡

深井新田

一、家数六軒

一、人別弐拾九人

八人　男　十五才以上六十才以下

内

壱人　男　六十才以上

六人　男　十五才以下

拾四人　女

本多豊前守領分
同国同郡
同村

一、家数弐拾九軒
一、人別百三拾八人
三人　男　六十才以上
五拾三人男　十五才以上
弐拾人　男　六十才以下
五拾九人女　十五才以下

右は、極困窮之者家数人別御取調ニ付、書上候所、書面之通相違無御座候、以上、

右深井新田
天保八酉年二月
名主　常右衛門㊞

（文書番号 ZBA21）

88　天保八年二月　極窮飢人書上覚（西深井村）

覚

一、人数弐百五拾五人
内　百三拾七人　男
百拾八人　女
此訳ケ

男
六拾才以上　九人
拾五才以上六拾才迄　八拾九人
拾五才以下　三拾九人

女
六拾才以上　拾人
拾五才以上六拾才迄　七拾六人
拾五才以下　三拾弐人

右は、当村小前極窮飢人書面之通御座候、以上、

本多豊前守□
下総国葛飾郡
西深井村

天保八酉年二月

名主　四郎左衛門㊞
与頭　□兵衛㊞
同　甚五右衛門㊞

（文書番号 ZBA97）

89　天保八年二月　夫食借用請書（谷津村）

扶食借用請書之事

一、家数九軒
　此大麦壱石八斗　此表三俵ト三斗也

右は、去申年世間一統凶作ニ付、極難義之者共及渇命ニ候ニ付、其村方伝右衛門様ヲ相頼、高梨兵左衛門様方え、扶食拝借相願候処、早速御聞済被成下候、右之穀慥ニ御借用請取申候所、実正也、依之難有次第ニ奉存候、為後証之御請書入置申上候処、仍て如件、

天保八酉年
二月
下総国葛飾郡谷津村
与助
又右衛門
六右衛門
権平
市左衛門
半左衛門

伊平治
晴吉
松五郎
前書之通、相違無御座候ニ付、村役人印形仕候、以上、
与頭　市右衛門㊞
同国同郡上花輪村
高梨兵左衛門様

（文書番号 ZBA71）

90　天保八年二月　窮民人別調帳（駒木新田）

（竪帳）
「天保八年
窮民人別調帳
酉二月　　　駒木新田」

家数拾五軒
此人別九拾五人
内
男五拾人　内
廿七人　十五才より六拾才迄
廿三人　子供老人
女四拾五人内
三拾五人　十五才より六拾才迄
拾人　子供老人
右之通、窮民之者御座候、此度御調ニ付、差上申候、以上、
葛飾郡駒木新田

天保八酉年
　二月

名主　八郎兵衛㊞
組頭　忠　七㊞
百姓代佐五兵衛㊞
（文書番号 ZBA118）

91　天保八年二月　難渋人小前帳（平井村）

（横帳）
「天保八年　　　下総国葛飾郡
　　　　　　　　　　平井村
難渋人小前帳
酉二月　　　　　　名主
　　　　　　　　　百姓」

覚

下総国葛飾郡
　平井村
百姓　卯右衛門㊞
　　　部　蔵㊞
　　　久兵衛㊞
　　　藤五郎㊞
　　　亦右衛門㊞

藤右衛門㊞
孫右衛門㊞
兵　蔵㊞
伊　介㊞
源之助㊞
栄　吉㊞
松五郎㊞
儀兵衛

右は、去ル申年稀成違作ニ付、小前之内難渋人御座候処、今般貴殿え御無心仕、夫食御拝借被成下、難有仕合ニ奉存候、以上、

天保八年酉二月

右村
名主　伊右衛門㊞
百姓代半　兵　衛㊞

同国同郡
上花輪村
高梨兵左衛門様

（文書番号 ZBA83）

92　天保八年二月　極窮家人別取調書上帳（南村）

（横帳）
「極窮家人別取調書上帳

南村」

覚

一、家内七人　内男壱人 女六人　甚左衛門
一、同六人　内男三人 女三人　惣　七
一、同九人　内男五人 女四人　忠　八
一、同四人　内男弐人 女弐人　作右衛門

一、同五人　仁　平
内男三人
女弐人

一、同六人　権右衛門
内男弐人
女四人

一、同四人　留次郎
内男三人
女壱人

一、同九人　伝　吉
内男三人
女六人

一、同五人　仙太郎
内男弐人
女三人

一、同四人　伝　蔵
内男壱人
女三人

一、同五人　代次郎
内男壱人
女四人

一、同五人　勝右衛門
内男三人
女弐人

一、同六人　宇　八
内男弐人
女四人

一、同六人　次　助
内男弐人
女四人

一、同四人　幸　七
内男弐人
女弐人

一、同八人　六左衛門
内男四人
女四人

一、同六人　藤兵衛
内男三人
女三人

一、同六人　藤三郎
内男四人
女弐人

四　天保八年

一、同三人　内男壱人女弐人　亥之助

一、同三人　内男壱人女弐人　徳右衛門

一、同九人　内男六人女三人　藤　助

〆家数弐拾壱軒

此人数百弐拾人　内男五拾四人女六拾六人

右之通御座候、以上、

渡辺源蔵知行所

南村

天保八年酉二月

名主　七郎兵衛㊞

与頭　常右衛門㊞

百姓代五　郎　平㊞

（文書番号 ZBA85）

93　天保八年二月　困窮人数書上帳（小屋村）

（横帳）
「天保八年
困窮人数書上帳
酉二月日　　下総国葛飾郡
　　　　　　　　小屋村」

覚

一、家内　　重次郎
　男壱人
　女五人
　〆六人

一、同　　助左衛門
　男三人
　女三人
　〆六人

一、同　　嘉七
　男弐人
　女三人
　〆五人

一、同　　勝五郎
　男六人
　女壱人
　〆七人

一、同　　清次郎
　男三人
　女三人
　〆六人

一、同　　孫右衛門
　男三人
　女壱人
　〆四人

一、同　　友右衛門
　男弐人

〆

一、同　吉左衛門

男三人

女三人

〆六人

一、同　又右衛門

男三人

女五人

〆八人

一、同　政次郎

男四人

女弐人

〆六人

一、同　長右衛門

男弐人

女壱人

〆三人

一、同　政五郎

男四人

女五人

〆九人

人数〆六拾九《八》人

家数拾弐軒

人数合六拾八人

内　男三拾六人

女三十弐人

岡部庄左衛門知行所

下総国葛飾郡

小屋村

名主　富右衛門㊞

与頭　清　六㊞

同　喜四郎㊞

（文書番号 ZBA47）

94　天保八年二月　大麦御渡し願（村名不詳）

覚

一、大麦弐石六斗　家数拾三人前
　　　　　　　　　但し、壱人ニ付弐斗

右之通、此者共え御渡可被下候、以上、

天保八年酉二月　（差出切取）

上花輪村

髙梨兵左衛門様

（文書番号 ZBA104）

95　天保八年二月　合力米一件・三番

（竪帳）「天保八丁酉年二月

合力米一件

三番」

覚

二月八日
一、米弐斗　今上村　弥兵衛

同
一、同弐斗　同　藤兵衛

同
一、同弐斗　同　斧右衛門

二月□九日
一、米弐斗　中根村　小左衛門

正月廿二日
一、米壱俵　江戸　高岡祥三

同
一、同弐斗　村　伴次郎

同
一、同壱斗　　　　同　忠五郎

同
一、同弐斗　　　　中根村　惣左衛門

同廿三日
一、五升　　　　奉目村　円妙坊

□十日
一、同壱斗五升　　　　流山村　伊兵衛

二月晦日
一、同弐斗　　　　村ノ　力松

一、米弐斗　　　　□□　新介

是は、非人病気之者夫食

覚

家数廿□軒
一、大麦五石六斗

此俵拾壱俵壱斗

右は、去申年已来違作難渋ニ付、拙者共村方窮民為御手当、書面之大麦御助成□□仕合奉存候、以上、

酉二月九日　　　　本多豊前守領分
西深井村
名主四郎左衛門代

別紙入　　　　組頭　清兵衛

□家数　弐拾九軒

□麦五石八斗也

此俵拾壱俵三斗

右は、去申年已来違作ニ付、魚沼村窮民之者共為御手当、書面之通り助成被下、忝慥ニ請取申候、已上、

酉ノ二月十四日　　　　大河戸村
菩提寺
妙楽寺㊞

一、家数弐拾壱軒

此大麦四石弐斗

此表八俵ト弐斗

右は、去申年違作ニ付、□□為手当書面之大麦御合力被下、辱慥ニ請取申候、以上、

長沼村
名主 新左衛門

□□十八日
□家数四軒
此大麦九斗
此表壱俵ト四斗
壱□
□
右は、去申年違作ニ付、窮民為手当被下置、書面之大麦
慥ニ請取申候、已上、
大青田村
名主 弥五右衛門㊞
組頭 重右衛門㊞

一、家数九軒
此大麦壱石八斗也
此表三俵ト三斗也
右前文同断
酉二月
谷津村
組□ 市右衛門

別紙入

□四日
□麦壱俵 村ノ □右衛門
□
一、米壱俵 堤根新田 喜右衛門
正月廿六日
一、大麦壱俵 村ノ 佐伝次
同
一、同壱俵 中根 小左衛門
同
一、同四斗 村ノ 治兵衛
同廿□□
一、同三俵弐斗 堤根新田 四人
□
□弐斗五升 中根 善右衛門
二月十八日
一、□麦四斗 村ノ 治兵衛
□十九日
一、同壱俵 中根 惣右衛門
同□
一、同壱俵 村ノ 喜右衛門

二月五日
一、同四斗　　堤根　七　平

同九日
一、同壱俵　　村ノ　作兵衛

同十日
一、同壱俵　　同　新五右衛門

同十一日
一、同壱俵　　樽や　幸　八

〔　〕
□、同弐俵　　金杉　渡船場三人

二月十二日
一、大麦壱俵　　樽や　岩右衛門

同十七日
一、同壱俵　　同　伊　八

同十八日
一、同壱俵　　鶴島新田　庄次郎

同
一、搗麦壱斗　　今上　佐　市

同
一、同五升　　平方　八十郎

同
一、同五升　　奉目　寮　主

正月廿五日
一、稗四斗　　東深井村　壱　人

同十四日
一、同弐斗　　中ノ台村　久　蔵

正月廿日
一、稗壱俵　　中根　小左衛門母

同廿四日
一、同壱俵　　太子堂　金左衛門

同
一、同壱俵　　同所　儀兵衛

二月七日
一、同壱俵　　村ノ　佐伝次

同
一、同壱俵　　堤根　丈右衛門

同
一、同壱俵　　村ノ　伴次郎

正月十九日
一、同壱斗五升　　三ヶ尾村　伊右衛門

二月十二日
一、同壱俵　　村ノ　喜右衛門　金右衛門

二月三日
一、搗麦弐斗　　□□　新　助

非人夫食

二月十八日
一、稗弐石六斗
　家数拾三軒分
大衾村
拝借人
組頭　新左衛門㊞

酉二月十九日
一、大麦弐石五斗
家数拾軒分
丸井村
名主　茂兵衛㊞

家数八軒
一、稗壱石六斗　壱軒弐斗
右は、去申年違作ニ付、拙者共村方窮民為手当、書面稗御合力被下、辱慥ニ受取申候、已上、
当　平方請新田組頭
兵右衛門
右惣代　久左衛門㊞

家数八軒
一、稗八斗　壱軒前弐斗
此表壱俵ト三斗
右は、去申年より違作ニ付、拙者共村窮民為手当、書面之稗御合力被下、辱慥ニ受取申候、已上、
五木村

酉二月十九日
名主　次郎右衛門㊞

覚

家数七拾軒
一、大麦拾七石五斗　但し、壱軒弐斗五升
此俵三拾五俵
右は、去申年違作ニ付、窮民為手当、書面之大麦御合力被下、辱慥ニ請取申候、已上、
木野崎村
酉二月十九日
名主　仁左衛門㊞
年寄　仁兵衛㊞
百姓代　勘重郎㊞
願人　太郎兵衛㊞

覚

家数廿八軒
一、大麦五石六斗　但し、壱軒前弐斗
此俵拾壱俵ト壱斗
右は、去申年違作ニ付、窮民為手当、書面之大麦御合力

被下、辱慥ニ請取申候、已上、

当　平方村

名主　重左衛門㊞

組頭　惣左衛門㊞

百姓代　金　蔵㊞

覚

家数拾八軒
一、大麦三石六斗

此俵七俵ト壱斗

壱軒前弐斗

右は、去申年違作付、窮民為手当、書面之大麦御合力被下、辱慥ニ請取申候、已上、

平井村

名主　伊右衛門

覚

家数四拾軒
一、稗拾六俵

但し、五斗入

右は、去申年違作ニ付、書面之稗借用申所実正也、返済之儀は、当出来作無相違返済可仕候、已上、

酉二月十九日

築比地村

名主忠蔵
代　又左衛門㊞

組頭　吉左衛門㊞

百姓代惣右衛門㊞

同　彦四郎
代　孫右衛門㊞

組頭　半　兵　衛㊞

百姓代八郎兵衛㊞

覚

家数廿一軒
一、稗四石弐斗

此俵八俵ト弐斗

右は、去申年違作ニ付、窮民為手当、書面之稗借用申所実正也、返済之儀は、当出来作ニて返済可仕候、已上、

酉二月十九日

飯沼村

忠左衛門

代　新　蔵㊞
百姓代　源右衛門㊞

覚

一、家数拾四軒
此稗四石三斗　壱軒前弐斗
此俵九俵ト三升

右は、去申年違作付、窮民為手当、書面之大麦（ママ）御合力被
下、辱慥ニ受取申候、已上、

山田　谷津

酉二月十九日

名主　重　蔵㊞
百姓代　甚右衛門㊞

覚

一、家数四拾七軒
此大麦拾壱石七斗五升　壱軒前弐斗五升
此俵弐拾三俵ト弐斗五升

右は、去申年違作ニ付、窮民為手当、書面之大麦御合力
被下、辱慥ニ請取申候、已上、

上目吹村

名主　勘左衛門㊞
組頭　広　吉㊞
百姓代　権右衛門㊞

覚

一、〔家数拾軒〕大麦五〔弐〕石　壱軒前弐斗
此俵五俵

右は、去申年違作ニ付、窮民為手当、書面之稗〔大麦〕御合力被
下、慥ニ請取申候、已上、

酉二月十九日

桐ヶ谷村

百姓代　藤　兵　衛
組頭　藤左衛門㊞
名主　彦　太　郎㊞

覚

一、家数弐拾弐軒　壱軒前弐斗
此大麦四石四斗　此俵八俵ト四斗也
右は、去申年違作ニ付、窮民為手当、書面之稗《大麦》御合力被
下、慥ニ請取申候、已上、

酉二月十九日
下花輪村
名主　三郎兵衛㊞
組頭　権右衛門㊞
百姓代　孫　七㊞

覚

一、家数合拾六軒
此石稗三石弐斗也
此俵六俵ト弐斗也
右は、去申年違作ニ付、窮民共え為御手当、書面通り稗
御合力被下、慥ニ請取申候、已上、

天野孫左衛門知行所
二月廿日
北村
名主兵左衛門代
組頭　安右衛門㊞
百姓代　友　七㊞

一、家数合八軒
此稗壱石六斗也
此表三俵ト壱斗也
右は、去申年違作ニ付、窮民共え御手当、書面之通り御
合力被下、慥ニ請取申候、已上、

岡部庄左衛門知行所
二月廿日
小屋村
名主　富右衛門㊞
組頭　清　六㊞
百姓代　金右衛門㊞

一、家数五軒　壱軒前弐斗
此稗壱石
此俵弐俵
右は、去申年違作ニ付、窮民為手当、書面之稗御合力被

下、辱慥ニ請取申候、以上、

三ツ橋運之助

酉二月廿二日　　三ヶ尾村

名主　平　蔵㊞

組頭　惣右衛門㊞

惣代　又　市㊞

一、家数七拾九軒　　但シ、壱軒前弐斗七升五合

此籾弐拾壱石七斗弐升五合

此俵四拾三俵ト弐斗弐升五合

右は、去申年違作ニ付、書面之籾窮民為御手当、御合力被下、辱慥ニ請取申候、已上、

山崎村

酉三月朔日　　名主代 組頭　佐右衛門㊞

一、家数弐拾三軒　　但シ、壱軒弐斗七升五合

此籾六石三斗弐升五合

此俵拾弐俵ト三斗弐升五合

右は、去申年違（作脱）ニ付、窮民為手当、書面之籾御合力被下、辱慥ニ請取申候、已上、

山崎村新料

酉三月朔日　　名主

組頭　佐右衛門㊞

一、家数拾弐軒

此稗弐石四斗

此俵四俵ト四斗

右は、去申年違作ニ付、書面之稗窮民為手当、御合力被下、忝慥受取申候、已上、

南桐ヶ谷村
渡辺源太郎知行

酉三月朔日　　名主七郎兵衛代 組頭　常右衛門㊞

一、家数合八軒

此石稗壱石六斗

此俵三俵ト壱斗
右は、去申年違作ニ付、書面之稗窮民為手当、御合力被
下置、慥請取申候、已上、
下総国葛飾郡貝塚村
天保八申年
古田主殿知行
三月
年寄　勘左衛門㊞
百姓代　弥　助㊞
一、家数拾弐軒
此稗弐石四斗
此俵四俵四斗
右は、去申年違作ニ付、書面之稗窮民為助成被下置、忝
慥受取申候、以上、
筒井弥蔵知行所
酉三月朔日
桐ヶ谷内谷津村
□主　作左衛門㊞
組頭　三郎兵衛㊞

一、家数拾弐軒
此稗弐石四斗
此俵四俵四斗
文言前同断、
三輪野山村
酉三月
羽倉外記名主代
組頭　伊左衛門㊞
古田主殿知行所
組頭　彦右衛門㊞
一、家数拾五軒
此稗三石
此俵六俵
文言前同断、
当御代官所
酉三月朔日
駒木新田
名主　八郎兵衛
与頭　忠　七

別紙入当日印形失念
一、家数拾壱軒
此稗弐石弐斗
此俵四俵ト弐斗
文言前同前、
酉三月朔日
十大夫新田
名主　宗右衛門
組頭　弥右衛門
別紙入前同断、
一、家数四軒 稗八斗
此俵壱俵三斗
文言前同断、
酉三月朔日
当御代官所
大畔新田
名主善兵衛無印ニ付

代村ノ　嘉右衛門㊞
一、稗弐俵　但し、五斗入　村ノ　八兵衛
三月朔日
一、米壱斗七升　儀兵衛
一、同壱斗七升　伊兵衛
一、同壱斗七升　又七
一、同壱斗七升　要介
一、米壱斗七升　市右衛門
一、同壱斗七升　山三郎
〆壱石弐升
此俵弐俵ト弐斗弐升
三月朔日
一、籾壱俵　但し、五斗入　村ノ　門之丞
書出ハ 米ニ直弐斗五升

一、家数七軒　　壱軒前米壱斗五升
此石壱石五斗
此俵弐俵ト弐斗五升
右は、去申年違作ニ付、窮民為手当、書面之米御合力被
下、辱慥ニ請取申候、已上、
横内村
酉三月朔日　名主　宇右衛門㊞

一、家数五軒　　壱軒前壱斗五升
此石七斗五升
此俵壱俵ト三斗五升
文言右同断、
奉目新田
酉三月朔日　名主　甚五郎㊞
〆是迄書上ニ也

一、家数拾三軒　　壱軒ニ付大麦弐斗
此石弐石六斗
但、五斗入
此俵五俵ト壱斗
文言右同断、
新宿新田
酉三月三日　組頭　清次郎㊞
名主　伊和右衛門㊞

一、家数五軒
此稗壱石
此俵弐俵
右は、去申年違作ニ付、窮民為御手当、書面之稗御合力
被下、忝仕合奉存候、則慥ニ受取申候、以上、
三ヶ尾村名主代
酉三月五日　年寄　吉左衛門㊞

一、家数拾軒
此米壱石五斗
此俵三俵ト三斗

右は、去申年違作ニ付、窮民為御手当、書面之米御合力
被下辱存候、慥ニ受取申候、已上、

堤台村

酉三月八日　名主　助右衛門㊞

一、家数拾壱軒

此稗弐石弐斗

此俵四俵ト弐斗

右は、去申水難ニ付、田畑不残凶作仕、小前飢人出来、
日々之一飯ニ差支、無拠御願申上候処、御聞済被成下、
夫食拝借難有奉存候、尤返済之儀、来極月取揃御返済可
仕候、依之連印差出申処、仍て如件、

米崎村　組頭

酉三月九日　羽倉外記御代官所　長　次　郎㊞

一、家数拾軒

此米五斗

此俵壱俵ト壱斗

大麦弐石五斗

此俵五俵也

右は、去申年違作ニ付、窮民為御手当、書面之米・麦御
合力被成下忝存候、慥ニ受取申候、以上、

岩名村

酉三月八日　名主見習　良　蔵㊞

一、家数拾弐軒

此米壱石八斗

此俵四俵ト弐斗

文言同断、

柳沢新田

酉三月十日　名主　喜　兵　衛㊞

一、家数弐拾五軒　但シ、壱軒弐斗

此稗五石

此俵拾俵

文言同断、

酉三月十日
赤崎村
名主代
組頭　助右衛門㊞

一、家数拾五軒　但シ、壱軒前弐斗
此稗三石
此俵六俵
文言同断、
酉三月十日
水角村
名主代
組頭　甚左衛門㊞

是迄御取締ニ出

覚
一、同拾五軒
此米弐石弐斗五升
此俵五俵ト弐斗五升
文言同断、
中根新田
酉三月十三日
名主　佐五右衛門㊞

覚
一、稗弐俵　但し、五斗入
鶴島新田
彦右衛門
酉三月十七日
名主　源五右衛門㊞

一、稗弐俵　村ノ　仁左衛門
酉三月十八日
一、米弐斗　同人
一、大麦壱俵　樽屋　岩左衛門
一、大麦壱俵　太子堂　市兵衛
一、米弐斗　野田町　松五郎
二月廿五日
一、米壱俵　野田屋　卯兵衛
二月十八日分
一、同壱斗　今上　三五郎

二月廿三日
一、同弐斗　村方　八兵衛
三月
一、同壱斗五升　山崎村　孫兵衛
三月一日分
一、同壱俵　江戸小網町・行徳川岸茶船乗　勘二
弥助
三月二日
一、同弐斗　村方左官　長吉
一、同弐俵三斗
是は、非人病気ニ付、飯料手当として合力仕候、
三月十日
一、壱俵五斗　岩名村
一、搗麦八斗四升　非人夫食
一、大麦壱俵　大工　武八
三月廿二日
一、大麦壱俵弐斗五升　□□□□□　番非人三人
三月廿三日
一、同壱俵　村方　もよ
二月廿六日分
一、同壱俵　堤根村　七平

三月十八日
一、同壱俵　同　重兵衛
一、同壱俵　同　又右衛門
一、同壱俵　深井ノ　半兵衛
一、同壱俵　今上ノ　吉兵衛母
三月八日
一、同壱俵　村方　佐伝次
同十二日
一、同壱俵　山崎　孫兵衛
同十三日
一、同壱俵　村方　紋之丞
一、同四斗　番非人

十四俵ト壱斗五升
是迄御代官様書上仕候

覚

家数廿一軒
一、大麦弐石壱斗　但し、壱軒前壱斗
此俵四俵ト壱斗

右は、去申年違作ニ付、為窮民手当、書面之大麦御合力
被下、辱慥ニ請取申候、已上、
東深井村
酉三月十九日　組頭　善兵衛㊞
同　彦次右衛門㊞

覚

一、大麦八斗　家数八軒　但シ、壱軒前壱斗
此俵壱俵ト三斗

右は、去申年違作ニ付、為窮民手当、書面之大麦御合力
被下、辱慥ニ請取申候、已上、
当　青田新田
酉三月十八日　八左衛門㊞

覚

一、大麦六斗　家数六軒　但、壱軒前壱斗
此俵壱俵ト壱斗

右は、去申年違作ニ付、窮民為手当、書面之大麦御合力
被成候、忝慥請取申候、以上、
永沼村
酉三月十九日　組頭　幸　助㊞
年寄　平右衛門㊞

覚

一、大麦四斗　家数四軒　但、壱軒前壱斗

右は、去申年違作ニ付、窮民為手当、書面之大麦御合力
被成下、忝慥ニ請取申候、以上、
永沼村
酉三月十九日　名主代　太郎兵衛㊞

一、稗壱俵　三月廿六日　村ノ　勘　六

覚

一、稗弐石六斗　但シ、拾三軒分

此俵五俵ト壱斗　五斗入

右は、去申年窮民為手当、当書面之通、稗御合力被成下、
慥請取申候、以上、

岡田村

酉三月廿七日

名主惣左衛門代印
与頭嘉兵衛㊞

覚

一、家数拾壱軒　壱軒前壱斗五升
此米壱石六斗五升
此俵四俵ト五升

右は、去申年違作付、窮民為手当、当書面之米御合力被
下、辱慥ニ請取申候、已上、

桜台村

酉四月朔日　名主代　太郎右衛門㊞

一、家数拾壱軒　壱軒前壱斗五升
此米壱石六斗五升

此俵四俵ト五升　（異筆）「未」

右は、去申年違作ニ付、窮民為手当、当書面之米御合力
被下、辱慥ニ受取申候、已上、

花井新田

酉四月朔日　名主　久左衛門㊞

一、家数七軒　壱軒前弐斗
此稗壱石四斗
此俵弐俵ト四斗

右は、去申年違作ニ付、窮民為手当、書面之稗御合力被
下、辱慥ニ受取申候、已上、

三ヶ尾村

酉四月朔日　年寄　喜右衛門㊞

酉四月二日
一、大麦壱俵　但し、五斗入　堤根　次郎兵衛

同
一、大麦壱俵　同断入　儀右衛門

一、同大麦壱俵　　丈右衛門
一、同稗壱俵　　木ノ崎　もよ

一、家数拾三軒　　壱軒前壱斗五升
此石壱石九斗五升
此俵四俵ト三斗五升　（異筆）「未」
右は、去申年違作ニ付、為窮民手当、書面之米御合力被下、辱慥ニ受取申候、已上、
酉四月八日　　宮崎新田
組頭　久左衛門㊞

一、家数拾三軒　　壱軒米壱斗五升
此石壱石九斗五升
此俵四俵ト三斗五升　（異筆）「未」
文言右同断、
酉四月八日　　鶴島新田
組頭　重兵衛㊞

一、家数五軒
此石七斗五升
此俵壱俵ト三斗五升　（異筆）「未」
文言前同断、
酉四月八日　　座生新田
組頭　文右衛門㊞

一、家数八拾八軒　　壱軒弐斗七升五合
此籾弐拾四石弐斗
此俵四拾八俵ト弐斗
右は、去申年違作ニ付、窮民為手当、書面之籾御合力被下、辱慥ニ請取申候、已上、
酉四月八日　　今上村
名主　仁左衛門㊞
年寄　利左衛門㊞
年寄　孫右衛門㊞
同　与右衛門㊞

覚

一、唐麦拾弐俵

右は、私共両村極難之者共、夫食手当仕度、御拝借奉願
上候処、御救助御貸渡被下置、難有奉拝借候、以上、

同郡尾崎村
天保八酉年四月　　名主　半　太　夫㊞
東金野井村
同　吉　三　郎㊞

高梨兵左衛門様

四月十八日
一、米五升　　中根　善　　蔵

同
一、壱斗　　同　小左衛門

同
一、同五升　　村ノ　喜右衛門

同
一、春麦壱斗　　同人

一、家数弐拾八軒

此石四石三斗五升
此俵拾俵ト三斗五升

文言同断、

清水村
村役人惣代
五郎兵衛㊞

一、家数弐拾軒

此石三石壱斗五升　（異筆）「未」
内壱斗五升ハ寮住分
此俵七俵ト三斗五升

文言同断、

中野台村
村役人惣代
名主　八郎兵衛㊞

一、米壱斗

一、から（殻）麦　壱俵五斗入

山サキ村
孫　兵　衛

深井新田

四月廿五日
一、春麦　五斗　　名主　常右衛門

代　庄兵衛㊞

四月十九日
一、大麦壱俵　　堤根　文右衛門

但し、五斗入

同
一、同壱俵　　次郎兵衛

四月十九日
一、大麦壱俵　　堤根　幸蔵

但し、五斗入

同
一、同　壱俵　　七右衛門

同
一、同　壱俵　　七平

同
一、同　壱俵　　石屋　鋉次郎

同
一、同　壱俵　　同　八左衛門

四月十九日
一、稗壱俵　　中根　長助

但し、五斗入

同
一、大麦壱俵　　山崎　孫兵衛

同
一、同壱俵　　樽屋　伊八

四月廿三日
一、春麦壱斗　　今上　小七

同
一、同壱斗　　清九郎

四月廿五日
一、稗壱俵　　佐左衛門

同
一、同壱俵　田（ママ）　　佐伝次

廿六日
一、同壱俵　　平右衛門

四月廿六日
一、同弐斗　　金杉　伊助

同
一、同弐斗　　山崎　佐太郎

（貼紙）
「百両門平　百両高長　五十両万宗
十両川井　百両めてかや
八十両中長　百両□代
百両住よし　三十両浅井　五十両内伊

三十五両伊勢幸」

一、米壱斗五升　門之丞

一、麦五升　今上　定使

一、春麦三斗　村ノ　新五右衛門

一、米壱斗　同人

覚

一、金拾三両弐分

右は、去申年違作ニ付、窮民為御手当、書面之金子御合力被下、辱慥ニ受取申候、已上、

金杉村

酉四月廿八日

名主　吉左衛門

組頭　平兵衛

同　瀬兵衛㊞

百姓代　庄次郎㊞

一、米三升　山崎

一、同三升　中根　善右衛門

一、米三升　清水　留次郎

一、同三升　桜代　林蔵

（文書番号ZBA53）

96　天保八年三月　御拝借書上帳（堤台村）

（竪帳）
「天保八年
御拝借書上帳
酉三月
堤台村」

松平勘太郎知行所
堤台村
百姓　与　七
同　平右衛門
同　七右衛門
同　弥平次
同　武兵衛
百姓　磯右衛門
同　武　助
同　与次兵衛
同　伊太郎
同　五兵衛
同　清兵衛
同　新　蔵
同　五右衛門
伊右衛門抱　忠　吉
弥平次抱　幸　助

〆拾五軒

右之者共、度々御助精奉頂戴、猶又日々御救飯、広太之御仁恵と難有露命相続仕候、然処、是迄は出稼等為致候共、最早農業ニも差掛候得は、少々成日雇稼相成兼、今日差支無余義、恐ヲも不顧、拝借奉願上候、早速御聞済被成下、慥ニ奉請取、右困民小前一同露命相続仕候、勿論御返納之義は新穀取入候ハヽ、御返納可仕候、依之為後日一札差上申候所、如件、

天保八酉年
三月八日　右村
名主　助右衛門㊞

97 （天保八年）酉三月　御救米願口上書（青田新田）

（文書番号 EFA7）

「（封上書）
上
　　　　　　　青田新田」

乍憚口上書ニて申上候

一、小金領青田新田名主八左衛門申上候、当村義極窮村
方、殊ニ去申年田畑共違作仕、殊之外稀成米穀高直ニ
付、小前之者共夫食ニ差支難渋仕候処、去暮中格別之
以御慈悲御救被下置、小前一同相助り難有仕合ニ奉存
候処、猶又此節格別之御勘弁ヲ以、御救米被下置度願
呉候□□（様小）前之者相歎き候ニ付、此段格別之御慈悲、偏
ニ奉願上候、右御聞済被成下置候ハヽ、百性取続一同
相助り御救と難有仕合ニ奉存候、以上、

　　　　　　　　　　青田新田
酉三月十六日　　　　　名主　八□（左）衛門㊞

上花輪村

高梨兵左衛門様

（文書番号 ZBA102）

98　天保八年三月　百姓御厚情につき礼状（沓掛村）

乍略儀、幸便ヲ以奉頼上候、私組下百姓銀助儀、極困窮仕、家屋敷迄売払、去々年中立去、当春其御地え罷越、格別之御孝請（厚情カ）ニ罷成、難有仕合奉存候、直参上御礼可申上候得共、憚なから書面ヲ以啓上候、何分ニも御免同（面倒）奉頼上候、以上、

伊奈友之助御代官所
下総国猿島郡沓掛村之内
天保八酉三月廿一日　内野山分
名主　平　兵　衛㊞

高梨子様

（文書番号 ZBA127）

99 （天保八年）酉三月　米穀施し取調書写提出につき書状

上花輪村
高梨兵左衛門殿
（文書番号 BGH10）

「（封上書・表）上花輪村　　　小金町御用先
名主　　　関東向御取締出役
高梨兵左衛門殿　　　松村小八郎
急　御用向酉三月廿九日巳上刻出□□印」

「（封上書・裏）此書来刻附可被継送被下候
小金山崎より上花輪
右役人中」

当廿三日大沢町より申述候、米穀施し取調書先日被差出
候写、壱冊早々廻村先え可被継送候、已上、
関東向御取締出役
酉三月廿九日　　松村小八郎㊞

100　天保八年三月　穀物拝借願（今上村中島組）

乍憚以書面御拝借奉願候

一、下総国葛飾郡今上村中島組困窮之小前奉願候、旧冬より引続当御大家様御厚情を以、数日御赦（救カ）続被下置、是迄露命相続難有仕合ニ奉存候、然ル処、段々農業取掛り候時節ニ相成候得共、追々穀物高直ニ相成難取続、営世相成兼、甚当惑難渋至極仕候間、猶又御館様え再三之儀も不顧、又候御穀物何成共、左之名前之もの共え、御拝借被成下候様、格別御高慮之程奉願上候、勿論諸作取上次第、御返上可仕候間、何卒右之願之通御聞済御憐愍を以、御拝借被仰付候様、偏ニ奉願上候、

以上、

天保八酉年三月　　右村拝借願人四郎兵衛㊞

同　善　□㊞

同　友　蔵㊞

同　藤右衛門㊞

同　佐　兵　衛㊞

同　市□衛門㊞

同　庄左衛門㊞

右私共願之通御聞済、御拝借被下置候ハヽ、百姓家銘々之者共、身上行立、何計之御助情ニ相成、広太ニ御慈悲難有仕合ニ奉存候、以上、

上花輪村

髙梨兵左衛門様

前書奉申上候七軒之者共、村内第一極困窮之百姓共□相違無御座候、何卒御慈悲ヲ以、右願之通り御聞済御拝借被下置候ハヽ、銘々身上行立、広太ニ難有仕合奉存候、

以上、

右村中島組

年寄　利左衛門㊞

（文書番号 ZBA64）

101　天保八年三月　夫食帳（東深井村）

（横半帳）
「天保八年
夫食帳
酉三月吉日　　東深井村」

覚
一、平蔵
一、源太良
一、吉兵衛
一、数右衛門
一、権十郎
一、五郎平
一、忠蔵
一、治兵衛
一、吉右衛門
一、利左衛門
一、甚右衛門
一、与平治
一、権兵衛
一、弥惣兵衛
一、徳右衛門
一、八三部良
一、太郎右衛門
一、紋四郎
一、平八
一、組頭 彦次右衛門
同 宇右衛門

（文書番号 ZBA119）

102　天保八年三月　御救稗請取覚（駒木新田）

覚

羽倉外記御代官所
小金領駒木新田
百姓拾五軒

一、稗三石

右は、前書百姓拾五軒之者共、去申年田畑違作ニ付、殊之外格別之御慈悲ヲ以、御救として為取続、書面之通り被下置、一同相助難有奉存候、依て右百姓拾五軒之者共え割渡可申候、以上、

駒木新田
天保八酉年　名主　八郎兵衛㊞
三月　与頭　忠　七㊞
百姓代佐五兵衛㊞

上花輪村
高梨兵左衛門様

（文書番号 ZBA66）

103　天保八年三月　夫食拝借願（永沼村三宅三郎知行所）

以書付奉申上候

三宅三郎知行所下総国葛飾郡永沼村、左之者共一同奉申上候、私共儀年々凶作引続極難困窮相迫り、其上去々未年・去申年弐ケ年皆水腐同様ニて、必至と差詰り、誠ニ以難渋仕、是迄迚も精々相凌候得とも、最早当時ニ相成候ては、父母養育も出来兼、老若男女ニ至迄及飢渇、溺（ママ）死之程も安心不仕、中々以一ト通り貧窮ニ無之、左候得は当麦作出来迄、孰も才覚も尽果、何様とも可取続手段無御座、乍去奉申上候も恐入候得共、無拠奉願上候、何卒格別之以御勘弁、夫食御拝借被成下度、小前一同奉願上候、右願之通り御聞済被成下、御借渡し相成候得は、飢人百姓一統無難に相続仕、広太之御救助と挙て難有仕合ニ奉存候、以上、

三宅三郎知行所

（文書番号ZBA67）

天保八酉年三月　右永沼村

百性　勘五郎㊞
同　五郎左衛門㊞
同　伊平治㊞
同　瀬兵衛㊞
同　武左衛門㊞
同　太蔵㊞
同　権八㊞
同　庄左衛門㊞
同　太左衛門㊞
同　新兵衛㊞
同　五兵衛㊞

前書之通り、相違無御座候間、一同奉願上候、以上、

右村役人惣代
組頭　幸助㊞
年寄　平右衛門㊞

上花輪村
高梨兵左衛門様

104　天保八年三月　夫食拝借願（永沼村久野伊三郎知行所）

（封上書）
「　上　　　　永沼村」

以書付奉申上候

久野伊三郎知行所下総国葛飾郡永沼村、左之者共一同奉申上候、当村方之儀は至て低場ニて、少々降水御座候得は、内合自水相増、其上字新堀小堤庄内古川堤見通し、水患強満々と相湛、畑上迄押上ケ、右故少々之自水ニて、年々違作打続困窮相募、就中去々未・去申弐ケ年之儀、切水同様田畑共皆水損ニて、必至と行詰、一体年春は川通御定式御普請其外稼ヲ以、当日凌居候処、肝難（艱）之年柄、去冬より引続諸石（穀）格外高直ニて、難渋至極仕、是迄迚も種々才覚等ニて漸凌居、最早此節ニ相成候ては誠ニ以差支、左候得は、老若男女共及渇命、飢人出来、当新石（穀）出来迄可取続手段無御座、併　御当家様ニては夫食等所々え御貸附被成下候趣及承、殊ニ私共村方ニても、御拝借仕候者も有之、小前之者共一同嘆居日痛罷在（ママ）、乍去御願奉申上候も恐入候得共、無是非奉願上候、何卒格別之御勘弁ヲ以、夫食御拝借被成下置度、貧窮百性挙て只顧（管）奉願上候、右願之通り御聞済被下置、貸附被成下置候ハヽ、飢人百性相助り無難相続罷成、広太之御慈悲と、一同難有仕合ニ奉存候、以上、

天保八酉年三月日　　　右永沼村
久野伊三郎知行所

百性　勘右衛門㊞
同　嘉兵衛㊞
同　新太郎㊞
同　源右衛門㊞
同　孫　七㊞
同　幸右衛門㊞
同　伝左衛門㊞

前書奉願上候通、相違無御座候間、一同奉願上候、御聞

済被成下候様奉願上候、以上、

右村役人惣代

名主代太郎兵衛㊞

上花輪村

髙梨兵左衛門様

（文書番号 ZBA129）

105　天保八年三月　夫食拝借小前帳（米崎村）

（横帳）
「天保八酉年
夫食拝借小前帳
三月　　　　米崎村」

覚

栄次郎㊞
重兵衛㊞
岩　七㊞
長三郎㊞
源　七㊞
八右衛門㊞
源　六㊞
七五郎㊞
新兵衛㊞

権　　内㊞
彦右衛門㊞

右は、去申ノ水難ニ付、田畑不残凶作仕、小前百姓数多飢人出来、日々一飯ニ差支、無拠、御願候処、御聞済被成下、夫食御貸し被下候段、偏忝奉存候、返穀之儀は、来ル酉極月迄ニ、急度小前取立致御世話、早々返穀可仕候、依之小前帳面差上申所、依て如件、

下総国葛飾郡米崎村

天保八酉年
小前惣代　仁兵衛㊞
三月
組頭　彦　七㊞
名主　徳左衛門㊞

同国同郡上花輪村
高梨兵左衛門様

（文書番号 ZBA48−1）

106　天保八年三月　窮民家数人別調帳（十太夫新田）

（竪帳）
「窮民家数人別調帳

十太夫新田」

覚

一、家数拾壱軒
此人別六拾壱人
内
男三拾壱人　十五才より六拾才其外老人小供共
女三十人　右同断

右之通、窮民之者御座候、此度御調ニ付、差上申候、以上、

葛飾郡
十太夫新田

天保八酉年三月

名主　宗右衛門㊞
組頭　政右衛門㊞
百性代要　蔵㊞

（文書番号 ZBA26）

107　天保八年三月　夫食拝借願（木間ヶ瀬村）

書付ヲ以奉願上候

木間ヶ瀬村
百姓　権兵衛
善兵衛
庄左衛門
甚五右衛門
安次郎
仁兵衛
幸蔵
祐右衛門
惣吉
甚左衛門
重右衛門
八平
宇右衛門

才兵衛
重　平
七郎右衛門
喜左衛門
市郎右衛門
甚右衛門
治兵衛
三右衛門
忠左衛門
桃　葉
金　内
久兵衛
五左衛門
浪右衛門
伝　助
源　蔵
六郎左衛門
七郎左衛門

徳兵衛
五　平
久兵衛
勘四郎
倉右衛門
五郎右衛門
佐兵衛
甚五左衛門
伝　蔵
勘兵衛
金左衛門
金右衛門
嘉兵衛
与右衛門
三郎兵衛
源　助
伊　八
源兵衛

権七
彦兵衛
瀬平
新八
甚兵衛
忠八
重五郎
治右衛門
平左衛門
源内
重五郎
彦三郎
佐兵衛
仁兵衛
庄左衛門
久右衛門
忠蔵
清兵衛

喜兵衛
伝右衛門
重兵衛
新六
与右衛門
甚八
由右衛門
清右衛門
利兵衛
久七
八郎兵衛
金兵衛
伊平次
嘉右衛門
吉兵衛
五郎左衛門
嘉兵衛
忠次郎

藤　蔵
彦兵衛
新五左衛門
利兵衛
次郎右衛門
作左衛門
七郎左衛門
安兵衛
惣　蔵
勘兵衛
助右衛門
惣右衛門
太右衛門
又　七
三之丞
久兵衛
惣四郎
佐次右衛門

七　蔵
新　八
市左衛門
要　助
長左衛門
庄右衛門
新右衛門
惣五郎
藤右衛門
惣左衛門
庄兵衛
弥五七
作右衛門
升右衛門
市右衛門
安兵衛
太兵衛
富右衛門

弥兵衛
源之丞
八重郎
嘉七
仲右衛門
金右衛門
清右衛門
佐次兵衛
吉兵衛
仁兵衛
金兵衛
利兵衛
八郎兵衛
嘉右衛門
庄八
伊平次
久右衛門
久七

嘉重郎
久右衛門
長右衛門
佐介
孫右衛門
与兵衛
八兵衛
藤兵衛
小兵衛
嘉右衛門
要右衛門
沖右衛門
平三郎
甚左衛門
平右衛門
孫四郎
八助
長兵衛

才兵衛
市郎兵衛
林平
甚蔵
勘兵衛
市兵衛
定右衛門
五助
彦重郎
山三郎
甚八
角左衛門
忠吉
清七
喜平
吉右衛門
吉兵衛
源左衛門

新右衛門
孫市
平四郎
伝之丞
伝右衛門
庄兵衛
七兵衛
権七
三左衛門
文左衛門
孫右衛門
九右衛門
佐次兵衛
市郎左衛門
紋左衛門
孫兵衛
与右衛門
甚八

由右衛門
伊右衛門
喜兵衛
市郎左衛門
治郎兵衛
惣兵衛
浅右衛門
七兵衛
文蔵
勘三郎
庄八
吉右衛門
七郎左衛門
岩蔵
兵吾
交七
小左衛門
団右衛門

長八
仁右衛門
太市郎
安右衛門
惣吉

〆人数弐百拾五人

右之者共儀、去申年違作ニ付、銘々夫食差支難儀至極仕罷在候ニ付、貴家様え夫食拝借奉願上呉候様、不得止事度々申来候間、無拠、御大家様広大之御慈悲ヲ以、右之者共え夫食拝借被　仰付度奉願上候、右願之通御聞済被成下置候ハヽ、御救難有仕合ニ奉存候、以上、

木間ケ瀬村

天保八酉三月　　村人惣代

百姓代兵右衛門㊞
年寄　源兵衛
同　三郎右衛門
同　同吉兵衛㊞
名主　治平㊞

上花輪村
高梨兵左衛門様

（文書番号 ZBA105）

108　天保八年三月　百姓救済手伝願（松ヶ崎村）

（封上書）
「上　　　　松ヶ崎」

乍略義以書附御窺奉申上候
未得御尊顔候得共、今般稀飢饉ニ付、貴君様御及御施行
民家其外賤穢非人等迄群集仕、御手当ヲ以御救之由承知
仕、依てハ、下拙名跡相続養子え年限日数迄書記遺譲置
申度候間、何卒　貴君様御台所ニて、釜之下火ニても焼、
身之成丈手伝可仕候間、右之趣御見察（賢）之上、譬三日成共
其風相交、後世土産ニも仕度候間、右之段御聞済被成下
候ハヽ、三日ニても止宿被仰付度、奉願上候、以上、
同国葛飾郡松ヶ崎村
天保八酉年三月　百姓　猪右衛門
花輪村
高梨御主人様

御取次衆中

（文書番号 ZBA63）

109　天保八年三月　困窮百姓夫食借用願（武蔵国埼玉郡圷村）

以書付奉願上候

武州埼玉郡八条領圷村百姓左之名前之者共、一同奉申上候、私共義困窮之者共ニ付、麦作手掛り候迄、夫食ニ差支候ニ付、何卒御勘弁を以、左之名前之者共え御借し可被下候様、偏ニ奉願上候、尤麦作手掛り候ハヽ、早速御返済可仕候、依之此段以書付奉願上候、右願之通、御聞済被成下候ハヽ、一同難有仕合奉存候、以上、

天保八酉年三月

武州埼玉郡八条領

圷村

百姓　七兵衛㊞

同　金左衛門㊞

同　仁右衛門㊞

同　八五郎㊞

同　午五郎㊞

同　勘次郎㊞
同　和　吉㊞
同　市五郎㊞
同　藤　蔵㊞
同　新次郎㊞
同　権次郎㊞
同　新　蔵㊞
同　太次郎㊞
同　仙　蔵㊞
同　新五郎㊞
同　勝右衛門㊞
右名前之者共
惣代　丑　松㊞
同　七　蔵㊞
名主　勘　蔵㊞

野田宿
御高梨様

（文書番号 ZBA130）

110　天保八年三月　飢人日〆帳写

（横帳）
「飢人日〆帳　写」

覚

一、申十一月朔日より同十二月十三日迄日々凡弐百三拾人余　乞食
一、同十二月十四日より廿八日迄日々凡三拾人より七拾人位　窮民
凡弐百五拾人位　乞食
一、酉正月七日より廿三日迄日々凡四拾人より百八拾人位　窮民
凡弐百五拾人余　乞食
是迄八日〆聢と相分兼候間、凡積ヲ以、申上候

一、正月廿四日
弐百弐拾九人　窮民
弐百弐拾人　乞食

一、同廿五日
三百四人　同
四百三拾人　同

一、同廿六日
三百四拾五人　同
弐百八人　同

一、同廿七日
四百四拾九人　同
三百五拾人　同

一、同廿八日
三百拾九人　同
三百五拾人　同

一、正月廿九日
三百六拾九人　窮民
四百三人　乞食

一、同晦日
三百八拾九人　同
三百七拾人　同

一、二月朔日
五百八拾人　同
四百七拾人　同

一、同二日
四百六拾五人　同
四百五拾壱人　同

一、同三日
四百六拾八人　同
四百四拾人　同

一、同四日
七百四拾三人　同
四百八拾人　同

一、同五日
千三人　同
四百九拾壱人　同

一、同六日
八百三拾五人　同
四百七拾弐人　同

一、同七日
七百三拾三人　同
六百八拾人　同

一、同八日　千六百三拾七人　同
五百七拾人　同
一、同九日　千三百六人　同
五百拾八人　同
一、同十日　休日
一、同十一日　九百五人　窮民
四百三拾人　乞食
一、同十二日　千八拾壱人　同
四百六拾人　同
一、同十三日　千弐百四拾壱人　同
五百五拾人　同
一、同十四日　千弐百四拾壱人　同
四百五拾人　同

一、同十五日　八百六拾人　同
五百四拾弐人　同
一、同十六日　七百五拾七人　同
三百九拾六人　同
一、同十七日　千三百六拾七人　同
六百五拾五人　同
一、同十八日　弐千四人　同
五百五人　同
一、同十九日　千四百弐拾四人　同
七百五拾人　同
一、同廿日　千六百四拾八人　同
五百八拾七人　同
一、同廿一日　千五百九拾三人　同
五百六拾人　同

一、同廿二日
　千八百六拾五人　同
　六百五拾人　同

一、二月廿三日
　弐千三百五人　窮民
　六百四拾壱人　乞食

一、同廿四日
　弐千六百弐拾七人　同
　八百六拾人　同

一、同廿五日
　弐千五百四拾五人　同
　七百六拾八人　同

一、同廿六日
　弐千四百三拾人　同
　四百三拾六人　同

一、同廿七日
　弐千八百三人　同
　六百弐拾八人　同

一、同廿八日
　休日

一、同廿九日
　千六百拾六人　窮民
　四百七拾五人　乞食

一、三月朔日
　弐千八百弐拾三人　同
　七百五拾三人　同

一、同二日
　弐千四百弐拾八人　同
　六百八拾人　同

一、同三日
　休日

一、同四日
　弐千三百五人　窮民
　五百六拾人　乞食

一、同五日
　三千八百七人　同
　六百八拾四人　同

一、同六日
　弐千四百八拾壱人　同
　五百八拾六人　同

一、同七日	弐千六百八人	同
	五百四拾七人	同
一、同八日	弐千六百八拾三人	同
	六百七拾八人	同
一、同九日	弐千八百五人	同
	七百四拾三人	同
一、同十日	弐千四百拾五人	同
	八百四拾九人	同
一、同十一日	千六百三拾壱人	同
	六百人	同
一、同十二日	休日	
一、同十三日	千七百八拾四人	窮民
	千百弐拾壱人	乞食
一、同十四日	弐千三百五拾人	同
	七百八拾五人	同
一、同十五日	千六百八拾九人	同
	六百七拾五人	同
一、同十六日	弐千四百五人	同
	六百七拾五人	同
一、三月十七日	千百三拾壱人	窮民
	六百五拾人	乞食
一、同十八日	弐千四百五人	同
	六百七拾五人	同
一、同十九日	千五百拾六人	同
	四百五拾三人	同
一、同廿日	弐千三百八拾三人	同
	六百四拾六人	同

合　八万千百三拾五人　窮民
　　弐万九千六百五人　乞食

是は、正月廿四日より三月廿日迄、内四日休日分除、凡日数五十二日分

右之通御座候、以上、

天保八酉年三月

下総国葛飾郡上花輪村
組頭　伝右衛門㊞
名主　高梨兵左衛門㊞

羽倉外記様
　御役所

（文書番号 ZBA46）

111　天保八年三月　合力雑穀差出取調書上帳

（竪帳）
「天保八年
合力雑穀差出取調書上帳
酉三月
下総国葛飾郡
上花輪村」

覚

申八月より酉三月
家数弐拾六軒
米拾九石七斗四升
一、大麦五石八斗　　下総国葛飾郡
　　　　　　　　　　上花輪村
稗壱石五斗

同
家数五拾三軒
一、米弐拾壱石九斗五升　　同国同郡
　　　　　　　　　　　　　今上村

同　　　　　　　同国同郡　中野台村
家数■(廿)一軒軒(衍)
一、同八石六斗

同　　　　　　　同国同郡　座生新田
家数五軒
一、同壱石五斗

同　　　　　　　同国同郡　堤台村
家数拾軒
一、同四石五斗
此俵拾壱俵壱斗

同　　　　　　　同国同郡　桜台村
家数拾軒
一、同三石壱斗五升
此俵七俵三斗五升

同　　　　　　　同国同郡　山崎村
家数七拾九軒外弐拾弐軒
一、米三拾石六斗
七拾六俵弐斗
籾弐拾八石五升
此俵五拾六俵弐升

同　　　　　　　同国同郡　柳沢新田
家数拾弐軒
一、米五石四斗
此俵拾三石(俵)弐斗

同　　　　　　　同国同郡　奉目新田
家数五軒
一、同三石
同拾弐俵

同　　　　　　　同国同郡　霍島新田
家数拾三軒
一、米三石九斗
此俵九俵三斗

同　　　　　　　同国同郡　横内村
家数七軒
一、同四石六斗五升
此俵拾壱俵弐斗五升

同　　　　　　　同国同郡　宮崎新田
家数拾三軒
一、同三石九斗
此俵九俵三斗

同
家数九軒
一、同三石六斗
此俵九俵　　同国同郡　中根新田

同
家数拾壱軒
一、同三石三斗
此俵八俵壱斗　　同国同郡　花井新田

同
家数拾五軒
米壱石弐斗五升　此俵四俵五升　　同国同郡　堤根新田
一、大麦五石壱斗　拾俵壱斗
稗壱石五斗　三俵
（付箋）
「此村方立入人多分ニ付
家数ニ不抱遣申候」

同
家数弐拾九軒
一、米八石七斗
此俵廿壱俵三斗　　同国同郡　清水村

同
家数ニ不拘
一、同拾弐石
此俵三拾俵　　同国同郡　野田町

同
家数拾軒
一、大麦五石
此俵拾弐俵弐斗（拾俵）　　同国同郡　吉春村

同
家数弐拾九軒
一、同弐拾石三斗
此俵四拾俵三斗　　同国同郡　魚沼村

同
家数八軒
一、同弐石
此俵四俵　　同国同郡　平方新田

同
家数弐拾八軒
一、大麦拾六石　三拾弐俵
稗四石弐斗　八俵弐斗　　同国同郡　飯沼村

同　家数八軒　同国同郡　深井新田
一、大麦七石八斗
　拾五俵四〔三〕斗

同　家数弐拾八軒　同国同郡　西深井村
一、同九石三斗五升
　拾八俵三斗五升

同　家数八軒　同国同郡　平方請新田
一、大麦壱石六斗　三俵壱斗
　稗壱石六斗　三俵壱斗

同　家数四拾軒　同国同郡　築比地村
一、大麦八石　拾六俵
　稗八石　同

同　家数三拾五軒　同国同郡　東深井村
一、大麦七石　拾四俵

同　家数八軒　同国同郡　青田新田
一、同壱石八斗
　此俵三俵三斗

同　家数弐拾八軒　同国同郡　平方村
一、同六石八斗五升
　此俵拾三俵三斗五升

同　家数九軒　同国同郡　谷津村
一、大麦五石四斗　拾俵四斗
　稗四石三斗　八俵三斗

同　家数八軒　同国同郡　五木村
一、大麦壱石六斗　三俵壱斗
　稗八斗　壱俵三斗

同　家数弐拾三軒　同国同郡　下目吹村
一、大麦四石六斗　九俵壱斗

同　家数拾四軒
一、大麦壱石　弐俵　同国同郡　駒木新田
稗三石　六俵

同　家数拾三軒
一、大麦壱石弐斗　弐俵弐斗　同国同郡　大衾村
稗弐石六斗　五俵壱斗

同　家数拾四軒
一、大麦三石五斗　同国同郡　中野村
七俵

同　家数拾軒
一、同弐石五斗　同国同郡　丸井村
五俵

同　家数拾軒
一、同弐石五斗　同国同郡　蕃昌新田
同

同　家数六拾九軒
一、同拾七石五斗　同国同郡　船形村
三拾五俵

同　家数弐拾壱軒
一、同四石弐斗　同国同郡　永沼村
八俵弐斗

同　家数四軒
一、同九斗　同国同郡　大青田村
壱俵四斗

同　家数七拾軒
一、同拾七石五斗　同国同郡　木野崎村
三拾五俵

同　家数拾八軒
一、同三石六斗　同国同郡　平井村
七俵壱斗

同　家数不分明
一、大麦拾壱石七斗五升　六俵　同国同郡　上目吹村
廿三俵弐斗五升

同　家数拾軒
一、同弐石　同国同郡　桐ヶ谷村
四俵

同　家数弐拾弐軒
一、同四石四斗　同国同郡　下花輪村
八俵四斗

同　家数拾三軒
一、同弐石六斗　同国同郡　新宿新田
五俵壱斗

同　家数拾軒
一、米五斗　壱俵壱斗　同国同郡　岩名村
一、大麦弐石五斗　五俵

同　家数四軒
一、稗三石　六俵　同国同郡　三ヶ尾村

同　家数拾壱軒
一、同弐石弐斗　同国同郡　米崎村
四俵弐斗

同　家数弐拾五軒
一、同五石　同国同郡　赤崎村
拾俵

家数拾五軒
一、稗三石　同国同郡　水角村
六俵

同　家数拾弐軒
一、同弐石四斗　同国同郡　三輪野山村
四俵四斗

同
家数拾弐軒
一、同弐石四斗　同国同郡 桐ヶ谷　谷津村
同
四俵弐斗

同
家数拾壱軒
一、同弐石弐斗　同国同郡　十太夫新田
四俵弐斗

同
家数拾弐軒
一、同弐石四斗　同国同郡 桐ヶ谷　南村
四俵四斗

同
家数拾六軒
一、同三石弐斗　同国同郡 同　北村
六俵弐斗

同
家数八軒
一、同壱石六斗　同国同郡　小屋村
三俵壱斗

同
家数八軒
一、同壱石六斗　同国同郡　貝塚村
同

同
家数四軒
一、同八斗　同国同郡　大畔新田
壱俵三斗

同
家数五拾軒
一、同拾弐石五斗　同国猿島郡　長谷村
廿五俵

同
家数三拾軒
一、同七石五斗　同国同郡　鵠戸村
拾五俵

米九石弐斗弐升　廿三俵弐升
一、大麦拾石九斗五升　廿壱俵四斗五升　隣村立入
稗八石四斗五升　拾六俵四斗五升　之者共え遣

搗麦七斗　　壱俵弐斗八升　　申候

一、金弐拾五両　　隣村之内困窮之
者え遣申候

一、稗拾九石六斗六升　　穢多非人
醤油粕三拾俵　但、四斗入

米百四拾九石四斗九升
大麦百九拾六石八斗
籾弐拾八石五斗

合
搗麦七斗
稗百五石四斗壱升
醤油粕三拾俵
金弐拾五両

外

白米弐拾石弐斗　五拾俵弐斗　去申年十一月朔日より当酉三月十日迄、窮民取続并乞食共為施行、焚出候分凡積ニ御座候、尤右穀数之内、九分通百姓困窮人残壱分通乞食共え遣申候、

搗麦百弐拾三石九斗弐百九拾■■五俵

一、小麦三拾壱石五斗　七拾俵
大豆拾弐石弐升　弐拾五俵弐斗七升
小豆拾八石　四拾□□

右之寄

米百六拾九石六斗九升
此俵四百弐拾四俵九升　但、四斗入
籾弐拾八石五升
此俵五拾六俵五升　同、五斗入
大麦百九拾六石八斗
此俵三百九拾三俵三斗　同、五斗入
搗麦百弐拾四石六斗
此俵弐百九拾六俵弐斗八升　同、四斗弐升入
小麦三拾壱石五斗
此俵七拾俵　但、四斗五升入
大豆拾弐石弐升
此俵弐拾五俵弐斗七升　同、四斗七升入

小豆拾八石
此俵四拾俵　同、四斗五升入
稗百五石四斗壱升
此俵弐百拾俵四斗壱升　同、五斗入
醤油粕三拾俵　同、四斗入
金弐拾五両
五拾七人え

右は、去申年違作ニ付、近村之内、困窮之者為取続、書面之雑穀合力仕候処、相違無御座候、尤向後差出候分取調、追て可申上候、以上、

天保八酉年三月

下総国葛飾郡上花輪村
組頭　伝右衛門㊞
同　弥五兵衛㊞
名主
合力差出人高梨兵左衛門㊞

関東御取締御出役
御役人中様

（文書番号 BGH7）

112　天保八年三月　合力雑穀取調帳

（竪帳）
「合力雑穀取調帳
　　　　　　　　　下総国葛飾郡
　　　　　　　　　　　上花輪村」

覚

米百四拾九石四斗九升
大麦百九拾六石八斗　　下総国葛飾郡
籾弐拾八石五升　　　　　五拾八ケ村
一、搗麦七斗　　　　　同国猿島郡
稗百五石四斗壱升　　　　弐ケ村
醤油粕三拾俵
金弐拾五両
是は、去申九月中より当酉三月上旬迄、前書六拾ケ村
之内、困窮之者凡千百七拾八軒余之者え、追々合力遣
申候、

外

白米弐拾石弐斗
搗麦百弐拾三石九斗　　窮民并乞食え
大豆拾弐石弐升
一、小麦三拾壱石五斗　施行焚出之分
小豆拾八石
是は、去申十一月朔日より当酉三月十日迄、近村窮民
取続方并乞食共為施行焚出候分、尤右穀数之内、九分
通は百姓困窮之者、残一分通は乞食共遣申候、

此日割凡積

一、申十一月朔日より同十二月十三日　日々平均
　米五升位　　　乞食共計
　　　　　　　　凡弐百三拾人余
　搗麦四斗位　　百姓窮民

申十二月十四日より
同廿八日　同断
一、米八升位
搗麦四斗五升位

酉正月七日より
同廿日迄　日々平均
一、米五升位
搗麦五斗五升位

酉正月廿一日より
二月六日迄　同断
一、搗麦壱石五斗位
小豆弐斗位
外大根干葉

二月六日より
同十五日迄　同断
一、搗麦弐石位
小豆五斗位
外大根干葉

凡七拾人位
乞食
凡弐百五拾人位
百姓窮民
凡四拾人位より百八
拾人位
乞食共
凡弐百五拾人余
百姓窮民
凡百八□人位より五
百人位
乞食共
凡五百人余
百姓窮民
凡五百人より千三百
人位
乞食共
凡六百五拾人余

百姓窮民
凡千三百人位より千
八百人余
二月十六日より
同廿日迄　同断
米五斗位
一、搗麦三石位
小豆五斗位
乞食共
凡六百五十人余

二月廿一日より
三月十日迄　同断
米壱石位
搗麦弐石位
一、小豆五斗
大豆四斗
小麦壱石五斗
百姓窮民
凡千八百人より弐千
八百人余
乞食共
凡六百人余

是は、去申年十一月中より当酉二月中迄、私宅前蔵庇
ニて焚出遣候処、追日多人数罷成候ニ付、二月十五日
より前畑え竪八間横三間小屋壱ケ所、竪七間半横弐間
半小屋弐ケ所□、竪五間半横三間半之釜屋壱ケ所修理、
右ニて□□焚遣申候、

右雑穀寄

四　天保八年

米百六拾九石六斗九升
　此俵四百弐拾九俵九升　但、四斗入
籾弐拾八石五升
　此俵五拾六俵五升　但、五斗入
大麦百九拾六斗(石)八斗
　此俵三百九拾三俵三斗　但、五斗入
搗麦百弐拾四石六斗
　此俵弐百九拾六俵弐斗八升　但、四斗弐升入
小麦三拾壱石五斗
　此俵七拾俵　但、四斗五升入
大豆拾弐石弐升
　此俵弐拾五俵弐斗七升　但、四斗七升入
小豆拾八石
　此俵四拾俵　但、四斗五升入
醤油粕三拾俵　但、四斗入
金弐拾五両
右は、去申年違作ニ付、近村之内、困窮之者為取続書面
雑穀合力遣申候、已上、

天保八酉年三月
下総国葛飾郡上花輪村
高梨兵左衛門

（文書番号 ZBA45）

113　天保八年三月　合力米金書上帳

「（竪帳）
天保八年
合力米金書上帳
酉三月
下総国葛飾郡
上花輪村」

覚

下総国葛飾郡上花輪村

一、金拾五両　　組頭　弥五兵衛

一、金九両弐分
　　米五石六斗　　百姓　岡　平

一、金四両　　組頭弥五兵衛地借同郡
　　　　　　　野田町住宅ニて醤油出造人
　　　　　　　平兵衛

合　米五石六斗
　　金弐拾八両弐分

右は、米穀払底ニ付、難取続者共え施差出候もの取調候処、書面之通ニて、寄特之儀ニ奉存候間、此段奉申上候、右之外向後追々施差出候分は、追て取調可奉申上候、已上、

天保八酉年三月　　右村
　　　　　　　　組頭　伝右衛門㊞
　　　　　　　　名主　高梨兵左衛門㊞

関東御取締御出役
　　御役人中様

（文書番号 ZBA52）

114　（天保八年）四月　塩原村外六カ村夫食助力の謝儀につき書状

（封上書）
「　　　　戸田因幡守内
　　　　　　松井新八
高梨兵左衛門殿　　堀郷三
　　　　　　岩田甚五左衛門」

一筆令啓上候弥御無異、欣然之至候、然は、去申年違作之処、当領分山寄村々別て難渋ニ付、塩原村外六ケ村夫喰助力有之候間、右為謝義従因幡守時服壱ツ相贈之候、此段可申入如是候、恐々謹言、

　　　　　　　　岩田甚五左衛門
四月十九日　　　　　　　　興道（花押）
　　　　　　堀郷三
　　　　　　　　　　　　　清安（花押）
　　　　　　松井新八
　　　　　　　　　　　　　正安（花押）
高梨兵左衛門殿

（文書番号 ZBA133）

115　天保八年五月　当酉夏田方植付手当として窮民救籾割渡帳（上花輪村）

「（横帳）
天保八年
当酉夏田方植付手当と て窮民救籾割渡帳
五月七日　　　　上花輪村飢人え」

覚

一、籾四斗渡ス　甚右衛門
一、同　作兵衛
一、同　惣左衛門
一、同　久左衛門
一、同　門之丈
一、同　次　平
一、同　八兵衛
一、同　宇平次
一、同　力　松
一、同　佐伝次
一、同　甚五右衛門
一、同　権兵衛
一、同　太兵衛
一、同　茂右衛門
一、同　新五右衛門
一、同　次右衛門
一、同　喜右衛門
一、同　五右衛門
一、同　孫右衛門
一、同　源　六
一、同　義　平
一、同　平右衛門
一、同　金左衛門
一、同　与五右衛門
一、同　佐左衛門
一、同　伝　吉

一、同　　　喜　平
一、同　　　市右衛門
一、同　　　七郎平
一、同　　　与　市
〆三拾軒
右之通、極窮飢人え救籾指遣候、依之村役人立会差遣候、
以上、
　　五月七日　　　上花輪村
伊左衛門
弥五兵衛
伝右衛門
新兵衛
市郎左衛門
孫　平
六右衛門
（文書番号 BGD8）

116　天保八年六月　時疫流行御救薬法御触につき御請書

差上申一札之事

当節時疫流行ニ付、為御救薬法之御触被仰出、然ル処、当夫食ニも差支候様成貧民之者共儀は、右様之手当不行届者も可有御座哉ニ付、右御触ケ条之内、手軽出来候廉ヲ以、最寄貧民者共え薬味相改施薬可仕心得も御座候ハヽ、寄特之筋ニも可有御座候間、右之趣其御筋え被仰立被成下候上、施し遣候様相成候ハヽ、時疫可相煩者共も自然と病難（ママ）ヲ逢候貧民も助り可罷成由、御教諭之趣、承伏仕候段奉申上候処、右は御伺之上、右之趣御聞済相成候段、今般　神尾山城守様御下知之趣、被仰渡承知奉畏候、依之御請証文差上申処、如件、
羽倉外記御代官所
下総国葛飾郡
上花輪村

天保八酉六月

名主高梨兵左衛門

差添組頭　市郎□衛門

関東御取締御出役

永井勝助様

前書之趣、為心得私共へ被仰聞候段、被仰渡奉畏候、仍て奥書印形差上申候、以上、

右御改革組合寄場

松平勘太郎知行所

下総国葛飾郡

野田町

利兵衛代兼 名主　久右衛門

山田茂左衛門支配所

同国同郡清水村

名主　□□衛門

前書之趣ヲ以、私共えも御教諭御座候ニ付、承知仕候趣奉申上候処、右ハ名聞利欲ニ抱り候儀は難相成候て、実意之志しヲ以、施し□□□御座候ハ、、困窮ニて手当不行届様之者共えは望次第可さし遣、尤其御筋えも被仰立候御儀之旨被　仰渡奉承知仕候、仍て継□印形差上申候、以上、

松平勘太郎知行所

下総国葛飾郡

野田町

組頭　七郎右衛門

差添人

名主　久右衛門

（文書番号 ZBA71）

117　天保八年八月　窮民取救奇特金請取覚

覚

下総国葛飾郡上花輪村高梨兵左衛門差出

一、金弐拾壱両弐分永百六拾六文七分　窮民取救奇特金

納人　銀　蔵

右之通、請取候、以上、

天保八酉年八月廿日

羽倉外記手代
北村亮三郎㊞

杉浦丈四郎
出役無印

同人手附
近藤与四郎㊞

（文書番号 ZBA111）

118　天保八年八月　天保八酉凶年御施行帳

（竪帳）
「天保八
酉凶年　御施行帳

野田町
小屋頭
新助」

一、上州郡馬（群）郡藤塚村百性与四郎忰与三郎三十壱才、
右之者、二月四日上花輪村字坂之下道行倒相煩罷在候、
引取薬用申付置候所、三月七日快気出立仕候、
一、因州八上郡佐貫村百性久兵衛家内七人、
右之者、三月七日　高梨兵左衛門様御持地川岸道杉林
ニ相煩罷在候、引取薬用申付置候所、
右久兵衛并子供弐人死去、残妻子四人五月十四日快気
出立仕候、

一、奥州仙台待山村百性喜兵衛忰藤吉廿六才、
右之者、二月廿九日鎮守社地より引取、薬用申付置候所、三月十二日快気出立仕候、
一、信州松本御城下在栗林村西正寺二男式部廿八才、
右之者、二月廿九日鎮守脇杉林より引取、薬用申付置候所、三月十三日快気出立仕候、
一、阿波国阿波郡西之河村百性広太忰和次郎廿六才、
右之者、二月廿九日観音堂下道より引取、薬用申付置候所、三月七日快気出立仕候、
一、常州水戸多賀村百性長三郎忰常五郎三十三才、
右之者、前ニ同断引取、薬用申付置候所、三月十三日快気出立仕候、
一、下総国葛飾郡小福田村百性源右衛門忰万吉三十三才、
右之者、二月廿九日鎮守脇杉林より引取、薬用申付置候所、三月七日快気出立仕候、
一、常州《(ママ)》入間郡宮田村百性藤兵衛忰庄吉廿才、
右之者、前ニ同断引取、薬用申付置候所、三月八日快気出立仕候、
一、越前国大野郡大野御城下百性伊助忰亀吉三十四才、
右之者、三月四日前ニ同断引取、薬用申付置候所、同月十四日快気出立仕候、
一、常州水戸藤井村百性長兵衛忰長蔵廿八才、
右之者、前ニ同断引取、薬用申付置候所、同月十七日快気出立仕候、
一、奥州南部盛岡百性亀次郎廿八才、
右之者、三月五日前ニ同断引取、薬用申付置候所、同月十二日快気出立仕候、
一、江戸下谷上野町壱丁目家主太郎吉店次兵衛忰勝五郎廿九才、
右之者、前ニ同断引取、薬用申付置候所、同月廿二日快気出立仕候、
一、下総国葛飾郡水海村百性長七忰忠八廿七才、
右之者、前ニ同断引取、薬用申付置候所、同月十三日快気出立仕候、
一、参州《(ママ)》村山郡遠島村百性伝左衛門忰藤五郎三十五才、
右之者、三月七日前ニ同断引取、薬用申付置候所、四

月十二日快気出立仕候、
一、同州渥美郡赤井村百性新右衛門忰竹次郎廿六才、
右之者、前ニ同断引取、薬用申付置候所、同月廿二日
快気出立仕候、
一、武州比企郡小川村百性藤蔵忰政吉三十六才、
右之者、前ニ同断引取、薬用申付置候所、同月廿四日
快気出立仕候、
一、江戸神田紺屋町壱丁目家主鉄五郎忰金次郎十二才、
右之者、三月八日前ニ同断引取、薬用申付置候所、同
月十一日快気出立仕候、
一、下野国都賀郡川連村藤蔵忰藤七四十六才、
右之者、前ニ同断引取、薬用申付置候所、同月十七日
快気出立仕候、
一、同国芳賀郡根本村百性茂十忰由蔵二十八才、
右之者、前ニ同断引取、薬用申付置候所、同月十三日
快気出立仕候、
一、下総国葛飾郡塚崎村百性久兵衛忰久次郎二十六才、
右之者、前ニ同断引取、薬用申付置候所、同月十七日
快気出立仕候、
一、信州松本御城下東町清八忰亀太郎廿弐才、
右之者、三月八日前ニ同断引取、薬用申付置候所、同
十二日快気仕出立仕候、
一、下総国葛飾郡木間賀瀬村名主利兵衛組百性七兵衛弟
平吉三十弐才、
右之者、三月十日前ニ同断引取、薬用申付置候所、四
月八日快気出立仕候、
一、越後国蒲原郡生随村百性伊右衛門忰源次郎弐十三才、
右之者、三月十二日太子堂鎮守社地より引取、薬用申
付置候所、同月廿二日快気出立仕候、
一、奥州会津小荒井村百性吉蔵忰石松三十壱才、
右之者、三月十二日鎮守脇杉林より引取、薬用申付置
候所、五月廿九日快気出立仕候、
一、武州荏原郡入山津村百性彦七忰吉蔵三十三才、
右之者、三月十三日前ニ同断引取、薬用申付置候所、
四月三日快気出立仕候、
一、上州館林御城下百性五右衛門忰吉五郎三十九才、家

内三人、
右之者、前ニ同断受（引）取、薬用申付置候所、同月廿七日快気出立仕候、

一、下総国葛飾郡栗橋宿在中里村名主嘉右衛門組百性惣兵衛女房そみ四十才、忰松蔵九才、
右之者共、三月十三日川岸道杉林ニ相煩罷在候、引取薬用申付置候所、同十五日国元より惣兵衛組合之者四人、同道引取之為参り候ニ付、引渡遣申候、

一、武州葛飾郡小右衛門村百性粂次郎忰富五郎三十弐才、
右之者、三月十七日当村鎮守脇杉林より引取、薬用申付置候所、同廿七日快気出立仕候、

一、下総国猿島郡長須村百性利兵衛忰多蔵廿四才、
右之者、前ニ同断引取、薬用申付置候所、同廿二日快気出立仕候、

一、遠州城飼（城東）郡初間村百性安右衛門忰藤吉弐十九才、
右之者、前ニ同断引取、薬用申付置候所、同廿五日快気出立仕候、

一、武州埼玉郡浮塚村百性松五郎忰政次郎廿一才、
右之者、前ニ同断引取、薬用申付置候所、同廿三日快気出立仕候、

一、奥州相馬立野村百性清右衛門忰清兵衛四十弐才、家内六人、
右之者、前ニ同断引取、薬用申付置候所、右清兵衛并子供三人追々死去、女房つゆ三十才、娘きよ六才弐人は五月十四日快気出立仕候、

一、同州岩城出旅人村百性孫太忰平兵衛三十八才、
右之者、三月十九日前ニ同断引取、薬用申付置候所、同廿七日快気出立仕候、

一、信州高遠御城下百性平次右衛門忰甚五郎廿四才、
右之者、前ニ同断引取、薬用申付置候所、同廿七日快気出立仕候、

一、上州郡馬郡野田村百性弥五郎忰泰蔵十九才、
右之者、前ニ同断引取、薬用申付置候所、同廿五日快気出立仕候、

一、奥州白川御城下在堤村百性文四郎忰文吉三十九才、家内三人、

右之者、同断観音堂下道より引取、薬用申付置候所、母死去、右文四郎・姉きん五十三才弐人は同廿二日快気出立仕候、

一、出羽秋田御城下在柏木田村百性藤左衛門悴鳥松廿五才、

右之者、三月廿日当村鎮守脇杉林より引取、薬用申付置候所、同廿二日快気出立仕候、

一、常州茨城郡宍戸町百性次兵衛悴勝右衛門廿一才、

右之者、三月廿五日川岸道杉林より引取、薬用申付置候所、四月朔日快気出立仕候、

一、下野国都賀郡駒場村名主平次右衛門組百性吉右衛門家人三人、但、往来一札所持、

右之者、三月晦日　高梨兵左衛門様御門前より引取、薬用申付置候所、妻子弐人死去、右吉右衛門五月十一日快気出立仕候、

一、武州葛飾郡島川村名主庄兵衛組百性藤兵衛娘壱人連、

右之者、前ニ同断引取、薬用申付置候所、四月二日同人組合之者引取ニ参り候ニ付、相渡申候、

一、勢州壱志（安濃）郡安之津町百性又八家内弐人、

右之者、四月二日当村鎮守脇杉林より引取、薬用申付置候所、五月廿一日快気出立仕候、

一、武州埼玉郡畔吉村百性清次郎女房たけ娘弐人家内四人、

右之者共、四月三日前ニ同断引取、薬用申付置候所、同六日同人組合之者参り候ニ付、引渡遣申候、

一、江戸麻布新町家主伊兵衛店治助娘よし十九才、

右之者、四月五日前ニ同断引取、薬用申付置候処、五月十一日快気出立仕候、

一、越後国古志郡白丸村百性久兵衛悴文蔵三十四才、

右之者、前ニ同断引取、薬用申付置候所、同十二日快気出立仕候、

一、上総国望陀郡西野村百性権左衛門悴多助三十四才、

右之者、前ニ同断引取、薬用申付置候所、五月朔日快気出立仕候、

一、江戸京橋弐丁目家主長兵衛店元蔵悴兼吉十六才、

右之者、四月五日前ニ同断引取、薬用申付置候所、五

月七日快気出立仕候、
一、越中国婦負郡長沢新村百性善右衛門三十五才、女房よね弐十八才子供弐人、
右之者、四月七日　高梨兵左衛門様御差図を以引取、薬用申付置候所、子供弐人死去、善右衛門夫婦五月七日快気出立仕候、
一、下総国葛飾郡中沢村名主藤蔵組百性謙蔵家内弐人、
右之者、前ニ同断引取、薬用申付置候所、五月廿一日快気出立仕候、
一、信州水内郡権道（堂）町百性和兵衛悴亀五郎廿五才、
右之者、四月九日前ニ同断引取、薬用申付置候所、五月十四日快気出立仕候、
一、遠州敷知（周智）郡下山梨村百性市五郎三十五才、家内四人、
右之者、四月十三日　高梨兵左衛門様御差図を以引取、薬用申付置候所、同廿八日迄ニ家内不残快気出立仕候、
一、奥州二本松御城下伊達岡百性専吉三十三才、家内三人、
右之者、四月十四日当村鎮守脇杉林より引取、薬用申付置候所、五月四日迄ニ家内不残快気出立仕候、
一、下野国那須郡高久村修験右膳廿五才、家内弐人、
右之者、前ニ同断引取、薬用申付置候所、女房死去、右膳五月晦日快気出立仕候、
一、越中国砺波郡樵（是）安村百性孫七、女房りよ子供弐人、家内四人、
右之者共、前ニ同断引取、薬用申付置候所、妻子共三人死去、右孫七三十八才、六月十三日快気出立仕候、
一、武州足立郡南毛村百性文五郎家内五人、
右之者、引取前ニ同断、薬用申付置候所、娘壱人死去、残四人之者五月十三日国元より引取之為、文五郎組合之者弐人参り候ニ付、引渡遣申候、
一、同州葛飾郡河原台村名主善四郎組百性松五郎四十弐才、家内四人、
右之者、四月十六日　高梨兵左衛門様御差図を以引取、薬用申付置候所、娘壱人死去、残三人五月弐日快気出立仕候、
一、下総国香取郡笹原村名主惣兵衛組百性文四郎悴松次

郎十三才、
右之者、前ニ同断引取、薬用申付置候所、四月廿八日
快気出立仕候、
一、武州埼玉郡猿手郡（ママ）下河崎村名主源六組八五郎家内三
人、
右之者、当村鎮守脇杉林より四月廿一日引取、薬用申
付置候所、悴壱人死去、八五郎夫婦五月廿九日快気出
立仕候、
一、同州千住小塚原町庄右衛門娘いく十九才、
右之者、前ニ同断引取、薬用申付置候所、六月十一日
快気出立仕候、
一、下総国葛飾郡夏見村名主三郎左衛門組百性甚太郎女
房せん四十七才、悴松五郎六才、
右之者、前ニ同断引取、薬用申付置候所、同月廿八日
快気出立仕候、
一、武州埼玉郡西条村百性弥右衛門悴初五郎四十三才、
右之者、四月廿九日前ニ同断引取、薬用申付置候所、
五月五日快気出立仕候、

一、下総国葛飾郡幸谷村百性源六悴善六三十六才、
右之者、五月四日　高梨兵左衛門様御差図を以引取、
薬用申付置候所、同八日快気出立仕候、
一、同国相馬郡布川新田百性政五郎悴平五郎十壱才、
右之者、前ニ同断引取、薬用申付置候所、五月十三日
快気出立仕候、
一、下野国都賀郡栃木町百性惣五郎悴初次郎十弐才、
右之者、五月九日　高梨兵左衛門様御差図を以引取、
薬用申付置候所、同十三日快気出立仕候、
一、下総国海上郡塚本村百性安兵衛悴弥助廿八才、
右之者、六月朔日当村観音堂下道より引取、薬用申付
置候所、同月十九日快気出立仕候、
一、江戸神田出生大工職人ニて兼次郎廿六才、
右之者、六月四日　高梨兵左衛門様御門前より引取、
薬用申付置候所、同八日快気出立仕候、
一、奥州南部大狭（迫）間村百性平右衛門悴吉五郎二十三才、
家内弐人
右之者、五月五日当村鎮守脇杉林より引取、薬用申付

置候所、六月十八日快気出立仕候、
一、下総国岡田郡芦ヶ谷村百性作兵衛悴作右衛門女房よつ三十三才、
右之者、前ニ同断引取、薬用申付置候所、五月十七日快気出立仕候、
一、奥州仙台鶴ヶ曽根村百性民次、悴豊吉廿六才、
右之者、前ニ同断引取、薬用申付置候所、民次死去悴豊吉は同月十七日快気出立仕候、
一、加賀国金沢御城下百性安右衛門悴長左衛門五十三才、
右之者、前ニ同断引取、薬用申付置候所、同月十六日快気出立仕候、
一、上総国夷隅郡滑川村百性清五郎三十弐才、家内弐人、
右之者、前ニ同断引取、薬用申付置候所、女房死去、清五郎同月十日快気出立仕候、
右之通、天保八年酉二月朔日より四月廿日迄日々御施行御焚出シ被為遊候ニ付、御百性飢人中并非人共大勢当地ニ相集り、日々御施行頂戴罷在候内、皆々類病相煩往来、又は所々林等ニ行倒相煩候者共、御差図を以、私持地之内え小屋掛仕、右病人共引取入置、日々焚出し薬用為仕候上、国元え御沙汰被遊引取せ、其外御仁恵之御陰を以快気仕、追々出立仕候、

人数

〆九拾八人

前書之通、四月廿日御焚出御施行御引払後、所々ニ行倒候病人共、当村鎮守脇杉林ニ小屋掛ケ被仰付入置、私方より世話役付置、日々薬用為仕候上、快気出立之者百五人之内、五拾八人快気人数

惣〆

百五拾六人

一、下総国香取郡佐原町髪結松五郎女房きわ三十六才、悴松次郎五才、家内弐人、
右之者、去ル申十二月十二日当村新助様持地之内、馬場下道相煩罷在候、引取薬用申付置候所、悴松次郎当酉二月十一日死去、母きわ同月十八日死去、

一、出羽国村山（ママ）郡坂井村百性惣助悴惣吉五十壱才、
右之者、去ル申十二月廿九日当村鎮守社地より引取、薬用申付置候所、当酉正月三日死去、
一、下総国猿島郡大生郷村百性幸右衛門悴喜兵衛三十壱才、
右之者、二月十九日観音堂下道より引取、薬用申付置候所、三月七日死去、
一、奥州仙台関谷村百性藤五郎悴藤次郎拾八才、
右之者、前ニ同断引取、薬用申付置候所、三月二日死去、
一、因州八上郡佐貫村百性久兵衛年しれす、悴松次郎九才、同石松弐才、
右之者共、二月廿二日川岸道杉林より引取、薬用申付置候所、松次郎同日死去、　石松四月廿九日死去、
久兵衛同晦日死去、
一、野州都賀郡碓久（臼窪）保村百性松五郎四十六才家内五人、
右之者、二月廿三日当村鎮守脇杉林ニ相煩罷在死去仕候、妻子共四人は快気出立仕候、

一、常州筑波郡しつく（志筑）町百性忠蔵悴忠次郎四十三才、
右之者、二月廿七日太子堂鎮守社地より引取、薬用申付置候所、翌廿八日死去、
一、下野国芳賀郡小深村百性八十郎六拾七才、
右之者、前ニ同断西向根土取場ニ相煩罷在、死去仕候、
一、摂州鳥飼湊仲ノ町兵吉三十四才、
右之者、二月廿九日当村鎮守脇杉林より引取、薬用申付置候所、三月廿四日死去、
一、下総国葛飾郡幸谷村出生ニて勇吉五十三才、
右之者、三月朔日前ニ同断相煩罷在死去、
一、同国岡田郡宮場村百性熊蔵悴伊左衛門三十四才、
右之者、前ニ同断、三月二日死去、
一、下野国河内郡石井村百性伊三郎妻かね五十四才、
右之者、三月二日当村鹿島原ニ相煩死去、
一、信州善光寺町亦右衛門悴亦助四十弐才、
右之者、三月四日鎮守脇杉林より引取、薬用申付置候所、同月十八日死去、
一、武州葛飾郡杉島村百性勇次郎悴廿壱才、

右之者、前ニ同断引取、薬用申付置候所、同断死去、
一、江戸深川富川町出生ニて弥兵衛三十弐才、
右之者、前ニ同断引取、薬用申付置候所、同十日死去、
一、奥州田村郡田ノ又村百性重右衛門悴定左衛門四十弐才、
右之者、三月五日観音堂下道より引取、同日死去、
一、下総国猿島郡長井戸村百性伝右衛門悴惣次郎弐十八才、
右之者、前ニ同断鎮守脇杉林より引取、薬用申付置候所、同十日死去、
一、越後国蒲原郡灰方村百性彦四郎女房りせ四十才、
右之者、前ニ同断引取、薬用申付置候所、同七日死去、
一、武州足立郡川口村百性助五郎悴清三郎四十三才、
右之者、前ニ同断引取、薬用申付置候所、同月十六日死去、
一、阿波国板野郡百性林蔵悴勝五郎四十五才、
右之者、前ニ同断地所ニて死去、
一、長州豊浦郡赤間ヶ関出生之者ニて次右衛門家内三人、
右之者、西向根土取場ニ相煩罷在、女房もと三月七日死去、残弐人快気出立仕候、
一、下野国塩屋（谷）郡松山村専吉と申者、金比羅参詣之体、
右之者、三月七日当村清助様地内ニて死去、
一、下総国取手宿百性平七悴藤兵衛五十才、
右之者、前ニ同断鎮守脇杉林より引取、薬用申付置候所、四月二日死去、
一、奥州岩城出生之者ニて直蔵二十三才、
右之者、三月八日前ニ同断死去、
一、下総国古河御城下横町弥吉悴惣兵衛四十五才、
右之者、前ニ同断引取、薬用申付置候所、同月廿六日死去、
一、江戸神田富永町壱丁目家主庄三郎店平吉四十才、
右之者、前ニ同断引取、薬用申付置候所、同廿四日死去、
一、武州埼玉郡三本木村百性藤蔵四十五才、女房名前しれす、悴国松九才、同吉蔵三才、家内四人、
右之者共内　藤蔵西向根椚林ニて死去三月九日、同

十七日吉蔵観音堂裏ニて死去、　右女房三月廿六日観音堂ニて死去、　右国松三月廿五日引取、薬用申付置候所、六月二日死去、家内不残追々死去仕候、
一、越後国蒲原郡角田村（浜脱カ）百性喜兵衛四十六才、娘きく十弐才、家内弐人、
右之者、三月十日観音堂より引取、薬用申付置候所、喜兵衛四月十三日死去、　娘きく同月廿三日死去、
一、奥州岩城御城下富岡町百性文吉忰広之助弐十八才、
右之者、三月十二日当村鎮守脇杉林より引取、薬用申付置候所、四月廿一日死去、
一、武州足立郡川口宿百性為五郎忰熊右衛門十九才、
右之者、三月十六日前ニ同断引取候所、同日死去、
一、越後国蒲原郡木滑村百性源太郎忰平吉五十一才、
右之者、前ニ同断引取、薬用申付置候所、同月廿四日死去、
一、奥州相馬郡哥之郷村百性権六忰藤吉三十才、女房きん三十五才、家内弐人、
右之者、前ニ同断引取、薬用申付置候所、藤吉四月九日死去、　きん同月十二日死去、
一、同州会津北方（喜多）小荒井村百性吉蔵忰石松女房きく三十一才、
右之者、前ニ同断引取、四月廿四日死去、
一、武州埼玉郡菖蒲町百性源左衛門忰清五郎四十三才、
右之者、前ニ同断引取、薬用申付置候所、同日死去、
一、同月同日川岸道脇種井ニ五、六才之男子水死罷在候、
一、常州新治郡宿田村百性伊左衛門忰清七三十壱才、
右之者、当村鎮守脇杉林より三月十二日引取、薬用申付置候所、四月四日死去、
一、下総国印旛郡安食村百性利兵衛忰茂八三十才、
右之者、三月十三日前ニ同断引取、薬用申付置候所、五月五日死去、
一、奥州耶麻郡赤沢村百性弥惣吉四十六才、
右之者、三月十四日前ニ同断地所ニ相煩死去、
一、下野国都賀郡根本村百性伊兵衛娘いの十弐才、
右之者、三月十七日前ニ同断死去、
一、遠州城飼郡初摩村百性亦兵衛忰藤吉二十九才、

右之者、三月十四日前ニ同断相煩死去、
一、武州埼玉郡三升村百性弥左衛門女房はつ年しれす、
右之者、三月十五日前ニ同断死去、
但シ、同村大長寺より出候往来所持致居候、
一、下総国猿島郡長谷村百性長次郎弐十八才、
右之者、前ニ同断相煩死去、
但シ、同村名主与兵衛より出候往来所持致居候、
一、勢州一志郡安之津町百性又八娘うら三才、
右之者、前ニ同断死去、
一、濃州郡(郡上即)存せす、仲勘(中被路)次村出生ニて惣五郎弐拾三才、
右之者、前ニ同断死去、
一、武州足立郡中尾村百性勝右衛門忰亀吉五十九才、
右之者、三月十七日当村鎮守脇杉林ニ相煩死去、
一、奥州相馬(標葉)郡立野村百性清右衛門忰清兵衛四十二才、
家内六人、
右之者、前ニ同断引取、薬用申付置候所、　娘つた八
才同月廿四日死去、　清兵衛四月六日死去、　娘りよ
七才同月九日死去、　忰兼蔵十五才同月廿八日死去、

家内六人之内弐人快気、四人死去、
一、常州鹿島町百性長左衛門女房ひで四十三才、
右之者、前ニ同断、薬用申付置候所、四月十八日死去、
一、奥州岩城出旅人村百性平兵衛娘きじ九才、
右之者、三月十九日前ニ同断引取、薬用申付置候所、
同月廿六日死去、
一、常州多珂(賀)郡木皿村百性庄右衛門忰忠兵衛五十五才、
右之者、前ニ同断引取、薬用申付置候所、同廿四日死
去、
一、武州岩附御城下下田中町百性市郎右衛門忰八五郎四
十九才、
右之者、前ニ同断引取、薬用申付置候所、四月六日死
去、
一、下総国千葉郡検見川村百性金七女房つね四十七才、
娘よし十四才、家内弐人、
右之者、前ニ同断引取、薬用申付置候所、　つね四月
十七日死去、　よし五月十一日死去、
一、常州水戸上町出生ニて七郎兵衛年しれす、

右之者、前ニ同断引取、薬用申付置候所、同日死去、
一、越後国蒲原郡赤塚村百性権左衛門悴万蔵三十四才、
右之者、前ニ同断引取、薬用申付置候所、同廿一日死去、
一、奥州白川御城下在堤村百性文吉母つき七拾九才、
右之者、三月十九日観音堂下道より引取、薬用申付置候所、翌廿日死去、
一、下総国葛飾郡幸谷村百性喜右衛門悴座頭金弥六十七才、
右之者、前ニ同断引取、薬用申付置候所、四月三日死去、
一、武州足立郡八木崎村百性孫右衛門悴孫七五十壱才、
右之者、三月廿日鎮守脇杉林より引取、薬用申付置候所、四月朔日死去、
一、加州金沢御城下大工町三丁目喜兵衛悴清蔵四十五才、
右之者、三月廿二日観音堂下道より引取、薬用申付置候所、四月十四日死去、
一、常州筑波郡八田辺(谷田部)宿百性久兵衛悴久蔵五十壱才、
右之者、前ニ同断引取、薬用申付置候所、翌廿三日死去、
一、奥州南部盛岡御城下在川口村百性清次郎悴清吉廿七才、
右之者、三月廿四日鎮守脇杉林より引取、薬用申付置候所、同日死去、
一、上州郡馬郡荒井村百性長左衛門悴長五郎三十壱才、
右之者、三月廿五日同断地所より引取、薬用申付置候所、同日死去、
一、奥州仙台岩井戸町百性大吉女房つい四十弐才、
右之者、前ニ同断死去、
一、越後国頸城郡高原村百性庄兵衛悴鉄次郎四十九才、
右之者、前ニ同断観音堂より引取、薬用申付置候所、三月廿八日死去、
一、下総国古河御城下在丸林村百性新左衛門女房名前年しれす、
右之者、三月廿五日川岸道より引取、薬用申付置候所、翌廿六日死去、

一、越後国蒲原（刈羽）郡柏崎町百性藤兵衛悴喜七四十四才、
右之者、鎮守脇杉林ニ相煩、三月廿八日死去、
一、上総国夷隅郡滑川村百性清五郎悴清八弐才、
右之者、三月廿九日前ニ同断死去、
一、常州筑波郡八田辺（谷田部）町百性吉三郎女房そよ四十七才、
右之者、三月廿九日大塚弥五兵衛様御門前より引取、
薬用申付置候所、四月四日死去、
一、下総国豊田郡下妻町医師玄泰女房まん廿才、母やす
五十六才、
右之者、三月晦日鎮守脇杉林より引取、薬用申付置候
所、四月十一日　やす死去、同月十四日　まん死去、
一、越後国蒲原郡丸山（丸山新）村百性与吉四十弐才、
右之者、三月晦日前ニ同断地所ニ死去、
一、下野国都賀郡駒場村百性吉右衛門家内三人、
右之者、三月晦日　高梨兵左衛門様御差図を以引取、
薬用申付置候所、　女房みよ五十壱才四月五日死去、
悴吉次郎八才五月四日死去、
一、武州足立郡畔吉村百性善兵衛悴清次郎三十弐才、
右之者、三月晦日鎮守脇杉林ニ死去、
一、同州葛飾郡小林村百性八五郎悴平次郎五十才、
右之者、四月朔日房山岡平様脇往来ニ相煩死去、
一、越後国蒲原郡地蔵堂新町菓子司横田屋亦右衛門悴為
吉廿四才、
右之者、四月朔日西向根椚林ニ相煩死去、
一、加賀（越中）国射水郡森山宿百性多助娘せき三才、
右之者、同月同日鎮守脇杉林ニ死去、
一、上州桐生出生修験大龍四十壱才、
右之者、三月晦日　高梨兵左衛門様御門前畑番小屋ニ
相煩死去、同人家内四人、四月廿一日引取、薬用申付
置候所、　女房なか三十六才生国は常州水戸御城下在
谷中村百性忠蔵娘之由、五月九日死去、　弐才之男子
名不知四月廿八日死去、娘ふゆ七才五月十八日死去、
　悴法龍十四才、此者五月廿九日快気出立仕候得共、
亦々立帰り清水村ニて死去仕候由、
一、奥州仙台石之巻百性源次郎廿五才、
右之者、四月二日西向根土取場ニ相煩死去、

一、下総国古河御城下在丸林村百性新左衛門四十六才、
右之者、同月同日鎮守脇杉林ニ相煩死去、
一、武州埼玉郡小林村百性源助女房みね廿九才、娘ふゆ
四才、
右之者、同月同日　高梨兵左衛門様御門前より引取、
薬用申付置候所、ふゆ同月廿七日、　みね五月七日死
去、
一、越中国砺波郡竹之内《（竹内）》村百性重紋娘その三拾五才、
右之者、四月三日鎮守脇杉林より引取、薬用申付置候
所、同月廿一日死去、
一、下総国相馬郡戸張村百性源左衛門女房たね三十才、
右之者、前ニ同断引取、薬用申付置候所、同月十四日
死去、
一、奥州耶麻郡湊村安吉女房さよ四十壱才、
右之者、前ニ同断引取、薬用申付置候所、同月十四日
死去、
一、越中国射水郡並柿村百性鉄五郎娘みか三才、
右之者、前ニ同断、四月三日死去、

一、武州埼玉郡百間村百性久左衛門悴音吉四十五才、
右之者、四月三日野田町杉崎金蔵様越石地西向根杉林
ニ相煩死去、
一、武州葛飾郡二合半領坂井村百性文左衛門四十壱才、
女房いき四十才、娘ちよ三才、家内三人、
右之者、四月四日　高梨兵左衛門様御門前より引取、
薬用申付置候所、　文左衛門同月十二日死去、　女房
いき　娘ちよ弐人共、同月十九日死去、
一、同州同郡広島村百性市兵衛年不知、但シ、同人組合
百性七五郎寺送一札持参、　右之者当村利八様方ニ相
煩、四月四日死去、
一、上州利根郡沼田村百性市郎兵衛悴辰次郎三十才、
右之者、四月四日鎮守脇杉林ニ相煩死去、
一、常州河内郡太田村百性五兵衛悴与惣兵衛年不知、
右之者、前ニ同断死去、
一、下総国相馬郡横須賀村百性半助悴源蔵四十才、
右之者、同月五日前ニ同断死去、
一、上州利根郡箱田村百性久兵衛悴久太郎弐十才、

右之者、前ニ同断死去、
一、加賀《(越中)》国砺波郡芹田村百性長兵衛忰清次郎弐才、
右之者、前ニ同断死去、
一、野州宇津宮御城下在平井村百性伝左衛門忰伝次郎四
十八才、
右之者、前ニ同断引取、薬用申付置候所、同月廿九日
死去、
一、下総国印旛郡雨井村百性八郎兵衛忰彦四郎廿六才、
右之者、前ニ同断引取、薬用申付置候所、同月廿三日
死去、
一、房州朝夷郡加茂村百性平兵衛忰惣助三十弐才、
右之者、前ニ同断引取、薬用申付置候所、同月十日死
去、
一、江戸麻布市兵衛町出生ニて尼僧清心俗きせ廿四才、
右之者、前ニ同断引取、薬用申付置候所、同月十一日
死去、
一、上総国郡不存、戸田村百性重五郎六拾八才、
右之者、四月六日当村中之台村境利根川堤ニ病死、
一、下総国古河御城下百性七兵衛三十壱才、
右之者、四月七日鎮守脇杉林ニ病死、
一、下野国安蘇郡佐野在栃本村百性常右衛門五十六才、
家内三人
右之者、四月七日鹿島原ニ病死、　女房しん五拾五才、
同月十七日同所ニ病死、　忰辰五郎十八才、此者同廿
一日引取、薬用申付置候所、五月九日死去、
一、越中国婦負郡長沢新村百性善右衛門子供弐人、
右之者、四月七日引取、薬用申付置候所、忰常蔵弐才
同月廿一日死去、同吉次郎五才、同廿八日死去、
一、加賀《(越中)》国射水郡森山村百性太助三十四才、女房うめ弐
十六才、家内弐人、
右之者、四月八日鎮守脇杉林より引取、薬用申付置候
所、太助同十二日死去、　うめ五月十三日死去、
一、上州吾妻郡千俣村百性三之丞忰八十太郎三十四才、
家内四人、
右之者、前ニ同断引取、薬用申付置候所、忰孫市三才
同月十四日死去、　女房しめ三十弐才同十七日死去、

娘しか十壱才同廿八日死去、　右八十太郎五月四日死
去、
一、江戸神田旅籠町出生ニて富五郎三十五才、
右之者、前ニ同断引取、薬用申付置候所、同十二日死
去、
一、下総国相馬郡布施村百性与吉悴吉蔵十四才、
右之者、前ニ同断、薬用申付置候所、同月廿一日死去、
一、駿州阿部郡伝馬町百性庄八悴庄蔵廿八才、
右之者、前ニ同断引取、薬用申付置候所、同廿九日死
去、
一、越後国郡不存、新山路町百性松蔵娘こま三十弐才、
右之者、前ニ同断引取、薬用申付置候所、同月十一日
死去、
一、信州松本御城下百性喜左衛門悴松蔵廿四才、
右之者、四月九日前ニ同断地所ニ病死、
一、下総国相馬郡布川村百性文蔵悴文吉拾七才、
右之者、前ニ同断死去、
一、越後国頸城郡大山村百性弥吉五十五才、
右之者、前ニ同断死去、
一、下総国関宿御城下在冬木村百性定右衛門母うめ五十
五才、
右之者、同断当村鎮守社地より引取、薬用申付置候所、
同月廿六日死去、
一、奥州仙台石之巻百性勘四郎悴専松十一才、
右之者、四月九日西向根往来ニ病死、
一、同州相馬萩之谷村百性弥次兵衛悴健次十九才、
右之者、四月十日鎮守杉林ニ病死、
一、下総国猿島郡生子村百性定次郎五十五才、
右之者、前ニ同断病死、
一、同国香取郡佐原町弥助七拾四才、
右之者、前ニ同断病死、
一、近江国愛智郡勝道（堂）村名主友八組孫兵衛三十壱才、
右之者、前ニ同断　高梨兵左衛門様御差図を以引取、
薬用申付置候所、同十九日死去、
一、常州芳賀（那珂）郡高場村百性新次郎悴庄次郎廿三才、
右之者、四月十一日　高梨兵左衛門様御差図を以引取、

薬用申付置候所、同月廿一日死去、
一、下野国宇津宮御城下出生百性次郎兵衛三十八才、
右之者、前ニ同断鎮守脇杉林より引取、同日病死、
一、越後国頸城郡戸崎村百性松五郎六十壱才、
(三島)
右之者、四月十二日鎮守脇杉林ニ病死、
一、同国魚沼郡中木村百性作右衛門悴次郎吉四十八才、
右之者、同月十三日同断病死、
一、江戸銀座壱丁目家主次右衛門悴永蔵弐十三才、
右之者、前ニ同断病死、
一、常州新治郡府中宿百性平七悴政吉弐十八才、
右之者、同月十四日前ニ同断病死、
一、下野国那須郡高久村百性修験右膳女房ちよ三十四才、
右之者、同月廿六日死去、
一、常州信太郡鍋子新田百性忠兵衛五十八才、
右之者、四月十四日　高梨兵左衛門様御差図を以引取、
薬用申付置候所、同十八日死去、
一、越中国砺波郡樵安村孫七妻子三人、
右之者、引取薬用申付置候所、悴松次郎弐才同月十八
日死去、　娘きの四才五月朔日死去、　女房りよ五月
四日死去、
一、武州足立郡両毛村百性文五郎娘とき年不知、
右之者、引取薬用申付置候所、四月廿九日死去、
一、江戸大門通亀井町出生喜平治三十四才、
右之者、四月十五日鎮守脇杉林ニ病死、
一、常州多賀郡上惣田村百性忠兵衛女房のへ五十弐才、
右之者、前ニ同断病死、
一、武州葛飾郡市之井新田百性与右衛門悴万蔵四十六才、
右之者、前ニ同断、高梨兵左衛門様御差図を以引取、
薬用申付置候所、同廿日死去、
一、下総国香取郡押綱村百性八郎兵衛女房さん六拾弐才、
右之者、前ニ同断引取、薬用申付置候所、同廿三日死
去、
一、武州葛飾郡河原台村百性松五郎女房しち廿八才、
右之者、前ニ同断引取、薬用申付置候所、同十八日死
去、
一、武州千住宿弐丁目出生伊三郎三十九才家内三人、

右之者、前ニ同断引取、薬用申付置候所、娘きち六才同月十九日死去、　右伊三郎同廿三日死去、　女房いね三十三才五月十二日死去、
一、下総国香取郡篠原村百性文次郎母いよ四十三才、
右之者、前ニ同断引取、薬用申付置候所、翌十七日死去、
一、同州猿島郡矢作村百性孫右衛門悴金兵衛四十五才、
右之者、四月十六日鎮守脇杉林ニ病死、
一、下野国都賀郡福良村百性善蔵悴孫次郎四十八才、
右之者、前ニ同断病死、
一、下総国葛飾郡水海村百性長七悴忠八弐十八才、
右之者、同月十七日前ニ同断病死、
一、同国同郡本郷村百性寅吉女房いく廿六才、
右之者、前ニ同断死去、
一、能登国鳳至郡乙ヶ崎村百性久次郎年不知、
右之者、前ニ同断死去、
一、下総国古河御城下百性七兵衛悴吉左衛門五才、
右之者、同月十八日前ニ同断死去、
一、武州那珂郡大仏村百性寅吉五十九才、家内三人、
右之者、前ニ同断、　高梨兵左衛門様御差図を以引取、薬用申付置候所、女房きく五十一才五月十九日死去、右寅吉同月廿二日死去、　悴丑重十三才七月八日死去、
一、越中国砺波郡大久保(窪)村百性与左衛門悴勘七三十四才、
右之者、四月十九日鎮守杉林ニ病死、
一、下総国葛飾郡中田宿百性兵次郎年不知、
右之者、四月十七日前ニ同断地所ニ相煩病死之所、国元より村送寺往来共ニ持参仕候ニ付、当所ニ葬申候、
一、同国相馬郡小林村百性幸吉三十六才家内四人、
右之者、四月廿日　高梨兵左衛門様御差図を以引取、薬用申付置候所、右幸吉四月廿二日死去、　娘くめ三才五月七日死去、　女房いさ廿九才同月廿六日死去、悴兵助七才同月廿八日死去、
一、越後国頸城郡吉尾村百姓久四郎悴勘蔵廿五才、
右之者、四月廿一日鎮守脇杉林ニ病死、
一、下総国印旛郡引輪村百性作兵衛悴平五郎三十八才、
右之者、前ニ同断病死、

一、武州崎（埼）玉郡野田村百性七左衛門三十弐才、
右之者、前ニ同断引取、薬用申付置候所、五月三日死去、
一、武州崎（埼）玉郡下河崎村百性八五郎忰民蔵十壱才、
右之者、前ニ同断引取、五月十五日死去、
一、同州同郡向古河村百性源内忰銀蔵三十七才、
右之者、前ニ同断引取、薬用申付置候所、五月八日死去、
一、上州緑野郡多摩（玉）村百性忠兵衛女房ちよ五十才、
右之者、四月廿二日前ニ同断地所ニ病死、
一、下総国岡田郡芦ヶ谷村百性作兵衛四十壱才、
右之者、前ニ同断死去、
一、因州高草郡阿字（味野）之村百性勇次郎六十七才、
右之者、前ニ同断死去、
一、江戸浅草阿部川町大工八蔵三十八才、
右之者、同月廿三日同断地所ニ病死、
一、下総国古河御城下百性金左衛門忰久蔵六十壱才、
右之者、前ニ同断死去、
一、常州河内郡中島村百性伊助女房きの四十四才、忰角次郎十才、同留次郎四才、家内三人、
右之者、前ニ同断引取、薬用申付置候所、留次郎廿三日死去、　母きの五月二日死去、　角次郎六月廿七日死去、
一、奥州岩城御城下在玉崎村医師妙春房忰玄養廿四才、
右之者、四月廿四日前ニ同断地所ニ死去、
一、常州真壁郡花輪瀬（塙世）村百性民蔵女房まさ三十六才、忰幸太郎八才、同次郎吉弐才、家内三人、
右之者、同月同日同断地所ニて、幸太郎・次郎吉弐人共死去、　母まさ同廿六日同断死去、
一、上州緑野郡玉村百性忠兵衛五十五才、
右之者、同月廿五日同断死去、
一、下総国埴生郡市部村百性茂兵衛女房ミつ三十一才、
右之者、前ニ同断死去、
一、奥州仙台御城下出生友吉弐十六才、
右之者、前ニ同断死去、
一、同州岩城御城下出生市蔵三十六才、

右之者、前ニ同断死去、
一、越後国蒲原郡中之村百性平吉四十七才、
右之者、前ニ同断死去、
一、下総国猿島郡辺田村明恩寺弟子同心者法心三十弐才、
右之者、前ニ同断死去、
一、下野国都賀郡田町修験円山六十七才、
右之者、四月廿六日同断地所ニ死去、
一、常州筑波郡矢田部町百性弥兵衛悴吉蔵四十五才、
右之者、前ニ同断死去、
一、下総国古河御城下出生ニて留吉廿三才、
右之者、前ニ同断死去、
一、武州崎(埼)玉郡向古河百性兵助悴重太郎十三才、
右之者、四月十八日前ニ同断引取、薬用申付置候所、
五月十五日死去、
一、同州同郡幸手宿百性熊次郎女房ふて廿三才、
右之者、前ニ同断地所ニ死去、
一、能登国鳳至郡和田村百性伊助四十五才、女房すわ四
十才、悴与惣松十壱才、同松次郎九才、家内四人、
右之者、同断地所ニ相煩　伊助四月廿三日死去、松次
郎同廿八日死去、残ル妻子弐人五月五日引取、薬用申
付置候所、　与惣松同九日死去、　すわ同十三日死去、
一、江州彦根御城下在森本村百性与惣兵衛悴藤蔵五十八
才、
右之者、四月廿九日前ニ同断地所ニ死去、
一、常州真壁郡大曽根村百性弥吉六十六才、
右之者、前ニ同断死去、
一、同州同郡山田村百性吉五郎娘しか六才、　家内三人、
右之者、前ニ同断地所ニ相煩、しか同月廿九日死去、
父吉五郎三十六才　五月四日死去、
一、越中国砺波郡岩久村百性勘七娘ミよ八才、
右之者、同断地所ニ五月朔日死去、
一、奥州行方郡小池村百性伝助悴長之助弐十五才、
右之者、前ニ同断死去、
一、同州二本松御城下在浜之井村百性亀吉悴吉松三十才、
右之者、五月二日前ニ同断死去、
一、因州法美郡高岡村百性久四郎悴熊次郎十才、

右之者、前ニ同断死去、
一、越中国砺波（新川カ）郡滑川村百性与助三十四才、女房すい三十壱才、悴彦次郎十壱才、娘ふん七才、娘つね弐才、
家内五人
右之者、前ニ同断地所ニ相煩　右与助四月廿七日死去、残ル妻子四人、五月四日引取、薬用申付置候所、彦次郎同六日死去、　ふん六月三日死去、　すい同十二日死去、　つねは去ル四月廿一日死去、
一、上総国天羽郡矢田沼村百性次右衛門悴新兵衛四十六才、
右之者、五月四日前ニ同断地所より引取、薬用申付置候所、同十日死去、
一、常州新治郡上野村百性久蔵悴八太郎四才、
右之者、前ニ同断死去、
一、越後国蒲原郡三条町百性長次郎悴豊吉四十才、
右之者、前ニ同断死去、
一、下総国葛飾郡岡堀戸村百性権兵衛悴国重十才、
右之者、前ニ同断地所より五月四日引取、薬用申付置候所、同廿七日之死去、
一、奥州仙台岩沼村百性次右衛門悴甚蔵弐十六才、
右之者、五月五日同断地所より引取、薬用申付置候所、同月十三日死去、
一、同州同郡鶴ヶ（遠田）曽（埣）根村百姓民次五十才、
右之者、前ニ同断、薬用申付置候所、同月十二日死去、
一、常州真壁郡赤須村百性久兵衛悴忠作十五才、
右之者、前ニ同断、薬用申付置候所、同月廿九日死去、
一、上総国夷隅郡滑川村百性清五郎女房すみ三十才、
右之者、前ニ同断、薬用申付置候所、同九日死去、
一、奥州仙台三本木村百性金次郎悴紋之助三十弐才、
右之者、前ニ同断、薬用申付置候所、同九日死去、
一、下野国都賀郡松沼村百性仁左衛門悴嘉左衛門三十六才、
右之者、六月四日当村稲荷社地より引取、薬用申付置候所、同十一日死去、
右は、前書之通、小屋え入置、介抱等念入、日々薬用為

仕候得共、養生不叶、相死去仕候者共、逸々奉請御差図長命寺様御境内無縁之墓所え葬申候、

死去人数

〆弐百廿九人

一、年齢五拾才位、丈高・色黒・顔長方、眼口鼻常体、髪毛薄方、

衣類、上ニ木綿紺古袷、下ニ色々切ニて仕立候濡伴（襦袢、以下同ジ）着シ木綿細帯〆紺股引履居候、

所持之品無之、

右之者、二月九日当村新兵衛様持地馬場下ニ行死罷在候、

一、年齢四拾才位、中丈・色浅黒・顔長方、眼口鼻常体、月代薄キ方、

衣類、上ニ紺木綿わた入、下ニ茶縞単物着シ、木綿細帯〆、紺股引・同足袋・わらんし履居候、

所持之品無之、

右之者、二月十一日前ニ同断地所ニ行死罷在候、

一、年齢四十四、五才、丈高・色白キ方、角顔ニて出眼成方、鼻口常体、髪毛厚キ方、

衣類、木綿茶縞綿入着シ、木綿真田帯〆、白古足袋・わらんし履居候、

所持之品縞風呂敷壱ツ紙袋中ニ麦少々入有之、曲物壱ツ、

右之者、二月十三日太子堂鎮守下道ニ行死罷在候、

一、年齢五十才位、丈高・色黒方・顔長・鼻筋通り眼口常体、髪毛厚方・病身と相見え、疲候方、

衣類、上ニ木綿紺竪縞袷、下ニ茶縞袷濡伴着シ、木綿細帯〆、

所持之品木綿袋壱ツ、黒椀壱ツ、

右之者、二月十七日当村清助様墓所ニ行死罷在候、

一、年齢四拾三、四才位、色浅黒・眼口鼻常体、丸顔ニて髪毛厚キ方、

衣類、上ニ紺木綿竪縞古袷、下ニ木綿中形古単物着シ、木綿縞古帯〆、

所持之品、麻風呂敷壱ツ、木綿袋壱ツ、赤椀弐ツ、

右之女、二月十七日当村新兵衛様持地太子堂下松林ニ行死罷在候、
一、年齢四十二、三才、丈高・色白キ方、丸顔ニて眼口鼻常体、
衣類、木綿縞色々ニて仕立候濡伴、下ニ木綿浅黄縞古単物着シ、千草古股引、紺足袋・わらんし履居候、
所持之品袋壱ツ、椀壱ツ、
右之者、二月廿五日当村鎮守脇杉林ニ行死罷在候、
一、年齢五十四、五才、中丈・色白き方、鼻低キ方、歯出方、髪毛薄キ方、
衣類、上ニ木綿縞色々切ニて仕立候袷襦伴、下ニは木綿藍縞之古袷着シ、紺古股引・わらんし履居候、
所持之品袋壱ツ、
右之者、二月廿五日前ニ同断地所ニ行死罷在候、
一、年齢三十七、八才、色白キ方、丸顔ニて眼口鼻常体月代薄キ方、
衣類、上ニ木綿色々切ニて仕立候古袷、下ニ木綿同断濡伴着シ、千草古股引、足袋・わらんし履居候、
所持之品、袋壱ツ、めんつう壱ツ、
右之者、二月廿六日教王院様持地房山より中野台川岸道端ニ行死罷在候、
一、年齢四十三、四才、中丈・色白ク角顔ニて眼鼻口常体、落髪ニて髪長ク生候方、
衣類、木綿紺古袷着シ、木綿細帯〆、
所持之品、袋壱ツ、黒椀壱ツ、
右之者、二月廿六日当村六右衛門様持地西向根椚林ニ行死罷在候、
一、年齢四十二、三才、丈並より少シ高キ方・色黒・顔長キ方、鼻筋通り眼口常体、
衣類、木綿縞色々切ニて仕立候古袷着シ、木綿細帯〆、紺古足袋・わらんし履居候、
所持之品、袋壱ツ、椀壱ツ、
右之者、二月廿七日鎮守脇杉林ニ行死罷在候、
一、年齢五十才位、丈高・顔長キ方、色白ク鼻高方、眼口常体、髪毛薄キ方、
衣類、上ニ茶縞古濡伴、下ニ同縞古単物着シ、木綿細

帯〆、紺脚半(絆、以下同ジ)、同足袋・わらんし履居候、
所持之品、袋壱ツ、椀壱ツ、
右之者、前ニ同断行死罷在候、
一、年齢五十才位、丈高ク・色浅黒・丸顔ニて眼鼻口常体、髪毛薄キ方、
衣類、茶縞古綿入着シ、帯無之、
所持之品、紙たはこ入壱ツ、袋壱ツ、椀壱ツ、
右之者、二月廿九日当村観音堂下道ニ行死罷在候、
一、年齢六十才位、丈高ク・色白キ方、丸顔ニて眼鼻口常体、髪毛薄キ方、
衣類、木綿紺縞古綿入着シ、木綿紋細帯〆、紺足袋・わらんし履居候、
右之者、二月廿九日鎮守脇杉林ニ行死罷在候、
一、年齢五十四、五才、丈高・色白キ方、顔長ク眼口鼻常体、月代薄キ方、
衣類、木綿切色々ニて仕立候古袷着シ、
所持之品、黒椀壱ツ、
右之者、二月廿九日前ニ同断地所ニ行死罷在候、
一、年令弐十三、四才、丈高ク・色白キ方、顔長ク眼口鼻常体、髪毛厚キ方、右之足腫物之跡有之、ちんば之体、
衣類、木綿藍縞綿入着シ、縄ヲ帯ニ〆、
所持之品、無之、
右之者、三月朔日当村観音堂ニ行死罷在候、
一、年齢五十才位、丈高・色黒キ方、丸顔ニて眼口鼻常体、髪毛厚キ方、
衣類、茶木綿竪縞古袷着シ、木綿紺股引、白足袋・わらんし履居候、
右之者、三月三日観音堂下道ニ行死罷在候、
一、年齢五十才位、中丈・色白キ方、顔長ク眉毛濃キ方、鼻筋通り口常体、月代薄キ方、
衣類、青梅縞綿入着シ、木綿細帯〆、
所持之品、袋壱ツ、
右之者、三月五日当村鎮守脇杉林ニ行死罷在候、
一、年齢五十才位、中丈・色浅黒ニて顔長キ方、眼口鼻常体、月代薄キ方、

衣類、上ニ木綿紺袷濡伴、下ニ同縞古単物着シ、木綿
古帯〆、千草古股引履居候
所持之品無之、
右之者、三月五日当村新助様持地字辻前ニ行死罷在候、
一、年齢廿七、八才位、丈高ク色白キ方、鼻筋通り眼口
常体、
衣類、木綿藍縞綿入着シ、
所持之品、袋壱ツ、黒椀壱ツ、
右之者、同月同日西向根椚林ニ行死罷在候、
一、年齢廿才位、中丈・色白キ方、眼口鼻常体、髪毛厚
キ方、
衣類、木綿藍竪縞古袷着シ、
所持之品、袋壱ツ、
右之者、三月八日観音堂下道ニ行死罷在候、
一、年齢三十七、八才、中丈・色黒キ方、丸顔ニて歯出
候方、眼鼻常体、髪毛厚キ方、
衣類、木綿紺竪縞古綿入着シ、
所持之品、袋壱ツ、

右之者、三月九日野田町金蔵様越石地、西向根杉林ニ
行死罷在候、
一、年齢廿二、三才、丈高ク色黒キ方、平顔ニて眼口鼻
常体、髪毛厚キ方、
衣類、木綿紺竪縞古袷着シ、
所持之品、めんつう壱ツ、
右之者、三月十二日鎮守脇杉林ニ行死罷在候、
一、年齢四十四、五才、丈並より高キ方、色白キ方、顔
長ク眼口鼻常体、落髪之方、
衣類、木綿浅キ古袷着シ、木綿細帯〆、
所持之品、袋壱ツ、椀壱ツ、
右之者、前ニ同断行死罷在候、
一、年齢五十四、五才、中丈・色白キ方、丸顔ニて鼻高
キ方、眼口常体、月代薄キ方、
衣類、木綿茶縞古単物着シ、木綿細帯〆、紺脚半・わ
らんし履居候、
所持之品、手拭壱筋、めんつう壱ツ、
右之者、三月十四日前ニ同断地所ニ行死罷在候、

一、年齢六十才位、中丈・色白キ方、顔長ク鼻高キ方、
眼口常体、髪毛厚キ方、
衣類、木綿藍縞古袷着シ、木綿細帯〆、
所持之品、たはこ入・きせる壱本、袋壱ツ、赤椀壱ツ、
右之者、前ニ同断行死罷在候、
一、年齢三十五、六才、丈高ク色浅黒ク、丸顔ニて鼻筋
通り、眼口常体、髪毛薄キ方、
衣類、上ニ木綿紺縞濡袢、下ニ同茶縞古袷着シ、木綿
細帯〆、白足袋・わらんじはき居候、
所持之品、小紋風呂敷壱ツ、袋壱ツ、赤椀壱ツ、
右之者、前ニ同断地所ニ行死罷在候、
一、年齢三十才位、丈高ク色浅黒ク、丸顔ニて鼻高キ方、
眼口常体、
衣類、木綿藍縞単物着シ、木綿細帯〆、
所持之品、袋壱ツ、
右之者、三月十七日前ニ同断地所ニ行死罷在候、
一、年齢三十四、五才、中丈・色白キ方、顔長ク鼻高キ
方、眼口常体、髪毛厚キ方、

衣類、木綿藍縞古袷着シ、紺股引はき居候、
所持之品、めんつう壱ツ、
右之者、三月十七日当村鎮守脇杉林ニ行死罷在候、
一、年齢五十才位、丈高・色黒キ方、顔長ク眼鼻口常体、
月代薄キ方、
衣類、上ニ木綿茶縞単物、下ニ同白縞濡袢着シ、木綿
細帯〆、
所持之品、袋壱ツ、
右之者、三月十九日当村観音堂縁之下ニ行死罷在候、
一、年齢五十才位、中丈・色青キ方、丸顔ニて鼻高キ方、
眼口常体、髪毛薄キ方、
衣類、木綿藍縞古袷着シ、同縞之帯〆、
所持之品、袋壱ツ、
右之者、三月十九日鎮守脇杉林ニ行死罷在候、
一、年齢廿才位、中丈・色白キ方、平顔ニて眉毛濃方、
鼻口常体、髪毛厚キ方、
衣類、木綿紺縞古単物着シ、
所持之品、袋壱ツ、

右之者、前ニ同断行死罷在候、
一、年齢五十才位、丈高・黒色ニて、顔長キ方、眼口鼻常体、
衣類、木綿縞色々切ニて仕立候古袷着シ、木綿細帯〆、
所持之品、めんつう壱ツ、
右之者、三月廿日前ニ同断行死罷在候、
一、年齢廿二、三才、中丈・色浅黒キ方、眼口鼻常体、髪毛厚キ方、
衣類、上ニ紺竪縞古袷、下ニ木綿浅黄縞古単物着シ、
同細帯〆、紺股引はき居候、
所持之品、椀壱ツ、
右之者、三月廿三日前ニ同断行死罷在候、
一、年齢三十弐、三才、丈高・色白キ方、顔長・鼻筋通り、眼口常体、髪毛厚キ方、
衣類、木綿色々切ニて仕立候袷濡伴着シ、紺古股引はき居候、
所持之品、袋壱ツ、
右之者、前ニ同断行死罷在候、
一、年齢五十才位、丈高・色黒キ方、顔長・鼻筋通り歯出候方、落髪之体、
衣類、木綿紺縞袷着シ、
所持之品、赤椀壱ツ、
右之者、三月廿五日前ニ同断行死罷在候、
一、年齢三十七、八才、中丈・色浅黒キ方、顔長・鼻筋通り、眼口常体、髪毛厚キ方、
衣類、木綿色々切ニて仕立候古袷着シ、紺股引はき居候、
所持之品、袋壱ツ、
右之者、前ニ同断行死罷在申候、
一、年齢三十四、五才、丈高・色浅黒キ方、顔長ク・鼻筋通り、眼口常体、月代薄キ方、
衣類、上ニ木綿茶縞古綿入、下ニ同切々ニて仕立候濡伴着シ、
所持之品、めんつう壱ツ、
右之者、三月廿六日当村新助様持地西向根埘林ニ行死罷在候、

一、年齢三十七、八才、中丈・色赤キ方、平顔ニて眼鼻
口常体、落髪之体、
衣類、木綿色々切ニて仕立候古袷着シ、
所持之品、古手拭壱筋、
右之者、三月廿六日新助様持地字辻前ニ行死罷在候、
一、年齢廿四、五才、中丈・色白キ方、平顔ニて眼鼻
口常体、髪毛厚キ方、
衣類、木綿紺縞古袷着シ、同細帯〆、
所持之品、袋壱ツ、
右之者、三月廿七日鎮守脇杉林ニ行死罷在候、
一、年齢五十七、八才之女、中丈・色浅黒顔《(ママ)》キ方、眼鼻
口常体、髪毛厚キ方、
衣類、木綿藍縞古単物着シ、木綿縞之帯〆、
所持之品、袋壱ツ、
右之者、前ニ同断行死罷在候、
一、年齢五十才位、丈並より高キ方、色浅黒ク丸顔ニて
眼鼻口常体、
衣類、上ニ木綿茶縞袷濡伴、下ニ木綿色々切ニて仕立
候単物着シ、
所持之品、袋壱ツ、
右之者、前ニ同断行死罷在候、
一、年齢廿四、五才、丈高ク色赤キ方、顔長・眼鼻口常
体、髪毛厚キ方、
衣類、木綿紺縞古単物着シ、同細帯〆、
所持之品、袋壱ツ、
右之者、前ニ同断行死罷在候、
一、年齢三十四、五才、中丈・色浅黒キ方、丸顔ニて眼
鼻口常体、月代薄キ方、
衣類、上ニ木綿茶縞袷濡伴、下ニ同縞古単物着シ、
所持之品、袋壱ツ、椀壱ツ、
右之者、前ニ同断行死罷在候、
一、年齢五十五、六才、丈高・色黒キ方、顔長・鼻高キ
方、眼口常体、髪毛薄キ方、
衣類、木綿色々切ニて仕立候単物着シ、同細帯〆、
所持之品、袋壱ツ、
右之者、前ニ同断行死罷在候、

一、年齢四十才位、中丈・色黒キ方、角顔ニて眼鼻口常体、髪毛厚キ方、
衣類、上ニ木綿小紋古単物、下ニ木綿藍縞濡伴着シ、千草股引はき居候、
所持之品、袋壱ツ、
右之者、前ニ同断行死罷在候、
一、年齢四十四、五才、中丈・色黒ク顔長キ方、眼鼻口常体、落髪之体、
衣類、上ニ木綿花色袷濡伴、下ニ同藍縞袷着シ、同細帯〆、
所持之品、赤椀壱ツ、
右之者、前ニ同断行死罷在候、
一、年齢五十五、六才、丈高・色青ク顔長キ方、眼鼻口常体、落髪体、
衣類、木綿茶縞古単物着シ、同細帯〆、紺股引同脚半・わらんしはき居候、
所持之品、袋壱ツ、
右之者、同月同日太子堂鎮守社地ニ行死罷在候、

一、年齢五十五、六才、丈高・色黒キ方、丸顔ニて眼鼻口常体、髪毛薄キ方、
衣類、上ニ木綿紺縞古袷、下ニ同縞古単物着シ、紺股引・こん足袋はき居候、
所持之品、袋壱ツ、
右之者、同月同日太子堂鎮守下道ニ行死罷在候、
一、年齢弐十四、五才、丈高・色青キ方、眼鼻口常体、落髪之体、
衣類、木綿白縞古単物着シ、木綿細帯〆、
所持之品、袋壱ツ、
右之者、同月同日太子堂七左衛門様持地大和田ニ行死罷在候、
一、年齢廿七、八才、中丈・色白キ方、角顔ニて眼鼻口常体、髪毛厚キ方、
衣類、木綿浅黄竪横縞単物着シ、木綿細帯〆、わらんしはき居候、
所持之品、黒椀壱ツ、
右之者、三月廿八日当村鎮守脇杉林ニ行死罷在候、

一、年齢五十七、八才、丈高・色赤キ方、顔長・眼鼻口常体、髪毛薄キ方、
衣類、木めん紺縞古袷着シ、同細帯〆、
所持之品、茶碗壱ツ、
右之者、前ニ同断行死罷在候、
一、年齢五十壱、弐才、丈並より少し高キ方、色浅黒・丸顔ニて、眼鼻口常体、髪毛薄キ方、
衣類、木綿色々切ニて仕立候袷着シ、
所持之品、袋壱ツ、
右之者、前ニ同断行死罷在候、
一、年齢五十四、五才、丈高・色白キ方、顔長ク、入眼鼻低ク、歯出候方、髪毛厚キ方、
衣類、木綿浅黄小紋単物着シ、木綿細帯〆、紺股引・白足袋・わらんしはき居候、
所持之品、袋壱ツ、
右之者、三月晦日前ニ同断地所ニ行死罷在候、
一、年齢三十一、二才、中丈・白キ色・顔長ク眼鼻口常体、落髪之体、
衣類、もめん紺縞古袷着シ、木綿細帯〆、こん股引はき居候、
所持之品、椀壱ツ、
右之者、前ニ同断地所ニ行死罷在候、
一、年齢五十一、二才、中丈・色赤キ方、丸顔ニて鼻筋通り眼口常体、落髪体、
衣類、木綿茶縞古単物着シ、
所持之品、黒椀壱ツ、
右之者、四月二日当村西向根椚林ニ行死罷在候、
一、年齢四十才位、丈高・色白キ方、顔長ク鼻高キ方、眼口常体、髪毛厚キ方、
衣類、木綿色々切ニて仕立候古綿入着シ、紺股引はき居候、
所持之品、無之、
右之者、四月二日当村鎮守脇ニ行死罷在候、
一、年齢五十才位、丈並より高方、色浅黒ク角顔ニて入眼・鼻口常体、髪薄キ方、
衣類、木綿茶縞綿入着シ、もめん細帯〆、

所持之品、手拭壱筋、椀壱ツ、
右之者、同月三日前ニ同断地所行死罷在候、
一、年齢五十五、六才、丈高・色浅黒キ方、角顔ニて鼻筋通り眼口常体、髪厚キ方、
衣類、上ニ木綿茶縞古単物着シ、下ニ同色々切ニて仕立候濡伴着シ、
所持之品、袋壱ツ、
右之者、前ニ同断地所ニ行死罷在候、
一、年齢四十七、八才、丈高・色黒キ方、顔長・眼鼻口常体、髪毛厚キ方、
衣類、上ニ木綿色々切ニて仕立候単物着シ、もめん細帯〆、
所持之品、袋壱ツ、
右之者、同月同日鹿島原往来ニ行死罷在候、
一、年齢四十才位、丈高・色黒キ方、顔長方、眼鼻口常体、髪毛薄キ方、右之足ニ腫物出来居候、
衣類、木綿縞或は小紋切ニて仕立候古袷着シ、もめん細帯〆、

所持之品、赤椀壱ツ、
右之者、四月四日鎮守脇杉林ニ行死罷在候、
一、年齢五十七、八才之女、丈並より高キ方、色青ク顔長ク・眼鼻口常体、髪毛薄キ方、
衣類、木綿藍竪縞袷着シ、もめん細帯〆、
所持之品、袋壱ツ、椀壱ツ、
右之者、前ニ同断行死罷在候、
一、年齢五十才位、中丈・色浅黒キ方、丸顔ニて眼鼻口常体、髪毛厚キ方、
衣類、木綿茶縞古綿入着シ、同細帯〆、千草股引・わらんしはき居候、
所持之品、袋壱ツ、
右之者、四月七日野田町金蔵様越石地、西向根杉林ニ行死罷在候、
一、年齢四十七、八才、中丈・色白キ方、丸顔ニて鼻筋通り眼口常体、落髪体、
衣類、木綿紺縞古袷着シ、もめん細帯〆、
所持之品、椀壱ツ、

右之者、同月同日太子堂鎮守下道ニ行死罷在候、
一、年齢六十才位之女、中丈・色黒キ方、顔長・眼鼻口常体、落髪体、
衣類、もめん藍縞古綿入着シ、木綿茶縞まへたれをかけ、
所持之品、赤椀壱ツ、
右之者、四月九日鎮守脇杉林ニ行死罷在候、
一、年齢四十四、五才位、丈並より高キ方、色白ク顔長鼻筋通り眼口常体、髪毛薄キ方、
衣類、木綿縞色々ニて仕立候袷着シ、同細帯〆、
所持之品、無之、
右之者、同月十日前ニ同断地所ニ行死罷在候、
一、年齢三十七、八才、丈高・色黒キ方、顔長・眼鼻口体、(常脱)髪毛厚キ方、
衣類、木綿縞色々切ニて仕立候袷着シ、木綿細帯〆、
千草股引・わらんしはき居候、
所持之品、めんつう一ツ、
右之者、四月十日鹿島原往来ニ行死罷在候、
一、年齢五十才位、中丈・色白キ方、角顔ニて眼鼻口常体、髪毛薄キ方、
衣類、木綿茶縞古袷着シ、
所持之品、無之、
右之者、同月同日今神川岸(上)道杉林ニ行死罷在候、
一、年齢四十七、八才、中丈・色白キ方、平顔ニて眼鼻口常体、髪毛薄キ方、
衣類、木綿色々切ニて仕立候古袷着シ、もめん細帯〆、
所持之品、手拭壱筋、
右之者、四月十一日太子堂鎮守社地行死罷在候、
一、年齢三十才位、中丈・色白キ方、顔長・眼口鼻常体、髪毛厚キ方、
衣類、木綿紺縞古単物着シ、
所持之品、めんつう壱ツ、
右之者、四月十三日鎮守脇杉林ニ行死罷在候、
一、年齢四十才位、丈高・色浅黒キ方、平顔ニて眼鼻口常体、
衣類、木綿藍縞袷濡伴着シ、

所持之品、袋壱ツ、
右之者、前ニ同断地所ニ行死罷在候、
一、年齢三十四、五才、丈並より高・色白キ方、顔長・
鼻筋通り眼口常体、月代薄キ方、
衣類、木綿茶縞古袷着シ、同細帯〆、
所持之品、赤椀壱ツ、
右之者、四月十三日鹿島原往来ニ行死罷在候、
一、年齢五十才位、中丈・色黒キ方、丸顔ニて眼鼻口常
体、髪毛薄キ方、
衣類、木綿花色古袷着シ、同細帯〆、
所持之品、無之、
右之者、四月十五日鎮守脇杉林ニ行死罷在候、
一、年齢三十五、六才、丈高・色白キ方、顔長・鼻筋通
り眼口常体、月代薄キ方、
衣類、木綿竪縞古綿入着シ、同細帯〆、
所持之品、袋壱ツ、めんつう壱ツ、
右之者、四月十六日前ニ同断地所ニ行死罷在候、
一、年齢三十才位、中丈・色浅黒ク顔長方、眼鼻口常体、
髪毛厚キ方、
衣類、木綿竪縞古袷着シ、
所持之品、無之、
右之者、前ニ同断地所ニ行死罷在候、
一、年齢四十四、五才、丈高・色白キ方、顔長・眼鼻口
常体、髪毛薄キ方、
衣類、木綿茶縞古袷着シ、もめん細帯〆、
所持之品、袋壱ツ、
右之者、前ニ同断地所ニ行死罷在候、
一、年齢十弐、三才之男子、色白ク顔長キ方、眼鼻口
常体、髪毛厚キ方、
衣類、木綿茶縞古袷着シ、木綿細帯〆、
所持之品、赤椀壱ツ、
右之者、四月十七日前ニ同断地所行死罷在候、
一、年齢六十才位、中丈・色黒キ方、平顔ニて眉毛濃方、
鼻口常体、髪毛薄キ方、
衣類、木綿花色之古袷着シ、
所持之品、無之、

右之者、前ニ同断地所ニ行死罷在候、
一、年齢三十弐、三才、丈高・色白キ方、顔長ク鼻筋通り、眼口常体、髪毛薄キ方、
衣類、木綿茶縞古単物着シ、木綿細帯〆、
所持之品、無之、
右之者、前ニ同断地所ニ行死罷在候、
一、年齢六十三、四才、丈並より高・色浅黒ク平顔ニて眼鼻口常体、髪毛薄キ方、
衣類、木綿竪横縞袷着シ、紺股引はき居候、
所持之品、赤椀壱ツ、
右之者、四月十七日太子堂往来ニ行死罷在候、
一、年齢三十七、八才、丈高・色浅黒ク丸顔ニて眼鼻口常体、髪毛薄キ方、
衣類、木綿茶縞古袷着シ、
所持之品、袋壱ツ、
右之者、四月十七日鹿島原ニ行死罷在候、
一、年齢十弐、三才之男子、色白ク顔長キ方、眼鼻口常体、髪毛厚キ方、
衣類、上ニ木綿藍縞袷、下ニ同縞古単物着シ、
所持之品、黒椀壱ツ、
右之者、同月同日太子堂鎮守下道ニ行死罷在候、
一、年齢廿七、八才、丈高・色浅黒・丸顔ニて、眼鼻口常体、髪毛厚キ方、
衣類、木綿茶縞古袷着シ、同細帯〆、
所持之品、無之、
右之者、四月十九日鎮守脇杉林ニ行死罷在候、
一、年齢五十才位、中丈・色黒ク丸顔ニて、鼻筋通り眼口常体、落髪体、
衣類、藍弁慶縞或は紺色々切ニて仕立候木綿わた入着シ、同細帯〆、同黒頭巾冠り、
所持之品、めんつう壱ツ、紺股引一ツ、守袋一ツ、さらし風呂敷一ツ、
右之者、四月十九日大塚弥五兵衛様御持地太子堂椚林ニ行死罷在候、
一、年齢廿七、八才、丈高・色浅黒キ方、顔長・眼口鼻常体、髪毛薄キ方、

衣類、木綿茶縞古袷着シ、同細帯〆、
所持之品、袋壱ツ、
右之者、四月廿一日鎮守脇杉林ニ行死罷在候、
一、年齢三十壱、弐才、丈並より高・色黒キ方、丸顔ニて鼻高キ方、眼口常体、髪毛厚キ方、
衣類、紺縞古袷着シ、木綿細帯〆、
所持之品、無之、
右之者、前ニ同断地所ニ行死罷在候、
一、年齢四十七、八才、中丈・色黒キ方、顔長・眼鼻口常体、髪毛厚キ方、
衣類、木綿小紋単物着シ、同細帯〆、
所持之品、袋壱ツ、
右之者、前ニ同断地所ニ行死罷在候、
一、年齢三十七、八才、丈高・色浅黒ク丸顔ニて眼鼻口常体、月代薄キ方、
衣類、木綿花色古わた入着シ、同細帯〆、
所持之品、袋壱ツ、
右之者、同月同日鹿島原往来ニ行死罷在候、
一、年齢弐十二、三才、中丈・色黒キ方、顔長ク鼻筋通り眼口常体、
衣類、木綿紺縞古綿入着シ、
所持之品、めんつう壱ツ、
右之者、四月廿二日鎮守脇杉林ニ行死罷在候、
一、年齢五十五、六才、丈高・色黒キ方、平顔ニて眼鼻口常体、髪毛薄キ方、
衣類、上ニ木綿花色綿入濡伴、下ニ木綿茶縞単物着シ、同細帯〆、
所持之品、めんつう壱ツ、
右之者、同月同日太子堂鎮守社地ニ行死罷在候、
一、年齢五十五、六才、丈高・色黒キ方、丸顔ニて眼鼻口常体、
衣類、木綿紺縞古袷着シ、同細帯〆、
所持之品、袋壱ツ、
右之者、四月廿五日野田町金蔵様持地西向根杉林ニ行死罷在候、
一、年齢廿六、七才、中丈・色浅黒ク丸顔ニて、鼻筋通

り眼口常体、髪毛厚キ方、
衣類、木綿浅黄格子縞単物着シ、紺かすり細帯〆、
所持之品、無之、
右之者、六月廿一日鎮守脇杉林ニ行死罷在候、
右之通、行死仕候者共、当村
御役人中様御立合、逸々御見分之上、御作法を以、私え
仮埋被　仰付候間、前書之通、
長命寺様御境内無縁之墓所ニ相埋申候行死
人数、
〆九拾壱人、
右之通、去ル天保七年申十二月十二日より当酉六月廿一
日迄、病気ニて行倒候者薬用申付候上死去、又は所々行
死仕候者
惣人数
〆三百廿人
右、相認差上候通、聊相違無御座候、以上、
天保八年酉八月
野田町
非人小屋頭
新　助㊞
上花輪村
御役人中様

（文書番号 ZBA95）

五　天保九年

119　天保九年正月　申酉両年金銀米穀合力帳

（横帳）
「　　戊天保九年
申酉両年金銀米穀合力帳
　　戊正月吉日　　」

覚

九月廿五日
一、金三拾弐両弐分ト七匁九分五り　五三がへ
　　龍ケサキ
　　春麦拾七石九斗
同
一、金拾壱両ト拾匁弐分八り　石七斗がへ
　　同断
　　稗三十八表　石ニシテ拾九石
同
一、金壱分也
　　右買出し　入用小遣イ共
六月廿一日
一、金三両弐分ト六匁也　四石かへ
　　佐の中忠
　　稗拾八表　石ニシテ十四石四斗
六月廿□日
一、金弐分ト三匁七分五り　石九斗かへ
　　中ノ代伝兵衛
　　大麦九斗
七月□□日
一、金弐両三分ト三匁也
　　同所忠
　　稗拾四表　石ニシテ拾壱石弐斗
七月十一日
一、金三両三分ト拾匁七分壱り　石四斗かへ
　　中ノ代伝兵衛殿
　　大麦五石五斗
七月廿九日
一、金四両弐分ト四匁弐分八り　石五斗がへ
　　甲三
　　同四石八斗
八月朔日
一、金三両壱分ト壱匁也　同かへ
　　同人
　　同三石四斗三升
□月三日
一、金壱両壱分ト拾弐匁也
　　中ノ代伝兵衛殿
　　同壱石四斗五升
八月十八日
一、金九両三分ト三匁九分五り　四六
　　大伝
　　春麦拾表　石ニシテ四石五斗
九月三日
一、金拾六両三分ト七匁五分
　　宮川
　　春麦十八表　石ニシテ六石壱斗
九月廿三日
一、金弐拾両也
　　茶や
　　大麦拾八石
一、金六両壱分ト三匁九分五り
　　同人
　　同六石

九月晦日
一、金壱両弐分ト八百八文　市場 稗弐石弐斗六升
十月七日
一、金三両弐分　石四かへ　□□代嘉 同四石九斗
十月十日
一、金壱両壱分ト六匁也　龍ヶサキ舟賃
十月十六日
一、金四両壱分三朱ト三拾五文　大田や 稗六石弐斗弐升
同十九日
一、五拾弐文　市太（駄）賃
同
一、金五両壱分ト九百弐文　米平 大麦三石五斗
十月廿□□
一、金三両壱朱ト拾匁七分壱り　村ノ六右衛門 同弐石四斗
一、金六両三分ト拾三匁三分　同人 春麦弐石五斗八升
一、弐拾弐文　太ちん
十月五日
一、金三両ト六匁九分六り　石三　安右衛門 稗四石弐斗四升
十月廿五日
一、金壱両弐分ト弐百七拾五文　清水や 大麦一石
十一月七日
一、金弐拾壱両ト三貫弐百弐文　市場 同拾三石壱斗五升

五合
同
一、金八両ト壱貫六百弐拾六文　同断 春麦弐石八斗弐升
十一月八日
一、金壱両也　釜又 大麦六斗
同
一、金壱分　石や
同十四日
一、金壱両三分ト弐百九拾文　須ヶ尾 大麦弐石弐斗弐升
十五日
一、弐百文　龍菴
同
一、四百文　合力
十六日
一、金三両　六かへ　亼 壱石八斗
十一月廿四日
一、金四両壱分ト壱匁八分　千代嘉 稗三石弐斗八升
同
一、金五両壱分ト壱匁八分八り　同人 春麦壱石六斗九升
同
一、銀壱匁八分六り　同直増
同廿一日
一、金拾三両三分ト三匁五分七り　石五升かへ　山　七左衛門 大麦拾四石五斗

十一月廿三日
一、金拾両ト八匁三分三り　藤屋源七　春麦三石六斗五升
同廿六日
一、金拾三両ト七匁三分三り　石〇　龍野や　稗拾三石壱斗
同
一、三拾文　右口せん
同
一、百五拾六文　右駄賃
十二月三日
一、金拾弐両三分ト三匁也　安右衛門　稗拾弐石八斗
十二月改
一、金拾八両ト八匁七分六り　三七　内之分　春麦拾六表
石ニシテ六石七斗弐升
同
一、金□両也　□〇　同断　大麦四石弐斗
同
一、金弐拾六両壱分ト九匁也　同断　同弐拾六石四斗
同
一、六両弐分ト拾四匁五分　八九　同断　同六石
同
一、金拾八両三分ト拾壱匁八分四り　九五　同断　同拾八石
同
一、金七両弐分ト弐匁壱分四り　石四　同断　同拾石四斗

同
一、金拾三両三分ト弐匁五分八り　八七　同断　大麦拾弐石
同
一、金拾両弐分ト拾弐匁七分弐り　四〇　同断　春麦四石弐斗八升
五合
同
一、金拾壱両壱分　三弐　同断　同三石六斗
十二月十一日
一、金七両也　〃　稗七石
同
一、金三両三分ト三百弐拾六文　大田や　春麦壱石弐斗九升
同
一、壱貫六百文　舟戸　小平次
小出村三人
外ニ四人
十二月廿三日
一、弐両弐分ト四匁八分弐り　大田や　から麦壱石八斗
同
一、金五両三分ト五匁七分六り　山　七左衛門　大麦三石八斗
同
一、三分ト拾三匁弐分五り　同人　稗壱石
同
一、壱貫三拾文　もやしや　稗太賃

同
一、金弐分也　合力　山サキノ 幸右衛門

十二月廿五日
一、金三両ト九匁四分七り　米三俵 安右衛門

同
一、金八両ト弐匁也　同人 稗八石壱斗

内十二月廿六日
入金三分ト五匁也　太子堂 喜右衛門 から麦代

十二月廿七日
一、金拾□両ト五匁四分五り　飯しま 春麦九表

同廿九日
一、金壱両弐分　大田や 七郎平殿 口銭

九月分
一、金［　］分ト四匁九分　龍ケサキ 小豆拾表 四五入

九月廿四日
一、金五両弐分也　茶や 同拾表 石ニシテ四石四斗

惣

〆金四百拾四両ト拾壱匁弐分

拾貫九百七拾六文

代金壱両弐分ト九匁七分八り

金銭合力

十月廿八日
一、四百文　守谷 仁左衛門

又兵衛

同
一、弐百文　小間ケセ 喜八

同
一、弐朱也　大田村 嘉左衛門

源内

十一月三日
一、弐百七拾弐文　心さし

同
一、弐百文　小間ケセ 合力

四日
一、弐朱也　西金ノ井 五人え合力

同
一、弐百文　大山村 杢右衛門

五左衛門

同
一、四百文　松ケサキ 茂平

平二郎

同
一、四百文　同人
同
一、四百文　金ノ井 平三郎
龍蔵
同
一、金壱分　小金 久七
十一月六日
一、弐百文　大サキ 千代松
七日
一、弐百文　越ヶ谷 山伏
同
一、弐百文　合力
八日
一、弐朱也　野田町 合力
同
一、金壱分　金杉 さき
十一日
一、壱貫文　水角村 五人
同
一、弐百文　合力
同十二日
一、壱貫文　赤サキ 五人

十三日
一、四百文　合力
十四日
一、弐百文　同
十六日
一、弐百文　千ヶ間
同
一、弐百文　観心
同
一、弐百文　合力
十八日
一、五百文　同
同
一、金壱分　東深井 大宝院
同
一、金壱分　山 佐吉
同
一、弐百文　合力
廿三日
一、金弐分　山 隆法院
同
一、三□□□七百八拾文　行倒入用
廿四日
一、四百文　米島村 善三郎外ニ三人

廿五日
一、弐百文　金杉 五右衛門

同
一、金弐分也　同 八三郎

同
一、弐百文　山 合力

廿八日
一、百文　同

同
一、七拾六文　同

廿九日
一、四百文　駒羽根村 弐人

同
一、四百文　今上 寮主

十二月朔日
一、金壱分也　深井 道心

同三日
一、三百文　八反村 浪士

同四日
一、弐朱也　堤根 市兵衛

合力

同六日
一、金壱分　平方村 知道

同七日
一、金壱分　堤根 市兵衛

十二月八日
一、弐百文　合力

十日
一、弐朱也　桜台村

同
一、弐朱也　関新田 寺弐人

同
一、弐百文　合力

十一日
一、弐朱也　浅次郎

十六日
一、金壱分　山 養専殿

十八日
一、金壱分　京之進

同
一、金壱朱也　目吹 弥蔵

同
一、弐朱也　甲寅

廿四日
一、金弐分　金杉 伊助

同
一、金三朱也　中根 清左衛門

廿六日
一、金弐分　尾サキ きよ

廿七日
一、弐百文　合力

〆金五両□□三朱ト
拾貫三百八拾四文
代金壱両弐分ト四匁四分
合金七両壱分ト□分五り

一、金三百五拾八両三分ト　米三百五拾表七升
拾匁五分　石ニシテ百四拾三石五斗七升

惣〆金七百八拾弐両ト弐匁壱分三り

酉年

二月六日
一、金五両弐分　長右衛門 稗五石五斗

九日
一、弐拾六文　市場 太賃

二月十二日
一、金八両弐分ト拾匁也　出金 大麦五石弐斗

正月八日分
一、金五両三分ト弐匁八分弐り　大田や 春麦壱石八斗四升

十三日
一、金拾弐両ト六匁六分　もやしや 稗拾弐石壱斗壱升

正月八日分
一、金弐分ト拾弐匁八分五り　大田や 大麦五斗

同
一、弐貫五百三拾七文　もやしや 太賃・舟ちん

十四日
一、金拾四両三分ト拾匁壱分四り春麦四石五斗五升

同
一、金弐両弐分ト拾四匁也　小豆八斗六升

同
一、壱貫四百五拾六文　太賃

二月十五日
一、金弐拾三両ト拾弐匁壱分七り春麦六石七斗 市場

二月十八日
一、金四両壱分ト拾壱匁弐分　石塚 同壱石七斗五升

二月十九日
一、金拾三両也　山 熊蔵殿 稗拾三石

廿三日
一、金三拾七両壱分ト拾弐匁也　（三〇）　茶や秀八殿 春麦拾壱石弐斗三升五

合

廿七日分
一、百三拾四文　太賃

三月朔日
一、金□□両　杉崎市平殿　春麦拾五石五升

三月五日
一、金六両ト拾壱匁壱分　市場　同壱石六斗七升

七日
一、金拾九両弐分ト八匁四分　鯨井　春麦五石四斗

同
一、金五拾六両弐分ト六匁七分四り　同人　小豆拾七石五斗五升

八日
一、金四両壱分ト弐匁壱分　山　七左衛門　春麦壱石弐斗

同
一、金五両三分　同人　稗五石七斗五升

三月十日
一、金弐拾両壱分ト六分弐り　太田や　春麦五石壱斗五升

同
一、五拾文　駄賃

同十一日
一、金九両弐分ト六匁也　同人　春麦弐石四斗

同
一、金拾壱両ト九分六り　山下　小豆三石三斗六升

十二日
一、金九両弐分ト拾壱匁五分四り春麦弐石五斗弐升　山　七左衛門

同
入金壱分弐朱ト六百四拾弐文　からくや　丈介殿　搗麦升違分

三月十四日分
一、金拾両弐分ト拾匁也　村　六右衛門　同三石弐斗

同
一、金三拾壱両壱分ト六匁六分五り　同人　同八石

三月十七日
一、金三両ト弐分　大田や七郎兵衛殿　口銭

廿二日
一、金八両ト四匁三分弐り　二九　山　七左衛門　春麦弐石三斗四升

同
一、金九両ト三匁三分九り　二六五　同人　同弐石四斗

同
一、金三両ト三匁弐分　二六二　同人　同八斗

同
一、金壱分　口せん

同廿四日
一、金拾壱両弐分ト拾匁九分弐り稗九石六斗八升　千代倉佐吉

外ニ壱匁五分　口せん

廿五日
一、金九両弐分ト拾四匁三分弐り春麦弐石五斗八升　大田や

廿六日
一、金拾七両弐分ト壱匁八分　稗拾四石　同人

廿九日
一、金三両壱分ト七匁九分　稗弐石七斗　同人

晦日
一、金拾七両三分ト五匁四分　二五　春麦四石四斗六升　満之介

四月二日
一、金六両ト壱匁七分　稗四石八斗　大田や

同
一、□拾六文　駄ちん

四月五日
一、金三拾両三分ト三匁八分九り春麦八石三斗弐升　紙平

同
一、金拾両弐分ト九匁五り　稗拾石　同人

同六日
一、金壱両弐分ト七匁九分九り　つき麦四斗弐升　松蔵

同九日
一、弐百文　駄賃

同十日
一、金弐拾壱両ト三匁六分三り　小豆六石七斗五升　鯨井

同
一、銭弐拾四文　太賃

同
一、金七拾五両也　六〇　大麦四拾五石　納豆や

同
一、金弐拾五両也十弐匁四分壱り春麦七石三斗二升　二九　同人

同
一、金五両三分ト八匁六分八り　二九五　同壱石六斗八升　同人

十一日
一、金五拾弐両弐分ト　同拾三石八斗二升　大田や
五匁弐分九り

四月十三日
一、百八文　春麦太賃

十四日
一、金九両ト拾三匁八分四り　大麦六石　大田や

同
一、金拾六両三分ト七匁五分　二五　春麦四石弐斗壱升五合　もやしや

四月十四日
一、金八両ト六匁三分壱り　九五　稗七石七斗　もやしや

同
一、金八両弐分ト四匁弐分八り　三五　挽割三石　同人

同
一、金四両弐分ト拾弐匁五分　大根干葉　同人

十五日
一、金拾九両弐分ト　春麦五石三斗一升　大田や

一、同
百八文　　拾四匁四分四り　　同駄賃

一、同廿三日
金三両三分八匁弐分　石壱〇　挽割宛四石　山　七左衛門

一、同
金弐両壱分ト七匁八分　八四　稗弐石　同人

一、同
金九両壱分ト七匁八分　二七　春麦弐石五斗弐升　同人

一、四月晦日
金拾九両壱分ト拾三匁八分　二五　同四石八斗七升　茶や

一、同
金拾七両弐分　二四　同四石弐斗　同人

一、□月六日改
金壱両ト拾弐匁七分弐り　三三　春麦壱俵　有物分

一、金壱両ト十弐匁七分弐り　同壱俵　同断
是ハ、旧冬中二ノ宮引

一、金四拾弐両三分ト　七〇　大麦三拾石　辺田村伝右衛門
六匁四分弐り
是ハ旧冬中那古様引

一、五月六日改
金七両弐分　三　大豆五俵　有物

一、十七日
金弐拾壱両弐分ト　二九　春麦六石三斗　穀仁
拾三匁四分四り

一、同
金弐拾四両ト六匁四分三り　二八　同六石七斗五升　納豆や　大田や

一、同改
金拾三両壱分ト八匁弐分三り　三壱　同上物四石壱斗五升　有物
五月日
入金弐分ト七匁五分　挽割代　菊田様

一、金百七拾八両ト七匁五分　四八　小麦八拾五石五斗

一、金三拾九両壱分ト拾三匁八分大豆拾九石七斗四升

〆金千百九両壱分ト七匁六分八り
四貫六百八拾五文
代金弐分ト拾四匁六分壱り

〆金千百拾両ト七匁弐分九り

一、金九両壱分ト三匁六分弐り　小豆弐石七斗　茂平治

一、金拾三両三分ト六匁九分六り赤穂七拾四表弐斗

正月より五月十一迄　両ニ二斗五升かへ
一、金百九拾弐両ト　米百弐拾表三升四合五
八匁弐分八り　勺
石ニシテ四十八石三升四合五勺

是ハ、当村并隣村え合力ニ差出し候分

一、金弐百拾両壱分ト九匁也　同かへ　同百弐拾八表
四ニ入七十俵
四入五十八俵
石ニシテ五十二石六斗

是ハ助成焚出し分

一、金拾五両也　粕味噌百八十拝(盃)

一、金百弐拾八両ト六匁也　籾百廿八表五升

三月九日
一、金七両三分　切干代
但し、六十弐貫目

同
一、金壱両ト四匁五分　干葉代

七月十一日
一、金弐両也　大田や　口銭

七月十三日
入金三両弐分ト八匁七分　村ノ紋之丞　から麦四表

入金弐分ト三匁三分三り　同人　稗壱俵

一、金弐拾五両　南蔵下　飯料買入之分
合力ニいたし

二月五日
一、金壱分　猪三郎

三月十四日
一、金壱両　万助

五月廿六日
一、銀拾匁四分七り　丈右衛門

十一月廿八日
一、金壱分ト七匁五分　寮坊主

二月廿八日
入金壱分　堤根　丈右衛門
から麦代

五月より十二月迄
一、金六拾壱両壱分ト拾壱匁也　村方隣村合力　米四十六俵三升
石ニシテ拾八石四斗三升

〆金千七百七拾三両弐分ト弐［　　］り

金銭合力

正月十三日
一、金三分也　　金杉 渡し場三人
同十四日
一、□百文　　□根 合力
同十七日
一、金壱両也　　堺 清右衛門
同十九日
一、壱朱ト弐百文　　合力
同廿日
一、金壱分也　　今井村 金　助
同
一、金壱分　　石や
廿八日
一、金壱両也　　大柏村 三郎兵衛
晦日
一、金弐分也　　大河戸 新　助
同
一、金壱分　　道　順
□
一、弐朱也　　関村 彦右衛門
同
一、弐朱也　　髪結
二月朔日
一、弐朱也　　石や
同
一、金壱分　　大柏村 清　吉
同
一、壱朱也　　米崎 道心
三日
一、金壱分　　良(浪)士
四日
一、金弐分也　　吉川 藤右衛門
同
一、弐朱ト弐百文　　谷向
七日
一、弐朱也　　儀平次
二月十一日
一、弐朱ト壱貫三拾六文　　非人死去ニ付入用
同
一、金壱分　　五木村 きの母
同
一、弐百文　　合力

同
一、三貫百四拾壱文　ひしやく代
同
一、弐朱也　腕(椀)之代
十三日
一、金壱分　壱岐殿親類共
同
一、弐朱ト六百拾八文　非人死去入用
同十五日
一、五百文　竹代
十七日
一、金弐分　金杉 はゝえ
同
一、金壱分ト壱貫四百三拾六文　非人三人死去入用
同
一、金壱分　大柏村 庄兵衛
同十八日
一、□朱ト六百拾八文　非人死去ニ付入用
同
一、金壱両也　中里村 伊兵衛
十九日
一、金弐分　今上 与兵衛

二月十九日
一、金壱分　山 龍宝院
同
一、弐朱也　本庄村 百姓子共
死去ニ付遣し候
廿日
一、金壱分　合力
廿一日
一、弐百弐拾四文　茅代
同
一、弐百文　合力
二月十九日
一、金壱両也　笹や之 馬方えかし分
廿二日
一、金壱両也　元法殿
同
一、弐朱ト弐百文　非人死去ニ付入用
廿三日
一、弐朱ト八百三拾六文　同断
同
一、弐百文　合力
同
一、弐百文　ひしやく

廿四日
一、金壱分　大工 喜三郎

廿五日
一、金壱分一朱ト五百八拾四文　非人死去ニ付弐人

廿六日
一、三朱ト八百三拾六文　同断

同
一、金壱分弐朱ト三百七拾弐文　ひしやく

二月廿七日
一、弐朱ト四百拾八文　非人死去入用

廿八日
一、壱分ト八百三拾六文　同断

同
一、弐朱也　山 善若

同
一、五拾文　合力

同
一、金壱両壱分　紬壱反
是ハ難渋ニ付買遣し候　今上徳左衛門

廿九日
一、弐朱ト壱貫六百七拾弐文　非人四人死去ニ付入用

同
一、金壱分　谷向酒代

同
一、弐百文　山 勝左衛門

同
一、金壱分　今上 渡場弐人

〆金拾五両弐分ト七匁五分
拾五貫文
代金弐両弐分
合金拾八両ト七匁五分

三月朔日
一、三朱ト八百三拾八文　非人二人死去入用

二日
一、弐朱ト六百拾八文　同断 死去入用

三日
一、金壱分ト壱貫弐百三十六文　同断 弐人

三月三日
一、金壱分三朱也　いかき代

四日
一、金弐分　小金亀や 手形

同
一、弐百文　合力
五日
一、金壱分一朱ト弐貫弐百□拾四文　非人四人死去入用
七日
一、弐朱也　合力　深井 岩蔵
一、弐百文　合力
同
一、金壱分ト壱貫六百七拾弐文　非人四人死去入用
同
一、金弐分ト百弐拾四文　ひしやく
八日
一、弐朱ト壱貫弐百四拾弐文　非人死去ニ付入用
同
一、金三分　金杉 渡し場三人
同十日
一、三朱ト八百八拾八文　非人死去入用
十一日
一、三朱ト八百八拾八文　同断
同
一、金弐分弐朱也　ねりや 喜兵衛
同
一、金壱分　野田 善次郎

十二日
一、金壱分　野田 政右衛門
同
一、弐朱ト壱貫五百五拾八文　非人死□入用
同
一、金弐分　万助
同
一、金壱分ト弐拾四文　柄杓代
十三日
一、壱朱ト六百四拾弐文　非人死去入用
十四日
一、弐百文　中里 合力
同
一、金壱分ト三貫弐百拾八文　非人死去五人入用
十五日
一、弐百文　合力
同
一、金弐朱ト壱貫五百五拾弐文　非人三人死去入用
同
一、三朱也　栗橋在中里 病人
十六日
一、弐朱ト壱貫九百三拾文　非人三人死去入用

十七日
一、四百文　合力
同
一、金壱分一朱ト壱貫百八拾四文　非人四人死去入用
十八日
一、金壱両也　庄五郎　久二郎
同
一、五百六拾文　薬鑵代
同
一、四百文　合力
三月十八日
一、金壱分　中ノ台　吉蔵
同
一、金壱分　横山町　敬次郎
同
一、弐朱ト壱貫九百三拾四文　非人三人死去入用
同
一、四百文　酒こも代
同十九日
一、金壱分ト弐貫七百七拾弐文　非人五人死去入用
同廿日
一、金弐分　千住駕籠や弐人合力
同
一、三朱ト八百八拾四文　非人弐人死去入用
廿三日
一、弐百文　合力
同
一、弐朱ト壱貫九百三拾文　非人三人死去入用
廿四日
一、三朱ト弐百文　五ケ村新田　鉄五郎
同
一、三百四拾四文　合力
同
一、金壱分三朱ト弐貫四百四文　非人六人死去入用
廿五日
一、金壱分ト壱貫七百八拾四文　非人四人同断
同
一、金壱分　沓掛村□人合力
□
一、四百七拾六文　合力
廿六日
一、八百□□文　柄杓代
□
□、四百文　鉄五郎

一、同
金壱分ト弐貫九百五拾六文　非人五人死去入用
一、同
金壱分　□□　五ケ村合力
□、同
金弐分　今上忠兵衛
富五郎
一、同
□弐朱ト六百四拾弐文　非人死去弐人
一、廿七日
金壱両三朱ト壱貫七百三拾文　同拾壱人死去
一、□
□百文　合力
□、同
三百文　捨子小遣イ
一、廿八日
弐百文　合力
一、同
弐朱ト弐貫七百七拾弐文　非人死去四人
一、三月廿九日
弐朱ト七百四拾弐文　非人弐人死去入用
一、晦日
弐百文　合力

一、同
金壱分ト三貫弐百拾八文　非人死去五人
一、同
弐百文　島□
一、□
弐百五拾文　合□
一、四月朔日
百文　死人飛脚
一、同
金弐分　金杉渡し場
一、同
弐朱ト壱貫六百八拾四文　非人四人死去入用
一、同
四百四拾弐文　同断
一、二日
金弐分三朱ト壱貫七百六文　非人七人死去入用
一、□
百文　合力
一、□
四百文　小林村行
□、同
金壱分一朱ト弐貫弐百拾八文　非人六人死去入用

□
□、□百四拾文　合力

□
□、弐百文　同

同
一、金壱両壱分三朱ト三百三□六文　村ノ嘉左衛門

伊四□

三日
一、金壱分弐朱ト弐貫四百拾八文　非人□　死去□

□□
□、壱朱ト弐百弐拾四文　合力

五日
□、弐百三拾弐文　四月八日　包丁代

□□
□、□百文　合力

同
一、金弐朱　野田町　友五郎

□□
一、金弐分壱朱ト壱貫百七拾弐文　非人　死去入用

一、金弐分　内川　渡し場

十日
一、弐百五拾文　合力

□
一、金弐分弐朱ト壱貫六百拾八文　非人七人　死去入用

□
一、金壱分也　金杉　五　助

□
一、三百文　下妻行　飛脚貸(賃)

同
□、三百文　渡しせん四人

□
一、□百文　合力

十一日
一、□百文　武州　大間村行飛脚□

同
一、金壱両也　□根　吉兵衛□人入用

同
一、五百文　合力

□
□ト□貫弐百八拾四文　非人弐人　死去入用

□□□
□ト□貫□百七拾弐文　非人五人　死去入用

□百五拾文　合力

□

□拾文　合力

同
一、金壱分弐朱也　粕壁 指切□

十八日
一、八百文　足立郡 畔□

同
一、弐朱ト壱貫九百三拾文　非人三人死去入用

□
□百文　合力

同廿日
一、金弐分　三分増 渡場弐人

同
一、金弐分ト壱貫三百八拾四文　非人六人死去入用

廿□□
一、金壱分ト壱貫四百五十文　柄杓代

□
一、百□文　合力

〆金拾九両ト六拾八貫拾七文
　代金拾両弐分ト七匁六分六り
入金弐拾九両弐分ト七匁六分六り

□
□、金□　非人四人□

□六日
□ト四貫五百六文　同七人□ 同断

十三日
□、三百文　合□

同
一、弐百文　同

□
一、百弐拾六文　合力

同
一、百文　□代

同
一、壱朱也　弥介

同
一、壱貫四百文　下つま行 飛脚

□
□、弐朱也　野州荒井村 勇二郎

□
□、弐朱ト弐貫四百三十文　非人五人死去入用

□
□、四百拾文　狐塚村 死人入用

一、同
五百八文　非人壱人
死去入用

一、同
壱貫五百文　合力

一、十五日
壱貫文　同人

一、同
弐朱卜□貫百七拾弐文　非人五人
死去入用

□、□月十□（六）日
金弐分　水戸
報□□

一、同
四百文　合力

一、同十七日
金三分一朱卜四百三拾文　非人九人
死去入用

一、同
六百文　弓田
病人引取

一、同
弐朱卜三貫弐百拾七文　非人五人
死去入用

一、□
金壱分　同　酒代遣ス

□、□
百文　合力

一、□
六百四拾弐文　非人壱人
死去入用

□、同
三百文　合力

□、十八日
□百文　中田病人
送入用

□、□
金壱両也　野田丁
民二郎

一、同
金弐分卜弐貫八百四拾弐文　非人□□
□□

一、□（十）九日
金壱分　□（大）工
孫兵衛

一、同
金壱両也　同
弥太郎

□、□□
□壱分　江戸
弥□□

一、□
金□□卜□□□□　非人四人
□□

一、同
□貫六百文　窮民合力

一、□
弐貫三百拾八文　非人死□
入用

□
一、百文　合力

廿日
一、弐朱ト壱貫八拾四文　非人死去入用

□
□拾壱貫九百文　窮民合力

同
一、壱貫弐百文　同断

□□日
一、百文　合力

□
一、弐朱ト三貫九百六拾文　非人七人死去入用

□
一、金五両壱分三朱ト五貫百三文　合力
是ハ、助成焚出し小屋場働之者え手間代払

同
一、六百文　合力

廿二日
一、三百弐拾四文　同

同
一、金壱分ト六貫四百四十弐文　非人□人死去入用

同
一、金壱分弐朱ト百三拾文　野田 清五郎

□月廿三日
□、金□分弐朱ト六貫九百拾弐文　非人八人死去入用

四月廿四日
一、五百文　□沼村 義助

同
一、金壱分　金杉 渡し場

同
一、弐朱ト壱貫六百六拾八文　非人四人死去入用

廿五日
□、弐朱ト四貫七百六文　非人七人同断

□
一、金壱分　内川 渡し場

□六日
□、弐百文　谷向 病人

廿□□（七日）
□、金壱分一朱ト弐貫六百六拾文　非人六人死去入用

□
一、弐百文　久喜町へ 飛脚

廿八日
一、三百文　非人□□

同
一、金壱分　石や 栄次郎

同
一、三朱ト弐貫八百六拾弐文　非人七人 死去入用

□
一、金壱分　中ノ代 次郎吉

廿九日
一、弐朱ト弐貫□百弐拾弐文　非人六人 死去入用

□
一、百五拾弐文　合力

五月朔日
一、弐朱ト壱貫七百八拾四文　非人□□ 死去入用

二日
一、七拾弐文　病人三人 出立

□□
□□分弐朱ト壱貫七百八文　非人三人 死去入用

(五月)
□□四日
一、三朱ト三貫六百拾八文　非人七人 同断

□
一、弐朱ト七百四拾弐文　大柏村勘兵衛 死去入用

同
一、三百七拾弐文　病人十五人 出立

同
一、壱朱也　合力

五日
一、弐貫三百文
働之者遣ス　鉄次郎 要助 外二人

同
一、百弐拾四文　出立合力

四月廿八日
一、金拾三両弐分　金杉村
是ハ、□□人合差出し候分

一、金三拾弐両壱分壱朱ト百弐拾壱貫四百六拾九文
代金拾八両壱分ト九匁弐分六り
合金五拾両弐分ト拾三匁壱り

五月六日
一、弐朱ト八百四拾弐文　非人二人 死去入用

七日
一、弐朱ト八百五拾八文　同弐人 同断

同
一、三百文　大田や口入 合力

同
一、弐朱也　今上 富五郎

一、同
弐朱也　箱屋

一、八日
三朱ト四百弐拾四文　非人弐人
死去入用

一、九日
金壱分弐朱ト弐百八拾八文　同四人
同断

一、□
金壱分　山崎
熊　蔵

一、同十日
金壱分ト五百八拾四文　非人三人
死去入用

一、十四日
金壱分壱朱ト六百七拾弐文　同三人
同断

一、十六日
弐朱也　湯しま
鉄　五　郎

一、同
四百文　病人
出立

一、同
金壱分壱朱ト六百七拾弐文　非人三人
死去入用

（十七）
□□日
一、金壱分ト百七拾四文　同弐人
同断

一、十八日
弐朱也　金野井村
子供え遣ス

一、□
弐朱ト六百四拾弐文　非人壱人
死去入用

一、十九日
金弐分　樽や
岩右衛門

一、同
弐朱ト壱貫〇八拾四文　非人弐人
死去入用

一、廿日
金壱分弐朱也　桜台村
合力

一、廿一日
百五拾文　病人
出立

□、廿二日
弐朱ト百四拾五文　非人壱人
死去入用

一、五月廿七日
壱朱ト□貫九百拾弐文　非人三人
死去入用

一、廿八日
弐朱ト六百四拾弐文　同弐人
同断

一、廿九日
壱朱ト六百四拾弐文　壱人
同断

一、晦日
五拾文　病人
出立

一、同
百文　合力

六月二日
一、金壱分　今上　三五郎

〔　〕
□、弐朱ト六百三拾弐文　非人弐人　死去入用

八日
一、弐朱也　石や　勘蔵

九日
一、弐朱ト六百四拾弐文　非人壱人　死去入用

十二日
一、弐朱ト六百四拾弐文　同壱人　同断

十三日
一、百文　病人出立

十八日
一、弐朱也　大青田新田　喜左衛門

廿日
一、金壱分　花井新田　嘉右衛門隠居

廿一日
一、弐朱ト六百四拾弐文　非人壱人　死去入用

廿六日
一、弐朱也　小金宿　馬方

同
一、壱朱ト四百拾弐文　非人壱人　死去入用

七月二日
一、三百弐拾四文　谷向飛脚

八日
一、壱朱ト六百四拾弐文　非人壱人　死去入用

十三日
一、金弐朱也　金杉　渡し場

十七日
一、金壱分　両国や　民五郎

□
一、金壱分　伝内

〆金六両壱分一朱ト拾五貫九百五拾五文
代金弐両壱分ト拾匁四分
□金八両弐分ト拾三匁七分九り

四口
〆金百〇七両ト拾壱匁九分六り

惣
〆金千八百八拾両弐分ト拾四匁五分□り

酉正月□日　　　　　　　　　　下野国県妻郡（上野国吾妻郡カ）

一、金七拾両也　　　　　　　　　拾三ケ村

是ハ、御取締畔柳良四郎様より御願ニて、瓦曽根中村彦左衛門殿□参、合力差出し候、

両年

内〆金弐千七百三拾弐両三分ト壱匁六分八り

右之通、当村并ニ隣村々助成・炊出し・合力差出し候間、

取調（ママ）左之通ニ御座候、以上、

戌正月改

隣村困窮人貸附金

申年

十二月八日

一、金拾三両壱分弐朱也　かし　　　木野崎村　窮民共え　請人村役人

十二月廿三日

一、金三拾五両　かし　　　水角村　赤崎村　米崎村

酉年

□月十二日

一、金五両也　かし　　　船形村

□月八日

□、金弐拾両　かし　　　岩名村

三月十二日

一、金三拾両　かし　　　大青田村

□

□、金五拾両　かし　　　木間ケ（瀬脱）村

同十七日

一、金壱両弐分　かし　　　丸井村

四月八日

一、金六両也　かし　　　目吹村

□□

一、弐両弐分　かし　　　平形村

四月十九日

□、金拾両也　かし　　　舟戸村

〆金百七拾三両壱分弐朱也

□月十一日
一、金三両三分　かし《》　戸張村

惣
〆金百七拾七両弐朱也

右之通り貸渡し申候、尤追々返金有之候、以上、
　戌正月改
　　　　高梨兵左衛門

（裏表紙）
「　　　　　」

（文書番号　ZBA55）

120　天保九年二月　下総国葛飾郡上花輪村奇特人員数名前書上帳

（竪帳）
「天保九戌年
下総国葛飾郡上花輪村奇特人員数名前書上帳
二月　　上花輪村」

　　　　羽倉外記御代官所
　　　　　下総国葛飾郡上花輪村
　　　　　　名主　高梨兵左衛門
　　　　　　　　当戌四拾才

一、米弐百三拾九石六斗九升　但、四斗入
　　　　　　　　　　　　　　両ニ壱斗八升替
　代金千三百三拾壱両弐分
　　永百拾壱文壱分

一、籾弐拾八石五升　但、四斗入 両ニ四斗替
代金七拾両
永百弐拾五文
一、大麦弐百三石五斗　但、五斗入 両ニ五斗替
代金四百七両三分
永百五拾文
一、搗麦百九拾四石五斗四升　但、四斗弐升入 両ニ弐斗四升替
代金八百拾両弐分
永三拾三文三分
一、小麦百八石　但、四斗五升入 両ニ四斗替
代金弐百七拾両
一、大豆弐拾三石八斗弐升　但、四斗七升入 両ニ五斗かへ
代金四拾七両弐分
永百四拾文
一、小豆四拾七石八斗　但、四斗五升入 両ニ弐斗五升替
代金百九拾壱両
永弐百文

一、稗百拾壱石五斗　但、五斗入 両ニ八斗替
代金百三拾九両壱分
永百弐拾五文
〆金三千弐百六拾八両壱分
永百三拾四文四分
是は、去々申八月より去五月中迄、村方并近郷貧民取続兼候もの共え、合力亦は宅前ニおいて、米麦取交粥焚出し仕候穀数、書面之通ニ御座候、
一、金百五拾両余
是は、近郷難渋之村方え無利足貸渡候分、
一、金七拾両余
是は、野州奈須(那)郡極困窮之村方え合力仕候分、
一、金七百五拾両余
是は、貸金数拾軒御座候所、去巳年已来凶作ニ付、強て取立候も歎敷儀ニ付、合力仕候分、
一、金弐百両余
是は、去申・酉両年宅前ニおいて醤油粕安売仕、亦は合力仕候分、

一、金百両余
是は、去々申十一月より去四月迄、宅前ニおへて
粥焚出し仕候節、群集之中ニて病人数百人出来、
薬用手当并死去入用手当、
同御代官所
同州同郡同村
合金四千五百三拾両
一、金拾五両
組頭　弥五兵衛
是は、村方窮民取続兼候もの共弐拾六軒え、去申年三
月中合力仕候分、
同村
一、金九両弐分
百姓　岡　平
一、米五石六斗
但、四斗入
両ニ壱斗八升替
代金三拾壱両
永百拾壱文壱分
是は、近村取続兼候もの共、去々申十一月中合力仕候
分、

組頭弥五兵衛地借同郡
野田町住宅ニ付醤油出造人
平兵衛
一、金四両
是は、村方窮民取続兼候もの共、弐拾六軒え金弐朱
つゝ合力仕候、
合金五拾九両余
右は、当村名主高梨兵左衛門外三人之もの共、去申秋以
来諸穀物高直ニ付、居村并近辺村々夫食差支取続相成兼
候もの共、雑穀・米金書面之通合力、亦は貸渡申候所、
少も相違無御座候、以上、
一、金弐百疋
組頭　弥五兵衛
右は、去酉年七月中
水　越前守様御差図ニて駿河守様被仰渡候之段、羽倉外
記様書面之通被下置、冥加至極難有頂戴仕候、
一、金弐百疋
百姓　岡　平
右、同断
一、銀拾枚
名主　高梨兵左衛門

右は、去酉年四月中
水　越前守様御差図ニて駿河守様被仰渡候之段、羽倉外
記様より被仰渡御褒美書面之通冥加至極難有頂戴仕候、
右之通、少も相違不申上候、以上、

羽倉外記御代官所
下総国葛飾郡上花輪村
天保九戊年二月　名主　伊左衛門
組頭　伝右衛門
百姓代　六兵衛

関東御取締御出役
山田茂左衛門様御手代
原戸一郎殿
山本大膳様御手附
松村小八郎殿
同臨時御出役
御同人様御手代
永井勝助殿

（文書番号 BGD11）

六　一件

1　顕彰碑・墓碑など

121　天保八年正月　北総上花輪高梨君救荒記

北總上□□高梨君救荒記

古長人安□□道、汎以仁愛為本也、故和漢世賢君以之無不先務也、迨後世戰國之時、此道泯然棄行少矣、然治亂循環今世天下隆平之日、久刑錯而不用也、已三百余年此

上有聰明叡知君、下有賢哲輔相臣、共協萬機政令之誼謂也、而時有豊荒者天運之自然、所以人主深憂慮國人也、于茲天保丙申季遇歳凶、孽自夏逮秋、暴風霖雨而不熄、稼穡芒々然枯傷、闕内荐饑數千里、民人貿々焉、餓莩満塗悲哉、吾郷里殆罹此災變矣、當此時官理牧守救荒議説紛々慢々而不決也、粤吾總陽上花輪郁高梨君、世節儉仁恕、而積蓄穀粟數百萬、其豪冨也、不肖於陶朱椅氏家隷充門厚行尤光矣、頃高梨君観饑餓之夛、喟然曰於乎、我先人有言、冨者釀其財也、道二憐人之窮困而愛之、則所謂満而不溢也、且冨者衆之怨也、故観人之患惱極之、則所謂愛其親也、家積萬金而聾瞽人之厄災竊々乎、而績於後昆、所謂以怨遺之後昆也、豈此愛後昆之謂矣、果而信乎也、雖余不肖繼先人之志、以遺之後昆而已、夫於于是開其府庫倉廩、而以賑窮氓、告数里四方窮民、如就水之潤下、沛然歸之、輻輳而覆雉堞云々、乃吾村老諮議於郷黨使瀬能氏而訟之、高梨君以借其餘粟、君許諾貸與、其糴糧載車數十輛也、於此窮迫之民以免飢餓、喜而無不歌唱、於其徳雖無智小童、拍于野歌謡於衢矣、嗚呼高梨君處布衣之地恢、以仁愛而恵於此民、實我輩樛木也矣哉、如僕又有饑喝之中、不堪撃節讃頌之餘、代村中之人記焉、

維時天保八稔強圉作噩之春正月十有九日

同州船形邑痴人隴耕野口庸謹撰并書

（文書番号 JIM18）

122　天保九年四月　天保賑給中死亡五百有余人墓碑

（墓碑右）
銘曰
　丙申大饑　泣涕和霖　餓莩充野　乞人如林
　群燕呢喃　此歛餘音　寂長夜夢　鬱松柏陰
　　　　　　　　　　　茂木梅林述

（墓碑正面）
　歎年賑給中殀亡五百有餘人墓

（墓碑左）
天保九年戊戌四月廿日　　　高梨兵左衛門
　　　　　　　　　　　茂木七左衛門
　　　　　　　　　　　同　佐平次
　　　　　　　　　　　同　七郎右衛門

（台座正面）
維時明治十九年初秋八月五百人塚之亡霊五十年回忌相當
スルヲ以法會執行新置礎永世保存ス
　　　　　施主
　　　　　　高梨兵左衛門
　　　　　（野田市上花輪長命寺墓地）

123　天保十三年四月　高梨氏救萏記碑

（正面上部）

高黎

氏救

萏記

（正面下部）

高黎氏救萏記　　　正三位祝希烈隷額

天明丙午歳大祲、所在餓莩相接、北總葛飾郡上花輪里正高黎信芳家素富、常語人曰、萏沴之行、雖聖世不能必其無、若不幸一旦遭凶荒、我輩唯有竭貲賑濟爾、至此果散貲濟飢氓活□(千)許人、臨没遺命、其子順信設囷倉歳蓄粟二□(百)斛、且令曰、積至□(千)斛、宜循次換新、以備荒歉、天保癸巳九月順没、子忠學嗣、是冬關左飢饉、斗米二千、學罄囷賑救、所活無蘆三□(千)餘人、明年秋小稔、學曰備凶不容緩、歳中積粟如故、又二年丙申天下大饑、甚於天明丙午、乃建長廠、出貲給粥、病者與之湯藥、昕暮孜孜寢不解帯者七月、迄明年麦熟而止、凡所賑濟飢氓五千、流乞就粥不在其數、而計前後所損金穀凡二□(千)兩石、時余令葛飾、所管海南八島及那須三村、亦大飢、學牒曰、救飢不問近遠、父祖遺命也、請罄餘貲拯之、於是八島亦無饑人事聞　官賞賜銀錠、明年六月有□(二)世帯雙刀、永世稱姓之命、夫遭荒賑救、殷戸常事、然如高黎氏三世相繼竭財、赴急躬親養視、又以餘貲遠及絶島者、世豈多有哉、余向承乏、為之令詳其顛末、故記而刊之貞珉、以示其子孫云、

天保壬寅歳清明内署司兼監度支羽倉用九撰并書

（所在地：上花輪歴史館高梨氏庭園内）

124　明治二十八年十月　高梨忠学君報恩碑

（報恩碑正面）

高梨忠學君報恩之碑

題字従三位男爵千家尊福

（報恩碑裏側）

高梨忠學君報恩碑

嶰谷竹村良撰

嗚呼吾高梨氏世救人於饑餓、事明在耳目、蓋近時殆無其人矣、君諱忠學稱祐佐、高梨其氏、北總人也、其先相模守親忠、世為豪族、祖諱信芳、素富常誡子孫以儲穀救菑、天明丙午大饑、發倉活萬餘人、父順信數贍貧民、君繼父祖志、常以仁恤爲已任、天保癸巳関左饑、傾廩賑之、丙申天下大饑、餓莩横道、構廠煮粥、求與飢病者、躬親撫循夙夜不懈、又賑南海八島及那須三邑、前後凡活十萬人、其所費金穀巨萬、官賜銀錠有世稱姓帯刀之榮、春秋五十九年卒於安政三年七月十一日、遠近悲動、堤根里有君之田、嘗捐資建菅公廟、於其地結構莊麗、几里民仰君惠擧火者多矣、君為人謹謙、學尚程朱、行勤實踐、自奉甚薄、施人特厚、其如救饑恤寒、蓋家訓也、嗚呼世之貪慾而心死者、聞君之風豈不少愧乎、今乃高梨德太郎與衆謀、欲立碑以垂之不朽、請余作銘、其辭曰、

總水之湄　有仁人焉　世有大田　克遵先訓　儲穀畜銭
數救歳饑　蚤夜精研　施及八島　慈惠如淵　積善之家
慶祥連綿　子孫維繫　於今百年　茲鐫貞石　美名維傳

于時　明治二十有八年十月二十五日

簡質古樸是傳世之文　従五位　依田百川評

正八位東角井福臣書

野田杉﨑弥八刻

（台座正面）

東京□住町

高﨑長左ェ衛門

仝小網町　髙﨑為　造
仝冨島町　中井半三郎
仝小網町　岡田善五郎
仝　中野長兵衛
仝　髙梨仁三郎
仝東湊町　鈴木嘉兵衛
仝亀島町　佐久間弥助
髙﨑福　吉
守田為　造
松原泰　造
深井弥右エ門

仝茅場町草津亭　遠藤金次郎
野田町　茂木七郎右エ門
茂木佐平治
茂木七左エ門
茂木房五郎
茂木勇右エ門
茂木利　平
茂木七郎治
流山町　堀切紋次郎
野田町　髙梨周　造
梅郷村山﨑　髙梨兵　吉
野田町　髙梨亀　吉

北葛飾郡旭村今上
田中吉右エ門
野田町中台
平井助治郎
（台座・左側）
野田下川岸
桝田仁左エ門
旭村中根
豊倉三郎右エ門
野田町
下田森右エ門
吉川長三郎
中村熊治郎
田中菊太郎
野田上花輪
髙梨政之助
髙梨孝右エ門

（台座・裏側）
髙梨本店見世
発起人
髙梨徳太郎
野田町
山崎甚右エ門
世話人
門倉幸吉
仝市助
髙梨新蔵
（野田市堤根菅原神社境内）

125 （明治二十八年十月）高梨忠学翁報恩建碑式俳句

故高梨忠学翁の
報恩建碑式に列し　其徳の輝きわたる花火哉　鶴右
余興烟火を見て

（上花輪歴史館蔵）

2 献納・救済と御褒美頂戴

126 天保五年五月　御褒美頂戴・囲穀助成御尋ねにつき申上書

御尋ニ付乍恐以書付奉申上候

下総国葛飾郡上花輪村名主兵左衛門奉申上候、私儀醤油献上仕、御褒美頂戴并囲穀いたし、其外助成筋之始末、御尋ニ付、左ニケ条書を以奉申上候、

一、私先祖代より農業之間、醤油造り渡世仕、御府内ハ勿論、外国えも売捌相続罷在候は、全　御国恩ニて難有仕合奉存候ニ付、為冥加　御本丸え初穂造醤油三拾樽、西　御丸え同弐拾樽都合五拾樽宛、年々無代御上納仕度旨、亡父兵左衛門義村垣淡路守様御勘定御奉行御勤役之砌、去ル文政十一子年中奉願上候処、翌丑年

御聞済之御下知被　仰渡、則同年より天保二卯年迄三ケ年無代上納仕来候処、同年右淡路守様え兵左衛門義被召出、為御褒美従
御本丸銀三枚、従　西御丸同弐枚被下置候旨被仰渡、都合銀五枚頂戴仕候、尤卯年以来も引続去巳年迄無代上納仕候、

一、私祖父四郎左衛門代之砌、去ル天明六未年違作ニて最寄村々之中ニは、夫食差支候ものも有之候ニ付、凌方手当として夫食焚出仕候処、凡五、六ケ月之間、日々四、五百人宛も罷越候ニ付、夫々焚出之夫食相与へ候得共、長々之儀ニ付、其後は救方差支小麦等煎足合候も、畢竟要害之囲穀無之故之義ニ付、亡父兵左衛門儀、若後年右様之違作有之候共、救方可成丈差支無之様仕度心懸ケヲ以、去ル文政三辰年より追々ニ籾五百石積立、右之内百石ツ、毎年新籾詰替仕来候処、去巳年之儀は稀成違作ニ付、最寄村々え左之通合力仕候、

家数五百拾三軒　　拾五ケ村
人数弐千百拾九人
此籾三百七拾八石七斗
此俵七百五拾七俵弐斗　但し、五斗入
千弐百拾七人　拾五才より六拾才迄
此□□三四拾四石四斗　但、壱人ニ付籾弐斗宛
九百弐人　六拾才以上拾五才以下
此籾百三拾五石三斗　但、壱人ニ付籾壱斗五升ツ、

右之外、近隣村々より申来候ニ付、合力仕候穀数左之通

一、稗百拾五石
此俵弐百三拾俵　但、五斗入
一、玄米壱石八斗三升
此俵三俵三斗三升　但、右同断
一、籾拾六石
此俵三拾弐俵　但、右同断
一、同拾九石弐斗
此俵四拾八俵　但

右之外、袖乞之ものえ日々焚出仕候穀数左之通、

一、春麦三拾八石四斗
此俵九拾六俵　　但、四斗入
一、白米八石
此俵数弐拾俵　　但、右同断
右之外、平年といへ共不限村内、他村極難渋之者えハ
夫々種々之手当仕候、
一、同郡野田町并木野崎村より今上河岸え之道筋、当村
地内ニて都合四ケ所、雨雪之節人馬通路難渋ニ付、私
入用ヲ以、去ル卯年より去巳年迄ニ切石敷詰普請仕候、
一、当村地内字浅間下川除堤之義ハ、定式御普請之場所
ニ候得共、年々小破手繕入用之儀ハ、去ル文化年中よ
り私方ニて相賄申候、
右、御尋ニ付、奉申上候、以上、
　　　　　　下総国葛飾郡上花輪村
天保五午年五月十三日　　名主　兵左衛門
羽倉外記様
　御役所

（文書番号 JGD59）

127　（天保六年）未閏七月　奇特筋御尋ねにつき追加申上書

乍恐以書付奉申上候
下総国葛飾郡上花輪村名主兵左衛門奉申上候、私儀奇特
筋御尋ニ付、此之儀去ル冬中書付を以奉申上候処、右之
外ニもケ条有之候ハヽ、可申上旨、御尋ニ付、左ニケ条書
を以奉申上候、
一、去ル享和三亥年より天保五午年迄貸金、并帳面貸之
内、困窮之者え凡合金千八百五拾両余無金ニて証文受
戻又ハ帳消仕候、
一、去ル文化九申年、江戸川満水ニて堤通既ニ可及大破
処、火急ニ付、土俵拵手廻兼候ニ付、私方在合之大豆
六拾俵・小麦五拾七俵を其俵之代りニ相用、精々相防
候ニ付、御切所ニハ不相成候へ共、右大豆・小麦流失、
又は水浸りニて没腐仕、并其節之水防人足賃御懸り一
式私方ニて相賄申候、

（付箋）「本文大豆壱俵四斗七升入
　　御座候
同小麦壱俵四斗五升入
水防人足賃其外諸懸凡金五両余相懸候」

一、昨午年より毎年籾五拾石ツ、都合五百石ニ相成候迄□々囲詰、弥五百石ニ満候翌年より、年々百石ツ、順繰ニ新籾詰替、違作年窮民夫食非常手当ニ仕候積ニ御座候、

一、御国恩冥加として来申より巳〔当未より来卯〕迄拾ケ年之間、毎年籾五拾石ツ、都合五百石御上納仕度御聞済之程奉願上候、

右之通ニ御座候、已上、

下総国葛飾郡
上花輪村
名主　兵左衛門㊞

未閏七月廿七日

羽倉外記様
御役所

（文書番号JGD54）

128（天保六年）未八月　奇特者の儀申上候書付写

（竪帳）「
下総国葛飾郡上花輪村
奇特もの之儀申上候書付写
」

覚

私代官所
下総国葛飾郡上花輪村
名主　兵左衛門
未三十七歳

右之もの儀奇特之取計相聞候ニ付、私廻村序最寄村々承り糺、猶当人をも呼出、始末相尋再応取調候趣、左ニ申上候、

一、此もの家筋之儀、先祖より代々名主役相勤、祖父四郎左衛門儀天明之度凶作近村々飢及ひ候もの有之節、焚出しを以、日々大勢之ものへ与へ遣し、穀類益払底

ニ相成難行届候ニ付、小麦を煎り取合せ差遣、其余種々手配り懸引を以、凡五、六ケ月之間、窮民取救候由、其節大小麦弐百石余遣ひ掛、右奇特之取計いたし候趣は近村々ニても今以申伝へ罷在候、

一、此者の父兵左衛門儀、右天明飢饉之頃は若年ニて、四郎左衛門差図ニ随ひ、手助ケ相働候処、一体穀類備手薄ニて行届兼候次第、父子共相心得候間、後年之ため相応之備可致と存し立、其已来別て自分暮し方省略、心を用ひ追年作徳余分も出来候様相成候間、文政三辰年より別段之囲籾仕、年々不怠囲増候処、籾高五百石ニ及ひ候間、右高居（据カ）置、年々百石宛順々ニ詰替、大切ニ囲置候由ニ有之、同人儀は去々巳年迄相勤病死仕候処、右存込之趣忰当兵左衛門其外へも平常厚く申含置候由ニ御座候、

一、当兵左衛門儀去々巳年より父跡相続、名主役相勤当時六拾石余家内上下弐拾四人暮ニて、農業之間醤油造相稼罷在、生質自（貞カ）実之ものニて、家業出精いたし、別て祖父以来、窮民取救之心得囲籾備方等、父兵左衛門申聞を相守り、是迄骨折世話いたし候儀ニて、然ル処、去々巳年之儀、近年稀之凶作、村内近村々共夫食乏敷、中ニは袖乞いたし歩行候ものも有之体見及ひ候ニ付、少々ツヽ、ニは候得共、彼是と致合力遣し、冬春之間、米・麦・稗凡弐百石余も差出候処、日増米価高直ニ相成、麦作取入前、何分凌方付兼候もの数多相聞候ニ付、亡父年来之備方、此節之為と存し、前書囲籾割渡し候積、近村々役人共えも申通し、極難之もの取調、最寄拾五ケ村人数弐千百人余え日数見積り、壱人壱斗五升より弐斗迄之当りを以、籾三百八拾石、此米百九拾石程割渡し遣候旨申之、尚其後も難見捨危急之ものへは、追々合力いたし遣候由ニ御座候、

一、右之通囲籾を以、窮民取扱候段、亡父以来年来之心懸奇特之儀ニ有之、一時多分之出方ニて、囲籾残り少ニ相成候処、当（尚カ）此上年々作徳之内を以、相囲元高通り五百石迄は相備候心得之旨申立候、

一、文化九申年江戸川満水之節、堤通甚危く、火急之儀土俵拵引足り不申候処、此もの父手前ニ有合せ候俵物

を以堤通り置堅メ、右防人足えも金五両余手当いたし、相励まし候ゆへ、一同力を尽し相防き、御普請所破損之御失墜も無之、村方無難ニ相続仕候儀ニて、其節差出候俵物大豆・小麦五拾五石余流失水腐損失仕候、

一、同郡野田町并木野崎村より今上村河岸場え之道筋不宜、雪雨等之節は甚難儀之場所ニ御座候処、村内之分は切石敷入道造仕候、亦は川通定式御普請所小破繕等之儀、近年は村割不致、都て此者一己之入用を以相仕立、是迄金百両程も相掛り候由、未年数無之事故、出金穢之儀ニは御座候得共、村為之儀実意之取計相聞申候、

一、村内并近村之もの共え金子用立、又は諸取引いたし候内、追年困窮及ひ実々返金出来兼候ものえは、右金棄捐ニいたし証文差返し、帳面消遣し候分、近年凡金高千八百両余損金仕候、

一、此もの儀は、前より醤油造り稼来、御府内并余国えも売捌年来無滞相稼候段、全御国恩難有奉存候間、冥加之為無代上納仕度、其段相願候処、願之通り被仰付、

文政十二丑年以来

御本丸え醤油三拾樽

西丸え弐拾樽年々差上候処、五ケ年以前卯年為御褒美

御本丸より銀三枚

西丸より銀弐枚被下置候段、村垣淡路守被申渡奉頂戴、冥加至極難有仕合之旨申之、引続年々差上来申候、

一、此もの父兵左衛門儀、文化之度米価引立方御趣意被仰出之節、壱人立金百三拾両上納仕候、

右取調之趣、書面之通御座候、此もの父兵左衛門儀、年来名主役無滞相勤、御用向・村用共弁理よく一体貞実ニて、平日質素を守り先祖より之家稼手堅ニ相続いたし、居村并近村々窮民救方厚く心掛、既ニ右備之為存立多分之囲穀仕り、年々詰替丈夫ニ相備置候段、誠実之いたし方ニ有之、去々巳年病死仕候処、忰当兵左衛門儀も祖父并父存意を継、聊怠り不申、巳年冬已来去午春夏迄も、窮民合力救方取計候始末行届、祖父四郎左衛門以来此度之出方迄取調候得は、米麦六百五拾石、金弐千両余ニ及、其外一時凌之為合力等いたし候も連年不少、実以不容易

儀ニ候処、身分柄相弁へ、平日一己を慎穏便之ものニ御座候間、居村近村とも気受宜く、且又右取計通見聞およひ、村内身元可也之もの共、身分ニ応し少々宛之救方いたし、自然と最寄一体ニ居り合宜□取続出来候段、全代々多年之誠心相顕れ候儀ニて御治世難有、在方ニても家稼相応之身分、貧民救ひ方可心掛儀とは乍申、年来厚く心を用、囲籾いたし、前書之如く救ひ方行届、猶此上不怠備方可仕心得之始末、実意ニ相見、此もの身柄ニ取候ては、一通ならす寄特之筋ニ御座候間、可相成は格別之御沙汰を以、其身一代帯刀永々苗字御免被成下候趣仕度奉存候、左候ハヽ、冥加之程難有弥以相励可申、且は近村々并支配所一体え相響、村役人并重立候もの共、励ニも罷成可申儀ニ奉存候、依之此段申上候、已上

未八月　　羽倉外記無印

（文書番号 JGD43）

129　天保六年十一月　窮民救済につき孫の代まで苗字御免申渡

（封上書）
「申渡　」

申渡

下総国葛飾郡
上花輪村
名主　兵左衛門

其方義、常々窮民を労、村内は勿論、他村迄も厚く世話いたし、米金等相施、其外品々寄特之致取計候ニ付、為御褒美孫之代迄苗字
御免被　仰付之、
右は大　加賀守殿え伺之上、明楽飛騨守殿被申渡之候、
右之趣、可得其意候、以上、

天保六未年十一月九日　羽　外記㊞

（文書番号 JGD10）

130　（天保八年）酉三月　窮民救済奇特につき申渡

（封上書）「申渡　　　　」

申渡

下総国葛飾郡上花輪村
名主高梨兵左衛門

其方儀、去申年違作ニて諸穀物類高直ニ付、夫食ニ差支候もの共え為取続、去秋以来、米麦相施又は貸遣、其上当正月以来、米麦取交粥焚出し、難渋之もの共え相施、飢人共為取続、其外、野州那須郡之内、極難之村方え合力金差遣候由、奇特之取計ニ付、厚く誉置候、

右は、矢部駿河守殿被申渡候、

酉三月　羽　外記㊞

（文書番号 JGD49）

131　天保八年四月　申奇特筋書上写

（竪帳）「□□（天保）八年
申奇特筋書上写
□四月　　　　」

覚

私御代官所
下総国〔　　〕花輪村
名主
高梨兵左衛門
酉三十九才

〔　　〕左衛門儀、生質篤実之ものニて、□祖父□□衛門〔　　〕兵左衛門代より数□奇特之取計いたし、□人義、文政十二丑年已来醤油五拾樽ツ、無代□納仕度段申立、願之通被　仰付、今以年々上納仕、当兵左衛門儀〔　　〕年

中為冥加籾□百石十ケ年ニ納□申立□願之通被
仰付、未・申弐ケ年□然ル処、常々窮民を労り村内は
勿論、他村迄も厚く世話いたし、米金□□相施其外、
品々□持之取計□し候ニ付、為御□□孫之代迄苗□
仰付候段去々□年十一月大久保加□・明楽飛騨守□
尚又去申年違□物類高直ニ付、夫食差支候もの共
え為□已来米麦□施、又は貸遣、其□当正月已来米・
麦取交粥焚出し、難渋之もの共え相施、飢人共為取続、
其外野州那須郡之内、数□合□差遣候由、奇特之事
ニ付、厚誉□当二月中御書付を以、矢部駿河守相達、
其段□渡候義ニて、一体兵左衛門儀高六拾石余所持仕□
内上□四人暮ニて、農業之間醤油造相稼□いたし罷
在、然ル処、去申年已来稀成□内、近郷とも夫食乏敷、
及飢渇候もの不少ニ付、去申八月より此節迄□凡五百
□□醤油粕并金子等、居村は勿論之□六拾ケ村余家数
□共え合力いたし遣、右之内九ケ村□拾両余無利足
□以、当秋作取入迄□野州那須郡三ケ□□もの飢饉□
難之□およひ金七拾両合力いたし遣□近郷売掛貸金
等之分、金七百両余相対棄捐ニいたし遣、其上去申十一
月朔日より此節迄宅前□いたし置□共え日々粥焚出
し、味噌を添□勝手次第為給候故、遠方よりも承伝へ
罷越次第人数も□当時一日三千人余も相集候由、右米
雑穀凡弐百□拾弐石程、味噌・塩之外、小屋働衆□千
三百人程ニ相成、且飢人之内、病気□夫々服薬手当を
もいたし遣、猶此節より麦作取入迄□数積いたし米雑穀、
凡弐百□、味噌・塩等追々窮民取救、粥焚□□当用
□仕置候由□凡金三千九□両余ニも相成、□米
価引立方御趣意被　仰出之節□置候分之内、金四拾
□先□御下□五分通御下戻御下知相済□私支配
所内、何れえ成共、窮民取救之手当ニ差加、取計受度旨
申立、且又当酉年
御大礼ニ付、為冥加醤油五百樽□仕度段、□相願取
調相伺候処、此度願之通被　仰付候儀ニて、品々奇特之
取計仕、飢人共数十万人露命相□、乍然追々取救候故、
既に身上□□も拘可申儀之所、亡父兵左衛門存生中□
饉之事柄有之は、身上退転およひ候共、人命ニは難替候

間、取救可申趣、常々申含有之故、仮令此上身上向如何
成□□相成候共不苦、可［　］丈［　］申度存意之趣ニて、
差はまり居［　］近［　］厚く恩儀之程、一統帰伏いたし□
得共、更ニ権威ケ間敷儀等無之、至て律義成ものニ□□
自分は専倹約質素を用ひ、矢張飢人え遣候食物を給、聊
も奢侈之儀等無之
公儀を重し、都て御法度［　］相守り勧農筋厚世話仕候故、
家内召仕者□不及申、村内小前之末々迄、兵左衛門風儀
押移、人気穏□居合、村柄立直、人別も相増可申始末、
実以奇特之ものニ御座候間、格別之訳を以、其身一代帯
刀、永々苗字相名乗□様、御褒美被成下候様、仕度奉存
候、左候得は、冥加之程難有、此上共奇特之筋心懸出精
仕、近辺迄も相響一般之励ニも相成可申儀と奉存候間、
此段□上候、以上、

□四月　　　　　　　　　　　羽倉外記

（文書番号 ZBA54）

132　天保九年六月　窮民救済につき倅代まで帯刀、苗字永々御免申渡

（封上書）
「申渡　　　　　　　　　　　　　」

申渡

下総国葛飾郡
上花輪村
名主　高梨兵左衛門

其方儀、常々窮民を労り、殊ニ去々申年違作ニ付、難
儀いたし候もの共え、米金等相施し、其外品々奇特之
取計いたし候ニ付、為御褒美倅代迄帯刀、苗字は永々
御免被　仰付之、
右は、水　越前守殿え伺之上、内藤隼人正殿申渡之、
右之趣可得其意候、以上、

天保九戌年六月廿三日　　羽　外記㊞

（文書番号 JGD15）

133　天保十四年五月　日光社参につき上ケ金請取覚

（封上書）
「天保十四癸卯五月二日
日光御参詣ニ付上金　」

覚

金百両者　下総国葛飾郡上花輪村
高梨兵左衛門納

右は、日光
御参詣ニ付、為冥加上ケ金上納請取候、以上、

卯五月二日　青山九八郎手代
青津籌左衛門㊞
同人手附
田中八十次郎
不詰合無印
森田林助㊞
矢村二郎四郎
同断

（文書番号 BFE34）

134　安政四年十一月　冥加御上納取調書上帳

（竪帳）
「
冥加御上納取調書上帳
上花輪村」

覚

御本丸え
一、初穂醤油三拾樽
西御丸え
一、初穂醤油弐拾樽
右は、文政十二丑年より無代上納、年々無滞御上納仕候、為御褒美度々被下置難有頂戴仕候、
（付箋）
「一、初穂醤油千四百樽
文政十二丑年より安政三辰年迄弐拾八年之間、
年々五拾樽宛御上納仕候」
一、籾五百石
右は、羽倉外記様御支配之節、御国恩為冥加、天保六未年より辰年迄拾ケ年之間、年々籾五拾石都合五百石御上納仕度段奉願上候処、御下知相済、天保十五辰年十一月迄無滞御上納相済、此段勝田次郎様御役所え御届申上候、
天保八酉年より
一、金四拾三両壱分永百五拾壱文三分
右は、羽倉外記様御支配之節、字浅間下上花輪村・中之台村両村立会御定式御普請所堤、長三百五拾壱間之処、当酉年より丑年迄五ケ年之間、少破之節ハ御国恩為冥加、私壱人ニて自普請仕度段奉願上候処、御下知相済、丑年迄自普請無滞仕候、且此段御勘定宮田官太郎様え調書差上申候、
天保十三寅年
一、金三拾五両弐分永九拾壱文五分六厘
前同断、御代官平岡文次郎様御支配之節、来卯年より来戌年迄弐拾ケ年之間、少破之節は猶又、自普請仕度段奉願上候処、御下知相済、弘化二巳年迄差出金、御普請役金井五十平様御尋ニ付差上申候、
一、籾五百石

弘化三午年より
一、金拾八両三分永八拾六文弐分
前同断、嘉永六丑年迄諸入用人足賃ニ御座候、
安政二卯年
一、金四拾両弐分永拾弐文九分九厘
（付箋）
「当兵左衛門手当仕候」
右は、震災ニ付御普請被仰付、難有仕合奉存候、
右ニ付別段人足骨折候ものえ内々手当仕候、
四口
三拾八両
合金百四拾両壱分永九拾弐文五厘
右は、天保八酉年より安政二卯年迄、諸色人足賃共
差出入用ニ御座候、
弘化二酉年
一、金三拾壱両壱分永四拾壱文六分
弘化三午年
一、金拾九両永弐拾八文五分
（付箋）
「当兵左衛門手当仕候」
嘉永三酉年
一、金弐拾六両三分

（付箋）
「当兵左衛門手当仕候」
嘉永五子年
一、金拾九両壱分永百六拾三文三分
四口
合金九拾六両壱分永弐百三拾三文三分
右は、其年ニ寄違作年柄見計、居村并最寄村々窮民
え手当差遣候米金共、□□仕候次第御座候、
天保十一子年
一、金千六百三拾七両壱分永弐百拾壱文壱分
菜種買入代金
内
金千五百七拾六両壱分永弐百四拾四文八分　御下金
残て
金六拾両三分永弐百拾六文三分　足金
右は、本所御竹蔵油御絞菜種買入被仰付候節足金仕候、
尤其節御掛御勘定高橋繁之丞様え、足金趣願書差上置
申候、
天保十三寅年
一、金百両
右は、御代官伊奈半左衛門様御支配之節、

西御丸御普請ニ付、上納金仕度段奉願上候処、御下知
相済御上納仕候、為御褒美白銀五枚被下置難有頂戴仕
候、

天保十四卯年
一、金百両
右は、御代官平岡文次郎様御支配之節、
日光　御参詣ニ付、上納金仕度段奉願上候処、御下知
相済御上納仕候、為御褒美白銀弐枚被下置難有頂戴仕
候、

弘化二巳年
一、金百両
右は、御代官勝田次郎様御支配之節、勧農被仰出候ニ
付、窮民家作・肥代差支難渋之ものえ御貸附之内え、
上納仕度段奉願上候処、弘化三午年三月廿九日御代官
大草太郎左衛門様御支配ニ相成候砌、御下知相済御上
納仕候、

嘉永二酉年
一、金弐百三拾三両壱分永百六拾七文壱分
（付箋）「当兵左衛門上納仕候」

右は、御代官大草太郎左衛門様御支配之節、
御鹿狩御道筋金町村・松戸宿境御船橋掛渡方御用被仰
付候ニ付、為冥加檜綱・棕櫚縄・藁綱献納仕、右代金
御上納仕候処、為御褒美白銀五枚被下置難有頂戴仕候、
（付箋）「本文縄類不残御支配御役所様おいて御買上相成候ニ
付、代金を以御上納仕候義ニ御座候　」

嘉永三戌年正月
一、金五拾両
右は、村方え差出、利金を以年々村入用助合仕候、

嘉永六丑年四月十二日
一、金五拾両
右は、御代官望月新八郎様御支配之節、
西御丸御普請ニ付、為冥加上納仕度段奉願上候処、御
下知相済御上納仕候、為御褒美嘉永七寅正月九日白銀
三枚被下置難有頂戴仕候、

一、金七拾五両
右は、越ヶ谷宿加助郷雇替人足賃之内、壱ケ年ニ金五
両宛拾五ケ年助合申候、

嘉永六丑年十一月
一、金弐拾両
嘉永七寅年三月七日
一、金百三拾両

合金百五拾両

右は、品川沖御台場御取建ニ付、御国恩為冥加御上納仕候、右為御褒美白銀七枚被下置難有頂戴仕候、

安政三辰年
一、金七拾七両三分永百弐拾五文
同断
一、白米四拾七俵弐斗　但、四斗入

右は、八月中大風雨ニ付、潰家其外難渋之ものえ助合仕候、

安政元寅年
一、金拾八両壱分

右は、村方并外村々え窮民え手当仕候、

前書之通御尋ニ付、奉書上候、以上、

下総国葛飾郡
上花輪村
高梨兵左衛門煩ニ付代

安政四巳年十一月　召抱　丈右衛門

林部善太左衛門様
御役所

乍恐以書付奉申上候

下総国葛飾郡上花輪村名主高梨兵左衛門煩ニ付、代丈右衛門奉申上候、右兵左衛門義御国恩為冥加、羽倉外記様御支配之砌、天保六未年より辰年迄拾ケ年之間、年々籾五拾石宛都合籾五百石御上納仕度段奉願上、御伺之上御聞済ニ相成、同十五辰年十一月迄ニ無滞御上納相済、其段勝田次郎様御役所え御届仕候、尤右ニ付、御褒美等頂戴仕候義ハ無御座候、此段御尋ニ付奉申上候、以上、

下総国葛飾郡
上花輪村
高梨兵左衛門煩ニ付代
丈右衛門

安政四巳年十一月七日

林部善太左衛門様
御役所

一、高八拾石六斗壱升三合三勺　村方
一、高三百弐拾六石八斗九升四合　出石
合高四百七石五斗七合三勺
一、高百五拾八石六升五合五勺　堤根新田
一、同九拾石八斗八升六合　中根
一、同廿弐石八斗七升三合五勺　今上村
一、同四拾六石六升九合　伊勢屋村
一、同九石　同村新田

乍恐以書付奉申上候

下総国葛飾郡上花輪村高梨兵左衛門煩ニ付代、丈右衛門奉申上候、右兵左衛門曾祖父四郎左衛門より寛政度《享和三亥正月》、祖父兵左衛門義家督譲受、其後天保四巳年より弘化四未年五月十四日迄父兵左衛門家督相続罷在、同月十五日より当兵左衛門義家督譲受相続仕候義ニ御座候、且当時持高之義高八拾石六斗壱升三合三勺ハ村高、同三百弐拾六石八斗九升四合は出石之分、合高四百七石五斗七合三勺所持罷在候、此段御尋ニ付、奉申上候、以上、

下総国葛飾郡
上花輪村
高梨兵左衛門煩ニ付代
丈右衛門

安政四巳年十一月八日

林部善太左衛門様
御役所

（文書番号 ZBC13）

135　（安政七年二月）　御褒美頂戴書上帳

（竪帳）「
御褒美頂戴書上帳
上花輪村」

天保二卯年十二月
一、白銀五枚
両御丸え初穂醤油無代上納仕候為御褒美、村垣淡路守
様より被下置、難有頂戴仕候、
（付箋）「初穂醤油千四百樽
文政十二丑年より安政三辰年迄、弐拾八ケ
年年々五拾樽宛御上納仕候、」

申渡
下総国葛飾郡
上花輪村
名主　兵左衛門

其方義、常々窮民を労、村内は勿論、他村迄も厚世話
いたし、米金等相施、其外品々寄特之取計いたし候ニ
付、為御褒美孫之代迄苗字御免被仰付之、右は大和（加）
賀守殿え伺之上、明楽飛騨守■殿被申渡之候、
右之趣、可得其意候、以上、
天保六未年十一月九日　羽■外記印

天保七申年十二月
一、白銀五枚
両御丸え初穂醤油無代上納仕候為御褒美、矢部駿河守
様より被下置、難有頂戴仕候、

天保八酉年四月
一、白銀拾枚
右は、前年違作ニて困窮人共え米金等遣候段、寄特之
趣ヲ以、為御褒美被下置候旨、
水野越前守様御差図之趣、
矢部駿河守様被　仰渡候段

六　一件

羽倉外記様被仰渡、右銀被下置、難有頂戴仕候、
天保八酉年十二月
一、白銀五枚
右は、毎年無代上納仕候、醤油之外、
御大礼ニ付、別段醤油無代上納仕候為御褒美、
矢部駿河守様より被下置、難有頂戴仕候、
(付箋)
「天保八酉年
一、初穂醤油五百樽
御大礼ニ付、御上納仕候」

下総国葛飾郡
上花輪村
名主　高梨兵左衛門

申渡

其方義、常々窮民を労、殊ニ去々申年違作ニ付、難儀いたし候者共え米金等相施、其外品々寄特之取計いたし候ニ付、為御褒美忰代迄帯刀、苗字は永々御免被仰付之、

右は
水　越前守殿え伺之上、
内藤隼人正殿申渡之、
右之趣、可得其意候、以上、
天保九戌年六月廿三日　羽　外記印

天保十二丑年十二月
一、白銀五枚
両御丸え初穂醤油無代上納仕候為御褒美、土岐丹波守様より被下置、難有頂戴仕候、
天保十三寅年四月
一、白銀五枚
西御丸御普請ニ付、上金仕候為御褒美、
水　越前守様御差図之旨、
梶野土佐守様被　仰渡之段、
伊奈半左衛門様被仰渡、右銀被下置、難有頂戴仕候、
天保十四卯年十二月
一、白銀弐枚
日光御参詣ニ付、上金仕候為御褒美、

跡部能登守様被　仰渡、
青山九八郎様右銀被下置、難有頂戴仕候、
弘化五申年二月
一、白銀五枚
両御丸え初穂醤油無代上納仕候為御褒美、
石河土佐守様より被下置、難有頂戴仕候、
(付箋)
「弘化四未年より当兵左衛門家督仕頂戴仕候」
嘉永二酉年九月
一、白銀五枚
小金御鹿狩ニ付、綱類上納仕候為御褒美、
阿　伊勢守様御差図之旨、
石河土佐守様被　仰渡之段
青山録平様より右銀被下置、難有頂戴仕候、
嘉永五子年十二月
一、白銀五枚
両御丸え初穂醤油無代上納仕候為御褒美、
松平河内守様被下置、難有頂戴仕候、
嘉永七寅年正月九日
一、白銀三枚
西御丸御普請ニ付、上納金仕候為御褒美、
望月新八郎様被下置、難有頂戴仕候、
安政二卯年五月廿六日
一、白銀七枚
御台場御備ニ付、御上納仕候為御褒美、
林部善太左衛門様より被下置、難有頂戴仕候、
是迄安政四巳年十一月林部様御役所え書上申候、
安政七申二月八日
一、白銀五枚
両御丸え初穂醤油無代上納仕候為御褒美、
松平式部少輔様より被下置、難有頂戴仕候、

(文書番号 JGD27)

136　文久二年正月　御本丸普請金上納・囲米等につき孫代まで帯刀御免申渡

（封上書）
「申渡　　　　　　　　　　」

申渡

下総国葛飾郡上花輪村
名主
高梨兵左衛門

其方義、常々窮民を労り米金等相施、又は貯穀新穀ニ引替候上、籾五百石相納、嘉永元申年小金御鹿狩之節、御船橋諸色之内え無代上納物いたし、同年違作ニて難儀いたし候者え、米六百俵余、金百七拾壱両余相施候上、御年貢相納兼候者共えは、手当いたし遣、其外道普請等之入用迄も夫々出金いたし、且又今般御本丸御普請御入用之内え金弐百両上納いたし候上、非常備として籾八百俵・稗三百俵差出囲置候段寄特之儀ニ付、為御褒美孫代迄帯刀御免被　仰付候段、久世大和守殿御差図之趣、小笠原長門守殿被申渡之候

右之趣可得其意候、以上、

文久二戌年正月　林　善太左衛門㊞

（文書番号 JGD9）

137　文久二年正月　孫子の代まで帯刀御免につき請書

（竪帳）
「（表紙ナシ）」

差上申一札之事

私義常々窮民を労、米金等相施、又は貯穀新穀ニ引替候上、籾五百石相納、嘉永元申年小金御鹿狩之節、御船橋諸色之内え無代上納物いたし、同年違作ニ付、難儀いたし候ものえ米六百俵余・金百七拾壱両余相施候上、御年貢相納兼候もの共えは手当いたし遣、其外道普請等之入用迄も夫々出金いたし、且又今般
御本丸御普請御入用之内え金弐百両上納いたし候上、非常備として籾八百俵・稗三百俵差出囲置候段、奇特之儀ニ付、為御褒美孫代迄帯刀
御免被仰付候段、久　大和守様御差図之趣、小笠原長門守様被仰渡候旨、被仰渡之趣冥加至極難有承知奉畏候、仍御請証文差上申候、如件、

下総国葛飾郡
上花輪村
文久二戌年正月七日　名主高梨兵左衛門
林部善太左衛門様
御役所

前書被仰渡之趣、罷出奉承知候、以上、

右村
年寄　伝右衛門

（文書番号 JGD7）

138　慶応元年五月　御進発御用途上納につき居屋敷年貢免除等申渡

申渡

下総国葛飾郡
上花輪村
高梨兵左衛門

其方儀、今般
御進発御用途之内え願之通上納申付候ニ付、為御褒美居
屋敷高九石余御年貢孫代迄免除、其身一生之内三人扶持
被下之、
右は水　和泉守殿御差図ニ付、松平備中守殿御達之趣申
渡之、

慶応元丑年五月廿七日佐々井半十郎㊞

（文書番号 JGD23）

139　慶応元年五月　御進発につき上納願上候並御褒美仰渡され写帳

（竪帳）
「
御進発ニ付御上納願上候并御褒美被仰渡写
」

乍恐以書付奉願上候
下総国葛飾郡上花輪村高梨兵左衛門奉申上候、今般
御進発被為在候ニ付、御国恩為冥加金千両・（付箋1）醤油五百樽
御用途之内、上納仕度、何卒以（付箋2）
御慈悲御聞済被成下度奉願上候、以上、

下総国葛飾郡
上花輪村
慶応元年丑五月十四日　高梨兵左衛門

佐々井半十郎様

御役所

(朱書)「田中鉒之助様差出ス」

(付箋1)「当丑年より卯年迄三ケ年割合奉上納候、以上」

(付箋2)「醤油之儀当丑年奉上納候、以上」

乍恐以書付奉申上候

一、高九拾石余

一、人別弐拾四人

一、屋敷五畝何歩

一、藪壱反歩余

一、凡畑上中下林壱町弐反歩余

下札

高凡拾石位 永凡壱貫弐、三百文位

右は、御尋ニ付奉申上候、以上、

丑五月十四日

下総国葛飾郡

上花輪村

高梨兵左衛門

佐々井半十郎様

御役所

(朱書)「田中鉒之助様差出ス」

申渡儀有之間、明廿七日昼九ツ時、刻限不遅様可罷出、其節此書付可相返もの也

丑五月廿六日

佐々井半十郎

役所

下総国上花輪村

高梨兵左衛門

鉄蔵後見

周　蔵

右

名主

年寄

(朱書)「五月廿六日夜八ツ時拝見、廿七日伊之助・伝右衛門罷出申候」

差上申一札之事

下総国上花輪村高梨兵左衛門・周蔵義、
御進発御用途之内え兵左衛門は金子并醤油、周造は金子
上納之義奉願候処、夫々願之通被　仰付為御褒美両人共
居屋敷御年貢、孫代迄免除被仰付、其身一生之内、三人
扶持ツヽ可被下置候旨、水　和泉守様御差図ニ付、松平
備中守様御達之趣被仰渡、一同難有承知奉畏候、仍御証
文差上申処、如件、

慶応元丑年五月廿七日

下総国葛飾郡上花輪村
高梨兵左衛門代　伊之助

鉄蔵後見
同人親
周造代　啓次郎

村役人惣代
組頭　伝右衛門

佐々井半十郎様
御役所

（朱書）「元〆青木新左衛門様被仰渡御証文差出ス」

今般願済相成候上納金当丑年納分、来ル六日御金蔵納相
成候間、明後四日昼九ツ時迄ニ、無相違可相納もの也、

丑閏五月朔日
佐々井半十郎
役所

下総国上花輪村
高梨兵左衛門
周造

右
名主
組頭

（朱書）「閏五月三日昼八ツ時拝見仕候」

乍恐以書付奉願上候

下総国葛飾郡上花輪村高梨兵左衛門代七兵衛外壱人奉申
上候、今般上納金願之通被　仰付為当金三百五拾両ツヽ、
一時上納可仕之処、差支候ニ付、今日弐百両ツヽ上納仕
候間、両人合て当金残来ル廿日無相違上納仕候間、何卒
以
御慈悲、右廿日迄御延被成下置度奉願上候、以上、

下総国葛飾郡上花輪村
高梨兵左衛門代
七　兵　衛
慶応元丑年閏五月五日
右村
周造代
太　兵　衛

佐々井半十郎様
御役所

（朱書）
「青木新左衛門様ニ差出ス」

上花輪村
高梨兵左衛門納

当丑年金三百五拾両之内
一、金弐百両也
右は、
御進発ニ付御上納金書面之通請取候、以上、
丑閏五月五日
佐々井半十郎役所
青木新左衛門
福田又左衛門
田中銈之助
鯰江鉞次郎

当丑年之分
一、金百五拾両也
下総国葛飾郡上花輪村
高梨兵左衛門納
右は、
御進発ニ付御上納金書面之通請取候、以上、
丑閏五月廿日
佐々井半十郎役所
青木新左衛門
福田又左衛門
田中銈之助
鯰江鉞次郎

下総国上花輪村高梨兵左衛門外壱人へ居屋敷御
年貢免除伺書
下総国葛飾郡
高梨兵左衛門
一、高九石五斗七升三合
此反別壱町八畝拾七歩
此取永壱貫八拾五文六分
内
上畑高五石六斗八升七合

此反別五反六畝廿六歩
此取永五百九拾八文五分
四反七畝拾歩　本免
此取永四百九拾七文九分　反永百五文弐分
内
九畝拾六歩　亥屋敷成
此取永百文六分　反百五文五分
中畑高弐石弐斗六升九合　石盛八
此反別弐反八畝拾壱歩
取永弐百七拾九文
壱反九畝廿壱歩　本免
此取永百八拾文六分　反永九拾五文弐分五り
内
八畝廿歩　亥居屋敷成
此取永九拾壱文四分　反永百五文五分
下畑高壱石七升四合
此反別壱反七畝廿七歩　石盛六
此取永百五拾文八分　反永八拾四文弐分五厘

屋敷高五斗四升三合　石盛十
此反別五畝拾三歩　反永百五文五分
此取永五拾七文三分
同村
一、高六石六斗九升　鉄蔵後見親周造居屋敷
此反別八反八畝拾歩　構
此取永八百拾三文九分
内
上畑高弐石壱斗八升　石盛十
此反別弐反壱畝廿四歩　反永百五文弐分
此取永弐百廿九文三分
中畑高壱石六斗六升七合　石盛八
此反別弐反廿五歩　反永九拾五文弐分
此取永百九拾八文四分　五り
下畑高弐石壱斗八升六合　石盛六
此反別三反六畝拾三歩　反永八拾四文弐分
此取永三百七文　五り
下々畑高壱斗八升　石盛四

此反別四畝拾五歩　　　反永六拾四文弐分
　此取永廿八文九分　　五り
屋敷高四斗七升七合　　石盛十
此反別四畝廿三歩　　　反永百五文五分
　此取永五拾文三分
合高拾六石弐斗六升三合　　当丑御年貢より
此反別壱町九反六畝廿七歩　　免除可被仰付分
此取永壱貫八百九拾五文五分

右、今般
御進発御用途之内え、兵左衛門ハ金千両・醤油五百樽、
周造は金千両上納願之通被　仰付、為御褒美両人共居屋
敷御年貢、孫代迄免除之義、被仰渡候ニ付、居屋敷構地
御取調之上、書面御取永当丑年より兵左衛門・周造共孫
代迄免除被成下置候段、被　仰渡、冥加至極難有仕合奉
存候、依之御請証文差上申候処、如件、

慶応元丑年十二月八日

当元　支配所
下総国葛飾郡上花輪村
高梨兵左衛門煩ニ付代
七　兵　衛

鉄蔵後見
同人親
周造煩ニ付代
久　八

村役人惣代
組頭
孫　平

佐々井半十郎様
御役所

関根勘十郎様被仰渡

寅二月廿日
一、金百両
福田所左衛門様
御役所

寅五月八日
一、金弐百五拾両
福田所左衛門様
御役所

卯三月廿日田中圭之助様雁皮紙奉書請書上ル、
（文書番号 JGD26）

140　（慶応二年）寅十月　長防討入献金につき願書

御掛渡辺幸之助様

（文書番号 BFV10）

乍恐以書付奉願上候

下総国葛飾郡
上花輪村
高梨兵左衛門

一、金百両也

右は長防
御討入之儀ニ付、献金又ハ御用金等可相願旨被仰渡奉畏
候得共、当寅年之儀、田方皆水腐同様ニて、難渋罷在候
得共、御国恩冥加之程深ク相弁、書面之通奉献納度候間、
何卒以御慈悲、御聞済被成下度奉願上候、以上、

右村
右
高梨兵左衛門煩ニ付代
藤　市

寅十月廿六日

福田所左衛門様

御役所

141 （慶応三年）卯十二月　軍費上納につき五代帯刀御免等申渡

（封上書）
「申渡
高梨兵左衛門　」

（端裏書）
「申渡
高梨兵左衛門　」

下総国葛飾郡
上花輪村
百姓　高梨兵左衛門

其方儀、御軍費之内え上納金之儀、願之通上納被　仰付、為御褒美其身より五代帯刀、一時皆上納ニ付、別段銀三枚被下之、

卯十二月

（文書番号 JGD8）

解説

本巻は『髙梨家近世文書　醤油醸造家と地域社会Ⅲ』天保救済として、天保飢饉に当たって髙梨家が行った救済事業に関する史料を収めた。本編では、天保四年（一八三三）から同九年（一八三八）までの救済に関わる史料を、一件では顕彰碑と墓碑など、及び献納・救済と御褒美頂戴として、天保飢饉の犠牲者の墓碑や救済に当たった髙梨当主の顕彰碑、髙梨家が幕府に対して行った献納や地域に対する善行の記録、幕府からの御褒美頂戴記録などを収めた。

天保飢饉に当たって行われた髙梨家の救済活動は、一豪農の実施したものとしては類例のない大規模なものであり、これに関わる古文書は、天保飢饉史料として第一級の価値があると言って過言ではない。ここでは、その主要なものを掲載した。

一　天保四年

1は天保四年の「救米手当帳」である。同年十一月二十四日の村内困窮者への救米の手当から書き起こされているが、四年の記事は少なく、翌五年の施行記録が中心となっている。施行記録の部分は、虫食いによる破損箇所が多いが、救済事業の最初の記録であるので、できる限り読み取って掲載している。施行記録には、村名・名前が記載されているが、日付はない。村名は宛字が多く、わかりにくいものは補足した。数えられる範囲で五十一カ村程度、三六六名の記載がある。この内、四名には籾二俵が与えられたが、残りはとくに記述がない。施粥を受けた者であろうか。

二　天保五年

天保飢饉は天保四年の大凶作に端を発するが、その影響が深刻化するのは、年末から翌年にかけて食料の備蓄が底をついた頃からである。このため救済活動も天保五年（一八三四）になってから本格化した。2・3は髙梨家が十五カ村の窮民へ施米を行うため、三月十五日に代官所役人の派遣を求めたものである。4によれば、三月十二日に十五カ村に、夫食難渋者の書上げを要請している。家数・人数、六十歳以上、十五歳以下の人数などの書上げを求めている。5〜22、25はこれに応じた各村の対応、及び調書である。なお、同月日の文書は当時の髙梨家の地理認識を尊重し、111の表記順番にしたがっている。以下、他の文書も同様である。

23は十五カ村の村々が囲籾を受け取った帳面、24は上花輪村から関東取締出役への合力の報告である。26・27は、合力米拠出の報告で、各村への合力米の施行は、表1に示した。ここでは上花輪村を含めて十六カ村となっている。この他に、天

表1　天保5年合力籾表

村名	戸数	人数	籾高
上花輪	22	91	15.9
今上	103	470	85.3
桜台	7	35	6.05
山崎古料	64	252	45.65
山崎新料	24	87	15.45
花井新田	8	36	6.3
座生新田	6	16	3.2
中野台	44	220	39.85
野田	136	448	77.9
堤台	7	32	5.35
清水	27	119	21.6
堤根新田	6	19	3.1
中根新田	17	87	15.35
横内	8	40	7.05
柳沢新田	18	97	17.8
宮崎新田	15	70	12.85
合計	512	2119	378.7

出典：本巻26番文書
※史料の「寄」は各村の数値合計と一致しない。ここでは各村の数値の合計を標記しいる。

保四年十一月から同五年四月晦日まで村内近村へ合力米一石八斗余、同稗一一六石五斗、また籾三十二石を支出し、天保四年十二月十日から翌五年四月二十五日まで春麦三十八石四斗と白米八石を焚き出したとされている。

三　天保七年

28は天保七年（一八三六）の凶作に当たって、救済のために米七〇〇俵を買い付けたことを報告したものである。天保四、五年の救済活動で、囲穀が籾一〇〇石しか残っていなかったため、補充で買い付けたとしている。29～38、40は、各村からの救済要請である。天保七年の凶作は深刻で、早い段階から救済が求められていたことがわかる。

39は米穀高値のため投機的に買い占めを行うことを禁止した関東取締出役の触れに対する請書、41は上花輪村の米穀の所持状況と消費見込みの書上げ、42は中山道鴻巣組合惣代の発案した米穀喰い延べ法の紹介で、関東取締出役の飢饉対策に関わるものである。43は野田町役人が高梨家より合力米三十俵が与えられたことを町民へ示したもので、合力米が出されると張り札のように掲示したと考えられ、この点で興味深い。44は上花輪村の富裕者の所持米穀高を取り調べて関東取締出役へ報告したものである。

45～50及び52～55、58～65は、各村からの夫食の借用願や合力願である。上花輪村から比較的遠い村からの願が多い。なかには小前百姓が高梨家の救済活動を知って、村役人に願い出ることを求めたというものも多かった。

51は上花輪村に対する囲籾の貸し渡しを代官所に願い出たものである。57は各村、個人への合力米の拠出を記録したもので、村については村役人の印鑑があり、受取帳のようになっている。天保七年十二月二十二日より翌八年二月八日まで記事がある。95にこの続きがあるので、合わせて検討されたい。

66は高梨家籾蔵の板壁に記載された板書である。天保七年の米穀値段の記述があるので、天保七年として掲載した。高梨家が残した、天保飢饉の記憶として貴重なものである。古文書として残る記録は多いが、このように籾蔵にわざわざ墨書して、後世に伝えようとしたものは珍しい。それだけ天保飢饉の経験が稀有なものだったことが偲ばれる。

四　天保八年

天保八年（一八三七）になって、飢饉状況はますます本格的なものとなり、救済活動も活発化した。

67〜79までは、正月中の各村からの救済要請や借用一札である。67は下野国塩谷郡上塩原村他九カ村の助成金請取一札である。塩原村は、いわゆる塩原温泉を中心とした地域で、農地が少なかったので困窮していたが、武蔵国埼玉郡瓦曽根村名主中村彦左衛門が仲介して、高梨家が金七十両を合力した。

80は高梨家の施粥の記録である。天保八年正月二十三日から二十六日までの記事がある。記載されたのは当初、村名と名前、人数であったが、後半になると多人数のため対応できなくなったのか村名・人数となった。これに続いて天保八年二月一日から四月までの帳簿は統計編に収録した。

81〜85、87〜94、96・97、100〜109は各村からの合力や借用願である。

86は高梨家が各村に困窮者の書上げを求めた触覚である。酉二月とあり日付がないが、十四日までに書上げを届けるように求めているので、その数日前であった。同じ文章の文書が数枚残っており、配布用の文書だったことがわかる。各村からの救済願は、これに応じたものであろう。合力の対象は、老いて子の亡き者、幼くして親のない者、長病の困窮者というもので、いわゆる鰥寡孤独の者を救済の第一とするという近世の救済思想に沿っている。

95は天保八年二月八日より四月二十八日まで、各村や個人への合力や貸付の記録である。57に続くものである。

110は高梨家の施粥の日〆帳である。天保七年十一月一日より翌八年正月二十三日までは概数、正月二十四日から三月二十日までは、日々の合計が記載されている。窮民・乞食と分けられているが、合計が最大となったのは三月五日で一日四三九一人であった。同帳面延べ人数は一一万七四〇人となっている。なお帳面が示す合計と日々の〆の合計とは一致しないので注意されたい。統計編の窮民名前帳などでは、施粥はその後も四月二十日までは続けられたことがわかっているので、さらにこの数は大きく増える。高梨家の救済事業がいかに大規模なものになったか、その一端を示すものである。

111は天保八年三月までに高梨家が合力した村名・家数・米穀数を関東取締出役に書き上げたものである。上花輪村を加えて下総国葛飾郡五十八カ村、猿島郡二カ村に及んでいる。表2にその状況を示した。これ以降は95が四月まで書き上げている。なお111では、施粥の数量などを含めて、この時点まで高梨家が救済に充てた米穀の数量を書上げている。

112は高梨家の合力・施粥の合計を報告したもので、三月十日までの実績となっている。113は高梨家以外の上花輪村の救済に当たった奇特者の書上である。

114は下野国塩谷郡塩原村の救済について、同地の領主宇都宮藩（戸田氏）からの礼状で時服一つを贈られている。115は上花輪村へ田植えの手当として救籾の配分を記録したもの、116は飢饉後の疫病の流行に薬用を奨めた関東取締出役の触れに対する請書、117は高梨家が代官所に差し出した窮民取救奇特金二十一両余の請取である。代官所でも、豪農に割り当てて、救済を行ったようである。

118は施粥に当たって、行き倒れ人などを高梨家の指示で介抱した野田町小屋頭の上花輪村に対する報告書である（口絵・図3参照）。112によれば施粥を実施したところ、集まる人びとが多数になったので、二月十五日より竪八間横三間の

表2　天保8年村むら合力雑穀表

村	軒数	米（石）	大麦（石）	稗（石）	村	軒数	米（石）	大麦（石）	稗（石）
上花輪	26	19.74	5.8	1.5	駒木新田	14		1	3
今上	53	21.95			大衾	13		1.2	2.6
中野台	21	8.6			中野	14		3.5	
座生新田	5	1.5			丸井	10		2.5	
堤台	10	4.5			蕃昌新田	10		2.5	
桜台	10	3.15			船形	69		17.5	
山崎	101	30.6		28.5	永沼	21		4.2	
柳沢新田	12	5.4			大青田	4		0.9	
奉目新田	5	3			木野崎	70		17.5	
鶴島新田	13	3.9			平井	18		3.6	
横内	7	4.65			上目吹	家数不明		11.75	
宮崎新田	13	3.9			桐ヶ谷	10		2	
中根新田	9	3.6			下花輪	22		4.4	
花井新田	11	3.3			新宿新田	13		2.6	
堤根新田	15	1.25	5.1	1.5	岩名	10	0.5	2.5	
清水	29	8.7			三ヶ尾	4			3
野田町	家数不拘	12			米崎	11			2.2
吉春	10		5		赤崎	25			5
魚沼	29		20.3		水角	15			3
平方新田	8		2		三輪野山	12			2.4
飯沼	18		16	4.2	桐ヶ谷・谷津	12			2.4
深井新田	8		7.8		十太夫新田	11			2.2
西深井	28		9.35		桐ヶ谷・南	12			2.4
平方請新田	8		1.6	1.6	桐ヶ谷・北	16			3.2
築比地	40		8	8	小屋	8			1.6
東深井	35		7		貝塚	8			1.6
青田新田	8		1.8		大畔新田	4			0.8
平方	28		6.85		長谷	50			12.5
谷津	9		5.4	4.3	鵠戸	30			7.5
五木	8		1.6	0.8	合計	1116	140.24	185.85	105.8
下目吹	23		4.6						

出典：本巻111番文書。
白川部達夫「近世百姓世界の解体をめぐって」（『中央史学』45号、2022年）表1より転載。

表３　施行帳の出身のわかる国別人数

国名	人数	国名	人数	国名	人数
下総	57	信濃	6	駿河	1
武蔵	72(12)	越後	18	三河	2
常陸	27	小計	24	遠江	6
下野	31	越中	25	美濃	1
上野	19	加賀	3	伊勢	4
上総	7	能登	5	近江	2
安房	1	越前	1	小計	16
小計	214	小計	34	摂津	1
陸奥	48			因幡	11
出羽	2			阿波	2
小計	50			長門	3
				小計	17

合計　355
（　）：内江戸出身者の人数。人数には生還出立者と死者を含む。
出典：本巻118番文書。
白川部達夫「近世百姓世界の解体をめぐって」（『中央史学』45号、2022年）表２より転載。

小屋一カ所、竪七間半横弐間半の小屋二カ所を建設して、対応したが、到底足りなく、多くは鎮守脇の杉林に滞在したようである。このなかには疫病などで倒れる者も多く、高梨家は小屋頭に依頼して収容させて、施薬と看病を行わせた。また介抱以前に行き倒れ死したものの処理も依頼した。これらの報告書がこの史料である。これによれば四四九人の記載があり、無事回復して出立したもの一一〇人、死亡三三八人、生死不明一人となった。死亡者は村内浄土真宗長命寺に葬られた。長命寺には同年の行き倒れ死亡者の過去帳が残っている（野田市文化財審議会『災害関連文化財評価書』二〇二三年）。同帳は現在、野田市の文化財に認定されている。なお死亡者は、野田町安心坊にも葬られていて、これも長命寺過去帳に記載がある。長命寺で戒名を与えた死者が三二七人、安心坊が一五〇人で、合計四七七人となっている（野田市文化財審議会『災害関連文化財評価書』二〇二三年）。ここに収録した施行帳は、長命寺に葬られた者だけを記載しているので、安心坊分は別に作成されて野田町に提出されたと考えられる。長命寺の過去帳と本史料の死者数とでは十一名の差があるが、原因は不明である。

記載様式は、個人や家族毎に、出身地・親の名前・本人の名前・年齢・家族一人ずつの名前年齢と保護場所・生死の別などである。行き倒れ死亡者は推定年齢・容貌・衣類・持ち物、発見場所などが記載されている。出身地は当該する国郡に村名がない場合がある。『新版角川日本地名大辞典』で対照したところ、関東外の土地については、全八十九地域中、二十五パーセントに及ぶ二〇の村名が確認できなかった。標記も例えば「参州村山郡遠島村」などとあり、三河国に村山郡も遠島村もない。また村山郡のある出羽国にも遠島村はないので、何かの誤りであろうが、確認できない。利用に当たっては十分注意する必要がある。すぐ判断できる誤りを正して国別集計を示したのが表3である。関東が多いのは当然として、陸奥から長門までの者が記載されており、出稼ぎが多かったとされる地域の者の比重が高かった。上花輪村近在に、これだけ各地出身の人びとがいたことは考えにくいので、江戸やその周辺に生活していた者が施粥の噂を聞いて集まったのではなかろうか（分析については、白川部達夫「近世百姓世界の解体をめぐって」『中央史学』四五号、二〇二二年参照）。

表4　天保7、8年の施米金明細

品目・事項	石高（石）	代金（両）	永（文）
米	239.69	1331.5	111.1
籾	28.05	70	
大麦	203.5	407.75	150
搗麦	194.54	810.5	33.3
小麦	108	270	
大豆	23.82	47.5	140
小豆	47.8	191	200
稗	111.5	139.25	125
小計		3268.25	134.4
無利息貸し渡し		150	
下野那須郡合力		70	
貸し金棄捐		750	
醤油安売り・合力		200	
焚出し病人薬用・死亡手当		100	
小計		1270	
合計		4538.25	134.4

出典：本巻120番文書。
※史料の合金と品目・事項の合計とは一致しない。ここでは品目・事項の計算合計を表示した。代金は両を単位に以下は十進法に直した。

五　天保九年

119は天保七、八年の金銀米穀の合力をまとめたものである。天保九年正月に報告したものである。各村への米穀の合力は含まれず、個別対応の支出だけのようである。米穀の購入記録と合力の記録などが記載されている。合力は両年で二七三二両余だったとされている。

120は天保九年二月の上花輪村の奇特者とその拠出について関東取締出役に報告したものである。髙梨家は天保七、八年に総額四五三〇両の合力を行ったとしている。天保飢饉の最終報告といえるので表4にその数値を示した。なお、ここには下野国塩谷郡や上野国吾妻郡村々への各七十両の合力、伊豆八島への合力は含まれていない。

六　一件

1　顕彰碑・墓碑など

121は天保八年（一八三七）正月の高梨家の救済事業へ感謝の意を込めて贈られたものである。作者は舟形村野口庸という人物で、救済事業は始まったばかりであったが、早い段階から顕彰する動きがあったことがわかる。文章からとくに高梨家と親しかった形跡が読み取れないので、救済への心情などの記述は野口の創作と考えられる。なお顕彰碑・墓碑などはできるだけ記載されている字体を使用している。

122は天保九年（一八三八）四月になって、天保飢饉の遭難者のために建てられた墓である（口絵・図2参照）。行き倒れ死亡者は上花輪村長命寺と野田町安心坊に葬られたが、両所に墓が造られた。ここでは高梨家と関係の深い長命寺のものを掲載した。同墓は明治十九年の五十回忌に高梨家によって台座が追加されている。同墓碑は天保飢饉過去帳とともに二〇二三年野田市の文化財指定を受けている。

123は天保十三年（一八四二）春、幕府代官羽倉外記（用九）の撰文・書、祝希烈の題字による顕彰碑である（口絵・図1参照）。羽倉外記は天保飢饉時の上花輪の代官で、天保改革に当たっては水野忠邦の知遇を得て、御納戸頭・勘定吟味役に抜擢され活躍した。儒学にも優れ簡堂と称した（村上直『江戸幕府の代官群像』同成社、一九九七年）。高梨家の救済事業が円滑に進められたのも、羽倉外記の後援があったからと推察される。羽倉は天保六年（一八三五）、同八年に高梨家当主を奇特人として、幕府に褒賞を願い出ている。祝希烈は日吉社司であった（王勇「『円仁三蔵供奉入唐講益往返伝記』諸本雑考及び注釈」『日本漢文学研究』二号、二松学舎大学、二〇〇七年）。なおこの碑の数値の部分は、削られている。理由は同家が救済活動の大きさが喧伝されるのを避けたなどの説があるが、不明である。また同碑は二〇二三年に野田市の文化財指定を受けた。同碑文は外記の同族羽倉信一郎の編著『簡堂遺文』（一九三三年、吉川弘文館）に収録されている。碑文の削字はこれで補った。

124は明治二十八年（一八九五）になって建てられた顕彰碑である。天保飢饉の救済に当たった髙梨忠学（祐佐）の事績が記憶から薄れていくことを惜しんでのこととされている。正面の題字は千家尊福の揮毫で、同人は出雲大社宮司から元老院議官、貴族院議員となり、当時埼玉県令であった。裏の報恩碑の文は、竹村良撰、評は依田百川、書は東角井福臣となっている。依田百川は学海という雅号で知られる。文部省書記官を勤め退職後は漢学者、文芸評論、演劇の創作などで活躍した。東角井福臣は武蔵氷川神社の神官であった。文中にあるように髙梨氏は、相模守藤原親忠の子孫という。藤原親忠は『尊卑分脈』では藤原魚名流で、鳥羽院の寵妃美福門院の乳父だったことから取り立てられた。仁平二年（一一五二）に相模守に任じられた。親忠の娘が藤原俊成に嫁ぎ、定家を生んだことで知られる（谷山茂「親忠家と俊成」大阪市立大学文学会『人文研究』一二巻六号、一九六一年）。

2　献納・救済と御褒美頂戴

126・127は羽倉外記が髙梨家の救済活動などを質問したことへの上申書である。これを踏まえて128の羽倉外記の奇特人の褒賞願が出されることになった。ここでは天保飢饉に至る髙梨家三代の囲穀について指摘されている。四郎左衛門は天明六年（一七八六）の飢饉で、施行を行ったが、備蓄が足りず難儀した。この経験から囲籾を心掛け、子供の兵左衛門（順信）は文政三年（一八二〇）に出願して囲籾五〇〇石を備蓄し、これが天保飢饉に当たって、その子兵左衛門（祐佐・忠学）による施行に活用された。高梨家三代の努力が天保救済となって実を結んだのである。兵左衛門（忠学）は、父から飢饉の際には家財を傾けても人びとを救うように日頃から訓戒されており、これに従って、寝るにも帯を解かず、飢人に与える粥を自ら食して、救済に奮闘したという。天保飢饉以外の奇特筋もあり、高梨家は羽倉外記の申請で、129で天保六年（一八三五）には孫の代まで苗字を許された。なお掲載した各史料をもとに表5に高梨家の奇特筋と褒賞の一覧を作成したので、参考にされたい。

131は天保八年に前年の飢饉の救済を踏まえて、羽倉外記が再び幕府に奇特筋を書き上げたものである。破損が激しいが、128などと併せて大体の状況は読み取ることができるので掲載した。132はこれに対して、高梨家に幕府が倅代まで帯刀、苗字の永代許可を与えたもの、133は天保十四年（一八四三）の将軍家慶の日光社参に当たって一〇〇両献金の受取書である。

134は高梨家が安政四年（一八五七）に提出した冥加上納の記録である。代官所は奇特筋を上申するに当たって、同家に奇特書上を出させて検討しているため、数種類残っている。なかから後のもので記載の整ったものを掲載した。本史料で、この時期の高梨家の持高が本村八〇石余、堤根新田・中根・今上・伊勢屋・同新田に三二六石余、合計四〇七石余だったことがわかる。

135は御褒美頂戴書上で安政四年に代官所へ出した書上であるが、後書に安政七年（万延元年）の記録がある。

136・137はこれまでの窮民救済の事績や囲籾五〇〇石上納、嘉永元年（一八四八）の松戸御船橋への綱代献納、同年の違作で米六〇〇石余、金一七一両の施し、年貢不納者への手当と江戸城本丸普請への二〇〇両献金などで孫の代まで帯刀御免を仰せ付けられた申渡と請書である。なお高梨家は天保年間に続いて、弘化二年の凶作でも広い範囲に救済を

表5　奇特筋と褒賞

年月日	奇特筋	褒賞	出典
天明6年	飢饉にて日々焚出し5、6ヶ月、大小麦200石、毎日4,500人集まる		126・128
文化3年	米価引上のため御用金126両拠出		Ⅱ巻18※
文化9年	江戸川出水で大豆・大麦俵55石分を拠出、堤防の決壊を防ぐ		128
文政3年	囲籾開始		128
文政12年	本丸30樽、西丸20樽年々無代上納を開始		134
天保2年12月		醤油献納で白銀5枚下賜	135
天保2年～同4年	上花輪村地内、今上河岸への通路を自費で切石敷に改修		126
天保4年	最寄15カ村へ合力米190石施す、他施粥、合力を行う		128
天保5年	享和3年より貸金、帳面貸1800両棄捐		128
天保6年閏7月27日	囲籾積み穀再開申し入れをする		127
天保6年11月9日		窮民救済などで孫代まで苗字御免	129
天保7年12月		醤油献納にて白銀5枚下賜	135
天保8年3月		天保7、8年の奇特を褒める	130
天保8年4月		前年困窮人救済につき白銀10枚下賜	135
天保8年	60カ村へ合力、下野国那須郡塩原村など70両合力、近郷売り掛け金700両棄捐、施粥など実施		131
天保8年	徳川家慶将軍就任大礼に醤油500樽献上		131
天保8年	浅間下御普請場堤の軽度の修復を自費で引き受け、幕末に至る		134
天保8年12月		家慶将軍就任大礼醤油献納にて白銀5枚下賜	135
天保9年6月23日		窮民救済などにて倅代まで帯刀、苗字は永々免許	132

天保11年	幕府の菜種買い入れ手伝い、及び資金の内60両余献納		134
天保12年12月		醤油献納にて白銀５枚下賜	135
天保13年	西の丸普請にて100両献納		134
天保13年４月		西の丸普請献納にて白銀５枚下賜	135
天保14年５月２日	将軍日光社参につき冥加上げ金100両献上		188・134
天保14年12月		日光社参献納にて白銀２枚下賜	135
弘化３年	代官勝田次郎勧農政策につき100両献納		134
弘化５年２月		醤油献納にて白銀５枚下賜	135
嘉永２年	松戸船橋掛け渡し御用、縄代献納	白銀５枚下賜	134・135
嘉永３年	村入用足し合わせのため50両拠出		134
嘉永５年10月		醤油献納にて白銀５枚下賜	135
嘉永６年	西の丸普請にて50両献納		134
嘉永６年	越谷宿助郷雇替人足賃へ年５両宛、15年助合金拠出		134
安政元年正月		西の丸普請献納にて白銀３枚下賜	135
安政元		西の丸献金白銀３枚下賜	134
安政元	品川沖台場建築へ150両献納		134
安政元年	村方近村へ18両１分余施金		134
安政２年５月26日		台場普請献納にて白銀７枚下賜	135
安政３年	大風雨にて潰家へ米19石助合、村内近村窮民へ77両３分余手当		134
万延元年２月７日		醤油献納にて白銀５枚下賜	135
文久２年正月		籾500石献納、松戸御船橋に縄代献納、嘉永元年飢饉に米600俵、金171両拠出、今般本丸普請に200両献納、非常籾800俵稗300俵差出につき孫代まで帯刀御免	136

慶応元年５月	御進発御用1000両、醤油500樽献納	居屋敷年貢孫代まで免除、その身一生三人扶持下さる	139
慶応２年10月26日	長防討入につき100両献納を願う		140
慶応３年12月		軍費上納につき五代帯刀、銀３枚下賜	141

出典：本巻掲載番号。※は『高梨家近世文書　醤油醸造家と地域社会Ⅱ』掲載文書。

行っているが、奇特筋には記事がない。

138・139は御進発の用途として冥加金一〇〇〇両と醤油五〇〇樽献納に対して、居屋敷の年貢を孫代まで免除、その身一代三人扶持支給の申渡とこれに関わる史料である。140は防長討ち入りについて一〇〇両の献金願、141は軍費上納について五代帯刀許可と銀三枚の下賜の申渡である。

統計編

1〜18は天保八年（一八三七）二月一日〜同年四月二十日までの炊き出しの記録である。飢饉の記録では、役人が立合、帳場を設けて記録を取りながら施粥を行っている図があるが、その帳面が残っていることは類例がないので統計として掲載した。80に天保八年正月二十三日からのこの年最初の帳面を収録した。当初は村名・名前・人数の記載があったが、やがて村名・人数だけになり、統計編1〜18に引き継がれた（口絵・図4参照）。これも四月頃になると人数だけ記載される部分も多くなった。一日三千人以上の人びとが集まることもあり、記録が追いつかなくなったことが想像される。混雑するなかでの記録なので、村名も宛字・誤字が多いので、利用には注意が必要である。気がついたものには（　）で示したが、完全ではない。『新版角川日本地名大辞典』に見つけられない地名も少なくない。帳面の料紙は手習い文字を書いたものの紙背を利用しているため、場所によっては裏の墨が重なり判読できない部分も多い。

この帳面には、日々合計が書かれてある。この合計と110の合計は一致していることが多いので、同帳の数値を日〆帳に記載していると考えられるが、一致しないことも少なくない。なかにはかなり違っていることがある。さらに帳面の〆と実際計算した合計も一致しない。数値については使用するときには検討が必要である。また四月八日は、17と同時に18の帳面も使用しており、18の冒頭は四月八日となり、その後、四月十一日から記載があるので注意されたい。

110の四月二十四日より三月二十日までと名前帳の三月二十一日より四月十九日までのわかる限りでの合計を出すと延十八万二二六二人となる。名前帳には欠けた帳面もあるので、恐らく延十九万人を前後する人びとが施粥に与ったと推定される。

公益財団法人
監修 高梨本家　上花輪歴史館
（たかなしほんけ）（かみはなわれきしかん）

〒278-0033　千葉県野田市上花輪507
TEL　04-7122-2070　MAIL　info@kamihanawa.jp

編者 白 川 部 達 夫（しらかわべ　たつお）

編者略歴
1949年　北海道生まれ
現　在　東洋大学名誉教授

主要著書
『日本近世の自立と連帯』（東京大学出版会、2010年）
『近世質地請戻し慣行の研究』（塙書房、2012年）
『近世の村と民衆運動』（塙書房、2019年）
『日本人はなぜ「頼む」のか』（筑摩書房、2019年）

高《たか》梨《なし》家《け》近《きん》世《せい》文《もん》書《じょ》 醤《しょう》油《ゆ》醸《じょう》造《ぞう》家《か》と地《ち》域《いき》社《しゃ》会《かい》Ⅲ 天《てん》保《ぽう》救《きゅう》済《さい》

2025年２月15日　第１版第１刷

監　修　（公財）高梨本家
　　　　上花輪歴史館
編　者　白川部　達夫
発行者　白　石　タ　イ

発行所　株式会社　塙　書　房
〒113-0033　東京都文京区本郷６丁目26-12
電話　03（3812）5821
FAX　03（3811）0617
振替　00100-6-8782

亜細亜印刷・弘伸製本

定価はケースに表示してあります。落丁本・乱丁本はお取替えいたします。
ISBN978-4-8273-1333-8　C3321

1　天保８年２月　極窮名前控（文書番号 ZBA20）

事項	人数	事項	人数	事項	人数	事項	人数	事項	人数
		堤台	1	清水	6	深井	1	長や	2
２月１日		伏木	2	今上	4	清水	4	柳沢	1
深井	1	小山	1	山崎	2	菅ヶ生	1	尾サキ	1
深井新田	2	清水	1	清水	4	内川	1	山サキ	1
谷津	3	切谷	2	今上	2	桜台	1	きまヶせ	1
深井	1	深井新田	1	堤台	1	小泉	2	桜たい	1
森谷	2	谷津	1	山崎	1	菅ヶ生	1	菅生	1
平方	3	金町	2	桜台	1	清水	1	大宮	1
弓田	2	中ノ台	2	幸田	1	桜台	1	今上	2
金杉	1	木ノ崎	2	桜台	2	小泉	1	東深井	4
阿部	1	清水	2	堤台	1	岩名	1	今上	2
流山	1	金杉	2	山崎	4	喜(木)崎	2	谷津	2
大室	1	目吹	5	根戸下	1	今上	2	長家(谷)	2
三顚(三ヶ尾)	1	金杉	2	大和田	1	包たい(堤台)	3	喜崎	2
木ノ崎	2	岩井	2	小泉	1	柳沢	3	今上	1
平方新田	1	桜台	1	花井	2	吉春	3	金杉	2
堤台	1	菅ヶ生	2	山崎	2	喜ノ崎	1	山サキ	1
山崎	1	木ノ崎	1	青田	3	清水	1	深井	1
我孫子	1	舟形	1	切替	3	今上	1	三かを	1
大塚戸	1	二ツ家	1	山崎	3	谷津	1	高鹿	2
長谷	1	島洗	1	根戸	1	幸田	1	東深井	1
長谷	1	栗原　本郷	2	清水	1	喜ノ崎	1	舟方	1
吉春	2	尾崎	3	清水	1	小泉	1	正連寺	1
桜台	1	今上	2	今上	1	江戸崎	1	清水	1
目吹	1	小泉	2	清水	2	越ヶ谷	1	谷津	1
柏寺	2	山崎	1	根戸下	1	三かを	1	中ノたい	1
長谷	2	莚打	3	三ツ堀	1	今上	1	今上	2
大和田	2	瀬戸	1	中野	1	喜ノ崎	1	今上	1
今上	2	笠井(葛西)	1	深井	2	平方	1	深井	2
谷津	2	瀬戸	1	山崎	1	山サキ	1	正連寺	1
目吹	1	外ニ	40	金杉	1	桜たい	1	安部	1
長谷	3	〆580人		菅ヶ生	1	きまヶせ	2	今上	3
吉春	2			堤台	1	小泉	2	山サキ	1
柳沢	2	２月２日		谷津	2	包たい	2	小山	1
堤台	1	今上	5	今上	1	今上	2	包たい	1
切(桐)谷	2	山崎	2	堤台	1	吉春	2	森家(守谷)	3
森谷	1	深井	1	山崎	4	平方	2	吉家(屋)	2
新宿	1	桜台	2	堤台	2	谷津	2	大塚戸	1
中ノ台	1	舟形	1	吉春	2	吉春	2	金杉	2
大谷口	1	吉川	1	谷津	1	今上	2	谷津	2
東宝珠花	1	大塚戸	7	桜台	1	松前	2	山サキ	3
菅ノ谷	1	柏寺	3	和田	1	喜崎	1	今上	1
小泉	1	今上	7	清水	1	大矢口	2	棒山	1
瀬戸	1	今上	1	金杉	1	清水	2	吉春	1
目吹	1	深井新田	5	菅ヶ生	1	山サキ	1	菅生	2
弓田	2	夏見	2	蛭(鰭)ヶ崎	2	柳沢	2	中里	1
菅ノ谷	1	清水	3	今上	2	谷津	1	のだ	1
木ノ崎	1	今上	9	深井	1	尾サキ	1	喜崎	1

事項	人数	事項	人数	事項	人数	事項	人数	事項	人数
流山	1	舟形	1	大生郷	2	舟形	1	今上	1
菅生	1	下のた	1	菅ヶ生	2	今上	2	堤台	2
中里	1	日島	1	木ノ崎	2	桜台	1	米島	2
三かを	1	三かを	1	柳沢	1	清水	3	谷津	1
長沼	1	深井	1	柳沢	2	流山		吉春	1
菅生	2	喜ノ崎	1	大畔新田	1	中野	1	今上	2
新宿新田	1	東深井	1	目吹	1	金杉	2	深井	1
菅生	2	内森や	1	大木	1	内森谷	1	築樋地	1
今上	1	山サキ	1	水戸塩ヶ崎	2	菅ヶ生	2	今上	1
羽入(生)	1	並(次)木	1	大柏	1	幸田	1	今上	1
羽入	2	東深井	1	築樋地	1	菅ヶ生	2	今上	1
木ノ崎	2	喜ノ崎	2	桜台	1	今上	1	清水	3
尾崎	1	谷津	1	桜台	1	清水	6	金杉	1
吉川	2	尾サキ	2	捨子	1	桜台	2	三ツ堀	1
吉川	2	尾サキ	1	宗道	4	桜台	1	平方	2
深井新田	2	大室	1	森家	1	清水	1	木ノ崎	1
きまヶせ	2	山サキ	2	築ひし	1	森谷	2	谷津	1
山サキ	1	喜ノ崎	2	赤堂按摩	1	清水	1	谷津	2
ついへい寺	2	山サキ	1	奥州相馬	1	山崎	1	大塚戸	3
谷津	2	深井	1	勘之浦	1	今上	3	清水	4
吉春	1	深井新田	1	西深井	1	清水	3	正連寺	3
喜ノ崎	2	金杉	1	按摩	1	深井新田	1	清水	4
清水	2	舟方	1	宮和田	2	清水	3	谷津	1
喜ノ崎	1	関宿	2	清水	5	深井新田	1	深井新田	1
すへい寺	2	小山	4	〆人数465人		清水	1	木間ヶ瀬	1
東金井	1	山高野	2	戸張	1	金杉	3	東深井	2
内森谷	2	深井新田	2	捨子	1	越谷	1	木ノ崎	2
谷津	1	大口	2	上総	1	日島	1	東深井	1
舟方	1	大キ	4	鴻巣	1	谷津	2	新宿	1
ついへい寺	1	山高野	2	清水	1	大柏	2	西深井	1
流山	1	谷津	2	〆470人		大堀	1	山崎	1
中ノたい	1	内だ	3			粕壁	2	今上	1
幸田	1	清水	2	2月3日		東深井	3	今上	3
平方	1	金杉	2	今上	2	清水	1	桐ヶ作	5
大山	1	築平寺	1	守谷	1	清水	1	木間ヶ施	2
杉ノ谷	1	谷津	1	今上	1	今上	4	大室	1
山高野	1	金杉	2	深井新(田)	7	深井	3	長谷	2
山サキ	1	東深井	2	今上	1	山崎	2	新田戸	3
谷津	1	深井新田	1	今上	1	根戸	1	末角	1
山サキ	1	大田	2	金杉	4	清水	1	金杉	1
築平寺	1	中妻	1	今上	4	吉川	1	桐谷	4
太田	1	木ノ崎	1	桜台	1	平方	4	尾崎	1
目吹	7	木ノ崎	1	今上	1	蛭ヶ崎	1	内川	1
太田	1	辰沢	1	今上	12	木ノ崎	2	清水	4
築平寺	1	深井	1	桜台	1	平方	2	長谷	2
平方	3	大室	4	清水	2	木ノ崎	1	築樋地	1
喜ノ崎	1	柳沢	1	今上	7	戸張	1	今上	2
谷津	1	辰沢	1	清水	1	谷津	1	大川戸	1
木村	1	辰沢	1	余葉(呼)塚新田	1	東深井	4	築樋地	3
金杉	1	辰沢	1	根戸	2	山崎	2	山崎	4

事項	人数	事項	人数	事項	人数	事項	人数	事項	人数
船形	2	山崎	1	大柏	1	今上	1	今上	6
吉春	1	下出島	1	木ノ崎	1	舟形	2	深井新田	4
平方	1	堤台	1	目吹	1	今上	12	目吹	2
築樋地	1	築樋地	1	豊田郡中妻	1	桜台	2	清水	3
木ノ崎	1	谷津	1	平方	5	清水	2	平方	2
小布内	4	金杉	1	青田	3	谷津	1	板樋(戸井)	2
木ノ崎	1	三顔	1	山崎	3	清水	1	船形	1
萱ヶ生	1	長沼	1	宮田	2	深井	1	桜台	1
金杉	1	堤台	1	夏見	2	今上	2	金杉	1
木ノ崎	2	築樋地	1	中妻	2	清水	2	山崎	4
中台	1	木ノ崎	2	舟形	1	今上	1	中ノ台	1
余葉塚新田	1	阿部	1	金野井	1	深井新田	1	船形	1
小山	1	萱ノ谷	1	中野	1	深井新田	3	三顔	1
金杉	1	阿部	1	桐谷	1	平方新田	1	山崎	1
大田	2	木間瀬	1	深井新田	1	桐谷	1	今上	2
谷津	2	山高野	1	馬立	5	清水	1	坂井	2
中里	5	目吹	1	中里	3	吉春	2	吉春	2
木ノ崎	1	舟形	3	深井	1	今上	1	今上	1
東深井	1	吉春	2	目暗	1	花井	1	目吹	4
舟形	1	平方	3	深井	1	山崎	1	谷津	1
吉春	2	中島	1	今上	1	下内川	1	中里	2
高野	2	目吹	2	尾崎	3	深井	1	清水	3
莚打	2	深井	1	木ノ崎	5	今上	1	三顔	1
谷津	1	山崎	2	宗道	3	中根	1	三顔	1
吉春	2	岩井	1	木津内	1	花井	1	木ノ崎	1
今上	1	山崎	1	山崎	1	清水	2	桜台	1
木間ヶ施	1	長や	1	木間ヶ瀬	1	桜台	2	木ノ崎	1
赤堂	1	木野崎	1	谷津	1	柳沢	1	今上	1
木ノ崎	1	半家(谷)	3	柳沢	1	花井	1	金杉	3
中里	1	谷津	1	並木	1	清水	3	桜台	1
蕃昌	1	大塚戸	3	深井	1	木ノ崎	1	平方	1
山崎	1	沓掛	1	清水	1	清水	4	三顔	1
舟形	1	萱生	1	大木	1	清水	1	新宿	1
山崎	1	弓田	1	大畔	3	今上	6	赤堂	1
矢作	1	山小屋	1	小間木新田	2	清水	1	松伏	1
萱ヶ生	1	大和田	1	小間木新田	1	谷津	2	清水	1
山小屋(高野)	1	木村	1	横内	2	大塚戸	1	築樋地	2
大山	2	山崎	1	目暗	1	吉春	6	金杉	1
山崎	1	吉春	1	柳沢	1	大塚戸	2	木間ヶ瀬	2
谷津	1	堤台	2	赤堂	1	今上	2	金杉	1
中台	1	野木崎	1	按摩	2	清水	5	金杉	1
築樋地	1	木ノ崎	2	〆425人		築樋地	1	目吹	2
山崎	1	山崎	2			清水	2	西深井	2
築樋地	3	小泉	3	2月4日		谷津	1	桜台	2
今上	2	小泉	2	深井新田	2	平方	1	今上	2
築樋地	1	流山	1	今上	7	幸田	1	谷津	1
今上	4	沓掛	1	清水	1	桜台	1	清水	3
東深井	1	東深井	1	今上新蔵	1	今上	1	三顔	2
大和田	1	莚打	3	今上	1	吉春	2	宮和田	2
吉春	1	中根	1	今上	1	清水	2	今上	4

事項	人数	事項	人数	事項	人数	事項	人数	事項	人数
今上	1	尾崎	2	谷津	1	清水	1	谷津	2
中根	1	柳沢	3	舟形	2	舟形	1	法師戸	1
山崎	1	大田	1	尾崎	1	谷津	2	深井新田	1
西深井	1	五木	1	大室	1	木ノ崎	1	高野	2
木間ヶ瀬	1	清水	3	吉春	1	野木崎	1	金杉	1
大和田	1	大山	2	上目吹	1	木間ヶ瀬	1	木ノ崎	1
木津内	1	中里	3	守谷	3	舟形	1	中妻	1
山崎	1	吉川	1	大木	2	金杉	1	弓田	1
三顔	1	木ノ崎	1	東深井	7	築樋地	1	金杉	1
山崎	1	大柏	3	柳沢	1	木ノ崎	1	幸田	1
中貫新田	4	木ノ崎	2	堤台	2	木間ヶ瀬	1	今上	1
魚沼	2	大口	1	花井	2	沓掛	1	柳沢	1
桜台	1	桐ヶ作	1	山崎	3	菅ヶ生	2	寺久	1
飯沼	2	野木崎	2	木ノ崎	1	平方	2	桜台	1
谷津	2	今上	2	東深井	1	舟形	1	按摩	1
清水	1	魚沼	3	平方	1	中里	2	中妻	3
阿部	1	深井新田	1	山崎	1	木間ヶ瀬	2	野木崎	2
大和田	1	大木	1	東深井	1	東深井	1	根戸	4
築樋地	1	小金	5	流山	3	舟形	1	布施	2
木ノ崎	1	山崎	2	岡田	1	大和田	1	大柏	5
長谷	2	大矢口	3	三ツ堀	1	木ノ崎	1	貝塚	2
尾崎	1	戸張	1	大田	2	山崎	1	板樋	2
神田山	2	築樋地	1	深井	1	木ノ崎	1	凡160人余	
船形	2	木ノ崎	3	深井	4	青田	3	〆740人	
桐谷	4	東深井	1	舟形	1	小泉	2		
大柏	4	築樋地	1	堤台	1	山崎	2	2月5日	
大柏	1	東高野	2	木ノ崎	3	目吹	1	深井新田	1
舟形	3	木間ヶ瀬	1	余葉塚新田	2	谷津	1	今上	7
水戸	2	東深井	1	堤台	1	小金	2	深井	1
谷津	4	木ノ崎	2	木ノ崎新田	1	木間ヶ瀬	1	金杉	2
今上	4	長谷	1	今上	1	山崎	1	今上	4
深井新田	1	中里	2	山崎	3	三顔	1	谷津	1
目吹	1	木ノ崎	1	清水	1	金杉	2	深井新田	2
吉春	2	木ノ崎	1	堤台	4	魚沼	1	五木	1
山崎	1	長沼	1	山小屋	1	木間ヶ瀬	1	今上	3
木村	1	深井新田	2	木間ヶ瀬	1	蛭ヶ崎	2	今上	16
山崎	2	大田	4	金野井	1	阿部	2	深井新田	1
五木	3	長谷	4	木ノ崎	1	菅ヶ生	2	木ノ崎	1
流山	1	木ノ崎	1	木間ヶ瀬	1	中野	1	山サキ	2
今上	5	柳沢	2	東深井	2	按摩	1	山サキ	2
吉春	2	中ノ台	4	舟戸	1	小泉	1	谷津	2
流山	2	清水	2	木間ヶ瀬	2	平方	3	木村	2
神田山	1	山崎	2	山小屋	1	山崎	4	深井新田	2
小布内	3	岩名	1	木間ヶ瀬	1	尾崎	3	目吹	3
柳沢	1	山崎	2	木ノ崎	1	正連寺	1	今上	3
堤台	2	今上	1	堤台	2	金杉	1	谷津	3
目吹	2	大柏	1	山小屋	3	大和田	1	角山	1
山崎	4	かも	1	木ノ崎	1	吉春	1	桜たい	3
今上	3	堤台	1	菅ヶ生	4	法師戸	1	今上	1
築樋地	2	山崎	1	阿部	2	大塚戸	3	花井	1

事項	人数	事項	人数	事項	人数	事項	人数	事項	人数
桐ヶ井	1	半谷	2	中台	1	舟形	1	金杉	1
舟方	1	萱ヶ生	3	木ノ崎	1	弓田	2	並木	1
清水	1	桐ヶ作	1	深井	1	目吹	2	築比地	1
三かを	1	清水	1	山田	1	正連寺	1	山小屋	3
大矢口	3	深井	1	柳沢	1	金杉	1	阿部	1
今上	1	沓懸	1	吉春	1	清水	1	平方	3
清水	1	萱ヶ生	1	大塚戸	1	中里	1	柳沢	1
柳沢	1	清水	1	東深井	1	大和田	1	柏寺	1
今上	3	三顔	1	根戸	1	金杉	1	山崎	1
喜ノ崎	2	宝珠花	1	萱ヶ生	1	谷津	1	平方新田	1
深井新田	4	山崎	1	山崎	1	堤台	1	柏寺	4
花井	2	大室	2	東深井	1	中里	2	平方	2
清水	1	長沼	1	中の	1	柳沢	2	築比地	1
吉春	2	中里	1	幸田	1	清水	3	堤台	1
谷津	1	平方	1	深井	1	堤台	1	谷津	3
西深井	2	長須	1	金杉	1	地蔵原比丘尼		長谷	1
大和田	1	谷津	1	中台	1	中里	1	魚沼	3
喜ノ崎	2	松伏	1	吉川		東深井	1	今上	2
五キ	2	木ノサキ	2	山田	2	中台	2	木ノ崎	2
角山	1	根戸	1	幸田	1	堤台	1	今上	2
喜ノ崎	2	大谷口	1	桜台	1	谷津観音比丘尼		清水	2
平方	1	谷津	1	大山	2	中根	1	堤台	2
五木	1	桜台	1	幸田	1	金杉	1	堀	2
長や	1	桐谷	1	大柏	1	山サキ	1	奥州子供	1
西深井	1	赤堂	1	金杉	1	清水	2	流山	1
松前	2	馬立	1	木ノ崎	2	築樋地	1	貝塚	2
安部	2	大柏	1	今上	1	三顔	2	山崎	2
今上	8	青田	1	平沼	1	木ノ崎	1	新宿	2
谷津	1	山崎	1	大田	2	木ノ崎	2	柳沢	1
深井新田	2	清水	1	萱ヶ生	1	深井	2	阿部	2
包たい	2	平方	1	萱ヶ生	1	築比地	2	木津内	1
築平寺	2	西深井	1	東深井	2	清水	2	山崎	1
きまヶせ	2	平方	1	卯宿(牛久)	1	深井	1	桜台	1
清水	3	山崎	2	谷津	1	流山	1	常州岩田	3
宮崎	2	清水	1	桜台	1	板樋	1	築比地	2
包たい	3	長谷	1	弓田	1	三顔	1	萱ヶ生	1
宮崎	3	清水	1	谷津	1	流山	2	今上	2
包たい	3	平方	3	正連寺	1	木間ヶ瀬	1	今上	2
舟方	1	萱ヶ生	1	坂手	2	桐谷	1	築比地	1
三かを	1	萱ヶ生	2	中里	2	中里	1	舟形	2
清水	2	木崎新田	1	大田	1	今上	1	長谷	1
深井	1	東深井	1	桜台	1	目吹	1	築比地	2
中里	1	金杉	2	弓田	1	木ノ崎	1	木ノ崎	1
金ノ井	1	板樋	1	舟形	1	萱ヶ生	4	舟形	2
太田	1	山崎	1	大塚戸	1	阿部	1	目吹	1
杉■	1	萱ヶ生	3	尾崎	1	桐ヶ作	2	大畔	2
中里	2	舟形	1	大畔	1	桜台	1	山崎	1
下内川	1	深井	1	切谷	1	谷津	1	木ノ崎	3
金野井	1	木ノ崎新田	1	大畔	1	金杉	1	戸張	1
門(文)間	1	根戸	2	清水	1	築比地	1	平方	1

事項	人数	事項	人数	事項	人数	事項	人数	事項	人数
桐ヶ作	2	上岩井	2	野布(登)戸	1	桐谷	3	大柏	3
中里	1	森谷	2	馬立	5	深井	1	長沼	1
桜台	2	今上	1	築比地	1	谷津	1	大木	1
木ノ崎新田	1	築比地	3	築比地	1	東深井	2	平方	1
木村	1	木ノ崎	3	長谷	1	山崎	1	蛭ヶ崎	1
桜台	1	平方	2	谷津	1	深井新田	2	深井新田	2
木ノ崎	1	大谷口	2	三顔	1	桐ヶ瀬	1	五木	2
新宿	1	谷津	1	大塚戸	2	坂井	1	西深井	2
野木崎	2	清水	2	清水	1	山小屋	2	大柏	1
大塚戸	1	目吹	2	比丘尼	4	吉春	2	大木	2
長谷	1	山村	1	森谷	1	小泉	2	吉春	2
菅ヶ生	1	谷津	2	築比地	1	内川	2	柳沢	2
沓懸	1	吉春	1	青田	2	平方	1	吉春	2
築比地	2	西深井	1	根戸	2	吉春	2	大柏	2
桜台	1	内川	1	三顔	1	東深井	1	吉春	1
浜谷	2	長沼	1	三顔	1	木ノ崎	2	吉春	2
築比地	1	長沼	2	舟形	1	小泉	2	目吹	2
舟形	1	木ノ崎	2	谷津	1	木ノ崎	1	清水	
法師戸	1	台豊田	1	西深井	1	木ノ崎	2	板樋	2
中ノ台	1	平方	2	尾崎	3	木ノ崎	1	菅ヶ生	1
矢作	1	平方	1	平方	1	舟形	2	木ノ崎	1
新宿	1	額田	2	木ノサキ	1	吉春	1	舟形	2
木間ヶ瀬	1	築比地	3	吉春	2	大田	3	木間ヶ瀬	1
魚沼	1	三ツ堀	1	大塚戸	1	板樋	2	下荒井	1
長野	1	蛭ヶ崎	1	山崎	3	横内	1	赤堂	5
木間ヶ瀬	1	山小屋	1	東深井	1	木ノ崎	2	門間	4
菅ヶ生	1	木間ヶ瀬	1	東深井	3	山崎	2	大柏	3
中ノ台	1	山崎	2	吉春	1	吉春	2	根戸	4
今上	1	長沼	2	柳沢	1	五木	1	余葉塚新田	2
野木崎	1	桐ノ木	1	平方	2	山崎	1	目吹	1
清水	1	目吹	1	木間ヶ瀬	1	山崎	3	土上(場)	2
切谷	2	目吹	1	目吹	2	根戸	1	平沼	3
半谷	1	築比地	1	深井	2	吉春			
東深井	2	市川	1	築比地	1	中根	1		
三顔	1	大矢口	5	夏見	2	境	1		
谷津	1	菅ヶ生	1	釜貝	5	木間ヶ瀬	1		

2　天保８年２月　極窮名前控（文書番号 ZBA16）

事項	人数	事項	人数	事項	人数	事項	人数	事項	人数
土上	2	山村	1	平方	1	平方	1	舟形	1
安部	2	清水	5	清水	3	木ノ崎	1	山崎	3
三顔	2	金杉	2	木ノ崎	1	今上	1	土上	2
築比地	1	清水	1	平方	2	幸田	1	清水	7
目吹	1	目吹	1	金杉	2	菅ヶ生	1	中台	2
飯沼	5	関宿	2	今上	2	中野	1	増森	3
三顔	1	坂手	3	清水	2	大矢口	2	今上	1
清水	10	按摩	1	今上	3	清水	1	大木	1
赤崎	1	弓田	1	山崎	2	今上	5	堀江	2
三顔	1	〆1003人		清水	1	山耕屋	1	野田	1
山崎	2			清水	2	谷津	2	金杉	1
古河崎	1	２月６日		平方新田	1	内川	2	阿部	1
今上	2	今上	9	深井新田	1	木ノ崎	1	木ノ崎	2
流山	2	今上	2	山崎	1	宮崎	1	山小屋	2
木ノ崎	1	今上	3	大室	1	平方新田	2	舟戸	1
莚打	1	按摩	1	木間ヶ瀬	1	深井	1	金野井	1
今上	1	野州山崎僧	1	弓田	1	清水	1	木ノ崎	1
山小屋	1	今上	2	清水	1	金杉	5	舟形	1
新宿	1	谷津	1	舟形	1	平方	1	大谷口	1
中台	1	今上	5	目吹	1	舟形	1	深井	1
三顔	1	深井新田	2	木津内	1	幸田	1	木ノ崎	2
東深井	1	今上	5	菅ヶ生	1	中台	1	土上	1
金杉	5	今上	1	東宝珠花	1	今上	1	山崎	1
金杉	1	桜台	2	桐谷	1	清水	1	谷津	1
大塚戸	1	柳沢	1	長沼	1	今上	1	柳沢	1
舟形	2	金杉	3	金杉	1	谷津	1	浪士	1
大塚戸	1	深井新田	2	菅ヶ生	2	五木	3	今上	2
平沼	1	清水	1	新田戸	1	山崎	3	鷲森新田	2
山崎	1	今上	1	新田戸	1	阿部	2	深井新田	1
吉春	2	清水	1	桐谷	3	桜台	2	桐谷	2
泉田	1	清水	2	今上	1	山崎	1	山村	2
舟形	2	三顔	2	清水	1	舟形	3	中台	4
平方新田		谷津	6	平方新田	1	中里	3	中台	1
山崎	1	平方新田	1	西深井	2	清水	1	清水	3
木ノ崎	1	金杉	1	野木崎	1	長沼	3	小泉	4
山崎	8	清水	1	大谷口	2	木間ヶ瀬	1	今上	4
安部	1	今上	1	木ノ崎	2	清水	1	今上	1
宝珠花	1	山崎	3	吉春	1	並木	1	菅ヶ生坊	1
平		魚沼	1	山崎	3	沓懸	1	奈(名)戸谷	2
下内川	1	三顔	1	平方	3	木ノ崎	1	奉目	1
木ノ崎	1	蛭ヶ崎	1	矢作	1	山崎	1	鳩谷	1
赤堂	1	清水	3	今上	3	今上	1	深井	1
金杉	1	三顔	1	今上	1	流山	1	上目吹	1
木間ヶ瀬	1	今上	1	三顔	1	今上	1	大山	2
新田戸		清水	1	清水	3	深井	1	下金崎	1
矢作	2	三顔	1	木ノ崎	2	長谷	3	森谷	1
台豊田	2	深井	2	大谷口	2	築比地	1	桐谷	2
河原台	1	水戸	1	木ノ崎	1	大田	1	堀江	2

事項	人数	事項	人数	事項	人数	事項	人数	事項	人数
木ノ崎	1	小福田	1	坂手	1	内守谷	1	柏寺	4
沓懸	1	東山田	1	豊田	1	大木	1	吉春	2
貝塚	2	三顔	1	桜台	2	堤台	1	山崎	1
深井	2	馬立	2	小布内	1	中台	1	西深井	1
花井	2	築比地	1	坂手	1	三顔	1	草加	1
今上	1	小布内	1	清地	1	野綿(渡)	1	吉春	1
北生子	2	清水	1	大門	4	土戸	1	中台	1
阿部	2	中野	1	三顔	2	金杉	2	谷津	1
清水	1	飯沼	1	大塚戸	1	戸張	1	小布内	2
目吹	1	馬立	2	下総戸張	4	堤台	1	瀬戸	1
大木	2	馬立	1	あんま	1	木ノ崎	1	五木	1
木ノ崎	1	豊田	3	魚沼	3	長沼	1	木ノ崎	1
長沼	1	青田	3	山崎	1	桜台	1	大室	1
清水	3	大畔	3	飯沼	4	流山	1	五木	2
菅ヶ生	4	坂手	1	木間ヶ瀬	1	桜台	1	谷津	1
赤崎	1	吉春	1	安部	2	山崎	1	平沼	1
市川	1	山崎	4	夏目	2	目吹	3	桜台	1
大柏	2	今上	2	目吹	1	金杉	1	高野	1
小泉	1	飯沼	1	清水	2	木ノ崎	1	吉春	1
阿部	1	三顔	2	柳沢	1	目吹	1	門間	1
菅ノ谷	1	桜台	1	上出島貞福寺	1	榎	1	森谷	1
木間ヶ瀬	2	西深井	2	寺久	1	今上	1	青田新田	3
木間ヶ瀬	1	板樋	1	柳沢	1	吉春	2	東山田	3
山村	1	小布内	3	尾崎	3	根戸	4	門間	1
桐木	1	木間ヶ瀬	1	内森谷	1	堤台	2	三顔	1
豊田	1	長谷	1	東深井	2	堤台	2	高野	2
長崎	1	木間ヶ瀬	1	正連寺	1	山崎	1	舟形	2
舟形	1	清水	1	桜台	1	塚崎	2	平方	2
桐谷	1	大谷口	1	深井新田	1	小金	1	根戸	3
金杉	1	新宿新田	1	深井	3	柏寺	1	根戸	1
目吹	1	布施	4	大柏	3	清水	2	谷津	1
清水	1	下サ小林	4	大柏	3	堤台	1	平方	3
赤堂	2	半谷	2	東深井	2	山崎	1	守谷	2
木ノ崎	1	金杉	1	余葉塚新田	2	金野井	1	堤台	1
三顔	1	長谷	2	木ノ崎	2	木ノ崎	1	深井	2
板樋	2	坂井	1	西深井	1	野木崎	2	中里	1
大塚戸	2	木村	1	木ノ崎	1	飯沼	1	桐ヶ作	1
山崎	2	花井	1	半谷	1	木ノ崎	1	平沼	2
木ノ崎	2	木ノ崎	1	三顔	1	平沼	1	大柏	2
三顔	1	目吹	4	平方	1	川室	1	山崎	4
正連寺	1	魚沼	1	三ツ堀	1	三顔	1	木ノ崎	4
坂手	2	山崎	1	桐谷	1	山サキ	2	谷津	1
長谷	1	木間ヶ瀬	1	堤台	1	上岩井	2	瀬戸	3
魚沼	1	山崎	3	今上	1	平方	2	平井	2
赤堂	1	深井	1	吉春	1	中台	1	横内	3
木間ヶ瀬	2	大室	1	板樋	3	門間	4	西深井	1
木間ヶ瀬	1	木間ヶ瀬	1	今上	2	中根	1	木ノ崎	3
木間ヶ瀬	1	新宿	1	坂井	1	小泉	2	目吹	3
馬立	1	菅ヶ生	1	吉春	2	桐ヶ作	4	谷津	4
山崎	2	山崎	1	柳沢	2	根戸	1	阿部	2

事項	人数	事項	人数	事項	人数	事項	人数	事項	人数
谷津	2	桜台	2	今上	1	桐ノ木	1	舟戸	1
桐ヶ作	1	木間ヶ瀬	2	今上	1	吉春	1	三顔	2
木ノ崎	1	清水	2	金杉	2	深井	1	平方	1
山崎	1	弓田	1	桜台	1	築比地	1	金杉	1
深井	1	三顔	1	深井	1	深井	1	鳥手新田	3
木ノ崎	1	大室	1	下内川	1	新宿	1	堤台	4
今上	1	木ノ崎	3	山崎	3	築比地	2	五木	1
下内川	1	舟形	1	今上	2	山崎	2	桐谷	1
山田	2	今上	3	山崎	1	舟形	1	平方	1
中台	1	山崎	2	谷津	1	目吹	1	山サキ	1
舟形	1	金杉	2	平方新田	1	目吹	1	深井新田	1
舟戸	1	桜台	1	今上	4	中ノ台	1	山サキ	1
尾崎	1	今上	2	清水	2	今上	1	尾サキ	3
大室坊主	1	清水	1	谷津	2	目吹	1	野田	2
鴻ノ巣	4	今上	2	山崎	2	平方	1	野田	1
宮崎新田	1	今上	1	金杉	4	目吹	2	魚沼	1
莚打	1	平井	3	谷津	2	清水	1	金杉	1
鎌貝(谷)	2	山崎	4	今上	1	清水	2	山小屋	1
鎌貝	2	長沼	1	谷津	3	清水	1	三顔	1
深井	2	清水	3	青田	3	清水	1	清水	1
木間ヶ瀬	2	山崎	1	内川	2	内川	3	大木	1
山崎	3	今上	3	内川	1	清水	4	築比地	1
峯下	2	清水	1	山崎	3	木間ヶ瀬	2	木間ヶ瀬	2
中里	2	今上	2	東深井	3	岩名	1	目吹	1
〆835人	5	木ノ崎	1	今上	1	東深井	2	堀江	2
		菅ヶ生	1	築比地	1	下ヶ崎	1	清水	1
2月7日		山崎	1	布田	1	吉春	1	清水	1
今上	5	金杉	1	菅ヶ生	1	舟形	3	中ノ台	1
中里	2	幸田	1	中ノ台	1	大田	1	金杉	2
今上	3	野田	1	布田	2	武州按摩	1	平方	1
深井新田	2	山崎	1	松前	2	五木	1	深井新田	1
深井新田	5	谷津	2	舟形	2	目吹	2	平方	2
今上	2	谷津	1	今上	1	飯沼	6	中台	5
桜台	2	三顔	1	清水	2	山崎	3	野田	3
菅ヶ生	2	谷津	1	桜台	1	目吹	1	目吹	3
山崎	2	大室	2	花井	3	堤台	2	吉春	1
今上	1	宮崎	2	柳沢	1	五木	1	切ヶ井	1
目吹	1	笠井	1	大塚戸	2	平方	1	築比地	2
今上	1	今上	2	今上	1	堤台	2	今上	1
木ノ崎	2	深井新田	1	山崎	2	金杉	1	桐ヶ作	1
吉川	1	清水	1	桜台	3	桐谷	1	中野	2
清水	3	西深井	2	清水	1	飯沼	2	山崎	1
桜台	1	木村	1	吉春	1	深井新田	2	大山	2
金根	1	谷津	1	大塚戸	3	木ノ崎	1	三顔	1
清水	2	清水	2	谷津	2	谷津	1	飯沼	2
桜台	1	吉春	5	清水	1	築比地	1	飯沼	1
今上	4	桜台	1	大塚戸	1	安部	1	弓田	1
今上	3	大畔	1	平方	1	東山田	1	桐ヶ作	1
清水	2	今上	1	赤堂	1	平方	1	今上	1
今上	2	今上	2	築比地	1	目吹	2	桐ヶ作	1

事項	人数	事項	人数	事項	人数	事項	人数	事項	人数
山崎	1	目吹	3	木ノ崎	1	築比地	1	築比地	3
飯沼	1	柳沢	2	舟形	1	寺久	1	金杉	1
金杉	1	上岩井	1	伏木	1	柏寺	3	金杉	1
吉春	1	森谷	2	按摩	1	桐ノ木	1	魚沼	1
山崎	3	築比地	1	山崎	2	門間	4	築比地	3
桐谷	3	沓懸	1	長谷	2	桐木	2	境町	1
飯沼	2	阿部	2	山崎	2	門間	1	関戸	1
野田	1	深井	1	見附	1	堤台	1	山崎	1
飯沼	1	東山田	1	坂手	1	深井新田	1	間々田	1
今上	1	萓ヶ生	1	大柏	1	夏見	1	宮崎新田	1
木ノ崎	1	小布内	1	築比地	2	坂井	1	平沼	1
平方	3	谷津	1	木ノ崎	2	坂井	3	越後国蒲原郡	1
今上	1	沼影	1	内森谷	2	柏寺	1	古河崎	1
山崎	1	中里	1	大木	1	木間ヶ瀬	1	古河崎	2
桐ヶ作	2	金野井	1	大柏	2	瀬戸	1	荒井	1
桜台	4	萓ヶ生	4	大柏	2	三ツ堀	1	〆720人	
矢作	1	舟形	3	長谷	2	土戸	1	平方	2
今上	1	飯沼	4	桐ヶ作	1	谷津	1	今上	1
矢作	1	坂手	2	山サキ	1	平方	1	宮崎	3
貝塚	2	目吹	2	尾崎	1	小布内	3	横内	1
深井	2	大木	1	矢田部	1	舟形	1	赤堂	3
400人		小金	4	山村	1	桐ヶ作	3	按摩	1
舟形	3	山崎	2	山崎	1	桐ノ木	1	坊主	2
堀江	2	青田新田	3	三顔	1	西深井	1	〆733人	
中台	1	森谷	2	吉春	2	谷津	2		
今上	1	深井	1	下小橋名主佐	3	清水	3	2月8日	
山小屋	2	馬立	5	五右衛門		根戸	6	深井新田	9
桐ヶ作	3	木ノ崎	3	坂手	2	平沼	2	今上	8
飯沼	3	木ノ崎	1	木ノ崎	2	桐谷	2	平方	2
目吹	1	飯沼	3	吉春	2	中台	1	今上	3
飯沼	2	今上	2	中根	1	木ノ崎	2	今上	7
木ノ崎	6	小泉	2	大木	1	上蛭田	2	魚沼村	1
今上	1	小泉	2	深井	6	柳沢	1	魚沼村	1
中台	1	北生子	2	余葉塚新田	3	根戸	1	野田	3
東深井	1	山小屋	1	尾崎	3	東山田	2	深井新田	1
五木	1	山崎	3	正連寺	2	大柏	2	柳沢	2
増尾新田	1	山村	3	平方	1	大柏	1	桜台	1
高野	1	谷津	1	今上	1	根戸	2	今上	1
本郷	1	木ノ崎	1	木ノ崎	1	戸塚	3	今上	1
築比地	1	築比地	1	蛭ヶ崎	1	中里	3	今上	2
大口新田	1	山崎	1	流山	1	西深井	1	桜台	2
大室	1	木間ヶ瀬	1	幸田	1	瀬戸	3	清水	3
半谷	2	鴻ノ巣	2	萓ヶ生	2	大柏	3	金杉	2
萓ヶ谷	1	三顔	1	門間	2	深井	1	桜台	1
上出島	1	魚沼	1	奈戸谷	2	今上	1	深井新田	2
金杉	1	木間ヶ瀬	1	魚沼	1	吉春	1	今上	7
半谷	1	清水	1	柳沢	1	行徳	2	今上	1
清水	2	築比地	1	大室	1	越谷	1	吉春	1
桐ヶ作	2	越谷	1	大谷口	1	親野井	2	今上	4
野田	3	木ノ崎	1	魚沼	1	平沼	1	深井	1

事項	人数	事項	人数	事項	人数	事項	人数	事項	人数
東山田	2	山崎	3	清水	3	吉春	1	金杉	1
清水	1	山崎	1	谷津	2	舟形	1	野田	1
今上	2	清水	3	木ノ崎	1	金杉	2	平方	1
中里	1	沖田	1	清水	3	辺木	1	長沼	1
桜台	1	今上	2	清水	1	魚沼	1	平方	1
木間ヶ瀬	2	奈戸谷	2	野田	1	今上	1	谷津	1
今上	2	桜台	1	今上	1	大田	1	中里	1
目吹	1	山崎	1	桐ヶ作	2	菅ヶ生	1	木ノ崎	2
半谷	1	谷津	2	吉春	1	柳沢	1	勘介新田	4
今上	1	今上	1	谷津	1	三顔	1	魚沼	1
清水	2	今上	1	飯沼	1	幸田	1	桜台	1
今上	3	下谷	1	飯沼	4	出島	1	大川戸	2
谷津	3	大田	1	清水	1	深井	1	阿部	1
今上	7	山崎	1	山サキ	2	平方	1	金杉	3
清水	1	木ノ崎	1	今上	1	深井	1	上岩井	1
今上	1	山崎	1	阿部	1	中野	1	山小屋	1
今上	1	清水	1	下谷	1	築比地	1	西深井	2
深井新田	2	舟戸	1	吉春	2	築比地	1	桐ヶ作	2
中台	1	中里	1	清水	1	木ノ崎	2	平方	1
木ノ崎	1	大山	2	今上	1	目吹	2	東深井	1
深井新田	1	深井	1	瀬戸	1	谷津	1	飯沼	4
今上	4	下谷	1	大室	1	谷津	2	尾崎	1
今上	1	木ノ崎	1	下内川	1	平方	2	下金崎	1
大口新田	1	深井	1	花井	2	五木	1	飯沼	1
内田	1	幸田	1	木間ヶ瀬	2	築比地	1	木ノ崎	1
三かを	1	坂井	1	谷津	2	目吹	2	木間ヶ施	1
今上	1	親野井	2	大田	1	大殿井	1	吉春	1
清水	5	谷津	1	木ノ崎	1	小泉	1	中台	1
山サキ	1	吉春	1	中里	1	山崎	2	赤沼	1
金ノ井	1	山崎	1	金杉	2	山崎	1	木間ヶ瀬	2
今上	1	谷津	1	桜台	1	平方	1	小布内	1
谷津	1	大殿井	1	金杉	1	舟形	1	築比地	1
山サキ	2	下内川	1	木ノ崎	2	大柏	2	小布内	1
桜たい	1	大田	1	桐ヶ作	1	半谷	2	吉春	1
今上	3	深井	1	大田	1	目吹	1	三顔	1
清水	2	飯沼	1	今上	2	平方	1	谷津	1
深井	2	谷津	1	今上	1	大柏	2	西深井	2
深井	1	桐ヶ作	3	山崎	2	山崎	2	野田	1
今上	1	清水	1	桐谷	3	鯽田	1	今上	1
大畔	3	今上	2	桜台	1	中里	1	五木	2
五木	1	木村	1	吉春	4	山崎	1	今上	2
宮崎	2	今上	1	五木	1	築比地	3	平方	2
柏寺	1	青田	3	小泉	1	菅ヶ生	1	三顔	1
中里	4	清水	1	築比地	1	吉春	1	中台	1
西深井	1	山崎	3	野田	1	三顔	1	野田	1
山崎	1	今上	1	今上	2	沓掛	1	飯沼	2
柳沢	1	今上	2	正連寺	2	三顔	1	山崎	2
柏寺	4	吉春	1	谷津	1	新町	1	木間ヶ瀬	1
矢作	1	堤台	1	目吹	1	築比地	1	中野	1
西深井	1	今上	1	西深井	1	赤堂	1	飯沼	2

事項	人数	事項	人数	事項	人数	事項	人数	事項	人数
木間ヶ瀬	1	長谷	2	平方	2	舟カタ	1	中台	2
吉春	1	魚沼	1	築比地	2	柳サハ	1	舟カタ	2
飯沼	3	魚沼	2	中里	1	戸ツカ	2	木ノ崎	1
三顔	1	深井新田	1	築樋地	1	目吹	1	尾サキ	1
平方	1	今上	1	平方	3	桜台	2	毛田井	1
山サキ	1	長や	2	金ノ井	1	吉春	2	塚崎	2
大木	1	飯沼	1	目吹	2	下生木	1	上内川	1
西金野井	1	飯沼	1	目吹	1	瀬戸	1	板樋	2
板樋	1	金ノ井	1	菅ヶ生	1	菅ヶ生	3	目吹	4
木間ヶ瀬	3	中野	1	柳沢	1	小泉	1	深井新田	2
築比地	1	木ノ崎	1	築比地	2	中ノ	1	鴻ノ巣	1
小布内	1	谷津	1	舟形	3	今上	1	木間ヶ瀬	2
舟形	1	今上子持分	1	築比地	3	平方新田	2	金杉	2
木間ヶ瀬	2	深井新田	2	舟形	2	舟カタ	2	桐ヶ作	2
比路	3	清水	2	築比地	3	吉春	2	木間ヶ瀬	3
山崎	1	飯沼	2	平方	1	木間ヶ瀬	2	築比地	1
板樋	2	清水	2	舟形	1	三カホ	4	東深井	2
魚沼	1	平方	2	木間ヶ瀬	3	今上	1	中野	1
築比地	1	平方	1	金杉	1	岩名	1	木間ヶ瀬	1
築比地	2	木間ヶ瀬	1	桐谷	1	菅ヶ生	2	長沼	1
柳沢	1	長谷	1	今上子供分	3	西深井	1	桜台	1
中久喜	2	法師戸	1	谷津	1	舟カタ	2	三ツ堀	1
小布内	3	築比地	2	金杉	1	平方	2	五木	1
清水	1	築比地	1	築比地	2	山サキ	1	目吹	1
三顔	3	法師戸	2	舟形	1	小泉	2	東深井	1
小布内	1	内川	1	築比地	1	平方	3	木崎	1
小布内	2	今上	1	中台	2	尾崎	1	木崎	1
小布内	3	板樋	2	山サキ	2	桜台	2	魚沼	1
長須	2	深井新田	1	平方	2	舟形	2	菅ヶ生	2
ざとう	2	深井新田	1	木間ヶ瀬	1	築比地	1	内川	1
木ノ崎	2	木間ヶ瀬	1	木間ヶ瀬	1	堤台	2	舟カタ	2
今上	2	阿部	2	長谷	1	堤台	1	長沼	1
飯沼	3	桜台	1	木ノサキ	2	木間ヶ瀬	1	長谷	2
木間ヶ瀬	2	木間ヶ瀬	2	大柏	1	桐谷	2	長須	1
野田	1	中ノ台	1	築比地	2	内川	1	木間ヶ瀬	1
大塚戸	2	山サキ	1	平形	1	大塚戸	3	小泉	2
清水	2	深井	1	東深井	1	中里	2	桐谷	1
舟形	2	三顔	2	山サキ	3	目吹	2	菅ヶ生	1
戸柄	2	目吹	1	東深井	1	中野	3	小布内	1
山サキ	2	吉春	1	木ノサキ	4	長沼	1	目吹	1
深井	1	目吹	1	築比地	1	堤台	4	正連寺	2
築樋地	3	目吹	1	平方	1	目吹	4	金杉	1
山サキ	1	吉春	1	山サキ	2	粕壁	3	花井新田	1
岩井	1	三顔	1	東深井	2	柳沢	3	平方	1
大木	1	舟形	1	舟カタ	2	目吹	1	舟形	2
木間ヶ瀬	1	今上	1	木マカセ	1	尾崎	1	□屋	1
金野井	2	中里	1	三九	1	今上	2	舟形	1
築樋地	2	築比地	4	飯沼	3	堤台	3	木ノサキ	2
赤堂	1	築比地	3	板樋	7	舟カタ	5	木間ヶ瀬	1
五木	2	吉春	2	平方	3	桐谷	1	木間ヶ瀬	2

事項	人数	事項	人数	事項	人数	事項	人数	事項	人数
深井新田	1	吉春	3	金杉	2	内川	2	広島	1
蕃昌新田	1	魚沼	1	今上	2	魚沼	1	中野	3
大畔	1	蕃昌	1	中里	6	夏見	1	中野	1
幸田	1	矢作	2	中里	2	根戸	1	清水	3
清水	1	大室	1	清水	1	中根	1	清水	1
簗比地	1	瀬戸	1	赤堂	1	木ノ崎	2	長谷	1
長須	1	中台	1	中台	1	野田	2	瀬戸	3
中貫	1	菅ヶ生	1	西深井	1	三顔	3	小布内	1
菅ヶ生	1	中里	1	岩名	2	舟形	2	布施	1
大柏	1	中台	1	東深井	2	深井	1	柳沢	1
平方	1	目吹	1	桜台	1	舟形	1	小布内	1
三顔	2	木間ヶ瀬	1	生子	2	吉春	1	木間ヶ瀬	3
小布内	1	木ノ崎	1	坂手	2	舟形	1	谷津	1
流山	1	舟カタ	7	野木崎	1	桐ヶ作	1	八人組	1
菅ヶ生	1	舟カタ	2	東深井	1	赤堂	3	木間ヶ瀬	5
長沼	1	平方	1	馬立	3	深井	2	宮崎	2
鵠戸	1	大室	1	尾サキ	3	堤台	1	横内	1
簗比地	1	桐谷	2	菅ヶ生	4	深井	1	舟形	3
木間ヶ瀬	2	鴻ヶ崎	1	新宿	1	米島	2	粕壁	3
三堀	1	板樋	1	坂手	1	寺久	2	粕壁	4
新宿	1	小山新田	1	森谷	2	中野	5	宮崎	3
簗比地	2	菅ヶ生	1	根戸	2	中野	1	柏寺	2
長谷	1	二郷半土上	1	山サキ	5	中里	5	大柏	3
尾サキ	4	尾崎	1	余葉塚	2	柳沢	1	袋山	3
草加	1	清水	1	簗比地	1	三顔	2		
越谷	1	長沼	5	根戸	2	三顔	1		
桐ヶ作	2	大木	3	東山田	3	内川	1		
東山田	1	清水	1	東山田		増林	1		

3　天保８年２月　極窮名前控（文書番号 ZBA18）

事項	人数	事項	人数	事項	人数	事項	人数	事項	人数
		流山	1	花の井	2	桜だい	3	吉春	2
２月８日		野々下	1	萱ヶ生	2	のだ	2	山サキ	1
若芝	1	辺田村	1	水海道	1	谷津	1	山サキ	5
平沼	2	鰤田	1	1337人		桜だい	1	今上	2
大柏	2	目吹	1	263人子供		今上	1	山サキ	2
中田	3	米島	1	600人非人		今上	2	尾サキ	1
萱ヶ生	1	長沼	2	惣〆2200人		豊田	2	清水	3
小布内	1	飯沼	2			青田	1	目吹	3
木間ヶ瀬	1	山崎	1	２月９日		谷津	1	幸田	1
尾崎	2	桐ヶ作	3	半谷	2	桜台	1	舟形	1
内川	4	平沼	1	今上	8	今上	1	清水	2
大畔	2	山崎	1	桜台	1	蕃昌	1	深井	1
大畔	1	小布内	1	山サキ	2	谷津	2	谷津	2
貝塚	1	中野	1	今上	1	谷津	1	吉春	1
木間ヶ瀬	1	築比地	2	谷津	1	花井	1	青木	1
塚崎	1	築比地	1	清水	1	清水	1	木間ヶ瀬	1
魚沼	1	舟形	2	萱ヶ生	2	高野	1	上目吹	1
三顔	1	萱ヶ生	1	大口	1	桜台	1	萱ヶ生	1
東深井	1	土戸	1	今上	1	野田	2	木間ヶ瀬	1
飯沼	1	金ノ井	1	大室	1	西深井	1	貝塚	2
新宿	1	慈恩寺	1	親野井	2	今上	1	今上	2
木間ヶ瀬	1	中野	1	下谷	2	清水	2	木ノ崎	2
中野	1	魚沼	2	今上	1	今上	4	清水	3
神田山	1	森谷	1	大殿井	1	中里	1	谷津	2
山崎	1	青田	3	下谷	2	木ノサキ	1	山サキ	2
深井	1	舟形	1	魚沼	1	赤堂	1	深井新田	1
瀬戸	1	清水	1	萱ヶ生	1	谷津	1	平井	4
築比地	1	木間ヶ瀬	1	金野井	2	清水	1	産□	1
木間ヶ瀬	1	野木崎	2	舟形	1	桜台	1	桜台	4
瀬戸	1	魚沼	2	舟形	1	東深井	1	野田	2
杉戸	1	沓懸	1	長沼	1	築比地	1	谷津	1
築比地	1	大畔	1	舟橋	1	東深井	1	谷津	1
三顔	1	坂手	2	野田	1	内川	1	谷津	1
金ノ井	1	小布内	2	今上	14	三ツ堀	1	三ヶ尾	2
西深井	1	柏寺	3	清水	3	今上	2	坂井	2
小布内	2	柳沢	1	深井新田	5	谷津	1	尾崎	3
清水	2	三顔	1	かすかべ	2	今上	3	幸田	1
木ノ崎新田	1	谷津	1	今上	2	清水	2	中野	1
若芝	1	長沼	1	今上	1	清水	2	木ノ崎	1
山崎	1	築比地	1	清水	3	赤堂	3	舟形	1
木間ヶ瀬	1	木間ヶ瀬	1	今上	4	金杉	2	鰤田	1
萱ヶ生	1	桐ヶ作	1	今上	2	半谷	1	平井	1
中野	2	柏寺	2	のだ	2	赤堂	1	萱ヶ生	1
豊田	1	魚沼	1	中里	2	今上	2	清水	1
築比地	1	東深井	1	柳沢	2	清水	2	三ヶ尾	1
馬立	2	赤崎	2	今上	1	今上	2	今上	1
小布内	2	吉春	2	柳沢	1	木村	1	谷津	1
平沼	2	宮崎新田	2	のだ	4	木村	1	赤堂	1

事項	人数	事項	人数	事項	人数	事項	人数	事項	人数
三ヶ尾	1	荒井	1	山田	1	菅ヶ生	1	目吹	1
桐谷	3	尾サキ	1	瀬戸	2	小布内	2	中台	3
魚沼	3	築比地	1	宝珠花	2	清水	1	木ノ崎	2
比里合	4	内川	4	桜台	2	舟形	1	吉春	2
内川	2	境町	1	船形	3	深井	1	目吹	1
内川	1	西深井	1	正連寺	1	山崎	1	中台	2
清水	4	桐ヶ作	2	木間ヶ瀬	3	堤台	1	中台	2
清水	4	平方	1	五木	3	長谷	1	桜台	2
清水	1	清水	1	深井新田	2	新宿	1	五木	1
清水	1	長や	1	三ヶ尾	2	中里	2	目吹	1
清水	1	今上	1	深井新田	1	木ノ崎	3	舟形	4
花の井	3	金杉	1	小間ヶ瀬	1	今上	1	今上	2
東深井	3	金杉	1	三ヶ尾	2	菅ヶ生	2	舟形	2
今上	2	小布内	1	今上	2	木ノ崎新田	1	舟形	2
山サキ	5	大室	1	今上	4	木ノ崎新田	1	東深井	1
金の井	2	■■谷	2	三ヶ尾	1	中里	3	木間ヶ瀬	1
今上	2	飯沼	3	三ヶ尾	2	目吹	2	山サキ	1
金杉	3	瀬戸	4	竹塚	1	吉春	1	桜台	1
金杉	3	柳沢	2	尾崎	1	矢作	1	今上	1
清水	2	長谷	2	比丘尼	1	清水	2	木間ヶ瀬	1
桐谷	1	中里	5	大木	1	山サキ	4	深井新田	1
花井	2	谷津	4	山崎	1	中台	2	山小屋	1
生子	2	花ノ井	2	桜台	1	木ノ崎	2	未角	1
金杉	3	粕壁	2	木間ヶ瀬	4	堤台	2	東宝珠花	1
中台	2	今上	2	瀬戸	2	深井	4	桐谷	1
堤台	1	正連寺	1	木間ヶ瀬	2	木ノ崎	3	目吹	1
柳沢	2	森谷	2	高野	1	堤台	4	築比地	1
中里	1	戸塚	2	雲助	1	吉春	5	清水	1
上州	1	魚沼	1	木間ヶ瀬	2	柏寺	1	三ヶ尾	1
築比地	1	野田	1	大木	2	桐ヶ作	3	舟形	1
下金崎	1	寺久	2	菅ヶ生	2	瀬戸	1	木間ヶ瀬	1
長須	1	三ヶ尾	1	今上	3	野田	1	沓掛	1
小布内	1	門間	4	谷津	1	柳沢	1	舟形	1
飯沼	1	中ノ台	5	目吹	2	木ノ崎	1	山サキ	1
沓掛	1	粕壁	3	今上	2	飯沼	1	長谷	1
舟形	1	深井新田	1	深井新田	2	長沼	1	目吹	2
松前	2	金杉	1	中根	1	坂井	1	桐谷	1
菅ヶ生	1	金杉	2	中田宿	1	深井	1	深井	1
桜台	1	深井	1	中田宿	1	舟形	1	桐谷	1
吉春	1	築比地	1	目吹	1	魚沼	1	深井新田	4
野田	1	戸頭	1	吉春	2	大木	2	中台	2
桐谷	1	長須	1	目吹	1	日本廻国	1	築比地	4
平方	3	山サキ	1	木ノ崎	1	板樋	1	板樋	2
余葉塚新田	3	三ヶ尾	1	目吹	2	中島	2	根戸	1
清水	1	山小屋坊行円	1	山サキ	2	八人組	8	金杉	1
根戸	1	金杉	1	清水	2	木間ヶ瀬	2	金杉	1
柏寺	4	小布内	1	坂手	1	山崎	1	木間ヶ瀬	2
舟形	2	築比地	1	谷津	1	清水	1	目吹	5
花の井	2	木ノ崎	1	金杉	1	堤台	1	深井新田	1
根戸	2	下内川	1	飯沼	1	野木崎	1	今上	3

事項	人数	事項	人数	事項	人数	事項	人数	事項	人数
平方	2	菅ヶ生	4	板樋	1	魚沼	1	西深井	1
小泉	2	馬立	5	大畔	1	柏寺	1	高畑	2
中野	1	目吹	2	深井新田	2	中野	3	赤岩	4
吉春	1	安部	2	板樋	2	新宿	1	高野	2
目吹	3	目吹	2	大柏	3	大田	1	広島	2
中里	3	三ヶ尾	1	東深井	2	山サキ	1	中台	1
坂手	1	東深井	1	木ノ崎	1	中里	3	木間ヶ瀬	3
桐ヶ作	1	飯沼	2	桐谷	1	魚沼	1	卯宿	5
柳沢	2	五木	1	安部	2	清水	1	菅生	1
築比地	1	青田新田	3	宮崎	5	木ノ崎	1	飯沼	1
大和田	1	木ノ崎	1	大田	1	今上	1	松ヶ崎	1
長沼	1	中台	1	清水	1	粕壁	4	長谷	1
今上	1	流山	1	夏見	2	三顔	2	新宿新田	1
慈恩寺	1	江戸	1	中野	1	菅ヶ生	1	松ヶ崎	1
桜台	1	舟形	1	平方	3	深井	1	山サキ	1
三ヶ尾	1	大室	1	金杉	1	中台	1	平沼	1
菅ヶ生	2	平方	6	中里	1	山サキ	3	舟形	2
柏寺	1	大室	2	飯沼	3	菅ヶ生	5	三ヶ尾	1
下花輪	1	目吹	4	横内	3	中台	1	新宿	1
桜台	1	東山田	3	築比地	2	桜台	1	中ノ台	1
山崎	1	清水	1	菅生	2	花井	1	平井	1
二ツ塚	1	下館	3	魚沼	2	門間	3	中野	1
中野	1	西深井	4	金杉	2	阿部	4	山サキ	1
東深井	3	中野	1	中ノ台	2	赤堂	1	木間ヶ瀬	1
東深井	6	飯沼	1	長や	1	清水	3	吉春	1
柏寺	1	板樋	2	金杉	1	木ノ崎	2	木ノ崎	1
飯沼	1	清水	3	土戸	2	木ノサキ	4	清水	1
小泉	2	木ノ崎	2	飯沼	1	平沼	4	吉春	2
大殿井	1	尾崎	3	清水	1	布施	4	〆1633人	
目吹	1	大川戸	2	木間ヶ瀬	2	平方	1	飢1006人	
木ノ崎	2	野田	2	木野崎	2	花井	2	非人627人	
根戸	4	野田	2	法師戸	1	大殿井	3		
東深井	3	柏寺	2	谷津	1	平井	3		
桜台	1	清水	5	平方	1	大柏	3		
中野	1	深井	1	山崎	1	平井	3		

4　天保８年２月　極窮名前控（文書番号 ZBA２）

事項	人数	事項	人数	事項	人数	事項	人数	事項	人数
		清水	3	谷津	1	森谷	2	下谷	1
2月11日		栗橋宿	1	深井新田	1	清水	2	大生郷新田	2
今上	9	木津内	1	木ノ崎	3	今上	2	清水	1
半谷	3	木間ヶ瀬	1	清水	2	岩井	1	野木崎	1
清水	2	向原	1	菅ヶ生	3	今上	2	赤堂	1
瀬戸	4	清水	3	深井新田	2	今上	2	新宿	1
大柏	3	谷津	2	菅ヶ生	2	野田	1	深井	1
今上	1	桐ヶ作	1	幸田	1	今上	5	今上	1
今上	3	青田	3	清水	1	中島	2	山崎	1
桜台	2	清水	1	清水	2	三ヶ尾	1	清水	1
今上	1	清水	3	中野	1	西深井	1	上州館林	1
金杉	1	今上	3	中ノ台	1	木間ヶ瀬	1	魚沼	1
今上	3	長谷	1	中ノ台	1	鰤田	1	平沼	1
大畔	3	桜台	2	山崎	2	舟形	1	大室	1
野田	1	赤堂	3	深井新田	4	今上	1	内森谷	1
三ヶ尾	1	卯宿	3	平井	3	深井新田	1	宮崎	1
大田	1	野田	2	龍沢	1	木ノ崎	2	尾サキ	1
桜台	1	卯宿	2	中台	3	阿部	1	平方	1
金杉	2	清水	8	野田	4	築比地	2	下内川	1
中ノ台	1	今上	2	谷津	2	坂井	2	深井新田	1
今上	3	逆井	2	野田	2	山崎	2	鰤田	4
大畔	1	逆井	2	山田	2	森谷	2	長須	1
堰川	2	今上	2	山田	1	東深井	1	金野井	1
清水	5	清水	1	清水	2	柳沢	1	魚沼	3
赤堂	2	清水	2	松伏	2	越谷在新兵衛新田	1	門間	1
宮崎	1	東深井	1	野田	1	古河崎	1	清水	1
今上	3	清水	2	今上	1	木間ヶ瀬	1	今上	2
今上	1	魚沼	1	赤堂	2	関宿	1	谷津	1
今上	2	長谷	1	谷津	1	野木崎	1	吉春	4
赤堂	1	銚子口	1	木ノ崎	1	三ヶ尾	1	小泉	2
柳沢	1	山崎	2	鰤田	1	木ノ崎	3	堤台	2
野田	1	清水	1	谷津	1	野木崎	1	平方	4
東高野	3	中台	1	下谷	1	清水	3	深井新田	6
赤堂	1	吉妻	2	舟形	1	吉春	4	舟形	3
深井新田	1	今上	2	大殿井	1	清水	4	金ノ井	3
木ノ崎	1	野田	4	菅ヶ生	1	坂井	2	桐谷	3
舟形	1	西深井	2	桜台	1	吉春	2	桜台	1
夏見	1	築比地	1	船形	1	花井	2	山崎	4
清水	2	平井	2	中里	2	大田	1	桐谷	2
今上	5	谷津	1	木ノ崎	1	清水	2	山崎	1
今上	2	清水	1	矢作	1	余葉塚新田	2	魚沼	2
今上	1	木間ヶ瀬	1	深井新田	3	三ヶ尾	1	築比地	1
今上	4	桜台	1	木ノ崎	2	桜台	2	木ノ崎	1
桜台	1	谷津	1	谷津	2	目吹	4	大生郷新田	1
金杉	1	清水	2	大と	1	堤台	2	西深井	2
赤堂	1	今上	2	山崎	2	堤台	1	平井	1
築比地	1	山崎	2	五木	1	今上	1	堤台	1
松ヶ崎	1	板樋	2	目吹	1	谷津	1	深井新田	1

事項	人数	事項	人数	事項	人数	事項	人数	事項	人数
大室	1	平方	2	上矢作	2	深井	2	花の井	2
堤台	1	木間ヶ瀬	3	魚沼	1	板樋	2	花の井	1
小布内	4	目吹	1	金杉	3	東深井	3	舟形	2
野田	1	目吹	2	目吹	1	目吹	1	土戸	1
山小屋	2	築比地	3	吉春	1	大木	1	築比地	1
板樋	1	舟形	2	目吹	1	神田山	2	飯沼	1
桜台	1	飯沼	4	木間ヶ瀬	1	中台	1	坂手	2
目吹	1	中台	2	今上	1	三ヶ尾	4	野田	1
谷津	1	木ノ崎	2	長須	1	安部	2	下高野	1
中台	2	赤堂	1	坊主	1	清水	2	下内川	1
中内川	4	堤台	1	目吹	2	深井新田	1	築比地	1
中内川	3	木ノ崎	1	山崎	3	舟形	3	三ヶ尾	1
金杉	4	目吹	1	木崎	2	桜台	3	舟戸	1
下内川	4	舟形	1	今上	1	谷津	1	深井	1
谷津	2	中里	1	野田	1	大柏	5	板樋	1
舟形	3	金杉	2	柳沢	1	舟形	3	西深井	1
関宿本町	2	木ノ崎	1	山崎	1	横内	2	木間ヶ瀬	5
中野	2	築比地	1	目吹	2	新宿	1	門間	3
木間ヶ瀬	2	大生郷	1	板樋	3	阿部	1	尾崎	3
山崎	3	五木	2	木ノ崎	2	舟形	2	赤堂	2
金杉	1	中ノだい	1	正連寺	1	平方	1	尾崎	2
逆井	1	山崎	1	大田	1	吉春	1	菅ヶ生	2
平方	2	桜台	1	板樋	2	飯沼	1	門間	2
平方新田	1	桜台	2	長谷	2	菅ヶ生	1	大生郷	1
西金ノ井	1	飯沼	3	菅ヶ生	4	小山	1	柳沢	1
中台	1	山崎	2	木間ヶ瀬	4	赤崎	1	大柏	2
舟形	1	戸塚	2	深井	2	木間ヶ瀬	1	馬立	2
大田	2	山崎	1	尾崎	1	今上	1	山崎	1
荒木	2	高野	2	山崎	1	宝珠花	1	流山	4
荒木	1	舟形	1	木ノ崎	2	中里	1	桜台	2
舟形	3	尾崎	1	魚沼	1	向原	1	舟形	3
目吹	2	舟形	4	東金ノ井	1	貝塚	2	野山	1
舟形	2	柳沢	1	長沼	1	木間ヶ瀬	1	杉戸	1
目吹	2	深井	3	東深井	1	木間ヶ瀬	2	深井	1
大塚戸	2	谷津	1	長谷	1	正連寺	1	菅ヶ生	1
大塚戸	2	三ヶ尾	2	五木	1	西深井	1	板樋	1
小山	2	山崎	3	舟形	2	築比地	1	三ヶ尾	1
飯沼弘経寺諸家	1	高野	2	瀬戸	1	布施	3	粕壁	2
吉春	1	中野	1	馬立	1	尾崎	1	桜台	1
吉春	2	柳沢	1	舟形	1	板樋	2	山崎	1
深井	3	深井	3	菅ヶ生	2	阿部	2	小山	1
柳沢	2	三ヶ尾	2	木間ヶ瀬	1	堤台	1	幸田	1
中野	4	三ヶ尾	2	紺屋職人	2	高野	2	山崎	1
花井	2	深井	2	大木	1	柳沢	1	正連寺	1
目吹	1	谷津	1	中台	1	築比地	1	今上	1
平方	4	舟形	1	深井	2	二造	4	中里	1
舟形	2	谷津	1	坂手	1	清水	1	山崎	1
目吹	1	清水	3	菅ヶ生	3	西深井	2	桜台	1
三ヶ尾	1	築比地	2	東小屋(高野)	2	花ノ井	1	菅ヶ生	1
今上	3	按摩	1	今上	1	堤台	2	山崎	1

事項	人数	事項	人数	事項	人数	事項	人数	事項	人数
鳥(取)手	1	今上	16	柳沢	1	青田	1	寒ノ尾	1
聾	1	寺町	1	板樋	2	山崎	2	平方	1
山崎	1	中台	3	清水	2	深井新田	3	金杉	1
木間ヶ瀬	1	木間ヶ瀬	3	山崎	3	山崎	2	尾崎	1
下内川	1	深井	7	清水	3	深井新田	3	長屋	1
沓掛	1	今上	1	東高野	3	築比地	1	目眼	1
舟形	1	今上	9	清水	4	金杉	2	今上	2
並木	1	木間ヶ瀬	1	槌角	2	大生郷	1	谷津	1
越谷	1	目吹	5	鰤田	2	小山	1	深井新田	2
江戸	1	清水	2	清水	1	下谷	1	武州丹後	2
尾崎	1	今上	1	木ノ崎	2	舟形	2	深井	2
大木	1	今上	1	菅ヶ生	2	今上	1	舟形	2
舟形	2	桜台	1	幸田	1	清水	1	清水	3
神間	1	清水	4	中里	1	大生郷中新田	1	五木	1
中里	2	桜台	1	山崎	1	中台	1	桐谷	3
安部	1	舟形	1	桜台	1	中台	3	平方	1
野田	3	今上	4	山崎	1	今上	3	中野	3
長谷	1	金杉	1	大室	1	目吹	1	谷津	2
板樋	1	山崎	3	谷津	1	木ノ崎	1	木ノサキ	2
木間ヶ瀬	1	今上	8	桜台	1	今上	2	桐谷	1
尾崎	1	山崎	2	尾崎	1	野田	2	三ヶ尾	2
花の井	1	深井新田	2	三ヶ尾	2	金杉	1	赤堂	2
尾崎	1	桜台	1	目吹	3	余葉塚新田	2	三ヶ尾	1
高野	1	赤堂	2	吉春	18	深井	2	金根	2
布施	1	煙草屋	2	中台	1	今上	2	三ヶ尾	1
森谷	1	按摩	2	谷津	1	魚沼	1	三ヶ尾	2
深井新田	1	築比地	1	赤堂	2	今上	2	金根	1
中ノ台	1	清水	1	赤堂	2	今上	2	東深井	2
大柏	1	金杉	2	山崎	1	今上	2	三ヶ尾	2
築比地	1	東深井	3	谷津	3	大木	1	東深井	3
宮崎	1	山崎	2	蕃昌	1	大和村	1	魚沼	2
馬立	2	金杉	1	清水	4	下谷	2	小布内	1
大山	2	桜台	1	清水	1	東深井	1	清水	1
西深井	1	魚沼	1	谷津	1	沓掛	1	桜台	1
野木崎	1	大室	3	清水	2	木間ヶ瀬		大生郷	1
清水	2	大山	2	吉春	1	森谷	1	下内川	1
大生郷	1	三ヶ尾	1	古河	1	谷津	1	舟形	1
大川戸	1	山サキ	2	中里	1	舟形	1	野田	1
菅ヶ生	1	清水	1	目吹	3	木ノ崎	2	土戸	1
大畔	1	清水	1	築比地	1	矢はぎ	1	今上	1
正連寺	1	谷津	1	東高野	1	中野	1	小布内	2
平方	1	今上	1	谷津	2	赤堂	1	木ノ崎	1
舟形	1	野田	1	深井新田	4	長渕	1	小布内	1
板樋	1	山サキ	3	清水	2	平方	1	鰤田	2
柳沢	1	吉春	2	五木	1	深井	1	中台	3
堤台	1	清水	1	清水	2	今上	1	野田	3
山崎	6	今上	3	清水	2	木ノ崎	1	今上	2
〆905人		清水	4	谷津	1	飯沼	1	今上	4
		木ノ崎	1	清水	2	安部	1	中里	1
2月12日		野田	2	青田	2	吉妻	1	野田	1

事項	人数	事項	人数	事項	人数	事項	人数	事項	人数
平方	1	東深井	1	目吹	1	桜台	2	長谷	1
深井新田	2	大室	1	尾崎	1	目吹	2	舟乗	1
山崎	2	山崎	1	馬立	1	大殿井	2	三ヶ尾	2
目吹	1	木ノ崎	1	半谷	1	山崎	1	今上	2
今上	2	馬立	1	平沼	1	舟形	1	金杉	3
西深井	2	下谷	1	山小屋	1	深井新田	2	大木	2
大柏	3	向原	1	上出島	1	三ヶ尾	1	柳沢	1
平井	3	新宿	1	荒木	1	小布内	2	平井	1
長谷	2	山高野	1	下内川	1	菅ヶ生	2	舟形	1
菅ヶ生	3	長沼	1	金杉	7	半谷	1	舟形	2
谷津	2	木間ヶ瀬	1	あらく	2	木ノ崎	2	谷津	3
大柏	2	桜台	1	金杉	4	目吹	2	馬立	2
吉春	1	五木	3	舟形	2	板樋	2	目吹	3
三ヶ尾	1	菅ヶ生	1	目吹	1	水戸府中	3	横内	2
三五	1	岩井	1	深井	8	目吹	2	粕壁	2
中野	6	今上	2	舟形	2	目吹	1	粕壁	4
目吹	2	三ヶ尾	2	木ノ崎	2	舟形	1	目吹	4
幸田	1	木ノ崎	2	板樋	3	金杉	2	舟形	3
大室	1	山高野	1	木ノ崎	1	内森谷	1	平方	3
野木崎	1	板樋	2	目吹	4	瀬戸	1	今上	1
清水	2	清水	2	青田	2	小山	1	あんま	1
中野	2	小山	1	山小屋	1	花の井	1	大林	7
目吹	1	木ノ崎	1	阿部	2	魚沼	1	赤堂	1
深井新田	1	花井	2	金杉	1	木間ヶ瀬	2	今上	1
金野井	1	山小屋	1	吉春	3	目吹	1	野田	1
山サキ	1	桜台	1	三ヶ尾	1	大生郷	1	木間ヶ瀬	2
下内川	1	尾崎	1	木間ヶ瀬	2	小山	2	深井	1
木ノ崎	1	柳沢	1	今上	4	内川	4	板樋	1
鰤田	1	金杉	1	吉春	2	魚沼	5	赤屋	1
坂手	1	吉春	3	木ノ崎	1	菅ヶ生	2	築比地	1
今上	1	築比地	4	柳沢	1	山崎	2	西深井	1
菅ヶ生	4	目吹	1	山崎	1	花井	5	大川戸	2
中野	1	花井	2	舟戸	1	山小屋	4	花の井	1
木ノ崎	2	小布内	2	木ノ崎	1	川藤	2	長沼	1
菅ヶ生	4	築比地	2	魚沼	1	三ヶ尾	2	木間ヶ瀬	1
菅ヶ生	3	深井新田	2	菅ヶ生	1	木ノ崎	4	三ヶ尾	1
三ヶ尾	2	深井新田	4	谷津	1	目吹	3	高野	1
大川戸	2	平方	5	木間ヶ瀬	1	平方	2	舟形	1
大柏	1	正連寺	1	平井	1	舟形	3	菅ヶ生	1
板樋	1	金杉	1	板樋	1	桐谷	3	並木	1
木ノ崎	1	木ノ崎	2	上出島	1	舟形	2	柏寺	1
深井新田	2	金杉	2	今上	1	小河崎	1	森谷	2
柳沢	1	深井	1	大木	2	中台	1	目吹	3
桜台	1	正連寺	1	ひく	1	柏寺	2	飯沼	1
大田	1	板樋	2	平井	1	寺町	1	柳沢	1
菅ヶ生	1	藤柄	1	吉春	5	赤崎	1	今上	1
舟形	1	菅ヶ生	1	青田	2	大柏	1	中根	1
正連寺	1	築比地	1	阿部	3	山崎	2	中台	5
木ノ崎	1	木内	1	平方新田	4	木間ヶ瀬	1	長須	2
深井	1	舟形	2	飯沼	4	金杉	2	中台	3

事項	人数	事項	人数	事項	人数	事項	人数	事項	人数
女人	130	谷津	1	木間ヶ瀬	1	中台	1	八郎兵衛内	1
子供	50	赤堂	2	坂戸井	1	吉春	2	谷津	2
	86	寺町	2	吉春	2	柏寺	3	中台	1
〆1081人		今上	2	野田町	1	粕壁	4	赤堂	1
		魚沼	2	□□	1	杉戸	1	山小屋	1
2月13日		舟方	2	野田	1	赤堂	1	桜台	1
今上	28	大室	1	桜代	2	谷津	2	谷津	1
中台	1	今上	1	桜代	2	清水	1	吉春	1
金杉	2	正連寺	1	吉春	4	大山	2	谷津	1
三ツ堀	1	長沼	1	築比地	1	山サキ	1	金杉	1
木津内	1	幸田	1	今上	2	深井新田	1	谷津	2
赤とう	1	谷津	2	清水	1	舟形	1	今上	2
中台	1	木間ヶせ	2	半谷村	2	夏見	2	平方新田	2
深井	1	谷津	1	野田	1	小布内	2	大山	1
清水	2	今上	2	舟方	1	深井新田	2	山崎	1
今上	3	今上	1	坂戸井	1	花の井	1	三ヶ尾	2
金杉	2	桜だい	1	杉戸	1	小布内	1	目吹	2
野田	2	清水	2	大山	1	吉春	1	清水	2
東高野	3	かんま(神間)	1	山サキ	2	小布内	2	山崎	1
今上	2	野田	1	深井	1	桐谷	3	中台	1
目吹	2	大林	2	松ヶサキ	2	大室	2	桜台	3
今上	1	かすかべ	2	中野村	1	柏寺	1	清水	2
大ね	1	大林	2	桜代村	3	清水	4	平方新田	1
深井新田	2	今上	3	谷津	1	野田	1	小泉	2
め吹	3	ねと村	1	今上	1	谷津	2	金杉	2
深井新田	2	深井新田	8	山崎	2	清水	1	清水	3
清水	1	今上	1	清水	4	寺町	3		
谷津	1	瀬戸	3	今上	1	野田	3		

5　天保８年２月　極窮名前控（文書番号 ZBA５）

村	人数	村	人数	村	人数	村	人数	村	人数
清水	2	大田	1	宝珠花	2	青田新田	1	小金	2
菅ヶ生	1	粕壁	1	桐ヶ作	1	東金ノ井	1	岩井	1
和平	1	長須	1	大室	1	目吹	1	目吹	1
粕壁	1	荒木	1	木ノ崎	2	不動院野村	1	小布内	1
大生郷	1	田村	1	大沼	1	鰤ヶ崎	3	大室	1
□屋	1	舟形	1	桐ヶ作	1	大生郷	2	岩井	1
金ノ井	1	平方	1	下内川	1	内野山	2	大田	1
小布内	1	木間ヶ瀬	2	菅生	1	水手伝内森谷	7	弓田	1
長谷	1	山崎	1	木間ヶせ	1	人足		小布内	1
木間ヶ瀬	1	平方	1	金杉	1	尾張	1	築比地	1
小布内	2	柳沢	1	目吹	2	柳原	3	馬立	1
長谷	1	高野	1	清水	2	金杉	2	木間ヶ瀬	1
小布内	1	船形	1	三ヶ尾	2	木間ヶ瀬	2	小布内	1
長沼	1	尾崎	1	今上	1	小布内	1	新宿	1
木ノ崎	1	清水	1	桐谷	1	飯沼	4	小泉	1
深井	1	木ノ崎	1	大柏	2	長須	2	龍沢	1
小布内	1	清水	2	木間ヶ瀬	1	粕壁	1	小泉	1
横曽根	1	槌角	2	大柏	1	清水	1	中野	1
大畔	1	今上	1	尾崎	2	金杉	1	中野	1
長沼	1	長沼	1	流山	3	木間ヶ瀬	1	木間ヶ瀬	1
魚沼	1	今上	2	飯沼	2	戸塚	2	今上	1
大生郷	1	小布内	4	藤塚	4	飯沼	3	関宿	2
板樋	1	目吹	1	清水	2	長須	2	谷津	1
深井新田	1	目吹	3	流山	1	吉春	1	清水	1
青田	1	高野	1	魚沼	2	吉春	2	魚沼	1
長谷	1	小布内	2	小布内	1	金ノ井	3	木間ヶ瀬	1
野田	1	板樋	1	宝珠花	1	築比地	2	平方	1
今上	2	金杉	1	尾崎	1	石工	1	今上	2
桜台	2	岩井	1	青田	1	桜台	3	上平	1
花井	2	唐崎	2	花の井	1	捨子	1	木間ヶ瀬	3
築比地	2	木間ヶ瀬	2	山崎	1	門間	4	長沼	2
金杉	4	平方	1	小泉	1	目吹	1	大木	1
木ノ崎	1	奈戸谷	2	正連寺	1	山崎	3	山崎	3
木ノ崎	4	築比地	1	舟戸	1	八木	2	平方	1
清水	2	金杉	1	堤台	2	舟形	2	中里	1
坂井	2	中台	1	金ノ井	2	番所(蕃昌)	1	舟形	1
舟形	1	板樋	1	山小屋	2	山高野	2	目吹	1
木ノ崎	2	大宿	1	魚沼	2	駒木新田	2	目吹	2
柳沢	2	舟形	1	中台	2	山高野	1	三ヶ尾	1
今上	2	阿部	1	木ノ崎	1	清水	4	目吹	2
大生郷	1	大輪	1	戸塚	1	清水	2	関宿堰川	1
菅ヶ生	2	向畑	2	弓田	1	桜台	3	蕃昌	1
木ノ崎	1	山崎	1	金杉	1	平井	2	野田	1
今上	2	目吹	2	舟形	1	木間ヶ瀬	2	船形	1
菅ヶ生	1	大柏	1	堤台	1	深井新田	1	宮崎	1
長沼	1	大柏	1	大田	1	木間瀬	1	木間ヶ瀬	1
赤堂	1	矢田部	1	長沼	1	清水	3	三ヶ尾	1
目吹	1	大木	1	小布内	1	め吹	1	舟形	1

村	人数	村	人数	村	人数	村	人数	村	人数
吉妻	1	飯沼	1	舟形	1	清水	1	谷津	5
小布内	1	五木	3	山崎	3	五木	7	金杉	5
長須	1	木間ヶ瀬	2	長須	2	木ノ崎	2	粕壁	1
小布内	1	舟形		内森谷	1	谷津	2	槌角	1
横内	1	飯沼	1	木間ヶ瀬	1	深井新田	1	二ツ沼	1
築比地	1	東深井	4	木間ヶ瀬	1	坂手	1	中里	2
長沼	2	山サキ	1	野木崎	1	深井新田	1	花井	1
中里	2	山サキ	2	大相模	1	野田	2	木ノ崎	3
木ノ崎	1	東深井	2	戸張	1	中台	2	内森谷	1
築比地	2	今上	4	山崎	1	吉春	3	10人	
木ノ崎	2	吉春	4	飯沼弓田	1	大山	1	11人	
木間ヶ瀬	1	清水	3	庄内飯沼	1	木間ヶ瀬	5	10人	
大木	2	赤堂	2	小布内	1	内川	4	11人	
平方	3	木ノ崎	1	築比地	2	深井新田	1	10人	
船形	2	新宿	1	山崎	2	内森谷	3	12人	
船形	2	内川	1	吉春	2	谷津	2	22人	
花井	2	金杉	1	木間ヶ瀬	2	谷津	2	13人	
木間ヶ瀬	2	瀬戸	1	萱ヶ生	2	尾崎	3	21人	
馬立	1	弓田	1	萱ヶ生	3	目吹	2	〆110人女人	
谷津	1	長谷	2	山崎	2	桐谷	3	30人子供	
飯沼	1	桐谷	1	長沼	2	深間(布鎌)新田	1	10人	
舟形	1	山サキ	2	大柏	5	木間ヶ瀬	1	9人	
清水	2	新宿新田	1	築比地	2	坂手	2	10人	
木間ヶ瀬	4	木間ヶ瀬	1	三ヶ尾	1	萱ヶ生	1	24人	
木間ヶ瀬	2	小布内	1	今上	4	並木	1	10人	
木間ヶ瀬	1	今上	1	木ノ崎	2	下矢塚	1	10人	
舟形	2	深井新田	1	板樋	2	三ヶ尾	1	9人	
大田	2	吉春	3	深井	2	築比地	2	8人	
目吹	2	飯沼	2	東深井	3	萱ヶ生	1	10人	
今上	1	堤台	2	西深井	1	矢作	1	13人	
下谷	1	片柳	2	木間ヶ瀬	2	宮崎	1	1人	
平方	1	今上	1	吉春	1	和平	1	〆1241人	
森谷	2	野田	1	舟形	3	岡田	1		
長谷	1	飯沼	1	堤台	2	板樋	2	2月14日	
木ノ崎	1	長や	2	大川戸	7	中根	1	今上	23
木間ヶ瀬	2	目吹	2	木間ヶ瀬	4	築比地	2	はんこや	2
木間ヶ瀬	2	木ノ崎	2	目吹	1	木間ヶ瀬	1	中ノたい	2
今上	1	山崎	2	飯沼	1	布井	1	桜たい	2
小布内	1	東深井	2	飯沼	1	布井	4	三ツ堀	1
桜台	2	花井	2	深井新田	2	舟形	4	深井	1
桜台	1	吉春	1	木ノ崎	1	平方	3	青田	1
中台	1	吉春	2	桜台	1	柏寺	4	桜たい	1
広島	1	大山	1	舟形	1	築比地	2	今上	2
飯沼	1	三ヶ尾	1	木間ヶ瀬	2	深井	1	寺町	1
下総茂登	3	丹後	1	今上	1	新田戸	2	中台	1
森谷	1	野木サキ	1	谷津	2	大柏	3	山崎	3
今上	1	大柏	1	築比地	1	尾崎	2	清水	2
大木	1	吉春	3	下内川	1	目吹	7	金杉	1
平方	2	山崎	2	舟形	1	横内	2	吉春	1
大木	2	小布内	1	中台	1	鶴島	3	清水	3

村	人数	村	人数	村	人数	村	人数	村	人数
清水	4	荒木	1	花井	2	深井新田	3	木間ヶ瀬	2
清水	2	柏寺	1	今上	2	今上	1	目吹	2
目吹	3	清水	2	小布内	3	目吹	2	中台	2
桜台	3	清水	1	深井新田	2	大木	3	中台	1
清水	3	中台	1	谷津	2	築比地	1	築比地	1
野田	1	粕壁	1	桐谷	3	正連寺	1	桜台	1
野田	2	大木	1	桜台	3	山崎	1	吉春	2
吉春	1	舟形	1	今上	1	金杉	1	大山	1
吉春	3	目吹	2	清水	2	谷津	1	金杉	1
長沼	1	桜台	2	清水	2	築比地	1	今上	1
桜台	1	木崎	1	桜台	1	東深井	1	舟形	1
東深井	1	吉春	2	吉春	3	小泉	2	内川	1
大畔	4	平方新田	1	深井新田	1	築比地	2	東深井	2
平方	1	清水	2	深井	3	今上	1	深井新田	2
桜台	1	青田	2	山崎	3	魚沼	2	平方	2
清水	1	今上	3	中里	2	貝塚	2	平方	1
中台	1	野田	1	目吹	2	中台	3	尾崎	1
木津村	1	谷津		長や	3	山崎	1	魚沼	3
今上	1	築比地	1	築比地	1	築比地	1	木ノサキ	4
大矢口	1	菅ヶ生	2	清水	1	舟形	1	舟カタ	1
今上	2	岩井	2	金杉	1	鰤田	3	吉ハル	2
大生郷	1	谷津	1	桜台	1	魚沼	1	柳サワ	2
深間新田	1	谷津	2	深井	1	長須	1	築比地	1
谷津	1	谷津	2	西方	1	深井新田	2	木ノサキ	1
親野井	2	今上	3	槌角	5	山小屋	1	余葉塚	2
今上	3	今上	2	松伏	1	□屋	1	深井新田	2
清水	2	谷津	1	魚沼	28	阿部	1	清水	4
今上	2	清水	2	銚子	1	木ノ崎	1	生子	1
東深井	2	木ノ崎	1	野田	7	築比地	1	赤堂	1
東高野	3	菅ヶ生	1	清水	2	木間ヶ瀬	1	飯沼	1
清水	2	粕壁	2	岩井	2	唐崎	2	平方	3
赤堂	6	下矢柄	1	岩井	1	目吹	1	小泉	2
今上	2	清水	1	吉春	3	這木	1	柏寺	3
菅ヶ生	4	荒木	1	中里	2	尾崎	1	小布内	1
菅ヶ生	4	金杉	1	金杉	3	飯沼	8	尾サキ	1
清水	2	野田	1	清水	2	木間ヶ瀬	3	山サキ	1
大生郷	1	谷津	1	山崎	4	平方	2	花井	1
清水	2	荒木	2	築比地	1	小泉	1	深井	4
粕壁	1	谷津	1	江戸芝口二丁目	1	下谷	2	せ戸	5
金杉	1	松ヶ崎	1	中野	1	菅ヶ生	1	堤台	1
中台	1	小河崎	1	目暗	1	下谷	2	瀬戸	3
耕屋(幸谷)	1	中台	1	中島	2	舟形	2	粕壁	2
山崎	1	小山	1	今上	2	弓田	1	堤台	3
中野	1	桜台	1	東深井	2	弓田	2	木間ヶ瀬	2
菅ヶ生	1	清水	3	木ノ崎	3	赤堂	3	谷津	3
目吹	1	深井	1	築比地	1	今上	4	木間ヶ瀬	2
矢田部	1	吉春	1	金杉	1	今上	2	吉春	2
奈戸谷	1	三ヶ尾	1	岩井	2	東深井	3	菅ヶ生	1
栗橋宿	1	赤堂	1	坂井	2	桜台	1	菅ヶ生	2
新田戸	1	山崎	1	板樋	1	木間ヶ瀬	2	内川	2

村	人数	村	人数	村	人数	村	人数	村	人数
内川	2	和平	1	目吹	1	築比地	3	下内川	3
平井	2	横曽根	1	魚沼	1	五木	3	中台	2
木間ヶ瀬	2	坂井	1	目吹	1	大柏	1	片柳	2
目吹	1	馬立	4	五木	1	平方	3	舟形	2
菅ヶ生	1	堤台	1	新宿	1	金杉	1	木間ヶ瀬	1
飯沼	2	中里	1	菅ヶ生	1	三ヶ尾	1	目吹	2
堤台	1	山サキ	1	菅ヶ生	1	谷津	1	小布内	2
三ヶ尾	3	菅ヶ生	1	岡田	2	目吹	2	小布内	1
目吹	1	中里	1	長谷	1	中里	1	築比地	3
深井新田	2	木間ヶ瀬	2	築比地	1	清水	2	堂(道)庭	3
山サキ	1	粕壁	1	舟形	1	木ノ崎	3	吉春	2
桜台	1	三ヶ尾	1	山サキ	2	中台	1	吉春	3
目吹	2	新宿	1	五木	1	親の井	3	吉春	2
飯沼	4	金ノ井	1	飯沼	2	木間ヶ瀬	1	吉春	1
飯沼	2	平方	1	幸田	1	大柏	5	木ノ崎	3
飯沼	2	東深井	1	深井新田	1	大柏	1	板樋	1
舟形	2	平井	1	根戸	2	桜台	1	舟形	2
山崎	1	三ヶ尾	1	磯部	2	松伏	2	五木	6
舟カタ	2	木間ヶ瀬	1	守谷	1	清水	2	戸張	4
舟カタ	2	大角豆	1	大室	1	吉春	2	舟戸	1
目吹	1	舟形	2	大塚戸	1	木間ヶ瀬	1	小布内	2
飯沼	1	飯沼	2	金杉	1	堤台	2	目吹	1
三ヶ尾	1	菅ヶ生	1	東深井	1	板樋	3	山小屋	1
木ノサキ	2	中里	1	吉春	1	目吹	1	菅ヶ生	1
木ノサキ	1	金杉	1	山小屋	2	谷津	1	三ヶ尾	1
山サキ	3	中妻	1	山小屋	2	法女	3	木ノ崎	1
坂手	1	山サキ	1	菅ヶ生	2	花の井	2	小布内	1
馬立	2	中里	1	布施	3	金杉	3	山崎	2
築比地	1	木ノ崎	1	清水	1	門間	4	大輪	1
三ヶ尾	1	阿部	1	山小屋	1	柏寺	4	堤台	1
今上	1	東深井	1	小布内	2	目吹	2	三ヶ尾	1
舟形	1	木ノサキ	1	大林	3	長沼	1	坂手	2
桜台	1	赤沼	1	一ノ割	2	三ヶ尾	1	流山	1
金杉	1	山サキ	1	一ノ割	1	木瓜	2	小布内	2
木間ヶ瀬	1	木ノサキ	1	大畔	3	舟形	1	木間ヶ瀬	2
森谷	1	森谷	1	目吹	1	大柏	3	小布内	1
米崎	1	新宿新田	1	西深井	2	宮崎	3	坂手	1
金杉	2	赤崎	1	長谷	4	木瓜	1	三ヶ尾	1
大室	1	谷津	2	長谷	1	目吹	2	中台	1
山サキ	2	目吹	1	山崎	2	尾サキ	3	築比地	1
吉春	1	中台	1	舟形	2	谷津	3	大木	1
鰭ヶ崎	1	清水	1	山崎	2	麦(夏)見	2	吉春	1
大田	1	赤サキ	2	正連寺	1	中台	3	原一	1
並木	1	今上	2	花井	2	尾崎	1	野田	1
木間ヶ瀬	1	米島	1	平方	1	野木崎	1	木間ヶ瀬	1
飯沼	1	新田戸	2	深井新田	2	丸山	6	宝珠花	1
山小屋	1	中台	1	花井	3	目吹	2	目吹	1
下内川	1	谷津	2	中台	2	深井新田	2	平方	1
内川	1	長谷	1	桜台	3	谷津	2	木間ヶ瀬	1
木間ヶ瀬	1	木ノサキ	1	広島	2	目吹	1	奈戸谷	1

村	人数	村	人数	村	人数	村	人数	村	人数
小布内	1	鶴島	6	桐谷	1	平沼	1	堤台	4
大塚戸	4	堂庭	1	菅ヶ生	1	中野	1	赤堂	1
清水	1	三ヶ尾	2	杉戸	1	山耕屋	1	布井	2
菅ヶ生	1	深井新田	2	越谷	2	越谷	1	野田	2
長須	2	谷津	1	桐谷	1	野木崎	2	中台	2
舟形	1	菅ヶ生	1	船玉	1	土戸	5	清水	7
布施	1	布井	2	菅ヶ生	1	耕屋	8	清水	3
柏寺	1	宮崎	1	富田	1	桐谷	3	松ヶ崎	3
権現堂	1	山サキ	1	野田	1	耕屋	2	菅ヶ生	1
宮崎	1	長須	1	西耕屋	2	吉春	2	目吹	2
森谷	2	舟形	2	舟形	1	耕屋	2	大塚戸	7
板樋	2	野木崎	2	神間	1	野田	2	猫実	1
大川戸	2	大田	1	築比地	3	越谷	2	関宿	12
門間	3	舟形	1	按摩	1	東宝珠花	6	中台	3
目吹	2	山崎	1	深川	1	東宝珠花	4	清水	5
板樋	2	布井	1	山□来島	1	杉戸	1	清水	15
深井	1	野田	1	萩	1	大柏	3	〆1132人	
平方	5	花の井	3	三ヶ尾	1	中台	5		
尾崎	3	中台	1	山サキ	1	生子	1		

6　天保 8 年 2 月　極窮人別帳（文書番号 ZBA 4）

事項	人数	事項	人数	事項	人数	事項	人数	事項	人数
		今上	2	木ノサキ	2	上州木戸	2	岡田	3
2 月15日		清水	3	中里	1	山崎	2	清水	2
深井新田	4	今上	2	菅ヶ生	2	魚沼	1	清水	1
桜台	2	今上	1	土戸	1	関宿	1	小布内	4
深井新田	1	深井新田	1	今上	2	清水	1	山崎	2
今上	10	清水	3	金杉	1	中台	4	清水	1
今上	2	中台	2	舟形	3	木ノ崎	2	舟形	3
戸頭	1	中台	1	今上	1	柏寺	3	莚打	1
愛宕	2	今上	2	菅ヶ生	1	谷津	1	平方	2
捨子	1	桜台	1	大塚戸	1	平方新田	1	清水	1
舟形	1	今上	1	山崎	1	清水	2	花井	1
木津内	1	布井	1	鶴島	1	築比地	2	清水	4
清水	2	蕃昌	4	東深井	2	飯沼	1	五木	1
馬立	1	山高野	1	今上	3	中台	1	平方	1
桜台	1	清水	1	深井新田	1	武州大越	1	山崎	1
粕壁	2	横曽根	1	大生郷	1	金杉	1	中里	2
木間ヶ瀬	2	野田	1	中台	1	大沼	1	常州山口	1
下根	1	100人		金杉	1	野田	1	内森谷	1
下根	2	桜台	1	岩井	1	目吹	3	築比地	1
長沼	1	土戸	1	今上	1	桐谷	2	清水	1
野木崎	2	清水	2	粕壁	1	菅ヶ生	1	下矢柄	1
原市	2	柏寺	4	木ノ崎	2	木間ヶ瀬	1	尾崎	1
横曽根	1	中台	1	岩井	1	清水	3	舟形	1
中里		谷津	1	舟形	4	舟形	1	目吹	1
清水	1	清水	2	木ノ崎	1	吉春	5	柳沢	1
野木崎	3	清水	2	中里	1	吉春	1	長谷	1
谷津	1	赤堂	1	深井新田	2	舟形	1	築比地	1
幸田	1	舟形	3	中台	1	吉春	3	下柳	1
谷津	1	土戸	1	中野	2	谷津	2	築比地	2
今上	5	岩井	2	山崎	3	西三ヶ尾	1	三ヶ尾	1
東高野	2	河原曽根	1	■手	3	荒木	1	深井新田	1
桜台	5	大塚戸	7	谷向	1	大田	1	堤台	2
東高野	1	大室	4	大生郷	1	木ノ崎	1	中野	1
長須	2	青田	1	106人		深井新田	1	小山	1
清水	1	清水	1	今上	4	中台	5	深井	1
谷津	2	吉川	1	清水	1	木ノ崎	2	阿部	2
大室	1	中台	3	生子	1	今上	1	耕屋	
目吹	1	土戸	3	清水	2	深井	1	小泉	2
板樋	1	米島	1	山崎	1	堤台	5	中野	1
今上	2	清水	2	和平	1	金杉	1	木間ヶ瀬	1
清水	2	半谷	3	今上	4	築比地	2	小山	1
清水	1	砂入	1	荒木	2	大木	1	中野	1
今上	1	今上	2	荒木	1	中台	1	今上	1
今上	2	今上	1	船形	3	中台	2	舟形	3
蕃昌	2	中里	2	大塚戸	3	102人		吉春	1
菅ヶ生	1	中里	1	粕壁	1	今上	1	谷津	2
大柏	1	高根	1	坂井	2	舟形	2	関宿	2
岡田	1	舟形	1	和平	1	大室	1	大木	2

事項	人数	事項	人数	事項	人数	事項	人数	事項	人数
中野	1	小泉	2	大畔	3	木間ヶ瀬	2	中根	1
目吹	5	吉春	1	耕屋	3	小布内	1	下内川	1
目吹	2	森谷	2	舟形	1	木間ヶ瀬	2	野木崎	1
築比地	3	鰤ヶ崎	1	猫実	1	松ヶ崎	1	金杉	2
菅ヶ生	2	舟形	1	門間	4	新田戸	2	武州片柳	2
板樋	4	桜台	4	野田	1	東宝珠花	2	舟形	1
深井	2	花井	2	木ノ崎	2	親の井	2	下竹	1
関宿	9	木ノ崎	1	菅ヶ生	1	小山	1	楡俣	1
長須	1	阿部	1	宮崎	1	正連寺	1	宿王寺	1
坂井	1	山崎	1	清水	1	赤堂	1	赤沼	1
東深井	4	金ノ井	1	魚沼	1	舟形	2	築比地	1
大木	1	花の井	1	大柏	4	内川	1	平方	2
三ヶ尾	1	今上	2	横内	2	這木	1	流山	2
□屋	1	正連寺	1	赤堂	2	谷津	2	中台	1
木間ヶ瀬	1	板樋	2	比丘尼	1	大沢	1	柳沢	2
馬立	2	目吹	1	尾崎	3	権現堂	1	深井	1
阿部	1	坂手	1	137人		野田	1	木間ヶ瀬	3
船玉	1	布施	1	〆601人		東宝珠花	4	金杉	2
長谷	3	布施	3	赤堂	1	赤堂	2	〆757人	
中野	2	法師戸	3	尾崎	1	今上	1	395人非人	
飯沼	2	小泉	1	尾崎	2	長須	2		
築比地	1	吉春	1	西深井	1	柏寺	2	２月16日	
板樋	2	柳沢	1	野田	3	木ノ崎		今上	6
目吹	2	坂手	1	野田	1	野木崎	3	清水	2
谷津	1	余葉塚新田	2	赤堂	1	山崎	1	寺町	1
深井新田	3	舟形	2	按摩	1	弓田	1	桜台	1
法師戸	4	生子	2	野田	2	下内川	1	桜台	2
吉春	2	並木	1	野木崎	2	舟形	1	中台	1
正連寺	1	桜台	2	弓田	3	染谷	1	粕壁	1
桐ヶ作	2	銚子	1	木間ヶ瀬	1	中妻	2	大柏	1
杉戸	2	高柳	3	菅ヶ生	1	桐谷	3	三ヶ尾	1
飯沼	5	野木崎	1	柏寺	1	野州小山	1	木屋	3
青田	3	木ノ崎	4	松伏	1	権現堂	1	野田	1
清水	1	耕屋	4	清水	1	大柏	3	土戸	2
磯部	2	彦田	3	今上	1	平井	2	大柏	1
門間	4	山崎	1	弓田	2	夏見	2	長須	2
木ノ崎	1	花の井	4	弓田	1	小布内	3	長沼	1
目吹	1	板樋	1	大輪	1	舟形	1	中台	2
156人		山崎	1	小布内	1	戸張	3	桜台	3
三ヶ尾	1	粕壁	2	木ノ崎	1	目吹	2	桜台	1
菅ヶ生	1	桜台	1	布井	4	西深井	1	清水	1
大室	2	根戸	2	堤台	1	野田	1	清水	6
中野	1	舟形	2	弓田	2	大柏	1	柏寺	2
魚沼	4	築比地	1	吉妻	1	木才(騎西)	2	今上	2
荒		菅ヶ生	1	赤堂	1	腰越	3	三ヶ尾	1
新宿	1	奈戸谷	1	小布内	1	矢木	3	のた	1
平方	2	深川	1	赤堂	2	野田	1	清水	2
大山	1	松戸	1	赤堂	1	中台	1	清水	3
桜台	2	広島	2	赤堂	2	目吹	1	今上	2
坂手	1	内川	7	野田	2	関宿	2	今上	3

事項	人数	事項	人数	事項	人数	事項	人数	事項	人数
中台	1	野田	1	今上	4	吉春	2	宮崎	1
粕壁	1	今上	2	中里	1	三ヶ尾	1	木間ヶ瀬	1
弓田	1	三ヶ尾	1	築比地	1	這木	1	木間ヶ瀬	2
野田	2	清水	2	目吹	1	木ノ崎	1	舟形	1
大室	1	菅ヶ生	1	門間	4	木間ヶ瀬	1	下野国塩谷郡	1
幸田	1	平井	2	舟形	1	阿部	1	和平村	
桜台	4	平井	1	中台	1	吉春	2	目吹	1
粕壁	1	築比地	1	飯沼	2	深井新田	2	野木崎	2
清水	1	中台	1	築比地	1	深井新田	2	舟形	1
馬立	2	中里	2	深井	2	木ノ崎	2	東深井	1
沓掛	3	松伏	2	山崎	3	三ヶ尾	1	舟形	2
小山	1	深井新田	1	山崎	1	岩名	1	権現堂地蔵坊	1
清水	1	生子	2	菅ヶ生	1	小山	1	野木崎	2
今上	8	今上	4	大生郷	1	吉春	1	医師	1
親の井	2	深井新田	3	太子堂	2	木間ヶ瀬	3	山崎	1
江戸伝馬町	1	中田	2	谷津	2	山崎	1	花の井	1
赤堂	2	花の井	3	築比地	2	山崎	1	深井新田	1
桜台	1	野田	2	金杉	1	吉春	1	桜台	3
清水	2	三すき	1	魚沼	1	木ノ崎	3	平方	4
今上	8	飯沼	3	深井	3	鹿島原	1	木才	2
今上	2	大殿井	3	金杉	1	松前	1	目吹	1
今上	2	清水	2	飯沼	1	今上	2	清水	5
今上	2	今上	3	今上	2	舟形	11	青田	3
舟形	2	金の井	3	堤台	3	下谷塚	1	岩井	2
舟形	1	小泉	2	下内川	1	谷津	2	大室	1
桜台	4	五木	2	大室	2	目吹	3	木間ヶ瀬	1
目吹	1	板樋	6	深井	1	深井	2	目吹	4
横内	1	猫実	1	花の井	1	中根	1	馬立	1
土戸	1	菅ヶ生	1	船形	2	木ノ崎	3	舟形	1
生子	2	魚沼	1	松ヶ崎	2	三ヶ尾	1	山崎	3
大室	2	築比地	1	大田	3	古河崎	1	清水	2
桜台	2	大室	1	桜台	1	深井新田	3	桐谷	3
吉春	3	小布内	1	山小屋	2	桜台	1	深井新田	1
和手(平)	2	小布内	1	蕃昌	2	金杉	1	今上	4
中台	1	今上	1	木間ヶ瀬	1	野木崎	2	山崎	1
118人		青田新田	2	山口	1	馬立	2	中里	1
土戸	2	中台	1	山崎	1	上州尾浦(邑	1	増森中島	2
三ツ堀	1	大室	1	並木	1	楽)郡木戸村		赤崎	2
半谷	3	尾崎	2	桜台	1	(桜台居住)		五木	2
粕壁	3	越谷	1	清水	2	今上	1	正連寺	1
大柏	2	舟方	1	山崎	2	三ヶ尾	1	目吹	1
菅ヶ生	2	坂井	4	岡田	1	谷津	2	三ヶ尾	2
金杉	2	木間ヶ瀬	1	野田	3	金杉	3	尾崎	11
東高野	2	荒木	1	山崎	2	谷津	5	長沼	1
野田	1	今上	1	赤堂	4	谷津	4	荒木	1
尾崎	3	中台	4	松前	1	横内	2	築比地	3
広島	3	目吹	1	吉春	2	平方	4	柳沢	1
山小屋	1	木ノ崎	2	舟形	1	山崎	1	木ノ崎	1
布川	1	横内	2	谷津	1	目吹	2	清水	1
板樋	2	中橋	1	野田	1	木ノ崎	1	中台	1

事項	人数	事項	人数	事項	人数	事項	人数	事項	人数
野田	1	今上	2	野田	1	腰越	1	野田	2
大木	2	飯沼	3	魚沼	1	木ノ崎	1	清水	2
木ノ崎	1	尾崎	3	弓田	2	布井	2	清水	2
中根	1	正連寺	1	舟形	1	布井	2	越谷	1
築比地	2	中里	1	内川	2	阿部	2	築比地	
下花輪	1	荒木	1	矢木	3	銚子	1	深井新田	3
権現堂	1	中台		吉春	1	小布内	1	柏寺	4
尾崎	1	吉春	2	木間ヶ瀬	2	平井	2	大柏	2
魚沼	3	築比地	1	赤沼	1	関宿	2	野田	1
柏寺	3	中台	1	下内川	1	武州片柳	2	清水	2
沓掛	1	奈戸谷	2	長沼	1	行徳領　猫実	1	平方新田	3
木ノ崎	1	門間	2	魚沼	1	野州和平	2	柏寺	1
桜台	1	大畔	3	弓田	2	谷津村	1	桜台	1
野田	1	桐ヶ作	2	平方新田	4	宮サキ	1	今上	1
大木	1	木間ヶ瀬	1	布井	1	奈戸第	1	清水	1
長谷	1	坂手	1	柏寺	4	〆827人		深井新田	1
青田	1	大柏	3	谷津	3	外４人		金杉	3
吉春	2	吉春	3	下内川	2	夏見	3	舟形	9
大殿井	1	門間	2	比丘尼	2	戸張	4	舟形	1
目吹	1	新田戸	2	目吹	3	中台	1	清水	3
吉春	2	原市	1	菅ヶ生	3	東深井	2	中台	1
築比地	2	菅ヶ生	7	菅ヶ生	1	野木崎	3	今上	2
中里	1	中台	2	吉妻	1	山サキ	2	木ノ崎	2
平方	2	今上	1	大塚戸	4	山サキ	2	清水	2
尾崎	5	643人		菅ヶ生	2	菅ヶ生	3	中台	3
尾崎	1	桜台	1	中台	2	舟形	3	野田	1
横曽根	1	堤台	2	高野	4	按摩	2	山崎	1
岡田	1	舟形	2	菅ヶ生	1	捨子	1	柏寺	2
中里	2	大室	1	大塚戸	7	〆860人		今上	1
中里	1	木ノ崎	3	森谷	2	542人非人		桜台	1
新田戸	2	坂手	1	赤沼	3			三ヶ尾	2
堤台	2	中台	1	松伏	1	２月17日		魚沼	1
舟形	3	長沼	1	高柳	10	中里	2	今上	1
舟形	9	染谷	1	粕壁	1	今上	2	清水	1
神田山	3	岩井	1	中野	3	今上	27	清水	2
飯沼	1	築比地	2	長須	2	赤堂	1	今上	3
平井	3	菅ヶ生	1	西深井	1	中台	2	清水	1
長谷	3	根戸	2	今上	1	桜台	1	三ヶ尾	1
野木崎	1	小布内	7	中台	2	清水	5	魚沼	1
小布内	1	木ノ崎	1	越谷	1	馬立	2	目吹	1
築比地	1	大柏	3	矢柄	1	木間ヶ瀬	2	半谷	2
木間ヶ瀬	1	魚沼	1	今上	1	深井新田	2	桐ヶ作	2
下谷	1	松ヶ崎	1	柏寺	1	中台	1	魚沼	1
清水	2	新宿	1	中ノ台	2	越谷	1	清水	1
中里	1	内川	1	木瓜新田	2	弓田	1	三ヶ尾	1
鰤ヶ田	1	按摩	1	中里	1	大柏	1	菅ヶ生	1
中台	1	余葉塚	3	下野小山	1	柏寺	2	清水	2
小布内	1	布施	3	中ヶ里	1	桜台	1	清水	4
内森谷	1	赤崎	1	長須	1	捨子	1	半谷	1
大山	1	弓田	3	彦田	3	大室	2	中田	3

事項	人数	事項	人数	事項	人数	事項	人数	事項	人数
幸田	1	柳沢	1	東高野	1	金杉	2	阿部	1
桜台	1	金ノ井	1	東深井	2	新宿	1	築比地	2
金杉	1	赤堂	3	今上	1	舟形	2	山小屋	1
土戸	3	木間ヶ瀬	1	吉春	1	大和田	1	中台	1
清水	3	吉春	2	今上	1	大殿井	2	柳沢	1
荒木	1	清水	1	深井	1	三ヶ尾	1	尾崎	1
桜台	2	中台	2	山崎	2	清水	2	谷津	1
飯沼	1	山小屋	1	木ノ崎	2	野田	1	横内	1
蕃昌	2	舟形	1	舟形	1	今上	2	目吹	2
桐谷	2	金杉	1	目吹	2	桜台	1	山崎	2
□子	1	清水	2	桜台	1	舟形	1	築比地	1
下内川	1	金杉	1	今上	1	青田	1	吉春	2
新宿	1	今上	2	目吹	1	清水	1	上柳	1
和手	3	今上	3	舟形	1	小布内	1	菅ヶ生	2
野田	1	吉春	2	大殿井	1	吉春	2	築比地	1
舟形	1	金杉	1	飯沼	1	谷津	1	目吹	1
中台	2	土戸	1	東宝珠花	1	大川戸	1	木ノ崎	1
深井新田	2	舟形	2	大殿井	1	今上	1	吉春	4
桜台	1	小布内	1	今上	2	武州青梅在	1	舟形	1
岩井	1	大塚戸	7	谷津	1	小布内	1	野田	1
平井	2	花井	1	三顔	2	今上	2	山崎	1
舟形	3	桜台	5	花井新田	1	舟形	2	魚沼	1
野田	1	深井新田	1	野田	3	舟形	1	木ノ崎	1
森谷	2	親の井	2	蕃昌	2	400人		三ヶ尾	1
築比地	1	蕃昌	4	谷津	1	桜台	1	平方	3
松ヶ崎	2	深井新田	2	吉春	1	舟形	1	舟形	1
中野	1	深井新田	2	谷津	1	橡俣	1	木ノ崎	2
目吹	2	深井新田	1	今上	2	今上	2	金杉	1
三顔	1	深井新田	2	横内	1	舟形	1	布川	1
木ノ崎	1	深井新田	1	舟形	2	魚沼	1	深井	1
菅ヶ生	1	粕壁	1	赤堂	1	舟形	1	長谷	3
菅ヶ		今上	1	舟形	2	山小屋	1	山崎	2
飯沼	1	深井新田	3	野田	3	木間ヶ瀬	1	中台	2
□屋	1	金杉	1	野田	2	金杉	1	岩名	1
金杉	1	今上	1	山崎	1	中里	1	西三ヶ尾	1
深井新田	2	舟形	1	桜台	3	吉春	2	魚沼	2
金杉	2	中野	1	尾崎	2	下矢柄	1	舟形	3
今上	1	築比地	1	舟形	1	堤台	1	木ノ崎	1
飯沼	1	赤堂	1	関宿	2	長須	1	東宝珠花	4
新田戸	1	木ノ崎	1	横内	2	平方新田	2	三ヶ尾	2
菅ヶ生	1	桜台	1	大山	2	目吹	2	深井	2
菅ヶ生	2	新田戸	1	谷津	1	舟形	4	深井	1
粕壁	1	新宿	1	山崎	1	平方新田	1	野田	1
舟形	1	桜台	1	武州片柳	2	米島	1	谷津	1
赤沼	2	東高野	2	菅ヶ生	1	生子	1	三ヶ尾	1
今上	2	今上	1	中台	1	菅ヶ生	1	今上	1
今上	1	大室	2	舟形	1	生子	1	大川戸	1
吉春	1	築比地	1	舟形	1	中台	2	中里	1
赤沼	2	山サキ	1	山崎	1	金杉	1	蕃昌	1
西深井	1	今上	1	野田	2	今上	1	深井新田	1

事項	人数	事項	人数	事項	人数	事項	人数	事項	人数
谷津	4	一ノ割	2	深井	1	長沼	1	築比地	1
深井新田	2	山小屋	1	魚沼	1	中里	1	木ノサキ	2
深井新田	3	法(奉)目	1	大室	1	金杉	1	舟カタ	1
賄方	10	深井新田	1	飯沼	2	三ヶ尾	1	萱ヶ生	1
535人		舟形	2	五木	2	小布内	1	堤台	1
今上	6	長沼	1	木ノ崎	1	長谷	1	300人	
木ノ崎	1	尾崎	1	飯沼	1	築比地	1	飯沼	1
今上	2	山小屋	1	木間ヶ瀬	1	イエ沼	1	萱ヶ生	1
青田新田	2	一ノ割	2	飯沼	1	舟形	1	大殿井	1
平方新田	1	木ノ崎	3	山サキ	2	舟形	2	長や	1
平方新田	3	深井	1	内森や	1	平方	2	莚打	1
大木	1	金杉	1	並木	1	五木	1	飯沼	1
五木	1	吉春	2	魚沼	1	重太夫新田	1	今上	1
山崎	2	舟形	2	金の井	1	木間ヶ瀬	1	深井新田	1
阿部	2	舟形	2	中根	3	深井	5	堤台	1
大田	1	谷津	2	目吹	3	重太夫新田	1	木ノ崎	1
今上	1	深井	1	中台	3	目吹	1	尾サキ	1
阿部	1	舟戸	1	萱ヶ生	2	長や	1	高や	1
阿部	2	中根	1	目吹	1	金の井	1	吉妻	1
山サキ	1	飯沼	2	山崎	4	米崎	1	今上	1
米崎	2	山小屋	1	深井新田	1	飯沼	1	栗橋	1
深井新田	1	谷津	1	深井	2	下内川	1	長沼	1
山サキ	1	大塚戸	1	江戸大工	1	萱ヶ生	1	築比地	1
谷津	1	飯沼	1	野田	1	飯沼	1	中里	2
三ヶ尾	2	萱生	2	坊主	2	舟形	1	魚沼	1
吉春	1	舟形	1	舟形	1	米崎	1	真釜(間鎌)	1
深井新田	2	築比地	1	吉春	2	木間ヶ瀬	2	大室	1
今上	2	吉ハル	1	柳沢	2	木間ヶ瀬	1	目吹	1
山サキ	1	飯ヌマ	2	吉春	2	野木崎	1	小布内	2
中台	1	舟形	1	柳沢	2	中台	1	平方	1
宝珠花	1	目吹	2	谷津	1	魚沼	1	築比地	1
今上	1	東深井	2	木ノ崎	1	赤堂	1	東深井	1
深井	1	目吹	3	舟形	2	正連寺	1	大川戸	1
目吹	1	萱ヶ生	1	木ノサキ	5	金の井	1	山サキ	1
今上	1	木ノサキ	2	重台	3	目吹	1	中台	1
土戸	1	東深井	2	舟形	2	木ノ崎	1	二ツ塚	1
東宝珠花	1	舟カタ	2	清水	2	大柏	1	築比地	1
目吹	1	目吹	2	金杉	1	目吹	1	宮崎	1
木ノサキ	3	西深井	2	木間ヶ瀬	2	正連寺	1	目吹	1
東深井	2	深井	1	木間ヶ瀬	1	野木崎	2	小布内	1
目吹	1	新宿	1	舟形	2	目吹	1	岡田	1
谷津	1	目吹	1	大木	2	長や	2	大畔	1
舟形	2	谷津	2	今上	3	木ノ崎	1	谷津	1
舟形	1	法目	2	瀬戸	4	金杉	5	木間ヶ瀬	1
山サキ	1	目吹	2	瀬戸	1	新宿	1	小布内	1
山サキ	1	目吹	2	這木	2	舟方	1	築比地	1
東深井	1	谷津	2	小泉	2	目吹	1	深井	1
三ヶ尾	2	舟形	2	深井	1	今上		舟形	1
深井新(田)	2	目吹	1	中台	2	中里		板樋	1
山サキ	2	金杉	1	萱ヶ生	1	桐ヶ作		木間ヶ瀬	1

事項	人数	事項	人数	事項	人数	事項	人数	事項	人数
今上	1	板とい	1	夏見	2	弓田	4	粕壁	1
小布内	1	松伏	1	五木	3	小金	4	桐作	2
木間ヶ瀬	1	高柳	1	500人		目吹	1	萱ヶ生	2
長す	1	萱生	1	岩井	1	萱ヶ生	2	舟カタ	1
長や	1	中里	8	大室	2	布施	2	和平	1
木間ヶ瀬	1	生子	2	目吹	3	木間ヶ瀬	2	木間ヶ瀬	1
小布内	1	山サキ	3	西深井	2	粕壁	2	尾サキ	1
築比地	1	桜台	2	萱ヶ生	1	弓田	2	染谷	1
木間ヶ瀬	1	小布内	3	目吹	2	木間ヶ瀬	3	桐ヶ作	1
布施	1	東深井	1	柏寺	5	三ヶ尾	2	萱ヶ生	1
柏寺	1	東深井	1	目吹	1	五木	3	大生郷	1
岡田	1	東深井	3	花井	2	清水	2	深井新田	1
阿部	1	飯沼	2	花井	3	岩井	1	粕かへ	1
小山	1	板樋	2	舟形	1	花の井	4	流山	1
柏寺	1	木ノサキ	2	築比地	3	大畔	3	山サキ	1
馬立	2	木ノサキ	1	高野	2	中里	2	稲付	1
目吹	1	堤台	2	門間	2	木間ヶ瀬	3	萱ヶ生	2
内川	1	長や	1	高野	2	木間ヶ瀬	2	山サキ	2
小布内	1	松伏	2	横内	4	木間ヶ瀬	2	高柳	1
長須	1	中台	2	板樋	4	木間ヶ瀬	2	馬立	1
清水	1	萱ヶ生	2	中台	4	目吹	3	飯沼	1
小布内	1	三ヶ尾	3	大生郷	1	彦田	2	中ノ台	1
長や	1	内蒔(牧)	4	木間ヶ瀬	3	彦田	1	長須	2
結城新宿	1	東高野	1	板樋	4	木間ヶ瀬	3	赤崎	1
小河崎	1	中台	2	舟形	2	内川	2	大塚戸	2
按摩	1	馬立	2	平井	3	内川	3	赤沼	1
野木崎	1	花井	2	青田	3	花ノ井	2	金杉	1
小布内	1	岩井	1	長須	2	平方	3	弓田	1
野木崎	1	尾崎	3	125人		増森	3	小布内	1
荒木	1	中根	1	赤堂	4	矢木	1	金杉	2
余葉塚	1	金杉	3	中台	2	岡田	1	松伏	1
谷津	1	中台	2	木津内	1	坂井	2	ヲサキ	1
赤堂	1	新田戸	2	目吹	1	中台	2	木崎	1
萱ヶ生	2	魚沼	2	平方	1	比丘尼	1	山村	2
元栗橋	1	築比地	2	小金	2	山崎	1	長沼	1
布施	2	深井	2	布井	2	木間ヶ瀬	1	坂手	1
長沼	1	深井	2	山サキ	1	岩井	1	中根新田	1
小布内	2	木間ヶ瀬	2	木間ヶ瀬	3	這木	1	坂井根	2
赤沼	1	花の井	1	木間ヶ瀬	2	谷津	1	布井	1
谷津	1	堤台	7	長須	2	桜台	1	1367人	
山小屋	2	大川戸	2	木間瀬	3	舟カタ	2	655人非人	
中里	1	平方	4	戸張	3	三ヶ尾	2	〆2022人	
中里	3	高柳	3	小金	2	目吹	1		
山サキ	3	門間	4	門間	2	矢作	1		

7　天保8年2月　極（窮人別帳）（文書番号 ZBA 7）

事項	人数	事項	人数	事項	人数	事項	人数	事項	人数
		今上	1	清水	1	萱ヶ生	1	大川戸	1
2月18日		山サキ	2	目吹	1	柏寺	1	相模腰越	1
今上	1	山サキ	1	粕寺	1	金杉	2	平方	1
中台	2	中田	1	中台	1	金の井	1	大柏	2
今上	1	上岩井	1	谷津	2	[redacted]	1	桜台	2
今上	19	長屋	1	深井新田	1	野田	2	谷津	1
深井新田	2	平方	1	尾崎	1	桜台	1	飯沼	3
松伏	1	粕壁	1	萱ヶ生	1	阿部	2	武州	1
清水	2	今上	2	大室	3	今上	2	三ヶ尾	1
清水	2	今上	1	今上	1	大室	1	大輪	1
深井新田	2	木間瀬	1	野木崎	3	東深井	2	金杉	1
大柏	1	法目	1	目吹	1	幸田	1	堤台	1
清水	1	目吹	1	布施	1	清水	4	高野	1
深井新田	□	内川	1	内川	1	今上	1	中台	2
今上	□	清水	1	宝珠花	1	木ノ崎	2	土戸	3
（破損あり）		目吹	1	中里	1	小布内	3	山小屋	3
今上	□	粕壁	1	内川	1	大沼	3	木ノ崎	1
清水	□	清水	3	筑比地	2	大室	1	阿部	2
木□□	□	桜台	2	今上	1	平方	1	小布内	2
今上	□	岡田	1	下野小山下町	1	弓田	2	木間瀬	1
中堂	□	今上	1	中台	1	阿部		三ヶ尾	2
中堂	□	和平	1	桜台	1	中台	2	平井新田	1
清水	□	荒木	3	今上	1	木間瀬	1	目吹	1
金杉	□	桜台	2	筑比地	1	吉春	1	長須	2
大室	1	今上	1	今上	1	今上	2	木ノ崎	1
東小屋	2	目吹	1	谷津	1	深井新田	2	今上	2
長須	1	今上	2	谷津	2	弓田	2	野中	2
新宿	1	清水	2	中里		筑比地	2	野田町	1
大殿井	1	五木	3	桜台	1	増森	2	吉春	2
吉川	1	木間瀬	1	板樋	2	中里	1	舟形	1
大畔	3	谷津	1	清水	1	柏寺	2	板樋	1
清水	2	筑比地	1	江戸本郷	1	三ヶ尾	1	舟形	3
築比地	1	板樋	1	清水	1	三ヶ尾	2	木ノ崎	1
谷津	2	木ノサキ	1	谷津	1	堤台	4	今上	1
東深井	1	今上	1	岡田	1	武州	1	板手	1
谷津	1	蕃昌	1	安食	1	大室	1	谷津	1
目吹	1	内森谷	1	尾サキ	2	尾崎	1	今上	3
岡田	1	布川	1	木ノ崎	1	堤台	1	大木	1
板樋	1	木間瀬	1	山サキ	1	柳沢	1	深井	3
深井	2	吉春	2	山サキ	2	花井新田	1	西深井	1
新宿	1	大殿井	1	長須	1	深井新田	1	木崎	1
木間ヶ瀬	2	赤沼	1	中台	3	堤台	3	野田	1
岡田	1	清水	1	中里	1	長や	3	萱ヶ生	4
今上	1	目吹	1	目吹	2	飯沼	2	三ヶ尾	1
清水	3	中台	1	野田	1	和平	1	野木崎	1
魚沼	1	魚沼	2	板樋	3	米崎	1	金野井	2
目吹	1	今上	1	谷津	2	吉春	1	木ノサキ	1
寺町	1	赤沼	1	目吹	1	中台	3	新宿	1

事項	人数	事項	人数	事項	人数	事項	人数	事項	人数
大山	2	粕壁	3	内川	2	中台	2	目吹	2
並木	1	三ヶ尾	4	山サキ	2	花井	1	目吹	1
今上	1	東深井	1	新宿	1	這木	2	尾崎	2
這木	1	坂井根	2	舟形	1	夏見	2	菅ヶ生	1
狐角	1	半谷	3	宮サキ	1	三ヶ尾	2	木間瀬	1
流山	1	平方新田	2	粕壁	1	魚沼	1	舟玉	1
柏寺	1	馬立	1	花井	3	平方新田	1	目吹	4
小布内	1	菅ヶ生	2	粕壁	4	平方新田	2	大殿井	2
尾崎	1	安部	2	花井	2	柏	1	飯沼	2
柳沢	1	魚沼	4	吉春	2	土戸	2	菅ヶ生	1
和平	2	桜台	1	舟形	2	深井新田	1	目吹	2
中台	1	飯沼	3	野木サキ	2	中里	2	金杉	1
木ノサキ	1	菅ヶ生	2	柳沢	1	筑比地	3	板樋	1
平方	1	木ノ崎	1	やつ	1	清水	1	舟形	4
小布内	1	栗橋	1	舟形	2	木間瀬	1	深井新田	1
菅ヶ生	3	飯沼	1	舟形	1	舟カタ	2	吉春	1
相模腰越	2	魚沼	2	花の井	1	大田	1	森谷	2
桐谷	1	宮崎	2	大柏	1	中根	1	筑比地	2
小布内	3	飯沼	2	柳沢	2	三ヶ尾	3	今上	1
舟形	3	木間瀬	1	松伏	1	目吹	1	長沼	3
槌角	4	菅ヶ生	1	下荒井	1	木ノサキ	1	横曽根	1
谷津	2	三ヶ尾	1	舟形	2	筑比地	1	岩井	1
金葉塚	2	舟形	1	花井	1	舟形	1	筑比地	2
三ヶ尾	1	■沼	1	舟形	2	平井	2	松前	2
目吹	1	金の井	1	木ノサキ	2	中内	1	下内川	3
桐ヶ作	1	宮崎	3	吉春	1	三ヶ尾	1	飯沼	4
深井	1	東深井	1	三ヶ尾	1	山サキ	2	按摩	1
金杉	1	平方	2	魚沼	1	舟カタ	1	元栗橋僧	1
東深井	3	山サキ	1	越谷	1	長沼	1	金杉	1
東深井	2	粕壁	1	越谷	2	板樋	1	粕壁	4
東深井	2	坂手	1	小布内	1	古河崎	1	粕壁	2
木下	2	坂口	1	目吹	3	木間ヶ瀬	1	目吹	1
正連寺	1	筑比地	1	三ヶ尾	1	堤台	3	木ノ崎	1
金の井	1	飯沼	1	小布内	2	小泉	2	筑比地	2
長沼	2	金の井	1	船形	1	長沼	1	山崎	1
長沼	5	菅ヶ生	1	平方新田	2	舟カタ	1	阿部	1
小布内	5	今上	1	三ヶ尾	1	木間瀬	1	舟形	1
桐谷	1	内森谷	1	宝珠花	1	岩井	2	筑比地	1
三ヶ尾	1	舟形	3	小布内	1	中根	1	飯沼	1
木間ヶ瀬	5	谷津	1	中久喜	1	木間瀬	1	大木	2
清水	1	金杉	2	深井新田	1	飯沼	1	舟形	2
生子	2	柏寺	2	飯沼	1	阿部	1	吉春	1
生子	1	莚打		中台	1	平方新田	1	魚沼	1
筑比地	4	浮塚	1	木ノ崎	4	桐ヶ作	1	木間瀬	4
五木	2	親の井	3	木ノ崎	1	柳沢	1	中里	3
今上	2	桐ヶ作	2	魚沼	1	松ヶ崎	1	大柏	2
金杉	1	舟形	2	木間瀬	1	魚沼	1	木間瀬	1
金根	1	大■模	2	平方新田	1	金杉	1	菅生	1
山崎	1	按摩	2	金杉	1	平井	2	米島	2
魚沼	1	深井	1	深井新田	2	木間ヶ瀬	1	奈戸谷	1

事項	人数	事項	人数	事項	人数	事項	人数	事項	人数
大殿井	2	山サキ	2	阿部	2	尾崎	3	横内	4
中根	1	宮サキ	2	戸頭	1	新田戸	1	布施	2
筑比地	2	長や	1	山崎	2	松ヶ崎	2	中台	2
大殿井	4	長や	1	関宿	1	下谷	1	中台	1
神田山	3	舟方	2	今上	1	深井	1	金杉	2
東深井	3	大田	2	根戸	5	野田	1	赤崎	1
桜台	1	山サキ	2	筑比地	2	野田	2	瀬戸	1
木間ヶ瀬	1	清水	1	谷津	2	中台	1	小山	2
桐作	1	木間ヶせ	1	下高井	1	山崎	1	木間瀬	1
飯沼	2	桐ヶ作	5	長谷	2	大柏	3	下小橋	1
飯沼	2	深井新田	1	長谷	1	小布内	1	木ノ崎	5
舟形	1	深井新田	1	金ノ井	1	大柏	1	瀬戸	2
木間瀬	1	三ヶ尾	1	菅ヶ生	1	柏寺	3	瀬戸	1
吉春	1	吉春	1	鵠井戸	3	清水	3	小布内	1
筑比地	3	柏寺	1	山崎	3	目吹	3	ヲサキ	1
板樋	5	谷津	1	中の	1	目吹	1	三ヶ尾	2
舟形	2	平方	1	中の	2	戸頭	1	小山	2
武州片柳	2	桐ヶ井	1	吉春	1	木ノ崎	3	赤堂	3
小山新田	3	藤塚	1	正連寺	1	阿部	2	平方	2
大柏	2	長や	1	大室	2	中里	1	木間瀬	4
平方	2	目吹	1	長谷	2	彦田	2	金杉	1
花の井	4	目吹	2	長谷	1	筑比地	2	布井	4
目吹	3	目吹	2	関宿	2	筑比地	1	森谷	1
金の井	1	内まき	4	中台	1	花井	1	山崎	1
目吹	2	宝珠花	1	莚打	2	大川戸	1	小金	4
松伏	1	小目	1	舟形	3	清水	1	古河在高野	3
長沼	1	目吹	1	中台	1	筑比地	1	備後	1
八木	2	宝(奉)目	2	今上	1	筑比地	2	平方	2
せ戸	4	五木	2	今上	2	小布内	1	吉春	5
菅生	1	小布内	3	舟形	2	木ノ崎	2	坂井	2
木まケせ	3	八木サキ	3	中台	1	深井新田	2	飯沼	2
舟方	1	魚沼	1	正連寺	1	中台	1	五木	1
小布内	1	木まヶせ	1	小布内	2	目吹	1	岩井	1
小山	1	中ノたい(台)	1	小布内	1	金杉	2	十太夫新田	1
吉春	1	赤サキ	1	高柳	3	大生郷	1	桐木	2
目吹	1	木ノ崎	1	舟形	4	恩名	2	中台	1
大田	3	舟形	1	二ツ沼	1	金杉	1	和平	1
大沼	1	深井新田	2	目吹	2	深井新田	2	大曽根	2
平方	1	山小屋	1	門間	4	深井新田	3	中台	2
松ふし	1	長谷	1	大川戸	3	今上	1	宿連寺	1
青田	2	米崎	1	舟形	2	金杉	2	木ノ崎	1
木間ヶせ	1	新宿	1	馬立	2	目吹	3	清水	2
赤崎		木津内	1	深井	1	目吹	1	染谷	1
三ヶを	2	流山	1	上柳	1	横内	2	馬立	2
長や	1	矢作	1	三ヶ尾	1	戸頭	1	赤堂	3
長や	1	長谷	1	筑比地	2	中台	1	木間ヶ瀬	3
木まヶせ	2	筑比地	1	弓田	1	山小屋	2	赤堂	2
ま(馬)立	1	今上	1	菅ヶ生	1	山小屋	1	清水	3
金崎	1	芝村	2	中台	2	金杉	2	清水	1
八木崎	2	清水	1	金杉	1	金杉	1	深井新田	1

事項	人数	事項	人数	事項	人数	事項	人数	事項	人数
寺町	1	1400人		木才	1	高野	1	新田戸	1
三ヶ尾	1	〆2000人余		平井	2	新宿	1	板樋	2
木間ヶ瀬	2	外加賀国４人		小布内	2	桜台	2	小布内	3
木ノ崎	1	505人非人		生子	1	桜台	1	平井新田	1
筑比地	1	惣〆2509人余		腰越	3	粕壁	1	清水	1
木間瀬	2	16人生越後国		桜台	1	江戸八町堀	1	深井新田	2
中台	1	蒲原郡三条		谷津	8	馬立	2	平方新田	5
深井	1	在、下総国岡		奈戸谷	1	布川	1	清水	1
新田戸	1	田郡岡田新田		深井新田	3	中台	1	今上	1
板樋	1	住人		小山	2	金杉	1	清水	1
板樋	3			野田	2	大畔	2	清水	2
新木戸	1	２月19日		馬立	2	小布内	2	清水	1
中里	1	今上	30	中台	1	赤堂	3	清水	2
中里	1	清水	4	粕壁	4	赤堂	1	金杉	2
小山新田	2	木間ヶ瀬	2	捨子	1	小布内	4	粕壁	4
板樋	1	松ヶ崎	1	山崎	3	木間瀬	2	中台	1
平沼	1	沓掛	4	中台	1	三ヶ尾	2	桜台	3
岡田	2	清水	1	中台	1	三ヶ尾	2	金杉	1
宝珠花	5	清水	9	今上	2	今上	5	赤堂	2
戸張	2	大柏	1	中台	2	樋ノ口	1	清水	2
下小橋	2	深井新田	1	木屋	1	三ヶ尾	3	平方新田	1
尾張	1	今上	2	今上	1	桜台	3	中の	1
尾張	2	野田	2	今上	4	今上	2	金杉	1
小林	1	福根	2	板樋	3	深井新田	2	宮崎	1
西三ヶ尾	1	中野	1	清水	2	深井新田	5	山崎	1
小布内	1	和平	1	山崎	1	花の井	1	尾崎	1
高野	1	谷津	1	柳沢	2	高野	3	深井新田	1
門間	4	清水	1	五木	1	木間瀬	2	深井新田	2
木間瀬	1	桐ヶ作	1	大戸	2	木間瀬	2	野木崎	1
萱ヶ生	2	吉川	1	柏寺	1	中台	2	吉春	1
萱ヶ生	2	桜台	2	東高野	2	宿連寺	1	中台	1
谷津	1	大山	2	木才	1	今上	1	木間瀬	1
木間瀬	5	和平	1	長須	1	三ヶ尾	3	尾崎	1
三ヶ尾	2	舟形	3	小山	1	小布内	3	小布内	2
魚沼	8	清水	1	森谷	3	谷津	2	船形	1
赤崎	1	桜台	1	清水	2	三ヶ尾	1	中台	1
赤崎	2	山崎	1	深井	1	備後	1	平方新田	2
赤崎	1	半谷	3	今上	2	小布内	1	瀬戸	4
赤崎	1	栗橋	1	木間瀬	1	下■柄	4	深井新田	3
木間瀬	2	小布内	2	大室	1	中台	1	金杉	1
萱ヶ生	1	大畔	1	木間瀬	1	伊豆三島	1	中の台	1
舟形	1	谷津	2	谷津	3	木間ヶ瀬	3	清水	1
桜台	2	深井新田	1	深井新田	1	深井新田	1	清水	4
大曽根	2	山サキ	1	中台	1	今上	2	横曽根	1
小金	1	大室	1	森谷	1	板樋	1	清水	
戸張	1	谷津	2	中台	1	金杉	1	板樋	3
大川戸	1	野田町	1	荒木	1	深井新	1	中台	2
野田	2	松ヶ崎	2	馬立	2	平方新田	2	今上	4
外落帳72人		谷津	4	赤堂	2	舟形	1	蕃昌	1
子供522人		中妻	3	内川	1	粕壁	1	山崎	1

事項	人数	事項	人数	事項	人数	事項	人数	事項	人数
清水	2	松伏	1	深井新田	1	山崎	2	大木	1
金杉	1	中野	1	東深井	1	魚沼	2	小布内	1
中台	1	小布内	1	舟方	1	長谷	1	長や	2
蕃昌	1	大輪	1	谷津	1	山崎	1	中台	1
山サキ	2	下中島	1	阿部	1	山崎	2	新宿	2
清水	4	飯沼岡田	19	包たい(堤台)	1	木間ヶ瀬	1	山崎	1
今上	2	弓田	5	木間ヶせ	1	槌角	1	中台	3
中台	1	弓田	2	深井新田	2	舟形	1	戸張	3
中台	2	木ノ崎	2	菅生	1	筑比地	4	深井	1
飯沼	2	赤崎	4	木ノ崎	1	魚沼	3	青田	2
目吹	3	赤崎	2	新宿	2	大室	1	桜台	1
大殿井	8	這木	2	包たい	3	岩井	1	桜台	2
五木	6	向小金	3	飯沼	1	目吹	1	木ノ崎	1
かしわ	2	尾サキ	1	赤どう	3	大殿井	2	桐ヶ作	2
中台	2	目吹	2	正連寺	1	山崎	3	高野	2
中台	1	清水	2	坂井	2	三ヶ尾	2	飯沼	7
金の井	1	舟形	2	長や	2	目吹	1	舟形	1
内川	1	岩井	1	今上	2	柳沢	2	木ノ崎	1
槌角	4	吉春	2	木間ヶせ	4	舟形	1	瀬戸	1
筑比地	1	尾サキ	4	長や	2	長沼	1	舟形	4
舟方	2	深井新田	4	中たい	1	舟形	2	長沼	1
並木	1	横内	2	深井	2	山崎	1	目吹	3
今上	2	吉春	8	包たい	2	大殿井	2	平方	2
今上	1	横内	5	包たい	2	谷津	2	舟形	4
飯沼	2	板樋	3	前崎	2	柳沢	2	花ノ井	2
飯沼	1	今上	5	深井新田	3	筑比地	7	花ノ井	2
清水	2	今上	2	船方	3	小林	1	木ノサキ	2
山サキ	1	魚沼	7	谷津	3	木間瀬	2	花ノ井	2
平方新田	1	筑比地	2	魚沼	4	尾崎	4	吉春	6
筑比地	1	目吹	1	西深井	2	吉春	1	筑比地	1
山サキ	1	吉川	2	正連寺	1	目吹	2	筑比地	3
今上	2	中田	2	木ノ崎	3	広島	2	木ノ崎	1
今上	2	金ノ井	2	柏寺	2	舟形	3	目吹	4
中野	1	長や	2	筑比地	1	金杉	3	目吹	2
木崎	1	かすかべ	1	下内川	7	板樋	1	目吹	1
下谷	1	正連寺	1	幸手	4	長沼	4	舟形	3
金の井	2	野田	1	大くろ	1	目吹	9	木ノ崎	4
金の井	1	平方	1	金杉	2	高野	4	金杉	2
深井新田	1	大くろ	1	船方	2	中野	1	長や	1
下谷	1	木間かせ	2	尾崎		松前	2	岡田	1
飯沼	2	今上	2	木間瀬	2	木間ヶ瀬	1	尾サキ	3
高柳	5	平方	1	吉春	3	桜台	2	山崎	1
門間	2	などかい	1	長谷	1	弓田	9	横内	3
尾サキ	1	大柏	6	筑比地	1	沓掛	2	宮崎	2
今上	1	そめや	1	平方	1	桜台	1	吉沼	1
飯沼	1	中里	1	山小屋	1	筑比地	1	宮崎	3
清水	1	新宿	1	幸手	3	小金	4	余葉塚	2
目吹	1	平方	3	尾崎	1	岩井	2	木ノ崎	1
和田	1	深井	1	瀬戸	1	谷津	4	金杉	1
高野	1	長沼	3	舟形	1	弓田	1	筑比地	3

事項	人数	事項	人数	事項	人数	事項	人数	事項	人数
筑比地	2	戸頭	3	清水	1	中野	3	舟形	1
山崎	2	戸頭	1	筑比地	2	中根	2	野木崎	3
小布内	1	木間ヶ瀬	3	堤台	1	十太夫新田	1	布施	1
筑比地	1	飯沼	9	木間ヶ瀬	1	夏見	2	岩名	1
矢作	1	菅生	1	宝珠花	1	深井新田	1	長崎	1
平方		筑比地	25	布施	1	中台	2	岩井	1
三ヶ尾		木津内	1	木ノ崎	2	山崎	1	大柏	1
山小屋		尾崎	1	木ノ崎	1	山崎	2	長須	2
小山	3	山小屋	1	木ノ崎	1	宮崎	1	船形	1
大塚戸	1	野田町	2	三ヶ尾	1	三ヶ尾	1	粕壁	3
深井新田	1	中野	1	阿部	2	瀬戸	3	木間瀬	1
木ノ崎		大木	1	平方	2	中野台	1	法師戸	4
平方		大田	1	魚沼	1	大木	1	馬立	1
飯沼		高森	2	板樋	2	舟形	1	柳生	3
目吹		目吹	2	山小屋	5	菅ヶ生	4	堤台	1
粕壁	2	舟形	2	魚沼	2	長須	1	松伏	2
一ノ谷		舟形	2	魚沼	6	舟形	3	菅ヶ生	1
木間ヶ瀬		舟形	1	尾崎	3	菅生	2	菅ヶ生	6
谷津	2	赤崎	1	菅ヶ生	1	野田	1	尾崎	1
宝珠花	1	木間ヶ瀬	1	中台	3	笹塚	3	森谷	3
中里	3	今上	1	中里	4	山崎新田	2	大曽根	1
金崎	3	米ノ井	1	矢木	1	中ノ台	1	下金崎	3
長沼	4	宝珠花	1	谷津村	10	幸田新田	1	関宿	1
飯沼	4	弓田	2	長谷	1	小金	2	中田	3
大室		飯沼	1	よこ内	1	笹塚	1	小山	1
岡田		舟形	3	木間瀬	2	中根	2	神田山	3
木間瀬	4	借り宿	1	金崎	1	下谷	2	門間	4
東深井	3	飯沼	1	東治郎	1	木間ヶ瀬	5	金杉	2
東深井	2	木間ヶ瀬	1	尾崎	4	中島	1	東山田	3
東深井	3	魚沼	1	今上	1	土戸	2	門間	2
大田	1	魚沼	2	のた(野田)	1	目吹	3	岡田	1
東深井	2	魚沼	2	小金	1	布施	4	桐ヶ作	2
中島	1	小布内	1	中ノ台	1	余葉塚	3	一ノ谷	1
山崎	1	中島	2	川[redacted]	1	舟形	1	尾崎	1
三ヶ尾	2	今上	2	高野	1	花の井	4	土戸	1
大室	2	尾崎	1	菅ヶ生	2	五木	2	長須	1
根戸	2	尾崎	1	長須	1	猫実	1	根戸	4
西深井	1	舟形	2	木間瀬	2	阿部	2	根戸	2
下這毛	2	大生郷	1	木間瀬	2	舟形	1	大生郷	1
深井新田	2	今上	1	小間木新田	1	深井新田	1	成田	3
深井新田	2	借り宿	1	新田戸	2	恩名	3	東宝珠花	5
青田	2	中島	1	岡田	1	板樋	3	内蒔	4
柏寺	4	下小橋	1	大塚戸	1	内森谷	3	菅ヶ生	1
木ノ崎	3	大殿井	1	大柏	2	板樋	2	鵠井戸	4
舟形	3	舟形	3	木ノ崎	1	筑比地	1	小布内	3
藤柄	1	下金崎	1	目吹	1	江戸番帳(町)	2	平沼	2
花井	1	今上	1	今上	5	中ノ台	3	関宿	2
赤沼	2	這毛	2	野田	2	弓田	1	山崎	1
布施	2	弓田	2	矢作	2	松伏	2	板樋	1
筑比地	2	下小橋	1	清水	2	中野	2	新木戸	2

事項	人数	事項	人数	事項	人数	事項	人数	事項	人数
菅ヶ生	2	染谷	1	赤堂	4	長沼	6	長や	1
大塚戸	4	尾サキ	1	赤堂	1	内森谷	3	馬立	1
大塚戸	1	阿部	1	長須	1	下小橋	1	大生郷	1
大曽根	2	弓田	1	這木	2	柳生	3	中田	2
土戸	3	中の	1	土戸	2	布川	1	尾サキ	1
中里	2	今井新田	1	今上	2	小金	7	深井新田	4
大沢	1	大塚戸	2	半谷	3	深井新田	3	戸張	2
神田山	2	神田山	1	小布内	3	親の井	2	桜台	1
手賀沼	1	神田山	1	森谷	1	吉春	1	清水	3
水戸	1	桜台	4	清水	1	中台	1	木間瀬	2
草加	1	恩名	2	土戸	1	野田	2	辻	1
桐ノ木	2	山王	1	野田	1	門間	2	大畔	1
按摩	1	大塚戸	2	木間ヶ瀬	1	谷津	1	清水	2
中台	2	神田山	3	西深井	2	清水	2	下谷	1
のた	2	大塚戸	1	森谷	1	今上	1	弓田	2
平沼	3	重太夫新田	1	高野	1	大柏	1	戸張	1
富田	4	山王	1	今上	1	松伏	2	粕壁	4
赤堂	6	土戸	1	清水	2	大畔	2	菅ヶ生	1
長須	1	堤台	1	山崎	3	中台	2	内蒔	4
大生郷	4	小布内	1	荒木	1	卯宿	3	中台	1
谷津	1	長須	1	今上	1	清水	1	清水	1
〆1424人		平方新田	2	今上	3	今上	2	柏寺	1
756人		中台	1	大室	1	深井新田	1	金杉	1
		小山	3	長須	1	桜台	1	笹塚	2
2月20日		大室	1	桐ノ木	1	中の	1	笹塚	1
今上	30	和平	1	平方新田	1	赤堂	1	大山	2
清水	2	菅生	1	山サキ	2	清水	2	笹塚	1
清水	2	山王	2	松伏	1	清水	3	弓田	3
深井新田	1	崎房	1	金杉	1	五木	3	深井新田	2
弓田	1	菅生	1	清水	2	今上	1	借宿	2
今上	3	小金屋	1	長須	2	法師戸	4	大曽根	2
清水	3	赤崎	3	小山	1	東深井	2	中里	4
高村	1	桐木	2	下柳	1	粕壁	1	長沼	1
土戸	1	平方新田	9	岡田	1	金杉	1	和手	2
岩井	2	出島	1	中田	1	桜台	1	中根	1
土戸	1	□屋	1	大生郷	1	平方新田	1	中台	3
吉川平沼	1	桐木	4	深井新田	3	谷津	3	中台	2
新木戸	2	内森谷	2	桐ヶ作	3	高野	1	金杉	2
金の井	1	戸頭	2	親の井	1	戸頭	2	中台	1
清水	1	大矢口	3	下小橋	1	新田戸	1	按摩	1
東高野	2	弓田	1	金崎	1	中野台	1	清水	2
高森	1	矢木	3	鳥手	1	赤沼	2	中台石屋	3
猫実	1	清水	2	木間瀬	3	木間瀬	1	清根	1
弓田	1	中台	1	下小橋	1	谷津	2	魚沼	2
恩名	1	葉の木	1	沓懸	1	深井新田	1	下谷	2
内川	1	桜台	1	東栗橋	2	古河崎	1	下谷	1
平方	1	森谷	1	板樋	1	木間ヶ瀬	1	内川	2
宝珠花	1	大柏	1	今上	2	弓田	1	谷津	1
長崎	1	今上	1	深井新田	4	野田	2	谷津	3
今ヶ島	3	山王	2	弓田	11	和平	1	金杉	3

事項	人数	事項	人数	事項	人数	事項	人数	事項	人数
桜台	2	関宿	2	川藤	1	山サキ	2	米崎	1
舟形	1	目吹	3	卯宿	2	目吹	1	木ノ崎	1
岡田	1	土戸	3	坂井	2	舟形	1	金杉	4
堤台	2	中島	1	吉春	1	谷津	4	金杉	2
腰越	2	小布内	1	岡田	12	瀬戸	2	松前	2
長須	1	越中国射水郡	2	舟形	2	山崎	1	深井新田	4
吉春	2	野根		高野	1	筑比地	2	柏寺	4
板樋	1	金杉	2	高野	1	谷津	2	東深井	4
長沼	2	金杉	1	吉春	1	吉春	3	124人	
腰越	1	板樋	1	木■	2	木サキ	2	谷津	1
野木崎	1	中台	3	舟形	2	金杉	1	長や	1
三ヶ尾	1	木■内	1	越後国僧	1	花井	2	清水	2
今上	1	平方	4	越後国僧	1	吉妻	1	新宿	2
魚沼	2	金の井	1	山サキ	1	板樋	2	吉春	2
谷津	1	飯沼	1	広島	3	山崎	1	大柏	6
今上	5	赤堂	1	舟形	3	金杉	1	布井	1
山崎	1	金の井	1	舟形	2	舟形	1	木ノ崎	2
谷津	2	筑比地	1	三ヶ尾	3	板とい	1	東深井	2
中台	1	堤台	3	大殿井	2	山サキ	2	小布内	2
高野	1	幸手	1	横内	4	舟形	3	谷津	3
大殿井	2	深井新田	2	大木新田	1	金杉	2	中台	1
大殿井	12	越谷	1	清水	1	舟形	1	目吹	1
金杉	2	木崎	1	東深井	1	大田	1	舟形	2
木間		野田	1	阿波国旅僧	1	東深井	1	山崎	2
小布内	1	舟カタ	1	平沼	1	山崎	2	木ノ崎	2
尾崎	1	越谷	1	寺町	3	正連寺	1	米崎	2
平沼	1	槌角	4	森谷	1	山サキ	1	大柏	2
大木	1	舟形	2	飯沼	2	広島	2	大田	1
今上	1	下谷	1	荒井	1	大柏	2	菅ヶ生	2
槌□□	2	越谷	1	魚沼	1	築比地	1	舟形	1
下内川	2	三ヶ尾	1	三ヶ尾	1	花井	2	金杉	3
谷津	2	赤堂	2	東深井	1	花井	2	米崎	1
目吹	1	越谷	1	吉春	1	長谷	2	今上	1
岡田	5	三ヶ尾	1	米島	4	柳■■	2	長沼	1
金杉	1	平方	1	金杉	3	中根	2	魚沼	1
中台	4	今上	2	清水	3	舟形	2	中台	1
桜台	2	筑比地	1	大畔	2	花江	2	菅ヶ生	2
大輪	1	平方	2	谷津	1	長谷	2	平沼	2
筑比地	1	魚沼	2	平方	3	木ノ崎	1	松伏	3
目吹	2	魚沼	1	丸井	2	大室	2	赤沼	1
平沼	1	舟形	2	目吹	1	栄崎	3	小布内	2
吉春	2	幸手	1	山崎	1	水角	2	木ノ崎	1
堤台	2	野田	1	中台	1	下内川	2	桜台	1
山崎	1	長谷	2	舟形	1	山高野	1	金杉	1
石見国なか郡	1	今上	1	木間ヶ瀬	1	越ヶ谷	1	菅ヶ生	1
古市場僧		貝塚	2	金の井	1	越ヶ谷	1	木ノ崎	4
中台	4	野州川奈古	1	筑比地	1	野田	2	舟形	1
木間瀬	2	柳沢	1	筑比地	1	深井	2	深井新田	1
吉春	6	舟戸	2	木崎	1	舟形	3	根戸	2
堤台	2	赤堂	1	青田	1	越ヶ谷	3	築比地	2

事項	人数	事項	人数	事項	人数	事項	人数	事項	人数
赤崎	4	赤堂	1	新宿	1	神田山	1	廻職人	1
深井	2	山崎	3	藤島	2	木ノ崎	1	筑比地	1
深井	1	東深井	1	森谷	1	宿連寺	2	桜台	1
三ヶ尾	2	舟がた	3	木間瀬	2	目吹	2	新田戸	2
西深井	4	平方	1	木間瀬	1	目吹	1	宮崎	1
西深井	1	平方	3	平方	1	生子	1	深井新田	2
舟形	1	山サキ	1	赤堂	1	布施	2	清水	3
魚沼	2	三ヶ尾	1	舟形	2	小山	2	中台	4
魚沼	2	木間瀬	1	清水	3	木ノ崎	3	長や	2
鵠戸	3	山サキ	1	宝珠花	1	米崎	1	向小金	2
鵠戸	1	沓掛	2	大殿井	1	夏見	3	大川戸	2
中根	1	大室	1	柏	1	山崎	1	大田	1
菅ヶ生	1	阿部	1	栗橋	1	穂木間	1	目吹	2
川崎	1	山崎	1	這毛	2	下這木	2	小布内	1
宮崎	3	舟形	3	柳沢	2	花の井	4	木間ヶ瀬	2
宮崎	2	瀬戸	1	高野	2	菅ヶ生	2	木間ヶ瀬	1
宝珠花	6	木間ヶ瀬	2	柏壁	1	目吹	3	木間ヶ瀬	1
布施	1	大田	1	根戸	2	法師戸	3	下野国板橋	1
飯沼	6	中里	1	瀬戸	4	金崎	4	小布内	3
小山	4	米島	1	西深井	2	筑比地	2	谷津	1
森谷	2	赤沼	1	木間瀬	1	上柳	1	猫実	1
目吹	1	目吹	1	大田	2	藤塚	1	ヲサキ	3
長須	1	山小屋	3	根戸	1	三ヶ尾	3	馬立	1
山崎	1	魚沼	1	かしわ	1	桜台	3	木間ヶ瀬	2
山崎	1	三ヶ尾	1	森や	1	宝珠花	1	金杉	2
中里	2	魚沼	1	筑比地	1	法師戸	1	沓懸	2
中里	2	正連寺	1	五木	1	金杉	1	小布内	2
尾崎	1	目吹	2	田島	1	三ヶ尾	1	木野崎	2
深井新田	1	野田	1	木間瀬	2	清水	2	大川戸	2
長谷	1	三ヶ尾	1	木間瀬	1	野木サキ	2	木間ヶ瀬	2
富田	4	木ノ崎	5	中台	2	木間瀬	1	清水	1
矢作	1	舟形	3	小布内	1	尾サキ	3	柏寺	2
木ノ崎	1	舟形	3	目吹	2	菅ヶ生	1	中の	2
飯沼	2	桐谷	3	木間瀬	1	関宿	1	門間	2
木間ヶ瀬	1	深井新田	2	桜台	2	野田	2	山崎	1
中野	2	木ノ崎	1	三ヶ尾	2	関宿	2	大川戸	1
目吹	1	野木崎	3	三ヶ尾	1	柳沢	2	筑比地	2
尾崎	1	目吹	1	魚沼	2	中根	3	中台	1
小山	1	菅ヶ生	2	魚沼	3	山サキ	2	東山田	3
中里	1	吉春	1	布施	3	赤堂	2	筑比地	2
魚沼	1	尾崎	3	余葉塚	3	菅ヶ生	1	桐谷	1
長須	2	水角	1	野木崎	1	門間	4	深井新田	2
木間瀬	1	舟形	2	阿部	2	木間瀬	4	深井新田	3
野木崎	1	飯沼	3	桜台	2	筑比地	2	木間ヶ瀬	3
吉春	2	平方	3	目吹	1	金杉	1	木間ヶ瀬	1
馬や	1	魚沼	3	宮崎	1	中台	1	平井	2
三ヶ尾	3	深井新田	1	目吹	1	山サキ	1	木間ヶ瀬	3
根戸	6	桜台	1	目吹	2	木間ヶ瀬	2	筑比地	1
中の	2	清水	2	弓田	3	大川戸	1	新木戸	4
吉春	2	清水	2	目吹	2	並木	1	阿部	1

事項	人数	事項	人数	事項	人数	事項	人数	事項	人数
富田	2	今ヶ島	1	尾崎	1	新宿	1	今上	3
横内	1	桜台	3	飯沼	2	金の井	1	三ヶ尾	1
深井新田	3	弓田	1	二造	4	木間ヶ瀬	2	金杉	1
金杉	2	粕壁	2	関宿	1	大生郷	1	大畔	2
阿部	1	荒木	1	弓田	2	矢木	3	三ヶ尾	1
目吹	2	清水	1	米崎	2	松伏	1	清水	1
金杉	2	桜台	6	中台	1	新田戸	1	今上	1
阿部	2	長須	1	今上	1	中里	2	中台	2
尾サキ	1	宝珠花	1	清水	1	馬立	1	金の井	2
板樋	1	野田	1	今上	1	内森谷	1	桐ヶ作	3
〆1543人		山サキ	1	大室	2	貝塚	2	谷津	1
587人		中台	1	大柏	1	中里	2	岩井	2
〆2435人		森谷	1	土戸	1	野田	2	馬立	2
		生子	1	木間瀬	1	土戸	1	這木	1
2月21日		今上	1	寺野	1	大室	1	中台	5
今上	11	上柳	1	野木崎	1	岡田	1	高森	2
中台	1	長沼	1	深井新田	4	中里	1	吉春	1
今上	26	桜台	1	深井新田	1	木間ヶ瀬	1	谷津	3
今上	1	谷津	3	深井新田	2	菅ヶ生	1	中台	1
清水	2	吉春		関宿	1	中里	1	金杉	1
弓田	1	下柳	1	半谷	1	下野国宇都宮	2	坂井	1
金の井	1	赤堂	3	大塚戸	1	大生郷	1	清水	6
清水	2	今上	1	法師戸	2	大木	1	清水	1
清水	1	吉川	1	菅ヶ生	1	菅ヶ生	1	岡田	1
金の井	1	関宿	1	中台	1	弓田	1	大木	1
中の	2	弓田	1	五木	1	中里	3	下這毛	1
関宿	1	野田	1	米崎	1	荒木	3	親の井	2
今上	1	舟形	2	宮崎	1	大曽根	2	菅ヶ生	1
深井新田	1	金の井	1	土戸	1	木間瀬	1	清水	2
森谷	1	中の台	1	山崎	3	宝珠花	2	今上	1
長沼	1	清水	2	長や	3	木間ヶ瀬	4	瀬戸	2
今上	1	桜台	1	小山	1	吉妻	1	野田	1
今上	2	深井新田	1	谷津	2	新木戸	2	桐ヶ作	1
清水	4	弓田	2	今上	1	和島	1	赤沼	2
土戸	1	清水	3	森谷	2	木間ヶ瀬	3	清水	2
清水	1	山王	2	大塚戸	1	山崎	1	関宿	2
和平	2	神田山	2	木間瀬	1	板橋	1	関宿	1
今ヶ島	2	内蒔	2	菅ヶ生	2	大川戸	2	瀬戸	2
今上	2	中台	2	東高野	2	柏壁	2	小布内	1
今上	1	赤堂	3	内森谷	4	長や	1		
関宿	1	の田	2	内森谷	2	東山田	1		

8　天保８年２月　極窮名前控（文書番号 ZBA11）

事項	人数	事項	人数	事項	人数	事項	人数	事項	人数
		赤崎	2	岩井	1	尾サキ	3	目吹	1
２月23日		宝珠花	2	野木サキ	2	岩井	1	山サキ	2
岩名	2	五木	1	森谷	2	木間ヶ瀬	1	野田	1
新木戸	2	水角	2	森谷	2	三ヶ尾	4	飯沼	2
宝珠花	2	深井新田	1	鵠戸	4	大川戸	1	岩井	1
山田	3	岩井	1	小布内	3	木ノ崎	1	中野	2
江戸	1	岩井	2	赤沼	1	山崎	7	の田	1
舟形	1	小布内	1	神田山	3	阿部	1	木間ヶ瀬	3
山崎	2	木間ヶ瀬	1	深井	1	中野	1	目吹	2
麦塚	1	築比地村	1	平戸	2	東宝珠花	1	青田	3
中野	2	清水村	1	平戸	1	小布内	2	木間ヶ瀬	1
長谷	1	木ノ崎村	1	山崎	2	生毛	2	舟形	1
山村	1	瀬戸村	1	長沖	1	阿部	2	水角	1
小布内	1	木ヶ間瀬	5	山崎	2	水角	4	粕壁	1
目吹	1	長須	2	大室	1	飯沼	1	松伏	2
赤崎	1	平方	1	小布内	1	大室	2	飯沼	1
中里	2	吉春	1	金の井	4	小布内	1	大室	2
新田戸	1	米島	3	矢木	1	目吹	2	野木崎	6
三ヶ尾	4	赤堀	3	目吹	1	吉春	1	塚崎	2
魚沼	4	今上	1	幸田	4	赤堂	2	小泉	2
新宿	1	木間ヶ瀬	2	岩井	2	山崎	1	塚崎	2
米島	1	山村	3	大室	1	木ノ崎	1	貝塚	4
川藤	1	飯沼	2	内森谷	3	深井新田	1	中妻	3
三ヶ尾	2	角山村	1	木ノ崎	2	花井	1	法師戸	2
並木	1	築比地	1	目吹	3	東高野	3	金の井	5
岡田	1	大柏	1	柳沢	1	小山	1	小布内	5
布施	1	木間ヶ瀬	2	木間ヶ瀬	6	押砂	3	菅ヶ生	1
粕壁	4	金杉	1	岩井	1	今上	1	夏目	2
岡田	1	桐の木	1	菅ヶ生	4	今上	5	小山	3
山サキ	3	山王村	3	矢板	2	保木間	2	長や	1
小山	2	中ノ代	1	粕壁	1	塚崎	2	宮崎	3
金杉	1	山サキ	1	尾崎	2	坂手	1	平沼	1
粕壁	1	土戸	1	彦田	1	下這毛	2	築比地	3
江戸	1	谷津村	4	目吹	3	板樋	2	森谷	1
舟形	2	上柳	1	山崎	3	菅ヶ生	4	宝珠花	4
西深井	2	長谷村	1	大室	1	菅ヶ生	1	粕壁	2
神田山	1	長須	1	小布内	1	関宿上町	1	森谷	1
山崎	5	岩井	1	上出島	3	吉春	2	金の井	2
三ヶ尾	1	和平	1	小布内	1	赤堂	1	野木崎	1
魚沼	1	長須	1	長須	1	魚沼	9	粕壁	4
金杉	5	長沼	1	下折	1	流山	3	神田山	2
大口	1	正連寺	1	新宿	1	上か島	1	菅ヶ生	3
小布内	2	米島	1	目吹	1	桐谷	3	今上	3
大殿井	1	長谷	1	目吹	1	中里	2	大生郷	1
中台	2	飯沼	1	本郷	1	木ノ崎	1	深井新田	1
大山	1	大関村	2	菅ヶ生	1	長や	1	布井	2
水角	3	野木崎	1	大生郷	1	瀬戸	1	借り宿	1
中台	1	野木崎	1	半田	1	舟形	1	長や	1

事項	人数	事項	人数	事項	人数	事項	人数	事項	人数
中里	1	木間ヶ瀬	2	卯宿	2	萱ヶ生	2	清水	1
中台	1	板樋	2	逆井	1	板樋	2	山田	2
按摩	4	法師戸	3	戸頭	1	板樋	2	山田	1
清水	2	今上	2	堤台	2	小山	1	長沼	2
瀬戸	2	今上	1	瀬戸	2	逆井	3	五加村	2
木間ヶ瀬	2	長沼	2	桜台	1	布施	2	萱ヶ生	1
深井	1	中里	2	深井	3	根戸	2	山崎	1
目吹	1	山崎	1	大室	1	大川戸	1	奥州洲賀川	3
木間ヶ瀬	4	小布内	4	萱ヶ生	1	岡田	1	青田	1
花井	1	五木	1	萱ヶ生	2	木ノ崎	3	新宿	4
目吹	3	花井	2	関宿	1	花の井	4	坂手	3
東深井	1	舟形	1	萱ヶ生	1	花の井	1	萱ヶ生	5
深井新田	2	鯨岡	1	中台	1	木ノ崎	2	中台	2
舟形	2	三ヶ尾	3	大室	1	山小屋	2	小山	1
長や	2	東深井	1	阿部	1	中ノ台	2	築比地	2
花井	3	中妻	1	桜台	1	青田	3	深井	3
深井	1	山サキ	1	中台	1	水角	1	萱ヶ生	1
目吹	1	岩井	2	木間ヶ瀬	1	駒跿	1	荒木	2
山サキ	1	舟形	1	尾崎	3	岡田	1	舟形	1
新田戸	2	三ヶ尾	1	萱ヶ生	1	富田	3	弓田	2
深井	2	向小金	2	平方	2	馬立	1	粕壁	2
舟形	7	小布内	2	山崎	2	東深井	1	中台	1
舟形	1	舟形	1	山崎	2	木ノ崎	1	組(生)板	1
舟形	1	桐谷	1	金杉	1	布施	2	山田	1
中里	2	大田	1	中根	1	木間ヶ瀬	1	藤ノ谷	2
大生郷	1	松ヶ崎	2	深井新田	1	下這木	1	桐ヶ作	1
尾サキ	2	宮崎	1	根戸	1	下花輪	1	今上	1
吉春	2	松伏	1	飯沼	1	木ノ崎	3	木ノ崎	1
吉春	3	舟形	1	魚沼	2	門間	4	越谷	1
高柳	3	長須	1	魚沼	1	金崎	6	柏	2
舟形	2	谷津	3	正連寺	4	吉春	1	増森	1
板樋	2	中里	2	布井	3	大沢	1	三ツ堀	1
東深井	2	吉春	5	袋山	1	萱ヶ生	1	弓田	3
吉春	2	吉春	2	野田	1	築比地	1	栗橋	1
木ノ崎	3	門間	2	清水	1	鍵揚(釣上)	1	高津	2
桐ヶ作	2	小山	1	蕃昌	2	小間ケ瀬	2	栗橋	2
堤台	2	長や	1	三ヶ尾	3	高野	1	奥州	1
平井	2	今上	1	深井	1	親の井	2	栗橋	1
堤台	1	赤堂	1	箕輪	2	三ヶ尾	1	洲塚	1
吉春	1	水角	1	小山	4	荒木	4	弓田	3
平井	2	小山	2	宿連寺	2	小間ヶ瀬	1	幸田	2
舟形	3	飯沼	1	木間ヶ瀬	1	舟形	1	塚崎	1
舟形	3	赤堂	4	三ヶ尾	1	舟形	1	河原台	4
平方	3	目吹	1	柏寺	4	弓田	1	河原台	1
金杉	1	横内	2	幸田	1	小間ヶ瀬	3	大口	1
三ヶ尾	2	山田	1	山田	1	萱ヶ生	2	飯沼	3
堤台	1	越谷	1	魚沼	1	木間ヶ瀬	5	大生郷	3
中里	2	岩井	3	森谷	1	板樋	3	河原台	1
吉春	2	魚沼	1	金杉	2	板樋	2	若村	3
吉春	2	柏寺	4	岩井	1	萱ヶ生	3	河原台	3

事項	人数	事項	人数	事項	人数	事項	人数	事項	人数
上州新田庄	2	木まヶせ	1	岡田	2	目吹	2	駒跿	1
中台	1	小金	3	小布内	1	目吹	1	小布内	1
金杉	1	大川戸	3	馬立	1	河原台	1	栗橋	1
関宿	2	下柳	1	川崎	1	内森谷	2	粕壁	1
土戸	3	木間ヶせ	1	木間ヶ瀬	2	関宿	2	清水	1
広島	2	長須	1	□筈	2	深井新田	1	大殿井	1
高野	3	つくりや	1	目吹	2	野田	1	弓田	2
米崎	4	清水	2	長沼	1	赤沼	1	弓田	1
尾崎	2	長や	2	中台	1	大田	1	大生郷	1
今上	3	岡田	23	鍵揚	1	三ヶ尾	1	関宿	1
栗橋在さま村	9	中ノだい	2	赤堂	2	大室	1	流山	2
武州八王子	4	内まき	2	木間ヶ瀬	2	清水	3	河原台	3
〆2450人		西新井	1	菅ヶ生	1	芝崎	2	木間ヶ瀬	1
〆750人		沼かけ	1	森谷	1	谷津	3	五木	4
		坂さ(逆)井	1	深井新田	1	小布内	2	中妻	1
2月24日		船方	1	野木崎	2	向小金	1	奈戸谷	1
中だい	1	内森谷	1	野木崎	1	小ノ山	3	舟形	1
今上	36	今上	5	新宿	1	山崎	2	大田	2
清水	29	宿ノ内	2	大曽根	2	大塚戸	1	馬橋	1
桜たい	2	水海道	1	長沼	2	中田	2	常州幸田	2
船方	2	今上	2	荒木	2	大畔	2	赤崎	1
今上	4	菅生	2	谷津	2	山サキ	3	瀬戸	3
今上	29	三ヶ尾	2	谷津	1	塚崎	2	■■	1
寺町	3	赤崎	2	向小金	1	中台	1	舟形	2
中野	1	菅生	2	大生郷	1	桜台	2	深井新田	2
谷津	2	三ヶ尾	3	舟形	3	板樋	2	江戸中根	1
中の	1	坂さ井	2	荒木	2	舟形	3	河原台	1
深井新田	2	赤さき	1	荒木	1	清水	2	清水	1
小布内	4	戸張	1	深井新田	1	桜台	2	瀬戸	1
森屋	2	よこうち	4	弓田	1	中根	2	桐ノ木	1
内田	1	をしすな	1	蕃昌	1	桜台	1	小布内	2
とみた	4	東高野	3	小布内	2	深井新田	2	木ノ崎	2
野田	4	長や	1	野木崎	3	赤崎	2	中ノ台	1
奥州	1	岩井	1	中里	2	戸頭	2	舟形	1
大地	1	中台	4	上野国新田	2	幸田	2	花井	1
中里	2	弓田	4	武州左馬(佐	2	さま	2	木間ヶ瀬	2
岩井	2	目吹	2	間)村		舟形	2	森谷	1
木まヶせ	4	目吹	3	荒木	2	横内	2	舟形	2
松ふし	2	神田山	1	矢木	3	吉春	2	目吹	1
や津	2	谷津	1	吉春	2	弓田	2	舟形	1
今上	2	麦塚	1	小布内	2	岩附	2	魚沼	1
桜だい	2	菅ヶ生	2	赤崎	2	大畔	1	木間ヶ瀬	1
吉川	1	深井新田	2	向小金	2	森谷	2	三ヶ尾	1
本郷	2	桜台	2	赤崎	1	堤台	1	清水	2
船方	1	舟形	2	小金	2	野州茂原	2	清水	1
新宿	1	神田山	1	中台	4	関宿	1	桐ヶ作	2
小山	1	増森	2	桐木	1	粕壁	1	深井新田	2
大や	1	深井新田	2	三ヶ尾	2	内川	1	奈戸谷	2
をいご	2	深井新田	4	横内	4	谷津	2	関宿	1
今上	1	今上	1	東金の井	1	谷津	2	鵠戸	2

事項	人数	事項	人数	事項	人数	事項	人数	事項	人数
粕壁	1	木ノ崎	2	木ノ崎	1	金杉	1	長沼	1
中里	1	木ノ崎	2	東深井	2	坂井	2	岩井	1
桜台	2	下這毛	2	半割	1	平方	1	木間ヶ瀬	1
高野	1	水角	1	舟形	2	西深井	4	水角	1
大生郷	2	東深井	1	小布内	1	清水	2	宝珠花	2
柳沢	2	菅ヶ生	1	舟形	4	今上	1	金ヶ島	1
中妻	2	大口	1	河原台	2	岩井	3	小山	2
塚崎	2	平方	2	山崎	1	阿部	2	吉春	2
山田	1	舟形	2	金の井	4	金杉	2	谷津	1
木間ヶ瀬	3	木間ヶ瀬	1	奥州	1	馬立	2	谷津	2
馬橋	1	木ノ崎	2	魚沼	1	尾崎	3	岩井	1
木間ヶ瀬	2	桜台	2	飯沼	2	築比地	1	小布内	2
木間ヶ瀬	2	松伏	2	武州野田	1	山崎	1	弓田	1
栗橋	2	舟形	2	野田	2	長沼	3	赤沼	2
中里	1	尾崎	3	河原台	1	宮崎	1	板橋	1
木間ヶ瀬	2	尾崎	2	清水	1	舟戸	2	袋山	1
菅ヶ生	1	平方	1	木ノ崎	1	築比地	2	下野国古河	1
瀬戸	3	木ノ崎	2	築比地	1	山崎	3	弓田	2
目吹	4	木ノ崎	1	森谷	2	山小屋	2	関宿	1
舟形	2	保木間	2	大生郷	1	三ヶ尾	2	流山	1
長須	1	目吹	1	吉春	2	今上	2	深井新田	1
尾崎	3	木ノ崎	1	菅ヶ生	1	大田	2	山王	3
舟形	1	小布内	2	米島	2	水角	1	瀬戸	1
木間ヶ瀬	2	木間ヶ瀬	2	松ヶ崎	1	東深井	1	瀬戸	1
中台	2	平方	1	松伏	1	東深井	1	弓田	2
逆井	2	木間ヶ瀬	1	長沼	1	目吹	1	槌間	3
富田	2	逆井	1	金杉	1	山サキ	1	槌間	2
逆井	1	舟方	1	舟形	2	小間木根	3	按摩	2
逆井	2	板橋	1	長沼	2	桜台	1	松伏	1
柏寺	6	中根	3	三ヶ尾	1	築比地	2	木ノ崎	2
大室	1	逆井	2	今上	2	木間ヶ瀬	1	舟形	2
岩井	1	桜台	2	奥州	1	長沼	1	三ツ堀	4
堤台	1	大田	3	東深井	1	和平	2	弓田	2
瀬戸	1	阿部	3	浪人	2	山村	1	小山	2
水角	2	魚沼	3	築比地	5	岩井	2	とち木	1
木ノ崎	2	岩井	2	広島	3	山崎	1	や津	1
柳沢	1	正連寺	1	小布内	4	下平	2	木の崎	1
木ノ崎	4	舟形	1	桐ノ木	1	栃木	1	中根	1
弥十郎村	2	中台	2	柏寺	1	水角	2	関宿	1
山崎	3	金杉	3	下柳	1	布井	1	金の井	1
金杉	1	下這毛	3	平方新田	1	野木崎	1	高意(井)	2
法師戸	3	木間ヶ瀬	4	正連寺	1	飯沼新田	1	岩井	1
菅ヶ生	2	卯宿	2	土戸	1	松戸	1	倉はし	1
大畑	3	中台	2	瀬戸	1	塚崎	2	清水	1
大枝	3	按摩	3	大輪	1	金杉	1	大柏	1
柏寺	1	築比地	1	今上	1	荒木	1	中里	1
木津内	1	親ノ井	2	下谷	1	上出島	2	魚沼	1
魚沼	1	山崎	1	這木	3	山村	1	今上	1
桜台	1	桜台	1	飯沼	2	岩井	2	内田	2
金の井	1	三ヶ尾	1	中里	1	中台	2	午久	3

事項	人数	事項	人数	事項	人数	事項	人数	事項	人数
花の井	4	船方	1	目吹	1	深井新田	1	神田山	2
伊つ島	1	三ヶ尾	1	菅生	2	木ノ崎	3	堂庭	2
弓田	1	山小や	2	菅生	3	小布内	2	堂庭	1
さま	2	金杉	1	谷津	5	柏寺	4	駒方	2
今島	2	小浦	2	平方	2	崎房	1	幸手	1
大そね	1	や津	1	あら木	3	神尾	1	小金	3
赤堂	1	赤崎	1	幸田	1	花輪	1	目吹	1
吉川	1	平方	1	今上	2	深井新田	2	岡田	3
野田	1	柳沢	2	深井	1	布施	2	岡田	1
若村	1	船方	1	常陸国鯨岡	1	木間ヶ瀬	2	新宿	1
並木	1	菅生	3	長谷	3	目吹	2	中里	2
菅生	1	内川	2	小山	2	深井	3	新宿	4
小布内	2	大田	1	小山	1	山崎	1	大生郷	6
中里	1	かすかべ	4	内ノ山	4	小金	2	新木戸	2
弓田	1	内川	2	越谷	1	按摩	2	菅ヶ生	1
吉春	1	内川	1	中妻	1	築比地	3	中里	1
吉つま	1	内川	3	鍵揚	1	野木崎	2	宝珠花	1
岩井	5	中里	1	荒木	1	魚沼	1	宝珠花	2
小金	2	中台	1	三ヶ尾	2	魚沼	2	小山	3
坂手	1	平方	1	西荒井	1	魚沼	3	中里	1
くりはし	1	金杉	1	木ノ崎	2	山崎	1	菅ヶ生	3
吉春	1	野田	3	中里	2	魚沼	2	前ヶ崎	1
小山	1	高橋	1	小布内	1	築比地	1	金杉	2
角山	1	あら木	1	岡田	1	中の	2	新田戸	3
深井新田	1	三ヶ尾	1	山崎	1	三ヶ尾	1	新田戸	2
谷津	1	中里	1	東深井	1	長須	1	舟形	1
長サき	2	森や	2	深井新田	2	木間ヶ瀬	2	花井	2
大里	2	山サキ	2	深井	2	金の井	2	小山	1
くつ掛	2	東深井	2	深井新田	1	馬立	2	飯沼	1
松ケサキ	2	内川	1	金杉	2	鵠井戸	3	谷津	1
戸頭	1	大口	1	桐谷	3	舟形	2	木ノ崎	3
森屋	1	尾サキ	1	小布内	1	門間	2	大川戸	2
船方	3	船方	1	戸頭	2	長や	1	今上	3
や津	3	木の崎	1	夏目	2	今上	3	尾崎	1
菅生	2	中の	1	弓田	2	築比地	2	松伏	3
吉つま	2	吉春	1	平方新田	1	山サキ	3	神田山	1
豊田	2	木の崎	1	平方	2	山王	2	門間	1
幸田	1	越ヶ谷	1	東山田	3	越谷	1	門間	3
船方	2	菅生	1	平方新田	1	中ノ台	1	木ノ崎	2
平方新田	2	金杉	1	魚沼	7	金杉	2	木ノ崎	1
木間せ	1	今上	1	木ノ崎	1	魚沼	1	中田	1
平間	1	西深井	2	長[redacted]	1	布井	11	長沼	2
坂井	1	木の崎	1	深井新田	4	中の	3	岡田	3
長や	1	木城	2	西深井	1	樋堀	1	宝珠花	1
山うへ	1	今上	1	本庄	1	木ノ崎	1	築比地	3
小布内	1	木まヶせ	3	鹿島	1	按摩	2	坂手	2
山サキ	5	小金や	1	平方新田	1	布井	3	荒木	2
寺崎	1	平方	2	中台	2	築比地	1	木ノ崎	1
東正寺	1	長や	1	西深井	1	金杉	1	西金ノ井	2
平井	1	藤井	1	幸手	1	新宿	2	大田	1

事項	人数	事項	人数	事項	人数	事項	人数	事項	人数
築比地	1	木間ヶ瀬	6	水海道	2	越谷	1	小布内	1
宮崎	3	桐谷	2	中妻	3	幸手	1	貝塚	3
桐谷	2	小布内	3	今戸	1	三ヶ尾	2	今上	3
平方	4	長沼	2	板樋	1	関宿	2	中台	2
阿部	2	中里	3	桐ヶ作	3	新田戸	2	清水	6
粕壁	1	中里	1	小泉	1	松の井	2	清水	2
板樋	1	木間ヶ瀬	2	中里	1	岡田	5	今上	2
小布内	1	飯沼	2	柳沢	3	大口	2	小布内	1
大生郷	1	小布内	1	根戸	1	小金	1	弓田	2
飯沼	2	平方	2	神間	1	木間ヶ瀬	1	目吹	2
粕壁	1	東深井	1	五木	1	米崎	1	大塚戸	1
粕壁	1	栗橋	1	木間ヶ瀬	1	木森	2	岡田	1
高野	1	中里	2	五木	4	元栗橋	4	大畔	1
坂手	1	築比地	2	坂手	3	小金	4	今上	2
舟形	4	向小金	4	印旛郡	5	芝崎	1	柏寺	1
青田	1	高柳	3	川原代	1	若村	1	谷津	3
大田	1	職人	2	木間ヶ瀬	1	かも	1	中台	1
中の	2	かしわ	1	下平	2	袋山	1	長や	1
尾崎	1	荒木	1	菅ヶ生	2	〆2627人		木ノ崎	1
広島	1	大柏	1	羽生	2	〆828人非人		前ヶ崎	1
青田	1	鵠井戸	1	板樋	4			弓田	1
粕壁	1	三ヶ尾	1	中台	1	2月25日		山崎	2
柳生	1	逆井	1	草加	1	中台	2	塚崎	1
野木崎	1	小布内	1	新田戸	1	清水	2	桜台	4
土戸	1	奈戸谷	1	木間ヶ瀬	1	舟形	2	下柳	1
三ヶ尾	1	魚沼	1	三ヶ尾	2	桜台	1	舟形	1
松伏	2	菅ヶ生	1	大田	2	今上	16	金杉	1
山崎	2	目吹	1	弓田	2	弓田	1	中台	1
弓田	1	柏寺	1	目吹	2	奈戸谷	1	中妻	3
築比地	3	松ヶ崎	1	長沼	2	深井	1	岡田	1
堤台	3	魚沼	1	小布内	1	青田	1	土浦	2
板樋	2	莚打	1	山田	1	高森	2	舟形	1
菅ヶ生	1	長や	1	金の井	1	高野	1	山サキ	2
新宿	1	のた	1	長や	2	今上	1	小山	2
坂手	1	木間ヶ瀬	1	平井	1	桐ヶ作	3	金崎	4
木ノ崎	2	野木崎	2	小橋	1	桐ヶ作	1	大生郷	2
かしわ	1	東深井	1	沓懸	1	木間ヶ瀬	2	岡田	1
中台	2	魚沼	1	木間ヶ瀬	1	中台	2	木ノ崎	2
木間ヶ瀬	3	築比地	1	菅ヶ生	3	半割	1	今上	2
幸□□□	1	流山	2	緒城町	1	長や	1	清水	1
菅生	1	築比地	2	武州松山	1	小布内	1	谷津	2
長須	1	弓田	1	市川	3	金の井	1	赤堂	1
舟形	1	赤沼	1	菅ヶ生	1	今上	2	流山	1
大木	1	ヲサキ	1	宇都宮	1	中里	1	中台	1
木間ヶ瀬	2	深井新田	1	高野	2	今上	1	清水	1
布川	2	木ノ崎	1	まくり(間久里)	4	関宿	1	粕壁	1
平井	2	根戸	2	弓田	1	借宿	1	五木	1
大柏	1	長や	1	桐ヶ作	1	長須	1	大川戸	1
大室	1	辺田村	1	筑波	1	岩井	1	荒木	1
金崎	6	板樋	2	粕壁	1	粕壁	1	小山	1

事項	人数	事項	人数	事項	人数	事項	人数	事項	人数
木間ヶ瀬	1	木村	1	根戸	1	流山	1	木間ヶ瀬	1
桐ヶ作	1	嵯ヶ崎村	1	今上	2	山崎	3	青田	3
今上	1	谷津	2	深井	2	米崎	3	清水	2
中野	1	五木	3	河原台	1	河原台	1	清水	1
栗橋	1	辺田村	1	今上	2	小金　坂井	2	小布内	1
長や	1	木間ヶ瀬	2	深井新田	2	中里	1	逆井	1
大室	1	土浦	1	今上	1	長藤	1	中里	1
中根	1	堂□	1	平方新田	1	塚崎	1	尾崎	1
谷津	2	栗橋	1	水海道	1	弓田	2	栃木	2
粕壁	1	清水	1	江戸	2	按摩	1	松伏	1
中台	1	横内	3	土浦	1	谷津	1	谷津	1
指矢	1	大木	1	木ノ崎	1	岡田郡若村	1	新田戸	1
川崎	1	三ヶ尾	1	木間ヶ瀬	1	栗橋	2	弓田	1
今上	2	小布内	2	中台	1	下内川	1	中里	2
金ヶ島	2	岡田	1	並木	1	木間ヶ瀬	1	平方	2
粕壁	1	木ノ崎	1	菅ヶ生	1	印旛郡深間	1	坂手	1
木間ヶ瀬	1	山崎	1	幸田	1	金の井	1	今上	5
赤堂	2	野田	1	夏目	1	今上	1	菅ヶ生	3
深井	1	舟形	2	宝珠花	2	谷津	1	荒木	3
馬立	1	水海	1	目吹	1	増森	1	山崎	2
荒木	1	今上	2	大曽根	1	柏寺	1	小布内	1
野田	1	越谷	1	弓田	1	松戸	1	長崎	2
深井新田	4	小布内	2	舟形	1	土戸	1	山崎	2
長や	1	山サキ	1	瀬戸	1	河原台	1	柏宿	2
藤原	1	粕壁	1	戸張	1	築比地	2	木間瀬	1
粕壁	1	土浦	1	宝珠花	2	野木サキ	1	中ノ台	1
金の井	2	大柏	1	谷津	2	松伏	2	柳沢	1
奥州洲賀川	2	木間瀬	1	木ノサキ	2	水海道	2	中里	1
芝崎	2	尾崎	1	富田	2	野田	1	こふ(古布)内	2
下柳	1	金の井	2	木間ヶ瀬	3	小布内	1	こふ内	1
関■	2	柳沢	2	新木戸	2	阿部	2	若芝分	2
逆井	2	中里	1	小金	1	中台	1	小山	1
塚崎	2	小山	1	江戸	1	山崎	1	こふ内	2
清水	2	升ヶ屋	1	栗橋	1	小金	1	森谷	2
生子	1	深井新田	2	尾崎	1	武州大戸	2	木間ヶ瀬	2
山サキ	1	弓田	6	小金	4	沼影	1	富田	1
若村	1	鍵揚	1	小布内	1	乙田	1	一ノ矢	1
栗橋	3	深井新田	2	大室	1	亀山	1	菅ヶ生	1
金の井	2	今上	2	紺屋	1	花井	2	森谷	1
中台	2	山崎	1	花の井	2	今上	1	下野長岡	1
大室	2	宝珠花	5	西荒井	1	山崎	2	内蒔	1
按摩	2	阿部	2	神田山	2	粕壁	1	矢作	2
浅草僧	1	木間ヶ瀬	2	金の井	1	野木崎	2	岡田	1
清水	2	阿部	3	和平	1	瀬戸	2	板樋	2
五木	1	中台	1	桜台	1	木間ヶ瀬	1	花の井	2
長や	1	深井		西深井	2	今ヶ島	1	中台	1
中台	2	沓懸	4	菅村	3	尾崎	1	柳沢	2
管ヶ俣	1	弓田	2	木間ヶ瀬	2	深井新田	1	三ヶ尾	1
山崎	1	中台	2	松戸	1	清水	1	松伏	1
清水	1	栗橋	1	大木	1	岩井	1	山サキ	1

事項	人数	事項	人数	事項	人数	事項	人数	事項	人数
長沼	2	小金	1	馬橋	1	桜台	1	三ヶ尾	2
神間	1	古河	1	矢作	1	恩名	2	柏寺	1
神田山	2	谷津	2	水戸大久保	1	平沼	2	下布鎌	2
菅生	2	新宿	1	平井	2	深井	2	滑川	1
清水	1	中妻	2	木間ヶ瀬	2	木間ヶ瀬	1	大塚戸	1
菅ヶ生	3	小山	1	大木	1	東深井	1	下内川	3
長や	1	古山	1	魚沼	1	金耕地	1	法目	1
卯宿	3	小布内	2	宝珠花	1	板橋	2	荒木	1
大柏	2	木間ヶ瀬	1	河原台	2	堂庭	1	深井	1
尾崎	1	婦佐間	2	矢作	3	深井新田	1	東深井	2
築比地	1	山田	1	押砂	1	木間ヶ瀬	2	東村	1
森谷	2	岩井	1	深井新田	1	平方	3	江戸	1
小金	1	千住	1	今上	3	荒木	2	平井	1
神田山	2	東深井	1	魚沼	1	山崎	2	金の井	1
下平村	2	板樋	1	上笹塚	2	大里	2	菅ヶ生	1
桜台	1	岩井	1	桜台	2	小布内	2	東深井	1
小金	3	舟形	2	大田	2	下内川	2	小橋	1
荒木	1	中里	1	舟方	3	新田戸	1	神田山	1
河原台	3	芝住	2	野木崎	3	奥州会津	2	吉妻	2
金杉	9	新地	1	平沼	2	岩井	2	平井	1
目吹	2	小金	2	飯沼	1	大畔	1	中野	2
荒木	1	内蒔	1	中の	2	木間ヶ瀬	2	岡田	2
谷津	2	飯沼	1	大殿井	2	岩井	2	板樋	2
築比地	3	木ノ崎	5	左間	2	小金	2	大木	1
今上	1	板樋	1	山崎	2	荒木	1	魚沼	1
森谷	1	弓田	1	中里	1	大曽根	1	築比地	1
吉春	1	築比地	1	戸張	3	深井新田	3	桐木	1
日方	1	船戸	2	水角	2	桜台	2	根戸	2
麦塚	1	今上	1	今上	2	桜台	1	粕壁	2
板樋	1	舟形	4	今上	1	長沼	1	阿部	1
木間ヶ瀬	3	目吹	3	舟形	4	東小金	3	清水	3
築比地	3	大口	1	石屋	1	東村	1	木才	2
柳沢	2	森谷	1	三ヶ尾	1	中島	4	赤崎	1
吉妻	1	大山	2	三ヶ尾	2	荒木	2	飯沼	1
流山	1	小布内	1	粕壁	1	荒木	2	金杉	1
鷺白	2	長沼	2	金杉	2	木間ヶ瀬	3	中島	3
荒木	1	長沖	1	深井新田	2	山崎	1		

9　天保8年2月　困民名前帳（文書番号ZBA10）

事項	人数	事項	人数	事項	人数	事項	人数	事項	人数
		粕壁	2	上岩井	1	塚崎	2	米崎	1
2月27日		木間ヶ瀬	1	横曽根	1	塚崎	1	茶屋新田	2
〆1935人		富田	1	岡田新田	1	菅ヶ生	1	蕗田	1
463人非人		岩井	3	捲	1	山村	1	我孫子	1
28日休候処27		岩井	1	関宿	1	幸手	1	中田	1
日分残食振替		境町	1	土浦	1	岩井	1	大口	1
323人		佐野 天明	1	釋迦	1	岡田	2	今上	1
		中妻	1	赤崎	1	古河	1	布施	1
2月29日		関宿	1	中台	2	粕壁	1	桐谷	1
今上	19	長や	1	内蒔	2	粕壁	2	日方	3
中台	6	茶屋新田	4	松伏	2	関宿	2	卯宿	3
桐ヶ作	1	山村	2	菅ヶ生	2	沓懸	3	卯宿	1
弓田	1	清水	3	中島	2	山川	2	流山	1
桜台	1	菅ヶ生	2	下野佐野天明	2	桐ヶ作	2	栗橋	1
高野	1	新宿	2	関宿	1	大川戸	1	菅ヶ生	1
生子	1	粕壁	2	沓掛	1	栃木	1	中妻	1
高森	1	粕壁	1	布施	1	塚崎	1	岩井	2
塚崎	1	越谷	1	今上	2	上柳	1	土戸	2
今上	1	内森谷	2	岩井	4	岡田	1	木間ヶ瀬	1
弓田	2	弓田	1	菅ヶ生		樋堀	1	荒木	1
下妻	1	塚崎	1	河野	2	釈迦	1	荒木	3
貝塚	2	今上	1	弓田	2	岡田新田	4	樋口	1
桜台	3	渡世	2	按摩	3	桐谷	1	中妻	1
越谷在大間野	1	今上	2	按摩	3	中妻	2	菅ヶ生	2
今上	2	吉妻	1	小山	2	横曽根	1	幸田新田	1
馬立	1	関宿	1	中里	2	菅ヶ生	3	今上	2
菅ヶ生	1	高野	1	塚崎	2	中妻	2	岡田	1
草加	1	鴻巣	1	貝塚	2	小布内	1	小山	1
赤堂	1	中台	1	高野	1	樋ノ口	2	清水	1
流山	1	栃木	1	大室	1	谷津	1	粕壁	1
宇都宮	1	狐塚	2	布釜	1	今上	4	塚崎	1
塚崎	1	菅ヶ生	1	小泉	1	中台	4	水海道	1
荒木	1	渡世	2	藤塚	1	関宿	4	武州久下	1
木間ヶ瀬	1	本栗橋	2	麦蔵	1	関宿	2	増森	1
左馬	1	塚崎	2	今上	2	森谷	1	桶川	1
岩井	1	塚崎	1	関宿	2	捲	1	大塚戸	1
清水	2	栃木	1	鯨岡	1	魚沼	1	中田	1
草加	1	関宿	1	小布内	1	塚崎	2	山崎	1
内森谷	3	粕壁	2	中野	1	今上	2	内森谷	1
逆井	1	蕗田(西蕗田)	1	菅ヶ生	5	佐間	2	木間ヶ瀬	1
粕壁	1	木間ヶ瀬	1	水海道	1	山川	4	岩井	1
岩井	1	大宮	1	間々田	2	弓田	1	水海	1
布釜	2	富田	2	間々田	2	芝崎	2	馬場	1
宮崎	1	菅ヶ生	3	馬立	1	土戸	2	飯沼	1
草加	2	塚崎	1	木間ヶ瀬	2	塚崎	2	山崎	2
関宿	2	弓田	1	高野	3	菅ヶ生	3	山崎	1
関宿	2	中里	1	高野	2	菅ヶ生	2	清水	2
茶屋新田	1	内森谷	2	松伏	1	粕壁	2	中妻	1

事項	人数	事項	人数	事項	人数	事項	人数	事項	人数
幸手	1	矢作	2	清水	2	飯沼	1	小布内	2
高野	2	中里	1	幸田新田	2	中根	2	野田	2
中里	2	弓田	1	水海	1	深井新田	1	小布内	3
木間ヶ瀬	3	大柏	1	小田	1	矢作	1	目吹	1
小布内	3	岡田	1	今上	2	桐谷	3	中台	2
大田	1	中里	3	桜台	1	鎊屋	1	戸張	1
中台	1	柏寺	1	山崎	2	水角	3	木間ヶ瀬	3
尾崎	1	大塚戸	1	丸林	2	中台	3	駒跿	4
塚崎	1	中里	1	国生	2	桐ヶ作	3	中里	2
岡田	2	古河崎	1	長須	2	赤堂	1	矢塚	2
かしハ(柏)	1	古河崎	1	今ヶ島	2	奥州洲賀川	3	大塚戸	1
内森谷	2	中島	1	矢作	1	深井新田	1	金の井	3
小山	2	上出島	1	矢作	3	中台	1	今上	3
弓田	1	松戸	1	塚崎	1	菅ヶ生	4	深井新田	4
岡田	2	山田	2	大田	2	森谷	2	深井新田	7
国生	3	木ノ崎	1	桜台	2	児(小)塙僧	1	山崎	1
赤沼	5	岡田	1	神田山	1	桐ヶ作	1	蕃昌	2
麦塚	1	今上	4	三ヶ尾	1	谷津	2	蕃昌	2
麦塚	1	中台	1	流山	1	上ヶ尾	1	中台	1
森谷	1	栗橋	2	菅ヶ生	1	馬橋	1	柏寺	4
小山	2	国生	2	西平井	2	房州前原	1	柏寺	1
小山	2	目吹	2	大崎	1	岡田	1	若林	1
布施	2	荒木	1	瀧沢	2	青田	3	岩井	1
関宿	2	矢切	6	大塚戸	3	小山新田	2	前林	3
大塚戸	2	大生郷	1	羽生	2	目吹	1	東高野	2
阿部	1	神田山	2	五木	1	新宿	1	笠井	2
太子堂	1	本栗橋	3	岩井	2	野木崎	4	小布内	1
谷津	4	赤崎	1	舟形	2	野木崎	1	中台	1
目吹	2	中里	1	築比地	1	森谷	1	吉春	2
大柏	2	山崎	2	関宿	2	中台	2	大輪	1
馬立	4	塚崎	2	大柏	1	中里	1	菅ヶ生	7
山崎	2	横内	2	小布内	1	大室	1	岡田新田	3
今上	2	親の井	2	岡田	2	下内川	4	築比地	1
大室	1	金杉	3	谷津	1	桐ノ木	5	野田	3
岡田新田	2	弓田	1	長須	2	大室	1	神田山	1
木間ヶ瀬	1	中里	5	今上	2	清水	1	野田	1
塚崎	1	舟形	1	清水	1	吉春	3	菅ノ谷	1
清水	2	中台	2	矢作	3	中台	1	平沼	1
勘介新田	1	森谷	1	長崎	1	芝原	1	木ノ崎	2
飯沼	2	金杉	2	長沼	2	恩名	1	赤堂	1
大口	2	赤堂	2	中台	1	岡田	4	魚沼	1
小山	1	塚崎	3	弓田	5	関宿	1	谷津	2
五木	2	大畔	2	倉経	1	関宿	1	坂井	1
今上	1	岡田新田	1	清水	1	布施	3	小布内	1
浦和	1	上口	1	大田	1	野太(田)	1	坂手	1
中田	2	柏寺	1	神田山	1	清水	1	小泉	2
岡田	1	半谷	2	西袋村	1	江戸	1	舟形	4
桐ヶ作	1	捲	1	桜台	1	布施	1	平方新田	4
今上	1	荒木	1	岡田	1	根戸	1	大矢口	3
逆井	1	草加	1	矢作	1	大塚戸	4	大矢口	3

事項	人数	事項	人数	事項	人数	事項	人数	事項	人数
野田	3	深井	1	正連寺	1	吉春	1	大田	5
小山	7	木間ヶ瀬	1	保木間	5	坂井	1	木ノ崎	1
坂手	1	築比地	5	布施	2	赤沼	2	弓田	2
下谷	1	木ノ崎	1	舟形	3	莚打	2	弓田	1
木ノ崎	4	木村	1	押砂	2	惣新田 相島	2	舟橋	1
板橋	1	小布内	6	板橋	1	赤沼	1	菅ヶ生	1
岩井	2	法目	1	木ノ崎	1	大植	2	河原台	2
木ノ崎	2	吉春	1	小布内	1	舟形	1	尾崎	2
布施	2	菅ヶ生	1	今上	2	築比地	2	深井	2
小布内	2	荒木	1	下柳	1	莚打	4	飯沼	1
半谷	2	鵠戸	2	目吹	1	中妻	3	奥州洲賀川	3
戸張	1	平井	2	西深井	1	大山	1	桜台	3
深井新田	4	上捲	3	桜台	1	清水	1	桜台	1
清水	2	下柳	1	三ヶ尾	1	中台	2	大生郷	6
大室	1	小山	3	坂手	1	按摩	6	五木	3
小布内	1	松伏	2	目吹	2	今上	1	飯沼	1
東深井	1	町屋	1	木ノ崎	2	山崎	2	中里	2
今上	2	栗橋	1	谷津	2	関宿	1	菅ノ谷	2
目吹	1	木間ヶ瀬	3	弓田	1	越谷	1	飯沼	1
大木	1	下小橋	3	野木崎	1	和平	1	中里	1
東深井	2	長井戸	1	平方	2	半割	1	根戸	1
長沼	1	舟形	2	江戸	1	関宿	1	今上	2
広島	1	吉妻	1	舟形	2	木颪	1	魚沼	1
今上	1	大曽根	2	広島	3	菅ヶ生	1	粕壁	3
小布内	5	大曽根	4	木ノ崎	1	平方	2	谷津	1
目吹	1	大曽根	1	這毛	5	河原台	1	矢作	1
結城	2	内川	1	坂手	1	堤台	2	木村	1
吉春	2	中台	2	舟形	2	尾崎	3	深井	1
東深井	1	今上	1	長野	3	向小金	1	大田	1
清水	3	松伏	2	捲	1	法師戸	1	根戸	1
鵠戸	1	土戸	2	岩井	3	栗橋在	2	山崎	1
堤台	2	松伏	2	長須	1	三村	1	宮崎	1
今上	1	魚沼	1	目吹	1	長谷	3	今上	1
中台	1	中里	1	吉春	1	岩井	1	木ノ崎	1
目吹	2	山崎	6	山崎	4	鵠戸	2	松伏	1
平方新田	1	吉春	2	山崎	4	関宿	1	八幡	1
上大野	2	大室	2	大生郷	2	菅ヶ生	2	金の井	1
青田	1	大室	1	小布内	5	大田	1	魚沼	3
野田	1	中台	2	沓掛	1	尾崎	1	佐原	1
土浦	1	夏目	1	桐ノ木	1	布井	4	木間ヶ瀬	2
長谷	1	深井	2	目吹	1	金杉	1	桜台	2
中村	1	高野	2	宮崎	3	流山	2	菅ヶ生	1
松山	1	小山	1	矢作	2	法師戸	3	宝珠花	3
飯沼	1	正連寺	2	菅ヶ生	2	吉春	1	弓田	1
三ヶ尾	2	水角	1	今上	1	長沼	2	弓田	2
三ヶ尾	1	目吹	1	木間ヶ瀬	2	関宿	1	高野	1
金杉	2	流山	1	舟形	1	信州川口	1	下谷	1
小布内	2	野木崎	2	蕃昌	1	大曽根	2	桐ノ木	2
大曽根	1	野木崎	2	目吹	2	阿部	1	今上	1
皆葉	1	舟形	1	土上	1	根戸	2	河原台	2

事項	人数	事項	人数	事項	人数	事項	人数	事項	人数
長沼	2	河原台	3	坂手	3	小金	2	松伏	1
飯沼	1	粕壁	1	中台	3	芝原	2	〆1616人	
野田	1	左馬	2	平方	6	前ヶ崎	2	475人	
東深井	1	木ノ崎	1	前ヶ崎	2	下平	2		
大柏	1	桜台	2	沼影	1	下平	1	3月朔日	
粕壁	1	桜台	1	捲	2	高野	1	今上	24
高野	3	赤崎	2	金杉	2	中里	2	辺田	1
東村	2	下野佐野	2	金杉	1	木間ヶ瀬	2	新田戸	1
木ノ崎	3	崎房	1	金杉	2	下平	1	谷津	1
菅ヶ生	3	弓田	1	今上	1	高野	1	桐ヶ谷	2
戸頭	2	河原台	1	岡田新田	1	境町	2	川崎	1
馬橋	1	長谷	1	横塚	1	戸頭	1	中台	1
平井	1	柳沢	1	今上	1	菅ヶ生	1	大生郷	4
大川戸	1	木間ヶ瀬	1	中台	1	川越	2	弓田	2
阿部	2	新田戸	2	長谷	1	木間ヶ瀬	2	今上	1
長谷	1	新田戸	1	長谷	2	塚崎	2	岩井	2
深井新田	2	松ヶ崎	1	正連寺	1	戸頭	2	横曽根	1
今上	1	塚崎	1	粕壁	2	戸頭	2	布釜	1
木ノ崎	1	粕壁	1	尾崎	1	桐谷	3	舟形	3
木ノ崎	2	木ノ崎	1	中野	1	岩付	1	弓田	1
飯沼	1	中里	1	木間ヶ瀬	1	中根	1	堤台	1
長谷	1	名戸谷	1	深井	2	舟橋	1	河原台	2
大室	2	松戸	1	栗橋	1	平沼	2	向小金	1
魚沼	2	岩城平	1	松伏	2	平沼	1	金の井	1
小金	2	木間ヶ瀬	1	松伏	1	大口	1	堤台	1
松ヶ崎	1	山王	1	木ノ崎	1	深井	1	大室	1
幸田	2	長沼	1	小金	2	下野国宇都宮	1	女沼	2
山小屋	1	堤台	2	木間ヶ瀬	2	赤堂	1	正連寺	1
長谷	1	岡田	1	木間ヶ瀬	1	鵠戸	2	清水	2
木ノ崎	1	三ヶ尾	1	矢木	1	粕壁	2	今上	1
山崎	1	中里	1	板樋	2	粕壁	1	桜台	3
門間	4	門間	2	赤堂	2	深井	1	法目	1
谷津	1	阿部	1	大塚戸	1	戸頭	1	逆井	1
粕壁	1	岩名	1	かも	1	小山	1	杉戸	1
尾崎	1	菅ノ谷	1	半畳塚	2	松伏	1	流山	1
舟形	1	赤沼	2	三坂	1	新宿	1	舟形	1
木間ヶ瀬	1	板樋	2	赤堂	2	大田	1	岩田	1
飯沼	1	板樋	5	大塚戸	1	真釜(間鎌)	1	松伏	1
長沼	2	長谷	1	坂手	1	吉沼	1	堤台	1
長須	3	築比地	1	馬橋	1	桐谷	1	山崎	1
木間ヶ瀬	2	山崎	2	大塚戸	1	小山	2	目吹	2
菅ノ谷	1	内森谷	1	木間ヶ瀬	1	袋山	1	我孫子	1
赤崎	2	小金	2	重太夫	3	飯沼	2	粕壁	2
馬立	2	木間ヶ瀬	2	平井	1	大生郷	1	弓田	1
金崎	2	木間ヶ瀬	4	弓田	1	関宿	2	松伏	1
金崎	4	粕壁	2	大生郷	1	関宿	1	築比地	2
築比地	1	木間ヶ瀬	4	舟形	1	小橋	1	桐谷	1
東村	1	菅ノ谷	2	大塚戸	2	大塚戸	1	目吹	2
岡田	1	法師戸	3	大塚戸	1	矢木谷	4	木間ヶ瀬	2
木間ヶ瀬	2	平方新田	1	小金	2	小間ヶ瀬	2	塚田	1

事項	人数	事項	人数	事項	人数	事項	人数	事項	人数
木瓜	1	谷津	1	浦和	1	堤台	1	越谷	2
深井新田	1	水海道	1	弓田	2	桐ヶ作	3	日方	1
河原台	1	坂手	1	戸頭	1	山崎	2	粕壁	1
飯沼	1	上柳	1	若芝	1	戸張	1	弓田	1
木間ヶ瀬	2	馬立	1	谷津	1	深井新田	2	流山	1
深井新田	2	岩井	1	弓田	1	深井新田	4	古河	1
内ノ山	1	赤堂	1	間々田	1	深井新田	2	山崎	2
舟形	1	小金	1	松伏	2	土戸	2	山崎	1
木間ヶ瀬	1	金の井	1	三倉瀬	1	按摩	3	按摩	1
栃木	2	幸手	1	中田	1	深井	3	川口	1
土戸	2	木ノ崎	1	山崎	2	金杉	1	按摩	4
神田山	1	今上	1	越谷	1	赤堂	1	樋ノ口	1
関宿	1	中里	1	塚崎	1	中里	2	弓田	2
新田戸	3	高野	2	富田	1	谷津	5	五木	1
東深井	1	高野	1	岡田	1	木間ヶ瀬	5	茶屋新田	3
莚打	2	中台	2	菅ヶ生	1	深井新田	5	蕗田	1
武州埼玉郡西	1	山崎	3	下平方	1	深井新田	2	莚打	2
谷村重五郎		神田山	1	宮崎	2	大室	1	桜台	1
常州笠間郡高	1	河原台	1	長須	1	金崎	3	山崎	1
林村喜兵衛		粕壁	1	桜台	2	東高野	2	大畔	2
今上	1	幸手	1	河原台	2	菅ヶ生	1	長谷	1
左馬	2	舟形	1	木間ヶ瀬	2	増森	1	高野	1
武州熊谷在	1	中里	1	木間ヶ瀬	1	粕壁	1	関宿	1
岡田新田	2	栗橋	1	戸頭	2	今上	2	広島	1
今上	3	今上	4	谷津	2	清水	1	舟形	1
菅ヶ生	2	今上	1	生子	1	栃木	1	矢作	2
下野国日光在	1	山サキ	2	長須	1	卯宿	1	飯沼新田	2
常州久下田	1	河原台	1	芝崎	2	組板	1	舟形	3
谷津	2	栗橋	1	国生	1	小山	1	深井新田	1
渡世	4	平井	2	横曽根	1	羽生	1	高野	1
中台	3	今上	2	奥州高山	1	目吹	1	粕壁	1
今上	3	岩井	1	河原台	2	番匠目	1	蕗田	1
三ヶ尾		谷津	1	森谷	1	関宿	1	近江国	1
鹿島	1	今上	2	芝原	2	岩井	2	野太	1
赤堂	1	長谷	2	大柏	1	舟形	2	舟形	1
法目	1	木間ヶ瀬	3	新田戸	1	粕壁	1	小布内	1
今上	1	馬立	2	野木崎	2	深井	1	内森谷	2
関宿	2	江戸	2	舟形	2	今上	1	赤沼	1
深井新田	1	金杉	2	舟形	1	飯沼	2	小山	1
小布内	1	弓田	2	関宿	1	粕壁	2	関宿	2
粕壁	1	大口	1	弓田	1	木間ヶ瀬	2	栗橋	1
小山	1	小金	5	木間ヶ瀬	4	島重	2	板樋	1
土戸	1	深井新田	9	赤堂	2	今上	1	今上	2
清水	2	今上	3	結城在新宿	1	馬場	1	小布内	2
舟形	1	今上	2	小布内	1	飯沼新田	1	蕗田	1
吉妻	1	深井新田	1	流山	1	谷津	1	清水	2
関宿	1	深井新田	2	木ノ崎	4	坂井	2	赤崎	1
大塚戸	1	河原台	1	深井新田	1	坂井	2	金崎	3
長谷	1	古河	1	小山	1	左馬	1	小布内	1
清水	2	今上	2	堤台	3	名戸谷	1	岩井	1

事項	人数	事項	人数	事項	人数	事項	人数	事項	人数
房州長沙郡前原	1	関宿	1	矢作	1	保科	1	松毛	1
布施	4	飯沼	1	矢作	2	栗橋	1	山崎	2
赤堂	2	佐間	1	幸手	1	清水	1	築比地	2
小布内	2	大田	1	佐間	2	弓田	1	岩井	1
辰沢	2	佐原	1	小布内	1	沓懸	1	岩沼	1
赤崎	2	長谷	2	流山	1	関宿	3	桜台	1
赤崎	1	栗橋	1	小金	3	岡田	2	佐間	2
渡世	2	山田	1	深井	5	山川	1	山田	1
五木	4	赤堂	1	荒木	3	茶屋新田	2	板樋	2
山崎	2	中里	1	船方	5	関宿	1	結城	2
赤堂	1	中妻	2	中里	2	大室	1	関宿	1
菅ヶ生	8	瓦台	1	前ヶ崎	2	洲賀川	1	狐塚	2
桜台	2	深井新田	2	芝原	2	山川	2	瀬戸	1
小布内	1	塚崎	1	坂手	3	森谷	1	高野	1
布釜	2	桜台	1	矢作	2	平方新田	1	塚崎	2
森谷	1	中里	1	長沼	1	辰沢	2	小山	1
小布内	1	松伏	2	松ヶ崎	1	谷津	1	岩井	2
飯沼	1	谷津	3	関村	1	富田	1	富田	2
土浦	1	粕壁	2	上捲	1	桐谷	1	清水	1
茶屋新田	2	布佐新田	1	駒跣	4	関宿	1	卯宿	3
中台	3	按摩	1	阿部	1	山川	1	大曽根	1
粕壁	1	古河	2	金杉	2	谷津	3	前林	1
中里	1	坊主	1	吉春	2	伏木	1	中廟(峠)	1
山崎	1	渡世	3	今上	1	高野	1	築比地	1
布佐新田	1	松伏	3	羽生	1	戸頭	3	関宿	1
真釜	1	金杉	2	三ヶ尾	1	柏寺	1	谷津	1
赤堂	1	土上	1	赤沼	1	国生	1	国生	2
赤沼	1	島川	1	岩附	1	沼影	1	目吹	1
桐木	1	粕壁	1	飯沼	1	今ヶ島	1	大室	1
柏寺	1	清水	2	岩井	1	流山	1	中里	2
森谷	1	馬立	1	矢作	1	釈迦	2	塚崎	2
荒井	1	草加	2	三村	1	長谷	1	沓掛	2
小布内	4	栗橋	2	羽生	2	大川戸	1	今上	1
今上	1	小布内	2	鵠戸	2	佐間	1	小作	1
西蕗田	1	野田	1	深井新田	1	西深井	1	樋堀	1
日方	1	清水	1	長須	2	前林	1	舟形	1
北根	1	平沼	1	尾崎	3	菅ヶ生	1	小山	1
笠井	2	長や	1	桜台	3	土浦	1	中里	1
桐ノ木	1	深井新田	1	鰤田	1	野田	1	布施	1
鯨岡	1	中里	1	矢作	2	魚沼	2	捲	1
千住	1	尾崎	2	今上	2	長井戸	1	大殿井	2
岡田	2	卯宿	3	上捲	3	長沼	2	中妻	1
塚崎	2	中台	1	関宿	1	阿部	2	木間ヶ瀬	3
中里	1	柏寺	1	木村	2	舟形	4	大川戸	2
瓦台	1	粕壁	1	岡田	1	平井	3	金の井	1
木村	1	草加	1	岡田	1	瓦台	1	目吹	1
弓田	2	長須	1	山崎	2	中台	1	塚崎	1
弓田	1	塚崎	2	小布内	1	長谷	1	前林	1
下柳	1	木間ヶ瀬	2	尾崎	2	中里	1	東深井	1
山崎	1	矢作	2	五木	1	布施	1	矢塚	2

事項	人数	事項	人数	事項	人数	事項	人数	事項	人数
神田山	1	越谷	2	飯沼	4	目吹	1	米島	3
戸頭	1	野田	1	菅ヶ生	3	青田	1	米島	3
舟形	2	関宿	2	魚沼	1	中台	2	舟形	1
奥州洲賀川在	2	長須	1	並木	1	木間ヶ瀬	3	長沼	2
板橋	2	舟形	5	門間	2	木間ヶ瀬	1	赤沼	1
中里	4	深井	2	深井	1	保木間	2	吉春	1
大川戸	1	吉春	1	戸頭	1	清水	1	大殿井	1
吉春	1	谷津	3	中根	2	正連寺	3	大殿井	1
中里	1	目吹	1	小山	2	大木	1	国生	1
土浦	1	目吹	5	赤沼	2	瀬戸	1	山崎	3
菅ヶ生	2	舟形	3	木間ヶ瀬	1	赤沼	2	尾崎	1
今上	1	幸田	3	長谷	1	杉島	2	大室	1
目吹	1	桜台	3	山崎	4	町谷	1	坂手	1
粕壁	1	京都	1	菅ノ谷	3	高野	1	丸林	2
栗橋	2	目吹	1	吉春	2	西三ヶ尾	1	阿部	2
菅ヶ生	2	大崎	1	吉春	2	東宝珠花	1	宝珠花	2
今上	1	東深井	2	吉春	3	小布内	1	小布内	1
内川	1	流山	2	山崎	1	築比地	1	木間ヶ瀬	4
荒木	1	築比地	1	目吹	3	築比地	3	阿部	2
瓦台	1	築比地	2	目吹	2	中野	2	東深井	3
藤田	1	築比地	2	中里	2	中野	3	東深井	1
小泉	1	木ノ崎	1	矢代	6	かしわ	1	小布内	1
関宿	1	中の	2	木間ヶ瀬	5	葉村	1	阿部	2
岩井	1	山崎	1	小布内	2	結城郡久保田	2	大山	1
行徳	2	五木	1	長崎	1	平方新田	2	根戸	2
江戸	1	小泉	1	中台	1	菅ヶ生	3	布施	6
平方	1	山崎	8	中台	2	中野	2	戸張	2
芝原	5	三ヶ尾	7	相模国足柄上郡	3	深井	1	平方	2
今上	1	木ノ崎	3	大柏	1	木ノ崎	1	桐谷	3
弓田	1	大殿井	3	舟形	2	弓田	1	平方	4
舟形	3	魚沼	1	舟形	2	菅ヶ生	2	桜台	5
菅ヶ生	3	魚沼	1	舟形	2	野田	2	桜台	1
木間ヶ瀬	2	按摩	1	舟形	2	江戸	1	半谷	1
下柳	1	河野	1	金杉	1	按摩	1	木ノ崎	5
目吹	2	舟形	1	根戸	1	米島	1	前ヶ崎	2
岩井	2	門間	4	築比地	1	戸頭	2	桐ヶ作	2
岩井	1	矢作	3	中野	1	中野	1	大田	1
くぬ木	3	大室	4	坂手	1	赤沼	1	若芝	1
目吹	2	中妻	2	木ノ崎	5	根戸	1	深井	1
越後上条二丁目	2	下内川	5	木ノ崎	1	川口	1	目	
広島	4	野田	2	菅ヶ生	2	菅ヶ生	1	東宝珠花	1
中台	1	木間ヶ瀬	3	青田	2	木間ヶ瀬	2	東村	2
金杉	1	飯沼	1	柏寺	1	山サキ	1	宮崎	1
平方	1	野木崎	3	茂原	1	阿部	1	坂手	1
今上	2	中台	2	這毛	1	尾崎	1	小布内	4
粕壁	1	木ノ崎	1	和平	1	板橋	1	三ヶ尾	3
築比地	1	飯沼	3	目吹	1	舟形	1	桐ヶ作	1
中根	1	板樋	1	蕃昌新田	1	松伏	2	平方	2
西深井	1	西深井	1	新宿	1	坂手	1	板樋	2
東深井	1	鵠井戸	1	金の井	1	若村	1	吉春	5

事項	人数	事項	人数	事項	人数	事項	人数	事項	人数
東宝珠花	2	小金	1	築比地	1	塚崎	1	高野	2
坂井	2	中里	1	高野	2	赤崎	1	坂手	2
木ノ崎	4	大田	1	関宿	1	小山	1	大口	2
木ノ崎	1	菅ヶ生	2	粕壁	1	小泉	1	大生郷	2
高野	3	河原台	3	馬橋	1	吉妻	1	木間ヶ瀬	1
中里	3	舟形	2	佐野	1	魚沼	1	紙(上)口	1
神田山	2	内森谷	1	平沼	1	関宿	2	荒木	1
塚崎	3	木ノ崎	3	長沼	1	松ヶ崎	2	岩付	2
小布内	2	大口	1	野木崎	4	宿連寺	4	長谷	1
宮崎	3	小布内	1	宮崎	1	中里	2	高野	2
魚沼	1	法師戸	1	築比地	2	長谷	1	中里	1
岩井	1	今上	1	大田	1	木間ヶ瀬	3	木ノ崎	1
船形	2	卯宿	1	粕壁	1	塚崎	5	瓦台	2
上出島	1	中里	1	塚崎	1	中里	1	中妻	1
山高野	3	小金	1	森谷	1	木間ヶ瀬	3	内蒔	1
横内	3	磯村	1	松山	1	半谷	2	逆井	1
桐谷	1	三坂	1	小金	2	三吾	2	塚崎	1
長谷	1	間橋	1	弓田	1	関宿	2	内森谷	1
金杉	2	夏目	2	山王	1	菅ヶ生	2	桐ヶ作	2
金杉	2	平方	3	桜台	1	菅ヶ生	2	下平	3
中島	1	惣新田	1	岡田新田	1	升尾	2	木間ヶ瀬	1
築比地	2	宝珠花	1	長沼	1	花田	1	大沢	1
谷津	2	丸井	1	岩井	5	平沼	1	名戸谷	1
目吹	2	草加	1	木ノ崎	4	八幡	1	下野小山	1
築比地	2	粕壁	1	岡田新田	3	小金	3	船橋	1
弓田	3	半割	1	三ヶ尾	1	築比地	3	〆2823人	
大川戸	2	尾崎	2	中妻	2	大塚戸	3	650人非人	
岡田	5	木ノ崎	1	神田山	1	小山	4		
長沼	2	岡田	2	坂手	3	魚沼	1	3月2日	
吉春	3	根戸	2	大生郷	1	菅ヶ生	1	今上	13
金の井	2	布施	2	弓田	2	桐ノ木	5	中台	1
赤堂	3	深井新田	2	弓田	2	下野国	1	木ノ崎	2
関宿	3	三ヶ尾	1	大田	1	赤堂	1	半谷	1
戸張	2	菅ヶ生	1	岡田新田	4	宝珠花	1	新宿	1
中里	2	法師戸	2	岡田新田	2	柳沢	1	長や	1
木ノ崎	1	法師戸	1	三ヶ尾	1	瓦台	2	桐ヶ作	2
関宿	2	小山	3	神田山	1	魚沼	1	小布内	1
宝珠花	3	堤台	3	築比地	1	三ヶ尾	1	辺田村	1
かも		大田	3	中里	1	弓田	1	矢作	1
粕壁	1	小山	1	青戸	1	岡田新田	2	本栗橋	13
三ヶ尾	1	小布内	1	大輪	1	長井戸	1	相州足柄郡	3
平方	3	押砂	1	森谷	2	粕壁	2	今上	2
平方	1	大曽根	2	平沼	1	川越	2	常州笠間郡高林	2
下島	1	沓掛	1	粕壁	1	山川	2	武州木才	2
舟形	3	長須	2	牛島	1	岡田	1	桜台	5
塚崎	2	山崎	1	小泉	1	大生郷	1	今上	1
木間ヶ瀬	1	佐間	3	岩井	1	木間ヶ瀬	1	中里	1
小布内	2	中里	4	東宝珠花	1	弓田	1	土戸	3
阿(安)房	1	荒木	1	木間ヶ瀬	2	下野宇都宮	1	深井新田	1
中台	2	金杉	2	長谷	2	中里	3	大室	2

事項	人数	事項	人数	事項	人数	事項	人数	事項	人数
大柏	1	島川	1	粕壁	1	神州松本	2	高野	2
粕壁	2	中里	2	関宿	2	弓田	1	水海道	1
江戸	1	小布内	1	卯宿	1	今上	3	弓田	2
野州佐野	2	瓦台	1	今上	4	粕壁	2	半割	1
桜台	1	三村	1	長須	1	佐間	2	富田	1
若芝	1	弓田	2	中田	1	内川	1	岩附	1
島重	1	深井新田	2	和田	1	弓田	2	茂原	1
谷津	3	間々田	2	馬場	1	松戸	1	弓田	1
今上	1	逆井	1	清水	1	粕壁	1	柏寺	1
粕壁	1	中台	1	下平	2	小布内	1	蕗田	1
流山	1	戸頭	1	岩井	1	深井新田	2	塚崎	1
幸手	1	荒子	1	茶屋新田	3	下出島	1	中台	1
今上	1	桐ヶ作	1	芝崎	2	佐間	1	倉経	1
深井新田	2	東森	1	長須	1	久治毛	1	山川	1
川藤	1	森谷	1	下柳	1	桐谷	1	古間木新田	1
布釜	3	流山	1	布川	1	関宿	1	下内川	5
塚崎	3	大室	1	木間ヶ瀬	1	正連寺	2	谷津	2
新田戸	1	赤崎	1	塚崎	1	今上	6	中里	1
瓦台	3	茂原	1	新田戸	2	弓田	2	杉戸	1
中里	1	今上	2	中島	1	茶屋新田	1	粕壁	2
鵠井戸	2	国生	1	山崎	1	越後国	3	岩崎	4
鳥手	1	菅ヶ生	2	小布内	1	塚崎	4	弓田	1
岩井	2	関宿	1	保科	1	河原台	4	山川	2
菅ヶ生	1	中里	3	桜台	1	河原台	2	鳥手	1
菅ヶ生	2	国生	1	瓦台	2	大柏	2	森谷	1
赤山	1	中台	1	山川	4	国生	2	戸頭	1
戸頭	1	樋ノ口	1	出島	1	山崎	1	菅ノ谷	3
関宿	1	中台	2	新宿	1	神田山	3	長谷	1
中妻	1	岡田新田	2	幸手	1	山崎	3	今ヶ島	1
手子生	1	中妻	1	国生	1	山崎	1	流山	1
今上	1	木間ヶ瀬	2	塚崎	1	土浦	1	中里	2
関宿在	3	塚崎	2	下平	2	馬立	2	瀬戸	1
小布内	1	桐谷	1	新田戸	2	今上	1	赤堂	1
岡田新田	5	舟形	3	長沼	2	馬立	1	桐ヶ作	1
小山	2	大室	2	国生	3	桜台	1	木間ヶ瀬	1
桐谷	1	平沼	1	今上	3	舟形	1	赤沼	1
布川	1	戸頭	2	中里	2	長谷	1	長谷	1
樋ノ口	1	按摩	2	岡田	2	丸井	1	辰沢	1
今上	2	金杉	2	深井新田	4	岩付	1	山河	1
三ヶ尾	1	米崎	1	今上	2	中台	1	岩井	1
山崎	1	町屋	1	小山	1	大柏	1	堤台	1
土浦	1	瓦台	1	吉妻	1	大口	1	生子	1
木間ヶ瀬	1	森谷	1	金杉	1	佐野	1	逆井	1
山崎	1	長須	1	岩井	1	上大野	1	赤沼	1
赤堂	3	草加	3	深井新田	1	今上	1	塚崎	1
今上	2	惣新田	1	市川	1	高野	1	中台	1
清水	1	中里	1	木間ヶ瀬	1	弓田	1	飯沼	1
今上	1	大口	1	菅ヶ生	2	丸林	2	赤沼	2
今上	2	土浦	1	大口	1	栃木	1	高野	1
今上	2	鹿島郡尾高村	1	関宿	2	岩井	2	粕壁	1

事項	人数	事項	人数	事項	人数	事項	人数	事項	人数
木間ヶ瀬	2	倉経	1	谷津	3	若村	1	野田	2
内森谷	2	小金	1	大口	1	赤岩	1	中里	1
飯沼	2								

10　天保8年3月　日々助成人別控帳（文書番号ZBA6）

事項	人数	事項	人数	事項	人数	事項	人数	事項	人数
		谷津	2	今上	3	吉妻	1	鵠井戸	1
3月4日		粕壁	2	中里	7	山崎	4	宮崎	1
大室	2	神田山	2	行徳	2	山小屋	1	今上	1
藤塚	4	谷津	2	岩井	1	舟形	2	鵠井戸	4
大塚戸	1	関宿	3	土浦	1	栗橋	2	木ノ崎	2
深井新田	3	今上	1	平沼	1	大田	1	金杉	1
並木	1	幸田新田	3	森谷	2	武州久下	1	市はな(塙)	1
町屋	1	岩井	1	大口	1	中野	2	戸張	1
古河在	1	内森谷	3	飯沼	1	中野	2	長沼	1
木間ヶ瀬	2	水海道	1	花井	1	築比地	1	金杉	2
下柳	1	水海道	2	荒井	1	目吹	3	桐ヶ作	1
青田	3	逆井	2	内川	2	魚沼	4	桐谷	1
菅ヶ生	2	土浦	1	千住	1	吉春	1	馬橋	1
今上	1	清水	1	岡田	1	粕壁	1	東深井	1
大生郷	3	小山	2	大殿井	4	流山	1	すかお	1
内森谷	1	今上	1	長須	1	目吹	1	山村	1
関宿	1	三ヶ尾		大殿井	2	瀬戸	1	福蓮寺	2
大室	1	桜台	1	長沼	1	中根	2	大津田	1
中妻	3	小手崎	2	土戸	2	坂手	1	谷津	3
卯宿	2	樋堀	1	平方新田	7	川藤	1	上大の	1
桐ノ木	4	平方新田	1	矢方	2	関宿	1	山崎	1
下妻	5	茂原	1	島重中里	2	幸手	1	木ノ崎	1
桐ノ木	4	今上	1	清水	3	谷津	1	すかお	1
親の井	1	粕壁	2	中台	2	中台	4	宮崎	5
長や	2	正連寺	1	卯宿	2	清水	1	横内	3
岩崎	4	大口	2	谷津	2	水海道	2	山さき	1
下野宇都宮	1	清水	3	谷津	6	上柳	1	こつ所(国生)	2
平井	1	吉春	1	三ヶ尾	1	森谷	1	大室	1
岡田	1	中里	4	舟形	2	目吹	2	結城	2
常州河内郡高	1	金杉	1	舟形	2	笠井	2	山崎	6
崎村		舟戸	1	布施	2	赤堂	3	松伏	1
町屋	2	桜台	1	清水	2	木ノ崎	1	尾崎	1
木ノ崎	1	宝珠花	2	冬木	1	小布内	5	小ほりち	2
尾崎	1	木間ヶ瀬	2	金杉	1	水海道	1	木ノ崎	4
中台	4	中さと	2	柳沢	2	赤堂	1	□近見	1
清水	2	越谷	1	吉春	1	菅ヶ生	2	木間ヶせ	4
清水	4	平沼	1	堤台	1	羽生	2	吉春	5
中台	1	中里	2	木ノ崎	4	弓田	1	高野	1
瀬戸	1	平沼	1	米崎	2	戸頭	1	木ノ崎	2
弓田	2	大生郷	3	中台	1	長や	1	魚沼	2
上大野	2	中台	3	粕壁	1	平方	4	岡田	1
魚沼	1	清水	2	堤台	1	中台	2	築比地	4
谷津	2	金杉	4	吉川	1	今上	2	三ヶ尾	1
平井	1	今上	1	中台	2	今上	2	布施	1
房川	1	水角	2	舟形	2	赤沼	1	金杉	1
平沼	2	水角	2	金ノ井	1	桐ヶ作	1	木ノ崎	1
江戸	1	小山	1	三ヶ尾	2	中里	1	日光道中大沢	1
目吹	1	金杉	2	目吹	1	千住	1	親の井	1

事項	人数	事項	人数	事項	人数	事項	人数	事項	人数
東深井	2	長谷	1	舟形	3	目吹	2	小布内	3
平沼	1	中里	1	大田	2	舟形	2	木間ヶ瀬	3
木間ヶ瀬	4	菅ヶ生	1	粕壁	1	舟形	2	小布内	3
長須	1	菅ヶ生	2	柳沢	1	夏目	2	大生郷	1
谷津	3	木ノ崎	3	正連寺	2	飯沼	2	木ノ崎	1
山川	2	清水	2	捲	2	大田	1	東村	1
今上	1	大田	1	越後国蒲原羽	3	馬橋	2	金の井	3
大殿井	1	築比地	1	黒村		木間ヶ瀬	1	大室	2
小金	1	高野	1	舟形	3	舟形	3	野田	2
矢作	2	宮崎	3	大殿井	7	中里	3	大室	1
上捲	1	赤沼	1	中野	3	大山	1	長や	1
上捲	4	小布内	1	米崎	1	小泉	2	小山	1
菅ヶ生	1	坂手	2	清水	2	屏風	1	板樋	3
目吹	2	木ノ崎	2	今上	1	長■	3	かしわ	1
今上	1	流山	1	平方	2	大矢口	3	喜西	1
山崎	1	大殿井	1	坂手	1	大矢口	1	花輪(塙)世	3
目吹	1	岩城	1	東深井	3	大矢口	2	舟形	2
菅ヶ生	1	深井	6	川野	1	皆葉	3	金杉	1
木ノ崎	2	大塚戸	2	平方	1	西袋	1	真釜	1
桜台	3	土浦	1	山崎	1	神田山	1	東深井	1
吉春	4	野田	1	木間ヶ瀬	2	築比地	5	木間ヶ瀬	1
内川	1	門間	3	舟形	2	門間	4	中根	1
木ノ崎	7	按摩	1	米崎	1	岩井	1	草加	1
東深井	1	魚沼	1	桜台	2	長や	2	今上	1
魚沼	1	今上	1	山崎	3	平方	6	岩井	1
谷津	1	瀬戸	1	木ノ崎	1	下内川	4	赤堂	1
辰沢	1	野木崎	1	船形	2	境町	1	柳生	1
舟形	2	菅ヶ生	2	粕壁	1	赤堂	1	高野	1
目吹	1	野木崎	2	築比地	1	下野国	1	東高野	2
高野	1	新田戸	1	神田山	2	寺町	2	江戸浅草	1
大田	1	越谷	1	堤台	2	小布内	1	花輪世	1
飯沼	2	蕗田	3	目吹	2	木間ヶ瀬	1	金杉	1
坂井	2	山サキ	2	金杉	1	赤沼	■	岩井	1
中根	1	高野	5	泉田	1	越谷	4	大室	1
大輪	1	今上	1	関宿	1	長谷	1	前ヶ崎	2
喜西	1	布佐	1	舟形	2	舟形	1	岩井	1
目吹	2	木間ヶ瀬	1	水泉	1	中里	1	矢切	4
長谷	3	狐塚	2	木間ヶ瀬	1	堤台	4	木間ヶ瀬	2
高野	4	桜台	1	布施	1	柏寺	1	木間ヶ瀬	1
赤沼	2	大山	1	松戸	1	中田	1	阿部	4
下出島	1	三ヶ尾	1	関宿	1	野た	1	向小金	1
下出島	1	吉春	2	瓦台	3	弓田	2	向小金	2
清水	2	布施	3	三ヶ尾	4	木間ヶ瀬	2	押砂	2
中台	1	高野	2	阿部	1	飯沼	1	宝珠花	2
神間	1	瀬戸	1	我孫子	1	本郷	1	中台	2
中里	3	新宿	1	野木崎	3	中里	1	江戸	1
中里	4	野木崎	1	大室	2	木間ヶ瀬	1	野田	2
木間ヶ瀬	2	金杉	1	大川戸	2	流山	1	中里	4
木間ヶ瀬	1	木ノ崎	3	岩井	2	小布内	1	平井	4
山王	1	岩井	3	大生郷	2	小金	1	平井	3

事項	人数	事項	人数	事項	人数	事項	人数	事項	人数
岩井	2	中里	1	大柏	1	皆葉	4	中台	1
坂手	2	東村	2	松山	1	塚崎	1	中里	2
岩付	1	水海	1	行徳	1	中野	3	布施	4
下野佐野	1	小泉	2	弓田	1	中台	3	吉妻	1
宝珠花	3	赤堂	4	新田戸	1	布佐	1	中台	8
弓田	1	赤堂	2	荒木	1	中台	2	中里	3
金の井	1	大田	1	草加	1	法目	1	中里	2
高須賀	2	金の井	1	佐間	1	中野	1	長沼	1
芦ヶ谷	2	横内	2	羽生	1	今上	2	中里	7
水海道	1	築比地	1	岩井	1	佐間	1	今上	4
越後	1	関宿	1	弓田	1	中里	1	大柏	2
清水	4	中台	2	中台	1	河原台	1	深井	3
根戸	2	菅ヶ生	3	粕壁	1	貝塚	2	金杉	2
堤台	1	前ヶ崎	2	森谷	2	小山	1	大畔	3
大生郷	1	岩井	2	上出島	1	大山	1	沓掛	1
岩付	1	佐倉	1	桜台	2	岩井	1	金杉	1
弓田	1	菅ノ谷	3	岩井	1	桐ヶ作	1	長や	2
惣新田	2	菅ノ谷	1	三村	1	水海道	1	関宿	1
木間ヶ瀬	5	中根	3	戸頭	2	千住	1	長沼	1
木間ヶ瀬	1	塚崎	1	小布内	1	木ノ崎	1	粕壁	2
我孫子	1	小金	6	関宿	1	卯宿	1	尾高	1
小布内	2	中台	2	小山	1	捲	1	桜台	2
中里	2	粕壁	1	大木	1	岩井	1	長沼	1
中台	1	小山	1	間々田	1	松伏	1	戸頭	1
塚崎	3	木間ヶ瀬	4	清水	2	下柳	1	今上	1
小山	4	木間ヶ瀬	1	新田戸	1	山川	1	栗橋	1
若芝	1	中野	2	中島	1	鵠井戸	2	中田	1
牛島	1	小山	2	今上	1	蕗田	1	大口	1
深井新田	1	番匠目	1	瓦台	3	山村	1	木村	1
中里	4	武州足立郡神	1	木ノ崎	1	清水	2	松戸	1
長谷	1	屋奥村		柏寺	1	瓦台	2	塚崎	2
新田戸	1	川越	1	大口	1	越中新川郡	5	岩井	1
流山	1	中台	1	栗橋	1	関宿	1	下平	2
大曽根	1	〆		新田戸	3	関宿	2	大室	1
河野	1			茶屋新田	2	大川戸	1	戸頭	2
内森谷	1	3月5日		茶屋新田	2	鵠戸	1	中根	1
大室	□	関宿	3	弓田	1	大口	1	江戸	1
川崎	1	半谷	2	小山	1	八幡	1	古河	1
清水	3	三村	1	中台	2	佐野	2	瓦台	1
升尾	2	生子	1	谷津	2	瓦台	2	桐ヶ作	1
栗橋	1	桜台	2	岩付	1	大山	1	布釜	1
名戸谷	1	本栗橋	2	弓田	2	長耕屋	1	茶屋新田	1
吉春	1	桜台	1	樋堀	1	広島	1	戸頭	1
谷津	1	弓田	2	蕗田	1	瓦台	2	越前阿房	1
矢塚	2	岩井	1	崎房	2	関宿	1	下野足利	1
中里	1	弓田	1	関宿	2	佐間	1	関宿	1
山崎	3	桐ヶ作	1	関宿	1	越後	2	大沢	1
岡田	1	今上	14	皆葉	2	大生郷	4	茶屋新田	2
栗橋	1	土浦	1	木ノ崎	3	小山	2	小泉	1
岩井	2	寺町	1	戸張	1	西深井	2	山川	1

事項	人数	事項	人数	事項	人数	事項	人数	事項	人数
岩井	1	幸手	1	弓田	2	谷津	2	桐谷	2
桜台	1	島重	1	岡田新田	2	坂井	2	岡田	1
鵠井戸	1	大田	2	行徳	1	本栗橋	1	宝珠花	1
木間ヶ瀬	2	佐間	1	泉村	1	昆目	1	馬場	1
大柏	2	板樋	1	戸頭	1	岡田新田	2	弓田	1
大柏	1	戸頭	2	小山	1	布川	1	飯沼	1
一ノ割	1	流山	1	中妻	1	磯村	1	東深井	3
嵯峨(佐賀)	1	関宿	1	野田	3	上青木	1	下平	2
板樋	2	桑原	1	宝珠花	2	小山	2	瓦台	3
大室	2	岡田	2	中里	1	武州上青木	1	土浦	1
赤沼	1	今上	1	弓田	1	今上	4	布施	3
瓦台	2	粕壁	1	金杉	1	大口	2	嘉村	1
宝珠花	2	深井	1	吉春	2	佐間	2	本栗橋	1
水海道	1	戸頭	2	谷津	1	荒木	1	長や	1
崎房	1	熊谷	1	谷津	1	矢作	1	深井新田	7
長沼	2	水海道	1	今上	1	八幸	1	小泉	2
岩井	2	若村	1	瓦台	2	戸頭	1	土浦	1
越後国	1	長須	1	岡田新田	3	神田山	1	堤台	2
関宿	2	武州久下	1	小金	2	長谷	4	今上	2
岡田新田	2	鯨岡	1	小山	2	山崎	1	按摩	2
中野	1	松戸	1	土戸	1	東深井	10	渡世	2
米崎	3	上葭場	1	清水	1	俎板	1	中里	2
瓦台	1	粕壁	1	岡田	1	谷津	1	清水	1
清水	1	小金	1	水戸	1	山崎	2	今上	3
鵠戸	1	若村	1	幸手	1	東高野	1	深井	3
舟形	2	常州	1	小金	3	中里	1	神田山	1
流山	1	大塚戸	1	越後	2	布井	3	金崎	3
今上	2	中里	1	山川	2	安房	1	大田	1
岩井	1	粕壁	1	青田	2	萓ヶ生	1	平井	2
布釜	1	栃木	1	逆井	3	大室	1	内森谷	1
塚崎	2	坂手	1	小布内	1	古河	1	清水	1
木間ヶ瀬	1	粕壁	1	赤堂	1	富田	1	佐間	1
布施	2	木間ヶ瀬	1	上吉場	1	谷津	1	流山	1
中妻	1	弓田	1	布施	1	越谷	1	下柳	1
山崎	1	戸張	1	松ヶ崎	2	矢作	1	平沼	1
土戸	1	戸張	1	岡田新田	2	松ヶ崎	1	中里	2
萓ヶ生	2	関宿	1	堤台	4	木間ヶ瀬	2	山田	1
高柳	2	塚崎	2	赤沼	1	中台	1	東村	2
木間ヶ瀬	1	流山	1	布施	1	内森谷	2	森谷	1
柏寺	1	千住	3	今上	3	野田	1	岩井	1
松戸	1	吉春	1	瓦台	1	岩井	1	山川	3
江戸	1	粕壁	1	小金	3	舟形	1	長沼	1
粕壁	2	山村	1	粕壁	1	舟形	2	諸川	1
粕壁	1	桑原	3	谷津	3	高野	1	金崎	3
野木サキ	1	大室	1	富田	1	赤沼	1	大沢	1
水海道	1	小布内	2	粕壁	1	吉妻	1	神田山	1
小山	3	関宿	1	諸川	2	岩井	1	舟形	2
佐野	1	板樋	2	森谷	1	倉経	2	舟形	4
関宿	2	舟形	2	弓田	2	布施	4	大塚戸	2
栗橋	1	金杉		松戸	1	水海	3	柏寺	4

事項	人数	事項	人数	事項	人数	事項	人数	事項	人数
岩井	2	吉川	1	木ノ崎	1	桜台	1	横内	3
尾崎	3	安食	1	大山	2	辰沢	1	宮崎	2
高野	1	丸林	1	中根	1	高野	2	宮崎	5
小金	1	桜台	1	宝珠花	2	高野	1	堤台	1
粕壁	4	富田	2	中里	1	木ノ崎	1	舟形	1
丸林	1	荒木	1	飯沼	1	目吹	2	中台	2
清水	2	岩井	2	三ヶ尾	1	中里	2	大森	1
常州	2	相州足柄郡	2	大室	1	堤台	1	諸川	3
高や	2	浦和	1	中里	1	升尾	1	大殿井	2
荒木	2	森谷	1	舟形	2	大殿井	2	栃木	2
清水	2	桐ノ木	2	築比地	4	野木崎	1	横内	2
佐間	1	矢切	2	岡田	2	大宝	1	岡田	1
佐間	2	後貝塚	1	舟形	4	大殿井	1	内川	1
柳生	1	後貝塚	1	大川戸	1	菅ヶ生	3	平方新田	1
清水	1	木間ヶ瀬	2	清水	3	塚崎	3	深井新田	1
清水	2	国生	1	中台	2	増尾	1	瀬戸	1
菅ヶ生	1	岩崎	1	菅ヶ生	1	彦田	2	舟形	2
舟形	1	中島	2	高野	3	下館	1	目吹	3
佐間	4	新木戸	2	麻生	1	今上	1	木間ヶ瀬	1
倉経	1	深井新田	1	島河	2	岩崎	3	堤台	1
宝珠花	3	佐間	1	金杉	1	越谷	1	西深井	1
魚沼	1	大生郷	4	越谷	1	今上	1	大矢口	3
清水	1	桐谷	1	中里	2	三ヶ尾	5	大矢口	3
中妻	2	小布内	2	金杉	2	下野市塙	1	菅ヶ生	1
桜台	1	花の井	3	中田	1	長須	2	龍福寺	1
舟形	1	境町	2	野布戸	1	按摩	1	木ノ崎	4
青梅	1	卯宿	3	木間ヶ瀬	1	高や	2	戸張	4
岩付	1	金杉	1	流山	1	今上	2	石下	1
相馬郡長兵衛	2	金杉	7	布川	2	今上	2	越谷	1
新田		水海	1	尾サキ	1	大室	1	内川	1
松伏	2	中台	1	中里	2	夏目	1	船形	4
関宿	1	中里	1	平方	1	大田	1	馬橋	2
桐谷	1	築比地	2	木間ヶ瀬	5	堤台	1	中台	1
菅ヶ生	2	粕壁	1	金杉	1	彦田	2	菅ヶ生	1
東高野	1	大畔	1	□袋	1	法師戸	3	馬立	1
東高野	1	吉妻	1	小金	1	内森谷	4	木間ヶ瀬	2
岩井	1	岩井	1	中里	1	幸田	2	深井新田	3
赤堂	2	長須	1	小布内	4	野木崎	1	谷津	1
目吹	5	麻生	1	高野	1	大塚戸	2	築比地	1
三村	1	関宿	1	大室	1	高野	4	芦ヶ谷	1
塚崎	1	彦田	1	古川	1	桜台	3	長谷	3
谷津	1	並木	1	内森谷	1	門間	4	中台	4
高野	1	谷津	3	若芝	1	越谷	1	清水	2
赤堂	1	長須	1	高柳	1	桜台	2	金杉	1
根戸	2	国生	1	三ヶ尾	1	清水	2	目吹	1
清水	1	菅ヶ生	2	金の井	2	今上	2	舟形	1
桐野谷	1	木間ヶ瀬	1	河野	2	清水	2	喜西	1
逆井	1	辰沢	1	木間ヶ瀬	1	宮崎	4	粕壁	1
上大野	1	小金	2	馬橋	1	谷津	3	平方新田	1
伏木	1	矢切	2	花輪世	1	今上	1	牛島	2

事項	人数	事項	人数	事項	人数	事項	人数	事項	人数
牛島	1	舟形	7	魚沼	4	小布内	3	下妻	4
飯沼	3	舟形	2	山小屋	1	正連寺	2	深井新田	2
越谷	1	中野	1	阿部	2	山小屋	1	深井新田	1
三ヶ尾	1	大沢	2	瓦台	1	深井	1	中台	1
舟形	4	舟形	5	東深井	1	木間ヶ瀬	1	大曽根	1
幸手	1	芝崎	2	阿部	3	千住	1	法目	1
野田	2	木ノ崎	3	小金	2	深井新田	1	五木	1
平井	2	山崎	5	清水	2	馬立	1	矢作	2
柳沢	1	惣新田	1	舟形	1	木間ヶ瀬	2	粕壁	2
神田山	1	根戸	2	新宿	1	平沼	1	木間ヶ瀬	2
三ヶ尾	1	大殿井	1	赤沼	2	東深井	1	築比地	1
堤台	2	中田	3	鹿野沢	1	菅ヶ生	1	築比地	1
奥州行方郡	1	岡田	1	築比地	3	瀬戸	1	弓田	2
下野小山	1	草加	1	飯沼	2	川藤	1	柳生	1
奥州洲賀川	3	中の	2	茂原	1	目吹	1	舟戸	1
柳沢	1	大川戸	2	皆葉	2	泉	1	下這木	2
五木	1	五木	1	赤崎	1	木間ヶ瀬	1	木間ヶ瀬	2
舟形	3	山王	2	赤沼	1	岩井	1	桐谷	1
吉春	4	大生郷	1	関宿	1	深井	3	川藤	1
平沼	1	野木崎	1	三ヶ尾	1	木ノ崎	1	押砂	2
半谷	2	赤崎	5	弓田	1	小山	2	狐塚	1
木ノ崎	2	木ノ崎	1	深井新田	2	菅ヶ生	1	内蒔	2
舟形	1	大田	4	木間ヶ瀬	1	長沼		赤崎	1
大生郷	3	谷津	1	築比地	1	今上		飯沼	1
大生郷	1	谷津	1	舟形	1	横塚		前ヶ崎	2
大田	1	大田	3	山崎	3	平方	3	目吹	1
舟形	3	阿部	2	目吹	1	増林	1	米島	2
松伏	1	草加	1	木間ヶ瀬	1	山崎	2	平塚	1
木間ヶ瀬	2	中の台	1	平方新田	3	山崎	1	木間ヶ瀬	2
越後	1	木ノ崎	3	木ノ崎	2	木ノ崎	1	舟形	1
五木	2	大田	1	木ノ崎	2	平方	1	平方	1
中野	2	舟形	1	木ノ崎	1	小布内	2	我孫子	1
中野	2	平方	3	飯沼	1	かしわ	5	大曽根	2
三ヶ尾	1	山小屋	2	木間ヶ瀬	2	流山	1	小布内	1
飯沼	1	谷津	1	山崎	3	粕壁	1	山王	4
米島	3	魚沼	1	木間ヶ瀬	3	岩井	2	神田山	2
木間ヶ瀬	1	中里	1	木ノ崎	3	木間ヶ瀬	4	中台	2
岩付	1	土浦	1	大宝	1	目吹	1	吉妻	2
幸手	1	築比地	1	菅ヶ生	4	中台	1	平方	6
米崎	3	魚沼	1	大田	1	木間ヶ瀬	2	木ノ崎	3
境	1	舟形	2	清水	1	皆葉	2	舟形	3

11　天保８年３月　困民名前帳（文書番号 ZBA３）

事項	人数	事項	人数	事項	人数	事項	人数	事項	人数
		下平	2	吉妻	1	清水	2	瓦台	2
３月６日		塚崎	2	宮崎	1	岩井	1	今上	3
今上	1	武州上青木	1	西蕗田	1	舟形	3	清水	3
生子	1	中台	1	桐谷	2	桜台	4	平井	2
捨子	1	山山	1	大柏	1	弓田	4	平井	1
長谷	2	新田戸	4	大沢	1	赤堂	3	塚崎	2
赤沼	2	本栗橋	3	中里	1	菅ヶ生	1	関宿	3
中台	1	桜台	1	流山	1	瓦台	1	大塚戸	1
瓦台	1	桜台	3	瓦台	1	飯沼	1	大塚戸	2
中根	1	岩井	2	菅ヶ生	2	諸川	2	堤台	1
土戸	2	大柏	1	水戸	1	舟形	1	中田	1
木間ヶ瀬	1	谷津	1	中里	1	大宮	1	彦田	2
岩井	1	木間ヶ瀬	2	貝塚	2	木崎	1	高柳	2
岩井	2	中台	1	築比地	1	岩井	1	今上	2
弓田	1	木間ヶ瀬	1	熊谷	1	野木崎	1	今上	3
坂手	1	佐野	1	岩井	2	間々田	1	佐間	2
馬立	1	菅ヶ生	1	大里	2	小山	1	柳生	2
舟形	2	粕壁	1	戸頭	2	小金	1	木間ヶ瀬	1
行徳	1	佐間	1	金崎	6	菅ヶ生	1	古河	1
桐ヶ作	1	流山	1	大木	1	山川	1	水海道	1
坂寄	1	桐ヶ作	1	水海道	1	瓦台	1	大室	1
柏寺	1	皆葉	1	長や	1	高野	2	幸田新田	3
関宿		馬場	1	千住	1	大口	2	築比地	3
相州三嶽山	2	大口	1	水戸大田	1	倉経	3	矢作	1
平塚	1	小金	2	菅ヶ生	1	瓦台	3	三ヶ尾	4
大柏	1	若芝	1	行徳	1	矢切	8	中妻	2
境	1	川藤	1	長沼	2	平方新田	1	梅檀木	1
関宿	1	野州小山	1	木ノ崎	1	大口	1	木間ヶ瀬	3
長谷	1	横塚	1	越谷	1	小金	1	釈迦	1
粕壁	1	中島	2	芝崎	2	新木	1	桐ヶ作	2
新田戸	2	塚崎	1	岩井	1	瓦台	10	長谷	2
山王	1	木間ヶ瀬	1	幸手	1	菅ヶ生	4	沓掛	1
出島	1	岩井	1	和泉	1	長須	6	桜台	3
舟橋	1	蕗田	1	丸林	2	流山	1	鉢甲	1
大口	1	神田山	2	岩井	2	板樋	1	清水	2
長沼	2	土戸	2	鷺白	2	本栗橋	1	粕壁	2
川崎	1	門間		小山	1	土戸	2	吉妻	1
下柳	1	小山	1	高や	1	中台	2	吉妻	1
門間	2	関宿	1	大沢	1	吉妻	1	半谷	1
木間ヶ瀬	1	龍福寺	1	皆葉	4	粕壁	1	森谷	1
山崎	1	菅ヶ生	1	野州古山	5	今上	1	荒木	1
岩井	1	下島	1	江戸	1	金の井	2	関宿	1
塚崎	2	小山	1	下野足利瓦俣	1	仲野	3	清水	1
富田	1	木間ヶ瀬	2	越谷	1	中野	3	佐倉	1
貝塚	1	尾崎	3	山川	2	今上	1	瓦台	1
弓田		内森谷	3	崎房	1	高柳	1	岩井	1
内川	4	関宿	1	小山	4	瓦台	1	塚崎	2
下野佐野	2	草加	1	小山	2	長須	2	赤崎	1

事項	人数	事項	人数	事項	人数	事項	人数	事項	人数
中里	1	青田	3	按摩	1	森谷	1	目吹	1
彦田	2	関宿	2	奥州	3	平沼	1	山崎	1
関宿	2	大室	1	舟形	2	佐間	2	小ちや	2
三ヶ尾	3	小布内	1	萓ヶ生	1	岩名	1	柳沢	1
古河	1	岩井	6	鯨岡	1	水海	3	粕壁	3
中里	1	神田山	2	長須	1	築比地	1	三(美)吉村	1
岩井	1	築比地	2	清水	3	中妻	2	木間ヶせ	1
松戸	1	関宿	2	阿部	3	馬手	2	山崎	1
清水	1	関宿	1	富田	3	小山	1	宮崎	1
山﨑	1	彦田	1	谷津	2	桜台	1	かんま	2
吉妻	2	鳩谷	1	清水	2	小布内	2	大殿井	2
中里	3	小布内	1	清水	1	横内	2	深井新田	2
国生	2	谷津	1	中里	1	越後	4	金杉	1
清水	2	大坂中本	1	堤台	2	根戸	1	中の台	1
大畔	1	柏寺	4	小布内	2	今上	5	山崎	3
中里	2	赤沼	4	大塚戸	1	今上	1	粕壁	3
山川	1	小金	2	幸手	1	米崎	1	越中	5
中里	1	流山	1	伏木	1	こふ内	1	平沼	1
松戸	1	真釜	1	長谷	2	深井新田	5	関宿	1
吉田	1	米サキ	1	小布内	2	木ノ崎	1	三吉村	1
升尾	2	戸頭	1	米崎	2	久下	1	須ヶ尾	1
中里	4	小金	1	米崎	1	三ヶ尾	1	守屋	2
弓田	2	岩付	1	森谷	1	今上	2	山崎	1
森谷	1	魚沼	1	中田	1	ふせ	3	関宿	1
越後	1	葉村	1	布施	1	今上	3	中妻	2
大川戸	1	野田	1	木ノ崎	1	木間ヶせ	2	坂手	1
間久里	2	小山新田	1	清水	1	木ノ崎	2	大の郷	1
金杉	1	大田	1	長や	2	向田	1	木ノ崎	4
谷津	2	赤サキ	1	東室	1	小泉	1	魚沼	2
弓田	1	左間	2	関宿	1	磯村	1	のた	1
今上	2	戸頭	1	木ノ崎	1	わか村	1	吉春	2
大生郷	2	関宿	2	大田	1	小泉	2	今上	3
赤崎	1	中台	1	山崎	1	関宿	1	金杉	2
高や	1	上大野	1	桜台	1	有宿(牛久)	1	岩井	2
水海	1	大口	1	山村	1	大の郷	1	大殿井	2
境町	1	幸手	1	今上	2	江戸	1	小布内	1
向小金	1	舟形	7	一ノ割	1	宝川	3	清水	1
島重	1	堤台	1	喜西	1	こふ内	1	谷津	2
桑原	1	赤沼	2	高野	1	中ノ台	3	谷津	3
古河	1	赤崎	2	魚沼	1	堤台	1	谷津	3
大畔	1	小金	4	粕壁	1	ゆた	2	中田	1
逆井	1	谷津	1	八幡	1	花の井	3	深井新田	2
今上	1	岩井	1	木間ヶ瀬	2	粕壁	3	瓦台	1
長沼	1	長高野	1	豊田	1	三九	3	小山	1
逆井	1	下平	2	小布内	5	谷津	1	堤台	5
木ノ崎	2	清水	2	尾崎	1	市川	1	三ヶ尾	3
升尾	1	築比地	2	尾崎	2	松山	1	荒木	1
花島	1	按摩	2	栴檀野	2	あしかや	2	本栗橋	4
河原曽根	4	境町	4	木ノ崎	1	め吹	1	舟戸	1
桑原	1	岡田	3	赤堂	1	伊坂	1	岩付	3

事項	人数	事項	人数	事項	人数	事項	人数	事項	人数
越谷	1	桜台	2	築比地	1	戸張	1	谷津	1
松伏	1	木間ヶ瀬	1	粕壁	1	渡世	3	辰沢	1
関宿	1	小布内	6	魚沼	1	金杉	1	深井	2
岩崎	3	木ノ崎	4	麻生	2	関宿	1	平沼	1
金杉	1	小泉	2	奈戸谷	2	新田戸	1	目吹	1
高野	2	大塚戸	11	高野	2	吉春	2	岡田	1
深井	1	今上	4	神田山	1	今上	1	松戸	1
木ノ崎	1	松ヶ崎	1	中田	4	平井	1	矢作	2
千住	1	中里	2	大殿井	1	森谷	1	築比地	2
布釜	4	中台	1	高塚	2	舟形		烏山	1
築比地	1	木ノ崎	1	平井	5	高野	3	清水	2
三村	1	土浦	1	鵠戸	3	吉春	2	鵠井戸	1
新宿	1	鶴島	1	宝珠花	3	桐ヶ谷	1	矢作	2
目吹	2	坂手	1	山田	1	阿部	4	水海道	1
木間ヶ瀬	3	近江国	6	魚沼	1	木間ヶ瀬	3	松戸	1
坂手	1	野木崎	1	板樋	1	戸張	1	大和	2
清水	1	按摩	2	萱ヶ生	1	高野	1	清水	4
谷津	1	目吹	1	流山	1	諸川	2	大田	2
大山	1	寺町	3	正連寺	2	かしわ	3	大塚戸	1
卯宿	3	寺町	2	坂手	1	市塙	2	法師戸	2
中里	1	越谷	3	山崎	1	荒木	4	桐ノ木	3
正連寺	1	吉春	1	木間ヶ瀬	2	岩井	3	神田山	2
幸田	1	目吹	3	舟形	1	宮崎	3	戸頭	2
松ヶ崎	1	木ノ崎	3	築比地	2	宮崎	1	前ヶ崎	2
高野	2	木ノ崎	1	岡田	1	大曽根	1	金杉	4
坂手	1	江戸	1	中台	3	東村	1	今上	2
赤堂	6	三ヶ尾	1	山崎	2	五木	3	長谷	2
矢作	1	栃木	3	矢木	2	清水	1	五木	1
野木崎	1	寺町	2	舟形	4	舟形	1	佐間	1
松戸	1	並木	1	坂サ(逆)井	2	宮崎	3	吉春	1
関宿	1	大室	2	目吹	1	岩井	1	大生郷	7
岩付	1	東宝珠花	1	築比地	2	吉春	2	山小作	1
栗橋	1	矢木	2	川藤	1	舟形	2	寺町	1
深井新田	1	小布内	1	古河	1	小山	1	東深井	1
長沖	1	宝珠花	2	諸川	1	牛島	1	大生郷	1
小右衛門村	1	中島	4	かしわ	1	東村	2	大田	1
鹿野■	1	野田	1	平方	2	戸張	1	佐間	1
江戸	1	神田山	4	大生郷	1	高野	2	清水	1
木間ヶ瀬	2	神田山	1	大生郷	2	布施	1	中里	1
蕃昌新田	3	木間ヶ瀬	1	沓掛	1	今上	1	根戸	1
布川	2	按摩	2	阿部	2	築比地	1	山崎	1
築比地	1	粕壁	1	赤沼	2	流山	1	東高野	2
今上	1	組板	1	木ノ崎	2	吉春	2	押砂	2
桜台	2	中台	1	赤堂	2	関宿	2	赤沼	1
中里	2	木間ヶ瀬	2	岡田	1	根戸	1	中里	2
粕壁	2	幸手	1	萱ヶ谷	3	中台	1	笠井	2
赤堂	1	新宿	2	野田	1	今上	2	森谷	3
水海道	1	舟形	1	飯沼	1	谷津	1	粕壁	1
中根	1	内森谷	1	三ヶ尾	1	辰沢	1	深井	2
三ヶ尾	2	新田戸	1	粕壁	4	生子	1	阿房	1

事項	人数	事項	人数	事項	人数	事項	人数	事項	人数
親の井	2	川西	2	赤堂	1	三ヶ尾	1	木津内	1
木村	2	粕壁	2	今上	1	崎房	1	桜台	4
金杉	1	赤崎	1	今上	2	皆葉	2	清水	2
山サキ	2	舟形	4	岡田新田	2	木間ヶ瀬	1	新田戸	2
東深井	4	大塚戸	2	鶴島	1	今上	1	今上	10
桐谷	1	我孫子	1	茂原	1	五木	1	土戸	1
坂井	2	小金	1	広島	2	崎房	2	中里	1
中台	1	升尾祖母	1	広島	1	舟形	1	古河	1
下妻	4	大山	1	魚沼	2	平沼	1	谷津	2
桐ヶ作	1	桜台	1	江戸	1	築比地	1	新田戸	3
大田	7	岡田	3	桜台	1	皆葉	2	桜台	1
下桐谷	1	大室	1	尾崎	1	塚崎	3	大田	1
大矢口	3	赤堂	2	境町	2	山王	2	阿部	2
長須	2	岡田新田	6	柳生	1	中里	2	塚崎	2
長谷	1	谷津	2	今上	1	中里	2	粕壁	2
吉春	2	木ノ崎	1	神田山	1	奈戸谷	1	一割	1
布施	6	島川	1	我孫子	1	前ヶ崎	2	房州	1
矢木	2	桜台	1	高柳	3	松戸	1	木間ヶ瀬	1
岩井	2	浦和	1	根戸	2	中台	2	清水	1
布施	1	皆葉	3	布佐	1	佐間	1	三ヶ尾	1
舟形	1	戸頭	1	芝原	4	高野	1	野州高山	1
中里	2	舟形	2	東高野	1	清水	2	逆井	1
深井	1	関宿	4	大殿井	2	木間ヶ瀬	1	山崎	4
谷津	1	赤堂	5	今上	1	萩	1	釈迦	1
金杉	2	中台	3	柳沢	3	喜西	1	花輪世	1
弓田	2	中台	2	瀬戸	1	の田	3	大■	1
戸頭	2	小金	2	吉妻	1	上捲	1	大柏	1
吉妻	1	関宿新耕屋	3	結城町	2	松戸	1	小山	1
目吹	2	(幸谷)		金杉	5	土浦	1	布施	1
谷津	2	尾崎	2	大輪	1	野田	1	栗橋	1
江戸	1	松伏	1	弓田	1	木ノ崎	2	今上	2
神田山	2	捲	4	大曽根	1	尾崎	1	菅ヶ生	4
弓田	2	山王	1	草加	1	平沼	1	小金	3
宝珠花	2	戸頭	6	野太	1	中根	1	金杉	1
安戸	1	堰川	1	大田	1	■戸	1	一ノ谷	4
弓田	2	関宿	3	越谷	2	菅ヶ生	3	戸張	1
目吹	4	江戸	1	米崎	1	野田	1	江戸	1
目吹	3	坂井	1	三ヶ尾	1	内ノ山	4	松山	1
長谷	2	赤崎祖父	1	布井	2	喜西	1	大塚戸	2
野木崎	3	今上	2	木間ヶ瀬	2	山崎	1	金杉	3
水戸	1	金杉	1	横曽根	2	〆		中里	1
弓田	1	目吹	4	江戸	1			米サキ	1
安食	1	木ノ崎	2	戸張	4	3月7日		清水	1
番匠	1	大室	1	赤沼	1	中台	1	古河	1
築比地	3	長や	1	大田	3	桐ヶ作	2	関宿	1
宝珠花	3	中里	1	一ノ谷	1	半谷	1	行徳	1
門間	4	堤台	1	木間ヶ瀬	2	今上	17	松伏	1
昆目	1	夏目	2	我孫子	1	喜西	2	大井	1
桐ヶ作	1	関宿	1	中里	2	中台	2	清水	1
狐塚	2	布井	2	中里	1	目吹	1	瓜川	1

事項	人数	事項	人数	事項	人数	事項	人数	事項	人数
木間ヶ瀬	1	木間ヶ瀬	1	諸川	2	塚崎	2	塚崎	3
粕壁	1	小山村	3	江戸	1	桐谷	2	大生郷	2
小布内	1	小布内	4	粕壁	1	大口	1	川越	1
行徳	1	間釜村	1	小山	2	出島	1	按摩	1
守谷	2	小山村	1	赤沼	1	金杉	1	奥州洲賀川	3
長須	1	佐間村	1	坂手	1	深井新田	4	金杉	3
幸手	1	谷木村	1	神田山	1	目吹	2	舟形	7
関宿	1	日光	1	瓦台	2	越谷	1	高柳	1
東村	1	日光	1	流山	1	番場	2	島川	1
幸手	1	平沼村	1	中里	1	森谷	1	神田山	3
山川	1	山川村	1	岩井	2	岩井	1	岩井	1
布川	1	瓦台	■	小山	4	岡田新田	■	大宮	1
東崎	1	中里	2	青田	2	長谷	1	森谷	1
牛久	1	もろ川	2	中台	1	関宿	1	小山	2
葛(沓)掛村	3	馬立	2	赤堂	1	矢作	2	木ノ崎	1
中里村	3	築比地	1	大室	1	逆井	1	丸林	2
栗橋在	1	水海道	1	富田	2	門間	2	岩井	2
大里村	1	高柳	2	岩井	2	関宿	■	江川	1
平塚村	1	東村	1	西蕗田	1	布施	■	幸手	1
上青木村	1	関宿	1	小山	1	佐間	1	水海道	1
牛久村	1	宝珠花	2	戸頭	2	岩井	1	俎板	
栗橋村	2	山村	1	越谷	1	倉経	3	野木崎	
花野井	3	関宿	4	目吹	1	東村	2	布施	1
皆葉村	3	横曽根	2	坂手	1	山川	2	飯沼	1
野田村	1	桐谷	1	山川	2	戸頭	1	下小橋	1
清水	2	生子	1	赤堂	2	国生	2	生子	1
山川	4	奥州	1	大口	1	本栗橋	1	小金	3
粕壁宿	3	中里	1	戸頭	1	流山	1	桜台	1
桐ヶ谷村	3	水海	1	広島	5	中妻	3	水戸	1
大得(徳)上宿	1	岩井	1	安食	1	泉田	1	貝塚	1
佐野天明	1	戸頭	2	諸川	2	岩井	2	舟形	1
草加五丁目	3	岩井	2	近江国	1	神間	2	舟形	7
今上	1	豊田	1	芝崎	1	大生郷	1	中島	1
栗橋	1	栃木	2	若村	1	佐間	1	今上	4
境町	1	流山	1	野田	1	横曽根	2	関宿	1
長沼	3	日光	1	昆目	1	関宿	1	金杉	1
栗橋	2	瓦台	1	松戸	1	佐間	2	大室	2
平沼村	2	長沼	1	間々田	1	佐間	2	板樋	1
中根	1	伏木	1	岡田	1	岡田新田	2	崎房	1
長崎	1	赤堂	2	戸頭	1	菅ノ谷	3	千住	1
宮沼	1	中台	1	磯村	1	本栗橋	5	岡田新田	2
小合村	1	岩付	1	山小屋	1	岩井	2	流山	1
今上村	4	長沼	1	平井	2	芦ヶ谷	2	塚崎	2
河崎	1	寺町	2	戸頭	1	尾崎	1	塚崎	1
山王	1	岩井	1	蕗田	1	戸頭	2	桜台	2
行徳	1	関宿	3	升尾	1	中里	2	南部	2
瓦代村	1	中根	1	下島	3	佐間	2	沓掛	1
舟方	1	瓦台	1	山川	2	間々田	2	谷津	2
佐間村	1	粕壁	2	富田	2	今上	4	馬立	1
坂手	1	荒木	1	布施	3	今上	1	弓田	3

事項	人数	事項	人数	事項	人数	事項	人数	事項	人数
今上	1	山王	3	山崎	1	谷津	2	横内	3
桜台	1	赤沼	3	木間ヶ瀬	2	吉春	4	谷津	1
粕壁	1	常州按摩	1	布施	3	目吹	1	中台	1
左間	1	三ヶ尾	1	宮崎	2	堤台	1	三ヶ尾	1
粕壁	2	中台	2	吉春	2	清水	4	船形	2
堤台	4	中台	1	横内	2	瓦台	1	布釜	2
山崎	6	舟形	1	長や	2	中台	3	魚沼	1
清水	3	山王	1	山崎	2	魚沼	2	船形	1
長沼	1	平方新田	1	吉春	4	坂井	1	東深井	2
平井	1	鷺白	1	升尾	1	西深井	2	内川	1
左間	1	瓦台	1	谷津	3	東深井	1	谷津	2
舟形	2	弓田	4	大生郷	2	瓦台	2	尾崎	2
鷺白	1	深井	1	今上	1	大田	1	長井戸	1
江戸	1	中里	2	長須	1	吉妻	1	豊田	1
中台	2	大口	1	大畔	2	金杉	1	中妻	2
木ノ崎	2	三ヶ尾	3	桜台	2	舟形	2	瀬戸	1
木ノ崎	1	清水	2	今上	1	魚沼	4	大口	1
吉春	1	平方新田	5	瓦台	5	粕壁	1	古河	1
岩井	2	高野	2	木間ヶ瀬	1	長須	1	阿部	2
木川	1	魚沼	2	按摩	3	大殿井	2	阿部	2
関宿	2	下平	3	木ノ崎	2	中根	1	阿部	5
三ヶ尾	2	中里	2	柳沢	3	吉春	1	神田山	4
深井	1	中里	4	児(小)塙	1	吉春	2	菅ヶ生	4
前ヶ崎	2	谷津	2	舟形	3	魚沼	3	築比地	3
岩井	3	流山	1	谷津	3	飯沼	4	内川	1
深井新田	4	下島	1	小山	1	舟形	1	手賀沼辺大口	2
山崎	2	深井新田	2	小布内	6	今上	1	吉春	1
柏寺	1	三ヶ尾	2	長須	1	杉崎	1	中野	1
瓦台	1	深井新田	1	築比地	1	小泉	2	山小屋	1
舟形	2	清水	2	舟形	2	目吹	1	谷津	1
小布内	1	木間ヶ瀬	2	舟形	3	関宿	2	築比地	2
築比地	2	赤堂	1	大室	1	一ノ谷	1	木間ヶ瀬	5
大田	1	目吹	1	三ヶ尾	1	木間ヶ瀬	1	魚沼	2
今上	1	矢木	2	長須	3	山崎	2	魚沼	2
熊谷	1	中里	1	野木崎	1	中台	3	小平	1
目吹	6	水海	3	中台	4	中野	2	東深井	1
土戸	1	高や	2	舟形	1	菅ヶ生	2	桐ヶ作	1
卯宿	3	谷津	4	舟形	1	飯沼	2	野田	1
舟形	2	中里	2	目吹	1	桐谷	1	宝珠花	5
木間ヶ瀬	1	吉春	1	五木	6	小泉	1	大生郷	4
中台	1	谷津	4	瀬戸	1	舟形	5	粕壁	2
堤台	1	大田	1	瓦台	1	清水	2	青田	1
越谷	4	大生郷	1	中野	5	大生郷	1	古山	2
野太	1	喜西	1	高野	1	木間ヶ瀬		阿部	3
粕壁	1	市川	1	笠井	2	野田	3	舟形	1
谷津	1	法目	1	三ヶ尾	1	小泉	1	野木崎	1
龍福寺	1	前ヶ崎	2	大矢口	3	木ノ崎	1	赤沼	1
岩崎	4	深井新田	2	谷津	3	野田	4	皆葉	3
土戸	2	深井新田	5	飯沼	1	宮崎	3		
吉春	2	清水	1	山崎	4	名戸谷	1		

12　天保８年３月　困民名前帳（文書番号 ZBA１）

事項	人数	事項	人数	事項	人数	事項	人数	事項	人数
		東宝珠花	1	幸手	1	大柏	1	中里	4
３月７日		赤堂	2	山田	1	長や	3	長沼	1
新宿	2	木ノ崎	2	戸張	2	赤崎	1	中根	1
土浦	1	越後	2	船橋	2	木間ヶ瀬	1	中里	2
弓田	1	山川	2	東深井	1	桐ノ木	4	金森	1
目吹	1	越後	2	市川	2	坂手	2	柳生	2
久下	1	尾崎	1	五木	1	今上	5	金川	1
塚崎	1	水海道	1	木間ヶ瀬	1	並木	1	矢切	6
岩付	2	横内	5	弓田	3	岩付	1	高野	2
木ノ崎	1	中田	1	野木崎	3	半谷	2	上目吹	1
東深井	1	小金	1	目吹	2	粕壁	1	中根	2
幸田	1	宮崎	3	柏寺	2	向小金	1	三坂	1
宮崎	1	佐間	2	正連寺	2	越中	2	捲	3
辰沢	1	岩付	1	舟形	3	深井	2	捲	2
金杉	1	横曽根	1	大生郷	5	目吹	2	高野	1
柏	1	宝珠花	5	弓田	1	松ヶ崎	2	門間	2
水角	1	宝珠花	1	木間ヶ瀬	2	上柳	1	魚沼	2
築比地	1	沓掛	4	弓田	1	山崎	9	木ノ崎	4
鯨岡	1	平方	1	目吹	4	向畑	1	木間ヶ瀬	2
尾崎	1	平井	1	根戸	1	粕壁	1	我孫子	1
鵠戸	3	大柏	2	粕壁	2	相馬郡高津	1	菅ヶ生	2
中台	2	千住	1	魚沼	2	野木崎	1	三ヶ尾	2
山﨑	1	三ヶ尾	3	長や	1	我孫子	1	中台	1
大山	2	戸張	1	中の	2	飯沼	1	根戸	1
菅ヶ生	4	築比地	7	粕壁	2	麻生	2	水海	2
木村	2	松戸	1	粕壁	2	阿部	1	上捲	2
魚沼	2	越谷	2	中里	2	根戸	2	粕壁	8
馬立	1	荒木	1	舟形	3	木ノ崎	3	中里	3
清水	2	木ノ崎	1	法師戸	1	木ノ崎	4	■ヶ崎	1
内川	1	横内	1	木ノ崎	3	舟形	1	清水	1
目吹	1	弓田	2	沓懸	1	大室	1	木ノ崎	1
蕃昌目(番匠免)	1	谷津	1	岩井	1	山王	2	堤台	1
米崎	1	米崎	2	川藤	2	三ヶ尾	3	目吹	3
広島	3	松戸	1	名戸谷	2	桜台	3	高柳	1
赤崎	1	木間ヶ瀬	1	名戸谷	1	佐野	2	大木	1
桐ヶ作	1	根戸	1	桐谷	1	木ノ崎	2	高野	2
関宿	1	深井新田	3	□棒	1	中里	3	高野	2
三村	1	弓田	2	幸田	2	柏寺	4	三ヶ尾	2
谷津	1	貝塚	4	矢作	1	関宿	2	中里	1
佐間	3	松戸	1	尾崎	3	赤堂	2	松伏	1
中妻	1	神田山	1	小金	2	木間ヶ瀬	1	菅ヶ生	1
八丁目	1	下柳	1	古山	2	東深井	5	鶴島	1
水海道	1	戸張	1	堀江	1	大室	3	神田山	1
尾崎	3	大生郷	1	戸頭	1	東深井	2	高野	1
五木	3	松戸	1	桐ヶ作	1	逆井	1	坂井	2
深井	1	夏目	2	柏	1	山﨑	2	平沼	2
牛島	1	大田	1	金杉	2	前ヶ崎	2	烏山	1
境町	4	岩付	1	舟形	4	菅ヶ生	1	坂手	2

事項	人数	事項	人数	事項	人数	事項	人数	事項	人数
高や	1	高塚	2	三ヶ尾	4	土戸	1	中里	1
捲	1	中里	1	関宿	2	弓田	2	今上	4
捲	1	本郷	3	忍村	1	粕壁	1	石下	1
大塚戸	1	大殿井	1	木間ヶ瀬	1	板橋	1	小金	1
増尾	2	長や	2	中野	3	高柳	2	大室	1
桐の谷	1	中里	1	野田	1	布施	1	矢作	1
野木崎	1	大室	3	平塚	1	粕壁	2	皆葉	1
弓田	2	今上	2	築比地	1	取手	2	瓦台	2
彦田	4	舟形	9	皆葉	1	江戸	1	倉賀野	2
木間ヶ瀬	2	築比地	5	桐谷	4	堀江	1	瓦台	4
布井	2	中田	2	宝珠花	1	駒跿	1	富田	1
長須	2	弓田	1	皆葉	4	弓田	2	長沼	1
小山	2	長沼	2	布井	2	越谷	1	新田戸	2
中里	2	小金	1	木ノ崎	2	平沼	1	下野足利	1
目吹	1	高柳	2	木間ヶ瀬	1	岩付	1	左間	1
長沼	2	飯沼	3	正連寺	3	下小橋	1	関宿	1
長沼	1	粕壁	1	山田	1	八幡	1	下小橋	2
下内川	4	横内	1	中の	3	塚崎	2	粕壁	1
中里	1	長沼	1	戸張	1	塚崎	1	中里	2
松伏	1	柏	1	関宿		上青木		東村	2
平方	3	木間ヶ瀬	1	築比地	3	平塚		関宿	1
長や	1	伏木	1	中田	2	水戸上町		舟形	1
桜台	2	平方	4	吉妻	1	瓦台	4	今上	2
渡世	2	越谷	1	弓田	3	木ノ崎	6	水角	1
中里	1	長沼	1	弓田	1	関宿	1	坂井	1
菅ヶ生	2	弓田	3	目吹	2	瓦台	5	戸頭	1
谷津	1	岡田	3	我孫子	1	河野	1	釈迦	1
小布内	3	花輪世	3	関宿	1	佐野	2	粕壁	1
水戸	1	坂井	1	中野	1	坂手	1	山川	2
武州野田	1	蕗田	1	結城	2	越谷	1	中里	1
関宿	1	大曽根	1	小金	2	桐谷	1	倉経	2
戸頭	2	大塚戸	3	神田山	1	下平	3	■■	1
山崎	3	猫実	1	尾崎新田	6	行徳	1	崎房	■
流山	1	崎房	2	関宿	5	大山	1	中里	■
中台	1	木ノ崎	1	今上	1	大矢口	2	按摩	1
江戸	1	布井	2	若芝	1	中里	1	小金	1
馬場	1	粕壁	1			喜西	2	■■	1
平井	5	関宿	1	3月8日		清水	1	今上	4
浅草山ノ宿	1	木間ヶ瀬	5	中■	■	桜台	4	中の	1
東高野	1	魚沼	1	生子	1	関宿	4	舟形	4
木間ヶ瀬	1	大山	1	半谷		中台	4	木間ヶ瀬	1
築比地	1	平方	2	大生郷	1	小金	3	今上	1
江戸	1	東深井	3	深井新田	2	間々田	2	佐間	1
押砂	2	長沼	2	今上	20	下平	1	中里	1
大田	1	下小橋	5	清水	4	弓田	1	高柳	1
赤沼	1	門間	4	清水	2	布川	1	木の崎	1
板樋	1	板樋	4	長沼	2	行徳	1	中里	2
木間ヶ瀬	3	安部	2	今上	6	中台	1	瓦台	1
小布内	1	山王	2	親の井	1	土戸	1	草加	2
大塚戸	7	皆葉	3	瓦台	2	親の井	1	長沼	2

事項	人数	事項	人数	事項	人数	事項	人数	事項	人数
清水	1	今上	2	中里	1	山王	2	中里	2
小金	1	岩付	1	築比地	2	佐間	2	大塚戸	2
粕壁	1	大沢	1	大田	1	関宿	1	小金	2
■■木	1	布施	1	幸手	1	下島	2	門間	2
瓦台	1	瓦台	2	■里	4	中里	3	関宿	2
一ノ割	1	向畑	1	■■	1	中里	2	逆井	5
越後	1	水海道	1	■■	3	瓦台	2	内川	1
中里	2	■□場	4	岩井	3	布佐	■	岩付	1
大室	1	小山	1	大生郷	3	吉妻	1	馬場	1
川崎	1	舟形	1	下高井	4	本栗橋	1	米崎	2
茶屋新田	2	木間ヶ瀬	3	戸頭	1	水海	1	千住	2
舟橋	1	大口	1	五加	1	広島	2	弓田	4
粕壁	1	本栗橋	2	松伏	1	東山田	2	犬浜	1
卯宿	1	中里	6	越後	1	下高井	1	流山	1
茶屋新田	1	中妻	1	山﨑	1	水海	3	赤沼	3
弓田	1	山王	1	清水	1	小布内	3	辰沢	1
長沼	1	瓦台	2	前ヶ崎	2	島川	1	岡田	1
倉経	1	越谷	1	按摩	4	大□	1	弓田	2
水海道	1	関宿	1	塚崎	1	赤堂	■	布佐	4
粕壁	1	関宿	1	塚崎	2	吉妻	■	栃木	2
吉川	4	山川	2	塚崎	1	関宿	1	丸林	2
下柳	1	五加	2	岩井	1	瓦台	1	塚崎	1
河野	1	長■	1	桐ヶ作	1	吉妻	2	笠井	1
常州伊丹	1	布井	2	本栗橋	1	■川	1	幸手	1
高井	1	内川	1	菅生	1	東深井	1	大畑	2
親の井	1	中里	2	野田	1	長井戸	1	清水	2
花輪世	1	岩付	2	清水	■	布佐	2	神田山	1
親(新)田戸	3	粕壁	1	瓦台	1	赤堂	1	中里	■
坂井	3	中里	2	瓦台	2	久下田	■	不動院野	2
瓦台	4	清水	1	水海	2	熊谷	1	水戸	3
木間ヶ瀬	1	瓦台	1	小山	1	粕壁	1	菅ヶ生	2
前林	4	小松川	1	大田	■	流山	1	赤堂	7
今上	9	岩付	1	三顔	■	幸手	1	粕壁	1
本栗橋	2	木間ヶ瀬	■	野太	1	本栗橋	3	岡田新田	1
■谷	2	塚崎	■	水海	1	小布内	1	桜台	1
板樋	1	水海	1	江戸	1	木ノ崎	2	瓦台	1
流山	1	長■	1	越後	1	野木崎	1	木ノ崎	3
崎房	2	目吹	2	卯宿	1	弓田	2	塚崎	1
中里	2	舟形	3	越谷	3	岡田新田	3	江戸	1
金杉	2	関宿	1	卯宿	3	岡田新田	5	正連寺	■
赤堂	2	粕壁	1	江戸	1	木立	4	野田	3
小金	1	新宿	1	金□	1	久下田	■	長や	1
山村	1	正連寺	1	新宿	1	小山	3	越中	5
赤堂	1	塚崎	1	本栗橋	1	荒木	2	清水	2
長沼	1	山川	1	岩井	1	岡田	1	柳生	1
泉	1	高野	1	佐間	■	塚崎	3	600人	
喜西	■	下島	1	木間ヶ瀬	2	塚崎	1	戸頭	2
卯宿	■	小山	1	塚崎	3	中田	2	桜台	1
舟形	2	戸頭	2	鷺白	2	山王	2	岡田新田	1
米崎	1	土浦	1	粕壁	2	下砂井	1	魚沼	2

事項	人数	事項	人数	事項	人数	事項	人数	事項	人数
瓦台	12	菅ヶ谷	2	深井新田	8	中里	1	桜台	1
牛島	2	今上	1	今上	1	宮崎	3	小金	2
青田	3	越谷	1	岩井	1	堤根	1	岩井	3
北尾張	3	塚崎	2	木ノ崎	3	魚沼	1	木間ヶ瀬	1
大田	1	我孫子	1	平井	2	這毛	1	瀬戸	1
岩井	3	平方新田	1	根本	4	中野	2	舟形	1
坂井	2	菅ヶ生	1	平方新田	5	深井	2	山小屋	3
四国伊予	2	中台	1	横内	3	舟形	5	水海	1
馬立	2	赤堂	1	築比地	1	木間ヶ瀬	3	根戸	1
桜台	4	目吹	1	東山田	3	山崎	4	並木	1
目吹	3	中台	2	中台	2	瀬戸	3	岩井	1
小布内	6	須ヶ尾(菅生)	1	弓田	2	舟戸	1	岡田	1
清水	5	飯沼山村	4	菅ヶ生	1	谷津	6	下柳	1
粕壁本郷	3	常陸根本	2	下高井	1	這毛	2	木間ヶ瀬	4
中台	3	逆井	1	中台	1	長須	2	内川	2
松戸	1	戸張	4	木間ヶ瀬	1	富田	1	目吹	1
青田	1	柏	1	金の井	1	野木崎	1	金杉	1
荒木	2	本栗橋	2	関宿	2	這毛	2	五木	3
富田	2	矢木	2	谷津	3	木間ヶ瀬	2	尾高	1
中妻	2	瓦台	1	三ヶ尾	1	吉春	1	麻生	2
越後	■	粕壁	1	今上	1	目吹	1	塚崎	1
中里	1	弓田	1	木ノ崎	1	筑比地	2	舟形	1
押砂	2	吉川	1	五木	2	筑比地	2	内川	4
栃木	1	宮崎	1	平方	2	舟形	3	下内川	1
小山	1	清水	1	布施	3	菅ヶ谷	1	三村	1
長や	1	奉目	4	中里	1	弓田	1	小布内	1
桜台	2	吉春	7	大殿井	1	下野	1	尾崎	1
桜台	3	堤台	1	五木	3	金崎	2	流山	1
岩井	1	宮崎	1	五木	2	戸頭	1	大山	2
富田	1	三ヶ尾	1	宮崎	1	目吹	2	菅ヶ生	1
花島	1	築比地	1	神田山	3	堤台	2	神間	1
森や	1	宮崎	1	板樋	2	堤台	1	木ノ崎	1
舟形	1	横内	2	下這毛	5	阿部	2	龍福寺	1
瀬戸	1	横内	2	大生郷	3	山サキ	2	赤崎	2
山サキ	3	深井新田	2	貝塚	4	中台	3	大里	1
横内	2	大崎	1	神田山	1	舟形	3	岩井	1
舟形	1	五木	1	谷津	4	水角	3	米崎	4
中田	3	弓田	1	中野	3	木間ヶ瀬	1	木間ヶ瀬	3
塚崎	1	舟形	1	柳沢	1	三ヶ尾	1	大田	1
小布内	1	今上	4	森谷	■	山崎	7	魚沼	1
諸川	2	幸田	1	舟形	1	中台	1	桐谷	1
諸川	1	東深井	1	大和田	■	木ノ崎	2	中妻	2
諸川	2	関宿	2	平方新田	2	中里	1	木ノ崎	2
今上	2	清水	2	柳沢	2	新宿	■	目吹	1
桜台	1	関宿	1	中里	1	舟形	7	目吹	3
山崎	1	奥州岩城	1	皿沼	2	岩井	■	土浦	1
岡田	1	谷津	2	中野	2	目吹	1	正連寺	2
土戸	3	花ノ井	1	中野	1	平塚	1	古山	4
堤台	5	舟形	1	目吹	2	西袋	1	水戸	1
菅ヶ谷	2	下野足利	1	桜台	1	花井	2	小門間	1

事項	人数	事項	人数	事項	人数	事項	人数	事項	人数
三ヶ尾	1	宝珠花	2	根戸	1	清水	2	大田	1
吉春	2	宮崎	2	目吹	3	柏寺	1	宝珠花	1
目吹	1	中根	1	高や	3	谷塚	2	松戸	1
金の井	1	大塚戸	11	流山	1	西深井	4	関宿	1
金杉	1	尾崎	3	佐間	2	粕壁	1	深井	3
木ノ崎	1	関宿	1	木ノ崎	2	捲	2	筑比地	2
布釜	2	弓田	1	小布内	1	彦田	3	宝珠花	4
1001人		神田山	1	関宿	1	長沼	1	武州	1
長や	2	長や	2	木村	1	山崎	1	布川	1
筑比地	4	中里	2	新田戸	1	鯨岡	1	藤塚	1
馬立	2	桐谷	1	中妻	2	我孫子	1	市かや	2
中里	1	岡田	2	深井	1	東深井	1	飯沼	1
木ノ崎	7	大川戸	1	日光	1	高野	2	門間	2
筑比地	3	関宿	1	関宿	1	長須	2	平方	2
木間ヶ瀬	6	大室	1	木ノ崎	4	粕壁	2	坂井	2
神田山	2	弓田	1	木ノ崎	1	桐ヶ作	1	野田	3
目吹	5	赤崎	1	日光	1	若村	1	瀬戸	3
平井	1	藤塚	1	水海道	1	長や	1	桜台	1
阿棒	1	蕗田	1	飯沼	3	弓田	2	木間ヶ瀬	4
魚沼	1	大畔	1	関宿	1	中台	1	新田戸	2
矢作	1	長や	1	岡田	2	夏目	2	桐ヶ作	
神田山	4	大室	1	岡田	1	坂手	3	木間ヶ瀬	2
野田	2	捲	1	長谷	1	高野	3	中台	1
横内	2	大川戸	1	筑比地	1	九郎左衛門新田	1	矢作	1
金の井	2	岡田新田	5	戸頭	2	野田	5	馬場	1
布施	2	長や	2	山田	1	野木崎	2	筑比地	1
五木	1	舟形	4	松戸	1	宝珠花	2	長沼	3
戸張	1	木村	2	捲	2	荒木	3	平方	2
三ヶ尾	1	粕壁	2	捲	5	阿部	1	木間ヶ瀬	2
木ノ崎	1	関宿	1	戸頭	5	下出島	1	桜台	3
深井	3	清水	1	木ノ崎	3	粕壁	1	舟形	3
江戸	1	川藤	1	粕壁	3	川藤	2	牛島	1
大矢口	1	佐間	1	根戸	1	矢津	2	吉春	1
江戸	1	大田	2	柏	1	富田	5	増尾	2
筑比地	1	幸田	1	大室	2	弓田	2	清水	2
平井	5	堤台	1	木ノ崎	2	舟形	2	粕壁	2
布釜	2	谷津	1	中根	2	小金	7	赤崎	2
弓田	3	前ヶ崎	2	野木崎	1	桜台	1	赤崎	1
大塚戸	1	山崎	1	岩付	1	大柏	1	飯沼	2
岡田	1	山川	2	木間ヶ瀬	5	目吹	2	野木崎	1
岩井	3	目吹	1	今上	1	小布内	4	野木崎	4
宝珠花	3	木ノ崎	1	中里	1	平方	1	岩井	1
舟形	1	名戸谷	1	桐ノ木	4	今上	1	粕壁	1
関宿	1	小金	1	中里	1	弓田	1	江川	1
弓田	2	東深井	2	木間ヶ瀬	1	水海道	1	桐野谷	1
大田	2	山田	1	金川	1	逆井	1	木間ヶ瀬	1
赤沼	1	筑比地	1	金杉	2	舟形	4	長沼	3
磯村	1	千住	1	大沢	1	東高野	2	下野古山	1
尾崎	2	松伏	2	結城	1	高野	1	中台	1
目吹	2	木間ヶ瀬	1	中根	4	矢木	1	青木	1

事項	人数	事項	人数	事項	人数	事項	人数	事項	人数
吉春	2	尾崎	1	米サキ	1	幸手	1	牛島	2
平井	1	三ヶ尾	2	尾崎	2	草加	1	菅生	2
正連寺	2	金の井	3	阿部	1	塚崎	1	坂さ井	1
房州	1	皆葉	1	高野	1	くりはし	1	瓦たい	3
喜西	1	米崎	1	古戸	2	木間ヶせ	1	小山	1
長沼	1	五木	1	岩井	3	瓦たい	1	野木崎	2
赤崎	2	沓掛	1	栗橋	1	関宿	2	倉かの	2
門間	4	大田	1	花輪世	3	き□のたい	1	本栗はし	1
平方	3	粕壁	1	布井	4	流山	1	とち木	1
山川	1	桐ヶ作	3	大木	1	川崎	1	塚崎	3
矢田部	1	沓懸	4	釜谷	2	ひろ島	1	ひろしま	2
坂崎	4	金杉	1	釜谷	1	松戸	1	行徳	2
三ヶ尾	1	矢切	7	蕗戸	1	瓦たい	1	松ふし	1
中野	1	矢切	2	木間ヶ瀬	3	大口	1	山サキ	1
長沼	5	中里	3	中台	3	赤堂	1	牛久	1
木間ヶ瀬	2	柳生	2	岩戸	3	ひろ島	1	島川	1
魚沼	4	法師戸	3	水口	3	桜たい	3	中つま	2
松戸	1	大殿井	1	木間ヶ瀬	2	小松川	1	長沼	1
大曽根	1	山村	5	釜谷	1	牛久	1	下小はし	1
飯沼尾崎	5	皆葉	3	向小金	2	中里	1	本栗はし	1
山王	2	木間ヶ瀬	3	三ヶ尾	1	平塚	1	瓦たい	2
高塚	2	中里	1	中瓦	1	越ヶ谷	1	かさい	1
舟形	1	奥州	4	中瓦	2	いつ(伊豆)島	1	とち木	1
三ヶ尾	1	中田	1	〆1795人		佐ま	1	平井	1
魚沼	3	高柳	2	此外非人共		吉つま	1	長須	1
石屋	2	皆葉	3	650人余		水海	2	本栗はし	2
1400人		鵠井戸	3	中台	2	坂佐(逆)井	1	高柳	3
大生郷	5	大	3			柳生	1	本栗はし	2
金杉	3	三ヶ尾	2	3月9日		小金	1	牛久	2
中野	1	筑比地	1	今上	21	とち木	1	佐原	1
中台	2	松ヶ崎	2	中台	1	荒生	1	水海	2
山崎	1	深井	2	今上	1	栗はし	1	様(佐間)村	2
尾崎	2	荒木	1	生子	1	ひたち	1	八切	1
瓦台	1	大室	1	小布内	1	西袋	1	芝原	2
平方	1	尾サキ	2	高野	1	大はし	1	ふ川	1
木ノ崎	2	内森谷	1	桐谷	1	小山	1	ざとう	2
桐ヶ作	2	増森	3	桐ヶ谷	1	清水	1	坂井	1
江戸本所	1	今上	1	川藤	2	水戸	2	今上	3
矢田部	2	山王	2	大室	2	木ノ崎	1	赤堂	1
山小屋	2	戸頭	2	江戸	1	山川	1	水海	1
大田	2	中島	2	佐間	1	舟形	2	岩井	1
板樋	1	今上	3	中里	1	清水	2	粕壁	1
門間	2	金杉	1	草加	2	山川	3	弓田	1
尾崎	2	関宿	9	権言堂	1	岩井	2	岩付	1
大塚戸	1	江戸本所	4	近江	1	山王	3	瓦たい	3
麦塚	1	越後蒲原郡	2	とみた	1	角山	1	坂井	1
柏	2	松ヶ崎	1	瓦たい	9	大野郷	2	桜たい	2
坂井	1	瓦台	1	牛久	1	岡田	2	今上	1
佐間	2	木ノ崎	1	土浦	1	清水	3	水海	1
皆葉	1	魚沼	1	清水	1	ひろ島	4	清水	3

事項	人数	事項	人数	事項	人数	事項	人数	事項	人数
ただ	1	下柳	1	行徳	2	大田	1	越ヶ谷	1
飯沼	1	関宿	2	本栗はし	1	岡田新田	5	みのは	2
浅草	1	塚サキ	1	坂井	2	岡田新田	5	前林	2
茶や新田	1	栗はし	1	中里	3	長家	1	瓦たい	2
ひろしま	3	一ノ割	1	大口	1	角山	1	瓦たい	2
赤堂	1	布せ	1	諸川	1	水海道	1	本栗はし	2
さま	1	下小はし	1	高塚	2	船形	2	□井	2
藤塚	1	□ま	2	桜たい	1	本栗はし	2	しやか	2
しやか(釈迦)	1	白岡	1	赤堂	4	八切	1	宮サキ	2
中里	2	下小はし	2	横そね	2	赤沼	3	岡田新田	3
目吹	1	栗はし	1	青田	3	瓦たい	2	弓田	2
岩井	1	菅生	1	さき房	1	大口	2	茂呂	1
桐ヶ井	1	水海道	1	瓦たい	1	よば(呼)塚	1	羽入(生)	1
弓田	1	小山	1	須賀川	3	粕壁	1	門馬	1
大谷	2	山川	1	中台	1	長須	2	角山	
粕壁	1	室川	1	岩井	1	きらた	2	奥山	1
根戸	1	岩井	1	小布内	1	船形	3	下小はし	1
治田	1	府川	2	岡田	1	中台	2	赤沼	1
室川	1	諸川	1	大口	1	野田	4	江戸	1
瓦たい	3	一ノ谷	2	目吹	1	野田	1	あいつや	1
さま	2	諸川	1	小金	2	小林	1	関宿	1
下小はし	2	谷津	3	船形	2	木間ヶせ	2	府川	3
粕壁	2	府川	1	尾サキ	1	野田	1	吉春	1
塚サキ	1	塚サキ	1	包たい	1	新木戸	1	佐間	1
一ノや	1	土戸	2	大口	2	木間ヶせ	1	小布間	1
関宿	1	今上	2	大里	1	長沼	1	清水	1
柳生	2	岩井	1	丸林	1	塚サキ	1	木間ヶせ	2
中里	1	中里	1	熊谷	1	日田と	2	水海	1
佐の	1	平沼	1	越後	3	谷津	2	長家	1
幸手	1	瓦たい	1	千住	1	丸林	2	前林	1
東山田	2	本栗はし	2	木間ヶせ	1	瓦たい	1	本栗はし	2
今上	1	粕壁	1	新宿	1	大高	1	小金	2
中里	1	岩井	1	平井	2	角山	1	岩付	1
中の台	1	菅生	1	坂井	1	三坂	1	喜才	1
大柏	1	宮サキ	1	長沼	2	本栗はし	1	五木	1
森谷	1	■田	1	河の	1	大口	1	目吹	1
瓦たい	1	東山田	1	長沼	1	江川	1	ひろしま	2
今上	1	中里	2	伊丹	1	三ヶ尾	1	戸頭	1
塚サキ	1	坂さい	1	瓦たい	2	倉常	1	磯村	1
とち木	1	瓦たい	1	中根	1	菅生	1	木のさき	1
ふせき	1	彦田	3	瀬戸	3	中台	2	府川	1
草加	1	さま	1	長沼	2	岡田新田	1	木間ヶせ	1
二田と	1	新宿	1	菅生	1	牛久	1	か納	3
内川	1	中里	1	関宿	1	流山	1	中台	3
目吹	1	坂手	1	長須	1	まくり	1	中台	2
木間ヶせ	3	弓田	3	坂井	1	さき城	1	下高	3
和泉	1	木間ヶせ	1	森家	1	桜たい	1	中島	3
東小や	2	倉常	2	三ヶ尾	2	越後	1	瓦たい	1
塚サキ	1	島川	2	小布内	2	東山田	2	広島	2
さま	2	小金	3	岩井	1	岩井	1	岩井	5

事項	人数	事項	人数	事項	人数	事項	人数	事項	人数
戸頭	2	幸手	2	な戸谷	1	八木サキ	1	山小や	1
岩井	1	大塚戸	2	高月	3	宮サキ	1	吉春	1
高井	1	中の	2	三ヶ尾	1	金杉	1	瀬戸	1
赤堂	1	大塚戸	5	中つま	1	長沼	2	鯨岡	1
君山	1	大塚戸	2	くつ掛	3	船方	2	吉川	1
吉づま	1	野田	1	目吹	3	大くろ	1	八木崎	3
下島	1	根本	5	吉春	2	清水	2	越ヶ谷	2
中里	1	森家	2	大和田	1	又手(馬立)	1	古河	1
小布内	4	越後	1	中台	1	く□木	1	船形	5
小金	1	中台	1	粕壁	1	二田都	2	釜谷	3
布せ	1	三ヶ尾	2	矢萩	1	山サキ	1	木のさき	3
小布内	1	目吹	2	皿沼	2	浅草	1	目吹	2
つば木	4	板とい	1	大塚戸	2	水角	1	包たい	2
戸頭	4	前ヶ崎	1	登戸	1	中里	1	中里	2
菅生	1	今上	1	大塚戸	2	平野	5	大戸井	1
関宿	2	房	1	三ヶ尾	1	魚沼	1	谷津	1
菅生	1	すけのや	3	平方新田	1	船形	2	流山	1
下島	2	中田	1	東小や	3	正連寺	2	房州	1
中根	4	府釜	1	三ヶ尾	3	谷津	1	上柳	1
門ま	2	金杉	1	長沼	2	五木	2	小山	2
瓦たい	1	三ヶ尾	1	幸手	1	新宿	1	土戸	2
深井新田	3	平井村	1	かすかべ	1	築比地	1	野田	1
今上	3	包たい	3	かねの井	1	三ヶ尾	1	皆葉	3
吉つま	1	山サキ	3	千住	1	とみた	1	木の崎	3
清水	2	大沼	1	赤堂	1	木のさき	2	金杉	2
栗はし	1	瓦たい	1	中台	1	上尾	1	横うち	2
横うち	1	中台	1	山王	3	船形	2	な戸ヶ谷	1
西深井	2	越ヶ谷	1	船形	10	深井	2	小高村	1
山サキ	3	中島	3	高立	1	大いけ	2	木のさき	1
中里	2	八木	1	八塚村	1	下野	1	関宿	1
戸頭	3	杉の谷(菅谷)	1	深井	6	中台	1	木間ヶせ	1
清水	2	和泉	1	木のさき	3	安部	2	下柳	1
中台	2	中里	2	谷津	2	若芝	2	米島	2
大田	2	山サキ	1	木間ヶせ	2	八木崎	2	荒木	1
長沼	1	谷津	1	筒□	2	中里	2	内森家	1
富田	2	野田	1	吉春	9	弓田	1	中台	1
木のさき	2	金杉	1	柳沢	2	木のさき	1	中野	1
山サキ	2	山サキ	1	清水	4	茂原	1	船形	2
大田	1	柳沢	1	大室	2	忍砂	2	長家	1
岡田	2	江戸崎	2	五木	3	大そね	2	横うち	3
房(布佐)	1	山川	1	目吹	2	吉春	2	金杉	2
関宿	1	大塚戸	1	長家	3	中野	1	島川	1
高柳	1	くつ掛	3	山サキ	2	中台	1	半や	3
清水	2	板とい	2	三ヶ尾	1	矢萩	1	金の井	3
塚サキ	2	深井新田	3	谷津	2	東深井	3	桜たい	3
千住	2	大諸	1	二田と	1	関宿	2	三ヶ尾	1
貝塚	2	今上	1	谷津	1	深井	2	桜たい	1
な戸ヶ谷	2	大山	1	正連寺	2	大口	1	粕壁	1
流山	1	平方新田	1	角山	1	大塚戸	1	前ヶ崎	1
関宿	2	大塚戸	1	寺町	1	高立	1	府釜	2

事項	人数	事項	人数	事項	人数	事項	人数	事項	人数
山サキ	2	小金	3	山サキ	2	包たい	2	流山	1
平塚	1	山川	1	横うち	2	岩井	5	松戸	1
目吹	1	小山	3	宝珠花	2	山王	2	東宝珠花	1
岩付	2	くげた	3	宝珠花	2	大田	1	三ヶ尾	1
木間ヶせ	1	本郷	1	寺町	4	魚沼	1	広島	1
越後	5	桐ヶ谷	1	谷津	1	牛島	1	川藤	1
下谷	1	粕壁	2	関宿	1	瓦たい	2	龍福寺	1
岩戸	1	長沼	1	広島	1	関宿	1	中里	3
粕壁	1	赤崎	1	角山	6	目吹	1	木の崎	7
谷津	1	三ヶ尾	2	向小金	2	木間ヶせ	1	尾サキ	3
船形	1	小金	2	粕壁	1	飯沼	2	なつ目	3
山川	2	江戸	1	猫ざね	1	小山	2	坂井	2
大和	1	中里	1	中里	2	船形	2	しこた(篠籠田)	2
宝珠花	3	葉村	2	菅生	1	木間ヶせ	1	中の台村	1
越ヶ谷	2	大田	4	高野	1	千住	1	関宿	5
水海道	2	板とい	1	下伊豆島	1	山サキ	1	まくり	3
中里	2	木のさき	1	野田	1	松ふし	1	山サキ	1
中根	1	谷津	1	桜たい	1	関宿	1	駒はね	1
小諸	1	山サキ	1	中里	6	木のさキ	4	ね戸	3
長家	1	桐ヶ作	1	関宿	1	菅生	2	瀬戸	3
古戸	2	内川	1	船形	1	根戸	1	深井	3
岩井	2	戸張	1	矢萩	1	山高野	2	戸頭	2
菅生	2	木間ヶせ	1	山小や	1	長沼	3	西深井	1
岩井	2	船形	5	小布内	3	木間ヶせ	1	岡田	1
魚沼	4	木間ヶせ	1	長家	1	木のさキ	3	かしハ	1
中野	2	大柏	1	船形	1	水海道	1	木間ヶせ	1
簗比地	2	尾崎	1	木村	1	かしハ	1	関宿	1
中台	1	安部	3	長家	2	宮サキ	3	正連寺	2
飯沼	2	木間ヶせ	3	塚サキ	2	岩井	1	二田都	1
芝崎	2	横うち	2	あら木	2	安部	1	宝珠花	2
簗比地	2	佐ま	1	あら木	2	長沼	3	弓田	1
日光	2	船形	1	中台	2	かしハ	1	中里	3
布せ	4	三ヶ尾	3	大川戸	3	我孫子	1	長沼	3
大山	2	尾サキ	1	喜才	2	飯沼	1	木村	1
赤堂	1	高柳	3	船形	3	崎房	3	寺町	1
増森	1	江戸	1	木のさキ	4	八切	2	流山	1
根戸	1	横うち	2	水戸	1	まくり	1	釜かへ	1
長須	3	宮崎	1	森家	1	深井	1	牛久	1
岡田	1	岡田	1	中根	1	柳沢	1	土戸	1
荒木	2	簗比地	3	山田	1	くつ掛	6	宝子戸	3
中里	3	かしハ寺	1	大田	1	前ヶ崎	2	菅生	1
新宿	1	尾サキ	2	木のさき	2	小布内	4	はいげ(灰下)	5
中里	4	角山	2	からす山	2	中里	1	布井	1
布せ	1	さま	4	桐の木	4	西深井	2	尾崎	2
菅生	1	かしハ	2	中里	3	赤沼	1	関宿	10

13　天保８年３月　困民名前帳（文書番号 ZBA８）

事項	人数	事項	人数	事項	人数	事項	人数	事項	人数
		とり手	3	山川	1	弓田	2	関宿	1
３月10日		横うち	2	弓田	1	塚サキ	1	小布内	1
今上	22	須賀川	3	木間ヶせ	1	釜谷	3	山村	1
高野	5	清水	4	草加	3	粕壁	1	粕壁	2
桜たい	3	瓦たい	1	倉か野	1	松ヶ崎	1	瓦たい	2
大口	8	粕壁	1	江戸	1	下柳	1	をい後(生子)	1
中台	1	瓦たい	2	岩井	1	佐の	1	新宿	1
山王	3	小布内	1	瓦台	5	関宿	2	山川	1
清水	6	とち木	3	二田都	3	中妻	2	丸林	1
土戸	1	広島	4	小山	1	中野	1	安部	1
桜たい	1	小高	1	越ヶ谷	1	本栗はし	2	赤堂	2
くつかけ	4	関宿	2	岡田新田	3	かオ	1	山田	1
水海	1	二合半	2	塚サキ	1	中田	1	茂上(最上)	1
小布内	4	高須賀	1	さま	3	塚サキ	1	坂手	1
瓦たい	3	塚崎	2	くね木	1	相馬	1	坂井	1
船形	6	水海	1	関宿	2	大柏	1	びん後	1
高野	1	原市	1	内森家	2	古戸	3	流山	1
高すか	1	中つま	2	塚サキ	3	倉野	1	本栗はし	2
米崎	1	八切	2	水海	1	岩井	1	野木崎	2
木間ヶせ	1	桐ヶ谷	2	本栗はし	1	倉常	2	坂佐井	1
大室	1	高柳	1	岩井	1	行徳	1	青田	3
塚サキ	1	瓦たい	1	小林	1	小山	2	赤沼	1
粕壁	1	森家	2	弓田	1	粕野	1	清水	1
高柳	2	岡田	2	下小はし	1	中里	2	瓦たい	2
岩付	1	塚崎	2	野木崎	1	東深井	2	粕壁	1
川サキ	1	赤沼	1	あらく	1	関宿	2	倉かの	1
長沼	1	問番村	1	貝塚	1	長須	1	倉常	1
赤堂	2	しやか	1	岡田	1	深井新田	3	間惣	1
水戸上町	1	木間ヶせ	2	土戸	1	山川	2	越中	5
板はし	3	大矢	5	八切	2	中野	1	羽入	1
二田都	1	瓦たい	2	島川	2	野田	1	関宿	1
伊丹	1	中里	1	大山	1	土戸	2	川田	1
平塚	1	尾サキ	1	古戸	1	目吹	3	塚サキ	1
本栗はし	1	長沼	2	中里	4	門ま	1	大川戸	1
広島	4	八木	3	塚サキ	2	大室	1	流山	1
関宿	2	日光	2	宮サキ	1	粕壁	2	長沼	1
岩井	1	小山	3	八切	1	か佐井	1	先房	1
八木	1	岡田新田	5	高野	2	川サキ	1	松戸	1
広島	3	今上	1	■井新田	2	小布内	2	粕壁	1
千住	1	内森家	1	塚サキ	2	とち木	1	瓦たい	1
船形	1	関宿	1	山サキ	1	上青木	1	さきしろ	1
く、井戸	2	川藤	1	赤堂	1	粕壁	1	木間ヶせ	1
塚サキ	1	瓦たい	1	新宿	1	房	1	弓田	1
くつかけ	2	木間ヶせ	1	三村	1	流山	1	東深井	2
まなかへ	1	和泉	1	桐ヶ作	1	坂手	1	千住	1
船形	1	越ヶ谷	2	赤堂	1	中里	1	高野	2
桜たい	3	今上	1	今上	6	広島	1	瓦たい	2
大山	2	□□花	1	細戸	1	布せ	2	八はた	1

事項	人数	事項	人数	事項	人数	事項	人数	事項	人数
平の	1	上柳	1	幸手	2	若林	1	中田	1
角山	1	清水	1	吉妻	2	谷津	3	中台	1
小布内	1	かと谷	1	小はし	1	栄田	2	下小はし	3
小山	1	中里	2	塚崎	3	深谷	1	島十	2
岡田	4	中里	1	本栗はし	1	深谷	1	大田	1
粕壁	4	室川	1	前林	1	重□	2	とけた	2
上野	1	野田	1	関宿	1	日田	1	深井	1
中里	3	平の	1	九■	1	水海	2	三ヶ尾	1
小山	1	横うち	1	高根沢	1	水海	1	芦ヶ谷	1
角山	1	大口	3	中田	1	木間ヶ瀬	2	は村	1
赤岩	1	中里	1	山川	1	水海	3	小布内	1
並木	1	大はし	3	弓田	1	尾崎	1	木間ヶせ	1
野木崎	1	柏寺	3	室川	2	越後	2	山サキ	1
岩井	1	船形	2	土浦	1	つくは	1	牛久	1
坂井	1	きやり	1	金杉	1	つか崎	2	大川戸	1
本栗はし	2	宝子戸	1	平の	1	のヽ井	2	瓦たい	1
くげた	2	栗はし	2	くげた	1	長沼	2	谷津	3
中島	4	行徳	1	今上	2	宮崎	1	江戸	3
小山	1	中村	2	清水	2	□□	1	長沼	4
五木	1	粕壁	1	まくり	1	くつかけ	3	中妻	2
弓田	2	清水	2	関宿	1	岩井	2	長須	1
今上	2	関宿	1	清水	1	平岡	1	桐ヶ井	1
横うち	2	藤代	1	菅生	1	みなハ	1	水海	3
五木	3	坂井	1	赤堂	1	川野	1	矢萩	1
金杉	4	門馬	1	原市	1	木の崎	1	かしハ	1
今上	4	弓田	3	磯村	1	小山	1	せき	2
金杉	1	菅生	1	府川	1	江戸	1	小布内	2
木のさき	1	大口	1	下小はし	1	小ノ宮	1	牛久	2
清水	1	岡田	1	山サキ	2	小ふ内	1	築比地	2
木間ヶせ	1	原市	1	新宿	2	中根	2	栗はし	2
関宿	1	清水	3	杉戸	2	せ戸	1	木間ヶせ	3
中里	1	中村	1	蓮沼	1	船形	2	飯沼	4
宝志(法師)戸	1	瓦たい	2	ふせき(伏木)	1	吉春	2	中台	2
三ヶ尾	2	増尾	1	清水	1	三ヶ尾	1	築比地	1
本栗はし	1	山川	1	弓田	1	芦ヶ谷	1	山王	6
房	1	府川	1	水海道	1	小山	1	中台	1
栗はし	1	若芝	1	中林	1	長沼	6	横うち	1
関宿	1	中里	1	花ハ	3	大田	1	大田	1
太田	1	三ヶ尾	1	尾サキ	2	山川	1	長須	1
河の	1	若村	1	宮サキ	1	関宿	1	下小はし	1
谷津	2	船形	6	船形	3	築比地	1	今上	1
■林	1	大津	1	一ノ谷	3	本栗はし	1	みのは	2
水海道	1	小山	1	目吹	1	平井	1	越ヶ谷	3
木間ヶせ	1	中台	1	大和田	2	市井	2	布せ	1
大田	1	喜才	1	山崎	2	関宿	2	島原	2
江川	1	粕壁	3	岩の	3	大口	3	高柳	2
越ヶ谷	1	くげた	1	山崎	1	中里	4	中台	1
菅生	1	中里	1	かさへ	2	中島	1	小布内	3
岩井	1	山王	2	下島	1	中台	1	清水	1
栗はし	1	谷津	4	尾崎	2	木間ヶせ	2	皿沼	2

事項	人数	事項	人数	事項	人数	事項	人数	事項	人数
関宿	1	森家	1	中つま	1	く丶井戸	1	岩井	2
小山	1	中田	1	木間ヶせ	2	平沼	2	く丶井戸	1
深井	1	大柏	1	くらた	1	菅生	2	岩名	2
小山	2	大沼	1	吉春	4	大沼	2	あら木	1
権言堂	1	松戸	1	築比地	1	小ま丶	1	小布内	1
近江	3	江戸	1	坂々井	1	こまはね	1	中台	4
小布内	1	古河	2	山サキ	1	大そね	1	金杉	2
中台	1	大沼	1	中台	1	岩井	3	中台	2
すげのや	1	山サキ	1	船形	4	吉春	1	流山	1
岩井	4	野田	1	中野	4	目吹	2	三ヶ尾	1
今上	1	深井	1	築比地	3	木間ヶせ	3	森家	1
大塚戸	1	野田	1	木の崎	3	船形	3	金杉	1
宮の井	1	久■	1	船形	3	山サキ	2	くつかけ	6
坂とい	1	島田	1	目吹	1	中里	4	さの	1
清水	5	赤堂	1	谷津	3	菅生	2	三ヶ尾	1
瓦たい	1	木のませ	1	府川	1	流山	1	長沼	1
下島	1	目吹	1	矢萩	1	包たい	1	船はし	3
長沼	1	長沼	1	中の	2	中台	2	関宿	1
包たい	2	登戸	1	越後	2	中里	2	大沼	2
中台	5	中台	2	粕壁	1	米島	3	越後	1
取手	1	新宿	1	築比地	2	山高や	2	室川	2
先房	1	築比地	1	中た	1	桜たい	3	大沼	1
長沼	3	法目	1	米サキ	1	府釜	2	長家	3
清水	2	深井	2	船形	1	先住	1	広島	1
今上	1	ならハ	2	山サキ	3	ばん町	1	千住	1
府釜	1	坂とい	1	岩井	1	八木サキ	1	くげた	2
山サキ	3	新田	2	金杉	1	せき宿	1	中田	1
大室	2	山サキ	3	築比地	1	尾サキ	1	野木崎	1
目吹	1	船形	2	彦田	2	平木	1	飯沼	1
船形	3	ミの口	3	山サキ	1	取手	4	幸手	1
中の新田	1	清水	6	大田	2	せき宿	2	川藤	2
山サキ	1	中里	1	桐の木	3	布井	2	大室	1
本郷新田	1	古河	2	木の崎	1	築比地	2	山川	1
あら木	1	金の井	3	木間ヶせ	1	宝珠花	2	深井	3
関宿	1	船形	1	包たい	2	牛久	2	岩付	1
深井新田	4	瓦たい	1	せ戸	1	岩付	2	山川	1
長家	2	角山	1	大口	2	今上	1	安部	2
桜たい	1	木間ヶせ	1	戸張	1	せき宿	2	深井	3
赤沼	3	平方新田	1	弓田	2	せき宿	2	一之割	1
小布内	5	千住	1	中台	1	船形	2	宝珠花	6
関宿	1	八木崎	1	金杉	3	牛久	1	のた	2
三村	2	江戸	1	中里	2	長家	1	なつミ	2
目吹	3	船形	2	目吹	1	吉春	1	飯沼	1
猫さね	1	目吹	2	ふせ	6	目吹	1	大津	1
大沼	1	船形	3	松ふし	2	平沼	2	千ハま	1
市川	1	中台	3	中ね	1	塚サキ	2	岡田	1
吉春	2	木間ヶせ	1	山サキ	2	中里	3	広しま	3
三ヶ尾	1	大口	8	築比地	1	木間ヶせ	3	沼サキ	1
安部	1	青田	2	関宿	2	茶屋新田	6	金杉	1
なと谷	1	水戸	1	清水	5	金の井	3	築比地	1

事項	人数	事項	人数	事項	人数	事項	人数	事項	人数
桜たい	1	増尾	2	並キ	1	小泉	2	岩井村	3
米サキ	1	松ふし	1	木のさき	2	岡田村	1	戸はり	1
高野	3	中台	1	とりで	2	中ノ代村	1	土浦	3
水海道	1	岩間	1	江戸	1	門馬村	2	粕壁	1
長須	1	深井	1	権言堂	3	松戸	1	木間ヶ瀬	1
木間ヶせ	3	目吹	1	清水	1	土浦	1	倉常村	3
小松川	1	山サキ	1	大和	1	粕壁	1	浅草新取(鳥)越	3
さま	1	馬せ	1	目吹	1	幸手	2	今上	2
松ヶ崎	1	木の崎	1	行徳	1	平塚	1	松伏村	3
三村	1	前ヶ崎	1	宮サキ	4	塚崎	1	山王	3
大室	1	深井	1	山サキ	4	瓦代村	1	中■	1
金杉	1	や津	2	西深井	1	小布内	2	桜代	6
岩付	1	大田	1	山サキ	4	木ヶ間瀬	4	野田町	1
菅生	1	宮サキ	1	戸頭	2	関宿	1	関宿	1
長家	1	龍福寺	1	尾サキ	5	古■■	1	金野井	1
安房	1	長沼	1	尾サキ	3	中里	1	塚サキ	1
芦(足)かゝ	1	木のサキ	1	花の井	3	箇■	1	大塚戸	1
下谷	1	東村	2	さま	1	土浦	1	中里	1
船尾	2	かしハ	1	小和泉	1	長谷	2	松戸	1
谷津	1	吉つま	1	深井	1	中里	1	足かゝ	1
下柳	1	中里	3	長沼	2	今上	3	瓦代	1
かしハ寺	1	大かしハ	1	一ノ割	2	山サキ	6	中里	1
三の又	1	木ノ崎	3	まくり	2	島河	2	三ノ■下	1
木間ヶせ	1	菅生	2	前林	3	関宿	3	花野井	1
中里	2	根戸	2	前林	3	■■村	1	山王	1
あら木	3	野木さき	1	長沼	1	佐間村	1	一ノ割	1
小布寺	2	関宿	2	木のさき	3	中里	1	根戸	2
中里	2	清水	1	三ヶ尾	4	小布内	1	内田	1
木間ヶせ	1	相のや	1	青田	5	塚崎	2	岩付	1
平方	1	ソつ島	1	三ヶ尾	6	本栗橋	2	千住	1
山田	1	をし(押)砂	1	木のさき	1	松戸	2	小金	1
飯沼	3	長家	2	武州のた	1	水海道	1	佐野	1
宮サキ	2	大そね	1	からす山	1	千住	2	吉春	1
木村	3	岡田	1	飯沼	1	関宿	2	桐ヶ作	1
あら木	1	桐ノ井	1	瓦台	2	小山	1	■■	1
山王	2	粕壁	1	150		片柳	2	■■	2
三ヶ尾	1	新田	1			筑□村	1	魚沼	2
釜谷	1	長沼	2	3月11日		瓦代村	3	千住	1
粕壁	2	八木サキ	1	今上	28	久下田村	1	幸手	1
山崎	1	行徳	2	清水	4	関宿	1	■□	1
戸頭	3	内川	1	中ノ代	1	青柳	1	■□	1
中台	1	ふせき	1	桐ヶ作	1	島河	1	長す	1
安部	2	木間ヶせ	1	サク代	4	流山	1	粕サキ	1
関宿	2	山サキ	1	半谷	1	舟方	1	塚サキ	1
高野	1	三ヶ尾	1	平井郷	2	角山村	3	大河戸	1
桜たい	1	東深井	1	清水	1	広島	5	青木	1
長須	3	江戸サキ	1	野木崎	3	桜代村	3	大殿井	1
木間ヶせ	2	坂さ井	1	塚崎	2	今上	1	久下田	1
小山	3	中里	5	大和田	2	奥州スカ	3	丹わり	1
根戸	1	吉春	1	向小金	3	岡田新田	2	千住	1

事項	人数	事項	人数	事項	人数	事項	人数	事項	人数
佐の	1	小布内	1	大田	1	三沼	1	吉妻	5
□□海	1	瓦たい	1	大そね	1	ばん町	1	松ふし	1
宇戸海	1	な戸谷	1	吉沼	1	野木崎	3	平沼	3
広島	1	大和	1	長沼	1	矢萩	1	行徳	1
関宿	1	森家	1	川藤	1	小布内	1	桐ヶ井	1
川サキ	1	二合半	1	長沼	2	流山	1	越後	1
野田	1	木間ヶせ	2	本所	1	平井	1	長家	2
□戸井	1	熊谷	1	山王	1	瓦たい	1	喜才	3
今上	1	喜才	1	房州	1	若田	1	小布内	2
大和田	1	内森家	1	塚サキ	1	中田	1	江戸	
清水	4	ませ	1	上野	1	みなは	1	川越	1
幸手	4	牛久	1	先房	1	くげた	2	根ヶ崎	8
中代	1	なつミ	1	瓦たい	2	大川戸	1	越後	1
小山	1	谷津	2	中里	1	栗はし	1	府釜	1
■■下	1	水懸	1	関宿	1	船形	2	三ヶ尾	2
間ヶ間	1	小山	1	大川戸	2	広島	1	大室	1
大室	1	遺番	1	長須	2	くつかけ	2	東深井	6
山サキ	2	流山	1	桐ノ■	1	大津	1	清水	1
広島	1	吉沼	1	桜たい	1	中島	1	山川	2
高柳	1	東村	1	ミなは	3	六方	1	菅生	2
神田	1	割清水	1	牛久	3	藤代	3	栗崎	1
小布内	1	本栗はし	1	粕壁	1	塚サキ	3	三ヶ尾	4
桜代	1	桐ノ木	1	山サキ	1	飯田	2	八木サキ	2
赤サキ	1	山川	1	深井	3	しサか	1	とみた	2
堤代	1	塚サキ	1	長家	3	瓦たい	1	古河	2
土上	2	越後	1	和平	1	坂手	1	横うち	1
向田	2	くげた	1	今上	10	花の井	3	中台	1
中代	1	小布□	2	大塚戸	1	青田	3	江戸	3
岩井	1	木間ヶせ	2	中田	1	中村	1	桜たい	1
小合村	5	幸勢	1	越中	4	龍福寺	1	栗はし	1
清水	2	上柳	1	栗はし	2	ゆうき	2	水海	1
根戸	1	幸手	1	なとがや	1	野田	6	は村	1
鴻巣	1	宮サキ	1	水海道	1	馬立	2	和つゝ	1
山キ	2	長家	1	弓田	1	長須	1	取手	1
中里	2	森家	1	前はし	1	今上	3	小布内	2
桐ヶ谷	2	長須	1	千住	1	桜たい	1	高野	3
広島	2	上野	1	木下	1	尾サキ	1	三ヶ尾	2
瓦代	2	大かしハ	1	岡田	1	角山	1	小山	1
布施	1	日光	1	並木	1	菅生	2	神山	1
小立	2	さま	1	平の	1	尾サキ	1	大くろ	1
中妻	3	行徳	1	登戸	2	江戸	1	川ふし(藤)	1
尾サキ	3	関宿	1	倉がの	1	高野	2	桐の木	1
今上	3	三ヶ尾	2	坂さ井	1	水戸	1	長沼	2
□田戸	2	茶や新田	1	あら木	1	ふせ	1	舟形	2
平方	3	むしろうち	1	千住	1	高柳	1	長沼	2
水海道	1	根戸	2	大口	1	内屋	1	瓦たい	1
今上	4	まないた	1	坂井	1	山サキ	8	とり手	1
野田	5	大みち	1	関宿	1	坂さ井	10	千住	3
前ヶ崎	1	上しやう(条)	2	粕壁	2	柏寺	2	木村	1
岡田新田	2	くげた	1	塚サキ	2	江戸中	1	小山	1

事項	人数	事項	人数	事項	人数	事項	人数	事項	人数
木間ヶせ	1	青塚	1	金杉	2	せき宿	4	中根	1
粕壁	1	大矢	1	関宿	1	ふさ	1	せき宿	1
栗はし	1	船形	4	山王	2	大塚戸	1	瓦たい	2
千住	1	駒はね	1	幸手	1	いつ島	1	山サキ	1
小金	1	丸林	1	川藤	1	かさい	1	中里	1
山川	1	岩付	1	前ヶ崎	1	下つま	1		95
皆葉	2	ふきた	1	上まくり	1	小林	1		8
木ノサキ	2	かさい	5	瓦たい	3	瓦たい	2		40
布せ	5	目吹	1	新田	1	ふさ	1		46
せき宿	2	山田	1	山王	2	高野	1		23
粕壁	3	野木崎	1	あら木	3	瓦たい	2		
かさい	1	五か村	1	角山	2	弓田	3	3月13日	
上青木	1	小山	2	牛久	2	瓦たい	1	今上	28
飯沼	1	深井	1	下小はし	1	尾サキ	3		63
中里	1	山サキ	1	中里	1	高野	5		11
六方	1	のた	1	ふし代	1	ふかい	1		56
山王	1	さま	1	今上	1	中たい	1		69
西袋	1	またう	1	八はた	1	並木	2		59
本栗はし	1	八切	1	牛しま	1	尾サキ	2		49
瓦たい	1	さき城	1	房	1	木間ヶせ	3		10
木間ヶせ	1	をしま(小島)	3	江戸	1	千住	1		10

14　天保８年３月　窮民名前帳（文書番号 ZBA９）

事項	人数	事項	人数	事項	人数	事項	人数	事項	人数
		上尾	2	江戸坂本	4	船形	2	塚サキ	1
3月13日		原市	1	並木	1	船形	1	船形	2
	28	流山	1	西深井	1	内川	1	水戸	1
	63	岩付	1	大口	1	山サキ	2	芝原	2
	12	赤堂	1	長や	1	今上	1	八木サキ	2
	56	門馬	1	くげた	1	中台	1	すけのや	2
	69	しのず	3	弓田	1	木ノ崎	1	せき宿	1
	59	弓田	1	東■	1	塚サキ	1	ふせ	1
	49	千住	4	菅生	1	森家	1	八木サキ	1
	9	し■■	1	長家	1	土浦	1	中田	1
中里	4	東山田	1	角山	1	せき宿	1	島川	1
中里	3	小山	2	長沼	1	今■	2	岩附	2
下小ばし	4	本栗はし	2	弓田	1	今■	1	正連寺	3
瓦たい	2	本栗はし	3	粕壁	2	千住	■	布せ	1
長家	2	本栗はし	6	粕壁	2	幸手	2	幸手	1
河の	2	戸頭	3	倉常	1	今上	5	深井新田	2
菅生	1	向小金	3	染谷	1	はんや	2	悪土	2
水戸	1	中里	1	増尾	3	戸頭	2	水海	2
瓦たい	3	せき宿	5	吉田	3	小や(親)の井	2	越後	1
茂■■	1	幸手	1	長沼	6	木間ヶせ	2	草加	1
大入	1	取手	1	柏寺	4	■■	2	船形	1
粕壁	2	江戸	2	室川	2	水戸	3	房	1
森家	1	広しま	2	宝珠花	2	小布内	4	皆葉	1
とち木	2	小山	1	山川	1	小布内	1	菅生	1
小船	1	岡田	2	たて林	1	くつかけ	3	金の井	3
船はし	1	八子	3	須加川	3	桐ノ木	1	包たい	3
かさい	3	たて林	1	山川	2	登戸	1	せき宿	1
山サキ	3	流山	1	高立	2	小布内	1	皆葉	3
岩村	4	岩井	6	木村	1	下小はし	1	幸手	2
江戸	2	内森家	2	中妻	1	瓦たい	1	山田	1
瓦たい	7	房川	1	菅生	1	ふさ	6	せき宿	1
せき宿	3	金の井	1	千住	1	坂さい	1	船形	1
六方	1	粕壁	1	太田新田	1	豊体	2	なま井	1
下妻	1	松戸	2	塚サキ	1	流山	1	彦田	2
粕壁	2	大木	3	岩井	1	金の井	1	皆葉	1
小金	1	小和泉	1	とち木	1	くげた	1	内森家	1
尾サキ	3	本栗はし	1	水海	1	水海道	1	木間ヶせ	2
幸手	1	倉常	2	ふき	1	金の井	2	中台	1
しのす	2	塚サキ	1	大津	1	金杉	2	小布内	2
幸手	1	とみだ	1	桜たい	1	花の井	3	皆葉	1
小布寺	1	川の	1	粕壁	2	く■■	2	中田	1
三村	2	幸手	1	青田	2	青田	2	長家	2
粕壁	3	杉の□	1	江戸本所	1	小山	2	小湊	1
広島	1	さき城	3	長家	1	築比地	1	木ノサキ	1
弓田	1	千住	2	長家	1	小布内	9	長須	1
九根木	1	木間ヶせ	1	岡田	1	小布内	1	二田都	4
岩井	2	大山	1	木のさき	2	づく井	1	中田	2
平塚	2	船形	2	吉春	2	尾サキ	1	六方	1

事項	人数	事項	人数	事項	人数	事項	人数	事項	人数
山サキ	4	せ戸	2	越後	1	中台	2	飯田	2
宝珠花	1	越ヶ谷	5	木間ヶせ	1	中根	1	清水	1
皿沼	2	中たい	2	江戸馬込	1	小山	2	中ノたい	1
かしま	4	坂井	1	魚沼	1	金の井	3	下内川	4
たて林	1	若生子	1	高柳	1	長家	2	築比地	2
さる又	1	吉春	2	越後	1	山サキ	2	深谷	1
下しま	1	清水	2	金の井	1	長家	1	や津	1
中里	1	岩井	2	皆葉	3	中根	1	塚サき	2
下柳	3	をくだ	2	魚沼	2	野田	3	瓦たい	1
江戸本所	1	房州	1	中台	2	まゝ田	2	小林	1
包たい	1	越ヶ谷	1	谷田部	3	木間ヶせ	2	宿関(関宿)	1
中ね	3	包たい	1	木間ヶせ	3	築比地	1	清水	2
尾サキ	3	飯沼	2	清水	3	尾サき	3	平塚	1
赤堂	1	桐ノ木	1	築比地	2	飯沼	1	板はし	2
土浦	1	川サキ	3	下島	2	谷津	1	小山	1
横うち	1	山サキ	2	小和泉	2	中台	1	坂井	1
粕壁	1	大和田	2	大塚戸	2	野木崎	1	松ふし	1
山王	3	尾サキ	4	中妻	3	府釜	3	塚サき	2
栗はし	2	岡田	4	五木	1	中たい	1	あら木	1
木間ヶせ	13	戸頭	2	並木	1	山川	2	のだ	1
佐間	2	横うち	2	松ヶサキ	1	せき宿	1	目吹	1
一ノ谷	2	弓田	2	房	1	忍(押)砂	2	山サき	2
水海	2	木ノサキ	2	大室	1	川サき	1	前ヶサき	1
中台	1	中田	2	水戸	1	川藤	2	清水	2
せき宿	1	越中	3	山川	1	大田	1	東山田	1
角山	2	三ヶ尾	2	谷津	1	岩井	1	菅生	1
瓦たい	1	■■■	5	赤堂	4	山田	1	江戸浅草	1
八木	1	大沼	3	木ノサキ	1	粕壁	1	貝塚	1
中根	1	木ノサキ	3	二本松	1	船形	1	宝珠花	1
大和田	2	長須	5	木間ヶせ	1	塚サキ	1	くげた	2
本栗はし	2	大沼	2	岩戸	1	木野サき	4	板はし	2
行徳	2	清水	2	小金	1	向小金	4	せき宿	5
木ノ崎	5	高根沢	2	八日市場	1	中里	1	築比地	2
築比地	1	中里	1	桜たい	3	築比地	4	小布内	1
大沼	5	むしろうち	1	谷津	4	中たい	1	のだ	2
船形	2	長沼	2	小く井戸	3	中里	1	野木崎	2
尾サキ	3	長家	1	築比地	1	向小金	1	横うち	2
船形	1	金サキ	3	せき宿	1	平井	3	岡田	2
水角	■	三ヶ尾	1	桜たい	1	くつ掛	1	山王	2
はんしょう	1	粕壁	2	山川	1	前はし	6	大室	1
茶や新田	1	大戸井	1	塚サキ	2	くつかけ	2	正連寺	1
千住	1	山サキ	2	岩付	2	中里	2	三ヶ尾	4
中里	1	若芝	2	山サキ	4	木村	2	木の崎	1
小林	1	宝珠花	2	大室	1	大川戸	2	前ヶサき	■
吉春	1	草加	1	岩井	2	大矢	3	山サき	2
安部	2	今上	1	岩井	4	正連寺	1	深井	2
安部	4	中里	1	芦ヶ谷	1	花輪瀬	1	中里	2
船形	5	安部	2	駒はね	1	清水	1	小山	3
近江	1	小布内	3	浦和	1	中里	2	大室	1
築比地	1	ゆうき	1	貝塚	2	山サき	2	土浦	1

事項	人数	事項	人数	事項	人数	事項	人数	事項	人数
船形	1	宮サキ	1	中根	1	東深井	1	下平	1
江戸小梅	1	小金	1	粕壁	2	桜たい	1	権玄堂	1
野州高村	1	魚沼	1	さま	1	布せ	2	今上	2
深井	3	深井	2	梅田	1	本栗はし	1	本栗はし	11
桜たい	3	八切	2	水戸	2	塚サキ	1	大塚戸	2
目吹	1	木間せ	2	流山	1	筑波	1	木間ヶせ	2
中台	2	大木	1	かさい	1	岩井	3	くげ田	1
中台	1	とみだ	2	築比地	1	千住	1	江戸金下	1
小山	1	弓田	1	長井戸	1	関宿	1	戸頭	1
藤沢	1	岡田	1	吉川	1	桜たい	1	室川	1
中里	1	三ヶ尾	3	江戸はし町	1	東山田	4	菅生	1
尾サキ	1	松ヶ崎	1	広島	5	川崎	1	矢萩	1
宝珠花	3	せき宿	1	太田	1	栗はし	1	木村	1
桐ヶ作	1	岩城	1	若村	1	瓦たい	1	坂さい	1
松塚	1	三ヶ尾	1	金岡	1	ミつま	1	江戸三谷	1
野田	1	山さき	1	浦向	2	森家	1	小金	1
粕壁	1	岩名	1	山サキ	2	小布内	2	並木	2
木ノサキ	3	平井	1	千住	2	千住	1	かりま	1
土浦	2	二田都	1	まつた	2	三ヶ尾	1	中台	1
前はし	1	山サキ	3	東山田	3	島川	1	佐の	1
野田	1		28	木間ヶせ	1	水海	1	大矢	1
瓦たい	1		8	あいのや	1	しやか	1	日光	1
布井	1		170	磯村	3	今上	1	奥州	1
室川	2		70	幸手	1	清水	2	尾さき	1
中里	2		83	今島	1	せ戸	2	幸手新宿	1
中里	2		20	千住	2	関宿	1	大和田	1
江戸本所	1		8	中里	1	さ野	1	土戸	1
木ノサき	1		50	木間ヶせ	2	中里	1	清水	2
菅生	1	〆1784人		中里	2	島川	2	まなかへ	1
山さき	2			広しま	1	佐賀	2	今上	4
江戸サキ	4	3月14日		大矢	1	野田	5	繁登	1
吉春	4	今上	24	塚サキ	1	江戸馬くろ丁	1	桜たい	4
古河サキ	1	金杉	1	日光	1	深井	1	横うち	1
宮サキ	3	今上	13	岩井	1	桜たい	2	倉常	2
大田	1	大口	1	杉戸	1	二井ら	1	上青木	1
菅生	1	三ヶ尾	2	土浦	1	江戸	1	野田	2
江戸京はし	1	小布内	5	山王	3	江戸三谷町	1	岩井	1
坂井	3	弓田	2	横うち	3	比■	1	岡田	3
今上	3	高柳	1	目吹	1	小山	1	吉春	1
桜たい	1	広島	1	島十□わ	3	瓦たい	1	坂井	2
山サキ	1	草加	1	桶屋	1	関宿	1	今上	3
まがま	1	せき宿	2	建具屋	4	山サキ	1	せき宿	2
岩付	1	土戸	2	中里	1	宇津宮	1	山サキ	1
岡田	1	本栗はし	1	取手	2	小河	1	しやか	1
山サキ	2	流山	1	坂井	1	栗はし	1	今上	5
高つか	1	粕壁	1	新宿	1	ゆうき	1	幸手	1
岡田	1	高柳	3	馬立	1	長家	2	中たい	1
ふせき	1	せ戸	1	山サキ	2	長井戸	1	坂井	2
せき宿	2	岩付	1	貝塚	2	瓦たい	1	山サキ	1
中里		草加	1	土戸	1	喜才	1	佐野	1

事項	人数	事項	人数	事項	人数	事項	人数	事項	人数
墨(黒)浜	2	行徳	1	尾サキ	2	矢萩	3	越中	1
浦向	2	半割	2	八木サキ	1	高野	1	瓦たい	1
中里	4	戸頭	4	岩井	2	深井	1	包たい	4
川藤	1	流山	1	金の井	2	芦ヶ谷	1	今島	3
瓦たい	2	戸頭	2	岩名	1	花輪せ	1	山村	1
原市	1	せき宿	1	粕壁	2	船形	5	小布内	1
長家	1	山川	1	坂井	2	岩井	2	倉常	1
中村	1	越後	1	赤堂	1	島十	1	小布内	4
塚サキ	1	中里	1	大かしハ	1	上尾	1	岩付	2
下あら井	2	皆葉	1	船形	1	塚サキ	1	吉田	1
広島	1	上ノ内	2	とみだ	1	中里	1	菅生	4
関宿	1	塚サき	1	中里	2	八切	3	弓田	2
辺後	1	太子堂	1	塚サき	3	栗はし	1	小山	2
墨浜	1	大野口	2	横つか	1	瓦たい	1	東村	2
東山田	1	瓦たい	5	塚サき	1	目吹	1	森家	1
本栗はし	2	小布内	2	広島	1	布井	1	赤堂	1
山サキ	1	府川	1	大かしハ	1	瓦たい	4	中里	1
瓦たい	1	広島	2	せき宿	1	大川戸	2	中台	2
くげた	2	清水	1	長須	1	野木崎	1	瓦たい	1
本栗はし	1	ま釜	1	岩付	1	すけのや	1	八木	1
大柏	2	瓦たい	4	広島	1	中里	1	弓田	2
近江	1	弓田	1	長須	1	中里	3	尾サキ	1
坂手	1	江戸	1	中里	1	栗はし	4	弓田	1
親布井	1	坂井	1	すけのや	2	せき宿	1	谷津	2
新宿	1	築比地	1	平つか	2	野田	2	山サき	1
木間ヶせ	1	かさ井	1	幸手	2	中里	1	船形	3
大口	2	小はし	1	吉川	1	坂井	3	幸手	1
清水	2	和泉	1	府川	2	先房	2	谷津	2
吉春	2	瓦たい	1	中山	1	大川戸	1	瓦たい	2
瓦たい	3	中里	2	せき宿	2	長沼	1	森家	1
清水	5	赤沼	1	広島	2	長沼	1	幸手	1
水海	1	金杉	3	中里	1	岡田	1	府川	1
清水	2	小金	1	小金	1	長沼	1	高野	2
並木	1	飯沼	1	岡田	2	尾サキ	2	野喜崎	3
宇津宮	1	瓦たい	2	桐ヶ谷	1	八切	2	水戸	1
今上	3	岩井	1	弓田	1	瓦たい	1	平沼	1
菅生	3	目吹	1	下小はし	3	瓦たい	2	牛久	1
がつけ		塚サキ	1	大かしハ	1	中里	2	幸手	3
坂さ井	3	小松	1	岩井	1	尾サキ	2	取手	3
河野	1	戸頭	1	水口	2	流山	1	小布内	1
赤沼	1	様村	1	大口	1	中根	3	山サキ	2
間壁	2	せき宿	1	中里	4	粕壁	2	幸手	3
くげた	1	中し■	2	中台	1	小山	2	大沼	1
下つま	1	小山	1	熊谷	1	中里	3	一ノ家	2
大田	1	さま	2	せき宿	4	弓田	1	長家	2
芦ヶ谷	1	長沼	2	木間ヶせ	1	島十	3	横うち	2
矢萩	1	塚サキ	1	江戸明神下	1	中根	1	小山	1
小布内	2	板とい	4	平沼	1	間釜	4	中ノたい	1
中里	2	築比地	1	桐ノ木	3	中台	3	中里	2
幸手	1	木村	2	せき宿	2	間釜	1	岡田	3

事項	人数	事項	人数	事項	人数	事項	人数	事項	人数
たて林	1	辺後	2	様村	1	下小はし	2	粕壁	1
八切	3	岩井	1	粕壁	1	六方	1	桐ヶ作	1
中里	1	菅生	3	弓田	2	岡田	1	高柳	2
桜たい	1	とみだ	2	大室	1	山川	1	弓田	1
岡田新田	1	馬立	1	越後	1	上柳	1	桜たい	3
こうのす	1	三ヶ尾	1	三ヶ尾	1	木間ヶせ	1	土浦	2
目吹	1	柏寺	4	中里	2	粕壁	1	菅生	1
江戸本所	2	千住	1	板とい	2	山川	1	粕壁	1
とち木	1	中妻	1	木間ヶせ	3	岩井	6	清水	2
粕壁	2	幸手	1	大かしハ	1	築比地	1	木間ヶせ	2
牛久	1	八きう	1	下小はし	2	野田	1	弓田	2
様村	1	尾サキ	1	大室	1	築比地	1	古河	1
行徳	2	今上清八	1	岩付	2	大和田	2	流山	1
すけのや	5	桜たい	1	森家	2	土浦	2	江川	2
岡田	2	横うち	3	清水	1	上州	1	清水	1
猫さね	1	中台	1	板はし	3	岩名	1	金サき	1
粕壁	2	須加川	3	深井	2	前ヶ崎	1	金杉	1
あせ吉	2	深井	1	様村	2	築比地	2	小布内	3
増尾	2	吉春	2	粕壁	1	中里	1	木間ヶせ	2
長須	2	赤堂	2	江戸中口	1	三ヶ尾	2	石下	1
岩井	1	谷津	2	三ヶ村	1	中根	1	岡田	1
浦和	1	大沼	3	三ヶ尾	2	粕壁	1	上尾	1
山川	2	八木崎	1	若芝	2	松ふし	4	戸張	1
皆葉	4	清水	2	包たい	1	千住	1	瓦たい	1
弓田	5	棒山	1	赤サキ	1	土浦	1	木ノ崎	5
木立	1	大墨(黒)	1	牛久	1	ふさ	1	金サキ	1
山サキ	2	中台	1	関宿	1	外和泉	2	高柳	2
府釜	2	桜たい	1	まないた	1	深井新田	2	幸田	1
土浦	1	木ノ崎	1	板はし	1	平井	2	登戸	1
所塚	1	中台	1	布内	2	塚サき	2	越後	1
吉春	1	今上	2	中里	1	下妻	1	下島	1
行徳	1	あしかが	1	浦品	1	野木崎	1	小山	1
山田	1	さま	1	中村	1	根戸	2	高塚	1
弓田	1	青田	2	岩井	1	塚サキ	2	内角	3
悪土	2	岡田新田	2	釜谷	1	奈戸谷	1	木ノサキ	1
千住	2	くげた	2	八木サキ	2	椿村	1	近江	1
岩井	1	大サキ	1	金サキ	1	赤沼	1	中田	1
中台	3	宮サキ	1	尾サキ	3	金杉	1	間栗	2
粕壁	1	野和田	1	小見川	1	吉川	2	深井	2
草加	2	千住	1	赤サキ	1	赤堂	2	上□□	2
皆葉	2	つく井	1	幸手	2	下島	1	岩戸	2
弓田	1	岩井	2	大室	2	粕壁	2	清水	1
中里	2	様村	1	大室	1	岡田	1	吉春	5
弓田	2	清水	3	あら木	1	内花	3	菅生	1
はいげ	2	乙女	1	江戸本所	3	赤沼	1	木ノサキ	1
大そね	1	飯田	2	法目	3	島十	3	大和田	1
坂井	2	まゝ田	3	桜たい	2	赤崎	2	法目	1
坂井	2	様村	1	戸ヶサキ	2	中の	2	大田	1
弓田	1	塚サキ	1	中田	1	桜たい	2	大和田	1
目吹	2	皿沼	2	瓦たい	1	清水	1	芝原	1

事項	人数	事項	人数	事項	人数	事項	人数	事項	人数
中田	1	二田都	3		2		32	篠大	1
弓田	3	吉川	1		46		41	高井	1
小河	1	金杉	2		34	〆1161人		宝珠花	2
谷貝	3	岩付	1		38			堤代村	3
大そね	1	長家	1		31	3月17日		日田戸	1
流山	1	赤沼	1		13		60	野田	1
かさい	1	弓田	1		8	粕壁	1	粕壁	1
彦田	2	桶川	1		17	今上	11	堤代	4
室川	2	金杉	1		31	磯浜	1	舟橋	1
千住	1	塚サき	1		25	清水	1	堤代	1
あじく	1	内森家	2		32	今上	1	関宿	2
清水	5	山川	2		38	取手	1	幸手	1
尾サキ	3	間釜	1		23	土戸	4	関宿	8
せき宿	2	小布内	2		49	草加	1	塚サキ	2
岡田	2	弓田	6		214	大青田	1	間々田村	2
金の井	2	桜たい	1		49	清水	1	間田木	2
下島	13	山村	1		40	流山	1	西□中□	2
川サキ	1	小山	1		40	清水	1	志小田	3
深井	1	大口	1		20	岩井	1	病人	5
瓦たい	1	小松川	1		20	若芝	1	間久里	4
	58	岩井	2		30	高森	1	病人	1
	42	菅生	1	船形 与兵衛		久下田	1	小金新田宿	2
	130	桜たい	3	船形 ちう		瓦代	2	屋(八)木村	4
	250	赤堂	1	船形 兵右衛門		清水	1	岩附東 高倉村	2
	30	中台	1	〆1589人		若森	1	あんま	4
		中里	1			中里	1	磯村	2
3月15日		今上	1	3月16日		浜田	2	千住	1
今上	34		51		43	久下田	1	松戸	
草加	1	船形	6		38	吉川	1	〆184人	
土戸	2		87		69	岡田	1	中里	1
桜たい	1	野田	8		13	しもくけ	1	奥州福島	1
瓦たい	1	船形	2		63	桐ヶ作	1	三ヶ尾	1
弓田	1	幸手	1		65	しもくけ	1	山サキ	2
様村	1	清水	4		51	□川	1	清水	2
中田	1	岡田	6		79	三し小葉	2	瓦代	1
古河	1	小布内	2		63	河崎	1	若□□	1
桜たい	1	坂井	2		4	越後	1	中里	3
府川	2		89		58	高野	1	粕壁	1
広島	2		61		13	桜代	1	小田村	1
小山	1	倉常	8		49	久下田	2	新宿	1
房州	1	土戸	1		60	あんま	1	幸手	1
戸頭	2		20		35	長谷	1	関宿	1
金杉	1		69		29	大井郷	1	戸頭	2
小山	1	桐ノ木	2		90	生尾村	1	栗はし	1
赤沼	1	船形	7		85	日田戸	1	筑比地	1
江戸本所	1		79		31	堺町	1	山田	1
大口	1		10		38	河藤	1	牛久	1
府川	1		52		51	宮崎	1	八条町	1
岩付	1		5		20	門間村	1	宝珠花	1
山サキ	2		4		81	山河	3	間久り村	1

事項	人数	事項	人数	事項	人数	事項	人数	事項	人数
中村	1	湯田	2	土戸	1	大沢	1	中ノ代	2
間久里	1	中里	1	岡田	2	関宿	1	鵠戸	2
吉春	2	佐間村	2	金杉	1	佐原	1	宝珠花	2
小山村	1	野田町	3	舟方	1	くり	1	粕壁	2
赤沼	1	粕壁	1	舟方	2	境	2	〆183人	
ほとかや	1	清水	4	鳥越	1	栗浜	2	水角	2
木間ヶ瀬	1	小泉	2	目吹	2	越前	2	土浦	1
岩井	1	下あら井	1	目吹	1	中ノ代	2	金杉	5
蕃昌	1	瀬戸	3	松ヶサキ	2	坂手村	1	越中	1
間ヶ部	4	中里	1	山サキ	2	大野屋	4	菅生	1
尾サキ	3	舟方	1	矢畑	1	今上	4	戸ち下	1
境町	2	蕃昌	2	今上	1	小金	2	上青木	1
松子林村	1	平岡	1	松戸	1	中里	1	流山	1
番町	1	板戸井	2	塚サキ	2	篠原	2	商人	1
□小田町	2	坂済(逆井)	1	塚サキ	2	佐原	2	行田	1
河藤	1	流山	1	中里	1	堺	2	間久里病人	2
大門丁	4	平沼	2	小布内	1	岩サキ	8	塚サキ	1
関宿	1	奉目新田	4	山サキ	2	又手	1	雨谷	1
野が戸	1	舟方	4	佐の	1	瓦代	1	中里	1
間久里	3	山サキ	3	魚沼	1	中里	1	米サキ	1
中里	3	舟方	4	取手	1	目黒	1	塚崎	1
小布内	3	清水	2	中田	1	越中	1	病人	5
清水	3	土浦	1	山田	5	足賀々	1	谷津村	2
清水	2	熊ヶ谷	1	片塩	2	鵠戸村	1	野田町	2
舟方	4	舟方	1	堺	2	広島	2	弓田	1
中ノ代	2	舟方	5	木暮	1	大室	3	築比地	1
飛(鳶)人	1	伊勢	1	野田	1	川藤	1	倉常	3
中ノ代	1	上州館林	1	布施	1	間釜	1	花和瀬	1
桜ノ代	2	谷津	5	高佐丁	1	結城	1	商人	1
病人	2	舟方	2	柏村	1	上下之井	1	土浦	1
深川中町	1	栗橋	2	関宿	1	五木	1	筑比地	1
草加	1	大沢	1	野田	1	□村	1	芝原	1
小松川	1	小布内	1	目(女)沼	1	堺	1	赤沼	1
小金	1	瓦代	1	平山村	1	小山	2	広島	3
野寄	1	清水	2	塚サキ	2	栗橋	6	米島	2
米サキ	1	中里	2	寺久	1	栗橋	1	野田	4
越中	1	晴木村	4	山河	1	鳥はミ	2	奥州	3
水海	1	今上	2	小布内	1	間久里	1	長沼	2
戸[redacted]	1	横内	2	小林村	2	寺久村	1	野田	9
松戸	1	木ノサキ	2	泉村	2	久下田	2	大野郷	3
目吹村	1	〆195人		中里	1	水海道	3	間釜	2
米サキ	2	小川	1	小布内	1	関宿	3	下平	3
間壁	1	岡田	4	越ヶ谷	2	木間ヶ瀬	4	粕壁	2
河サキ	1	長谷	1	桜代	1	塚サキ	1	今上	1
大安柳	1	水海道	2	中ノ代	1	高柳	2	深井新田	1
行徳	2	山サキ	1	境	1	千住	2	宮崎	1
瓦代	3	野田町	1	関宿	1	水海道	2	中ノ代	1
関宿	1	今上病人	1	山浦	1	かん原	2	野田	2
佐の	3	粕壁	1	間久り	1	栗橋	2	前新田	2
スカを	2	土浦	1	取手	2	崎ふさ	2	前新田	3

事項	人数	事項	人数	事項	人数	事項	人数	事項	人数
前新田	4	三ヶ尾	1	菅生	1	中ノ台	2	くつ掛	2
野田	1	大柏	5	栗橋	1	山王	2	川藤	1
広島	1	桐ヶ作	2	角山	1	青田	2	小布内	1
中ノ代	2	間久里	1	久下田	1	三村	1	横うち	1
大室	1	権現堂	1	粕壁	1	木間ヶせ	1	築比地	1
泉田村	1	栗橋	1	は生	1	九喜	1	赤沼	1
富田村	1	水海	1	野木	1	皆葉	3	三村	1
水海	1	二合半	1	矢田辺	3	弓田	4	江戸築地	1
駒はね	1	中ノ代	1	青田	1	越ヶ谷	2	様村	2
関宿	1	関宿	5	坂済	1	二田都	2	大矢	1
幸手	1	幸手	1	瓦代	1	九熊	3	中里	2
小牧	1	戸頭	1	舟方	2	吉春	2	瓦たい	2
佐の	1	浅草四丁	3	中妻	2	様村	1	野木	1
柏木村	1	本宿	1	中ノ代	1	木間ヶせ	1	今島	1
関宿	1	長沼	2	中ノ代	1	小山	3	八木島	1
深井	1	中野	1	越後	1	深井	1	中里	1
桜代	1	大河戸	3	桜代	3	築比地	2	谷津	3
粕壁	1	幸手	3	下河之井	3	谷津	1	広島	1
山河	2	中山	1	塚崎	2	清水	3	桜たい	1
岩戸	1	島□井	1	久ス(沓)掛	3	小林	1	様村	1
舟方	2	吉春	4	貝塚	2	築比地	1	松戸	2
深井	1	八丁堀	1	並木村	2	土浦	1	木ノ崎	2
瓦代	2	岩井	2	間加間村	3	中妻	1	小山	1
別□	3	□井	1	小山村	2	坂井	1	中台	1
木村	1	久喜町	2	木ノサキ	2	小林	1	弓田	2
戸頭村	1	浅草三谷	1	東山戸	3	増尾	2	粕壁	1
目吹村	1	みな葉	1	岩谷	2	鶴島	2	原市	1
今上	1	間久里	1	〆295人		いね(稲)宮	2	大塚戸	1
高磯	1	西深井	2	島村	1	野木崎	1	ま貫	1
瓦代	1	栗橋	2	諸商人	10	谷津	2	中た	3
栗橋	6	栗橋	2	諸商人	2	内宿	2	大みち	1
松伏	1	広島	2	三ヶ尾	2	塚崎	1	金杉	1
中里	2	小金	1	中野	1	粕壁	1	様村	2
深井	1	本栗橋	2	榛山	1	小布内	1	乙女	1
洗井	1	戸頭	2	尾サキ	3	皆葉	1	馬立	1
岩井	1	河野	1	築比地	1	大そね	1	中里	2
弓田	1	粕壁	2	桜たい	1	広島	1	坂さい	1
中里	3	皆葉	1	山王	3	本栗橋	4	紅葉山	4
栗橋	2	鳥はミ	2	坂手	4	内苞	2	粕壁	1
宮サキ	1	中妻	1	村内	2	西袋	1	柳□	2
佐間村	3	東村	3	小布内	1	平岡	1	東深井	1
久つ尾	2	越後	3	桐ノ谷	1	粕壁	1	野木崎	1
木ノ崎	1	金杉	1	蓮沼	1	戸頭	2	大墨(黒)	2
高塚	2	うつ之宮	1	小山村	2	木間ヶせ	2	木間ヶせ	3
阿部	2	栗橋	1	清水	1	船形	4	〆186人	
前ヶサキ	2	赤川	1	芦ヶ谷	1	中里	2	弓田	4
中里	2	栗橋	3	粕壁	1	谷津	1	平井	2
東深井	1	目吹	2	大室	1	川野	1	舟方	2
東深井	1	中里	1	中里	1	千住	1	幸手	3
尾サキ	3	弓田	1	広島	1	田川	1	野田	1

事項	人数	事項	人数	事項	人数	事項	人数	事項	人数
花わ手(塙世)	3	久喜	3	平方	3	瓦代	4	阿しき	4
商人	2	木間ヶ瀬	1	谷津	2	小山	1	小山村	1
狐塚	1	深谷	1	中根	1	坂済	1	三ヶ尾	1
平井	2	坂済	1	あんま	2	水海道	1	栗橋	1
山サキ	1	長井戸	1	金野井	3	下柳	1	岩崎	2
長谷	2	岩井	4	今上	1	吉屋	2	塚崎	2
瓦代	3	赤沼	3	高柳	2	関宿	1	戸張	1
■■内	1	千住	2	島中	3	島ヶ村	3	瓦代	1
岩井	6	久下田	2	流山	1	瓦代	1	長ス	1
菅生	4	木ノサキ	1	茂はら	1	関宿	1	千住	2
津谷(谷津)	1	岡田新田	2	三ヶ尾	2	貝塚	1	貝原	1
飯沼	1	板間	3	関宿	1	しもくほ	3	五ヶ村	2
幸手	1	小山村	3	瀬戸	1	目吹	1	山田	3
弓田	4	菅生村	1	小山	2	木間ヶ瀬	4	根戸	2
境	3	商人	3	下つま	1	宝珠花	2	市川	1
弓田	1	三ヶ尾	1	中里	1	鷹之ス	3	平塚	2
三ヶ尾	2	道之ふ	2	大塚戸	1	大和田	2	瓦代	1
上州本所	1	市ノ谷	2	大和田	2	粕壁	1	境	1
山サキ	1	中妻	3	丸林	1	矢作	2	佐の	1
菅生	2	長沼	3	堤根	5	弓田	1	木間ヶ瀬	1
谷津	3	舟方	7	大和田	1	山崎	2	山田村	2
目吹	1	山サキ	2	武州	1	深井	1	赤戸や	1
今上	1	三顔	2	大和田	4	やきれ(矢切)村	4	大田	1
鷺田	2	瓦代	1	堤根	5	荒木村	1	岩井	2
桜代	1	小布内	3	山河	1	■■小牧	1	舟方	3
戸頭	1	筑比地	1	三ヶ尾	1	山サキ	2	野田	2
魚沼	1	堺	1	瓦代	1	瓦代	1	蕃昌	1
久喜村	2	久下田	1	中里	1	中根	1	深井	1
小布内	6	瓦代	1	木間ヶせ	1	大和田	2	木ノサキ	3
小田原町	1	谷津	2	関村	1	病人	2	古河	1
米サキ	1	目吹	2	貝塚	3	金杉	1	板橋	1
平井柳村	1	弓田	1	若村	1	木間ヶせ	2	九ノ木	1
水海	3	舟方村	1	間釜	1	〆150人		三ヶ尾	1
下平柳	2	奈戸かや	1	山サキ	1	清水	1	桜代	1
越後	1	幸手	1	米島	3	深井	3	山サキ	1
布川	1	粕壁	1	岩附	1	中ノ代	1	長沼	1
瓦代	2	堤根	2	佐の	1	中里	1	小山村	3
岩井	2	堺	1	彦根	1	高柳	2	三又村	2
麦塚	1	今ヶ島	2	粕壁	1	舟方	1	舟方	2
海水(水海)	2	木ノサキ	1	舟方	1	野田	1	金崎	1
中里	2	千住	2	総州	2	板橋	3	板田橋	2
目吹	1	平島	2	大塚戸	1	筑井	1	目吹	2
平沼	1	大塚戸	2	木間ヶせ	2	木間ヶせ	3	山サキ	1
内間谷	1	中里	2	達サキ	1	中里	1	木ノサキ	2
山サキ	1	中根	1	芝崎	1	松伏	1	山村	1
戸ぢけ	1	中里	3	木ノ崎	4	越中村	3	寺久	3
久喜	2	粕壁	2	高柳	1	夏味(見)	2	今井	1
三ヶ尾	1	〆198人		木ノサキ	1	弓田	3	飯沼	2
木間ヶ瀬	2	尾高村	1	板はし	3	弓田	4	目吹	2
中里	1	金杉	1	高サキ	3	しもくほ	3	境	1

事項	人数	事項	人数	事項	人数	事項	人数	事項	人数
平沼	1	鳥はミ	1	木ノサキ	2	夜は(呼)塚	1	千住	2
正連寺	1	飯沼	1	木ノサキ	1	関宿	1	筑比地	4
山サキ	1	河サキ	1	我孫子	1	書蓮寺	1	長谷	1
長沼	1	塚崎	6	新宿	1	菅ヶ生	1	清水	1
わらび	1	今上	4	高野	1	戸頭	2	半谷村	4
平方	1	は瀬村	4	菅生	1	岩井	1	江戸	6
ふき田村	2	〆255人		小山村	1	瀬戸	2	〆270人	
灰毛村	5	長沼	2	木ノサキ	1	野木サキ	4	千住	2
広島	3	越ヶ谷	1	袋山	1	水海	2		10
くつ掛	1	目吹	3	菅生	2	取手	1		10
桐ヶ谷	1	今上	4	弓田	1	スけのや	1		10
深井新田	1	病人	1	中里	1	長塚	1		10
千住	2	吉妻	2	関宿	1	長塚	1		10
奈戸かや	1	目吹	4	角山	2	岡田新田	5		10
津谷	1	三ヶ尾	2	山サキ	1	大矢田	7		10
宮サキ	3	島川	2	木ノサキ	1	魚沼	2		10
中里	2	深井	1	宇田林	1	今上	1		10
岡田新田	6	杉戸	1	日田	1	瓦代	1		10
花ノ井村	3	三ヶ尾	5	野々井	4	木間ヶせ	3		10
粕壁	1	岩附	1	布施	2	深井新田	1		1
三ヶ尾	1	通玉	2	大田村	1	阿左谷	2		4
布川	3	木間ヶせ	1	目吹	2	金杉	1		1
山サキ	1	取手	1	岩附	1	中里	3		2
木ノサキ	3	舟方	2	高サキ	2	平井	4		10
間釜	2	□	1	花井	4	瓦代	□		10
木ヶ間せ	3	□□内	3	駒はね	2	東宝珠花	2		10
大青	2	山サキ	1	馬立新田	1	中里	2		10
日田戸	2	小泉	1	本栗橋	2	舟方	2		10
目吹	2	水戸	1	下奈谷	3	灰毛	1		10
中里	2	岩附	1	若芝	2	丸林	1		10
三ヶ尾	1	流山	1	長沼	3	鳥はみ	1		10
木ノサキ	2	花又	3	関宿	1	な前(生井)	1		10
舟方	2	粕壁	1	舟尾	1	浅草山宿	1		10
もろ川	3	大青田	4	花井	2	木ノサキ	1		10
小松川	6	木間ヶせ	3	宝珠花	2	大畑	1		10
佐間	1	大室村	1	目吹	1	幸手	1		10
小山村	3	木間ヶせ	3	本栗橋	1	深井新田	1		10
中妻	3	中沼	1	筑比地	3	越後	2		10
間瀬	1	舟方	4	間釜	3	赤サキ	2		10
戸頭	4	小泉	1	宇田林	5	皆葉	2		10
木村	1	野木サキ	3	大木	1	幸手	1		10
ミのわ	1	つけの谷	3	間■■	2	金崎	1		10
小山村	1	取手	1	関宿	1	牛久	1		10
粕壁	2	木間ヶせ	3	平方	1	小布内	1	〆314人	
布川	2	柏村	1	尾サキ	1	小林	2		5
日光	2	木間ヶせ	3	下はかい	2	千住	1		10
清水	3	長沼	1	あセ吉村	2	関宿	1		10
野田	4	三ヶ尾	1	粕壁	2	長谷	1		10
三州	1	今上	4	木間ヶせ	1	紅葉大門	1		10
病人	4	新宿	1	中里	1	もろ川	4		10

事項	人数	事項	人数	事項	人数	事項	人数	事項	人数
	10	今上	1	中の	2	島川	3	長沼	3
	10	塚サキ	2	〆211人		中台	2	小金	1
	10	諸川	2	瓦台	2	清水	5	今上	4
	10	土戸	3	病人	2	中台	2	間久里	2
	10	大曽根	1	山玉	2	金杉	2	向小金	2
	20	舟方	1	病人	1	坂本	2	向小金	3
〆125人		今上	3	□立	1	坂井	3	ばんしよ	1
〆2355人		五ヶ村	1	今上	5	小ほつ	4	中里	1
入込50人		広島	1	我孫子	1	清水	1	金井	1
惣〆2405人		小松川村	1	今上	1	土浦	1	野木崎	3
外675人非人		比山戸村	1	山川村	3	桜たい	1	ふせき	2
又惣〆3080人		大門馬	1	久喜	2	中里	1	下早見	1
		大門馬	3	中里	1	深井	1	小布内	1
（3月18日）		幸佐木	2	中里	2	桜たい	4	東山田	1
入込　今上連	71	菅生	1	くげた	2	間々田	2	馬立	1
取手	2	奉目	5	くき	3	桜たい	2	野木崎	1
取手	2	久下田	3	瓦たい	2	磯村	2	かさい	1
清水	2	佐間	1	船形	1	広島	2	栗はし	2
取手	2	佐野	1	山サキ	2	瓦たい	2	小和泉	1
清水	2	我孫子	4	岡田	2	船形	13	八木サき	1
江戸神田	1	吉川	1	本栗はし	1	大かしハ	2	流山	1
羽倉	1	瓦代	1	佐原	1	船形	5	小金	1
板橋	2	小林	2	船形	7	船形	1	寺久	1
塚崎	1	舟方	1	とみた	1	広島	2	さの	2
取手	1	木間ヶ瀬	2	は入	1	山サキ	2	幸手	1
塚サキ	1	千住	1	中根	1	塚サキ	1	ふせ	3
境	1	戸三(富)下	1	山サキ	3	は入	1	大津	1
草加	1	荒木村	1	新木田家	1	坂井	1	古河	1
大井	1	岩城	1	幸手	1	皆葉	1	森家	1
関宿	1	小山村	1	長沼	1	しの原	1	坂井	2
小門馬	1	栗橋	1	さき城	3	長井戸	1	中根	1
関村	1	関宿	1	塚サき	2	松戸	1	坂井	2
瓦代	4	久ヶ田	2	下小はし	1	小山	1	清水	1
柏木	1	幸手	1	目吹	1	馬立	1	中台	1
内塚	1	関宿	1	府川	2	くげた	1	金杉	2
関宿	1	広島	4	弓田	2	三ヶ尾	1	五ヶ村	1
塚サキ	1	弓田村	2	幸手	1	山サキ	1	玉つくり	1
土戸	1	日光	1	ミ沼	1	取手	1	紅葉大門	1
山サキ	2	山川	1	小山	2	しやうふ(菖蒲)	1	木間ヶせ	2
東仲町	1	長谷村	1	山サき	1	越後	1	かしハ	1
□木崎	1	やきれ	1	長沼	1	山サき	3	五ヶ村	1
野々井	2	佐原	3	布井	1	岡田	6	坂手	1
塚サキ	1	菅生		江戸浅草	1	板はし	1	室川	2
芝原	1	寺久村	1	広島	2	江戸本所	1	室川	1
上青木	1	みな葉	1	上柳	1	野木崎	1	島川	1
岡田新田	5	先茅	2	瓦たい	3	貝塚	2	弓田	1
越ヶ谷	2	若村	1	木間ヶせ	2	塚サき	2	中里	1
中里	1	木野サキ	1	瓦たい	3	大室	1	長家	1
日光	1	角山	2	中里	3	広島	2	本栗はし	1
瓦台	2	古河	1	くつ掛	5	中台	1	清水	1

事項	人数	事項	人数	事項	人数	事項	人数	事項	人数
長須	1	やきれ	2	足■	1	広島	2	小布内	1
野田	1	島川	2	矢萩	2	古河	2	小林	1
大和	1	中里	2	赤崎	1	岡田新田	2	木ノサキ	1
塚サき	2	大田	2	芝□	1	今上	2	印旛	1
八木	2	蕃昌新田	6	本栗橋	1	流山	1	中里	3
粕壁	2	長沼	1	中里	1	倉常	3	米谷	1
横うち	3	佐野	1	弓田	2	今上	1	大井戸	1
岡田	1	木間ヶ瀬	1	尾崎	1	中ノ代	1	又手	1
坂井	2	大柏村	1	中ノ代	2	大殿井	1	間久里	1
土浦	1	□□	2	関宿	2	幸手	1	奈戸かや	1
小村	1	瓦代	2	野田	1	小林	1	間久里	4
〆284人		中里	1	三ヶ尾	1	小林	1	尾サキ	3
桜代	1	佐野	2	中野	1	□村	1	金杉	2
越中	2	佐下戸	1	瓦代	1	中ノ代	1	□□	2
熊ヶ谷	1	中田	1	谷津	1	幸手	3	中ノ代	1
牛久	1	布施	2	長沼	1	■■■	2	吉春	1
行徳	1	関宿	3	坊山	1	幸手	1	戸頭	2
金杉		山王	4	〆198人		堺	1	内森谷	1
泉村	1	広島	3	中根新田	2	関新田	1	山崎	1
岩井	2	佐間	1	筑比地	1	岩井	1	佐間	2
寺久	2	板戸井	1	奥州	3	佐原	1	赤堂	1
越後	2	須ヶ尾	1	あしき	1	弓田	4	弓田	1
大室	1	宮サキ	2	野田	2	須ヶ尾	2	関宿	1
草加	1	岡田新田	1	桜代	1	谷津	3	島重中里	1
飯沼	1	奈間かや	4	今上	4	■■	1	山崎	2
坂済	1	佐野	1	金杉	2	半■	1	堤台	1
布川	2	中里	4	金杉	1	五木	3	中台	1
舟方	2	横内	2	野田町	1	角山	2	小布内	1
越後	1	吉春	2	□高村	1	芝原	1	山川	2
新宿	2	東浦	2	佐間	2	小泉	1	小林	2
栗橋	1	瓦代	3	長谷	2	目吹	2	諸川	1
篠つか	2	高柳	3	水海	1	筑比地	2	佐間	2
小布内	1	木間ヶせ	2	流山		柏寺	3	川妻	1
間釜	1	佐間	2	奈戸かや	1	本栗橋	1	清水	1
関宿	4	いつ(伊豆)	■	□□□	1	中里	1	小橋	3
瓦代	1	須ヶ尾	3	岩井	2	通玉	1	下妻	2
関宿	2	市ノ谷	2	山サキ	1	大□□上	1	〆172人	
長沼	1	岡田新田	2	菅生	1	山サキ	1	赤崎	1
大青田	4	島沢	2	は生	1	間くり	1	山崎	1
中妻	1	川藤	1	中妻	1	小青田村	1	山崎	2
千住	3	粕壁	1	関宿	2	た崎	1	中台	1
矢畑	2	瓦代	1	土浦	1	小浜	1	金杉	3
島川	2	草加	2	山田	1	米サキ	1	築比地	1
■島	1	千住	1	瓦代	2	江戸日本橋	1	岩名	1
宝珠花	4	佐の	1	塚サキ	1	平井	2	八切七切	1
島川	2	麦塚	2	高野	1	坂済	2	平井	2
須尾	1	あんま	4	粕壁	2	中里	1	若柳	1
川島	1	中野	1	青田	2	通玉	1	板はし	1
水海	2	五ヶ村	1	島川	2	松伏	2	様村	1
桜代	1	■■	1	□□	1	大井戸村	1	戸頭	1

事項	人数	事項	人数	事項	人数	事項	人数	事項	人数
岩井	1	伊州	1	岩井	1	青田	2	粕壁	2
包たい	1	今戸	1	木村	1	根戸	2	木間ヶせ	2
新宿	1	水海	1	金の井	1	岩井	9	木間ヶせ	1
なか妻	1	山川	1	谷津	1	長沼	1	本栗はし	5
中台	1	飯沼	2	府釜	3	長沼	3	野田	1
坂井	3	清水	1	三ヶ尾	1	山サき	2	金の井	4
□□所	2	下島	2	江戸	1	牛久	2	長須	1
戸塚	2	木間ヶせ	1	三ヶ尾	1	様村	1	瓦たい	1
二田都	2	千住	2	赤堂	2	水又	1	長家	2
内川	3	せき宿	1	今上	5	花井	2	木間ヶせ	3
横うち	1	平沼	1	筑比地	1	二田都	1	なつみ	2
山サき	1	木ノ崎	4	筑比地	1	清水	2	木颪	1
平井	2	長沼	2	〆111人		向小金	1	八木崎	1
八木サき	1	吉春	2	越ヶ谷	2	幸手	1	増尾	1
く木	1	弓田	3	間久里	2	弓田	2	吉妻	1
木ノ崎		谷津	2	築比地	1	横うち	2	板はし	3
くつ掛	1	関宿	3	野田	2	駒はね	2	安部	3
内森家	1	高柳	2	赤とう	1	大口	2	中台	1
佐の	1	間々田	1	包たい	1	小布内	1	野田	4
安部	1	粕壁	1	塚サき	1	島川	2	馬立	2
清水	1	あせ吉	1	中台	1	瓦たい	1	深井新田	1
平方	2	大田	1	岩付	1	二田都	2	草加	1
まないた	1	せき宿	1	山王	2	宮サキ	5	金杉	1
□□	2	青柳	1	中里	2	関宿	2	中里	1
弓田	1	寺町	2	中里	1	岩井	2	□□	1
越後	1	木間ヶせ	3	坂さい	1	瓦たい	2	中台	1
内苞	2	あせ吉	2	幸手	1	小布内	2	関宿	1
古河	1	本栗はし	2	戸頭	1	草加	1	くぐ井戸	1
幸手	1	幸手	2	粕壁	1	瓦たい	1	長家	1
今上	1	大口	1	中里	3	小張	5	木ノ崎	1
岡田	1	佐の	1	間久里	1	坂井	3	くしゲ(久寺家)	1
中妻	2	大口	1	金杉	1	八切	3	森家	1
平沼	1	馬立	1	川藤	1	目吹	1	下内川	4
長沼	1	本栗はし	1	小布内	2	小田原町	2	今上	1
河野	1	せき宿	1	中山	1	流山	2	桜たい	1
谷津	1	下柳	1	上しき	1	川藤	2	とち木	1
安房	1	清水	3	木ノ崎	1	江戸	1	今上	1
五木	1	原市	1	中里	3	麦塚	1	木間ヶせ	1
あせ吉	1	大口	1	下八切	3	吉春	3	野田	1
木ノ崎	2	木間ヶせ	1	大通	1	小金	1	仙台	1
桜代	1	本栗はし	1	谷津	3	中里	3	関宿	1
〆71人		坂井	1	中里	3	日光今市	1	八木島	1
長沼	2	川藤	1	くげた	2	瓦たい	1	水海道	1
築比地	1	栗はし	2	目吹	3	小金	1	新宿	1
三ヶ尾善右衛門		高柳	2	駒はね	3	今井戸	2	木ノ崎	1
中台	1	島川	2	小布内	1	尾サき	2	江戸浅草	1
中妻	1	千住	2	長沼	1	河の	1	船形	1
大墨	1	船形	9	下平	1	花の井	3	並木	1
坂井	2	中根	1	龍福寺	1	中根	1	宮サキ	1
今上	1	板とい	1	並木	2	吉□	1	小布内	1

事項	人数	事項	人数	事項	人数	事項	人数	事項	人数
小山	1	弓田	1	ゆうき	1	栗橋	1	山王	3
山サき	1	木ノ崎	1	東深井	1	行徳	2	大田	2
栗はし	1	吉川	1	宮サキ	3	をや之井	2	中里	3
松戸	1	長家	2	木間ヶせ	2	荒町	1	菅生	2
谷津	5	飯沼	1	とり谷	2	佐原	1	土浦	1
粕壁	1	ふせ	1	行徳	2	窪田	1	金杉	2
山村	1	あら木	1	二田都	2	東海道	1	岩サキ	3
千ノ塚	1	菅生	1	中里	1	保戸カヤ	2		67
流山	1	わしノ宮	1	木間ヶせ	2	木ノサキ	2		58
目吹	1	三ヶ尾	3	大木	1	木佐キ	2		36
木間ヶせ	1	船形	2	船はし	1	皆輪町	1		69
吉春	1	三ヶ尾	2	中里	1	小布内	1		40
越ヶ谷	1	飯沼	1	船形	1	大宝	1	〆1774人	
正連寺	1	釜ヶ谷	1	〆276人		瓦代	2	外ニ589人	
阿部	2	木□□	1	金杉	1	釜ヶ井	1		
水戸	2	木間ヶせ	1	目吹	2	瓦代	2	3月19日	
栗はし	1	目吹	4	瀬戸	5	幸手	2	清水	7
おふ倉	1	小山	1	蕃昌	3	目吹	3	今上	6
新宿	1	今上	1	大曽根	1	間ヶ間	2	今上	5
岩付	2	新		中里	1	清水	1	土戸	3
小布内	2	木ノ崎	1	大沢	1	大矢村	3	江戸吉原	1
木ノ崎	1	中里	1	くりはし	1	山高野	2	中台	1
水角	2	小山	1	大門馬	2	わしノ宮	2	は入	2
水角	1	小張	1	宇津宮	1	深井新田	1	今上	3
わしノす	1	ばんしやう	1	芝原	1	塚サキ	1	赤堂	1
丸林	1	大田	1	古河	1	間瀬村	2	瓦たい	3
下平	2	三ヶ尾	1	平沼	1	矢畑村	2	山王	3
桐ヶ作	1	坂井	1	布施	1	小山村	5	三ヶ尾	1
粕壁	1	栗はし	1	関宿	1	尾崎	2	今上	6
平形	1	桜たい	2	舟方	1	三田	2	大口	1
深井	1	菅生	1	小布内	2	嘉沼	1	塚サき	1
大沼	1	岩付	1	宝珠花	2	関宿	2	今上	3
まながへ	1	芝サキ	1	魚沼	4	杉ノ矢	2	くげた	1
谷津	1	あらく(新久)	1	越ヶ谷	1	清水	1	草加	1
須賀	1	長井戸	1	目吹	1	〆121人		坂井	1
幸手	1	長沼	1	境	1	病人	3	は入	1
木間ヶせ	1	関宿	1	関宿	1	あんま	3	かさい	2
小布内	1	岩井	1	間釜	1	矢久村	2	府川	2
ミのハ	1	中里	1	□□	1	野田町	6	古戸	1
正連寺	2	間壁	4	横内	1	栗橋	4	幸手	1
中里	1	木間ヶせ	1	長沼	4	石下	1	くげた	1
相川	1	正連寺	1	角山	1	野田	3	広島	2
下妻	1	粕壁	2	木間ヶせ	1	しのず	2	瓦たい	2
あひこ	1	木ノ崎	3	三ヶ尾	4	土浦	1	あんま	1
木ノ崎	1	所はし	1	□□	1	宝志戸	3	今上	3
越ヶ谷	1	安部	1	矢畑	1	広島	4	清水	2
みのハ	1	小布内	1	木間ヶ瀬	1	藤塚	5	瓦たい	8
所ヶ崎	2	弓田	1	粕壁	2	小林	1	中田宿	1
宝珠花	1	内川	1	魚沼	1	病人	3	千住	1
木間ヶせ	1	二田都	1	飯沼	1	三ヶ尾	11	長沼	3

事項	人数	事項	人数	事項	人数	事項	人数	事項	人数
桜たい	1	■■	1	宝志戸	3	ふせ	1	和泉田	1
室川	3	■■	1	中根	1	柳沢	1	板はし	2
大矢	2	今上	1	倉常	3	水海道	1	小布内	1
船形	1	菅生	1	船形	1	幸手	1	かじ	2
長家	1	八木崎	1	森谷	1	柳沢	1	は入	3
皆葉	2	三ヶ尾	1	大矢	1	東宝珠花	1	長沼	1
塚サき	1	赤堂	1	柏木	1	まなかへ	1	島川	4
新宿	1	中台	1	ほと谷	1	菅生	2	木間ヶせ	7
塚サキ	2	桐ヶ作	1	秋田	1	さの	1	下谷	1
関宿	2	岩サき	1	小山	1	関宿	1	高柳	1
あびこ	3	中台	1	杉戸	1	木間ヶせ	1	広島	3
くげた	2	古河	1	越後	1	八切	1	島川	1
せき宿	1	岩井	1	深谷	1	木間ヶせ	2	中里	1
中里	1	■■■	1	関宿	1	坂井	1	広島	1
下つま	1	せんたん	1	君島	1	せき宿	2	本栗はし	1
さの	1	あんま	4	府川	1	島川	1	瓦たい	1
粕壁	1	今上	30	弓田	3	岩城	1	栗はし	2
小山	1	栗はし	6	佐原	1	小布内	1	大木	1
小室	2	高野	1	長家	1	弓田	2	瓦たい	4
様村	2	大墨	3	日光	1	岩付	1	瓦たい	3
船形	2	野渡	1	くき	2	野田	4	くつ掛	2
目墨	4	今上	1	大塚	2	権言堂	1	岩名	1
今上	4	□□	3	坂井	3	長沼	1	深井	2
くつ掛	4	今上	8	山サき	5	坂井	1	土浦	1
府川	2	今	1	山サき	1	あしき	1	小布内	2
千住	2	間々田	1	千住	2	瓦たい	1	坂井	2
小山	1	上柳	1	瓦たい	2	野田	1	布井	2
塚サキ	1	桜たい	2	戸頭	3	岩井	2	尾サキ	3
大津	1	大和村	2	木間ヶせ	2	岩井	1	赤堂	2
小松川	1	くつ掛	3	水角	2	今島	3	法目	2
越中	7	桜たい	3	窪(久保)島	2	三ヶ尾	1	山王	1
杉戸	1	老僧	1	吉春	2	瓦たい	1	木間ヶせ	1
飯沼	1	横うち	3	〆228人		岡田	1	桐ヶ井	1
牛久	1	小高	1	深井	1	船形	9	岩付	1
越谷	1	岡田	8	深井新田	1	瓦たい	2	川妻	1
様村	1	向小金	3	清水	1	弓田	2	赤堂	1
栗はし	1	〆104人		谷中	2	きつね塚	3	木間ヶせ	5
くげた	1	角山	2	中里	1	粕壁	2	上山田	2
小布内	1	塚サキ	2	貝塚	1	くつ掛	1	小林	2
長沼	1	清水	1	高山	1	小林	1	坂井	2
船形	1	中里	1	間久里	4	塚サキ	1	野木崎	2
大つき(附)	1	清水	1	八木	3	東小屋	2	桜たい	1
上柳	1	大生郷	2	三ヶ尾	2	は入	2	江戸	1
小浜	1	坂井	1	大田	1	三ヶ尾	1	谷津	4
広島	1	金崎	3	水戸長岡	1	清水	2	〆187人	
梅田	1	土戸	1	森家	1	高柳	2	野田	5
瓦たい	3	平沼	1	瓦たい	1	千住	1	野田	3
坂井	2	金杉	2	ばんしう	1	小山	1	野田	2
せき宿	2		66	越中	1	九き	2	芦ヶ谷	2
■■	1		79	岩井	1	門間	1	東深井	2

事項	人数	事項	人数	事項	人数	事項	人数	事項	人数
五木	4	飯沼	2	広島	5	長井	1	下平	3
築比地	1	奈戸谷	2	駒木	1	吉春	3	小布内	1
木ノ崎	2	八切	2	小山	1	木ノサキ	3	幸手	1
桜たい	1	芝原	1	宝珠花	1	坂さい	1	くりはし	2
下新井	4	平岡	1	ふせ	3	くき	1	墨浜	3
赤沼	1	粕壁	1	栗はし	1	取手	1	戸頭	4
深井	2	極らく	2	増尾	1	下平	2	間釜	2
今上	4	水海	2	新宿	1	□所	3	尾上	1
江戸新(神)並	1	粕壁	1	岩サキ	3	篠津	2	室川	1
三ヶ尾	1	今上	3	安部	2	岩サき	1	山村	3
山王	3	谷津	2	取萩	2	くき	1	中里	2
清水	1	吉妻	2	目吹	1	戸頭	2	布せ	2
広島	4	金つま	1	木間ヶせ	1	水角	2	千住	2
川妻	1	くりはし	1	瓦たい	2	今井	2	小布内	3
谷津	2	木間ヶせ	2	瓦たい	1	坂井	2	谷津	1
関宿	1	せきやと	2	吉春	1	間釜	2	奈戸ヶ谷	1
水海	1	木間ヶせ	2	小布内	2	間釜	1	馬立	1
岩井	2	小林	2	大和田	2	岩サき	2	坂井	3
瓦たい	2	馬込	2	赤沼	1	八木サき	2	宝珠花	3
関宿	1	包たい	2	吉春	1	下小はし	2	きつうち	1
室川	1	様村	5	くげた	1	中里	1	小金	1
越後	1	須加川	3	栗はし	1	千住	3	中里	1
幸手	1	包たい	2	粕壁	2	磯村	3	長□	1
坂井	2	本栗はし	2	関宿	3	船形	8	川通	1
粕壁	2	伊丹	1	取手	1	船形	10	瓦たい	2
金杉	3	二田都	3	流山	1	岡田	2	忍砂	3
加賀	1	小金	1	粕壁	3	中ノ台	6	取浜	2
山王	1	塚サき	1	木間ヶせ	2	大津	1	長沼	2
小布内	1	清水	3	あら井	1	〆245人		取浜	
くつ掛	1	大和田	1	幸手	1	平方	5	くげた	2
金崎	1	行田	1	せき宿	1	山サき	2	瓦たい	2
ばんしう	1	増尾	1	中里	1	三ヶ尾	1	長沼	2
室川	2	築比地	1	かしハ寺	3	大さハ	2	高野	1
かしハ	2	岡田	2	飯田	2	谷津久内	2	小布内	1
は入	2	江川	2	室川	2	布井	3	せき宿	1
岩サき	1	吉春	2	粕壁	2	今上	5	粕壁	1
小和泉	1	深井	2	広島	3	小布内	2	中里	1
中里	6	せき宿	4	戸頭	1	栗はし	2	あし忍	1
桜たい	1	ね戸	1	木間ヶせ	1	塚サキ	1	小布内	2
水海	3	幸手	2	粕壁	1	戸頭	2	中里	2
木間ヶせ	1	長家	5	は入	2	内苞	3	下平	1
せき宿	1	中里	1	岩付		山サき	1	あひこ	3
くりはし	1	小や(親)ノ井	1	尾サキ	3	中里	3	あじかし	4
今上	1	小林	1	大室	1	中里	4	奥州	1
江川	2	山王	2	中里	2	牛久	2	清水	1
本所	1	中台	2	赤沼	2	中里	5	長家	3
栗はし	1	長沼	6	下小はし	1	江戸肴町	1	長沼	1
清水	1	金杉	1	一ノ谷	2	向小金	2	〆126人	
伊豆	4	粕壁	1	瓦たい	2	権言堂	1	大矢口	3
青田	3	赤サキ	1	様村	1	篠津	1	三ヶ尾	1

事項	人数	事項	人数	事項	人数	事項	人数	事項	人数
深井源五郎	1	菅生	1	高柳	1	大口	1	金の井	2
深井源左衛門	2	広島	2	大口	1	角山	1	常州府中	1
塚サき	1	並木	1	岩井	1	中里	1	細谷	1
木間ヶせ	1	坂井	2	深井	3	安部	3	古河	1
水海道	1	島川	2	大口	2	大かしハ	1	麦塚	1
関村	1	銚子	2	大口	1	船形	1	ウつの宮	1
ふせ	1	あら木	1	くりはし	2	としき	1		70
くき	1	幸手	3	小河	2	飯沼	2		45
粕壁	2	日影沢	1	金の井	5	江戸本郷	1	〆1516人	
下新井	2	木間ヶせ	3	〆213人		中根	1	外ニ非人450人	
もり谷	1	白井戸	1	江戸	2	戸張	1		
弓田	1	小和泉	3	越ヶ谷	1	のた	1	3月20日	
大かしハ	2	野木	1	中台	3	清水	1		28
みのハ	2	越後	1	越ヶ谷	1	上柳	1		123
根本	2	鷲ノ宮	3	小馬	1	行徳	2		4
あじかし	2	小山	5	山川	3	馬立	3		85
島田	1	中里	2	吉川	1	水海道	2		80
下小はし	3	内川	4	瓦たい	1	金杉	1		13
坂さい	2	中里	3	平塚	1	中台	1		4
幸手	1	小小はし	3	今上	1	今上	6		11
深井	1	築比地	1	牛久	1	手賀	1		8
金杉	1	大口	1	松戸	1	登戸	2		61
粕壁	4	せき宿	2	岡田	1	深井	2		8
栗はし	1	奈戸谷	2	半田	1	山王	3		63
広島	1	水戸	1	菅生	1	大かしハ	1		8
松戸	1	野田	3	草加	1	柳生	1		9
幸サき	1	弓田	1	山田	1	岩サき	1		6
島川	2	近江	1	木戸村	1	上州下五ヶ	3		15
島川	1	太子堂	2	弓田	3	角山	2		5
間せ	2	木間ヶせ	1	なつミ	2	上山川	2		53
木間ヶせ	2	坂井	1	瓦たい	2	越後	2		35
幸手	1	尾サキ	3	大墨	1	塚サき	3		11
八切	1	高柳	2	船馬(千波)村	1	三ヶ尾	2		8
越ヶ谷	1	柏寺	2	駒はね	2	藤塚	3		20
島川	1	三村	1	大村	1	木間ヶせ	5		5
長須	1	山王	2	弓田	3	粕壁	1		15
赤沼	1	三ヶ尾	1	せ戸	1	武州野田	4		45
あじき	3	菅生	1	栗はし	1	江戸本所	2		38
岩井	1	深井	1	塚サき	2	江戸浅草	1		28
西里	1	大口	1	塚サき	3	越後	2		26
江戸	1	小布内	2	龍福寺	1	桜たい	1		32
せき宿	3	大かしハ	2	小浜	1	八須	2		
長沼	2	栗はし	3	金ノ井	3	越後	3		
小間ヶせ	1	ミのま	1	篠原	1	上州高野	1		

15　天保８年３月　窮民名前控（文書番号 ZBA13）

事項	人数	事項	人数	事項	人数	事項	人数	事項	人数
		墨浜	1	久ヶ田	2	広島村	1	瓦台	2
３月21日		今上	2	江戸三谷	3	□□村	1	国分寺	1
今上	28	塚サキ	1	関宿	1	下方田村	2	くげた	1
土戸	2	奥州	5	真壁	1	弓田	1	せき	1
今上	8	高はし	3	瓦代	1	山村	3	広島	2
清水	5	野木崎	2	水戸大宿	1	舟方	6	幸手	1
赤間	1	室川	2	関宿	1	舟方	7	岩付	1
芝原	1	今上	47	長ス	1	瓦代	4	江戸本所	1
弓田	2	今上	4	中ノ代	2	今上村	4	越ヶ谷	1
木間ヶせ	2	八木村	3	木間ヶ瀬	1	中里	1	坂井	1
土浦	1	清水	10	くりはし	1	入込	15	岩付	1
小布内	1	中野	4	山サキ	1	上戸	2	粕壁	1
長磯	1	今上	9	小布内	1	大かしハ	3	関宿	3
小松川	1		65	高柳	1	東山田	3	小山	1
船形	1		63	今島	1	深井	3	瓦台	1
柏木	1	長須	1	粕壁	2	弓田	1	広しま	2
大間	1	小ほづ	1	河野	1	喜才	3	くげた	2
岩井	1	間くり	1	猫サキ	1	木間ヶせ	2	幸手	1
瓦たい	1	小浜	1	山サキ	3	江戸鳶	2	飯沼	2
長沼	2	今上	1	高塚	1	船形	3	今上	1
は入	2	虫かけ	3	本栗橋	2	今上	2	長須	1
松ふじ	1	下野国野渡	3	関宿	3	間久里	3	たて林	2
桜たい	2	弓田	5	板はし	3	向小金	3	高柳	4
江戸	2	中妻	5	足かゝ	1	間々田	2	江戸三川町三	1
篠津	1	船形	1	須か尾	1	平沼	2	丁目	
間番	1	水海	1	大矢場	1	近江	1	あら木	1
山小	2	飯沼新田	3	幸手	2	今上	3	新高屋	1
上保づ	1	中ノ代村	4	宇津宮	2	角山	1	は入	2
東宝珠花	3	瓦代	1	越中小川	7	弓田	2	下新井	1
越ヶ谷	2	本宝珠花	1	下住	2	千住	1	瓦たい	1
目間	2	水海道	1	布施	2	松戸	1	板とい	1
くげた	2	瓦代	1	粕壁	1	中台	2	板はし	1
越後	2	青柳	1	岡田	1	五ヶ村	1	大口	1
新宿	1	牛久	1	佐の	1	大口	1	宮ノ根	1
板はし	1	倉松	1	かす壁	1	は入	1	府川	2
小山	1	瓦台	2	千住	1	野田	3	寿観寺	2
かうのす	1	東山	2	下妻	1	今上	5	大口	1
岡田	2	足かゝ	1	小室	1	土浦	1	先房	2
武州	1	布川	1	佐の	1	〆357人		水海	1
皆葉	2	久喜	1	水海	2	布井	1	粕壁	2
内森家	2	島川	2	小布内	1	横うち	3	野木崎	1
せき宿	1	下はやミ	1	行徳	1	今上	3	柏寺	1
くげた	1	岩井	1	小山村	1	坂さい	2	東深井	1
幸手	1	間ケ部(真壁)	1	山川村	1	千住	1	中根	1
は村	1	荒木村	1	布施村	1	は入	2	宍し戸	3
せき宿	1	間ケ部	3	はすや□村	2	粕壁	1	中台	1
中台	3	山サキ	2	下方村	1	瓦たい	1	今上	1
山サキ	1	岩木	1	下方田村	2	八木サキ	1	〆78人	

事項	人数	事項	人数	事項	人数	事項	人数	事項	人数
森家	3	内苞	2	長井戸	4	新宿	1	坂井	1
三ヶ尾	1	長須	1	長井戸	1	せき宿	1	様村	2
花ハせ(塙世)	1	本栗はし	2	取萩	1	わハび	1	小林	1
倉常	4	小布内	1	中台	2	尾上	1	磯べ	2
水海	1	瓦たい	1	登戸	1	木間ヶせ	2	下高井	2
房州	1	菅生	1	栗はし	1	小布内	3	君島	2
本栗はし	1	古河	1	新宿	1	岩村	2	ミのハ	1
せき宿	2	包たい	1	栗はし	1	長沼	3	せき宿	3
小山	1	江戸	1	小布内	1	高野	2	のだ	1
茂戸	1	米島	1	柏寺	1	間釜	2	金杉	1
せき宿	1	弓田	1	大和	2	吉春	1	瓦たい	1
幸手	1	小河	1	包たい	2	安部	3	弓田	2
くりはし	1	くげた	1	きつね塚	2	中台	4	流山	1
広島	2	桜たい	1	長沼	2	貝塚	2	島川	5
弓田	1	包たい	1	古河	2	今上	3	川妻	2
関宿	1	本栗はし	1	尾サキ	3	岩津	2	瓦たい	2
芝崎	1	中田	1	金井	2	山川	3	道海	2
大沢	1	幸サキ	1	せき宿	1	金の井	5	木間ヶせ	2
あら木	1	中里	2	島川	2	中根	1	岩井	
長家	1	小山	1	水海道		戸頭	1	相川	1
松ふじ	1	大室	1	〆169人		今上	3	諸川	1
辺後	1	権言堂	2	大田	1	山王	3	下島	1
瓦台	2	川の	1	一ノ谷	2		68	丁子	1
下野いづる	4	ませ	1	船形	1	〆161人		水海	1
(出流)		小まつ村	1	木間ヶせ	3	松戸	3	幸手	1
榎木戸	1	せき宿	3	中台	1	深井	3	小林	1
関宿	1	弓田	1	江戸浅草	1	平形	3	諸川	1
杉戸	1	戸張	1	せき宿	1	今上	2	塚サキ	2
関宿	1	せき宿	1	中里	2	佐間	3	野州高山	1
水海	1	本栗はし	1	平沼	1	野田	2	川つま	1
中里	2	かしハ	1	きつね塚	2	築比地	1	古河	1
千住	2	小山	1	青田	3	中里	1	坂井	2
中里	1	八切	2	大口	1	清水	1	粕壁	3
桜たい	1	築比地	1	前はし	1	山サキ	1	平下	3
金杉	3	藤蔵河岸	4	宝珠花	1	中里	2	小まつ	1
金杉	3	平井	2	せき宿	1	江戸牛込寺町	1	とち木	1
売人	4	ミくりや	2	中里	1	中台	1	大口	1
奥州須加川	3	内森家	1	くぐ井戸	2	木間ヶせ	5	赤堂	1
板井	2	粕壁	1	越後	1	粕壁	1	赤崎	1
下かたゝ	2	大口	1	島川	1	大□宿	1	船形	9
岩サキ	1	本栗はし	1	奈戸谷	1	深井	2	小まつ	1
取手	2	越後あら井	1	今上	5	木ノ崎	3	矢原	2
八木	1	小金	2	取手	1	三ヶ尾	1	取手	1
行徳	1	中里	2	小金	1	木間ヶせ	3	瓦たい	1
信州小諸	1	中里	1	大田	3	大墨	4	小山	1
下柳	1	包たい	1	幸手	1	中里	1	川越	1
大口	1	紅葉大門	1	長家	2	菅生	1	築比地	2
菅生	1	赤堂	1	奈戸谷	1	山サキ	1	船はし	2
小山	1	越後	1	宝木	1	足かが	1	山サキ	2
瓦台	1	室川	1	先房	1	中里	1	弓田	1

事項	人数	事項	人数	事項	人数	事項	人数	事項	人数
杉戸	1	小布内	2	中里	1	岩沼	1	すみだ	1
小まつ村	1	木村	1	千住	1	谷津	1	長沼	1
草加	1	芝原	1	木間ヶせ	2	平形	3	目吹	1
佐原	1	小金	1	木間ヶせ	2	江戸	1	根戸	1
千住	1	須が	2	正連寺	1	小山	3	築比地	1
川取	3	粕壁	1	吉川	1	ばんしう	1	深井新田	1
八木サキ	1	牛久	1	西深井	3	幸手	1	深川八幡町	1
様村	1	水又	1	尾サキ	2	駒はね	1	ふせ	1
船形	1	木間ヶせ	1	芝原	1	小山	2	山田	2
瓦たい	1	平井	1	小布内	3	木ノサキ	2	角山	2
龍福寺	1	布井	2	木ノサキ	1	谷津	1	大諸	2
広島	5	下あらい	4	船形	1	山サキ	1	栗はし	1
中里	1	中里	2	長沼	1	木間ヶせ	1	木ノ崎	1
山サキ	1	角山	1	幸手	1	岩井	2	坂井	1
小林	1	柏伊(井)	1	増尾	2	江戸	1	角山	1
山サキ	1	岩井	2	木ノサキ	1	平形	2	五ヶ村	1
魚沼	1	皆葉	3	山サキ	1	山サキ	1	根戸	2
流山	1	木立	1	□きた	1	吉春	2	鷲ノす	1
瓦たい	3	高柳	3	粕壁	1	森家	2	尾谷ノ井	2
船形	3	瓦たい	1	目吹	2	幸手	1	坂井	3
小山新田	1	高森	1	権言堂	1	戸張	2	菅生	1
下妻	2	山高野	1	木ノサキ	8	小間ヶせ	1	高塚	1
熊谷	1	山サキ	1	山サキ	4	木ノ崎	1	越後	2
並木	1	中里	2	飯沼	2	三ヶ尾	1	小山	1
粕壁	2	坂井	2	目吹	3	下妻	2	木ノ崎	1
小布内	4	布井	2	谷津	1	山川	1	下五ヶ	4
森家	2	清水		玉つくり	1	野田	3	忍塚	2
弓田	4	下しま	2	小はし	1	長沼	2	築比地	1
平井	2	中里	3	牛久	2	深井	2	塚サキ	5
八切	3	今市	1	長沼	1	中里	2	水海	2
土浦	2	もり谷	1	千住	2	岩井	1	はつき	3
桐ヶ作	1	木間ヶせ	2	とち木	1	二田都	1	たて林	2
船形	1	乙女	2	せき宿	1	菅生	1	下内川	4
粕壁	1	乙女	2	木間ヶせ	1	木間ヶせ	1	船形	1
三ヶ尾	2	金の井	3	山王	1	木ノサキ	2	秋田	1
野田	1	中里	2	山サキ	1	日光	1	山サキ	1
布せ	3	三ヶ尾	2	小はし	1	菅生	1	幸手	1
あら木	6	中里	1	築比地	1	野田	1	清水	6
野田	2	高山	1	下上	1	富山	1	瓦たい	1
野田	1	戸張	1	宮サキ	1	大沼	1	目吹	3
越中	2	木間ヶせ	1	佐原	1	江戸京はし	1	大矢口	3
飯田	1	長家	1	深井	4	三ヶ尾	1	〆305人	
流山	1	谷津	1	谷津	2	岩井	1	桜たい	3
清水	1	木ノサき	1	馬立	3	流山	1	中根	1
あらき	1	板とい	1	深井	2	飯沼	1	中台	3
〆211人		大諸	1	間釜	3	平井	3	今上	6
粕壁	1	棒山	1	宮サキ	1	松ヶ崎	2	入込	395
流山	1	小山	1	谷津	1	岩村	1	〆1968人	
吉春	2	日光	1	三ヶ尾	2	せき宿	2	外705人	
伊丹	1	大かしハ	1	広島	1	大沢	1		

事項	人数	事項	人数	事項	人数	事項	人数	事項	人数
3月23日		牛込	3	清水	4	小山	1	中台	1
清水	4	小田林	3	清水	1	江戸本所	1	かさい	4
中台	1	墨浜	1	瓦台	3	せき宿	2	木間ヶせ	2
きづ内	1	間々田	5	小ほつ	2	前はし	1	今上	3
岡田	1	今上	35	今上	2	瓦台	1	今上	1
広島	1	瓦台	2	坂井	1	菅生	1	中台	1
瓦たい	1	幸手	1	小林	2	前はし	1	幸手	2
和泉田	1	赤堂	1	くげた	3	江戸深川	1	今上	8
岩井	1	古河	1	山王	3	下高の	1	津々戸	2
芝原	1	通王	2	津戸	1	足かが	1	あら木	9
土浦	1	新宿	2	野田	2	栗はし	1	江川	3
幸手	1	幸手	1	平塚	3	清水	1	粕壁	2
松戸	1	桐ヶ作	1	はん家	1	上貝	1	竹袋	4
台村	1	惣上	1	虫かけ	5	府川	2	中台	2
き瓜	1	千住	1	深井	3	すけのや	1	岩井	2
越谷	1	小和泉	1	横そね	1	佐原	1	川サキ	2
弓田	2	清水	2	ふせき	1	小はし	2	清水	2
桜台	1	菅生	1	小布内	1	船形	2	大柏	3
大和田	1	長家	1	粕壁	1	小布内	1	江戸川□□	2
吉川	1	岩村	1	下平見	1	くげた	1	行徳	2
寺久	1	まなかへ	1	□塚	1	粕壁	1	杉戸	1
くげた	1	塚サキ	1	岩井	1	笠間	1	せき宿	1
江戸	1	瓦台	1	木間ヶせ	1	谷津	2	角山	1
関宿	2	柏木	1	さの	3	上平見	1	関宿	1
府川	2	市川	1	菅生	1	岩井	1	くき	2
坂井	1	桐ヶ作	1	ふせ	1	は入	1	大津	1
越後	1	白井新田	3	戸頭	2	取手	1	くき	2
岩城	1	先房	1	せき宿	4	者島	1	江戸	3
皆葉	2	柏木	1	先房	1	谷津	2	柏村	3
和泉	1	高柳	4	墨浜	2	せき宿	4	佐の	1
長沼	1	くげた	3	長家	1	瓦台	2	岩井	2
通王	1	今上	3	尾サキ	3	草加	1	赤沼	1
寺久	1	紅葉大門	1	もり谷	2	船形	1	粕壁	1
目沼	1	野田	3	上伊豆島	2	〆185人		小布内	1
く木	1	栗はし	1	坂井	3	平内	1	大そね	1
幸手	1	江戸南割下水	2	木間ヶせ	1	あびこ	3	登戸	1
牛久	1	平塚	1	越後	2	大口	1	包台	1
寿観寺	1	上柳	1	青田	1	桜たい	5	坂井	2
せき宿	2	森家	1	古河	7	船形	3	下小はし	2
とみた	1	中田	1	越後	1	岡田新田	4	桐ヶ作	2
幸手	3	〆217人		先房	3	今上	2	中台	1
築津	1	上平見	2	虫かけ	1	長須	1	飯沼	2
鷲ノ宮	4	今上	9	二田都	3	木間ヶせ	3	飯沼	1
墨浜	2	今上	9	先房	2	あびこ	1	先房	1
先房	2	津戸	1	せき宿	5	中田	2	坂井	2
小和泉	2	今戸	2	千住	2	野渡村	2	幸手	2
津々戸	1	千住	2	今上	3	高岩	4	瓦台	2
虫掛	3	土浦	2	せき宿	1	越ヶ谷	1	島川	4
瓦台	3	木間ヶせ	5	さの	1	五木	2	かゝ田	2
包台	1	金井	4	辺後	1	今上	2	佐の	1

事項	人数	事項	人数	事項	人数	事項	人数	事項	人数
尾坂	1	関宿	2	深井新田	5	野木崎	3	塚サキ	2
長沼	1	松戸	1	金杉	3	染谷	1	塚サキ	2
中台	2	流山	1	間瀬	1	奥州	1	本栗はし	1
清水	2	あら川	1	尾州津島	1	二本松	1	塚サキ	2
長家	1	〆260人		小布内	1	桐ヶ井	2	越後	1
船形	5	菅生	1	中里	1	坂井	2	塚サキ	1
船形	28	中台	1	せき宿	2	粕壁	2	瓦たい	1
佐間	2	横うち	3	よしはし	1	間釜	2	中里	2
平沼	3	間くり	2	江戸	1	下柳	1	増長	2
尾サキ	3	向小金	2	粕壁	2	花井	2	中里	1
虫かけ	3	金杉	2	栗はし	1	間釜	1	中里	1
水海	1	土浦	1	小布内	2	中妻	2	水海道	1
もり谷	1	大津	1	先房	4	山サキ	2	千住	1
粕壁	1	長家	1	木間ヶせ	1	は入	4	大口	1
広島	2	横うち	3	小金	1	江戸	1	大柏	2
行徳	1	長谷	2	粕壁	1	流山	1	広島	2
岩井	1	船形	1	千住	1	野木サキ	1	中里	2
塚サキ	1	木間ヶせ	1	中里	3	木ノサキ	1	中里	3
取手	1	関宿	1	長家	1	花芝	2	下小はし	3
和泉	1	広島	1	中台	1	小手さし	1	山サキ	3
内間	1	岩付	1	大和田	3	宇津宮	1	くゝ井戸	1
坂井	3	小山	1	菅生	2	倉松	1	広島	2
吉妻	1	行徳	1	栗はし	1	間釜	2	中里	3
本栗はし	2	柏寺	1	大和田	2	小手さし	2	岩サキ	2
せき宿	1	行徳	3	赤堂	2	小手さし	1	本田土	6
幸手	1	西高野	3	中台	2	は入	1	〆287人	
大口	1	せき宿	1	岩井	2	大野	1	弓田	4
東小や	3	瓦台	3	河野	1	幸サキ	1	高野	1
ませ	2	長沼	1	中島	1	粕壁	3	大墨	4
菅生	1	粕壁	4	山サキ	2	岩サキ	1	桜台	1
本栗はし	1	山村	1	菅生	1	川藤	1	目吹	3
幸手	1	せき宿	2	谷津	1	水戸	1	花輪瀬	1
関宿	1	山サキ	2	飯沼	2	信州松本	1	金杉	1
はん屋	3	粕壁	3	桐ヶ作	1	は入	1	中里	1
小布寺	1	八切	1	坂井	1	野木サキ	1	長沼	3
江戸	2	せき宿	4	瓦たい	2	小やの井	1	高山	1
粕壁	2	岩井	4	瓦たい	1	岩井	2	川越	1
瓦台	2	幸手	1	流山	1	くき	2	深井	1
せき宿	2	和泉	1	藤塚	3	は入	1	築比地	2
瓦台	3	古河	1	深村	1	中里	2	築比地	1
長沼	1	三ヶ尾	1	瓦台	1	くき	1	せき	1
長沼	4	とち木	1	宝珠花	1	中里	1	弓田	1
内苞	2	中妻	5	染谷	2	広島	1	江戸	2
内苞	1	三ヶ尾	4	栗はし	1	松戸	1	とはい(鳥羽井)	1
本栗はし	2	平形	3	辺後	1	瓦台	1	中里	3
先房	1	中野	1	花島	1	馬立	1	中里	2
幸手	1	大和田	3	高塚	1	龍ヶサキ	1	瓦台	1
坂さい	1	あんま	4	幸手	3	瓦台	2	きつね	1
中里	2	取手	1	坂井	2	大口	1	くき	2
八切	2	小布内	3	たて林	2	くゝ井戸	2	桜たい	2

事項	人数	事項	人数	事項	人数	事項	人数	事項	人数
貝塚	1	金杉	1	深井新田	1	下柳	1	関宿	1
かしハ	1	高山	1		178	駒はね	1	川サキ	1
龍ヶサキ	1	尾サキ	2	長須	3	ふさ	1	土浦	1
越後	1	築比地	1	宇津野	2	江戸大伝馬町	1	せき宿	1
山サキ	1	岩井	2	ませ	2	内馬	1	土田	1
権言堂	3	府中	1	藤田	1	船はし	2	野木サキ	1
弓田	1	赤堂	2	越後	1	瓦たい	2	くき	2
下新井	2	谷津	1	入込	3	下小はし	2	前はし	2
下新井	1	桜台	3		162	台村	1	平沼	2
大口	1	野田	3		13	小山	1	くげた	1
ふさ	1	築比地	1		13	高柳	3	八王子	1
つゝミね	2	坂より	2		35	藤ヶ谷	1	くげた	1
坂井	1	木ノ崎	3	加ざき村	3	江戸浅草東中町	2	内苞	2
とち木	2	今上	3	今島	5	ゆうき	1	横そね	1
塚サキ	1	瓦たい	2	かしハ	5	平沼	1	宇津宮	1
木ノサキ	1	金杉	1		230	小布内	1	菅生	1
粕壁	1	〆197人			28	柏井	1	清水	1
岩城平	3	取手	1		212	とみき	1	大つゝみ	1
倉常	3		188		345	長沼	1	本栗はし	3
千駄村	3		60	東森屋		幸手	1	通王	1
粕壁	1	海水	1		17	千住	1	辺後	1
下高井	3	関宿	1	五木	15	木瓜	1	小金	2
大川戸	3	関宿	1		35	八はた	1	小布内	1
青田	2		23		88	行徳	1	牛久	1
龍ヶサキ	3	忍砂	1		89	足かが	1	古河	1
千住	1	のた	1		28	目吹	1	江戸下谷幸徳寺	1
築比地	1	東栗はし	3	〆3200人		皆葉	2	とみた	1
戸かしら	1	大つづミ	3	外753人		長沼	1	宇田林	1
大矢ノ井	2	宝川	2			尾張寿音寺	2	瓦台	1
岩井	1	上しき	1	3月25日		菅生	1	本栗はし	2
粕壁	1	粕壁	1	関宿	1	せき宿	4	せき宿	1
長沼	1	みのわ	1	手賀	1	中田	1	目沼	1
大矢	1	村内	2	内森谷	1	幸手	4	塚サキ	1
瓦台	1	大じ戸	3	かさい	1	平井	1	粕壁	1
桐宇(生)	1	島川	1	みのは	1	宝川	2	小山	1
とよた	1		54	草加	1	流山	2	大さわ町	1
すげのや	1		49	くき	1	越後	2	内森谷	1
大矢	1		8	府中	1	小松川	1	虫かけ	3
木村	1	深井	1	弓田	2	津々戸	1	山サキ	1
土浦	1	今上	1	佐の	1	今上	1	戸頭	2
並木	1	長兵衛新田	2	中里	1	〆82人		深井	
内森家	2	築比地	1	先房	1	今上	127	今上	10
東宝珠花	1	加賀	3	千住	2	中台	1	上柳	1
吉川	1	深井	2	せき宿	1	今上	3	せき宿	1
瓦町	1		53	岩井	1	中台	2	中里	2
菅生	1		41	まないた	1	今上	1	岩井	1
須か川	1		40	せき宿	1	深井	1	せき宿	1
今上	1		23	行徳	2	弓田	4	塚サキ	1
金の井	6	三ヶ尾	2	越ヶ谷	2	今上	1	せき宿	2
越後	2	大沢	1	くりはし	2	みのは	1	せき宿	1

事項	人数	事項	人数	事項	人数	事項	人数	事項	人数
水海	1	府川	1	下野赤沼	1	広島	3	草加	2
坂さい	1	藤塚	1	栗はし	1	千住	2	君島	1
江戸本所割下	1	東高野	1	せき宿	1	くき	1	宇津宮	1
水三笠町		下新井	1	内苞	1	尾サキ	2	佐の	1
せき宿	6	尾州寿杢寺	1	幸手	1	やハら	2	瓦台	1
森家	1	関宿	4	山川	1	倉かの	2	龍ヶサキ	2
山王	2	今上	1	下新井	1	山川	2	せき宿	2
弓田	2	高岩	5	幸手	1	松ヶ崎	1	岩村	2
中里	3	高岩	1	前はし	1	岡田	2	岩村	3
上柳	1	野田丁	3	間久里	1	柳はし	2	小布内	2
下新井	1	あら木	7	粕壁	1	大田	2	清水	1
小布内	4	江川	3	足かヽ	1	信州野沢	1	千住	1
下平見	2	中野	2	瓦台	1	粕壁	2	長沼	1
虫かけ	3	粕壁	3	登戸	1	中里	1	小布内	2
本栗はし	1	あら木	2	粕壁	1	小布内	3	石岩	1
土浦	1	越中	6	仙台	1	佐原	1	島川	2
弓田	1	〆346人		寿観寺	2	川又	1	中台	2
大かしハ	1	塚サキ	2	島川	1	せき宿	1	岩井	4
すけのや	1	桜台	3	粕壁	1	金サキ	1	龍ヶサキ	3
ふきう	2	大口	1	清水	2	小林	1	山高野	2
九州	1	岩井	2	せき宿	2	塚サキ	2	山川	2
築比地	1	深井新田	3	中里	1	中田	1	高柳	2
粕壁	1	間久里	2	坂井	1	玉村	1	瓦台	2
せき宿	5	中田	3	野木サキ	4	長沼	8	五ヶ村	2
先房	2	高野	1	今上	1	大包	2	内苞	2
長谷	1	野渡	1	栗はし	4	大包	2	栗はし	2
府川	2	坂井	3	小林	2	越後	3	今しま	3
寺町	2	川河	2	岩城平	1	島川	2	清水	1
尾サキ	2	今上	3	五ヶ村	1	大和	2	みしう	2
本栗はし	2	深井新田	6	吉妻	2	中根	1	船形	1
菅生	2	花輪せ	2	せき宿	2	ふせ	2	瓦台	3
すけのや	1	久下田	3	栗はし	2	西深井	2	あびこ	3
木間ヶ瀬	1	向小金	4	木間ヶ瀬	1	せき宿	1	磯村	2
先房	2	小布内	1	谷津	1	中台	1	丸林	1
小山	1	船形	30	志古田	2	古河	7	藤塚	2
玉村	1	野田	3	高野	1	小手さし	2	今上	1
ゆうきくき村	2	岩井	2	下金ノ井	1	染谷	2	横うち	3
下新井	2	府中	3	木ノサキ	2	中里	3	忍砂	2
岩井	1	神馬	4	中つま	1	松戸	2	柏はし	2
せき宿	5	清水	3	清水	1	島川	2	川サキ	2
粕壁	1	下新井	3	長須	1	新高野	2	〆192人	
玉村	1	佐間	4	〆166人		みのは	2	本栗はし	1
山王	1	細谷	4	加田々	3	下島	1	宮サキ	1
上州伊せサキ	1	土浦	2	今上	3	みのは	2	菅生	1
大谷村	1	中里	2	野渡	2	本栗はし	2	岩井	1
桐ヶ作	2	惣土	1	今上	1	江戸築地小田	2	本栗はし	1
とち木	1	芝又	1	花ノ井	1	原町		かさい	2
山川	3	栗はし	1	倉常	3	水戸	3	小布内	1
よは(呼)塚	2	高立	1	千住	2	墨浜	1	越後	1
府川	1	下野八代	1	三ヶ尾	1	形船	1	広島	1

事項	人数	事項	人数	事項	人数	事項	人数	事項	人数
小山	1	くき	1	下小はし	3	千駄の	2	木間ヶせ	2
坂さい	1	染谷	1	くりはし	1	ひたち水戸	2	せき宿	2
山川	1	下か田々	1	越後	1	大田	1	須加川	3
流山	1	瓦たい	1	関宿	1	中野	1	松ふし	
くき	1	大口	1	大口	1	山王	3	包台	1
坂井	1	粕壁	2	水海	2	小山	2	江戸浅草御蔵前	1
瓦台	1	小布内	1	越中いくし	1	本栗はし	2	粕壁	1
千住	1	小布内	2	(生地)		前はし	1	棒山	1
小布内	2	木間ヶせ	1	関村	1	流山	1	たて林	1
内苣	2	水海	1	大沼	1	せき宿	1	三川島	1
下間久り	10	小諸	1	中里	1	瓦たい	1	木間ヶせ	3
長谷	1	金サキ	3	虫かけ	2	行徳	1	木間ヶせ	5
小山	1	大の	1	赤沼	1	岩村	1	瓦たい	2
平須加	1	八はた	3	粕壁	1	ふい木	1	中里	1
関宿	1	山サキ	1	広島	2	松戸	1	間久り	2
龍ヶサキ	1	水海	2	粕壁	2	柏寺	1	粕壁	2
越後	1	宝珠花	2	山田	1	広島	2	駒込	3
大室	1	ふゆ木	1	吉妻	3	行田	1	小山	1
島十	2	越後大茂	1	木間ヶせ	1	桜たい	2	坂井	1
間番	1	長沼	1	奈戸谷	1	中つま	2	粕壁	1
千住	1	関宿	2	粕壁	1	小山	2	取手	1
水戸	2	は入	1	千住	1	戸頭	3	弓田	1
奥州	4	広島	1	ふせ	3	木間ヶせ	2	宝珠花	3
相馬	1	吉川	3	岩井	2	中里	1	坂井	1
中つま	1	水海	2	諸川	2	山サキ	2	宝川	1
宝珠花	1	小林	1	ふせ	2	粕壁	1	弓田	1
くげた	2	栗はし	1	長沼	3	広島	3	本栗はし	1
小馬	1	中つま	3	坂さい	2	小金	2	惣上	1
上伊つ島	1	弓田	2	中台	3	くげた	1	山サキ	2
みのは	1	上州石田	1	粕壁	5	瓦たい	2	下高井	2
小布内	1	今上	1	〆197人		行徳	1	木間ヶせ	2
米島	1	山サキ	3	ひたち豆村	2	本栗はし	1	粕壁	2
船形	1	中里	1	木間ヶせ	3	奈戸谷	1	小山	1
川つま	2	中里	2	金杉	4	坂井	1	小布内	2
越後	1	船形	1	大川戸	3	古河	1	玉村	1
川藤	1	古河	1	築比地	1	小山	2	深井	3
長谷	1	宝川	1	花輪瀬	1	せき宿	1	行徳	1
桐ノ木	1	水海	1	金杉	2	川妻	1	中里	1
平塚	1	塚サキ	3	中台	1	ふせ	3	水海	2
坂井	1	せき宿	1	八木サキ	1	小山	2	大和田	3
深谷	2	なと谷	1	築比地	2	鷲ノす	1	瓦たい	1
幸手	1	尾サキ	1	太子堂	2	中里	4	せき宿	1
島川	3	尾サキ	2	大根	3	中里	5	中台	1
岩井	2	水海	2	岩宿	3	茂木村	2	幸手	2
青田	3	坂井	2	中台	1	飯沼	1	桐ヶ作	3
宇津宮	1	笠		こはし	1	下つま	1	包たい	1
船形	1	かしま	1	中里	1	ふせ	1	江戸本所南割	
くりはし	1	坂井	1	草加	3	金杉	1	下水定吉	
赤堂	1	川島	1	中台	2	半割	1	瓦たい	2
弓田	1	染谷	1	高山	1	弓田	3	きつね塚	1

事項	人数	事項	人数	事項	人数	事項	人数	事項	人数
東高野	1	岡田	1	幸手	1	吉□し	1	瓦たい	2
越ヶ谷	2	水海	3	越後	1	小金	1	長沼	2
三ヶ尾	1	江戸浅草橋場	1	取手	2	大口村	1	門馬	2
谷田村	3	貝塚	1	山村	1	野渡村	1	上平見	1
木立	2	粕壁	3	塚サキ	1	越後	1	〆171人	
〆204人		八はた	2	二本松	1	倉松	1	江戸馬くろ丁	
江戸神田	2	塚サキ	1	とち木	2	安房	1	壱丁目吉兵衛	
御馬や村	2	目吹	1	とち木	1	小山	1	江戸浅草ちこ	
大津	1	越中	1	岩井	4	ふせ	1	うゑんしゅ立	
深井	1	とち木	1	坂井	2	瓦台	2	蔵	
桜たい	5	岩井	1	墨浜	2	瓦台	2		83
船形	10	小金	1	川通	2	菅生	1		13
尾サキ	2	せき宿	1	吉妻	1	貝塚	1		99
木間ヶせ	5	中里	2	森谷	1	行徳	1		54
谷津	2	くき	1	戸頭	1	市川	1	入込	10
中台	5	中里	3	紅葉大門	1	せき宿	3	入込	15
ゆう木	2	木ノサキ	1	水海	3	江戸新並	1		100
桜台	2	築比地	1	武州小浜	1	松吉	1		248
坂より	3	松本	1	越後	1	三又	1		30
木ノサキ	3	善光寺	1	□手	1	大室	1		481
今上	2	中里	1	権言堂	1	藤塚	5		35
赤堂	1	上州高サキ	1	向小金	1	板とい	3	〆2524人	
船形	2	取手	2	関宿	1	幸手	1	68人	
谷津	1	柏木	1	越中	1	花又	3	非人718人	
高山	1	西深井	2	粕壁	1	花又	1	惣〆3310人	
岩名	1	幸手	2	谷津	1	岩井	1		

16　天保8年3月　窮民人別帳（文書番号ZBA14）

村	人数	村	人数	村	人数	村	人数	村	人数
		越後か田ら	1	水角	2	とち木	1	小金	1
3月26日		越後墨井田	1	本栗はし	2	越後旅僧	3	越後錦木村	1
清水	7	谷田部	4	伊野	1	関宿	5	常(陸)府中	1
今上	1	菅生	1	寺久	1	水海道	3	岩井	1
中台	1	岩井	1	幸手	1	武州上内	1	幸手	1
八木サキ	1	岩城平	1	藤わら	1	馬立	1	みの口	2
今上	1	川藤	1	今上	35	紅葉大門	1	まなかい	1
本栗はし	1	通玉	1	とち木	1	瓦台	4	長沼	1
杉戸	1	吉春	1	せき宿	1	岡田新田	3	古河	1
坂とい	1	長沼	2	〆180人		千住二丁目	1	栗はし	2
とみだ	1	八はた	1	小高	1	高岩	1	新宿	1
山王	1	長谷	1	今上	13	吉妻	1	下小はし	1
菅生	1	栗はし	1	岩井	2	古河川べ	1	目吹	1
水海	1	八木崎	1	木間ヶせ	4	くげた	1	塚サキ	1
二田都	1	日光	2	長須	1	幸手	1	菅生	1
柏木	2	山サキ	1	芦ヶ谷	2	越前栗たへ	2	芝原	1
草加	1	登戸	1	飯岡	2	八王子	2	駒込	1
桜たい	1	坂手	2	中台	1	江戸	2	松ふし	1
弓田	2	瓦台	5	鹿島	1	坂井	1	小布内	1
下妻	1	幸手	1	塚サキ	2	古河	1	瓦たい	1
宇津宮	1	小山	1	越中	4	平井	1	下平見	1
岩付	1	長沼	2	山川	1	宇津宮	1	せき宿	3
野木サキ	1	坂井	2	山王	3	大室	1	下村	1
木間ヶせ	1	中里	1	間久り	2	坂手	1	とち木	1
内高	1	本栗はし	1	向小金	2	上州きりう	1	小林	1
布井	2	尾張寿杢寺	1	向小金	1	くけた	1	弓田	1
東高野	3	せき宿	1	津々戸	2	瓦台	1	塚サキ	1
木間ヶせ	1	弓田	2	津々戸	1	粕壁	1	森家	1
惣上	1	越後新うた	1	今上	3	木間ヶせ	1	島川	2
小林	2	せき宿	3	今上	8	本栗はし	1	墨浜	2
高岩	1	佐かね	1	船形	12	島川	2	中里	3
赤堂	1	行徳	1	川崎	1	小山	1	戸頭	1
牛久	1	野中	1	池上	1	取手	1	中台	1
小山	1	高柳	3	八町目	1	岩井	1	中里	1
足かが	1	ひたち土田	3	木間ヶせ	1	山川	2	包たい	1
□□ 井新田	2	水戸大岩	2	くき	1	関宿	2	宝珠花	2
□□ ね	1	せき宿	2	長沼	1	宇津宮	2	大和村	2
□□	1	瓦台	2	せき宿	1	皆葉	1	今上	2
さの	1	菅生	2	内森屋	1	墨浜	2	飯沼	2
杉戸	1	本栗はし	2	松本	1	戸頭	2	千住	2
幸手	1	千住	1	墨浜	1	八王子	1	江戸深川万年町	2
目沼	1	くき	1	野木崎	3	せき宿	3	中つま	3
かさい	3	幸手	1	上州仁田	1	あしき	1	木ノサキ	2
本栗はし	3	須加	1	船はし	2	金岡	2	宝珠花	1
越後笹川	1	足かが	1	尾サキ	1	赤堂	2	木間ヶ瀬	2
通玉	1	下小はし	1	仙台	1	小布内	1	木間ヶ瀬	1
越後大サキ村	1	上野仁田	1	あせ吉	2	大野	4	元栗はし	3
粕壁	1	中田	1	新宿	1	間釜	3	岩井	3

村	人数	村	人数	村	人数	村	人数	村	人数
下つま	3	中里	2	弓田	3	内森谷	1	大井	1
元栗はし	2	小布内	1	小松川	1	上中の	1	小林	1
大かしハ	4	せき宿	1	かしハ	1	岩付	1	須加川	3
江戸京はし桶町	1	赤沼	1	三ヶ尾	1	広島	1	牛久	1
戸張	1	日光　今市	1	清水	3	くりはし	1	ゆうき	1
坂井	4	府川	2	船形	14	粕壁	1	川藤	2
米崎	2	小山	2	今上	3	門馬	2	長沼	1
常　府中	2	大和田	3	千住	1	幸手	1	坂井	1
常　府中	3	新高野	3	土浦	1	小山	1	大房	1
山田	3	和泉田	3	清水	4	こんた	2	花井	1
山田	1	とち木	2	下森谷	2	門馬	2	くりはし	1
倉常	4	元栗はし	4	〆167人		小布内	1	なつミ	2
尾サキ	4	吉春	1	千住	1	大徳	1	東高野	1
長須	1	大広戸	1	木ノサキ	3	幸手	2	榎木戸	1
平沼	2	今上	4	水海道	1	馬立	1	弓田	1
横うち	3	栗はし	2	江戸本八丁堀	2	栗はし	1	水戸ノ馬□	1
木間ヶせ	4	吉妻	2	御馬屋	2	今井新田	4	馬立新田	1
今上	2	水戸 ■ふと	1	中台	4	長沼	1	しゃか	1
東山田	3	青柳	2	谷津	1	栗はし	2	中里	1
下くげた	3	塚サキ	2	は入	6	西たての	1	内苞	2
桜たい	4	桐ヶ作	2	五木	2	小山	1	幸手	1
とみ塚	3	板はし	3	板とい	2	粕壁	1	菅生	4
中妻	5	房	1	板とい	1	小山	2	せき宿	2
〆302人		木間ヶ瀬	1	二田戸	1	間番	1	大谷	1
清水	1	王子	2	千住	1	三又	1	木下宿	2
中台	1	木むら	1	関宿	1	山村	2	〆180人	
森谷	1	関宿	1	尾崎	4	越後	1	野田	3
坂さい	1	は入	1	東村	2	なへこ新田	2	今上	1
すけのや	2	なとヶ谷	2	喜才	2	塚サキ	2	釜には	1
粕壁	2	千住	1	目吹	1	板はし	2	幸手	3
粕壁	1	粕壁	1	木村	3	大田	1	二田都	2
岩付	1	西かさい	1	ふせ	2	上平見	3	高野	2
ふせき	1	清水	1	みのは	2	下野上ノ川	1	桜たい	5
包たい	1	西新井	1	粕壁	2	栗はし	1	今上	5
清水	2	弓田	2	上川	2	八はた	1	大墨	4
坂井		川藤	3	飯沼	2	間釜	2	金杉	2
駒はね	1	関やと	1	簗比地	1	新宿	2	木立	3
大そね	1	菅生	2	大川戸	2	中つま	2	をいと	2
諸川	2	柳橋	1	花和泉	2	まくり	2	青田	3
山サキ	2	幸手	1	弓田	1	幸手	1	忍砂	2
山サキ	2	粕壁	1	大池	1	善光寺	1	忍砂	2
大さがみ	5	駒込	2	小布内	1	粕壁	2	瓦たい	4
坂井	2	山川	1	長家	2	たて林	1	堺町	2
大口	2	中田	2	みのハ	2	松戸	1	堺町	1
小山	2	大そね	1	中里	1	水戸	1	吉春	2
ゆうき	2	瓦台	5	小手さし	2	越後	1	岡田	1
あら木	1	長谷	2	せき宿	2	島川	2	江戸	1
せき宿	4	小布内	2	菅生	2	取手	2	かんま	2
岩井	2	下ノ島	1	今上	1	すげのや	2	せき宿	2
江戸赤はね	3	越後長岡	1	前はし	1	越ヶ谷	2	水守	1

村	人数	村	人数	村	人数	村	人数	村	人数
江戸	2	関宿	1	土浦	2		17	上州仁田	1
粕壁	1	岩井	1	大川戸	3		7	墨浜	1
下高井	2	大田	1	〆242人			34	瓦台	3
山サキ	2	藤ヶ谷	1	忍砂	3		14	小山	5
内まき	1	山サキ	1	中里	3		21	水戸大岩	1
岡田	1	水海道	4	西深井	3		35	ふさ	2
吉川	1	取手	1	金杉	5		268	中台	2
古河	1	さの	1	中田	1		183	吉つま	3
中里	2	しやか	1	小林	1		56	岩付	1
取ハき	2	根戸	1	松戸	1		35	大和田	1
古河	1	岩井	1	小布内	2		128	元栗はし	3
流山	1	船形	1	築比地	2	非人	787	塚崎	4
高野	1	奈戸谷	1	相馬	1	〆		下平見	2
大津	1	吉川	2	瓦たい	2			五ヶ村	2
布井	2	幸手	1	牛久	2	3月28日		大田	1
今上	1	岩名	1	菅生	1	清水	8	山サキ	1
広島	5	中里	2	山川	3	くけた	1	清水	4
大さかミ	1	小布内	1	幸手	2	は入	1	中根	1
ませ	1	菅生	1	今上	4	とみた	1	中台	1
森家	2	木間ヶせ	5	門馬東村	2	中台	1	岡田	1
松戸	1	清水	1	三ヶ尾	2	草加	1	今上	1
金サキ	1	龍ヶ崎	1	中台	1	かさい	2	瓦台	2
瓦たい	2	坂より	1	貝塚	2	江戸	1	ふせき	1
越後	2	赤堂	1	大田	1	半割	1	芝原	1
門馬	1	金杉	3		73	関宿	1	関宿	1
粕壁	1	今上	3		35	下小はし	1	松戸	1
塚サキ	3	目吹	1		43	上州高崎	1	せきやと	7
吉川	1	中里	1		13	武州八王子	1	みのま	1
大みち	1	水海	1		14	下平見	1	房	1
下つま	1	小屋	1		8	牛久	1	粕壁	1
水海道	1	戸張	1		89	大野	2	大口	1
坂田	1	中里	1		8	幸手	1	山サキ	1
行徳	1	村内	2		11	くげた	1	幸手	1
弓田	1	谷津	3		92	せき宿	2	小松川	1
ふせ	1	法目	1		69	飯沼	2	足かが	1
松ヶサキ	1	今上	9		11	龍ヶサキ	2	坂さい	1
高サキ	3	角山	2		17	江戸馬くろ町	1	日光	2
金杉	1	三ヶ尾	1		66	越前国並貝村	2	金ノ井	1
中台	1	上岩井	4		42	幸手	1	坂井	1
塚サキ	1	金杉	2		36	通玉	2	小林	1
芝新並	1	岩名	1		7	幸手	3	岩井	1
常　こんだ	4	赤どう	3		128	せきやと	1	柳はし	1
八木サキ	1	水海道	2		3	菅生	3	下平見	1
金杉	1	船形	18		85	東高野	4	上しゅう	1
塚サキ	1	正連寺	2		39	江戸浅草山ノ者	1	つゝみね	1
取手	2	中台	1		61	上州高サキ	1	ふさ	2
川島	2	山王	3		58	船はし	2	登戸	1
戸張	2	草加	5		35	行徳	2	小山	1
行徳	1	ふせ	1		74	幸手	1	越ヶ谷	1
中台	1	中台	1		28	草加	1	水戸大の	1

村	人数	村	人数	村	人数	村	人数	村	人数
岡田	2	瓦たい	2	長谷	2	越後	2	武州宇津堀	1
今島	2	瓦たい	10	中野	2	川藤	1	武州岡村	1
今上	38	くき	1	大かしハ	3	とち木	1	栗はし	1
さの	2	古河	1	清水	6	越後里町	1	墨浜	3
せきやと	1	高野	3	八木	2	千住　小塚原	3	小林	1
深井新田	4	せきやと	3	板とい	2	墨浜	2	千住	1
今上	5	小山	1	忍砂	3	江戸赤はね	1	尾崎	1
今上	15	平沼	1	間久り	3	元栗はし	1	粕壁	1
虫かけ	5	大塚戸	1	〆187人		杉戸	1	小林	1
今上	8	和泉田	1	向小金	3	中里	1	下妻	1
〆219人		小金	1	元栗はし	6	小布内	2	川妻	2
くき	2	岩城平	1	今上	1	山川	1	は戸ヶ谷	1
小布内	2	粕壁	1	久下田	3	元栗はし	1	小山宿	1
菅生	1	磯部村	1	山王	2	広島	1	柏木	1
長家	1	小諸	1	広島	1	元栗はし	1	尾張寿杢寺	1
瓦台	2	水戸大岩	3	下妻	3	江戸大伝馬三	1	野木崎	2
駒はね	1	小布内	13	大矢	3	二田都	1	大川戸	3
上州高サキ	3	包台	2	釜岸	3	野木崎	1	今上	3
山サキ	3	紅葉大門	1	ふせ	4	手賀	1	中つま	4
粕壁	1	川部	1	木ノサキ	4	元栗はし	4	越中大門	5
くげた	1	門馬	2	元栗はし	5	栗橋	1	今上	1
山サキ	2	森谷	2	越中富じ(路)	1	今上	1	高野	1
武州池上	1	小布内	1	元栗はし	1	小山	2	岩井	2
川サキ	1	飯沼新田	1	江戸新並	1	取手	1	中妻	5
諸川	1	上長井	1	行徳	1	越後ふ□島	1	龍沢村	3
せきやと	4	粕壁	2	上総東金	1	小山	7	坂より	2
千住二丁目	1	府釜	2	坂たい	1	清水	1	山川	3
水海道	1	武州は入	2	船形	2	栗はし	5	八木サキ	2
山川	3	瓦台	3	塚サキ	1	山田	1	今上	1
千住二丁目	2	小諸	1	弓田	1	常　府中	1	戸頭	2
日光今市	1	牛久	2	弓田	1	小布内	2	足かが	2
中ノ台	2	粕壁	2	中里	1	馬門	1	船形	36
せきやと	3	門馬野田	1	瓦台	3	下生井	1	野田	2
大かしハ	1	千住二丁目	1	瓦台	3	君島	1	目吹	4
皆葉	1	下平見	3	水海道	10	中里	1	横うち	3
東高野	1	川妻	1	越中由井	1	長沼	1	〆252人	
上新井	1	佐原	1	行徳	1	大つづみ	1	長沼	4
新宿	1	武州岡村	2	若林	1	幸手	1	中野	1
野州高山	1	下総ゆう木(城)	2	松本	1	粕壁	1	山サキ	3
下平見	1	粕壁	1	芝崎	1	中里	1	川サキ	3
越後新形	2	菅生	1	広島	3	吉春	2	あら木	5
塚サキ	2	越後大サキ村	1	小林	3	金杉	2	水角	2
今上	6	船形	1	かさい	1	千住	1	金杉	3
瓦台	2	広しま	1	江戸築地	2	土浦	1	坂佐(逆)井	2
とじゅう	2	せき宿	2	桐ヶ作	2	千住	2	今上	1
せきやと	2	千住三丁目	3	越後	1	元栗はし	4	赤とう	3
足かが	2	虫かけ	2	金サキ	1	かそり	2	横瀬	2
木間ヶ瀬	1	今上	8	元栗はし	1	吉春	2	下平見	1
野田町	2	長谷	2	善光寺	1	古河	2	長沼	1
岩井	1	塚サキ	2	坂手	1	千住	1	元栗はし	1

村	人数	村	人数	村	人数	村	人数	村	人数
小すげ	2	は入	1	弓田	1	熊谷	1	小金	4
牛久	1	間釜	1	せきやと	1	若山新町	1	越後	3
中台	2	花輪瀬	1	川サキ	1	幸手	2	木間ヶせ	1
尾サキ	2	すげのや	1	江戸一ヶ谷	1	相馬和泉	2	山高野	2
新高野	2	元栗はし	1	粕壁	1	深谷	2	岩名	1
中里	1	長須	1	岩井	1	須加(菅)谷	2	木サキ	1
すげのや	2	かが中島村	1	宇津宮	1	山村	2	水海	1
粕壁	4	青柳	2	せきやと	1	木ノ崎	3	金■	1
とち木	2	すげのや	2	江戸こんや町	1	木間ヶせ	2	木ノサキ	1
小林	2	瀬戸	1	間久り	2	越後中田	2	坂井	1
とち木	1	わらび	1	坂手	1	越後中田	1	矢田郡	3
幸手	1	越後	1	内森家	1	くんま	2	吉春	1
小金	2	江戸本所南割	1	福田	1	のた	1	取手	2
大みち	1	下水		大室	1	小布内	2	小山	1
古河	1	行田	1	平かた新田	1	は入	4	宝珠花	1
とち木	1	せきやど	1	吉つま	3	大塚戸	1	尾崎	1
板はし	3	弓田	1	久下田	3	青柳	2	粕壁	2
島川	2	大室	1	尾サキ	3	越後大ぐ	1	日かへり	2
弓田	1	寺久	1	坂井	2	弓田	1	奉目	2
水又	1	鹿しま	1	貝塚	2	粕壁	2	奉目	3
倉もち	2	小手さし	2	矢萩	2	大口	2	関宿	5
塚サキ	2	千住四丁目	3	谷津	3	中台	1	河在	1
なり田	1	吉春	2	清水	2	てらくし	1	大和田	1
野木	1	飯沼	1	桜たい	3	二合半元井	1	堤根	1
三ヶ尾	2	神田こんや丁	1	大室	3	行田	2	三ヶ尾	1
惣土	1	二丁目		谷津	1	牛久	1	幸手	1
田賀	1	しやうぶ	1	中野	1	川部	1	矢田部	1
宇田林	1	二合半	1	〆225人		神田手永町	1	下柳	1
広島	3	大田	1	尾高	1	箕輪	1	金井	3
西かさい	1	堀米	2	今上	5	清水	1	東井見	1
は入	2	幸手	2	あびこ	1	桐ヶ谷	1	大柳村	2
門馬	7	は入	1	赤とう	5	馬立新田	1	関宿	1
大口	1	笠原	1	越中□□村	1	木ノサキ	1	八屋寺	1
ませ	1	船はし横宿	2	せきやと	1	中台	1	大坊	1
前はし	1	下島	1	古河	1	小諸	1	久下田	1
木間ヶせ	1	間釜	1	古河	6	ほ木馬	2	市宿村	2
粕壁	2	野木崎	1	越後	1	木間ヶせ	1	坂田	2
仙台	2	古河	1	和泉田	4	越後由井	1	瀬戸	1
板はし	2	今井新田	2	大口	2	上総九十九里	1	弓田	1
水海道	3	浦の	2	瀬戸	2	白はた村		築比地	1
目吹	2	浅草田原町	1	上平見	3	常州小張	1	桜代	1
金杉	2	かしハ	1	虫かけ	1	上平見	1	今ヶ川	3
宇田林	2	今井新田	2	くき	1	間久り	1	中里	2
岩井	1	高野	1	島川	1	せきやと	1	岩井	1
上州倉かの	2	角山	1	越後白根町	1	大宮在染谷	2	堤根	1
弓田	2	坂手	1	山川	2	中里	2	鳩ヶ谷	1
大室	1	中里	1	平形	4	くき	3	千住三丁目	2
今市	2	飯沼	1	坂	1	西高井村	3	流山	1
岡田新田	1	下妻	1	森谷	2	弓田	2	関宿	1
岩井	3	塚サキ	1	越後新形	1	目吹	1	流山	1

村	人数	村	人数	村	人数	村	人数	村	人数
桶河	1	水海道	1		25	大室	1	粕壁	1
守谷	1	江川町	1		189	山川	2	高柳	4
ふせ	3	深井	1		251	行徳	1	せき宿	1
深井	3	谷津	2		45	坂さい	1	目吹	1
平方	1	関宿	1		173	小金	1	坂井	1
中ノ代	3	下立村	1		158	岩城平	1	千住小塚原	1
岩井	1	中田	1	非人	685	清水	1	岩附	1
五木村	4	前橋	1	〆3178人		二田戸	3	かさい船堀	1
小味(虚無)僧	1	木ノサキ	1			下小はし	1	上州高サキ	1
山崎	1	東山田	2	3月29日		坂手	1	瓦台	8
堤代	1	横内	1	清水	5	飯沼	2	瓦台	2
結城	1	小布内	3	岡田	1	幸手	3	千住壱丁目	1
大□□	1	宮サキ	1	かさい	1	船はし	2	せきやと	1
築比地	1	大曽根	2	は入	1	岩井	1	江戸浅草正伝町	1
境町	1	木間ヶせ	4	清水	1	柏井	1	小山	1
関宿	1	武州小浜	1	せきやと	1	前ヶ崎	2	越後白ね	2
八彦村	1	深井新田	7	長沼	1	くゝ井戸	1	日光	1
黒山	1	金杉	2	かさい	1	上州佐の	1	江戸一ノ谷	1
岩崎	1	越後	1	築比地	1	通玉	1	坂手	1
間小村	1	久じけ	3	もり谷	1	岩井	3	一ノ谷	1
しもく□	1	押砂	3	木間ヶせ	1	千住三丁目	1	岩井	1
岩サキ	3	関宿	5	新宿	1	岩付在	1	大和田	1
五木	2	木村	5	幸手	1	坂さい	1	元栗はし	1
門間谷	1	弓田	4	くゝ井戸	1	うだ林	1	江戸芝赤はね	1
本栗橋	1	野田	2	杉戸	1	前はし	1	信州松元	1
小山	1	中里	2	和泉田	1	南谷	1	築比地	1
笹尾かしま	1	常府	1	せきやと	1	飯沼	1	手賀	1
木間ヶ瀬	2	赤とう	3	瓦台	2	平岡	1	小山	1
宝珠花	1	清水	2	ゆう木	2	栗はし	1	幸手	1
岩付	1	目吹	2	赤沼	1	くろ浜	1	今井	2
木ノサキ	3	今上	2	門ま	1	上州きりう	1	新宿	1
尾坂	1	下野植野村	2	東高野	2	青柳	1	幸手	1
堤代	3	中台	2	あせ田	2	木ノサキ	1	土浦	1
赤沼	1	中台	2	大さかみ	1	くげた	1	相馬和泉	1
粕壁	1	下小はし	3	あき川	1	青柳	1	今上	38
宮サキ	1	森家	1	草加	1	東小屋	1	船形	7
木間ヶせ	1	金の井	1	日光	1	瓦台	1	〆238人	
田野見	1	中里	1	柏井	1	粕壁	1	桜台	1
川口町	1	赤とう	1	小山	1	越後三上町	2	今上	7
舟方	1	山王	3	戸頭	1	通玉	1	今上	4
関宿	1	今上	1	元栗はし	1	かさい	2	今上	5
深井新田	1	長兵衛新田	3	坂手	1	元栗はし	1	中里	1
赤沼	1	岩名	1	川島	1	瓦台	2	粕壁	1
菅生	1	粕壁	1	越後	1	今上	27	瓦代	10
谷津	1	赤とう	5	江戸目黒	1	桜たい	4	布せ	2
牛久	1	山サキ	2	ふせき	1	小張	2	金ノ井	3
岩井	1	〆370人		山川	2	青柳	2	菅生	1
砂□村	1		183	みのま	1	元栗はし	2	上平ミ	2
宝珠花	3		113	門ま	1	古河	1	笠原	1
結城	1		98	諸川	1	二田戸	3	本栗はし	5

村	人数	村	人数	村	人数	村	人数	村	人数
本栗はし	2	黒浜	2	下総境町	4	小池	1	西深井	2
前林	2	倉松	1	武州幸手宿	2	幸手	1	下妻	2
黒浜	1	八幡	1	江戸鎌倉河岸	1	下生井	1	谷木	2
古河	3	幸手	1	長沼村	3	せきやと	1	瓦台	2
越後片原	1	大宿	3	深井	1	小布内	2	今上	5
山川	2	古河	2	土浦	2	西かさい	1	塚サキ	3
小金宿	1	千住五丁目	1	中野	1	大かしハ	1	岩井	3
瓦代	1	粕壁	3	越後	3	長須	1	岩井	2
中台	1	佐原	1	ふせ	4	野木崎	1	とち木	2
千住二丁目	2	岩井	1	釜岸	4	平井	1	間久里	3
下柳	1	戸頭	2	今上	1	中山	1	中台	2
高崎宿	1	水海道	2	川妻	1	八王子	1	大口	2
君島	1	越中	2	せきやと	1	房	1	山王	3
古つ	1	菅生	3	中里	1	弓田	1	瀧ノ沢村	2
久き新町	1	野田	2	取手	1	粕壁	3	中田	2
河妻	1	赤沼	1	喜つれ川	2	行徳	1	〆410人	
古河	1	河サキ	1	松戸	1	石川	2	江戸九けん町	4
広島	1	足かゝ	1	坂手	1	ふい木	1	押砂	3
越後吉田村	1	上柳	1	水戸	2	ふい木	6	押砂	3
古河大堤村	2	越後	1	上州前はし	1	小布内	6	中つま	4
大戸川	1	間久り	2	広島	1	中台	1	赤とう	3
久下田	1	塚サキ	3	細田	1	行徳	2	武州小浜	1
加□	1	荒木	2	東宝珠花	1	下高井	1	木村	4
古河	1	江戸サキ	2	越後尾サキ	1	山王	2	根金新田	2
河野	1	粕壁	1	下島	1	中台	1	小布内	3
皆葉	1	野木村	1	大かしハ	1	金杉	1	中里	2
塚サキ	1	鷹付(高槻)	1	せきやと	1	小松川	1	中台	1
足かゝ	1	龍ヶサキ	4	磯部	1	下島	1	山王	1
千住壱丁目	1	日光今市	1	せきやと	1	こうの山	1	虫かけ	1
山川	2	越後大之村	1	中里	1	江戸深川平の町	1	江戸こんや丁	1
草加	2	小山	1	宮久保	3	土浦	1	小林	2
越後葉くら	2	粕壁	1	せきやと	4	中台	1	角山	1
(羽倉)村		倉常	1	中台	1	青田	2	岩崎	1
布内	1	深井	1	せきやと	1	弓田	1	ゆう木	1
幸手	1	粕壁	1	山村	1	今上	1	岡田	1
布川	1	関宿	2	龍ヶサキ	2	柳はし	3	中台	2
佐原本宿	1	記州	1	越後	2	木ノサキ	4	土浦	1
本栗橋	1	牛久	1	越後	1	長兵衛新田	3	惣新田	1
岩井	1	関宿	4	宮久保	3	尾サキ	3	船形	1
関宿	1	本栗橋	1	宇津宮	1	米サキ		小林	1
黒浜	1	銚子大田	1	正ふ(菖蒲)	4	元栗はし	3	岩サキ	3
桐ヶ谷	2	今上村	5	正ふ	1	西八木村	2	桐ノ木	2
千住	3	下総国福田村	2	府釜	1	弓田	2	大かしハ	2
岩井	1	武州千住宿	4	まかべ	4	虫かけ	3	平形	1
中妻	1	武州千足村	3	せきやと	1	古河	3	大山	1
中ノ代	1	下総宝珠花	3	せきやと	2	尾サキ	3	中田	1
赤沼	1	下総江川村	3	弓田	1	越中	3	船形	1
水海道	2	下総西高野	5	小松川	1	下小はし	2	下平見	1
堺	1	常州駒込村	5	せきやと	1	下小はし	2	赤山	1
粕壁	1	武州佐間村	3	大室	1	小高	1	菅生	3

村	人数	村	人数	村	人数	村	人数	村	人数
古河	1	牛久	1	〆191人		寺久	1	森谷	1
ふい木	1	粕壁	1	大かしハ	2	築比地	1	下小はし	1
としき	1	せきやと	1	深井新田	2	江戸はしバ	1	津々戸	1
桶川	1	清水	2	波田	1	牛久	1	水海	1
宝音寺	1	布井	1	石川	1	越後	2	角山	1
中里	1	布井	1	大田	1	上平見	2	横つき	1
赤山	1	越後高田	1	宇津宮	1	角山	1	粕壁	1
せきやと	1	山王	1	安房	1	築比地	2	墨浜	1
上総木さら津	1	野木崎	1	赤塚	1	東山田	1	せき宿	2
安部	1	山王	1	魚沼	1	袋山	1	下平見	3
船形	1	乙女	4	すげのや	1	宝目	1	奥州白川	1
中里	1	水海	1	江戸神田須田町	1	目吹	1	江戸橋ば	1
ませ	1	下野足かが	2	越後笹沼	1	取手	1	長須	1
須か川	1	日向のべ岡	2	しゝ塚	3	間久り	1	一ノ谷	1
須か川	2	板とい	1	貝塚	3	山村	2	房	1
木間ヶせ	5	千住	1	魚沼	1	水海道	1	幸手	1
船形	1	せき宿	1	幸手	1	東深井	1	はん所	1
小山	1	麦塚	1	下内川	4	さま	1	越後	1
関宿	1	かさい	1	木ノサキ	2	横うち	3	結城	1
草加	1	小金	1	長家	3	〆95人		幸手	1
平形	1	元栗はし	1	高森	1	中台	3	せき宿	2
山サキ	2	千住	2	長沼	1	あら木	1	草加	2
中里	2	元栗はし	1	中里	1	今上	2	大さかみ	1
□		高福田	2	越ヶ谷	1	大墨	3	上州高サキ	1
勢州くわ名	2	谷津	2	たて林	1	船形	15	大口	1
押砂	2	谷津	1	木間ヶせ	1	くしけ	2	足かが	1
せき宿	2	新宿	1	金杉	1	山川	1	万さい	1
菅生	2	せき宿	1	芝原	1	幸手	1	栗はし	1
小林	1	乙女	1	広島	1	岩名	1	千住四丁目	1
小林	1	袋山	1	築比地	4	木間ヶせ	1	尾サキ	2
大田	1	吉あし	1	古河	1	横うち	2	牛久	1
駿州府中田町	1	五ヶ村	1	岩村	1	木間ヶせ	2	赤とう	2
小林	1	すけのや	1	板はし	2		138	赤とう	1
包ミね	1	元栗はし	1	水海道	1		134	越中中井新田	1
小茂ノ井	2	包台	2	長沼	1		168	元栗橋	3
平沼	1	若止原	2	高サキ	1		128	赤沼	2
八はた	2	山王	2	牛久	1		159	江戸相生町一	1
奈戸ヶ谷	1	取手	2	水海	1		161	丁目	
幸手	1	府川	1	木間ヶせ	1		128	古河	1
安部	1	せき宿	4	越後	1	非人	689	越中いくし	1
吉川四条	1	塚サキ	4	越後吉田町	1	〆2679人		瓦台	11
府川	1	登戸	1	板はし	2			三ヶ尾	1
関宿	1	赤さき	3	法目	3	3月30日		元栗はし	1
瓦台	1	篠つか	1	山サキ	2	今上	11	築比地	1
船形	1	小池	2	木間ヶせ	2	清水	7	長沼	1
江戸岩元町	1	久下田	3	草加	1	かさい	2	熊谷下町	1
水海	2	清水	3	塚サキ	1	中台	2	かとく(家徳)	1
水海	1	坂より	2	平塚	1	くげた	1	柳はし	1
行徳	1	中台	1	宝珠花	1	とみた	1	川妻	1
上州高サキ	1	中台	2	庄ぶ	1	今上	3	岩城平	1

村	人数	村	人数	村	人数	村	人数	村	人数
田沼	1	魚沼	3	弓田	1	千住	1	八方	4
桐ヶ作	2	大口	2	新高野	1	安房	1	大かしハ	3
上州前はし	1	上州たて林	1	こんだ(金田)	3	菅生	1	今上	1
下サキ	1	今上	37	和泉	1	二田戸	1	向小金	3
八はた	1	桜台	4	中里	1	西新井	1	瀧沢村	3
越後吉田	1	桜台	5	長谷	1	日光	1	菅生	2
広しま	1	今上	1	今上	41	あらく	1	岡田	3
布井	2	〆213人		武州平井	1	幸手	1	中台	2
瓦台	2	船形	4	中里	2	大かしハ	1	八木	4
ふせ	2	深井	4	中台	4	上柳	1	赤とう	6
幸手	1	てらし	3	佐間	3	坂井	1	こうのす	3
日光石や町	1	今上	6	くき	2	通玉	1	木間ヶせ	6
寺町	1	桜台	2	植野	3	坂さい	1	木間ヶせ	4
川サキ	1	谷津	3	佐間	3	日向のべ岡	1	瓦たい	1
仙台寺沢村	1	今上	6	中妻	4	船はし	1	布井	2
ませ	1	山王	5	中妻	1	二田戸	2	野木サキ	3
坂井	1	中つま	3	水戸大岩	2	木ノサキ	2	小林	1
越後	1	元栗はし	1	越中	5	ばん所	2	柏井	1
野木サキ	1	中里	2	下小はし	3	幸手	2	元栗はし	1
平岡	1	粕壁	2	長沼	3	下新井	1	谷田部	1
安宅	1	水海道	2	土浦	4	尾サキ	1	内堰	1
長沼	1	越中いくし	1	府釜	3	元栗はし	2	元栗はし	2
幸手	1	流山	3	釜岸	4	中里	2	元栗はし	1
江戸小梅	1	高野	3	常　府中	3	江戸芝赤はね	1	下尾サキ	2
木間ヶせ	1	飯沼	3	久下田	4	吉妻	1	千住二丁目	1
目沼	1	江戸小塚原	1	久下田	3	大口	1	久下田	1
小山	1	粕壁	2	西高野	4	幸手	1	かさい	1
赤とう	1	江戸馬くろ町	1	駒込	3	岡田新田	3	高柳	3
あら木	1	せきやと	2	長須	1	弓田	2	辺後	1
せき宿	1	高野	3	土浦	3	ふせ	3	ふせ	1
弓田	1	弓田	3	桐ノ木	2	ふせ	1	笠原	1
千住壱丁目	1	越中由井新田	1	野田	2	下妻	2	龍ヶサキ	3
上州高サキ	2	船はし	1	小諸	4	元栗はし	3	せきやと	2
粕壁	1	粕壁八丁目	1	菅生	5	木間ヶせ	2	宝珠花	2
小諸	1	島十	1	今上	3	木ノサキ	3	せきやと	3
江戸サキ	1	船形	1	墨浜	3	清水	3	中山	1
山川	4	きりう	1	小福田	3	船形	4	仙台瓦町	1
幸手	1	山川	2	宝珠花	3	塚サキ	3	瓦町	2
中台	2	ふさ	1	大口	2	今上	4	塚サキ	2
吉妻	2	虫かけ	1	押砂	1	〆313人		府川	1
水海道	2	かが中島村	1	今上	1	向小金	3	長谷	2
ふせ	2	岩付	1	粕壁	1	瓦台	3	木間ヶせ	2
江戸浅草正伝町	1	二田戸	3	千住五丁目	1	今上	3	寺久	1
佐原	1	中里	1	千住	1	山川	2	坂手	1
草加	1	上平見	1	上州前はし	1	水海道	2	深井新田	2
岩井	1	宇津宮	1	戸頭	2	小福田	3	深井新田	4
諸川	1	島川	2	通玉	1	長谷	1	深井新田	1
とち木	1	広島	2	江戸下谷金杉	1	長谷	2	船形	4
古河	2	今市	1	幸手	1	塚サキ	5	瓦たい	3
せき宿	4	墨浜	3	長沼	1	金杉	1	牛久	1

村	人数	村	人数	村	人数	村	人数	村	人数
仙台瓦町	1	下新井	2	虫かけ	2	虫かけ	3	木間ヶせ	3
結城	1	深井新田	1	高村	1	土浦ごんだ	2	とち木	1
とよた	1	中台	1	谷津	1	□駄々	3	小林	2
白根	2	瓦台	6	古河	2	五ヶ村	2	本栗はし	1
かが中辺た	1	板はし	2	せきやと	1	弓田	3	清水	1
菅生	2	越後由井	2	登戸	1	木ノサキ	2	古河	4
幸手	1	千住二丁目	2	栗はし	1	中野	2	向小金	1
粕壁	1	板はし	2	みのは	1	坂井	4	せき宿	1
坂井	1	下新井	2	和泉	1	岩井	3	金杉	1
せき宿	1	青柳	2	赤山	1	坂より	2	森谷	3
越後高浦	1	千住	2	岩井	1	中台	3	間久り	1
目吹	1	佐渡	2	長井戸	2	古河	3	岩名	1
中里	2	小布内	1	皆葉	1	あんま	3	木間ヶせ	2
駒はね	1	口サキ	2	越後	1	金サキ	1	幸手	1
金の井	1	ふさ	2	小山	1	平井	3	山サキ	4
塚サキ	3	柏寺	3	結城	1	〆423人		関宿	4
中里	1	小山	3	大徳	1	今上	1	水海	2
下平柳	1	磯べ	1	飯沼	1	谷津	4	せき宿	2
清水	1	虫かけ	1	栗はし	1	下島	3	幸手	1
栗はし	2	小諸	1	小山	1	中台	1	船形	1
せきやと	3	塚サキ	1	栗はし	2	今上	1	せき宿	1
広島	2	今上	2	粕壁	2	築比地	1	堀込	2
粕壁	1	越後	2	は入	1	深井	4	稲岡	4
川島	2	越後	1	大柳(谷木)村	1	瓦たい	3	府川	1
野木	2	下島	1	大宮	1	赤山	1	貝塚	1
越後平島	2	せき宿	2	山田	1	野田	1	今上	1
とち木	2	龍ヶサキ	2	目墨	1	野田	3	今上	2
粕壁	1	中台	2	中里	1	西深井	3	山川	1
野木サキ	2	越中富山	1	下とめ	1	島サキ	3	上平見	1
せきやと	3	金の井	2	大和田	1	貝塚	1	上平見	1
元栗はし	2	せきやと	2	根本	1	間久り	2	あひこ	1
拾石	2	岩井	1	桶川	1	中の	1	大戸川	1
土浦	1	駒はね	2	下たて	1	すだち	1	山サキ	2
せきやと	1	山川	2	大こや	2	門馬	1	下新井	2
行徳	1	小布内	2	大こや	2	江戸芝新並	1	杉戸	1
小浜	1	江戸布鹿	2	あへ	1	元栗はし	1	粕壁	1
岩井	4	中野	2	江戸一谷	2	越後	1	山サキ	2
板はし	4	龍ヶサキ	1	越後	1	下高井	2	関宿	2
向古河	3	野田	1	くき	1	築比地	2	門馬	2
行徳	3	小手はし	2	岩付	1	大柳村	1	中台	2
行徳	1	水戸	2	千住小塚原	1	諸川	1	包台	2
船形	1	江戸大和町	2	小川	1	せきやと	3	くりはし	2
横うち	2	小布内	2	小布内	4	五ヶ村	1	くりはし	1
中田	3	今上	1	船はし	1	金杉	1	大口	3
上州仁田	1	深谷	2	粕壁	1	船形	1	をい後	3
船形	5	せきやと	2	なんぶ門前村	2	元栗はし	1	目吹	1
今上	2	せきやと	3	幸手	3	し水川	2	元栗はし	1
かき上	1	谷津	2	すけのや	1	八はた	1	和泉	1
米サキ	2	周防	2	船形	5	大口	1	元後村	1
野田	2	芝原	2	広島	4	五ヶ村	1	五木	3

村	人数	村	人数	村	人数	村	人数	村	人数
元栗はし	4	長沼	1	今上	34	目吹	1	日光	2
金杉	1	山川	2	清水	4	今井	1	岡村	2
〆149人		山サキ	2	桜たい	6	赤堂	1	板はし	5
大川戸	3	玉の井	1	清水	5	下小はし	3	木ノサキ	1
中台	3	今井	1	金杉	2	瓦たい	1	のと中島	1
中台	1	清水	1	赤とう	1	瓦たい	4	くき	1
谷津	4	ふさ	2	〆186人		杉戸	1	古河	1
結城	2	幸手	6	今上	11	桐ノ木	2	取手	1
〆192人		宮久保	1	桜台	2	栗はし	2	ふさ	1
	13	せきやと	2	てらし	2	弓田	1	岩村	1
	43	さの	1	今上	6	宮久保	2	坂手	1
	84	取手	1	谷津	1	元栗はし	3	弓田	3
	21	下高井	2	中台	2	取手	1	小林	3
	85	取手	10	今上	1	小松川	1	飯沼	1
	49	宮久保	1	今上	4	今上	1	信州つまご	1
	39	をい後	1	谷津	1	今上	22	長沼	2
	97	戸ヶサキ	1	中台	2	のだ	1	奈戸ノ谷	1
	13	高柳	3	小福田	2	通玉	1	川島	1
	68	古河	4	中台	2	墨浜	1	東小屋	1
	68	古河	2	津戸	1	は入	1	龍ヶサキ	1
関宿在土にふ		弓田	2	今上	4	日向	1	きりう	1
久右衛門木あ		とち木	1	門馬	2	戸頭	2	山川	1
さ		高野	1	上平見	1	長沼	1	くき	2
	49	岩井	2	平岡	1	栗はし	1	今井	3
非人	678	二田戸	2	粕壁	1	古河	1	高や	2
〆2451人		菅生	2	柳はし	1	水海	1	くじけ(久寺家)	4
		小布馬	1	千住	1	坂さい	1	下野赤沼	1
4月1日		中里	1	大口	1	さの	2	野田	2
今上	10	行徳	2	古河	1	取萩	1	野田	2
清水	6	千住	1	二田戸	2	水海道	5	〆212人	
せき宿	3	八王子	1	柏井	2	古河	1	病人	134
岡田	1	小松川	1	宝音寺	3	江戸品川	1	病人	36
今上	20	長沼	1	三ヶ尾	1	古河	1	病人	63
元栗はし	2	土浦	1	栗はし	2	大かしハ	1		320
通玉	1	菅生	1	幸手	1	牛久	1		212
幸手	1	仙台	1	高野	2	瓦台	1		135
森谷	1	千住	2	千住	1	越後かたとう	1	病人	49
足かゝ	1	草加	1	越後里山	1	船はし	1		268
みのま	1	せき宿	1	粕壁	1	せき宿	1		164
江戸本所南割下水	1	吉つま	1	栗はし	1	諸川	1	病人	34
神名川	1	宮久保	1	船はし	2	せきやと	5		117
諸川	1	元栗はし	1	駒込	2	長谷	2		201
川妻	1	草加	1	川口	1	浅草小者	1		439
かさい	1	下高井	2	は入	1	府釜	1	非人	779
しやうふ	1	幸手	1	古河	1	瓦台	2	〆3349人	
寿杢寺	1	江戸浅草	2	信州松本	1	吉田	1		
小山	1	小布内	2	関宿	2	は戸谷	1		

17　天保８年４月　窮民名前帳（文書番号 ZBA15）

事項	人数	事項	人数	事項	人数	事項	人数	事項	人数
卯月朔日		水角	2	北山田	2	上大の	1	つみね	1
3399人		中台	1	大柳村	2	桶川	3	木ノサキ	1
		金杉	2	広島	1	粕壁	1	高岩	1
4月2日		八木サキ	1	古河	1	谷津	2	新高野	1
下生井	1	赤どう	1	結城	1	築比地	2	小山	1
柳沢	1	二合半	1	川サキ	2	幸田	1	目吹	1
喜才	1	古河	1	府釜	1	長谷	1	五ヶ村	1
門馬	2	千住五丁目	1	幸手	1	貝塚	1	流山	1
行徳	1	大室	2	あびこ	1	〆298人		奈戸谷	1
伊久佐	1	内宿	1	さる又	2	深井新田	2	木間ヶせ	1
大室	1	古河	5	岩サキ	1	瓦台	3	谷津	4
間々田	1	江戸荒川	1	松ヶサキ	1	吉川	2	清水	4
関宿	3	小林	1	大川戸	2	長沼	3	大口	1
和泉	2	谷田部	4	下小橋	3	深井	4	長井戸	3
江戸こんや町	1	元栗はし	35	山川	2	今上	3	小山	1
弐丁目		せき宿	16	桜台	3	今上	2	大つづみ	2
船形	1	小布内	13	岩サキ	3	山川	3	金杉	1
上平見	1	岩井	3	高野	1	野田	1	千住	1
松ヶサキ	1	仙台	2	みの高山	1	築比地	1	山サキ	2
吉妻	1	深井	2	瓦台	1	木戸	3	幸手	1
粕壁	2	岩付	1	山サキ	2	くげた	2	柳沢	6
菅生	1	日光	3	下平見	2	中台	1	ませ	4
江戸浅草田原	1	岩井	2	大室	1	西平井	1	赤沼	1
町一丁目		貝塚	1	桜台	4	せきやと	1	木間ヶせ	1
越後王上	2	久保田	2	五木	1	吉春	2	古河	1
くぐ井戸	5	は入	2	築比地	1	船形	1	古河	3
くき町	1	元栗橋	2	塚サキ	1	うしろた	1	上総	1
江戸大丸新道	1	大田	2	弓田	1	角山	1	水戸	1
船形	5	辺後	1	下平見	2	粕壁	1	岩付	1
江戸飯田町	1	虫かけ	1	清水	2	深井新田	1	木間ヶせ	2
土浦	1	二合半割	1	山川	2	木ノサキ	3	くき	2
江戸三川町	1	は入	1	瀬戸	1	深井新田	2	宇津宮	1
岡田新田	5	君島	1	山サキ	4	新高野	1	千住	1
今上	4	ふさ	1	岩城平	1	山サキ	2	小福田	2
清水	1	平沼	1	中台	2	古河	1	江戸小日向水	1
喜ノサキ	2	かしハ	1	木ノサキ	2	小布内	1	道町	
柳橋	3	牛久	2	平塚	2	築比地	2	宮サキ	1
清水	5	下平見	1	山サキ	1	正連寺	1	越ヶ谷	1
平形	1	加賀大久保	1	粕壁	2	目吹	1	常　いたこ	1
金杉	2	さる又	2	木ノサキ	1	きりう	1	常　須田	1
木間ヶせ	1	越後まき村	2	上州高サキ	1	千住五丁目	1	西深井	1
岩名	1	門馬	1	かゝ大保	1	今上	1	伊豆島	1
桐ヶ井	1	は入	3	古河	1	大田	1	幸手	1
森谷	1	尾サキ	1	木間ヶせ	1	小浜	1	新宿	1
花輪瀬	1	木間ヶせ	1	下平見	2	高野	1	中根	1
越後	1	水戸	1	青柳	2	せきやと	2	中山	1
江戸両国	1	岩城	1	水戸長岡	1	行田	1	元栗はし	1
築比地	1	龍ヶサキ	2	吉春	3	安部	3	谷津	1

事項	人数	事項	人数	事項	人数	事項	人数	事項	人数
宮サキ	6	千住	1	せきやと	4	〆312人		小布内	1
越後は墨(羽黒)	2	藤塚	4	常州根本	1	清水	4	古河	2
小布内	3	うしろた	1	布下	2	木間ヶせ	1	伝兵衛新田	1
大宮	1	長須	1	馬瀬	1	千住	1	瓦台	1
目吹	1	せきやと	2	倉松	1	いくじ	1	赤とう	2
船形	3	江戸麻布	2	のだ	3	上原	1	せきやと	3
越前国	1	門間	2	小布内	1	久保田	1	彦田	1
せきやと	1	江戸鎌町	1	小山	1	府鎌	1	幸手	1
五木	1	小布内	1	南部中山	1	古河	1	山田	1
江戸浅草正伝町	1	高せ	1	さの	1	岩城平	1	下高井	1
取手	2	中島	1	通玉	1	岩付	2	元栗はし	1
幸手	1	松戸	1	てらし	1	あら木	1	粕壁	1
今島	3	下谷	1	常　府中	1	上州きりう	1	は入	1
神田平永町	1	野田町	1	幸田	5	八はた	1	中里	3
海老ヶ島	1	流山	1	せき宿	1	木ノサき	3	和泉田	2
小布内	4	戸張	3	清水	2	上総国	1	は墨	1
大矢口	3	下つま	1	元栗橋	2	千住	2	み立	1
横うち	3	越後新形	1	松戸	1	山川	2	越ヶ谷	1
沓掛	2	喜才	3	今井	1	岡田	1	宮和田	2
沓かけ	1	千住	1	千住	1	佐原	1	新宿	1
平形	2	行徳	1	粕壁	1	江戸	1	越後	1
清水	2	高野	2	下平見	1	上州きりう	2	せきやと	1
金杉	1	水海道	2	小上	1	塚サき	1	ふせ	2
船形	3	広島	2	足かゝ	1	せきやと	1	桜台	1
〆187人		広島	1	登戸	1	常州大田	1	吉春	2
	220	角山	1	取手	2	水海道	1	鷲ノす	1
	611	江戸町	1	清水	2	桐ノ木	1	しあんさ	1
	689	山サキ	4	下高井	1	桐ヶ作	2	宝珠花	1
病人	438	目沼	1	東高野	2	上生井	1	草加	1
	23	小浜	1	東高野	2	小布内	3	下高井	2
非人	997	ふせ	1	中台	1	野田	1	水海道	2
〆3642人		越後尾サキ	1	山サき	1	小松川	1	千住	1
		とひ塚	1	小布内	2	みのは	1	下高井	1
4月3日		松本	1	門馬	2	粕壁	1	小山	1
今上	15	足かが	2	山川	2	寺サき	2	千住	1
岡田	1	小山	2	新宿	1	矢はき	1	岩付	1
清水	2	向小金	1	とち木	1	江戸田原町	1	坂井	1
とみだ	1	玉村	1	清水	1	千住	1	くゝ井戸	2
江戸正伝町	1	越中国	1	浅草	1	太子堂	1	結城	1
中台	1	門馬	1	今上	80	小高	1	本床	1
ふさ小瓦	2	上志き	1	桜台	10	中里	1	幸手	2
下野国	1	新宿	1	谷津	7	千住	1	越サき	1
結城	1	下大サき	1	今上	10	大くい	1	宇津宮	1
瓦台	2	下島	1	船形	9	瓦台	1	せき宿	2
高柳	1	木ノサき	2	船形	1	小布内	1	瓦郷	1
喜才	1	うた林	2	今上	1	山田	1	ふさ	1
龍ヶ崎	1	瓦台	3	深井	1	門馬	2	下平見	2
下柳	1	内宿	1	清水	6	下たて	1	中野	4
手賀	1	比山田	2	今上	4	大室	1	赤とう	1
瓦台	1	たて林	1	今上	3	上伊豆島	1	大さハ	1

事項	人数	事項	人数	事項	人数	事項	人数	事項	人数
中里	1	小林	1	元栗はし	1	広島	1	東高野	2
さき城	1	通玉	1	くき	1	ふせ	1	越中	1
瓦台	1	龍ヶサき	1	関宿	1	小ノ浜	1	幸田	1
東金	1	水海道	1	千住	3	大福田	2	元栗はし	2
龍ヶサき	1	幸手	2	高サき	1	上総国	1	中島	1
大和田	1	十石	1	古河	1	江戸三川町	1	とち木	1
杉ノ谷	2	尾サき	1	土浦	1	江戸神田	4	吉高	1
せきやと	1	飯沼	1	関宿	3	今上	28	紅葉大門	1
中台	1	釜根	1	大宮	1	清水	11	岩城	1
江戸	1	山サき	1	小山	1	江戸堺町	2	江戸下谷	1
足利	11	赤間	1	清水	1	瓦台	5	足かが	1
門馬	1	高柳	1	あひこ	1	関宿	8	くげた	1
今上	1	中丸	2	根戸	1	中台	3	幸手	4
中台	1	草加	1	森谷	1	かさい	3	瓦台	2
今上	1	越後	1	吉妻	1	桜台	4	かさい	2
今上	3	せき宿	2	大さゝい	1	山サき	3	下岡	1
金杉	1	君島	1	古河	1	山高野	3	清水	1
瓦台	1	水海	2	今井	3	横うち	2	墨浜	1
中里	1	栗沢	2	岩井	1	船形	18	小山	1
瓦台	1	上(常)州根本	2	伊丹	1	ふせ	5	江戸今戸	1
麦塚	1	小諸	1	行徳	1	千住	2	取手	3
尾サき	1	大かしハ	1	神名川	1	幸手	2	千住	4
飯沼	1	二田戸	1	平沼	1	草加	3	高野	2
越後	1	府鎌	1	広島	2	〆445人		ふさ	2
白根	1	千駄	2	江戸深川	1	飯沼	3	行徳	2
高柳	2	中里	2	幸手	2	中の	2	さの	1
江戸大和町	1	清水	2	岩井	4	大川戸	3	江戸	1
江戸三笠町	1	瓦台	2	戸頭	2	太田	4	千住	1
川越	1	島川	1	とち木	1	今上	2	坂井	1
かさい	1	二田戸	1	久保田	1	は入	4	元栗橋	1
八丁目	1	弓田	1	せき宿	1	船形	23	柏井	1
門馬	1	中丸	2	中里	1	船形	3	谷田部	1
長沼	1	山川	2	門馬	1	木ノサき	1	せき宿	2
東高野	1	坂さい	1	草加	1	東深井	4	千住	1
中台	2	瓦台	6	墨浜	1	病人	523	結城	1
は入	1	高野	1	今上	1	1213		高サき	1
吉妻	2	古河	2	粕壁	1	非人	547	江戸本所	1
瓦台	2	高柳	2	吉妻	1	非人	106	瓦たい	3
中里	2	広島	2	関宿	1	〆3146人		奈戸谷	1
西深井	2	間釜	2	中台	1			さの	2
広島	1	せき宿	1	江戸品川	1	4月4日		ふさ	1
せきやと	2	いそべ	1	江戸御蔵前	1	今上	4	高山	1
船形	1	下平見	4	元栗はし	1	清水	3	越後	1
幸手	2	下平見	3	佐原	1	はんや	1	越中	2
江戸	1	元栗はし	1	小金	1	木間ヶせ	1	岩井	1
青柳	1	今上	1	今戸	1	足かゝ	1	吉妻	2
大口	4	古河	1	今上	2	瓦台	2	江戸芝	1
せきやと	2	清水	2	横うち	1	高柳	3	杉ノ谷	1
ふさ	1	下平見	1	千住	1	登戸	1	かさい	1
粕壁	1	吹田	1	関宿	2	東高野	1	大柳村	1

事項	人数	事項	人数	事項	人数	事項	人数	事項	人数
元栗はし	1	あら木	1	幸手	6	岩井	2	粕壁	2
塚サき	2	尾サき	1	日向国	1	今上	1	千住	1
惣新田	2	幸手	1	瓦台	3	信州	1	水海	1
目吹	2	江戸本所	1	高津	1	古河	4	流山	1
戸張	3	権言堂	1	水海	1	古河	2	かさい	1
小浜	3	西里	1	粕壁	1	間久り	2	塚サき	2
とみた	1	草加	1	江戸浅草	1	山川	2	三ヶ尾	2
長沼	1	すかま	1	清水	1	塚サき	3	中田	1
瓦台	4	仙台	1	幸手	2	瓦台	1	包たい	1
惣新田	3	坂井	1	内森谷	2	宇津宮	1	栗はし	2
府中	1	谷田部	1	新宿	4	中村	1	越後	2
大かしハ	1	八王子	1	千住	1	吉妻	1	府川	2
下たて	1	程ヶ谷	1	府川	1	越ヶ谷	2	中台	2
二田戸	1	門馬	2	岩付	1	桜台	3	広しま	3
玉村	1	関宿	1	中台	1	横うち	3	江戸サき	1
よは塚	2	江戸下谷	1	広島	1	船形	9	田沼	1
岩付	4	粕壁	2	門馬	1	赤とう	1	大和田	1
木間ヶせ	1	袋山	1	弓田	1	〆206人		関宿	1
越前	1	越後	1	花サき	1	上州高サき	3	太田	1
松戸	1	尾サき	1	小金	1	山川	2	赤とう	2
山川	2	松本	1	笠原	1	小布間	1	瓦台	3
浦和	1	川□	1	小松川	1	亀なり	2	高柳	3
彦田	1	新宿	1	幸手	2	今上	2	かしハ	1
大柳	1	越前国	1	ふせき	1	今上	1	坂井	1
大津	1	袋山	1	青柳	3	かが中島	1	今上	2
川口	3	行徳	1	東金	1	水海道	3	こんだ	5
行徳	1	千住	1	大徳	1	大矢口	1	矢口	1
谷津	3	菅生	1	高柳	1	中妻	1	三ヶ尾	1
今上	38	柏井	1	中台	2	ふさ	1	くけだ	1
桜台	1	関宿	2	金杉	1	粕壁	1	いもかき	1
〆175人		越中国	1	高柳	2	越後新形	1	板はし	1
今上	11	門馬	1	塚サき	1	善光寺	1	戸頭	1
龍ヶサき	2	飯沼	1	東金	1	江戸目墨	1	下つま	1
幸手	2	袋山	1	幸手	3	下高井	1	両(領)家	1
越後中田	2	は入	1	上州三立	3	中台	1	広島	2
越後中田	1	金の井	1	上総寺サき	3	船はし	1	かさい	1
瓦サキ	1	水海道	1	府川	1	小すげ	1	小布内	1
森谷	1	小金	1	飛田	1	下高井	2	今上	1
粕壁	1	鷲ノす	1	下島	1	長須	1	中台	1
目吹	1	瓦台	2	幸田	1	小諸	1	野田	1
吉妻	1	うしうた	1	ふせ	1	江戸大丸新道	1	船形	1
坂さい	1	は入	1	房州	1	下高井	2	岩井	2
ふせ	1	中台	1	五寺	2	江戸下谷	1	山サき	6
安宅	1	清水	3	高柳	2	高野	3	按摩	3
下小橋	1	今上	2	下小橋	1	とち木	2	岩井	2
海老島	1	武州長田	1	下新井	1	桶川	2	大殿井	2
高萩	1	川口	1	門馬	2	水海	2	小池	1
かさい	1	二合半	1	十石	1	吉春	2	船形	2
千住	2	岩井	2	龍ヶサき	1	流山	2	高や	1
上州きりう	1	は入	1	木間ヶせ	1	取手	2	高や	4

事項	人数	事項	人数	事項	人数	事項	人数	事項	人数
菖蒲	1	上州館林	2	柳沢	1	取手	1	下野国	1
片山	1	越後大沢	1	吉春	6	木間ヶせ	1	木ノサき	1
八幡	1	小布内	1	入込にて	30	古河	1	安部	1
我孫子	1	金崎	1	奥州	3	小山	1	結城	1
六浦	1	草加	1	広島	1	せき宿	1	包台	2
大相模	2	大木	1	井野	2	岩城	1	川大	2
目吹	1	奥州仙台	1	門間	5	江戸	1	牛久	1
芝崎	2	大木	1	〆339人		草加	1	戸頭	4
門間	1	門間	2	宮サき	2	大包	1	西深井	1
宮崎	1	岩付	4	嘉蔵(加須)	1	岩付	1	魚沼	1
板橋	1	関宿	1	横そね	1	幸手	1	いたこ	1
板橋	2	上藤	1	結城	1	取手	1	包台	2
中ノ台	1	岩付	1	は入	1	せき宿	1	通玉	1
江戸八丁堀	1	上州柏木	1	菅生	1	宝珠花	1	太田	2
小布内	1	千住	1	さの	2	金杉	1	越後	1
土浦	1	山崎	1	市川	1	□の井	1	越後	2
越後国	1	宮和田	1	深井新田	1	取手	1	せき宿	2
越後国高田	1	新宿	1	弓田	2	土浦	1	川口	1
数屋	1	門間	3	船形	1	南部	3	中台	1
深井新田	1	関宿	3	幸手	1	江戸	1	越後	1
越後長岡	1	板橋	2	東深井	1	ふさ	1	木ノサき	1
横曽根	2	大沢	1	栗はし	1	大さかみ	1	築比地	1
瓦台	2	武州本所	1	神名川	1	清水	4	長沼	2
上州柏木	1	舟形	2	せき宿	1	入込ニて	141	越中	1
半割	1	桐ノ木	1	高サき	1	〆225人		清水	1
山川	2	関宿	1	は入	3	今上	1	高木村	1
今上	4	越谷	1	下小はし	1	船形	4	目吹	1
麻久里	2	深井新田	1	上総国	1	吉春	1	小さ　小や	2
深井新田	2	小金	1	川口	2	今上	3	幸田	2
小布内	3	小林	2	白川	1	寺町	3	目吹	1
長井戸	1	栗橋	1	下野国	1	行徳	1	矢萩	1
古河	2	新宿	1	ふさ	1	小布内	1	せきやと	2
藤塚	1	千住	1	武州国	1	一ノ谷	1	大の	3
品川	1	下辺見	2	越後	1	船形	1	塚サき	8
川越	1	野田	4	中里	1	古河	1	小上	1
大宮	1	木間ヶ瀬	1	山川	2	とち木	1	大室	1
生子	1	木間ヶ瀬	3	深谷	1	水海道	1	野州長塚村	1
藤塚	3	木間ヶ瀬	3	府川	3	松戸	1	越中富山	2
関宿	1	野田	2	関宿	3	幸手	2	越中富山	1
山田	1	押砂	2	越後ハくろ	1	松戸	1	中の	1
築比地	1	越後長岡	1	岩井	1	手加	1	宇田林	2
弓田	2	今上	4	せき宿	3	宝珠花	1	塚サき	1
栗橋	1	今上	5	桐ヶ瀬	1	水戸	1	諸川	2
行徳	1	今上	2	府鎌	1	てうし(銚子)	1	中里	2
大福田	2	土戸	2	きりう	1	江戸谷中	1	きりう	1
広島	2	麻久里	4	日光	1	ない間	1	弓田	1
金ノ井	1	麻久里	2	須田	1	坂井	1	大和	1
野夫方	1	足利	2	山サき	1	かさい	1	行徳	1
深井新田	1	尾崎	3	小金	1	木間ヶせ	2	大つか	1
行徳	2	仲田	3	水戸	1	二田戸	2	とち木	1

事項	人数	事項	人数	事項	人数	事項	人数	事項	人数
結城在	1	川田谷	1	沓かけ	2	桐ヶ作	2	宮又	2
島川	1	西深井	1	野木	1	〆343人		広島	1
江戸	1	木間ヶせ	1	東深井	1	高柳	3	足かゝ	2
加賀	1	平形	2	牛久	1	小布内	2	大宮	2
若芝	1	広島	1	粕壁	3	せき宿	5	粕壁	1
伊さ津	1	水戸	1	正連寺	3	せき宿	1	平崎	1
松戸	2	行徳	1	江戸本所	1	小布内	1	野ふとう	1
坂井	1	船形	1	木間ヶせ	1	幸手	3	し水	1
江戸本所	3	千住	1	松戸	2	小金	2	小賀	1
二合半	1	両家	3	木ノサき	2	江戸	1	石見宿	1
瓦(河原)口	1	野木サき	1	小さ　小や	2	弓田	1	関新田	1
宇津宮	1	白井新田	1	栗はし	2	木ノサき	1	粕壁	1
ふせ	1	山サき	1	山サき	2	江戸谷中	1	しま川	2
越中	1	な戸ヶ谷	1	せき宿	2	戸張	1	関宿	1
岩城	1	小布内	2	せき宿	2	今上	3	うち森谷	1
西深井	1	沓かけ	2	大とのい	2	今上	1	川越	1
尾サき	1	宮サき	1	江戸矢処はし	1	瓦台	2	瓦座い	1
千住	1	八木サき	2	東深井	1	病人	465	目吹	1
行田	1	間(真)壁	3	高森	1	入込	384	さかひ	1
平井	2	越ヶ谷	1	せきやと	1	非人	920	五か	
越中	1	今上	6	戸頭	1	〆3904人		粕壁	1
木ノサき	1	深井新田	2	飯沼	1			岩キ	1
大の	1	野田	5	山村	4	4月5日		門間	1
木ノサき	3	水戸	4	くしけ	4	欠込	215	門間	1
桶川	2	清水	2	大宮	1	外に	30	瓦ざい	1
取萩	2	桜台	1	元栗はし	1	すかを村	1	湯田	1
結城	2	船形	2	清水	1	粕壁宿	1	小くふんじ	1
江戸浅草	1	間壁	2	小林	1	下足橋	1	ふかみ	1
大の	1	野田	4	目吹	3	坂井	1	越ヶ谷	1
先房	3	間壁	1	小金	1	中せん道大宮	1	越後	1
粕壁	1	深井	1	ふせ	1	ふ中	1	ゆうき	1
向小金	1	古河	1	仙台	1	栗橋	1	いわい	1
今ヶ島	3	粕壁	1	江戸本郷	1	みのわ	1	北山	1
桶川	1	松ヶサき	1	越後	1	杉の家	1	尾崎	1
越谷	1	とち木	1	瓦台	2	幸手	1	関宿	1
江戸谷中	1	戸張	1	水海道	1	もろ川	1	かな崎	1
成瀬	2	さの	1	結城	1	越後国高町	1	瓦部	1
菅生	2	栗はし	1	古河	1	今上村	1	きりう	1
八はた	1	正連寺	1	あら木	3	越後高田	1	水海道	1
木間ヶせ	2	谷津	2	加茂	3	せんこはし	1	尾崎	1
川藤	1	和泉田	3	さき城	1	ふせ	2	熊がへ	1
千住	1	前ヶサき	3	大宝	1	土浦	1	しま	1
谷津	1	桶川	1	せき宿	2	小家	1	今上	2
宝珠花	1	中里	4	千住	1	なま井	1	き間賀せ	1
とみ塚	1	いせくハ名	3	越後	1	湯上	1	宇田ば	1
尾サき	1	牛久	1	は入	1	さか本	1	今上	56
き□又	2	取はま	1	は入	2	取越	1	東小や	1
さ原	1	瀬戸	1	水海	2	広島	1	元栗橋	3
深井新田	1	水海道	2	五ヶ村	1	元キ	1	宝珠花	2
比之谷	1	飯沼	1	鍋小新田	2	新宿	1	大かしわ	1

事項	人数	事項	人数	事項	人数	事項	人数	事項	人数
間久里	1	岩付	1	岩井	3	深井	3	荒木	1
千住	4	栃木	1	瓦台	2	児島	1	今上	1
大屋	2	布川	1	奈戸谷	2	本郷	3	下野藤岡	2
仲田	2	越後国	1	矢田部	1	今上	15	下野黒田	1
龍崎	3	阿部	1	杉戸	2	今上	5	今上	6
幸手	4	上州	1	元栗橋	3	按摩	4	龍ヶ崎	2
中台	2	大福田	1	上州	1	長や	2	捲村	2
荒木	5	粕壁	2	千住	2	高野	1	山川	1
鎌庭	4	下舘	1	大福田	2	東深井	5	大徳	1
桜台	1	江戸	1	古河	2	寺島	1	今上	2
木間瀬	3	乙女	2	小布内	1	粕壁	1	今上	2
金杉	2	生子	1	久下田	4	越前	1	岩名	1
国府	3	木間ヶ瀬	1	浅間下	3	小布内	1	下灰毛	2
野渡	3	門間	3	向小金	2	権現堂	1	越中	1
荒野	2	上州	1	小福田	2	名戸谷	1	布川	2
今上	2	中里	1	武州	3	取手	2	片山	1
門間	2	板見(伊丹)	1	元栗橋	4	くじけ	4	大田	1
塚崎	3	小林	1	加納	2	岩付	2	坂井	1
元栗橋	3	下舘	1	弓田	3	岩井	1	流山	1
大ノ原	3	小山	1	荒井	2	弓田	2	水海	1
広島	2	伝兵衛新田	1	武州	4	寺島	2	下辺見	1
赤堂	2	広島	2	今上	3	門間	3	栗橋	2
門間	2	千住	1	岩井	3	古河	3	小橋	3
尾崎	2	布川	1	東小屋	2	大室	2	海老ヶ島	1
下野	3	内守谷	2	東小屋	2	上捲	1	布佐	1
瓦台	4	元栗橋	1	岩井	2	今上	1	関宿	1
広島	5	目吹	1	岩井	1	瓦台	1	日光	1
江戸	2	布佐	1	下高野	2	越中	2	三ヶ尾	1
赤堂	2	尾井名渕	4	下高野	1	栗橋	1	武州本所	1
赤堂	3	栃木	1	中田	3	上山新田	1	幸手	1
逆井	5	鳩谷	1	仙台	3	吉妻	3	江戸	1
菅ヶ生	2	小金	1	清水	2	逆井	1	越中	3
関宿	2	白井新田	1	舟形	3	大野	1	瓦台	2
我孫子	2	若芝	1	瓦台	4	元栗橋	3	瓦台	2
中台	3	川妻	1	幸手	2	古河	1	栗橋	2
千住	4	水海道	1	喜西	1	武州岡村	2	山村	3
千住	3	布佐	2	大川戸	1	五ヶ村	1	葛西	2
小金	1	羽生	1	今上	1	瓦台	2	筑崎	1
三ノ輪	1	新田戸	2	駒込	3	粕壁	2	山サキ	1
中里	1	高崎	1	桜台	2	大師河原	1	麻生	1
元栗橋	1	岩木	1	半や	3	俎板	2	越前	1
幸手	1	小すげ	2	今上	6	東深井	1	三ヶ尾	1
中島	1	菅ノ谷	1	中ノ台	1	今上	7	今上	1
行徳	1	瓦台	1	岩井	3	大野	3	長谷	2
中里	2	矢田部	1	栗橋	1	清水	2	横曽根	2
江戸	1	関宿	1	松ヶ崎	3	熊谷	1	常州坂寄	1
流山	1	江戸	1	深井	2	江川	1	小山	1
伊丹	2	中里	1	土浦	4	水海道	1	布施	1
越後国	2	門間	2	木津内	1	駿河府中	1	江戸深川	2
須田	1	大柏	1	清水	2	川口	1	平方	3

事項	人数	事項	人数	事項	人数	事項	人数	事項	人数
武州花又	2	羽生	1	大田	1	弥はぎ	2	長沼	2
広島	2	下生井	1	水戸	1	いも掛	1	大久保	1
板橋	2	千葉郡六方	3	大塚戸	1	こが	3	舟形	1
矢木	3	飛騨高山	2	千住	2	平形	3	粕かべ	1
羽生	2	奥州	1	正連寺	2	深井	2	深井	2
八丁目	1	栃木	2	山村	1	赤沼	1	岩本	1
桜台	2	佐原	1	小布内	1	筑比地	1	今上	1
羽生	2	葛西	1	米崎	2	水海道	1	うを沼	4
坂間	2	筑比地	1	草加	1	よの	1	昆田	1
弐合半	2	川崎	2	元栗橋	1	柳橋	1	稲荷町	1
舎人町	5	今上	2	宝珠花	1	長沼	2	粕壁	1
吉春	4	千住	1	流山	1	木宮	1	猿ヶ俣	1
奥州南部	1	与野町	1	舟形	2	大佐かミ	2	目吹	2
布佐	2	上藤	1	武州□地	1	岩崎	2	越後国片浦	1
桜台	4	五ヶ村	1	錐子	1	広島	3	江戸	1
西深	3	浅(麻)布	3	常州九合村	1	木妻	2	萱ヶ生	1
山崎	6	矢木	1	日光	1	古佐	1	今田	2
向古河	4	千住	2	くぬ木	1	中代	1	信州柳沢	1
萱ヶ生	1	栗ヶ沢	1	長須	1	小山谷	2	木瓜	1
越中	2	元栗橋	3	木挽	1	大山	1	桶川	1
江戸	1	弓田	4	羽生	3	大佐ミ	1	目吹	1
大殿井	4	杉島	2	中根	1	龍ヶ崎	1	行徳	1
大畔	4	谷津	2	木間ヶ瀬	1	守谷	1	水海道	1
中野	3	小林	2	大矢口	3	浅草	1	越後高田	2
赤堂	5	桜台	2	粕壁	1	関宿	1	谷津	2
吉春	2	能登	1	清水	2	千字	1	行徳	1
向古河	3	越中	2	今上	8	金崎	3	目吹	2
広島	1	相州小田原	2	深井	1	越谷	1	尾崎	1
越後国	1	関宿	2	栗橋	1	赤道	4	水海	1
花王	2	鍋子新田	2	谷津	6	大室	1	新高野	1
筑比地	2	粕壁	1	今上	2	下島	1	築比地	2
中台	1	根戸	1	赤沼	1	萱生	1	江戸	1
五木	1	下山田	1	野田	2	小張	1	粕壁	1
金杉	1	[redacted]	1	谷津	3	手加	1	関宿	1
出羽最上	2	中台	1	赤道(堂)	2	こい	1	新宿	1
野田	1	島重	2	三ヶ尾	2	室川	1	中の	1
上総	1	中江	1	中里	1	亀成	2	平方	2
中台	2	越中大久保	7	赤道	4	大沼	2	越後笹口	1
舟形	6	佐野	1	山崎	1	前川	2	佐渡国	1
中台	3	中山	1	商人	1	半割	1	板橋	1
藤塚伊三郎	2	青柳	2	千間下	1	田川	1	山崎	5
今上	2	関宿	1	中台	1	江戸	1	志田川	1
岩付	2	大生郷	3	今上	1	幸手	1	舟形	1
平方	2	栃木	1	商人	1	粕壁	1	八幡	1
按摩	12	千住	2	水はん		水戸	3	武州小川	4
清水	6	大沢	1	元栗橋	1	大ほう(宝)	1	三ヶ尾	1
岩木平	1	布井	3	木ノ崎	1	龍福村	1	八王子	1
新田戸	1	森谷	1	今上	2	かし上	1	関宿	1
下小橋	1	塚崎	1	三ヶ尾	1	栗橋	1	千住	1
古河	4	正連寺	1	下高井	2	中村	2	筑比地	2

事項	人数	事項	人数	事項	人数	事項	人数	事項	人数
魚沼	4	下高井	2	宇津宮在	2	中の	1	三ヶ尾	2
鳥手	2	下高井	1	下辺見	1	中里	1	目吹	1
鳥手	4	大和田	1	取手	1	岩付	1	小金	2
水海道	1	1300人		吉春	1	木間ヶ瀬	1	宮崎	2
長沼	1	木ノサキ	4	舟形	1	中里	1	瓦台	1
浅草	1	幸手	1	下野富田	1	菅ヶ生	2	西深井	2
水戸	3	小山	1	小山	1	舟形	2	中の	2
古河川辺	2	辺見	1	取手	1	平方	2	目吹	2
舞留	1	布施	1	半割	1	菅ヶ生	1	川口	1
武州加蔵(須)	1	神田山	1	木間ヶ瀬	1	木ノ崎	3	莚打	1
上大野	1	按摩	1	千住	1	中ノ台	2	中の台	2
葛西小松川	1	平方	2	高崎	1	目吹	1	鳩谷	1
粕壁	1	新田戸	2	金の井	1	高や	2	磯部	1
山崎	2	中台	1	長戸(門)	1	高や	1	吉川	1
下谷	1	粕壁	2	舟形	3	仙段(栴檀)野	2	板橋	1
深井新田	1	舟形	1	幸手	2	千住	1	関宿	1
千住	2	木間ヶ瀬	2	目吹	1	古間木	1	三川島	1
下野鐙塚	1	柏井	1	舟形	2	上総寺崎	2	目吹	2
幸手	1	坂手	1	中里	1	木ノ崎	1	瀬戸	2
印旛郡今塚	1	平方	2	向小金	1	木間ヶ瀬	1	小布内	1
幸手	1	水戸	1	上州館林	1	古河崎	3	板橋	3
三ヶ尾	1	金ノ井	1	広島	1	桶川	2	流山	1
岩井	1	宮崎	4	松ヶ崎	2	関宿	2	浅草	1
や川	1	宮崎	2	山崎	1	中根	1	白井	1
菅ヶ生	3	舟形	2	深井	2	武州向小河	2	舟形	1
行田	1	水海道	1	佐倉	2	桜台	5	桶川在三ヶ村	1
野沢	1	舟形	2	取手	1	三ヶ尾	3	菅ヶ生	1
木ノ崎	3	山田	1	粕壁	1	幸田	1	菅ヶ生	1
江戸本所三河町	1	千住	1	江ノ島	1	流山	1	野輪田	1
上州高サキ	1	幸手	1	和泉	1	岩名	1	深井	2
野木崎	1	長塚	1	戸張	1	千住	1	鰤田	1
阿部	2	武州	1	飯沼	1	尾崎	2	菖蒲	1
吉春	3	菅ヶ生	1	木間ヶ瀬	1	中里	1	東深井	2
上州館林	3	関宿	1	大生郷	1	袋山	1	三ヶ尾	1
貝塚	3	目吹	1	中台	1	目吹	1	中里	4
奥州	1	目吹	2	江戸	2	莚打	1	麦塚	1
真壁	3	粕壁	1	江戸本所	2	深井	1	了毛(領家)	9
高野	1	関宿	2	野木サキ	1	九州肥後国	1	山崎	2
山崎	3	下野高萩	1	東金	1	岩付	1	山崎	3
小布内	3	思案橋	1	中里	2	今上	1	舟形	1
田川	1	取手	1	葭場	1	三ヶ尾	1	目吹	1
川崎	1	富溝	1	三ヶ尾	1	下内川	4	越後国中田	1
花井	3	阿部	1	卯宿	1	常州小池	1	下辺見	2
や川	2	三ヶ尾	1	瓦台	1	宝珠花	4	下妻	1
武州	1	広島	1	猿俣	1	武州小久喜村	2	堤台	2
栗橋	2	魚沼	1	猿俣	2	飯沼	2	木ノ崎	1
取手	1	東村	1	川口	2	安部	1	宇都宮	1
越後	1	中台	2	宇都宮	3	野田	1	小山	1
高サき	2	松ヶ崎	2	上州立林	2	谷津	5	押砂	1
平井	2	舟形	1	高や	1	三ヶ尾	2		42

事項	人数	事項	人数	事項	人数	事項	人数	事項	人数
	578	手賀	1	今上	1	中里	4	古郷	1
	118	尾林	1	塚崎	3	小山	1	野木崎	1
〆1890人		矢木	3	今上	2	金杉	3	吉春	1
外ニ635人		赤羽	1	山崎	1	山田	1	関宿	1
五釜飢人分		荒木	1	布鎌	3	土浦	1	越谷	1
壱釜非人分		新田戸	1	深井新田	1	山崎	1	岩井	1
		幸手	2	戸張	4	広島	1	舞留	1
4月6日		関宿	1	浅間下	5	小畔	1	善福寺	1
今上	85	行徳	1	今上	8	越蘆	1	桐ノ谷	1
上州政子	1	越谷	2	今上	2	大田	1	関宿	1
高柳	1	八幡	1	中ノ台	3	日光	1	行座	1
栗橋	2	関宿	1	深井新田	1	金野井	1	清水	
瀬戸	1	苗間	1	今上	5	池上	1	越中	2
江戸今戸	1	江戸神田	1	大柏	2	大相模	1	島□	2
中田新田	1	結城	3	関宿	1	芦ヶ谷	4	野木崎	1
八王子	1	長や	1	谷津	2	中ノ台	1	広島	2
長沼	2	佐奈谷	1	千住	3	三ヶ尾	1	岩城平	1
行徳	1	粕壁	1	布施	2	芝原	1	根戸	1
清水	3	半谷	1	羽生	4	今上	3	元栗橋	1
栃木	1	土浦	1	東金	1	今上	1	大福田	1
逆井	1	大徳	1	島重中里	1	木間ヶ瀬	4	広島	1
桜台	4	手賀	1	千住	1	按摩	1	江戸	1
小山	1	寺町	1	小手指	1	谷津	1	千住	1
佐野天明	1	鍵□	1	小張	1	土余夫	1	赤見	1
広島	1	水海道	1	関宿	3	芦ヶ谷	3	千住	1
大浜	1	我孫子	1	大福田	1	水海	1	粕壁	2
信州松本	1	喜西	2	幸手	2	菅ノ谷	4	大堤	1
融玉	1	蕗田	2	越中	1	仲田	3	元栗橋	1
高萩	1	小山	1	程谷	1	谷津	2	幸手	1
生子	1	奥州白川	1	川野	1	千住	5	余ノ町	1
高や	1	瓦台	4	上州	1	谷津	2	浅草	1
佐野	2	今井	2	金川	1	本栗橋	3	内蒔	1
関宿	2	品川	1	江戸	1	戸張	2	高柳	1
葛西	1	越後高田	1	千住	2	寺島	1	八丁堀	1
関宿	2	中台	1	久下田	1	結城	1	山川	2
小岩	1	桐谷	1	越中	1	行徳	1	下小橋	1
河野	2	関宿	1	島川	2	尾崎	1	長沼	1
越後	1	平館	1	境町	1	吉妻	3	岩井	1
小浜	1	弓田	2	上州	1	小布内	1	川口	1
上葭場	1	清水	2	今上	2	越後高田	2	小林	1
長須	1	卯宿	2	境町	1	柳橋	2	幸手	1
新田戸	2	土戸	2	粕壁	6	栗橋	1	高柳	1
行徳	1	今上	6	古河	2	木間ヶ瀬	1	中田	1
江戸本所	1	今上	1	今井新田	1	山サキ	2	木ノ崎	1
瓦台	1	逆井	1	新宿	1	羽生	1	伏木	1
流山	1	高崎	3	木間ヶ瀬	1	仙台	1	島川	2
越後	1	桜台	4	岩付	1	栗橋	1	広島	1
下小橋	1	幸手	4	中新宿	1	小手指	1	渡場町	1
吉川	1	今上	1	谷津	5	半割	1	奥州	1
平塚	1	清水	2	上州	1	大宮	1	江戸	3

事項	人数	事項	人数	事項	人数	事項	人数	事項	人数
桜在行田	1	土浦	1	座頭	4	松戸	1	一ノ谷	2
深谷	1	庄内領□	2	木間ヶ瀬	2	木ノ崎	1	古間木	2
佐野富岡	1	吉春	6	入込	77	俎板	2	栃木	2
半割	1	越後新潟	1	入込	44	鳩谷	1	岩井	1
関宿	3	中田	4	入込	34	大福田	2	武州別所	2
飯沼	1	米崎	2	関宿	1	武州深谷	1	和泉	1
小布内	1	荒木	5	小布内	1	山崎	2	今上	4
羽生	1	鎌庭	4	桶川在了毛	5	中台	1	岩付	1
瓦台	1	中の	3	金杉	1	木ノ崎	2	金杉	1
広島	1	岡田新田	5	中台	1	西深井	3	粕壁	1
高柳	1	吉春	5	中台	2	按摩	2	安部	3
坂井	1	木ノ崎	4	中台	3	筑比地	1	清水	5
岩付	1	弐合半	3	中里	1	東宝珠花	1	奥州	3
幸手	1	山崎	6	富塚	2	亀形	2	岩付在	2
粕壁	1	柳沢	1	今上	1	上州柏村	2	川妻	2
海原	1	奥州	1	金杉	1	上州大久保	2	元栗橋	1
吉川	1	按摩	7	貝塚	3	塚崎	2	越後国	1
上総国	1	尾サキ	1	今田	2	広島	1	高野山	3
常陸河内郡	1	金杉	3	桜台	2	越後平馬	1	関宿	1
常陸水戸	1	金杉	2	浅草	1	江戸本所	1	賀加国松戸	1
布佐	1	久喜町	2	布佐	1	粕壁	1	湯川	1
山田	3	坊山	2	久保田	3	鷲ノ宮	3	茂左衛門新田	1
土上	3	越後国	2	大野	2	本栗橋	4	藤岡	1
小室	1	岩井	4	小野町	1	水海道	1	和泉田	2
権現堂	1	築比地	1	布川	1	桶川	1	谷津	3
栗橋	1	五木	4	元栗橋	1	木間ヶ瀬	2	取手	1
下大崎	1	下野佐野	1	南部	1	青柳	2	江戸	1
栗橋	2	東深井	3	行徳	1	今上	3	伊丹	1
古河舟戸町	5	宮村	2	下高井	1	常州府中	1	強地	2
海老ヶ崎	1	今上	1	川辺下荒井	□	奥州相馬	2	下野向岩	1
木戸	2	清水	3	東金	1	下高井	4	堤台	1
大崎	1	浅草阿部川町	1	戸張	1	下野黒田	1	板樋	1
布川	1	按摩	1	清水	1	安食	1	相馬和泉	1
本所出村町	3	瓦台	1	瓦台	1	葛西小松川	1	飯沼	3
下小橋	2	皆葉	1	柏村	1	関宿	4	水海道	1
生子	1	千住	3	通浜	1	木間ヶ瀬	2	向小金	1
布鎌	1	幸手	1	長や	1	筑比地	3	新宿	2
平方	1	龍ヶ崎	3	本所吉田丁	1	中台	1	君木	2
舟形	□	上州	1	磯部	1	常陸卯宿	1	今上	1
武州加蔵	1	三ヶ尾	1	本栗橋	1	深井新田	1	三ヶ浦	1
大屋	5	浅草	1	小布内	1	本栗橋	2	熊谷	1
平方	3	中の	1	粕壁	1	上総	2	岩井	1
東小屋	3	筑比地	1	越後平島	2	佐渡島	1	俎板	1
間久里	3	新宿	1	花波	1	赤沼	1	越後	2
今上	3	相州	1	彦田	1	武州	1	卯宿	1
木戸	1	中里	3	布川	2	金崎	1	伝兵衛新田	1
出羽	1	板橋	3	龍ヶ崎	2	相馬和泉村	2	常陸伊奈	1
関宿	1	千住	1	門間東村	1	小川	4	銚子	1
弓田	1	布施	2	幸手	1	岩井	1	白井	1
目沼	1	岩井	1	鳥食	2	幸手	1	上州	1

事項	人数	事項	人数	事項	人数	事項	人数	事項	人数
水海道	1	大相模	3	菅ヶ生	1	平井	2	我孫子	1
乙女	1	名戸谷	1	乙女	1	山サキ	1	野木	4
越谷	1	矢作	1	浅草	1	笠井	2	江戸	1
舟形	1	河野	1	深井新田	3	深井新田	2	取手	3
結城	2	下野小山	1	目吹	2	取手	2	板橋	1
鳩谷	1	深井新田	4	小橋	1	川崎	2	目吹	6
菅ヶ生	3	桜台	3	大塚戸	1	宮崎	1	木間ヶ瀬	5
関宿	1	木立	1	阿部	3	行徳	1	高野	2
大崎	1	結城	2	山崎	2	下舘	1	木ノ崎	2
幸手	1	流山	3	佐野	1	布佐	1	長や	1
江戸袋	2	尾崎	1	深井	1	山崎	1	大倉	1
門間	2	中里	1	吉春	2	向古河	1	木瓜	1
笠井	1	卯宿	1	猿俣	2	坂井	1	粕壁	1
俎板	1	深井新田	2	桜台	1	木ノ崎	1	久喜	1
舟形	1	東深井	2	水海道	1	越中富山	4	行徳	1
布鎌	5	清水	2	清水	1	門間	2	木ノ崎	1
今井新田	1	清水	1	柳沢	2	藤塚	3	関宿	1
長や	2	尾崎	1	深井	1	平井	2	大畑	2
五木	3	花井	1	山崎	3	行徳	2	鳥手	
南部	6	門間	2	粕壁	1	平方	3	板橋	2
俎板	1	高柳	1	深井	1	粕壁	2	粕壁	1
崎房	3	小手指	1	真壁	3	栗沢	1	小手指	1
取手	2	上州	1	木ノ崎	2	山崎	2	弓田	1
門間	4	加賀	1	木ノ崎	1	西深井	2	羽生領久下	1
鍋子新田	1	野州	1	越後佐土山	1	諸川	□	三春	1
今井新田	2	平方	1	鷲白	1	水沼	1	三川島	1
関宿	1	花井	1	柏木	1	桜井	1	宝珠花	1
関宿	2	取手	1	上州	1	卯宿	1	大堤	2
稲岡	4	木ノ崎	2	鰤田	3	山崎	1	元栗橋	1
金の井	1	小溝	1	門間	2	惣新田	1	中根	1
高柳	1	岡村	1	猿俣	1	舟形	4	水海道	1
按摩	2	舞留	1	鳥手	1	関宿晴山里	1	木ノ崎	2
宮和田	2	柏	1	今上	1	古志木	1	小山	1
布川	1	今田	2	矢塚	2	古志木	2	越後国	2
川戸	2	平方	2	目吹	2	越中冨山	1	布佐新田	2
岩付久保町	1	抹香	1	木ノ崎	1	越後国	1	真壁	1
関宿	1	西深井	1	境町	1	野木サキ	1	山川	3
鳩谷	2	吉春	2	深井	2	水海道	1	阿部	2
常州	1	中台	2	金杉	1	内間	1	豊田	2
銚子	1	越後	2	舟形	1	中里	2	瀬戸	2
布川	1	宮崎	2	花俣	4	江戸	1	石井川岸	1
会津	1	木ノ崎	2	赤堂	6	草加	1	川口	1
大崎	1	木間ヶ瀬	2	羽生	1	越谷	1	本所三河町	3
深井	2	尾サキ	1	高柳	1	下舘	1	三ヶ尾	2
越中	1	麻生	1	古河川辺	1	弓田	2	木ノ崎	1
深井新田	3	江戸	1	尾サキ	1	木ノ崎	1	伊勢桑名	2
元栗橋	2	関宿	2	舟形	2	関宿	1	常陸	1
袋山	2	莚打	1	長や	1	幸手	2	舟形	3
川口	2	布せ	1	西深井	1	新田戸	3	今上	11
山川	2	小山	1	宇都宮	1	岩井	1	筑比地	1

事項	人数	事項	人数	事項	人数	事項	人数	事項	人数
柳沢	3	尾崎	2	中田	1	中台	1	弓田	1
元栗橋	1	野木サキ	1	釈迦	2	幸手	1	栗橋	1
舟形	1	水海道	1	瀬戸	1	昆目	1	萱ヶ生	1
木間ヶ瀬	1	尾伊名打	2	蕃昌	3	手賀	1	海老島	1
布施	1	粕壁	1	布川	4	行徳	1	幸手	2
木ノ崎	1	今上	1	瓦台	1	舟形	1	奥州南部	1
四日市場	1	佐野	2	橋戸	2	布佐	1	上州大久保	2
行徳	1	木ノ崎	2	山王	1	長沼	2	山川	2
上大の	1	川崎	1	高津	1	清水	1	高柳	3
千住	1	内ノ山	2	新町	1	吉妻	1	吉妻	2
鳩谷	1	夏見	2	平方	2	今井	1	彦田	1
尾サキ	1	深井新田	2	瀬戸	3	越後	2	常陸若芝	1
松ヶサキ	2	釈迦	1	大宮	1	相州中村	1	瓦台	4
佐原	1	岩井	1	門間	1	桜台	1	蕗田	4
深井新田	1	萱ヶ生	4	土戸	1	舟形	1	広島	1
目吹	1	杉戸	1	深井	1	中台	2	奥州仙台	1
須田	1	越前	1	遠州	1	江戸本所	1	逆井	1
粕壁	1	釈迦	2	越後	1	下妻	1	久下田	1
上総	1	上辺見	1	浅上	1	桜台	1	大生郷	1
布佐	1	古河	1	下舘	2	寺町	1	関宿	1
柳沢	3	中里	1	米島	1	越前並(波)垣	1	今上	23
川越	1	取手	2	向古河	1	半谷	1	清水	3
阿部	1	千住	1	越谷	1	池上	1	坊主	1
千住	1	能登	1	入込	50	粕壁	2	今上	7
花田	1	武州	1	外	50	行徳	1	下野久下田	2
大田	1	萱ヶ生	}	〆2035人		江戸	1	下野久下田	2
萱ヶ生	1	吉妻	} 4	730非人		長沼	1	矢木	4
本宿	1	富塚	}	五釜飢人分		大浜新田	1	長や	1
関宿	1	小布内	3	壱釜非人分		大相模	1	越後国	2
千住	1	高や	2			通玉	1	中田宿	5
山田	1	下辺見	1	4月7日		桶川	1	今上	2
釈迦	2	門間	1	今上村	2	大田	1	今上	2
八幡	1	房州	1	今上村	52	苗間	1	佐間	1
久保田	2	内ノ山	1	清水	3	千住	1	岩井	2
北山田	1	六方	1	清水	3	越後尾崎	1	東仲町	2
下谷	2	佐野	1	按摩	1	常陸中島	1	稲岡	1
中根	1	結城	1	中里	1	鍋子新田	1	上総籠崎	1
門間	2	岩付	1	下辺見	2	金の井	1	下小橋	1
深井	2	向小金	2	水夫	1	行徳新田	1	江戸	1
常陸小池	1	松ヶ崎	2	寺島	1	八幡	1	我孫子	1
門間	1	取手	1	行徳	1	印旛土部	1	幸田	2
高野	1	金江津	1	清水	2	千住	1	草加	1
新宿	1	下辺見	1	古山	1	越後芋川	1	幸手	2
上山新田	1	正連寺	2	元栗橋	2	幸手	3	上総本木	1
西深井	1	千住	1	粕壁	1	久喜	1	細田	1
磯辺	1	六方	2	奈戸谷	1	上総八幡	1	小山田	1
白井	1	諸川	1	河野	2	行徳	1	境	1
大田	2	野木	1	逆井		関宿	1	布川	1
矢田部	1	門間	1	新田戸	2	本栗橋	1	野川	1
武州岡村	1	岩付間込	1	江戸	1	幸手	1	下高井	1

事項	人数	事項	人数	事項	人数	事項	人数	事項	人数
本所林町	1	卯宿	1	戸頭	3	結佐	1	今上	4
本栗橋	1	半谷	1	花俣	4	金四ノ村	1	按摩	7
大室	1	江戸	1	今上	2	下谷	1	栗橋在	2
目黒	1	平塚	2	谷津	6	半割	1	東小金	2
大宮	1	越中戸並郡	1	越後	1	上州尾島	1	山崎	5
小布内	2	小池	1	間久里	2	桜台	5	中野	3
藤塚	1	磯部	1	武州三の輪	3	金江津		今上	1
幸手	1	鳩谷	1	幸手	4	高や		中の	1
粕壁	1	下総十六島	1	久下田	2	常州若芝		半谷	2
武州	1	白井	1	中台	4	越後羽黒	3	佐野	1
千住	2	土戸	3	関宿元栗橋	3	今上	8	672人	
関宿	1	新川	1	関宿元栗橋	3	岩井	5	東深井	2
武州王子	2	瓦台	5	関宿元栗橋	3	瓦台	1	森谷	2
武州岡村	1	今上	7	今上	2	宝珠花	1	今上	2
栗橋	1	清水	4	尾崎	3	足利	1	芝原	2
今上	1	今上	7	千住	4	江戸	1	尾崎	1
久保田	1	深井新田	2	足立郡了毛	5	江戸	1	龍ヶ崎	2
惣新田	2	武州	1	吉春	3	久喜	1	栗橋	1
千住	1	南大桑	4	吉春	3	栃木	1	夏見	3
寺町		浅間下	5	吉春	4	目吹	1	越後関山	
鷲沼	1	荒野	3	武州広田	1	越後高田	1	金崎	
野木崎	1	桜台	4	宇都宮	1	熊谷	1	瓦郷	
布施	2	千住	3	我孫子	1	栃木	1	元栗橋	
江戸浅草	1	弓田	4	信州松本	1	惣新田杉島	1	内巻	
長須	1	関宿	4	乙女	1	関宿	2	辺見	
武州八王子	1	塚崎	3	流山	1	上葭場	1	栗橋	
千住	1	土余夫	1	塚崎	1	塚崎	2	葛西金町	2
関宿	1	結城	4	武州本所	1	伊佐津	1	奥州	
小松川	1	桜台	4	野太	1	下野下長	4	浅草	
大相模	1	大谷	4	越後	1	結城町	1	吉妻	
龍福寺	1	仲田	3	常州今田	2	古室	1	瓦台	
荒木	1	小金	4	江戸	1	布井	1	半割	
馬喰町	1	深川	1	小手橋	1	越中伊久地	1	新町	
□中	22	坊山	4	岩井	1	四ヶ村	2	大田	
水戸高場	1	木津内	1	古河	1	小田林	2	乙女	
土浦	1	金杉	3	結城	2	千住	1	伏木	
古河本郷	1	赤堂	3	松戸在	1	舟形	2	大木	
千住	9	鎌庭	4	佐土(渡)	1	流山	1	下小橋	2
越後白根	1	荒木	5	熊谷	1	奥州鶴田	1	幸手	
粕壁	1	谷津	5	古河	1	武州	1	粕壁	
金江村	1	上州八王子	2	行徳	1	上州沼田	1	奥州相馬	
清水	1	佐野	4	古室	1	泉田	1	栗ヶ沢	
上総五分	1	谷津	3	小泉	1	常州府中	1	武州	
和泉田	1	松戸	1	下野石井川岸	1	武州余ノ町	1	越中	
門間	1	川崎	2	品川	1	九州日向国	1	大相模	2
上敷	1	本栗橋	3	柏村	3	守谷	2	品川	
上総東金	6	常陸坂寄	2	瓦台	2	岡田新田	3	栗橋	
水海道	1	按摩	2	取手	1	境町	3	常州根本	
会津	1	古河	1	桶川	1	高柳	1	荒木	1
江戸	2	弓田	1	佐野	1	岩井	1	釈迦	2

事項	人数	事項	人数	事項	人数	事項	人数	事項	人数
浅草	1	上州玉村	1	元栗橋	1	平の	12	和泉	1
島川	2	今上	1	常陸稲岡	1	深谷		紅葉大門	1
島川	1	常州尾井名淵	1	九州日向国赤田	2	小藷		中台	2
島重	1	谷津	1	仲田		広島		長峯	4
江戸神田	1	吉春	2	栃木		熊谷		関宿	1
渋井	1	大福田	2	川崎		宇都宮花和田		関宿	1
桐ヶ谷	2	青柳	1	芝原	3	葛西	1	小布内	2
小浜	1	結城	1	鳥手	1	中村	2	三村	1
元栗橋	1	岩付	1	按摩	7	金杉		金崎	1
越後大鹿	1	千住五丁目	1	貝塚	3	大田		境町	1
小田林	1	門間	2	千住	3	門間		細野	1
相州秋谷	1	坂井	1	西深井	4	舟形		江戸本所	1
流山	1	東山田		江戸	4	磯部	9	新田戸	2
上長	1	中里		日光	2	幸手		武州大仏	1
卯宿	1	山田		羽生	2	府坂志		深井新田	1
江堀	1	鎌の井	7	平方	4	中の		金の井	1
大相模	2	卯尾		江戸	3	安食	2	大室	2
瓦台	3	下谷掟町		二郷半	4	戸頭	1	松戸	1
古河	2	亀形	2	平方	4	中台	2	按摩	2
布川	3	塚崎		深井	2	粕壁	1	清水	5
高や	2	布施		金杉	2	中里	1	布施	2
門間	2	羽生		奥州	3	奥州南部	6	高崎	2
木間ヶ瀬	1	弓田		江戸浅草	1	今上	1	越谷	1
下高井	2	上州舞留		舟形	3	小布内	1	関宿	1
上総彦間	1	今井新田		羽生	2	畔郷	5	葛西	3
越　高田	1	上州借上		舟形	13	佐長井	1	江戸本所	
下高井	2	越後笹口		金崎	4	青柳	2	銚子	
江戸浅草		□□新田		駒込	2	今ヶ島	2	中台	
野州小山	4	野州冨田		駒込	1	小池	1	宮和田	2
磯部		思案橋		岩井	3	岩付領千田	1	深井新田	
佐倉	1	程ヶ谷		かす尾	2	磯部	1	足かが	
大野	3	かさ間		深井	2	上出島	1	本所	
古郷木	1	鳥食		萓ヶ谷	2	仙段野	1	土浦中村	
古間木	1	下高井	2	中台	2	常州泉村	3	魚沼	
千住	1	新田戸		下舘	2	小橋	2	桶川	
柏井	2	高津		中新宿	1	今上	2	門間	2
常州立林	1	鷲ノ宮	2	栗橋	2	阿田川	1	五木	1
生子	1	粕壁	2	龍ヶ崎	2	阿田川	1	村田	1
駒木	1	真甲		越後	1	布釜	3	幸田	3
新宿	1	長井戸		上州高崎	1	松戸	1	今上	1
安食	1	奥州仙台		安食	1	関宿	1	栗橋	2
越後平島	1	喜西		釈迦	1	桐ノ木	1	萓ヶ生	3
今井新田	2	小松村		川越	1	今田	3	小川	1
関宿	1	赤堂		飛騨高山	2	銚子	1	関宿	1
鳥食	3	越中		高柳	1	加徳	1	駒込	1
島川	2	一ノ谷	2	元栗橋		江戸本所	2	結城	1
流山	1	常陸下島	1	広島		俎板	4	中台	2
野州田沼	1	鳥手	2	五ヶ村		篠崎	2	下野高根沢	2
埼玉郡	1	芝原	1	佐原		尾林	2	相模鎌倉	1
袋山	1	門間	3	岩城平		小布内	2	内守谷	2

事項	人数	事項	人数	事項	人数	事項	人数	事項	人数
小布内	2	越中	1	平井	2	北山田	2	岩城平	1
境町		千住	2	一ノ谷	2	大相模	1	才田	1
矢木		中根	2	砂原	2	加州中島	2	慈恩寺	1
遠州金井宿	5	大野	3	高柳	1	越後	2	吉妻	1
下野黒田		三倉	3	加増	2	佐間	1	今上	80
釜前	2	広島	1	下辺見	2	〆95人		今上	2
奥州白川	1	布川	1	仙段野	3	小室	1	桜台	3
板橋	4	布せ	1	上州柏木	2	芝原	2	今上	2
流山	1	中里	2	門間	3	土上	2	今上	1
佐間	3	瓦台	3	島重中里	2	鰤田	2	〆143人	
武州五石	1	桐ヶ作	2	高や	1	高柳	2	今上	2
房州	1	布川	1	安食	2	惣新田	1	土戸	5
融玉	2	掃除番	6	越後	2	瓦台	2	高や	2
尾崎	1	戸頭	1	足利	2	本栗橋	1	鳩谷	1
伝兵衛新田	1	泉	3	谷津	2	江戸	1	栗橋	1
内ノ山	1	武州仲森	5	入込	10	長須	1	土上	3
加賀大久保	1	長沼	1	戸頭	1	手賀	1	板橋	3
五木	2	赤堂	3	大谷	1	行田	1	門間	1
関宿	1	越中富山	4	江戸	1	信州松代	1	古河	3
元栗橋	2	真壁	3	栃木	1	海老島	1	西深井	2
下柳	1	門間	1	千住	1	粕壁	2	小手指	1
武州鹿浜村	3	小林	2	下小橋	1	萩	1	大相模	2
越後国浜村	1	三倉	2	水海道	1	越後中田	1	柏井	3
越後国	1	高や	1	本所	1	仙台原ノ町	1	黒郷	2
奥州左馬	1	赤堂	1	江戸	1	下野	1	弓田	2
武州豊島郡	1	元栗橋	1	野太	1	飯沼	1	粕壁	2
栗橋	1	新宿	2	江戸	1	北山田	1	仲田	2
幸手	1	北山田	2	六方	1	浅草聖天町	1	布坂志	2
栗山	2	久下田	2	宝珠花	1	越前	1	栗橋	2
加増(須)	1	上辺見	2	草加在小山	1	品川	1	舟形	2
龍ヶ崎	1	栗橋	3	小手指	1	江戸三谷	1	舟形	2
谷板	1	木戸	3	幸手	1	江戸広徳寺前	1	大久保	1
桜台	3	本所	2	結城	2	常州	1	行徳	1
江戸相生町	2	瓦台	2	守谷	1	水海道	1	正連寺	1
久喜	2	中根	3	舟形	3	河野	1	瓦台	1
入込	160	芝原	1	栗橋	1	上州大久保	1	神田山	1
入込	30	本所一ツ目	1	越後	1	小浜	1	清水	2
入込	20	吉妻	1	岩井	3	栃木	1	越後羽黒	1
〆1700人		水海道	1	奥州仙台	1	粕壁	1	東大輪	1
770非人		惣新田	2	幸手	2	幸手	2	千住	1
五釜飢人		寺塚	1	杉戸	1	幸手	1	張井	1
壱釜非人		寺島	2	江戸	1	古河	1	黒浜	2
		江戸本郷	1	鷺沼	2	江戸本所	1	岩付	
4月8日		猿俣	3	芝原	1	上州舞留	1	鳥手	2
今田	2	下辺見	3	木瓜	1	野州足利	1	取手	2
奥州	1	上州館林	2	卯宿	1	江戸	1	六方	1
元栗橋	1	粕壁	1	谷板	1	小手指	1	小室	1
島重	1	〆104人		手賀沼	1	上総筑崎	1	矢田部	1
瓦台	1	小金	2	大宮	1	中里	1	塚崎	1
柏	2	門間	3	目吹	1	長須	1	山川	1

事項	人数	事項	人数	事項	人数	事項	人数	事項	人数
卯宿	2	下高井	3	千住	4	松本	2	桜台	2
越後	1	門間	2	江戸	1	平方	2	桜台	2
内守谷	1	菅ヶ生	2	太子堂	2	平方	2	横内	2
上辺見	1	藤塚	3	太子堂	1	平方	2	太田	1
吉妻	2	長高庵	3	清水	2	中台	1	深井新田	5
土浦在中村	2	桐ノ木	3	大崎	1	千住	4	舟形	2
篠崎	2	鴻ノ山	2	舟形	4	平方	4	常州桑山	2
下辺見	2	清水	1	中台	1	木ノ崎	8	菅ヶ生	1
浅草	3	下高井	2	今上	13	芝原	1	長沼	1
二郷半	1	結城	2	深井新田	7	筑波郡平沢村	2	飯沼	2
桜台	1	門間	2	深井新田	3	赤堂	1	山川	2
水海道	2	佐野	2	中台	1	向小金	3	矢島	3
門間	2	関宿	1	五木	1	西深井	3	夏見	2
新町	2	菅ヶ生	1	平井	2	中の	3	大生郷	2
鍋子	1	今井新田	2	川崎	2	土浦	2	岩崎	3
生田口	1	水口	3	阿部	2	深井新田	3	栃木	1
生田口	1	高柳	2	□や	1	深井村	4	銚子	3
千住	1	関宿	1	関宿	1	半谷	2	水海道	2
桜台	4	大野	1	沢沼	2	半谷	1	上総国岩熊村	5
〆101人		江戸	1	上州	2	菅ヶ生	3	中台	1
高柳	1	幸手	3	清水	2	山川	2	水深	1
今上	35	幸手	1	小布内	3	山サキ	3	舟形	2
今上	4	栃木	1	押砂	3	清水	1	木ノ崎	1
小久喜	2	瓦台	4	越中富山	2	三ヶ尾	2	板樋	2
元栗橋	3	高野	3	桜台	2	野田	1	矢塚	2
仲田	3	弓田	3	江戸	2	宮崎	1	三ヶ尾	3
元栗橋	2	上総国	1	矢木	2	深井新田	2	奥州会津	3
菅ヶ生	4	〆160人		木ノ崎	2	高柳	1	今井新田	1
河崎	2	磯部	2	上高野	2	向古河	2	木ノ崎	2
長や	1	鷲宮	3	舟形	3	上州前橋	2	清水	2
今上	1	元栗橋	6	清水	1	木ノ崎	2	宮崎	2
千住	3	岡田	1	平井	3	木ノ崎	2	九州肥前島原	2
谷津	5	幸田	1	深井新田	10	島重	2	行徳	1
山崎	4	中台	2	古河	1	三ヶ尾	2	西深井	4
山崎	2	行徳	2	水海	2	西深井	1	伊勢桑名	3
堤台	6	十六島	2	〆162人		中台	2	大木	2
栗橋	2	菅ヶ生	2	舟形	2	堤台	2	桜台	1
常州中島	2	中ノ台	1	深井新田	2	平方	2	目吹	2
根本	1	山崎	3	宮崎	2	菅ヶ生	2	木間ヶ瀬	2
大徳	3	常州鳴瀬	3	境町	3	幸手	2	目吹	1
今ヶ島	2	武州三の輪	4	花井	3	小田林	2	佐奈谷	1
塚崎	2	鎌庭	4	谷津	3	舟形	2	行徳	1
栗橋	2	荒木	5	山崎	1	川連	2	品川	1
下小橋	3	塚崎	3	赤堂	2	山崎	5	堤台	1
川台	2	江戸	4	平方	2	〆131人		江戸	2
黒郷	1	長や	2	五木	2	大生郷	2	谷津	1
稲岡	3	結城	2	金の井	1	桜台	3	目吹	2
今井新田	2	谷津	3	藤ケ井	1	蕃昌新田	3	山崎	2
関宿	1	吉春	8	流山	2	坂田	1	崎房	3
銚子	1	吉春	3	粕壁	1	中根	2	中台	1

事項	人数	事項	人数	事項	人数	事項	人数	事項	人数
木ノ崎	3	高岩	1	常州不幸賀	1	平方	3	広島	5
米島	1	木ノ崎	1	宮崎	1	清水	4	新田戸	2
了毛	1	江戸	1	平方	4	清水	4	瓦台	5
米島	1	三ヶ尾	1	中の	2	吉春	3	三升村	2
大畔	1	岡田	1	目吹	1	駒込	4	舟形	7
〆118人		上大野	1	下妻	1	久下田	2	金杉	3
中根	2	中島	1	奥州相馬	2	東深井	3	平井	4
門間	1	江戸	1	三ヶ尾	1	谷津	5	倉経	1
吉春	2	木間ヶ瀬	3	広島	1	中ノ台	4	野木崎	4
鳥食	2	布川	1	結城	1	江戸八丁堀	1	金杉	4
木ノ崎	4	川越	1	筑比地	1	飯沼	1	木ノ崎	1
元栗橋	3	幸手	1	三ヶ尾	2	行徳	1	吉原	6
下野宇都宮	3	越谷	1	三ヶ尾	3	栗橋	2	吉原	3
下野宇都宮	2	岩井	1	三ヶ尾	3	布佐	2	さんかを	1
坊山	4	金杉	1	水戸上町	1	下小橋	2	清水	1
羽生	3	江戸	1	柳沢	1	野木町	2	みのわ	1
日光	2	大塚戸	1	向小金	4	舞留	2	羽加	1
谷津	4	泉	1	今上	3	関宿	3	新宿	1
日光	3	岩井	1	東深井	3	中台	1	大崎	1
今上	2	〆121人		西深井	2	俎板	3	深井	1
貝塚	3	常州大木	1	東深井	1	栗ヶ沢	1	泉村	2
谷津	4	逆井	1	越後	1	飯沼	2	俎板	1
岩井	4	我孫子	1	目吹	2	門間	1	荒木	2
河原台	5	大田	1	山崎	3	武州	3	島川	3
東小屋	2	飯沼	3	中の	1	安田川	1	関宿	1
武州		深井新田	3	山崎	1	鳥食	2	江戸	1
土浦	4	筑比地	5	真壁	2	戸賀崎	3	栗原	2
弓田		羽生	1	清水	1	大田	1	吉春	2
幸手	4	羽生	2	〆119人		木ノ崎	2	大曽根	1
中台	3	関宿	1	小金	2	木間ヶ瀬	3	東宝珠花	3
門間東村		中里	1	瀬戸	3	目吹	2	矢作	1
中台	2	越中		高久	1	菅ヶ生	1	釈迦	2
北山田	4	桐谷	6	木ノ崎	2	粕壁	2	目吹	4
蕗田	4	目吹		堤台	2	木ノ崎	2	西深井	2
深井新田	1	舟形		久ぬ木	2	岡田	2	高野	2
布川	3	宮崎	2	目吹	2	布釜	3	三ヶ尾	3
西深井	2	木間ヶ瀬	3	目吹	1	三河島	1	木ノ崎	1
吉春	1	新高野	1	中台	1	〆130人		山崎	1
板橋	1	布川	1	名戸谷	2	宮和田	2	俎板	3
葛西新川	1	大殿井	2	平方新田	2	大野	1	東深井	3
阿部	1	かわ連	1	金町	1	目吹	1	西深井	2
関宿	1	阿部	1	目吹	2	紅葉大門	5	今上	1
上州	1	魚沼	2	塚田	2	紅葉大門	1	江戸	3
下田川	4	深井新田	3	塚田	3	木ノ崎	4	本所松蔵町	2
目吹	1	魚沼	4	大曽根	3	岡田	2	鳥手	2
山川	1	若芝	1	阿部	2	古河	1	〆128人	
伊勢桑名	1	宮崎	1	中台	1	今田	3	取手	1
菅ノ谷	1	芝原	1	大田	4	目吹	2	江戸	1
深井新田	2	沓掛	3	久ぬ木	2	清水	1	小口	2
結城	2	山サキ	4	堤台	3	若芝	1	金崎	3

事項	人数	事項	人数	事項	人数	事項	人数	事項	人数
坂手	3	粕壁	1	桜台	1	横内	3	板橋	2
横内	1	三ヶ尾	6	大相模	2	木間ヶ瀬	2	高根沢	1
■平	3	〆127人		花井	2	今井新田	2	抹(末)子	1
江戸	1	今上	1	平井	2	押砂	1	佐野	1
江戸	2	三ヶ尾	2	平井	3	下野	1	布川	1
江戸	3	中田	2	筑比地	1	今上	4	河野	1
釈迦	3	栃木	3	舟形	2	菖蒲	7	武州本郷	1
壱ノ割	2	上敷	1	舟形	3	目吹	3	岩井	2
矢田部	1	中野	1	金杉	1	中里	2	長谷	1
三ヶ尾	1	莚打	1	越後	1	戸張	1	尾張	2
江戸弁慶橋	3	大曽根	14	内宿	1	桜台	2	常陸	2
野木崎	3	江戸	1	麻久里	1	中村	2	本宿	1
木ノ崎	3	取手	2	上州館林	2	中台	1	粕壁	2
下野佐野	1	谷津	2	〆124人		筑比地	3	目吹	1
横内	3	高柳	1	飯沼	1	越後	2	行田新田	1
越後白根	2	東深井	3	弓田	3	佐間	3	今上	2
西深井	1	花井	3	清水	3	瓦台	5	布川	1
中台	2	長倉新田	2	粕壁	2	さか井	3	銚子	1
野根	2	正連寺	1	山崎	2	大沢	1	釈迦	2
木村	3	島川	2	柳沢	2	亀割	1	長兵衛新田	1
岩井	} 3	取手	2	目吹	2	〆133人		深井	1
萱ヶ生		岩付	1	宮崎	1	岩付	2		65
広島	1	桜台	3	下辺見	3	木ノ崎	2	入込	272
笠井松本	3	粕壁	1	下大の	1	富塚	1	入込	125
熊谷	3	高野	4	中台	1	木間ヶ瀬	4	入込	200
三ヶ尾	2	高野	1	行田新田	6	久喜町	1	非人	935
武州間久里	2	正連寺	1	塚崎	3	岩井	1	非人	70
大和田	2	筑比地	2	山崎	1	羽生	3	惣〆2578人	
二郷半	4	萱ヶ生	2	鷺白	1	大柏	2	1557人別帳	
舟形	3	今上	1	清水	3	木間ヶ瀬	3	二口4135人	
谷津	1	長倉新田	1	下辺見	2	今井新田	1	惣〆5140人	
三ヶ尾	1	佐渡国	2	小金	2	卯宿	2	拾四釜飢人分	
大戸	5	行徳	6	目吹	2	中里	5	壱釜非人分	
今上	4	下野佐野	1	横内	2	吉川	2	右飢人分凡半	
長や	2	高野	1	筑比地	2	上間久里	1	釜も非人分ニ	
泉田	2	下妻	2	重四ヶ村	2	谷津	1	成	
新田戸	3	坂井	2	戸張	3	南部	2		
羽生	3	花井	2	萱ヶ生	5	板樋	2	（４月９日）	
大室	3	谷津	2	筑比地	3	中台	1	久下田	2
三ヶ尾	6	泉田	1	木ノ崎	2	元栗橋	2	半谷	1
東深井	3	瓦台	3	阿部	4	大仏	1	逆井	1
五ヶ村	2	瓦台	3	平方	2	大野川岸	2	麻生	1
中台	2	米崎	1	吉妻	1	伊く佐	1	寺町	1
深井	1	藤塚	1	中里	3	久下田	2	草加	1
大矢村	2	長谷	2	卯宿	1	吉妻	1	下野佐野	5
谷重	2	逆井	1	江戸	1	門間	2	今上	4
関宿	4	久喜	2	岩井	2	両毛	4	武州大仏	1
中里新田	4	尾崎	3	武州保木間	3	岩井	2	今上	95
筑比地	1	目吹	2	乙女	3	関宿	2	今上	3
高や	1	大田	2	金の井	3	間久里	2	高野	1

事項	人数	事項	人数	事項	人数	事項	人数	事項	人数
寺町	1	幸手	2	千住	3	清水	2	取手	
桜台	2	小手指	1	鎌庭	4	幸手	3	吉妻	
桜台	1	布川	1	荒木	5	高柳	1	岩城平	
清水	3	武州	1	千住	4	青柳	2	中台	2
今上	9	武州大宮	1	江戸	3	新田戸	1	粕壁	1
今上	1	野木サキ	1	桜台	3	中田	1	木間ヶ瀬	1
今上	5	古河	1	久下田	2	広島	1	小山	1
深井新田	10	九州日向延岡	1	清水	4	瓦台	2	川妻	1
清水	3	荒木	1	中の	3	羽生	3	高柳	1
通玉	2	小川	3	瓦台	2	龍ヶ崎	2	川越	1
羽生	3	大宮	1	瓦台	2	奥州相馬	1	江戸	1
幸手	1	千住	1	瓦台	1	武州南部中丸	1	足利	1
舟形	2	長沼	1	谷津	4	神田山		奥州	1
金杉	3	浦和	1	武州南村	3	足利	2	野太	1
本所松倉町	2	水戸	1	栃木	3	一ノ谷	2	金杉	1
宝珠花	1	栃木	1	向小金	3	磯部	2	山崎	1
龍ヶ崎	3	安食	1	塚崎	4	高野	1	板橋	1
羽生	4	杉戸	1	成瀬村	3	下高井	1	板橋	2
江戸	1	行徳	1	今上	3	松ヶ崎	2	江戸	1
結城	1	菅ヶ生	4	長四郎内	2	元栗	1	古河	1
中里	1	卯宿	2	深井新田	1	瓦台	3	小松川	1
小金	1	平塚	1	谷津	5	中根	1	粕壁	1
長沼	1	粕壁	2	桜台	4	水戸	2	長須	1
千住	3	幸手	1	元栗橋	2	越後	1	柳沢	
舟形	1	瓦台	2	佐土	1	佐渡国	1	白川	
中台	1	長井戸	1	赤堂	2	木ノ崎	4	野州栃木	
幸手	2	高岩	1	桜台	2	桜台	2	幸手	
行徳	2	戸張	1	土戸	3	黒浜	3	目吹	
舟形	2	布川	1	太子堂	3	久下田	2	河の	
草加		親の井	1	千住	1	大口	1	江戸	
瓦台		鹿沼	1	今上	1	磯部	1	中の台	
水戸中湊	2	境町	1	高野	2	藤塚	1	宇都宮	
川の井		篠崎	1	幸手	4	清水	1	赤間	
卯宿		菖蒲	1	新田戸	4	信州大の川	1	板橋	2
松戸		土余夫	1	山崎	3	布釜	2	関宿	
大浜新田		境町	1	桜台	2	上総東金	1	日光今市	
野木崎		畔牛	1	板橋	2	江戸	1	菅ヶ生	
関宿		葛西松本	5	谷津	2	手賀	1	越後平島	2
下舘		按摩	11	上州館林	2	北条	1	仙台	
土浦		牛宿	4	赤堂	1	江戸	1	河口	
布佐		飯沼	3	元栗橋	2	柏井	2	乙女	
江戸		越後	2	飯沼	1	奥州会津		岩付	
神田山		菅ヶ生	1	瓦台	2	萩		高岩	
佐野	4	武州上野田	4	広島	2	奥州仙台		下舘	
幸手		山王	5	府中	2	松戸		小山	
岩井		清水	5	中台	3	結城		小金	
江戸		幸手	4	千住		江戸	13	久保田	
上葭場	1	元栗橋	3	岡田	2	小手指		半割	
柏井	4	結城	4	島川	2	粕壁		布佐新田	
柏井	1	栗橋	2	高野	1	大宮		越前並垣	

事項	人数	事項	人数	事項	人数	事項	人数	事項	人数
松子		大田		こふ内	1	くり橋	1	八丁堀	2
出羽村山郡		越中		粕壁	3	こんた	2	取手	1
布川		元栗橋		越後	1	三ヶ村	1	奥州洲賀川	3
目暗		本庄		小浜	1	金町	3	東深井	2
細の		江戸		本郷	1	善光寺	1	島重	2
瓦台		越後芋川		今上	2	加須	2	平方	2
逆井		下野高脇		上総	2	水海	1	宿甚右衛門	21
結城	2	伊豆市山		関宿	1	三軒下	1	吉春	3
尾崎		深谷		府川	1	白山	1	山崎	4
広島		大生新田		賀須	1	越後丑ヶ瓦	1	谷津	4
中里	2	中和村		大守	1	大の郷	1	吉春	6
栗橋	3	瓦台		川尻	1	守屋	2	瀬間田	5
三の輪	4	筑波		中根	2	元くり橋	1	柳沢	3
谷木	2	奈戸谷		木村	1	のた長塚村	1	中里	3
岩井	1	清水		大福田	1	古河	1	赤堂	3
長須	1	関宿		木瓜	1	水海道	1	堤台	2
今上	2	安食		越中川崎	1	大の村	3	小久木	2
按摩	5	中根	2	水海道	2	紅葉大門	1	吉春	4
江戸	1	桶川		こんた	2	島川	2	木ノ崎	2
江戸	2	大塚戸		府川	1	上州柏木	1	山崎	2
門間	2	関宿		千住	1	常州府中	1	越後国	1
目黒	1	桜台	2	石毛	1	幸手	2	按摩	2
名戸谷	1	布川	1	越後	1	間壁	1	岩井	3
粕壁	1	古河思案橋	1	境	1	本所一ツめ	1	小松川	1
上名前(生井)	1	諸川	1	家中	1	行徳	1	奥州岩城	1
土上(外神)	2	幸手市塚	1	尾崎	1	宮根	1	下野日光	1
越中	2	小金	1	下高井	2	行徳	1	金杉	2
岩付	1	浅草鳥越	1	一ノ谷	1	正連寺	1	鎌貝	1
小山	1	日本橋指物町	1	□かへ	1	の間	3	坂寄	1
幸手	4	幸田	1	坂の尾	1	吉の村	1	平井	1
筑比地	1	相州小田原	2	栃木	1	下平村	1	粕壁	1
奥州仙台里府		千住	1	六方	1	くりヶ沢	1	木ノ崎	2
山川	1	粕壁	1	中里	1	□塚	1	舎人町	3
舟橋	1	銚子	2	越後	1	宮塚	1	布佐	2
飯田	1	越後高田	2	栗橋	1	大守	1	中里	3
三村	1	関宿		谷津	4	島川	2	花輪瀬	1
平岡	1	本栗橋	3	かしわ	1	大田	1	筑比地	1
草加	1	舟形	1	舟形	3	瀬沢	2	菅ヶ生	1
松戸	1	今上	1	山川	2	高久	1	新高野	1
江川	1	筑比地	3	山川	1	小川	1	中里	1
下野村	1	結城	1	金崎	1	□□□	1	浅草	1
幸手	1	今上	2	松倉町	1	南部中の村	6	佐原	1
粕壁	1	越後	5	正伝丁	1	米島	2	遠州金谷	1
舟形	2	幸手	1	千住五丁目	2	吉妻	1	千住	1
駒込	5	関宿	2	今上	1	鷲ノ宮	2	下高井	4
間久里	3	座頭	1	さの	2	瀬沢	1	房州宮本	1
西深井	4	阿部川町	1	加賀丁	1	須ヶ尾	1	岩井	2
荒井		行徳	2	古河	1	千住五丁め	1	鷲ノ宮	
阿波		関宿	4	吉川	1	今上	4	藤塚	
舟形		松倉町	2	山崎	1	木の崎	1	八幡	

事項	人数	事項	人数	事項	人数	事項	人数	事項	人数
野州岩舟	9	のた町	1	日出谷	1	半谷	1	入込	10
森谷		我孫子	2	竹連寺	1	宝珠花	1	今上	1
越後高田		永沼	1	十四ヶ村	1	上州前橋	1	久ぬ木	2
鎌倉		左永井	1	音(乙)女川岸	3	上州舞留	1	中ノ台	2
瓦台	2	くん木	1	千住五丁め	1	古河	1	筑比地	1
浅草	1	中里	1	加賀大久保	1	江戸三軒町	1	鳥手	6
東大和田	3	越ヶ谷	1	吉春	2	江戸谷中	1	舟形	1
今井新田	2	桐の木	1	舟形	2	内守谷	1	浅草山ノ宿	1
長や	2	跡見	1	関宿	1	高守	1	舟形	6
常陸板橋	1	十六島	2	東深井	1	大相模	1	宝珠花	3
五ヶ村大福田		十四ヶ村	2	金崎	1	新宿	1	五木	3
常州桑山	2	小平	3	河原台	4	山川	1	今上	5
幸手	1	島中	2	中台	1	清水	1	羽生	1
真壁	1	桜台	2	今上	1	大田	1	深井新田	2
常州尾上	1	中根	1	深井	2	深井新田	1	江戸	1
関宿	1	木間ヶせ	1	貝塚	2	皿沼	2	赤沼	1
門間	1	岩槻	1	筑比地	1	瓦籠	3	夏見	2
尾林	2	小ふ内	1	富田	1	亀割	1	木ノ崎	4
水海道	1	岩井	1	江戸	3	関宿	2	木ノ崎	4
広島	1	酒井	1	按摩	1	木間ヶ瀬	1	深井	3
松ヶ崎	3	みのわ	1	長谷	1	麻生	1	平方	2
常州	1	吉高	1	越中	1	目吹	2	平方	5
亀明	1	結城	1	来栖	1	木ノ崎	1	今上	3
あたか(足高)	1	こふ木	1	赤堂	3	高崎	2	布施	2
越中いくち	1	中山道深谷	1	江戸	1	川口	1	中台	2
行田	1	半割	1	金杉	1	諸川	1	宇都宮	1
中の台	1	境	2	熊谷	1	瀬戸	1	卯宿	1
結城	1	松原村	1	山崎	1	佐倉	1	木ノ崎	3
みのわ	1	小室	1	高崎	1	川越	1	佐原	1
中塚	3	比連(鰭)ヶ崎	1	古河	1	融玉	2	舟カタ	1
大の	2	赤沼	1	幸手	1	栗橋	9	越後	1
板橋	1	みのわ	1	生子	1	木間ヶ瀬		山崎	1
六角	1	今井新田	1	和泉	1	舟形		芝原	1
岩井	1	高野	3	木間ヶ瀬	1	布釜新田		千住	1
上柏	1	関宿	1	山サキ	1	山崎		浅草田町	1
越後	1	牧田	1	三ヶ尾	1	中の		小布内	1
みやわた	1	深井新田	1	高柳	1	江戸		吉春	2
宮井新田	1	高野	1	薩摩	1	銚子		越中	3
下古はし	1	鍋子新田	1	了毛	1	広島	4	栃木	1
筑比地	1	古河	1	木間ヶ瀬	1	東宝珠花	3	布川	1
越後関谷	1	伊勢大芳村	1	山崎	1	今上	1	猿ヶ俣	2
根田	1	うしく	2	常陸須田	1	寺崎	1	久保田	
中の台	1	高野	1	武州玉の井	1	下田	1	勢州桑名	2
堤台	1	越ヶ谷	1	深井新田	2	五木	2	大福田	1
古河	1	行徳	2	武州岡村	2	平井	2	谷板	1
湯田	1	熊ヶ谷	4	江戸深川	1	吉妻	1	龍ヶ崎	1
与の町	1	越後	3	金杉	1	平井	2	越後蒲原郡	1
岩槻	1	永谷	1	築比地	1	越中富山	2	山崎	3
中田	1	府川	1	宮崎	5	清水	6	江戸	3
大沢	1	いつみ	5	西原	1	武州大仏	2	幸手	1

事項	人数	事項	人数	事項	人数	事項	人数	事項	人数
伊丹	1	江戸	1	木間ヶ瀬	1	今上	59	小手指	1
奥州相馬品沢村	3	興津	1	江戸	1	深井新田	4	越後岩田	1
山崎	3	元栗橋	1	伊三郎河岸	1	亀形	2	黒浜	1
今上	1	若島	2	常陸	1	清水	2	岩付	2
塚田	3	高柳	2	小田林	1	駒込	3	大相模	2
野木崎	1	赤山	2	岩付	1	今上	4	上州大久保	2
水海道		小金	1	釈迦	1	上総	1	粕壁	2
岩井		大谷村	3	粕壁	2	栗橋	1	越後高田	1
木ノ崎		幸田	3	広島	3	喜西	1	杉戸在高岩	1
目吹	5	山崎	3	山崎	3	川崎	1	岩井	1
上州		上山新田	1	萱ヶ生	1	小山	1	泉村	1
上総		柳沢	2	武州	1	古河	1	梅田	1
武州五石		柳沢	5	深井新田	1	粕壁	1	常陸伊三次川岸	1
岩槻領久保宿	15	中山	1	西深井	1	長井戸	1	倉松	1
鳥手	1	桶川	3	泉村	1	江戸	1	常州中島	1
野木	1	元栗橋	2	目吹	3	相州	1	土上	3
武州塚田	1	中村	2	佐戸	1	山川	1	佐倉	1
常州大室	1	門間	2	小布内	1	金町	1	水海道	2
門間	1	釈迦	5	木村	3	会津	1	鰤田	2
鳥手	1	布佐	1	組板	4	武州池上	1	広島	1
木間ヶ瀬	3	龍福寺	1	流山	1	島川	3	野木崎	1
下妻	2	浅草		下妻	4	栃木	1	上総筑崎	2
谷津	3	下小橋	□	真壁	2	江戸	1	杉戸	2
高柳	1	越中	2	岩付	1	金の井	1	幸手	2
大野	1	元栗橋	2	浦辺	1	幸手	1	中村	3
成田	1	木間ヶ瀬	3	越中	2	行徳	1	高夫台村	1
釈迦	1	弓田	3	布施	3	下野佐野	1	中山道本庄	1
西深井	2	鳥食	2	惣新田	2	久喜町	1	奥州白石	1
三ヶ尾	2	木間ヶ瀬	1	目吹	1	上総東金	1	河原台	3
三ノわ	1	西深井	1	相馬木曽橋		布佐	1	今井新田	2
小金	2	木ノ崎	4	伊丹	3	本木	1	喜才	1
木間ヶ瀬	1	金杉	4	粕壁	1	一ノ谷	2	幸田	1
佐倉	1	江戸	5	中里	2	清水	2	上葭場	1
水海道	1	按摩	2	門間	1	下小橋	2	萱ヶ生	3
佐渡	1	深井	2	江戸	1	今井	1	鰤田	2
江戸京橋	1	幸手	1	入込	35	広島	1	下高井	3
上総寺崎	1	下妻	1	境町	3	三ヶ尾	1	岩井	1
磯部	1	今上	3	舟形	1	常陸手賀	1	下野水沼	1
奥州会津	1	江戸	1	入込	300	奥州仙台	1	出羽二ヶ俣	1
矢田部	1	清水	1	〆2193飢人		中里	1	花崎	1
伝兵衛新田	1	木間ヶ瀬	1	〆845非人		諸川	1	柏井	1
大の	1	新宿	1	五釜余		越後新屋	1	上柳	1
小手指	1	高サキ	1	壱釜余		江戸外神田	1	木間ヶ瀬	3
海老島	1	阿部	1	〆七釜		下小橋	1	卯宿	2
座頭	2	大サキ	1			行徳	1	山田	1
萱ヶ生	3	常州中村	1	4月10日		布釜	1	流山	1
萱ヶ生	1	川妻	1	中仙道桶川	2	生子	1	下野羽生	1
深井新田	1	坂間	1	中根	1	上州佐貝	1	中山道桶川	1
岩井	1	大徳	2	今上	11	元栗橋	1	佐間	2
番昌新田	3	木間ヶ瀬	2	掃除方	4	布施	1	〆216人	

事項	人数	事項	人数	事項	人数	事項	人数	事項	人数
今上	8	高野	1	谷津	5	奥州会津伊奈	1	〆420人	
桜台	3	苗間	1	成瀬	2	和代		江戸23人	
羽生	2	下野足利	1	鎌庭	4	河原台	1	二口〆636人	
上州新田	2	信州善光寺	1	新木	5	青柳	1	越後国	1
岩井	1	松戸	1	浅間下	4	千住	1	岐府	2
江戸	4	守谷	2	江戸	1	下舘	1	今上	5
守谷	1	行田	1	今上	43	安食	1	中台	2
水戸大田	1	江戸山谷	1	鴻ノ山	3	武州岡村	1	中台	1
江戸富山町	1	小山	1	木ノ崎	4	岩付	1	長や	2
江戸聖天町	1	常州阿波	1	舟形	2	鷲ノ宮	1	大口	1
中里	1	八王子	1	上総瀬間田	3	上州舞富	1	佐川	2
赤沼	1	武州余の町	2	吉春	4	葛西小松川	1	江戸	1
江戸	1	融玉	1	千住	4	鷲ノ宮	1	関宿	23
草加	1	久ぬ木	1	宇都宮押切丁	1	上総	1	大崎	
三ノ輪	1	門間	1	関宿	1	吉妻	3	赤塚	
加賀中島	1	中里	1	江戸	1	瓦台	3	舟橋	
下野乙女川岸	1	常州横羽	1	尾崎	3	木間ヶ瀬	1	奥州棚倉	
安食	3	八幡	1	寿が尾	2	広島	1	粕壁	
島川		萩宿	1	本栗橋	2	元栗橋	3	大宮	
鳥手	1	江戸外神田	1	新田戸	3	中台	2	越前	
柳橋	1	下舘	1	清水	11	中里	2	大生郷河田	
高や	1	布川	1	吉春	4	高柳	1	今戸	
舟形	1	荒木	1	越後	4	草加	4	三ヶ尾	
今井新田	2	山崎	1	舟形	1	按摩	1	銚子	
芝村	1	葛西金町	2	目吹	4	久々田	2	越中池田	
幸田	2	岩付	1	按摩	4	本栗橋	1	魚沼	
出羽村山郡梁	1	千住	1	中台	1	菅ヶ生	3	熊谷	
(簗)沢		粕壁	1	広井新田	4	境町	3	目吹	
新宿	1	鳥手	3	堤根	3	按摩	2	吉妻	
奥州会津	1	江戸	2	岩付	1	金杉	3	岩付	
野木崎	1	下妻	1	谷津	4	四国讃岐高松	1	山田	
広島	1	千住	3	岩井	4	肥前長崎	1	岡田	
大相模	1	山王	3	木立	1	江戸	1	思案橋	
粕壁	1	間々田	1	仲田	1	佐原	1	守谷	
江戸赤羽	1	長須	1	小福田	1	武州間久里	5	赤沼	2
瓦台	4	矢木	2	千住	3	武州河原台	6	今上	1
芝原	1	矢木	1	今上	1	中台	1	江戸本所	1
下高井	2	中山	2	堤台	2	生子	1	江戸三河町	1
布川	2	久喜町	3	瓦台	2	金杉	1	幸手	1
惣新田	2	松戸	1	中里	2	深井	3	芝原	1
越後関谷	2	清水	5	水口	3	中台	1	本所一ツ目	1
菅ヶ生	1	房	4	広島	1	平塚	1	千住	1
幸手新宿	2	清水	4	栗橋	1	乙女	2	神崎	1
舞留	1	桜台	2	布佐新田	1	奥州仙台	1	宮本	2
江戸	1	赤堂	1	広島	2	江戸田原町	2	越後	2
千住	2	赤堂	3	門間	3	杉戸	1	川妻	2
結城	1	大谷	3	八丁目	1	結城	1	目吹	1
江戸下谷	2	房山	1	太子堂	1	武州深谷	1	越後	2
野州赤間	1	幸手	5	幸手	1	塚崎	2	上州大間々	1
弓田	3	奈戸谷	2	粕壁	1	行田	1	布井	3

事項	人数	事項	人数	事項	人数	事項	人数	事項	人数
下高井	2	鵠戸	2	三ヶ尾	1	桐ノ木	1	中里	2
結城	1	下野小山	2	弓田	5	関宿	1	常州和泉	3
幸手	1	古井戸	2	谷津	4	中台	1	岩付	2
和泉	1	元栗橋	1	桜台	4	荒木	3	高野	1
新栗橋	1	幸手	1	山崎	3	銚子	1	古河	1
桶川宿	1	粕壁	1	岡田新田	3	行田	1	江戸浅草	1
卯宿	1	布川	1	小久木	2	弓田	1	江戸浅草田町	1
塚崎	1	金杉	1	花輪勢	1	今上	2	野州藤岡	1
上山新田	1	松戸	1	水戸湊	1	今上観音坊	2	浅草聖天町	1
貫和田	1	常州岡木	1	東深井	1	山崎	1	磯部	1
土浦	1	野木宿	1	西深井	1	谷津	2	門間	2
越谷新町	1	武州本庄	3	今上	6	上葭場	1	長高野	3
武州本庄	1	梁川	2	大房	1	長兵衛新田	3	大室	2
惣新田	1	小松川	1	按摩	1	舟形	4	生子	1
下野高萩	1	栗橋	2	中台	1	金杉	1	磯部	1
小山宿	1	小手指	1	青柳	2	広島	1	小金	1
上州柏木	1	小門間	1	河野	1	板橋	3	岩井	2
木間ヶ瀬	1	粕壁	1	中ノ台	1	上総	1	岩井	1
三村	1	柏崎	1	幸手	5	木間ヶ瀬	2	山川	1
宇都宮	1	八幡山	1	下高井	2	宇都宮	2	長須	1
阿部	1	越後鯵形	2	坂井	1	上州柏木	2	横曽根	3
武州上野田	1	桜台	3	水海	1	奥州	1	江戸牛込	3
瓦台	1	加蔵	2	桜台	1	芝原	2	金杉	1
幸手宿	1	按摩	3	水海	1	野綿(渡)	1	今上	1
湊	1	菅ヶ生	1	久下田	2	門間	2	土浦大町	3
木間ヶ瀬	2	鷲ノ宮	1	森谷	2	小林	2	長須	1
江戸下谷茅町	1	新宿嵯峨町	1	布川	5	江戸	1	病人送人	4
加茂	1	今上	6	岩付		和泉	4	藤塚	2
結城久保田	1	幸手	1	岡田		九州日向国延岡	1	清水	2
広島	1	江戸浅草	1	新宿		広島	2	山サキ	1
本栗橋	1	谷津	3	三倉	3	山サキ	3	戸頭	1
幸手	1	今上	3	取手	3	向小金	1	上州舞留	1
武州熊谷	1	山崎	6	筑波		芝原	1	成田	1
川越	1	木ノ崎	2	山川	2	最山	1	高や	1
関宿	1	江戸	3	江戸	1	結城	1	若芝	2
幸手	1	木ノ崎	2	本栗橋	1	粕壁	1	江戸	1
宮根	1	木ノ崎	2	三川島	2	中里	1	飯沼	8
大塚	1	西深井	4	土上	3	越後	1	鳥手	
築比地	1	金杉	1	上総	1	米島	2	高柳	
水戸	1	行徳	1	鎌倉	1	栗橋	1	石下	
布川	2	常州府中	2	千住	1	飯沼	1	幸手	
越中川島	1	河原台	4	岩名	1	足利	1	加毛	
栃木	1	向小金	4	寺町	1	佐原	1	尾張	
飯沼	1	今上	2	藤塚	2	日光西木	1	■崎	3
山川	1	坂寄	1	小金領逆井	1	本栗橋	1	内下村	2
谷田部	1	正連寺	2	境町	3	弓田	1	加賀大久保	1
粕壁	1	奥州洲賀川	3	川口	2	常州府中	1	細田	2
結城房山	1	三の輪	1	弓田	4	越後岩上	1	新高野	1
舟形	2	岡田新田	2	中山道桶川	1	銚子	1	木ノ崎	1
紅葉大門	1	岩城	1	中台	3	三川島	1	木間ヶ瀬	1

事項	人数	事項	人数	事項	人数	事項	人数	事項	人数
布座□□	1	小池	2	下野太田原	1	小田林	3	伝兵衛新田	1
越中	1	千住	1	須田	1	弓田	1	江戸牛込	1
土浦中城	1	相州小田原	2	猿俣	1	鳥手	1	元栗橋	1
越中池田	1	向小金	1	六方	1	金杉	1	了毛	3
吉春	1	魚沼	2	越中栃田	2	越中伊久地	3	上総	3
江戸	1	今井新田	2	川崎	2	今上	3	下小橋	2
山崎	1	大曽	3	末光	2	舟形	3	布板	1
中台	1	猿ヶ俣	1	栃木	1	中里	2	熊谷	4
桜台	1	中根	1	和泉谷	1	狐塚	2	舞台(豊体)	1
越後柏崎	1	宮ノ井	1	中台	1	戸張	1	浅草聖天町	2
新宿	1	本栗橋	1	金の井	1	825		大蔵	1
大木	1	木ノ崎	1	古河	2	〆1461人		皿沼	2
新木戸	1	関宿	1	大福田	2	荒木	3	安食	1
小布内	4	西深井	4	中ノ台	3	向古河	2	鐙塚	1
粕壁	1	深井新田	1	大田	1	江戸	3	本所松倉町	4
川越	1	関宿	1	東山田	1	堀押	2	上敷	1
尾林	1	水海道	3	水海道	1	千住	2	千住	1
尾崎	2	土戸	5	白山	2	塚田	5	上総	2
柳沢	4	山川	1	下妻	3	中台	1	流山	1
大田	1	柏井	3	野州飯中	1	沖津	1	鰤田	1
中根	2	野田寺町	1	古河	1	三坂	1	二合半	3
中台	1	門間	1	吉春	2	瓦郷	1	加須町	2
目吹	1	大根	1	土浦	1	佐渡	2	皆葉	1
東深井	1	菅ヶ生	1	慈恩寺	1	幸手	4	谷津	3
原村	1	広島	1	谷津	2	和泉	1	千住	4
高や	1	米島	1	岩付	1	下妻	2	武州加蔵町	3
目吹	1	高崎	1	海老ヶ島	1	木間ヶ瀬	2	三ヶ尾	2
堤台	1	六方	1	越後	1	阿部	1	香木	1
市谷	1	伊豆真田郡	1	谷中三崎	1	阿部	2	熊谷	1
高や	1	堤台	3	五石	1	菅ヶ生	1	深井新田	1
□谷	1	門間	2	水海道	2	宝珠花	1	宝珠花	4
岩井	1	舎人領江戸袋	3	小室	2	越前並木	1	中の	1
岡村	1	舎人領江戸袋	2	高野	1	板橋	2	深井	2
山崎	4	布佐	2	木ノ崎	1	下野台新田	2	諸川	1
関宿	1	越谷	4	中台	1	下辺見	2	卯宿	1
取手	1	金杉	1	中根	1	三ヶ尾	1	目吹	2
大室	1	越中	5	五ヶ村山王	1	三の輪	1	府中	1
粕壁	1	夏見	4	中根	1	尾張	2	野田	2
柳沢	3	中台	2	谷津	1	土浦	1	谷津	2
武州中丸	2	金崎	3	長や	2	大屋	1	小山	1
東深井	1	赤堂	3	流山	3	小俣	1	平方	1
金杉	1	宮崎	4	新宿	1	越後	3	高や	1
佐原	1	菅ヶ生	3	伊丹	1	真壁	2	守谷	1
水戸上町	1	鳥手	2	川妻	1	三井	1	宇都宮	1
上州正直	1	宮崎	1	布川	1	長井戸	1	江戸	1
魚沼	1	布川	1	遠州金谷	1	木間ヶ瀬	2	寺島	1
飯沼	3	越後	2	能登金崎	1	柳生	1	大田	2
取手	2	越後	1	房州宮本	1	木曽橋	1	花井	1
信州松代	1	木ノ崎	2	柏井	2	下野田沼	1	粕壁	2
了毛	2	目黒	1	名地毛	1	関宿	1	中里	1

事項	人数	事項	人数	事項	人数	事項	人数	事項	人数
越後蒲原郡台郷	1	新宿	1	上州前橋	1	古河	1	大相模	1
三ヶ尾	1	龍福寺	1	大相模	1	山崎	1	野木崎	1
行徳	2	花井	2	目吹	1	布川	1	野田寺町	3
目吹	2	魚沼	1	花井	2	久ぬ木	2	入込	70
仙台城下	1	高野	1	小金	2	幸手	1	幸手領小布地	2
平方	1	宝珠花	1	尾崎	1	越中	2	大杉新田	1
吉妻	1	中里	3	関宿	2	舟形	2	入込	115
蕃昌新田	2	江戸	1	中田	3	桐ヶ作	1	〆1944人	
深井新田	2	幸田	1	住吉	1	木ノ崎	3	885非人	
久喜	1	江戸	1	幸手	1	三ヶ尾	2	五釜飢人分	
三ヶ尾	1	花井	1	平井	3	大曽根	2	壱釜非人分	
尾崎	2	目吹	2	三坂	1	矢田部	2		
坂縄新田	1	魚沼	1	小野川	1	魚沼	2		
東深井	2	大森	1	吉妻	1	木ノ崎	5		
木ノ崎	2	今井新田	1	三ヶ尾	2	高野	1		

18　(天保 8 年 4 月)　(窮民名前帳)(文書番号 ZBA12)

事項	人数	事項	人数	事項	人数	事項	人数	事項	人数
		我孫子	2	今上	1	矢木沼	1	関宿	1
4月8日		能州信岡	1	板橋	2	江戸三ヶ野町	1	水戸大田	1
乙女	1	取手	1	今上	12	流山	1	下総大森	1
杉ヶ谷	1	杉戸	1	上州大久保	1	もろ川	1	あへ川丁	1
岡村	1	玉村	1	栗橋	1	正向者	1	関宿	1
芝原	1	寺崎	1	小山村	1	鍋古新田	1	川越	1
千代(仙台)	1	越谷	1	常州	1	とに部	1	越中	1
越後	2	我孫子	1	小蓮寺	1	高柳	1	下部村	1
舟方	1	越後	1	本所	1	下つま	1	越ヶ谷	1
新宿	1	戸島町	2	柏井	1	岩附	2	岩井三村	1
金崎	1	門馬	1	菅生	1	河崎	1	下総下部村	1
高萩	1	千住	1	幸手	1	青山村	1	桐生	1
今上	1	越後高田	1	市野谷	1	千住	2	小室	1
古河	1	小松川	1	千住	3	本所三ヶ笠町	1	小賀(古河)	1
戸□下	1	河崎	2	布川	1	高山村	1	小賀大町	1
川越	1	加州大保久	1	日田戸	1	武州池上	1	久地け村	1
木間ヶせ	2	松戸	1	相州三浦	1	宇田林	1	脇谷村	1
南大工町	1	権現堂	1	越後関山	1	黒田村	1	常州上そ	1
行徳	1	門馬	1	草加四十間	1	越後	1	粕壁	1
栗橋	1	足サキ	2	日本橋干切町	1	小金町	1	くり山	1
幸手	1	奥州岩□	1	幸手	1	越後	1	八木	1
伊豆島	1	下妻	1	今戸	1	金サキ	1	中根	1
伊中村	1	岩附	1	根金	1	中里	1	我孫子	1
吉妻	1	行徳	1	阿か間	1	北山田	1	う宿	1
野州石井	1	越前	1	桜代	1	千住五丁め	1	半割	1
広島	2	下立	1	加草	1	布せ	2	五井	1
〆27人		中野村	1	義く□もう	1	柏井	1	行徳	1
古河	1	〆61人		松本	1	芋くき	1	太田	1
川越	1	水海道	25	下谷通新丁	1	馬喰丁	1	白山	1
千住	2	高野村	2	上州尾島	1	新宿	1	船橋	1
太井々	1	下名前村	1	〆65人		板橋	1	小金	1
輪奈海	1	半割	1	かさい	1	水根	1	板橋	1
下立村	1	千住	1	越中戸山	1	さつま	1	深川	1
大相模	1	本所本町	1	上名前	1	袋山	1	め吹	1
牛久	1	川越	1	武州玉野井	1	栃木	2	幸手	1
栗橋	2	今上	1	塚崎	1	〆56人		中田	1
わらび	1	下立村	1	郷塚村	1	大の沢	1	境町	1
西立■	2	大木村	1	関宿	1	袋山	1	舟橋	1
長沼	1	平塚村	1	中妻	1	栗橋	1	〆52人	
筑波	1	島中中里	1	奥州三春	1	本所二つめ	1	結城	1
奥州相馬	2	中銭道深谷	1	間ヶ部(真壁)	1	黒浜	1	の木崎	1
古河	1	幸手	1	瓦代	1	諸川	1	藤岡	1
野木サキ	2	上州	1	八幡町	1	外神田	1	小金	1
高山村	1	木山村	1	越後	1	日鏡新田	1	布佐	1
浅草	1	平■田	1	岩附	1	のた浦	1	桐ヶ作	1
柏井	2	草加	1	上州堺村	1	米崎	2	上山川	1
佐戸(渡)	1	今上	1	江戸通	1	武州荒井	1	め黒	1
坂斉	1	芝新沢	1	土浦	1	幸手大和	1	小金	1

事項	人数	事項	人数	事項	人数	事項	人数	事項	人数
幸手	1	新くり橋	1	相州	1	千住	1	流山	1
武州	1	仙台	1	小井名淵	1	須田	1	幸手	1
宝珠花	1	白井	1	八王子	1	苗間村	1	塚崎	1
越中戸上	1	行徳	1	吉妻	1	高柳	1	山崎	1
小岩	1	獅渡	1	今上	1	元くり橋	1	千住	1
大崎	1	神原郡	1	中丸	1	中ノ台	1	木ノ崎	1
日谷新町	1	新宿	1	吉川	1	小梅	1	つか崎	1
大島町	1	くり橋	1	千住五丁め	1	大徳	1	川口	1
境	1	大柳	2	大黒寺前	1	広島	2	山崎	2
千住五丁め	1	大山小谷	1	須賀尾原	1	稲岡	1	浅草	1
越中	1	東金	1	浦部	1	〆64人		幸手	1
取手	1	銚子	1	川間	2	武州川田	1	猿ヶ亦	1
越中	1	下高井	1	銚子四日市	1	下総高の山	1	千住五丁め	1
粕壁	1	中村	1	深井くろ井丁	1	白井	1	柏木	1
桶田	1	袋町	1	松戸	1	手白	1	大棒	1
巻田	1	関宿	1	越子(後)白根	1	通玉	1	土浦	1
境	1	小吹	1	越子芋川	1	尾崎	1	高守	1
幸手	1	三軒町	1	新栗橋	1	甲田	1	佐原	1
いわつき	1	小山	1	かしわ	1	野木崎	1	みのわ	1
おきて町	1	前ヶ崎	1	羽生村	1	葛西	1	葛西	2
かもん宿	1	中里	1	房州宮本	1	府釜	1	八丁堀	1
幸手	1	鳥手	1	千住三丁め	1	角山	1	白壁丁	1
いわつき	1	岩井	1	永沼	1	今上	1	千住	1
引亦	1	与の町	1	下妻	1	芝原	1	糀町	1
山川	2	水海道	1	佐倉	1	間壁	1	成田	1
ふせ木村	1	越後	1	龍ケ崎	1	岩井	1	〆70人	
越後	1	小ふ内	1	小井子村	1	大仏	1	本木村	1
高場	1	小川	1	桶川在日出谷	1	間壁	1	越後	1
松ヶ崎	1	三崎	1	須加尾	1	小岩	4	宇宿	1
藤ヶ谷	1	流山	1	いさつ川	1	小河	1	鳥手	1
ふせ	1	清水	1	武州本庄	1	板入	1	府川	1
八丁堀	1	粕壁	1	松原	1	木ノ崎	2	上芳場	1
岩井	1	伝兵衛新田	1	大里	1	木ノ崎	1	府中	1
上柳	1	くり橋	1	和泉田	1	材木町	1	粕壁	1
善光寺	1	白川	1	行徳	1	谷津村	1	深井新田	1
五ヶ村	1	谷田川	1	栃木	1	深井	1	葛西	1
熊ヶ谷	1	幸手	1	舟形	1	上用部	1	目吹	3
富田	1	府川	2	武州のた	1	うつの宮	1	会津	2
名荷	1	あが	1	左官	1	西深井	1	池田	1
いたみ	1	小山	1	佐の	1	筑比地村	1	平形	1
小林	1	川越	1	結城	2	境	2	宝珠花	1
高山	1	岩槻	1	岩井	1	山崎	2	幸手	1
名戸ヶ谷	1	結城	1	戸張	2	山崎	1	釈迦	1
〆53人		下妻	1	いつみ	1	木間ヶせ	1	関宿	1
川尻	1	府川	1	あかき	1	水海道	17	京橋	1
越後	1	下都見	1	神明	1	深井新田	1	長沼	1
向小金	1	大升郷	1	熊ヶ谷	1	山サキ	1	大宮	1
山川	1	南部	3	越後	1	高野	1	小金	1
盲目	16	古米木	3	鎌倉	1	沼田	1	深井新田	1
河内郡	1	〆77人		根戸	1	蕨在	1	水海道	1

事項	人数	事項	人数	事項	人数	事項	人数	事項	人数
日光今市	1	のかた	1	より木	1	谷津	1	幸手	1
広島	1	深井新田	1	中妻	1	間前坂	1	八はた	1
中ノ台	1	横曽根	1	〆76人		長用田	1	岩名	1
木間ヶせ	1	中根	2	桶川	1	塚越村	1	鷲宮	1
古河	1	木ノ崎	3	長沼	3	荒川	1	深井新田	1
木ノ崎	1	ふら川	1	行徳	1	相馬	1	幸手	1
江戸	1	瓦台	1	古河	1	あじき	1	小川	1
深井新田	1	幸手	2	流山	1	保上	1	越中	1
宝珠花	2	小棒地	1	結城	1	黒船丁	1	山崎	1
中ひやう	1	三須	1	金ノ井	1	水輪	1	武州	1
かもん宿	1	木間ヶせ	1	久保田	1	割下水	1	本所四ツ目	1
みのわ	1	須か尾	1	高崎	1	新田戸	1	武州	1
松戸	1	高崎	1	越後	1	和泉田	2	三ヶ尾	1
幸手	1	いたみ	1	米島	1	湯田	1	東村	1
筑比地	1	大殿井	1	与野町	1	しこだ(篠籠田)	1	元栗橋	1
平形	1	島崎	1	目吹	1	〆70人		木間ヶ瀬	1
岡田	1	水角	1	越ヶ谷	1	深井新田	1	東深井	1
島中	1	木間ヶせ	1	木ノ崎	1	永沼	1	岩城	1
加州	2	永沼	1	清水	1	山田	1	弓田	1
中根	1	粕見	1	塚田	2	深井	1	弓田	1
番所	1	水海道	6	行徳	1	下都見	2	仙台	11
桜台	1	流山	1	幸手	1	真香	2	大野	1
深井新田	1	の木	2	奥州	1	桐ヶ作	1	関宿	1
北条	1	水海道	10	東深井	1	舟形	1	木ノ崎	1
粕壁	1	木ノ崎	1	中山	1	五夕村	1	上州	1
瓦谷	1	あんま	2	三山新田	1	田沼	1	上州	1
上中里	1	金杉	1	瓦台	1	蒲菖	2	関宿	2
三わの山	1	向畑	1	ゆだ	2	通新町	1	元栗橋	1
崎屋部	1	五ヶ村	1	大室	1	栃木	1	元栗橋	1
古河町	1	舟形	1	小松川	1	永井戸	1	今上	3
千崎	1	西深井	3	野木崎	1	魚沼	1	木間ヶ瀬	3
ついひろ	1	柳沢	2	なと	1	藤岡	1	〆92人	
青田	1	須ヶ尾	1	龍ヶ崎	1	若芝	1	麦塚村	1
広島	1	築比地村	1	能登	1	草花	1	大室	1
深井	1	瓦台	1	高崎	1	結城	2	龍ヶ崎	1
上高の	1	大柏	2	尾崎	1	築葉	1	幸手	1
山崎	1	流山	1	あべ	1	築比地村	1	込駒	1
せ戸	1	平形	1	谷津	1	くり橋	1	磯部	2
〆68人		舟形	3	中ノ台	1	赤崎	1	筑比地村	1
鳥手	1	座頭	1	中根	1	平の	1	田町	1
守屋	1	南部料	1	行徳	1	木間ヶ瀬	1	深谷	1
結城	1	下平	1	久の木	1	宇津宮	1	正伝丁	1
江川	1	山田	1	永沼	1	鳥はみ	1	油塚	1
間立	1	結城	1	木間ヶせ	1	吉沼	1	佐の	1
のた浦	1	羽生	1	清水	1	根田	1	五ヶ村	1
魚沼	2	水戸	1	布佐	1	永沼	1	つか(都賀)郡	1
江戸町	1	佐原	1	永沼	1	常陸	1	松ヶ崎	1
宝珠花	1	魚沼	1	つへひろ	2	板橋	1	野木	1
江戸	1	小手差	2	布佐	1	下都見	3	越後	1
金杉	1	材木町	1	大谷	1	甲田	1	新取越	1

事項	人数	事項	人数	事項	人数	事項	人数	事項	人数
小室	2	〆77人		我孫子	1	大宮	1	志久連寺	1
下平	1	流山	1	三ヶ尾	1	粕壁	1	小布内	1
銀丁	1	磯部	1	尾さき	1	前新田	1	江戸神田	1
阿部田	1	関宿	1	大千住	1	遠□□郡	1	木間ヶせ	1
取手	1	越中	1	本所	1	幸手	1	山崎	1
本所	2	深井	1	上喜代久	1	日暮村	1	取手	1
大殿井	1	騎西	1	木間ヶせ	1	中ノ代	1	栗橋	1
信州	1	中の	1	高柳	1	高野	1	広島	1
東深井	1	中里	1	下野	2	木間ヶせ	1	結城	1
桶川	1	青田	1	岡村	1	鷲宮	1	奥州相馬	1
中崎	1	須賀尾	1	幸手	1	荒木村	1	魚沼	1
松戸	1	花輪世	1	我孫子	1	木間ヶせ	2	小金	1
おいこ(生子)	1	舟形	1	関宿	1	大井	1	中代	1
境村	1	熊ヶ谷	1	水角	1	越後	1	幸手倉松	1
西深井	1	のた	1	米島	2	粕壁	1	桶川	2
座頭	1	麻布	2	青田	1	幸手	1	宮田新田	1
木ノ崎	1	下方	1	三ヶ村	1	尾崎	1	尾崎	1
新宿新田	1	舟形	1	東葛西	1	八重田	1	中根	1
高崎	1	天明	1	尾崎	1	高岩	1	〆58人	
花の井	1	谷津	1	越後	1	江戸八丁堀	1	平国	1
りやうけ(領家)	1	青田	1	林十	2	中倉村	1	松戸谷	1
木ノ崎	1	野々井	1	〆78人		魚沼	1	神田	1
越中	2	坂手	1	米島	2	〆57人		越後	1
宇しく	2	吉川	1	結城	2	布鎌	1	備中	1
木ノ崎	1	大倉	1	くりはし	1	泉村	1	中里	2
今上	1	こう(高)沢	1	木間ヶせ	1	上柳	1	境町	1
高柳	1	甲州		千住	1	小江長	3	さくら台	1
目吹	1	元くりはし	1	うつの宮	1	栗橋	1	新宿	1
甲田	2	品川	1	松戸	1	賀川木	1	谷津	1
京代	1	桶町	1	佐の	1	木野サキ	1	吉妻	1
問間	1	市か谷	1	河口	1	村山村	1	越中	1
鎌ヶ谷	1	中ノ台	1	堺	1	佐の天明	1	豊田	1
高野	1	西深井	1	下高井	1	弓田	1	尾崎	1
尾坂	1	行徳	1	浅草	2	会津	1	今上	1
中田	2	泉村	1	水海道	2	印旛	4	越後国	1
西深井	1	筑比地村	1	岩附	1	おとろ橋	1	小田町	1
あへづ(会津)	1	桐ヶ谷	2	越後	1	古河	1	栗橋	2
保古田	1	品川	1	越谷	1	栗橋	1	出羽	1
黒浜	1	米崎	1	大浜	1	高田	1	高野	1
木村	1	新宿新田	1	とち下	1	佐貫	1	久下田	1
行徳	1	八丁め	1	■替宿	1	木間ヶせ	2	栗橋	1
吉沼	1	佐の中井	1	築比地	1	中ノ久喜	1	龍ヶ崎南村	1
大谷村	2	須ヶ尾	1	佐の	1	小金	1	新輪田	1
鳥手	1	箕田	1	舟方	1	遠□□郡	2	根本村	1
荒木	1	芝崎	2	上総吉妻	3	築比地	1	境町	1
幸手	2	関宿	1	上吉葉	1	上州	1	柏村	1
山崎	1	土浦	1	正蓮寺	1	莚内	2	山崎	1
三ヶ尾	1	銚子	1	常州		瓦台	1	広しま	3
相新田	1	莚内	1	金杉	1	幸手	1	幸手宿	1
磯部	1	越後	1	越ヶ谷	1	細田村	1	東深井	1

事項	人数	事項	人数	事項	人数	事項	人数	事項	人数
千住	1	深川	1	中沢	1	にい村	1	をと馬	1
越ヶ谷	1	深川	1	三ヶ尾	2	塚崎	1	〆106人	
米島	1	取手	2	麦倉	1	尾崎	1		10
越中	1	立森	1	金町	3	外神田	1		10
小手崎	1	大相模	1	せき宿	1	小地	1		10
矢作	1	小金	1	新宿	1	せ田	1		10
牛久村	1	丁子	1	よけ堀	1	中ノ	1		10
松戸	1	小石川	1	前橋	1	小金	1		10
小山村	2	柳原	1	本栗里橋	2	松本	2		10
高村	1	土後	1	せき宿	2	しバ田	1		10
今町	1	幸手	1	島崎	1	岩な	1		10
太田村	1	久保田	1	千宝	1	谷津	1		10
関宿	1	のた	1	木間ヶ瀬	2	築比地	1		10
〆50人		〆59人		村田	1	越ヶ谷	2		10
布川	1	岩木	1	あまず	1	与ノ町	1		8
木野崎	2	栄塚	1	ふし塚	2	栗橋	1		2
五ヶ村	1	杉ノ谷	1	粕井	1	新小谷	1	女〆130人	
加さい	1	下平井	1	船形	1	中丸	1		10
千住	2	尾崎	2	幸手	2	ね小屋	1		10
浅草三宮町	2	宝珠花	2	栗橋	2	布川	1		10
長谷	1	大柏	4	岩月	2	高崎	1	〆30人	
布川	2	岡田	2	福辺	1	かすかべ	1	4月8日	
大口村	1	ふし塚	1	ほり田	1	木曽橋	1	〆1567人	
岩船	1	越ヶ谷	1	柳沢	1	栗橋	1	此分別帳〆出ス	
横内	1	築比地	1	大ほふ	1	新町	1		
布佐代	1	小が	1	〆82人		杉戸	1	4月11日	
清成	1	品川	1	中田新田	1	荒山	1	金杉	2
江戸崎	1	千宝	1	目吹	3	坂本	1	掃除方	6
粕壁	1	松ヶ崎	2	かすかべ	1	布施	2	今上	12
日光在土沢	1	今上	1	岩月	3	瓦台	1	横内	
中野	2	塚崎	1	とちき	1	江戸新橋	1	結城郡大崎	
東しま	1	□崎	1	三ヶ尾	1	阿ば	1	河原台	
広しま	1	金崎	1	水白	1	とち木	2	青柳	2
藤塚	1	菅生	1	祐富	1	水海	1	野木崎	
三輪野山	1	中里	2	西室	1	京橋	1	常州手賀	
木間ヶせ	1	目吹	3	狐塚	1	□ふふ	2	千住	
下へみ	1	金杉	1	本田	1	□ふふ	1	広島	
あんま	1	海道	1	大保田	1	千宝	1	相州中村	
新(信)州松本	1	小金	1	丁子	1	宝川	1	桶川	
船形	3	小松川	1	広島	1	平岡	1	江戸	2
新宿	1	小手崎	2	三ヶ尾	1	大和田	1	幸手	
大福田	1	亀割	1	山崎	1	行徳	2	佐野	
四ッ谷	2	境	1	水海	3	中里	1	上総箱崎	
中ノごふ	1	千宝	1	船橋	1	取手	2	逆井	
境	2	幸手	1	ほり田	1	森屋	1	本庄	
岩月	1	岩月	1	田中	1	幸手	1	栗橋	
こふ内	1	□やど	1	金ノ井	1	豊田	1	手賀沼三ノ己	
幸手	1	築比地	1	幸手	1	あさぶ	3	岩井	3
高柳	1	へみ	1	目吹	2	越中	3	上喜翼	2
越こ寒(蒲)原	1	川越	1	桶川	1	豊田	1	杉戸	

事項	人数	事項	人数	事項	人数	事項	人数	事項	人数
上総東金		島川	2	銚子	4	中の台	1	向小金	1
阿州		古河	2	小林	2	草加在小山	1	幸手	4
南部森岡		土上	5	吉春	4	山川	1	幸手	3
下小橋		清水	3	越中	3	草加	1	木間ヶ瀬	1
上総大毛		和泉	4	谷津	4	元栗橋	2	高や	1
守谷		島川	2	浅間下	4	広島	2	武州余の町	1
行徳		大相模	1	本栗橋	3	萩宿	1	荒木	2
中里		越後関屋	3	花井	2	鳩谷	1	取手	1
苗間		広島	9	桜台	3	千住五丁目	1	瓦台	1
江戸今戸町		江戸浅草町	2	中妻	3	久保川岸	1	桐ノ木	1
下野宇都宮		信州松本		谷津	3	築比地	1	大津	1
関宿	2	善光寺		弐合半	3	紅葉大門	1	草加	4
千住	2	江戸		東小屋	3	小金	1	金杉	1
粕壁	3	上州高崎	3	古河	4	上総国南崎	1	板橋	1
姉ヶ崎	1	越前安保		与布内	4	幸手	1	飯沼	1
粕壁	3	越前		吉春	4	下小橋	2	千住	1
幸手	2	栗橋		堤台	2	惣新田	1	本庄	1
幸手	1	磯部		西深井	3	卯宿	1	大宮在一ノ島	1
岩付	1	板橋	3	堤台	3	古河	1	向小金	2
太子堂	2	中台	3	赤堂	4	栗橋	3	羽生	1
上州	1	水深	2	岩井	4	小布内	2	中里	1
水戸		上総	1	目吹	4	江戸	1	■岩	1
柏井		吉沼		岩井	3	常州和泉	2	関宿	3
伊三次川岸		目黒		寿賀尾(菅生)	8	按摩	2	粕壁	2
江戸浅草		谷津	3	江戸	1	清水	6	江戸新橋	1
関宿		今上	96	上夏目	1	金杉	1	舟橋	1
思案橋		寺町	1	下野田沼	1	奥州白川	1	大田	1
栃木	2	深井		長井戸		水海道	3	奥州会津北高や	1
飯塚	1	成瀬	2	山サキ	4	法華坊	1	武州日ノ□	1
久下田	2	清水	6	山ノ宿	1	亀形	1	中台	1
諸川	1	深井新田	7	瓦台	2	山崎	2	川島	1
古河		上野国	3	越後	1	按摩	1	戸頭	1
江戸		入込	50	藤塚	4	向小金	4	藤谷	1
佐野		今上	8	押砂	1	西平井	3	水戸布施	1
中丸	3	今上	5	今上	4	今上	5	本所三笠町	1
菅ヶ生	3	千住	4	船形	5	山崎	3	今井	2
仙台寺沢	1	大屋	3	瓦台	4	深井新田	5	千住	1
幸手		深井	5	瓦台	2	千住	6	下高井	4
川妻		府中	2	布川	1	土浦	1	岡田	2
下高井		本栗橋	2	古河	1	按摩	1	加増	1
高柳		銚子	3	江戸	1	清水	5	江戸日本橋	1
小手指		新田戸	4	境町	1	山崎	4	取手	1
中島		荒木	4	元栗橋	1	越後芋川	1	上葭場	1
小金		鎌庭	3	結城	1	行徳	1	岩付	
八幡		桜台	4	関宿	1	松ヶ崎	1	小池	
取手	2	高柳	2	広島	1	大森	1	結城	
山川水口	3	谷津	5	大生郷新田	1	上総木皿津	1	中山道大宮在	9
越後高田	1	弓田	2	水戸大田	2	小金	1	戸柏	
高柳	2	船形	1	寺崎	1	栃木	1	平岡	
島川	2	栗橋	2	粕壁	1	佐原谷	1	下荒井	

事項	人数	事項	人数	事項	人数	事項	人数	事項	人数
瓦台		粕壁	2	弓田		芝崎		山崎	1
元栗橋	4	行徳		長沼		尾上		金崎	3
鰤田	2	中島		越谷	2	安食		江戸出村町	3
上総牧尾		千住		千住	1	栃木		本栗橋	3
吉川町		新銀町		本栗橋	1	結城		小林新田	2
阿波幸田	1	下野小山		木間ヶ瀬	1	富塚		三の輪	3
笠井松本	1	岩附		幸手	1	藤岡		江戸	1
金町	1	守や		鳥手	1	武州原村		中の	1
流山	2	下野佐野		野州小山	1	常州伝兵衛新田		広島	2
菅ヶ生	3	飯沼新田		柏寺	1	水海道		中ノ台	1
大柏	3	岩井		牛込中里	1	小松川		筑比地	1
今上	1	我孫子	2	柏井	4	江戸本所相生町		西深井	1
花わ勢	1	細野		江戸谷中	1	結城町		江戸阿部川町	4
日光	1	神田山		安食	1	谷津	7	深井新田	1
築比地	2	岩付		奥州会津	1	谷津	4	山崎	1
久喜町	2	千住		高野	1	東深井	4	千住	2
小久木	2	武州五ヶ村		大曽	1	古河	1	真壁	1
千住	1	武州赤山		木妻	1	江戸本所三笠町		江戸下谷御徒町	1
関宿	1	目吹		卯宿	2	今上	4	辺田村	1
菅ヶ生	1	余ノ町		坂井	2	奥州洲賀川	4	上州舘林在	1
布川	1	常州坂井	1	越中射水郡櫛	1	今上	3	木ノ崎	1
鷲ノ宮	1	森谷	2	田		大田	1	岡田	2
三ヶ尾	1	神崎		布川		大仏	2	常州笠間	2
木ノ崎	2	武州宮ノ下		越中櫛田		江戸浅草三軒町	2	江戸本所	2
平方新田		奥州岩城		越中川崎		平方	2	按摩	5
舟形		越前並掛		武州八王子		野木崎	2	常州北条	1
高萩		久ぬ木		小布内		武州尾浦郡大	2	越後	1
府中		江戸聖天町		法木		久保		五木	1
三の輪		草加		小川		栗橋	4	羽生	1
本所一ッ目		江戸浅草田町		江戸牛込	1	関宿	1	吉沼	1
武州行田		小久木		江戸八丁堀	2	河原台	6	元栗橋	1
荒木		幸手		銚子	1	西深井	4	越後大沼郡	1
上州前橋		江戸浅草山谷		三坂	1	筑比地	3	栗山	1
奥州三春		武州桶川		細の	1	越後国	4	按摩	1
上州大久保	2	元栗橋		越谷	2	三ヶ尾	1	武州宇五木	1
小岩田	1	松本		島住高柳	1	中台	4	龍ヶ崎根本	1
出羽米沢		大房		中妻	1	蕃昌新田	3	水戸湊	1
野州星の宿		船橋		舟形	2	佐原本宿	3	武州中丸	2
山田		幸手		久々田		深井	3	野田	2
武州岡村		越中福減(光)		越谷		土浦	1	下野黒田	
下妻		龍福寺		安食		報恩寺	1	相馬馬場	
瓦台	1	布川		中山道深谷		岡田新田	4	下高井	
関宿	1	武州南部		境町		日光	1	木内	
下舘	2	船形		川口	2	小布内	1	鳥手	
阿部	4	岩付		慈恩寺		菅ヶ生	2	日光今市	
水海		下舘		小金中村		栃木	2	熊谷	
下舘		江戸本所		水海道		越後	1	舟形	4
奈戸谷		江戸阿部川町		関宿境町		江戸	5	飯沼	
大室		武州桶川		逆井		板橋	2	栗橋	
松戸		佐倉		吉妻		飯島	1	結城	

事項	人数	事項	人数	事項	人数	事項	人数	事項	人数
東深井		布鎌	4	桐ヶ谷	3	瓦台	1	越中池田	1
太田		皿沼	2	水戸	1	小田林	2	宮崎	1
宗道川岸	25	木ノ崎	2	深谷	1	越後猿橋	1	大塚戸	1
幸手		皿沼	1	駿州	1	信州	1	中根	1
川越		堤台	3	上州	1	花井	1	山崎	1
萱ヶ生		舟形	3	信州	1	了毛	3	常陸	1
栗橋		真壁	2	横曽根	3	越後佐渡山	1	越中長沢	1
松戸折口		中台	1	布川	2	浅草田原町	1	長谷	1
越後頸城郡		千住	3	目吹	2	佐原	1	尾崎	1
武州末岸		麻久里	2	三ヶ尾	1	浦辺	1	小室	1
高野	5	松伏	1	土浦	2	神田田町	1	筑波	1
高野	2	尾崎	2	須田	1	大室	1	西深井	1
布川	1	吉春	2	金町	1	水海	1	山崎	2
伊勢桑名	2	島重	2	木ノ崎	1	海老ヶ島	1	千住	1
中台	2	泉田	4	中根	1	木間ヶ瀬	1	河原台	4
沓懸	1	板橋	3	戸張	1	木村	1	金杉	1
松戸	1	行徳	2	□屋	1	栗橋	1	阿部	1
目吹	1	吉高	1	玉の井	1	長須	1	岩崎	4
江戸	2	小室	1	麻奈谷	1	小門間	1	宮崎	2
今上		取手	2	下妻	1	加賀大久保	1	阿部	3
矢作		行徳	5	猿ヶ俣	2	山崎	3	東宝珠花	1
幸手	5	越中冨山	1	幸手	1	足立郡五石	1	東宝珠花	3
木ノ崎		新宿	1	宇都宮	1	東山田	1	深井新田	1
門間	3	大柏	1	我孫子	1	魚沼	1	岩付	
中台	2	奥州	1	関宿	1	足利	1	萱ヶ生	7
萱ヶ生	1	東深井	1	上州舞留	1	今上	1	野木サキ	
今上	1	押砂	1	土浦田中	1	千住五丁目	1	中台	3
木間ヶ瀬	1	広島	1	粕壁	1	越後柏崎	1	木間ヶ瀬	1
中根	1	関宿	1	伊丹	1	木ノ崎	1	中野	2
平井	1	木間ヶ瀬	2	六方	2	越谷	1	筑比地	1
三の輪	1	千住	2	水海道	1	木間ヶ瀬	1	越中池田	1
下谷茅町	1	根本	2	笠井金町	2	相馬	1	東深井	2
古河	2	川妻	2	谷津		深井新田	1	五木	1
清水	1	古河	3	瓦篭		相州小田原	1	幸手	1
目吹	1	関宿	4	中里		越後伊久地	1	水海道	1
木ノ崎	1	上州柏木	2	門間	1	宮根	1	鎌倉新田	1
米崎	3	大口	1	新宿	1	宝珠花	1	木ノ崎	1
篠崎	1	今上	4	常州卯宿	1	木間ヶ瀬	1	越後羽黒	3
真壁	2	関宿	1	大沢袋山	1	金の井	1	平井	1
中台	2	西深井	3	宮和田	1	能登長崎	1	門間	2
大曽根	1	三ヶ尾	2	薩摩	1	木ノ崎	1	常陸大矢	2
生子	1	岡田	1	宝珠花	1	塚崎	1	常陸大矢	2
笠井亀割	4	上州	1	守谷	1	蕃昌	1	吉春	1
房州矢木浜	1	江戸中橋	1	片浦	1	飯沼	1	水海道	1
生子	1	取手	1	三村	1	山川	1	野木崎	1
小池	2	長須	1	大相模	1	金崎	1	布佐	1
小池	2	深井	1	村田	1	下妻	1	平井	1
越中	1	三ヶ尾	1	岩付	1	塚崎	1	布施	1
越中	1	今上	1	飯中	1	江戸馬喰町	1	平井	2
取手	2	江戸芝	1	西深井	1	毛下	2	舘林	2

事項	人数	事項	人数	事項	人数	事項	人数	事項	人数
平井	2	鳩谷	2	幸手	1	駿府	1	上州坂井	
上山新田	1	相馬和泉	1	赤岩	1	下野芳賀郡	2	寺崎	
木ノ崎	2	尾崎	1	布佐新田	2	山川	1	野太	
今上	3	山崎	1	荒木	2	入込	223	塚崎	
桑山	2	山川	1	岩井	1	入込	125	佐倉	
山崎	1	船尾	1	幸手	1	〆2133飢人		上州倉か野	
平方	2	下平柳	1	尾張	1	835人非人		赤羽	
木ノ崎	3	麻尾	1	舟形	1	五釜飢人分		結城	
中台	2	程ヶ谷	1	真壁	2	壱釜非人分		大田	21
魚沼	2	金杉	1	三河島	1			江戸本所相生町	
本所松蔵町	5	江戸神田	1	尾張	2	4月13日		奥州白川	
末香	1	上州大田	1	高野	1	清水	2	大生郷	
谷津	1	菅ヶ生	1	岩付	2	金杉	2	江戸京橋	
山崎	3	黒浜	1	久ぬ木	2	今上	1	常州小川	
二合半	1	江戸八丁堀	1	生井	1	逆井	3	麻久里	
魚沼	3	布佐	2	芝崎	1	半谷	2	小金	
銚子	1	布佐	2	大沢	1	菅ヶ生	4	目吹	
小田原	2	江戸浅草	2	千住	1	千住	1	栗橋	2
宇久寿(須)	2	平方	2	魚沼	1	本庄	1	諸川	1
戸頭	2	若白毛	1	木間ヶ瀬	3	相州中村	1	行徳	2
舟橋	5	平方	1	舟形	7	行徳	2	上州前橋	1
今上	2	通玉	2	舟形	3	山田	1	上総大口	1
葛呂	1	木村	3	越後柏崎	1	今井	1	上山新田	1
東深井	3	越後	2	関宿	1	八王子	1	行徳	1
了毛	2	関宿	2	幸手	2	梅田	1	栗橋	1
塚田	3	大相模	2	大相模	2	笠井小山	1	奥州南部盛岡	1
中台	4	粕壁	2	栗橋	3	江戸	1	今井新田	1
本郷本町	1	金の井	3	幸手	1	池上	1	千住	2
今井新田	3	高や	1	松戸	1	大森	1	元栗橋	2
小渕	1	俎板	4	米島	2	白井	1	江戸	2
越中伊久地	2	高野	1	遠州金谷	1	奥州仙台	1	菅ヶ生	1
木間ヶ瀬	1	上州高崎	1	房州	1	山崎	1	今上	128
九州日向延岡	2	大福田	2	山田	1	幸手	1	久下田	1
川通	2	三ヶ村	1	宮本	1	桶川	1	生子	1
鰤田	2	伊豆国市山	1	舟橋	2	江戸	2	今上	10
大福田	2	平方	1	古河	2	大沢	1	今上	7
門間	1	野木宿	1	木間ヶ瀬	1	江戸谷中	1	木津内	1
水海道	1	今ヶ島	1	千住	1	幸手	1	中根	1
能登	1	幸田	1	南部河原渕	1	小金	3	栃木	1
大野	2	尾崎	1	本郷六丁目	1	奥州会津		結城	1
大野	2	船堀	1	上総寺崎	1	野木崎		古河	1
岩井	1	鎌貝	1	江戸	1	川越	7	関宿	1
矢田部	1	卯宿	1	本栗橋	1	野州足利		三の輪	1
粕壁	3	鷲白	1	粕壁	1	長沼		八王子	1
三ヶ尾	1	諸川	1	尾崎	1	大宮		上州舞留	1
新宿	1	芝原	1	野田町	1	結城	4	中宿	1
下野那須郡永沼	1	出羽国	1	高崎	1	久ぬ木		古河	1
桐ヶ島	1	平方	4	三の輪	1	中台	2	小松川	1
木ノ崎	4	三わの山	1	布川	1	江戸		土上	3
保木間	2	慈恩寺	1	坂手	1	小山		今戸	

事項	人数	事項	人数	事項	人数	事項	人数	事項	人数
大戸		大房	1	小布内	1	野州木ノ地	1	武州	1
山崎		千住	1	上柳	1	袋山	1	谷津	4
信州野沢		萱ヶ生	3	江戸本所	1	萱ヶ谷	1	武州加増	2
千住		黒浜	2	古河	1	大作	1	久地下	3
佐原		高岩	1	我孫子	2	中ノ台	4	貝塚	2
信州		中村	1	木立	1	伝兵衛新田	1	荒木	2
広島		阿波在幸田	2	越谷	1	神田冨山町	1	木野崎	4
粕壁		河原台	3	上総平崎	2	下妻	1	山崎	4
奥州岩城	23	小手指	1	萱ヶ生	1	下舘	1	山崎	3
山王		按摩	2	荒木	1	行田	1	谷津	5
武州小浜		結城	1	木間ヶ瀬	1	江戸八丁堀	1	谷津	1
江戸		高や	2	藤岡	1	舟形	1	小田林	2
吉妻		下野	2	土浦	1	千住		坊山	4
佐野天明		高柳	2	江戸八丁堀	2	常陸中村		清水	5
山川水口		舟形	3	守谷	2	江戸谷中町		岡田	2
弓田		越中	1	岡田	1	粕壁		半谷	3
岩城		東村	1	今井新田	6	岩付		矢木	4
関宿		門作	1	流山	2	築比地		中ノ台	2
藤城		水戸大田	1	山崎	2	舞留	15	桜台	2
布川	3	高や	1	大相模	2	松戸		木ノ崎	3
笠井松本	2	深谷	1	岩井	3	布釜		舟形	8
武州忍	1	武州余の町	1	千住	2	下荒井		鳥手	2
南部領瓦葺	1	越後長岡	1	戸頭	2	鷺ノ宮		越後蒲原郡□	1
黒浜	1	流山	1	按摩	7	武州岡村		□□	
鳥手	1	笠井舟橋	1	栗橋	2	吉春		水戸大田	1
千住	1	長須	1	中田	3	粕壁		熊谷在上村	1
今上	2	新宿	1	按摩	6	小田林	2	新宿	1
守谷	1	下妻	1	山崎	5	紅葉大門	1	栗橋	5
広島		融玉	2	川通	6	紅葉大門	3	中里	1
八幡		桶川	1	島川	6	越前	1	瓦台	2
高野	6	幸手	1	岩崎	6	瓦台	4	古河	1
千住		三笠	1	越中	1	深井	1	新宿	1
松戸		逆井	1	広島	7	古河	4	取手	1
土上	2	丹羽(波)	1	武州柳生	1	越後	3	奥州白川	1
加州中島	1	木間ヶ瀬	1	佐原下宿	1	中の	3	安食	1
守谷	1	佐野阿保(鐙)塚	1	越中池田	4	高柳	2	仙台	1
杉戸	1	尾崎	1	元栗橋	3	深井	4	金川	1
舟形	1	千住	1	江戸	2	蕃昌新田	4	守谷	1
越中	1	河原	1	久下田	2	蕃昌新田	4	平尾	1
木間ヶ瀬	1	関宿	1	本所	4	深川町	2	関宿	1
越前並垣	1	下高井	4	我孫子	2	堤根	2	守谷	1
加徳	1	舟形		按摩	3	堤根	2	舘林	1
川口	1	佐渡加も郡	1	桜台	4	吉春	4	南部	1
藤塚	5	和泉	2	釜庭	4	浅間下	4	仙台	1
直地	2	布施	1	五ヶ村	5	中田	3	栃木	1
河原台	3	中里	1	荒木	4	山崎	4	五ヶ村	1
清水	2	高や	1	荒木	1	深井新田	5	関宿	1
清水	2	舟形	3	中里	3	新田戸	2	三条目	1
清水	2	粕壁	1	川越	1	西深井	4	宇都宮	1
清水	6	伊三治川岸	1	越中冨山	1	吉春	4	下野大田原	1

事項	人数	事項	人数	事項	人数	事項	人数	事項	人数
大越村	1	長沼	2	栗橋	1	常州倉持	2	矢作	1
古河	2	武州大仏	1	元栗橋	1	赤堂	3	西深井	1
本所中の郷	1	宇都宮	1	奥州白河	1	久喜	1	宮崎	3
一ノ割	1	千住	1	江戸大府	1	木間ヶ瀬	1	宮崎	3
布佐	1	流山	1	信州松本	1	千住	1	目吹	2
幸手	1	川越	1	草加	4	川越	1	下野水沼	1
岡村	1	白井	1	上州柏木	2	龍福寺	1	上州高崎	1
岩付	1	奥州白河	1	目吹	1	今上	4	舟形	
越後	1	西深井	4	松本	1	松戸	2	築比地	
松戸	2	谷津		古河	1	河原台	6	金杉	
逆井	1	瓦台	5	鎌口	1	中ノ台	3	山崎	
関宿	1	深井	2	粕壁	1	金杉	1	坂間	
下妻	1	岩名	1	幸田	1	中の	1	上州舘林	2
新田戸	1	常州花輪勢	1	大山	1	清水	3	飯沼	2
河原台	1	真壁	1	江戸神田	2	木間ヶ瀬	1	金の井	
吉川	1	久喜	1	柏井	1	江戸芝	1	目吹	
幸手	1	中ノ台	2	和泉	2	銚子	3	幸手	
小布内	2	今上	1	横内	2	越中		高や	3
小布内	1	今上	2	佐渡	1	三ヶ尾	2	粕壁	
鷲ノ宮	1	舟形	3	和泉	1	羽生	2	吉春	2
上州舘林	1	正連寺	2	古河	1	平方	1	加も	1
野島	1	深井新田	4	本栗橋	1	舟橋	1	中里	
広島	1	今上	4	草加	1	尾崎	3	阿部	
栗橋	1	小金	1	門間	1	鳥手		水戸上町	2
長井戸	1	西深井	4	三ヶ尾	1	深井新田	4	大塚戸	
越中	1	木ノ崎	3	野田裏	1	高野	1	大戸川	3
舟形	2	深井	1	大田	1	高岩	1	東深井	5
塚崎	1	萱ヶ生	1	岩付	1	神田小柳町	1	山崎	
奥州伊達郡	1	萱ヶ生	3	新高野	1	江戸両国	1	海老ヶ島	
関宿	1	新川	1	五木	3	川藤	4	祐□	
瓦台	1	小久木	4	三ヶ村	1	三ヶ尾	1	木ノ崎	3
下野	1	芝原	1	権現堂	1	幸手	5	取手	3
常州卯宿	1	布川	1	大道	2	輪名谷	2	中ノ台	2
千住	2	相馬和泉	1	赤崎	2	浅草		小室	2
上州	1	高や	1	藤塚	1	金杉	3	常州伊丹	1
土浦	1	江戸	1	猪の瓦	3	阿部	3	今上	2
本所三笠丁	1	今上	1	粕壁	2	花井	2	安食	1
和泉	1	土浦	1	飯沼	2	越中川崎	1	南部宮下	2
粕壁	1	江戸金杉	1	奥州洲賀川	3	信州松代	1	宮下	1
佐原	1	水海道	1	幸手	3	瀬戸	1	按摩	2
長沼	1	古河	1	甲府	2	東高や	1	浅草阿部川町	2
千住	1	赤山	2	上州舘林	3	足利		築比地	1
栗橋	1	粕壁	2	関根	1	幸田	3	岩名	1
八畑	1	越後	2	栗橋在河原台	1	須田	1	久喜村	2
手賀	1	小泉	2	下野		越後	2	三の輪	2
上州借上	1	尾上	1	岩付領黒浜	1	猿ヶ股	1	千住	3
佐原	1	越後中田	1	正連寺	2	武州□錬	1	幸手	4
常州卯宿	1	江戸本郷	1	越後	5	小室	1	中里	1
常州舞台	1	八幡	1	今上	4	土浦田中	1	板橋	3
結城	1	鷲野宮	1	堤台	2	上柳	1	向古河	4

事項	人数	事項	人数	事項	人数	事項	人数	事項	人数
筑比地	2	上州大久保	2	銚子	4	流山		阿部	2
山崎	2	相州小久浦		越後	1	本所三笠丁		磯部	1
金杉	3	越後吉水		新田戸	2	中田宿		桔梗岡	3
深井新田	2	上井沢		足立郡上尾宿	1	上州		寺町	2
江戸	1	越後片浦		大矢口	1	江戸芝		矢木芝崎	2
飯沼	2	我孫宿		惣新田杉島	3	深井	3	越中富山	2
浦辺	1	柳沢		江戸本所出村町	2	大相模		上敷	1
飯沼	2	谷重	3	三ヶ尾	1	麦塚		江戸京橋常盤丁	1
常州百崎	1	植中		三ヶ尾	2	布佐		栗原	2
越後柏崎	1	能登鹿島郡		大福田	3	栴檀野		木颪	4
船形	4	幸手		奥州原ノ町	1	市川		柏井	1
柳沢		木ノ崎		結城		木ノ崎	2	阿部	1
目吹		水海道		川越		柏井	4	木間ヶ瀬	2
中根		柳沢	2	木間ヶ瀬		門間	2	川妻	2
江戸中の郷		江戸		越中冨山		尾張	2	千住	1
浅草阿部川町	4	新高野		真壁	2	三川島	2	阿部	2
大宮		岩付		市川		六方	2	上総菊間村	1
堤台	2	相州小田原		武州取木		向小金	2	谷中三崎	1
湊	2	尾崎		東山田		真壁	2	粕壁	1
高や	1	布川	1	佐倉		門間	2	船尾	1
越後柏崎	1	板橋		幸手		小山	2	小松川	4
江戸浅草	1	中根		三の輪		西深井	1	金杉	2
古河	1	加須呂		大矢田		神田々町	1	遠州	2
弓田	3	本所		中ノ台		門間	2	金川	1
岩附	1	川尻		木ノ崎		新宿	1	赤堂	2
目吹	1	粕壁		江戸	2	能登沖津	1	木ノ崎	2
猿ヶ俣	1	野州	1	武州羽黒		下内川		山崎	1
末光	1	野木宿	1	越後羽黒		中妻		小久喜	5
大生郷新田	1	木村	1	鳥手	3	幸手		今上	1
国毛	2	行徳	2	大野		中根		島重	1
上州舞留	1	大谷	2	土浦	1	菅ヶ生	3	小網	1
江戸浅草	1	浅布	1	塚田	5	阿部		神田三河町	1
岩井	1	結城	2	亀割	4	羽生町場村	2	下谷	1
吉高	1	浅草	1	鳥手	1	佐野	2	深井新田	2
大室	1	上州舘林	2	中里	1	下高井	1	浅草	1
大戸川	1	下妻	4	山川	3	真壁	1	大宮	1
下野黒田	1	小松ノ		越後島□	1	水海道	1	中沢	1
中の台	1	房州	4	菅ヶ生	2	布釜	3	古河	2
岩井町	1	平方新田	1	下舘		江戸本所	2	舟橋	3
木ノ崎	2	菅ノ谷	1	木ノ崎		向小金	2	桜台	1
八幡	1	東宝珠花	3	崎房		野綿村	1	信州松本	1
柳沢	2	板橋	1	根里間		浅布	2	新宿	2
五石		境町	1	布施		門間	1	本所松倉町	4
房州東浦		水海道	1	江戸神田田町		笠井	2	西深井	1
三ヶ尾	2	藤塚村	5	尾張		深川	1	上総寺崎	1
布佐新田		野木崎	2	越後柏崎		江戸		舟橋	2
本所三笠町		上宿	1	中村		粕壁		倉賀野	1
三坂		谷津	4	越後羽黒		目吹		大屋	2
下小橋	2	今上	1	印旛布釜	2	岩付慈恩寺		寺崎	2
上州平田	1	長谷	2	江戸	3	大野		広島	2

事項	人数	事項	人数	事項	人数	事項	人数	事項	人数
松伏	2	武州河崎	1	菅ヶ生	1	小田原	1	日本はし桧物丁	1
瀬戸		浅草	1	飯塚	2	貝塚	4	武州高岩	1
舟形		中里	1	浅草	1	粕壁	1	千住	1
金の井		越後柏崎	1	本所相生町	1	中里	1	今上	6
宗道		小金	1	大室	1	佐久左辺	1	今上	1
下野大新田	2	境町	1	宮村	1	笠井松本	1	江戸	1
下内川	4	成田	1	幸手	1	吉妻	1	取手	1
木間ヶ瀬	3	関宿	2	下野赤塚	1	上総加茂	1	岩井	1
伊勢桑名	2	奥州	1	千住	1	古河	1	土浦在小池村	3
大宮宿	1	神田町	1	三笠町	1	今戸	1	古河	1
粕壁	2	越後柏崎	1	芝赤羽	1	長井戸	4	江戸	1
安食	1	相馬	1	高野	1	山崎	1	深井村	3
木ノ崎	4	栗橋	2	結城	1	白井	1	今上	4
坂井	2	香取郡	3	本所一つ目	1	下島	1	湯名本	1
西深井	2	小金	1	結城	2	柏井	1	深井新田	3
谷津	2	古河坂間	1	中里	1	遠州	3	今上	10
阿部	2	奥州津軽	1	宝珠花	1	柏寺	3	按摩	11
越中伊久地	2	大田原	2	関宿	1	小伝馬町	1	今上	1
奥州	1	千葉郡作左辺	1	川越	1	越後	1	今上	7
舟形	1	府中大矢田	1	小林	1	谷津	5	山崎	3
東深井	3	羽生	1	岡田	2	鳩ヶ谷在	2	山崎	3
東深井	2	宇都宮	1	上州前橋	1	大村	3	赤堂	3
栗橋	1	栗橋川辺	1	小金	1	幸手	3	中田宿	3
木間ヶ瀬	2	新宿	5	木間ヶ瀬	1	千住四丁目	2	二ツ木	1
鳥手	1	草加	4	深井	1	菅生	1	若白髪	1
大口	1	中里	1	海老ヶ島	1	奈戸かや	3	清水	5
馬立	1	舟橋柏井	5	土浦	1	上州大久保	3	清水	6
木ノ崎	1	古河江戸町	5	山崎	1	武州大宮	1	浅間下	4
阿部	1	上野大間々	1	川尻	1	横曽根	2	蕃昌新田	4
舟形	1	佐野天明	3	藤城	1	大河町	1	立堀村	3
間久里	1	大野	2	玉の井	1	久喜町	1	山王	5
五木	3	船橋	5	三のわ	1	行田	1	千住	4
鴻ノ巣	1	栗橋	1	久喜	1	岩附	2	幸手	3
越中	2	船橋	5	上総小田木	1	相州中村	1	三の輪	2
菅ヶ生	2	浅草北馬道	2	手賀	1	小福田村	1	深井新田	4
夏見	3	印旛吉高	1	森や	1	甚茂久はし	3	中野	3
戸張		金川	1	行徳	1	武州内野村	3	深井新田	4
入込	150	高や	1	坂井	1	本所	1	深井新田	4
入込	58	山川	3	吉妻	1	牛久	2	布佐	2
入込	65	小右衛門村	1	本所三笠丁	1	平塚	1	塚崎	1
〆1737人		房州	5	布川	1	ことしば	1	中台	4
675人非人		栃木	1	幸手	1	白井村	1	木ノ崎	3
四釜飢人分		越後	1	長井戸		岩城	3	出羽	1
壱釜非人分		房州	4	五石	4	今上	89	木間ヶ瀬	1
		布佐	1	粕壁	1	上ヶ尾	1	行徳	1
4月13(14)日		本庄	1	三のわ	1	花の井	1	古河	1
半谷	3	千住	1	久下田	1	深井新田	10	金町	1
逆井	3	古河	1	信州沓沢	1	三ノ輪	1	粕壁	1
清水	2	南部浅木須	1	越後柏崎	1	舟形	5	足利	2
今上	15	長須	1	台村	2	浅草	1	鴻ノ巣	1

事項	人数	事項	人数	事項	人数	事項	人数	事項	人数
山サキ	1	粕壁	2	阿部	4	大田		浅間下	2
奥州白川	1	松戸	1	藤塚	5	龍沢		小林村	3
粕壁	2	下妻	1	矢作	1	中妻		遠州金谷宿	1
布川	2	小手指	1	武州栗原	1	舘林		粕壁	1
小金	3	桐ノ木	1	西深井	2	久喜		上州瀬良田	4
川越	1	弓田	1	中台	2	下舘	13	戸頭	1
山崎	1	加賀大久保	1	柏井	3	磯部		粕壁	1
広島	1	武州羽生	1	西深井	4	岩附慈恩寺		下高井	4
深川	1	河原台	1	上州舘林	1	相州小田原		江戸	1
上州前橋	1	広島	1	吉春	4	栗橋		伊三次河岸	1
諸川	1	舟形	2	吉春	4	蕃昌目		古河	1
草加	1	神田小柳丁	1	桜台	3	江戸		真(新)地	1
中ノ台	1	高崎	1	谷津	6	門間	3	川妻	2
幸手	1	尾張	1	谷津	4	野州	1	黒浜	2
古河	1	松戸	1	清水	6	銚子四日市場	1	古河	2
小薬	1	下野	1	今上	1	江戸	2	中村	2
越後長岡	1	能州長崎	1	越後芋川	1	八幡	1	取手	1
宮ノ山	1	尾張	2	広島	1	麦塚	1	金杉	2
白川	1	布川	1	堤根	6	千住	1	常陸中村	1
越前並垣	1	広島	1	堤根	4	深井	2	高野	1
尾崎	1	越中	1	粕壁	1	岩付	1	越後中田	1
越中長沢	2	信州松本	1	尾崎	6	間久里	2	飯沼	3
大生郷新田	1	関宿	1	富田	1	江戸本郷	1	千住	3
関宿	1	野木崎	1	中ノ台	4	山崎	2	栃木	2
瓦籠	1	栗橋	1	菅ヶ生	2	土浦	1	川口	1
江戸谷中	1	塚崎	1	舟形	1	木颪	1	大相模	2
新宿	1	土上	5	瓦台	1	伊丹	1	弓田	2
小門間	1	柏寺	1	木ノ崎	5	寺崎	2	米崎	2
布川	3	丹後小川	1	按摩	4	目吹	1	今上	1
金川	1	常陸中島	1	栃木	1	下妻	1	河原台	4
上山新田	1	江戸	1	吉田	1	江戸下谷	1	麦塚	1
浅草	2	中島	1	今上	1	粕壁	2	浅草聖天町	2
長や	3	逆井	1	越前今立郡中井	1	武州岡村	1	行徳	7
生子	1	弓田	1	柏井	1	目吹	1	今上	3
市崎	2	久ぬ木	1	磯部	1	浅草阿部川町	1	金崎	1
下高井	2	奥州白川	1	佐原	1	大室	1	金杉	2
菅のや	1	奥州南名取	1	布施谷	1	今井新田	4	越中上新川	3
柏井	1	岩井	1	江戸	1	鳥手	1	舟形	4
栗橋	1	幸手	1	龍沢	1	島住	1	今上	2
本所中の郷	1	東金	1	上州荒楽郡	1	江戸	2	相州附井	1
桶川	1	東山田	1	寺崎	1	相馬和泉	4	越中富山新町	2
夜の町	1	成瀬	4	鳥手	2	日向国延岡	3	江戸	1
潮来	1	三河島	3	渋戸	1	流山		草加	1
松戸	1	稲木末吉	1	桶川	1	鷲ノ宮	2	上総筑崎	3
布川	1	金杉	1	粕壁	1	鷲ノ宮	1	四ッ谷	1
江戸京橋	1	戸頭	2	鹿沼	1	紅葉大門	1	久喜	2
奥州南部	1	野州池塚	1	岩城	1	矢田部	1	舞留	
川藤	1	中の	1	鳩谷	1	幸田	3	信州中伊子	
下舘	1	蕃昌新田	3	今上	1	岩井	3	常州湊	5
逆井	1	按摩	1	板橋	1	金杉	1	関宿	

事項	人数	事項	人数	事項	人数	事項	人数	事項	人数
土浦		横内	2	深井	3	野州岡田宿	1	栃木	1
船堀		粕壁	1	莚内	1	常州須田	1	中山道倉賀野	1
宮の井	2	坂手	1	八丁堀大工	1	武州足立郡小室	1	金の井	1
岡村	1	江戸	1	三河丁	1	古河	1	大房	1
南部中の村	6	大坂横堀	1	元西橋	6	粕壁	1	伊勢桑名	2
中里	1	常州根本	1	出羽	1	上州金子	1	浅草	1
木幡	1	神田三河町	1	浅草壱丁め	1	花井	1	谷津	2
中ノ台	2	慈恩寺	2	麻布	1	尾崎	1	信州吉田	2
卯宿	1	神田山	1	木ノ崎	4	岡田郡大生郷	1	馬立	1
岩付	3	草加	1	瓦台	5	新田		銚子	1
赤山	1	宮崎	2	ト部	1	土浦	1	印旛郡布釜	1
今上	3	大山	1	中ノ台	1	信州小室	1	洲鴨	1
上高野	1	越後中田	1	藤代	2	真壁	3	行徳領堀江	2
甲州福志	1	下野大田原	1	松ヶ崎	2	花井	1	舟形	8
土浦田町	1	下谷茅町	1	京橋弓丁	1	幸手	1	小布内	7
武州□戸	1	慈恩寺	1	按摩	1	桶川	1	木間ヶ瀬	8
房州立山	1	武州本木	1	西深井	2	高野	1	山崎	5
足利	1	千住	1	神田皆川丁	2	奥州三春	1	赤堂	4
加賀国	1	了毛	1	き方内	1	栃木	1	夏見	5
宇都宮	1	栃木	1	金杉	1	新宿	1	元栗橋	2
佐渡	1	舞留	1	新高野	1	岩付	1	鴻ノ巣在伝蔵	2
金杉	1	結城	1	中根	1	木ノ崎	1	新田	
山崎	3	羽生	1	尾張	1	佐倉	1	中野台	3
中の		芝崎	1	古河	1	江戸京橋	1	武州忍郡上新郷	1
竹井宿	1	清水	2	通玉	1	岩城	1	小松川	1
越中	1	下高井	2	瓦台	1	越後	1	矢作	1
行徳市川	1	小松川	1	松のや	1	布佐新田	1	小山	2
江戸本所	1	越後蒲原郡	1	中根	1	古河	1	中ノ台	2
下出島	1	門間	2	水海道	1	和名貝(谷)	1	舟形	5
花の井	1	栗橋	1	境	1	我孫子	1	新田戸	1
羽生領大鯉	1	鳥手	4	袋山	1	三ヶ尾	1	菅ヶ生	4
中ノ村	1	向小金	2	京橋□下	1	舘林	1	宝珠花	1
江戸木挽町三	1	鳥手	1	幸手	1	宮崎	1	柳沢	1
丁め		幸手宿	1	諸川	2	本所出村町	1	木間ヶ瀬	2
川口	1	川越	1	古河	1	矢塚	1	大戸川	2
末光	1	荒木	5	水海道	1	境町	2	西深井	1
越中金剛寺村	1	坊山	4	江州	1	舟形	1	目吹	2
羽生領北篠崎	1	釜庭	4	土浦	1	猿ヶ俣	1	大木	
下野国久田	1	金崎	3	関宿	1	越後羽黒	1	勘農	
千住	2	山崎	7	東宝珠花	3	庄内領金崎	1	布佐	
鷲ノ宮	1	小布内	1	豊後国	1	越後柏崎	1	相馬	
菅ヶ生	1	木ノ崎	4	花井	2	江戸谷中	1	長沼	
江戸三河町	1	杉戸さ頭	1	江戸桜台	1	本所三笠町	1	幸手宿	
千住一丁め	1	杉戸	2	大口	1	能登	1	流山	2
江戸谷中	1	平形	1	舟形	1	高野	1	木ノ崎	1
野田	1	水戸平形	1	越後高田	1	東深井	1	藤谷	1
尾島	1	今上	4	古河	1	尾張	1	目吹	1
芝原	1	今上	4	吉川	1	水海道	2	船尾	1
佐野	1	本所竹町	3	今上	1	栗原	5	俎板	5
武州川越	1	桜台	2	中山道本宿	1	幸田	1	菅ヶ生	1

事項	人数	事項	人数	事項	人数	事項	人数	事項	人数
布川	1	横曽根	1	幸手	1	行徳	5	布川	3
布釜	1	六方	1	下野芳賀郡岡	2	上大野	2	新田戸	2
栃木	1	越後片浦	1	新田		大鯉	1	本所三笠町	
慢陀羅	3	高野	2	幸手	4	両国石川町	1	神田	
守谷	1	武州半(榛)沢	1	関宿	1	木村	1	古河	
木ノ崎	2	郡		若芝	2	萱ヶ生	4	久下田	2
結城	1	古河	2	江戸	1	潮来	1	舟形	2
上州為谷	1	越中伊久地	1	江戸	1	上州足門村	1	岡田	1
粕壁	1	桜台	3	中妻	1	会津高や	2	野木崎	
塚崎	1	江戸麻布	1	江戸本所松倉町	4	奥州南部		吉妻	2
水海道	1	倉持	1	三坂	1	江戸		海老ヶ島	1
鳥手	5	相馬和泉	1	水戸上町	2	千住		赤羽	1
柳沢	1	越中伊久地	1	上州大田	1	尾林		本所相生町	2
木野崎	2	佐原在大戸川	1	栗橋	1	川崎		藤ヶ谷	
崎房	2	尾張	1	岩井松本	4	押切		玉ノ井	1
手賀	1	栗橋川辺	1	浅草蔵前	1	常州伊丹		布釜	1
柳沢	1	大塚戸	1	武州牧尾	1	関宿江戸町	2	仙代	1
松伏	2	柳沢	1	両国吉川町	1	八王子		間釜	1
大戸	1	二郷半河野	1	粕壁	1	熊谷在南河原		今上	2
金町	1	幸手	1	岩名	1	浅草黒舟町		ふな尾村	1
信州松代	1	上総菊間	1	筑波	1	貝塚		藤沢宿	1
木ノ崎	2	舟形	1	木ノ崎	2	市川		伝通院前	1
瀬戸	2	西深井	1	越後鯵潟	1	小室		今上	1
瀬戸	1	床利木	1	布施	1	渋井		深井新田	2
木間ヶ瀬	1	堤台	1	三ヶ尾	2	岩井領山王		深井新田	11
横内	4	猿俣	1	久下田	2	越後坂井		今上	9
布川	1	日光今市	1	入込	285	古河野綿	2	今上	4
宇都宮	1	□□在	2	〆1693人		信州松代		宗道	1
大塚戸	1	尾崎	1	782人		泉田		舟方	1
根戸	1	今上	3			栗原	5	水道町	1
大柏	1	矢作	1	4月15日		印旛郡		野州鍋山村	1
白井	1	今上	7	赤堂	2	尾島		横曽根村	1
大頭	1	花輪勢	2	清水	2	向古河		成瀬村	1
守谷	1	弓田	1	押砂	1	江戸本郷六丁目		堺	1
磯部	1	深井	2	今上	16	遠州山梨子	3	根里間(練馬)村	1
安部	1	赤堂	3	高野	1	広島	6	荒木村	1
深井新田	1	鎌庭	4	越後	1	中根		荒木	4
木間ヶ瀬	1	柳沢		遠州見附在大	2	門間		花井	2
江戸浅草	2	浅草		生郷		奥州岩城	4	神田富山町	1
新田戸	2	木間ヶ瀬		印旛郡	1	今上	59	目吹村	4
下妻	2	祢利間(練馬)		川越在見□	2	和泉田		目沼村	1
大田	2	瀬戸		上総	1	布川	2	江戸本所	1
木ノ崎	4	常州舞台		上州前橋	1	浅草		今上	1
柳沢	3	幸手		向古河	5	江戸		取手新宿	3
栗山	1	飯沼	2	山川	1	千住		鰤ヶ崎	2
目吹	2	伊久地	1	久下田	1	古河		鰤ヶ崎	1
□茂	1	木間ヶ瀬	2	久下田	2	長須		今上	15
藤代	1	富塚	1	半谷	2	江戸本郷		深井新田	16
金の井	1	粕壁	1	夜の町	1	飯塚	2	今上	8
本所六ツ目	1	尾崎	1	上州八ヶ村	1	融玉	2	深川村	3

事項	人数	事項	人数	事項	人数	事項	人数	事項	人数
中田宿	3	上州坂井	1	按摩	11	卯宿	1	下内川	1
吉春	3	土浦田中	1	菅ノ谷	2	岩付	1	上総寒(上)郡	1
今上	5	千住	1	武州大仏	1	上総筑崎	1	中村	1
鳩林	2	越後	2	西深井	3	本所中の郷	1	幸手	1
按摩	1	越後中田	2	深井新田	4	幸手	1	柏寺	1
按摩	1	幸手	1	今上	1	門間	3	岩井	1
伊三次川岸	1	吉川		上高柳	1	瓦台	1	加毛	1
今上	2	越後高田		下高井	2	東深井	1	上州前橋	1
今上	3	長高や		堤台	3	荒木	1	川口	1
谷津	6	布釜	3	河原台	2	武州牛宇田	1	鹿沼	1
阿部	3	栃木		堤台	3	関宿	1	越中戸並	1
桜台	4	松戸		深井新田	2	越後	1	本所梁川町	1
舟形	3	戸頭		深井新田	1	大戸	1	宗道	1
浅間下	4	関宿		深井新田	3	粕壁	1	関宿	1
山崎	4	布川	2	深井新田	1	奥州白河	1	中山道元宿	1
山崎	6	清水	2	中の台	3	谷津	1	高野	2
向小金	4	清水	2	二合半宮根	2	八幡	1	勝田	3
三のわ	3	松伏	2	今上	2	加賀中島	1	真壁	1
久喜町	4	大相模	2	栗橋	1	舟形	1	六方	2
千住	5	桜台	1	江戸	1	布施	1	佐原	1
千住	1	関宿	1	越後長岡	1	常陸中村	1	江戸下谷	1
中山道本庄	1	江戸木挽町	1	常州川城	1	羽生	1	上総寺崎	1
江戸	1	能登長崎	1	長井大田	1	行徳新田	1	駿州安台町	1
鳥手	2	岩付	1	越谷	1	岩付	1	江戸□田	2
行徳	1	駿州	1	木ノ崎	1	幸田	5	堤根	3
新田戸	1	三のわ	1	上総東金	1	粕壁	1	藤塚	7
柏井	1	奥州岩城	1	奥州	1	舟橋	1	下須田	
塚崎	1	藤城	1	千住	1	古河	2	下妻	2
土上	2	一(市)部	1	江戸谷中	1	金杉	1	木ノ崎	3
江戸	1	下舘	1	幸手	4	下舘	1	桜台	3
諸川		田沼	1	松戸		間久里	2	按摩	2
松戸		中里	1	境町		吉川	1	今上	1
三の輪		江戸金杉	1	尾崎		栗橋	1	今上	4
松山		赤山	2	大室		武州中村	1	河原台	1
大森		河原台	3	武州久喜上ケ	12	勘農村	1	下野国台新田	1
鳥手		下高井	2	幸手		寺崎	1	豊田郡中妻	1
信州岡田		小手指	1	関宿		横曽根	1	木ノ崎	3
南部浅岸	1	直地	2	信州小室		流山	1	中ノ台	3
夜の町	1	大生郷新田	1	上州舘林		阿頭木	1	布佐新田	1
河原台	1	下野	1	磯部		古河	1	鷲ノ宮	2
浅草	1	関宿	2	上州高サキ	1	越後中田	1	下辺見	1
布釜	2	小林村	4	瓦台	2	古河	2	桐ノ木	1
山崎	1	今上	3	岩付	1	塚崎	1	布川	1
上州北村新田	1	中台	2	江戸洲鴨	1	今上	4	川越	2
水戸湊	1	谷津	3	菅ノ谷	1	赤堂	1	鷲白	1
江戸谷中	1	中ノ台	2	幸手	1	下辺見	1	目吹	1
土上	3	山崎	6	金町	1	栗橋	1	鳥手	
足利	1	山崎	1	茂手木	1	野州	1	目吹	
金杉	2	金崎	1	上州舘林	1	笹川	1	木颪	
千住	2	高野	2	泉	1	関宿	1	黒浜	2

事項	人数	事項	人数	事項	人数	事項	人数	事項	人数
泉	4	蕃昌目	1	平方		舟戸		半谷	2
江戸八丁堀	1	今上	4	奥州岩城		神田紺屋町		麻布	
布佐	2	山川	1	守谷		土浦	2	花井	
内守谷	2	三ヶ尾	2	菅ヶ生		倉賀の	1	奥州棚倉	
慈恩寺	1	山崎	2	本所三河町		武州別所村	1	信州佐井	
目吹	1	宮崎	3	東山田		鳥手	3	宝珠花	
長高や	2	深井新田	3	新町		赤塚	1	三ヶ村	
押砂	1	桜台	1	笠原		新宿	1	下崎	
羽生	1	柳沢	4	高や		下野	1	東深井	
板橋	3	長兵衛新田	3	大坂横堀		幸田	1	高野	
下谷寺町	1	大仏	1	江戸崎		阿部	3	奥州三春	2
今井新田	2	岩井	1	平方		土浦	1	水海道	2
川口	1	柳沢	3	三笠町		今上	1	水海道	1
江戸浅草	3	亀割	3	菖蒲		葉の木		桶川	
手賀	1	鳥手	1	真室		西深井		潮来	
栗橋	1	三河島	1	中根		小田原		宝珠花	
古井戸	1	吉春	1	藤塚		後比れ		常州手賀	
遠州浜松木船	1	木間ヶ瀬	2	宇都宮		幸手		花輪勢	
足利	1	中の台	2	栗橋		小松川		大田	
富田	1	清水	2	越後柏崎		栃木		西深井	2
栃木	1	大田	1	木間ヶ瀬		今上	2	大矢口	
幸田	1	菅ヶ生	2	岩城	3	甲府柳町		高や	
結城	1	猿ヶ俣	1	流山		大室		木ノ崎	
蕃昌新田	4	阿部	2	米島		関宿		江戸麻布	
舟形	1	新宿	2	茅間		幸手		下小橋	
熊谷	1	阿部	4	水海道		越後		粕壁	
流山	1	板橋	2	堤台		足利大間井		今上	
豆州久保村	1	下妻	4	奥州柳浜		向古河		岩井	
江川	1	守谷	2	根戸	1	上州倉賀野		東宝珠花	2
江戸京橋	1	堤台	3	武州真室	1	深井新田	2	下野久々田	
栴檀野	1	岡田新田		下野藤岡	1	千住	5	目吹	
守谷	1	向小金	3	野沢	1	今上	10	松戸在輪名川	
中の	1	中の	3	宿連寺	1	粕壁	1	越前並垣	
千住	2	中妻	3	佐野鐙塚	1	堤台	4	六軒町	
今上	1	濃州川手町	1	猿ヶ俣	1	赤崎	3	新高野	
吉春	5	市川	2	水戸湊	1	谷津	4	栃木	
下野板橋	1	清水	5	江戸谷中	1	谷津	1	越中	2
水海道	1	清水	7	鳥手	1	今上	5	真壁	2
赤堂	3	木ノ崎	4	潮来	1	栗橋	7	深谷	1
千住	1	伊豆三島	1	水海道	1	越中	1	麦塚	
常州花輪瀬	1	浅草阿部川町	4	泉新田	1	金杉	1	半沢村	
笠井市の井新	4	越前国	1	我孫子	1	東宝珠花	1	西深井	4
田年寄庄右衛		今上	1	鹿沼	1	木ノ崎	3	舟形	
門、名主権左		今井	1	今上	1	三ヶ尾	2	大塚戸	
衛門、与七郎		高野	1	彦田	2	尾張	1	阿部	
悴 病人万蔵		中根	1	舟形		武州宮村	1	武州塚田	
四十六才		守谷		千葉郡行々林		江戸	2	越中福滅(光)	
筑波西町	1	菅ヶ生		伝兵衛新田		江戸本郷		上総	
山崎	5	崎房	2	台村		幸手		上州大間々	
蕃昌新田	5	江戸	2	舞留		谷町		江戸下谷	

事項	人数	事項	人数	事項	人数	事項	人数	事項	人数
信州吉田	2	武州平井		越後片浦		久下田	2	吉妻	
浅草山谷	1	向畑		木颪		吉春	1	通玉	2
西深井	2	上州高崎		坂井	2	舟形	1	海老島	1
越後野洲塚		山崎		岩井	2	奥州白川郡羽	3	田中	1
江戸下谷掟町		下辺見		越中	2	太村		柏井	1
三ヶ尾		長沼		鳥手	2	奥州仙台	1	常州石本郷	1
飯沼	4	金の井		伝兵衛新田	5	長須		新田戸	2
黒浜		金町		真壁	2	江戸	2	関宿	1
江戸赤坂		松戸		深井新田		江戸	1	夜の町	1
越中		矢作		藤畑	2	千住	1	布川	3
金杉	2	尾崎		粕壁	3	松戸在輪な谷	1	埴生和泉	1
横内	1	本所三河町		武州南部	6	信州	1	今上	59
東葛西		岩付	3	瀬戸	2	今井	1	今上	3
米崎		粕壁	2	麻布	2	板橋	1	川辺	1
粕壁		新宿	2	布施	1	江戸	3	今上	2
平方新田	2	木間ヶ瀬		奥州	1	浅草		三の輪	4
鳩谷		逆井		草加	3	常州倉持	3	千住	6
清水		岩井		萱ヶ生	1	本所	4	河原台	2
江戸		奥州白河		宮の山	1	奥州	1	河原台	1
山田		阿部		瀬戸	1	中里	2	上総東金	2
筑比地		大矢口		末光	1	瓦郷村	1	五郎兵衛新田	2
結城		西深井		下妻	1	鳩谷		塚崎	1
土浦		久能	2	今上	2	栗橋	5	深井新田	6
川越		能登中沢		高野	3	布川	2	大畔	3
山サキ	2	山崎		三ヶ尾	4	信州諏訪	2	深井新田	2
飯沼		俎板	4	大塚戸	1	奈戸谷	4	深井新田	9
萱ヶ生		武州葉村	1	尾張	4	武州渋戸	1	今上	20
芝原		布施		目吹	2	布施	1	坊山	3
紅葉大門		金杉		新田戸	1	根金新田	1	鎌底	4
粕壁		鷲ノ宮		越後柏崎	2	松山	1	鎌底	1
慈恩寺	2	中野		舟形	3	奥州会津	1	江戸	2
深川		中の台	2	木間ヶ瀬	6	奥州白石	1	平塚	1
葛西		奥州洲賀川	2	木ノ崎	4	越後	1	赤羽	1
上総葛呂		倉持	1	深井	2	栃木	1	安食	1
花井	2	門間	2	桜台	4	上総	1	羽生	1
芝原		常州中島	3	吉春	4	下辺見	2	下小橋	1
太村		岩付	3	瓦台	3	中兵	4	坂手	1
中生子		慢(曼)陀羅		栃木	3	猿ヶ俣	1	佐渡	1
千住	2	木ノ崎	5	越中田中	3	常州加屋	1	■■大田	1
葛西		本所		千住	2	水海	1	上総	1
吉沼		大田		谷津	4	下野	1	清水	1
川越		小金		下内川	4	大口	1	木颪	1
花井		粕壁		入込	150	行徳	1	下野寒川郡寒川	1
壱の割		浦和	2	〆1608飢人		神田	1	布釜	5
鳥手		木間ヶ瀬	2	630非人		結城	1	下野	2
武州高島		木颪	5			布施	1	小薬	1
常州中島		幸手	1	4月16日		本庄	1	本所	1
幸田		栗橋		今上	11	栗橋	1	千住	6
大増	3	岩付		清水	2	吉川	1	藤ヶ谷	1
本所宿		木ノ崎		半谷	2	本所相生町	3	飯田	2

事項	人数	事項	人数	事項	人数	事項	人数	事項	人数
江戸	1	小門間	1	上総菊間	1	吉春	3	葛西郡小菅村	3
越中	1	小手指	1	園部在	1	牛久	4	千住	1
粕壁	1	坂井	1	久保田	1	吉春	4	三ヶ尾	4
信州	1	紅葉大門	1	粕壁	1	金杉	6	舟形	2
江戸	1	鷲ノ宮	1	江戸	2	遠州山梨子	3	谷津	4
蕃昌	1	直地	2	木ノ崎	2	深井新田	4	布佐	1
江戸	4	和泉村	4	関宿	1	深井新田	5	伏木	1
高や	2	幸手	4	一部	2	堤台	3	大戸	1
江戸	1	岩付	1	慈恩寺	4	山崎	5	新高野	3
赤塚	1	鳥手	2	武州大里郡小泉	1	吉妻	2	門間	2
越後	1	向小金	2	下野大田原	1	堤台	3	高野	1
信州	1	下高井	2	塚崎	1	堤台	3	銚子	3
栃木	1	下高井	2	山王	6	目吹	4	山崎	1
布釜	1	宮和田	1	半谷	3	堤台	4	舟形	3
泉田	1	戸頭	3	按摩	5	山崎	3	大相模西方村	4
越後	1	岩井	1	上総	1	草加在下谷塚	3	上総	1
関宿	1	越後中田	2	深井	3	中の	2	金杉	2
柳町	1	越後中田	1	野州毛加	2	堤台	3	真壁	4
谷貝	1	越前並垣	1	越後蒲原郡	1	舟形	1	大仁田	1
高や	1	上州舘林	1	江戸	1	谷津	4	下野	1
桐木	1	上州前橋	1	結城	1	舎人町	3	江戸	1
上州	1	関宿	1	相馬郡大野村	5	布釜	3	浅草山ノ宿	2
江戸	1	鰭ヶ崎	3	笠井鎌倉新田	2	鰭ヶ崎	3	矢作	1
奥州会津	1	尾崎	1	笠井鎌倉新田	1	土戸	5	深井新田	1
諸川	1	吉沼	1	上州藤岡	2	中山道本宮村	3	中野	1
三のわ	1	奥州岩城	1	三坂	1	松戸	1	芝田町	1
岩付	1	本所三笠町	1	江戸浅草橋屋町	2	幸手	1	久保田	2
行徳	1	土上	1	江戸谷中三崎	1	柳沢	1	布施	2
新田戸	1	佐倉	1	川越	2	行徳新田	1	高や	1
松戸	1	伝兵衛新田	1	中田	3	中山道猿ヶ俣	1	越中上新川田	4
東山田	1	岩付領黒浜	3	桜台	3	中山道桶川	1	中村	
東深井	1	古河		清水	6	関宿	1	尾崎	1
奥州	1	桶川		今上	15	越後吉田	1	麻生	1
加州中島	1	川口	5	清水	7	武州内の村	1	山崎	4
今上	20	草加	1	浅間	5	舟形	1	今上	3
宮の井	1	岩崎	6	常州花輪勢	4	大戸川	1	今上	4
古河	1	川越	2	西深井	2	関宿	1	入込	28
岩沼	1	喜西	1	谷津	6	皆葉	1	入込	100
新宿	1	舟形	1	中ノ台	1	中根	1	1010人	
鷲ノ宮	1	松戸	1	舟形	1	河原台	1	今上	4
常州中島	1	鳥手	1	今上	12	寺崎	1	按摩	1
岩付	1	馬橋	3	藤塚	5	稲木	1	深井	2
土上	1	板橋	5	深井新田	3	久下田	1	桜台	4
水戸湊	2	鳥手	2	深井新田	1	菅ノ谷	1	成瀬	4
古河	1	江戸田原町	3	蕃昌新田	3	白井	1	中根新田	8
鳥手	2	河原台	9	蕃昌新田	4	大生郷新田	1	大門	1
栴檀野	1	坂間	1	阿部	3	奥州南部黒沢尻	1	金杉	1
奥州白川	1	江戸	2	山崎	4	花輪勢	1	築比地	1
信州野沢	1	平井	3	佐間村	2	布佐	1	西深井	2
武州足戸	1	源太川岸	1	長屋	3	浅草馬道	6	菅ヶ生	3

事項	人数	事項	人数	事項	人数	事項	人数	事項	人数
花わ勢	1	水海道	4	古河	1	谷津	3	新宿	1
花井新田	1	木間ヶ瀬		慈恩寺	1	中ノ台	3	目吹	1
三ヶ村	1	新宿		小田木	1	金杉	2	西深井	1
深井	1	東台	2	東深井	1	古河	1	小松川	1
横内	3	江戸下谷	1	山崎	2	小金	1	木ノ崎	2
赤堂	4	宝珠花	1	河原台	1	武州広島	1	瀬戸	2
舟形	1	大田	1	奥州相馬	1	能登沖津	1	門間	2
中台	2	藤代	1	奥州岩城	1	宮の山	1	大仏	
今上	4	中山道大宮	1	小室	1	越後	1	越後佐渡山	
三ヶ尾	3	仙台	1	深井新田	1	門間	1	木颪	4
三ヶ尾	4	丹波	1	若芝	1	本所三笠丁	1	江戸本郷	1
境町	2	木ノ崎	1	山崎	2	江戸本郷	1	相州	1
羽生	2	寒能	1	元木	1	境町	2	金川	1
江戸	1	粕壁	1	松戸	1	古河	1	関宿	1
清水	1	小山	1	守谷	1	龍ヶ崎	1	相州小田原	1
土浦	1	横曽根	1	塚田	4	野州黒田	1	二郷半蕃昌	1
東深井	1	岩付	1	草加	4	亀割	3	川越	1
行徳	1	常州鹿島郡	1	慢陀羅	5	江戸崎	1	目吹	1
舟形	1	江戸	1	流山	1	六方	2	築比地	1
三ヶ尾	1	富田	1	木ノ崎	2	粕壁	2	飯沼	4
木ノ崎	1	高野	4	木津内	1	幸田	1	菅ヶ生	1
柏寺	1	木ノ崎	2	花井	1	逆井	1	山王	4
上総伊ノ崎	1	大戸川	2	本所三笠町	1	倉持	1	入込	50
東深井	1	木野崎	3	越後蒲原郡白	1	笠井	1	入込	128
常州半田	1	山崎	1	根町		結城	1	入込	135
栗橋	1	川妻	1	深井新田	1	岩井	1	入込	160
尾張	3	花井	1	広島	1	藤田	2	〆1923人	
山崎	1	大森	1	若芝	1	関宿	1		
粕壁	1	阿部	1	柏寺	1	幸田	1	4月17日休	
清水	1	笠井金井	1	西原	1	江戸茅町	1		
袋山	1	宝珠花	1	下谷三のわ	1	瀬戸	1	4月18日	
中里	1	平方	1	武州菖蒲	1	山崎	1	久下田	2
常州前橋	1	武州平井	1	下妻	1	栃木	1	半谷	2
江戸京橋	1	花井	1	山崎	1	弓田	2	木ノ崎	2
越後白根	5	江戸桜田	1	築比地	1	尾張	2	遠州山梨子	2
武州中丸	4	江戸下谷	1	花井	3	常陸半田	5	久喜町	
越後蒲原郡	2	武州五石	1	武州南部	6	尾張	1	行徳	
五ヶ村川妻	1	守谷	1	山崎	2	栗橋	1	中山道本庄	
西深井	1	能登鹿島郡長崎	1	下総都賀郡稲田	1	栴檀野	1	奥州岩城	
平方新田	1	山崎	1	布川	1	木ノ崎	1	草加	
中里	1	江戸谷中	1	伊丹	1	菅ヶ生	1	高井	
木ノ崎	1	本所梁川町	1	武州半沢	1	木間ヶ瀬	1	仙台	
山崎	2	舟形	1	笠井金町	1	清水	1	水戸湊	
東宝珠花	3	関宿	1	大田	1	白川	1	守や	
弓田	1	森谷	1	木ノ崎	1	菅ヶ生	1	行徳	
山崎	1	柏井	1	水海道	1	平方	5	高や	
今上	1	越後柏崎	1	上州舘林	2	藤代	1	千住	
深井新田	1	水海道	1	越中	1	伝兵衛新田	2	越後安塚	
下妻	3	幸手	1	按摩	3	鳥手	3	清水	
野州鷲の宮	1	上州高崎	1	舟形	2	今上	1	山崎	3

事項	人数	事項	人数	事項	人数	事項	人数	事項	人数
西深井		今上	86	越後		鎌庭	4	柏村	
日光		常州筑波郡今	2	加州中島		舟形	2	山川	
布川	3	ヶ島		山山(ママ)		越後	5	越後柏崎	
栗橋		赤崎	2	深谷		谷津	6	深川	
武州夜の町		飯沼	1	越後大沼郡□□		小山	1	蕃昌	
布川	2	今上	6	大宮宿		山崎	3	藤岡	
山サキ		矢木	4	熊谷	3	谷津	20	相州小田原	
越後高田		山崎	3	桐ヶ谷		吉春	4	奥州相馬	1
五ヶ村幸田		清水	3	諸川		吉春	3	四国伊予越智	2
大口		浅間下	4	久ぬ木		蕃昌新	6	郡大浜	
結城		銚子	3	常州大谷		桜台	3	堤台	3
通玉	2	銚子	1	下野　赤塚		深井	2	目吹	3
武州菖蒲		深井新田	4	江戸大塚		木ノ崎	4	堤台	2
吉妻		藤塚	5	川越		舟形	5	堤台	3
土浦	3	中田		名都借		木ノ崎	4	中の	1
常州多賀郡本郷		今上	25	江川		金杉	2	舟形	3
和泉		深井新田	3	下野中里		浅草田原町		諸川	1
木颪		谷津	1	上総寺崎		真壁郡大和田		中根新田	8
松戸		中田	3	武州□吉		今上	4	今上	6
長沼		深井新田	4	出羽松岡		木見山	3	按摩	1
関宿		平井村	2	瓦台		行徳	2	下谷塚	3
古山		佐間村	2	松戸		行徳	1	越中	
神崎		中ノ台	4	幸手		粕壁	1	布川	2
川越		桜台	4	奥州立ヶ岡		江戸崎		山崎	
柏井		堤台	3	瓦台		野木		尾坂	
木颪		中ノ台	2	松戸	2	関本		古河	2
大羽		木ノ崎	3	伝兵衛新田	2	宇都宮在稲下田		福田	2
越後長岡		元栗橋	3	笠井奥戸		上州舘林		横曽根	1
幸手		吉妻	2	大宮		奥戸		筑波	3
岡田		間久里	1	桶屋新田		江戸中橋		流山	1
上州前橋		今上	13	栃木		今上	2	木颪	5
江戸掟町		舟形	6	佐原		逆井	1	浅草三軒町	
尾張犬山		千住	2	越後片浦		大谷	2	造谷	
浅草馬道		飯沼	1	吉川		大山	1	山王	
舟形		鳥食		鳥手	2	和久河	3	戸張	
越前		菅ノ谷		弓田	1	行徳		越後白根町	
大房		久下田	2	海老ヶ島	1	大野		飯沼五郎兵衛	2
幸手		布釜		深川	1	桶川在高麦		新田	
土戸	3	関宿		草加	1	神田三河町		清水	2
舟堀		佐賀間		長や	3	越後芝田		幸手	1
笠井鎌倉新田	1	新宿		深井新田	10	平方		幸手	2
仙台岩沼		長井戸		中台	2	荒木		結城郡尾崎	1
羽生		常陸潮来		清水	6	日光栗山		新宿	1
岩城久ノ浜		猿ヶ俣		深井新田	4	中根		浅草	1
今上		銚子		目吹	1	丹波藍部		桜台	2
陣屋	3	上野野田新田		山崎	1	下野高萩		門間	1
中ノ台	2	松伏		赤堂	2	栗橋		江戸	1
仙台		布川		戸張	1	慈恩寺		笠間城下	1
桶川		神田須田町		今上	4	常州関本	2	下野上の川	5
幸手		仙台神形		按摩	9	巣鴨		高野	2

事項	人数	事項	人数	事項	人数	事項	人数	事項	人数
今上	1	千住		守谷	2	鳥手		鳥手	3
中野	1	上柳		浅草	1	深井新田	2	信州飯山	1
今上	7	伊賀見		岡野宿	1	八幡	1	粕壁	2
中野台	1	桜台		本所梁川町	1	上州舘林	2	木津内	1
木ノ崎	4	間久里	2	越後蒲原郡	1	柏寺	2	谷津	4
結城郡諸川在	1	越前阿保村	1	苗間	1	武州半沢	1	山崎	1
尾崎		細野	3	千住	1	能登長崎	1	目吹	1
長や	3	土浦	2	川サキ	1	木瓜	2	中木戸	2
信州	2	小手指		粕壁	1	岩付	1	我孫子	1
中の	3	木野崎		三坂	1	目吹	2	宝珠花	2
木ノ崎	4	三ヶ尾	2	鳥手	1	栃木	3	清水	6
木ノ崎	1	三ヶ尾	1	中の台	1	今上	4	清水	3
柳沢	1	筑比地	1	三わの山	1	山崎	4	香取村	3
新宿	2	大曽根	2	鳥手	2	関宿	1	菖蒲台村	1
大室	1	平井		赤山	1	武州別所	1	平方新田	3
谷津		阿部		宮の井	1	古河	2	阿部	2
東金	2	奥州岩城		亀割	1	常陸尾張(小張)	3	小門間	1
布川	1	宇都宮		阿部	1	江戸	1	越後佐渡山	1
目吹	2	山崎		東宝珠花	4	上小合	4	柏寺	1
鳥食	1	花わ勢		堤根	1	下野	1	山サキ	1
筑比地		粕壁		平方	1	粕壁	1	能登沖津	1
舟橋		飯沼	4	深井	1	金町	3	下野佐野	1
舟形	2	目吹	3	佐倉	1	奥州白川	1	慈恩寺	1
中根		加も		相馬和泉	1	栴檀野	2	大沢宿	1
岡田		立野		越谷	1	本所三笠丁	2	大坂	1
吉田		木野崎		目吹	1	尾張	2	近江八木浜	1
下舘		川越		三の輪	1	三ヶ尾	2	栃木町	1
目吹	2	下妻	2	富山	1	阿部	3	筑比地	2
土上	5	野州飯中		八日市場	3	草加	1	清水	4
卯宿	1	越後藤懸		中根	1	岩付	1	夏見	2
木ノ崎	2	葛西小松川		松戸	1	花わ勢	1	茨島	1
柳沢		桶川		木村	1	飯沼	1	河原台	1
関宿		六方	2	半谷	1	川妻	2	下妻	4
筑比地		逆井		小山	1	下野黒田	1	常州中島	1
西荒井		岩井		常州新治郡真江	1	幸田	1	弓田	1
目吹	2	大田		武州南部	3	保木間	1	越中伊久地	3
矢田部	1	行徳	2	古河	2	栗野	1	武州広島	4
羽生	2	吉川	2	江戸	1	八幡	1	金野井	1
目吹	1	布佐新田		関屋	1	あんま	1	大野	1
小布内	1	瀬戸		栃木	1	木颪	1	本所三笠町	1
鷲ノ宮	2	柏井		谷津	1	坂井	2	柳沢	2
三ヶ尾	2	武州川越		中の台	2	松本	1	大坂横堀	1
幸田	2	東山田		目吹	1	江戸	1	新宿	1
横内	2	武州川越		大戸	1	大塚戸	1	大杉	1
古河		菅ヶ生		守谷	2	下野石川	1	菅ヶ生	1
下野小山		中野台	1	行徳新田	1	印旛郡白井	1	青田	2
下谷三のわ		金杉	2	大仏	1	木間ヶ瀬	1	山崎	1
平方		大畔新田	1	守谷	1	鹿野諸	1	幸手	1
越中下新川吉		簗比地	2	粕壁	1	南部浅木次	1	布川	1
祥寺村		三ヶ尾	2	名戸谷	1	笠井金町	1	芝崎	2

事項	人数	事項	人数	事項	人数	事項	人数	事項	人数
下妻	1	浦和宿	1	銚子	1	越後鯵潟	3	尾張	3
笠井金町	1	鳥手	2	戸頭	3	下高井	2	谷津	2
花井新田	1	灰毛	3	瀬戸	1	大林	1	粕壁	1
流山	1	中里	1	潮来	1	蕃昌目	1	加州鳥合	1
山城国葛野郡	1	尾崎	1	赤崎	2	本所三笠町	1	坂井	1
西七条		押砂	1	中の台	2	千住	1	河原台	1
山崎	1	馬立	1	野田	2	奥州福島	1	川藤	1
山田	1	川越	1	大林	2	印旛郡白井	1	野本	1
上総松ヶ崎	1	駿州沼津	1	古河	1	〆1463人		草加	3
松伏	2	千住橋戸	2	今上	2	734人非人		奥州仙台	1
土浦	1	越中大久保	1	長高野	3			浅草馬道	1
常陸中島	3	上州群馬郡矢原	1	吉沼	1	4月19日		布川	1
本所昆目	1	本所七軒新田	1	粕壁	1	久下田	3	江戸崎	1
浅草	1	長沼	3	西平井	4	半谷	3	中山	1
千住五丁目	1	木ノ崎	3	今上	1	遠州山梨	3	桐ノ木	1
岩井	1	門間	2	関宿	1	按摩	3	今上	3
本所	1	一ノ矢	2	金川	1	今上	89	赤堂	2
桶川	1	下舘	1	三河町	1	深井新田	3	清水	2
宗道	1	幸手	1	藤谷	2	中台	2	今上	25
神田豊島丁	1	平方新田	6	本郷	1	深井新田	5	深井新田	15
出羽山形	1	三ヶ村	1	武州春長町	1	洞下	2	中ノ台	3
三川島	1	武州埼玉郡南	1	武州備後	1	通玉	2	今上	7
正連寺	2	篠崎		杉戸	1	袋山	2	奥州洲賀川	3
大屋	1	武州羽生町	1	阿部	2	吉妻		舟形	1
三ヶ尾	1	遠州山梨	1	新宿	1	柏井	4	今上	5
東深井	3	米島	1	結城	1	越後芝田		半谷	3
上野新田郡大	1	尾崎	3	藤ヶ谷	2	関本	2	坂間	1
田村		粕壁	1	魚沼	1	江戸	1	上州群馬郡矢原	1
増森新田	5	常州舞台	1	大師戸	2	和泉	1	板橋	2
若芝	1	越後高田在横	1	蕃昌目	1	幸手	1	桐谷	1
越後蒲原郡	1	曽根		羽生	1	関宿	1	長沼	1
羽生	1	木間ヶ瀬	1	松戸	1	常州西本郷	1	越後	1
久ぬ木	1	岩付	1	越中田中	3	宇都宮	1	江戸京橋二ノ町	1
弓田	3	古河	2	大宮在深や村	2	東山田	1	岩付	1
下野板橋		亀割	2	牛宇田	2	幸手	2	奥戸	1
宇津野村	4	藤塚	1	今上	1	八畑	1	菅ノ谷	1
武州忍		三ヶ尾二ツ塚	1	松戸在門間	1	宮ノ谷	5	信州岡田	1
下内川	2	久ぬ木	1	中野	5	寺崎	1	相馬和泉	1
木間ヶ瀬	3	行田新田	4	羽生	1	市場	1	越後長岡	1
木野崎	3	成田	2	高野	3	千住	1	六方	2
幸手	1	岩付	1	野木崎	2	幸手	1	奥州日本松	1
神田	1	奥州日(二)	2	柏井	3	川越在大口	1	小金	1
今上	7	本松		尾張		松戸	2	大山	1
小金	3	中根	2	江戸	2	栗橋	2	仙台岩沼	1
越後国白根	2	木ノ崎	1	水戸	2	久下田	2	松戸	1
鳥手	1	戸頭	1	菖蒲	1	越後高田	2	流山	1
門間	1	按摩	2	大田	1	幸田	1	舟形	2
相馬和泉	1	佐野	1	山崎	1	小手指	1	深井	1
山崎	7	鹿沼宿	1	木ノ崎	4	菖蒲	4	半谷	1
通玉	1	塚崎	1	伊勢白粉(子)宿	3	佐山	2	宮ノ山	1

事項	人数	事項	人数	事項	人数	事項	人数	事項	人数
中山道本所	1	深井新田	1	五木	2	伊勢白粉	3	吉川	1
岩付	1	銚子	3	山サキ	2	上州高崎	1	按摩	2
伊予今張	1	堤台	2	長沼	2	三坂	1	青田	3
越中戸並郡四	1	堤台	1	山サキ	1	木颪	1	目吹	4
日町		深井	2	浅草山谷	1	行徳	1	吉春	4
按摩	18	深井新田	3	中根	1	江戸浅草	2	赤堂	3
門間	2	深井新田	3	越谷在袋山	1	三坂	1	吉春	4
予州	1	桜台	3	越後吉田	1	大田	1	西平井	4
岩付岡泉	1	堤台	2	中山道桶川	1	谷戸新田	1	中の台	2
幸手	1	谷津	6	今上	1	浅草	1	小見川	3
丹波綾辺	1	栃木	3	大塚戸	1	常陸太田	1	下谷塚	3
門間	2	木ノ崎	4	柏寺	1	鳥手	4	清水	7
上総足崎	1	深井新田	4	水海道	1	目吹	1	中野台	4
笠井奥戸	1	中沢新田	8	筑波造屋(作谷)	1	奥州日本松	1	貝塚	1
下野壺山	1	深井新田	3	上州高崎	1	紀州熊野	2	夏見	2
木間ヶ瀬	1	谷津	4	木間ヶ瀬	1	八日市場	1	舟形	3
舟形	1	中の台	2	岩井	3	大曽根	1	三ヶ尾	2
下野黒田	1	谷津	3	木間ヶ瀬	3	駿州沼津	1	平方新田	1
大宮宿	1	今上	5	柏寺	1	蕃昌	1	谷津	1
海老ヶ島	1	舟形	1	長沼	1	今上	1	原一	3
門間	1	幸田	1	台村	2	布佐新田	1	仙台	1
関宿	1	弓田	4	三ヶ尾	1	幸手	1	阿部	1
舟形	1	榎戸	3	目吹	1	岩付	1	平方新田	2
細野	2	今上	2	小栖原	1	神田三河町	1	上州■貝	1
慈恩寺	1	三川島	1	山崎	5	鳥手	1	西深井	1
栃木	1	中野台	2	中山	1	武州強地	2	秩父阿賀野	1
中野台	2	蕃昌新田	4	目吹	2	粕壁	1	土浦	1
木ノ崎	3	清水	5	山サキ	2	木ノサキ	2	荒井	1
今上	6	堤台	1	深井新田	2	宮崎	1	古河	2
越中新川郡大	5	谷津	4	谷津	4	横内	2	水海道	1
久保		桜台	4	今上	4	下妻	1	柳沢	3
山崎	5	阿部	3	中ノ台	7	新宿	2	幸手	1
堤台	3	野州	1	清水	3	目吹	4	阿部	1
堤台	3	深井	1	流山	3	築比地	1	木ノ崎	1
今上	4	山サキ	1	新宿	1	武州羽生町	1	高岡	1
浅間下	5	大室	1	菅ヶ生	1	目吹	4	目吹	
藤塚	5	今戸	1	信州善光寺在	1	木間ヶ瀬	1	中根	1
今上	7	川越	2	弓尾		桜台	1	三の輪	1
釜庭	4	藤ヶ谷	1	武州鴻ノ巣在	1	木ノ崎	3	三ヶ尾	1
深井新田	4	恩間	1	種無		鳥手	2	西深井	1
坊山	3	山サキ	2	大坂竹屋町	1	熊谷	3	守谷	1
今上	2	山サキ	1	五ヶ村	3	五ヶ村三わ	1	関宿	1
深井	2	谷町	1	向小金	2	鳥手	1	関宿	1
深川	3	500人		木間ヶ瀬	1	山崎	3	小門間	3
吉妻	2	弓田		魚沼	2	木ノサキ	1	阿部	2
木野崎	4	せ戸	4	奥州岩城	2	関宿	1	木間ヶ瀬	1
内川	1	馬立		本郷	1	門間	1	古河	1
按摩	3	五木	2	山サキ	1	宮崎	3	松戸	2
蕃昌新田	4	富田	1	長沼	1	横内	1	龍ヶ崎	1
中田宿	3	下出島	1	深井	1	奥州南部浅木次	1	三ヶ尾	1

事項	人数	事項	人数	事項	人数	事項	人数	事項	人数
木颪	5	幸手	1	按摩	9	莚打	1	長野	2
新田戸	1	目吹	2	按摩	2	阿部	2	常州関本	1
目吹		阿部	2	清水	5	桜台	1	中山道桶川	6
土上	1	今上	5	深井新田	2	魚沼	1	江戸谷中	
木ノ崎	3	三ヶ尾	1	深井新田	3	舟形	1	唯井郡三の川	
木間ヶ瀬	1	千住	1	清水	1	目吹	1	中山道大宮宿	
大戸	1	鵠戸	2	川藤	1	莚打	2	尾崎	
流山	1	鵠戸	1	高や	3	舟形	1	千住	2
長沼	3	小山	2	大林	2	丹波	2	長井戸	1
阿部	2	金の井	1	柏寺	2	吉春	3	加賀柳原	2
寺崎	1	平方	1	粕壁	1	蕃昌新田	4	舟橋	4
阿部	3	幸手	1	守谷	1	〆310人		西平井	4
大林	2	越後柏崎	2	鵠戸	2	入込	37	土浦	1
築比地	2	仁左衛門新田	1	谷津	4	入込	29	加州加福	2
木ノ崎	1	木村	1	浅間下	3	入込	21	神田鍛治町	1
飯沼	2	木ノ崎	2	谷津	9	入込	33	越中射水郡	1
前ヶ崎	1	野木崎	1	長沼	3	入込	25	芝二丁目	2
志摩	3	宮崎	1	土上	5	入込	113	関宿	1
出羽村山郡山	1	木ノ崎	1	舟橋	1	今上	25	本所	1
の郷		深川	1	野木サキ	2	入込	109	上州松枝	3
山崎	2	奈戸谷	1	中の台	2	今上	59	神田田町二丁目	1
守谷	1	下内川	1	木間ヶ瀬	5	深井新田	8	常州関本	1
木ノ崎	2	木ノ崎	1	赤堂	2	入込	24	百戸	2
常州大谷		粕壁	1	日本松	1	入込	40	小田原	1
山サキ	4	花輪勢	3	赤堂	2	入込	138	江戸下谷長者町	1
成田		粕壁	2	山サキ	2	入込	53	三の輪	2
行徳	5	長谷	3	中根	1	入込	72	上州舘林	2
舟形	3	飯塚	1	中の台	3	入込	65	山川	1
守谷	1	木津内	1	木間ヶ瀬	3	入込	175	小門間	3
木颪	1	886人		舟形	9	〆		桶川	1
谷津	1	入込	171	木間ヶ瀬	1	464人非人		木颪	5
舟形	1	入込	35	木間ヶ瀬	2	(中間空きあり)		野島	1
深井	1	〆1454人		宮崎	2			野島	5
下野安蘇郡	1	911非人		木間ヶ瀬	1	**昼食分**		印旛郡城立村	1
花の井	1			山サキ	1	仙台	1	関宿	3
三ヶ尾	1	**4月20日**		東宝珠花	1	中山道上ヶ尾	1	久ぬ木	4
粕壁	1	半谷	3	金の井	8	下高野	1	武州川島	4
守谷	1	久下田	3	宝珠花	3	江戸浅草町	1	向山	4
目吹	2	清水	1	目吹	1	尾張	3	草加	1
松戸	2	久下田	1	西深井	1	相州小田原	2	越中戸並郡	1
野木宿	1	小山	1	長沼	2	関宿	2	野島	1
八幡	1	木間ヶ瀬	2	中里	1	久ぬ木	1	越後今町	5
平方	3	神崎	4	築比地	2	幸手		常州荒川	3
本所緑町	1	今上	122	築比地	1	佐倉		栗ノ宮	2
目吹	1	今上	1	目吹	3	常陸新治郡川口	2	中妻	3
栗原	2	中の台	1	深井	1	江戸	1	小栖原	1
木ノ崎	3	舟形	6	目吹	3	松山	1	宇都宮花輪田	1
上州新田	1	尾崎	1	山サキ	3	小布ヶ作	6	大宮在染谷	2
小川	1	深井新田	5	東深井	3	上州安中	1	武州栗原	3
常州大田	1	今上	8	三わの山		奥州相馬	2	上州	1

事項	人数	事項	人数	事項	人数	事項	人数	事項	人数
皆葉	5	行徳	3	中根	2	伊勢白粉	3	出島	1
諸川	2	半谷	5	江戸八丁堀	1	八丁堀		莚打	1
岩付	4	久下田	2	江戸下谷	3	土浦	3	小田原	1
越中下新川郡	2	大生郷	1	山田	1	下野野木宿	1	結城坂戸	1
古河	1	武州水深村	1	久の木	2	常州新治郡前原	1	小栖原	1
岩城平	1	飯沼新田	2	奥州南部浅木次	1	藤代	1	印旛富塚	1
相州愛子(甲)郡	1	布施	1	武州戸諸	1	板橋	3	信州吉田	1
舟橋	1	久喜	1	江戸谷中	1	熊谷	3	武州大曽村	1
赤坂	2	川越	1	野州那須郡	1	信州吉田	1	武州篠崎	1
布佐新田	1	越後足形	2	野州河内郡	1	駿府	1	武州川越	2
古河	1	中山	2	龍ヶ崎	1	武州奥戸	1	大太子場	1
大枡	2	足立郡宮下	1	本所相生町	1	鳥手	8	丹波国	2
奥州白河	1	江戸麻布	1	三のわ	1	紀州宝野郡安	3	門間	1
笠井小松川	1	藤谷	1	寺久	4	多和		粕壁在大田原	1
名戸	3	小田原	1	東山田	1	秩父	1	布井	3
羽生	1	江戸下谷	1	幸手	1	武州大戸	2		
川越	1	千住	2	武州比■新田	1	水海道	1		
能登	2	布施	1	東笠井金町	4	銚子岩井	1		